120만 권 판매 돌파!
36개월 베스트셀러 1위 교재

최신 기출 경향을 완벽 분석한 교재로 가장 빠른 합격!
합격의 차이를 직접 경험해 보세요

2주끝장
판서와 싱크 100% 강의로
2주만에 합격

기본서
첫 한능검 응시생을 위한
확실한 개념완성

10+4회분 기출700제
합격 필수 분량
기출 14회분, 700제 수록

1주끝장
최빈출 50개 주제로
1주만에 초단기 합격 완성

초등 한국사
비주얼씽킹을 통해
쉽고 재미있게 배우는 한국사

한능검 원패스 단기합격은
에듀윌 한국사 유튜브와 함께

한능검 물불가리기
"이제, 다음 시험 준비해야지?"

지피지기면 백전백승! 난이도를 예측해 줄게요.

한능검 오예! 모음집
"한능검 공부 시작해 보자"

5분 동안 최빈출만 짧고 굵게 예언해 줄게요.

전범위 싹! 훑기
"늦지 않았어, 한번에 정리하자!"

한 달 동안 공부할 분량을 한방에 정리해 드려요.

D-2 마무리 적중예언
"우리만 믿어~ 다 찍어 줄게!"

시험에 반드시 나오는 것만 쏙쏙 골라 드려요.

에듀윌
한국사
유튜브

2024 최신판

에듀윌 한국사능력검정시험
10회분 기출500제
기본(4·5·6급)

반복 학습을 통한 주제별 집중 공략으로

약점극복!
시대별 기출
150+

eduwill

2024 최신판

에듀윌 한국사능력검정시험
10회분 기출500제
기본(4·5·6급)

에듀윌
한국사능력검정시험

10회분 기출500제 기본

약점극복! 시대별 기출 150⁺

에듀윌이
너를
지지할게
ENERGY

성공은 우리가 생각하는
자신의 모습을 끌어올리는 것에서
시작한다.

— 덱스터 예거(Dexter Yager)

시대별 기출문제 | 선사

⊙ 정답해설 62~63쪽

시대공략 포인트

- 자료에서 시대를 알 수 있는 유물과 유적을 꼭 알아두세요.
- 여러 나라의 제천 행사와 풍습을 비교할 수 있어야 해요.

킬러 주제 고조선과 여러 나라의 성장

(가) 나라에 대한 설명으로 옳은 것은? 〔55회 2점〕

키워드 문제분석

❶ 범금 8조 = 고조선의 법률

고조선은 사회 질서를 유지하기 위해 범금 8조를 만들었어요. 이중 3개 조항만 전해지고 있으며, 이를 통해 고조선이 사람의 생명과 노동력, 사유 재산을 중시한 사회라는 것을 알 수 있어요.

① 낙랑과 왜에 철을 수출하였다.
　➡ **가야**는 철이 풍부하게 생산되어, 낙랑과 왜에 철을 수출하였어요.

② 영고라는 제천 행사를 열었다.
　➡ **부여**는 12월에 영고라는 제천 행사를 열었어요.

③ 서옥제라는 혼인 풍습이 있었다.
　➡ **고구려**는 서옥제라는 혼인 풍습이 있었어요. 서옥제는 신랑이 신부 집 뒤에 서옥을 짓고 살다가 자식을 낳아 자식이 크면 가족을 데리고 자기 집으로 돌아가는 혼인 풍습이에요.

④ 건국 이야기가 삼국유사에 실려 있다.
　➡ **고조선**의 건국 이야기는 일연이 지은 『삼국유사』에 실려 있어요. 우리나라 역사상 최초의 국가인 고조선은 환웅과 웅녀 사이에서 태어난 단군이 아사달을 도읍으로 세웠다고 해요.

주제 ① 우리 역사의 시작

- 구석기 시대: 막집, 주먹도끼
- 신석기 시대: 움집, 빗살무늬 토기, 가락바퀴
- 청동기 시대: 반달 돌칼, 민무늬 토기

01 다음 대회 참가자들이 그릴 장면으로 가장 적절한 것은?
〔54회 1점〕

◇◇◇ **시대 그림 그리기 대회**

　◇◇◇ 시대 사람들은 불을 처음 사용하였고, 주로 동굴이나 강가의 막집에서 살았습니다. 이 시대 사람들의 생활 모습을 그림으로 그려 봅시다.

- 일시: 2021년 ○○월 ○○일 ○○시
- 장소: 연천 전곡리 유적
- 주최: □□ 문화재단

① 가락바퀴로 실을 뽑는 모습
② 반달 돌칼로 벼이삭을 따는 모습
③ 주먹도끼로 짐승을 사냥하는 모습
④ 거푸집으로 세형동검을 만드는 모습

02 (가) 시대의 생활 모습으로 옳은 것은? 〔52회 2점〕

우리가 만들고 있는 것은 　(가)　 시대 사람들이 처음으로 사용했던 빗살무늬 토기예요. 이 토기로 당시 사람들은 식량을 저장하거나 조리하였지요.

① 가락바퀴를 이용하여 실을 뽑았다.
② 지배층의 무덤으로 고인돌을 만들었다.
③ 거푸집으로 비파형 동검을 제작하였다.
④ 철제 농기구를 사용하여 농사를 지었다.

03 (가) 시대에 처음 제작된 유물로 옳은 것은? 〔47회〕〔1점〕

농경과 정착 생활이 시작된 (가) 시대의 생활 모습에 대해 대화창에 올려 주세요.

ON 대화창

움집을 짓고 살았어요.

가락바퀴를 이용하여 실을 뽑았어요.

빗살무늬 토기에 식량을 저장하였어요.

① 주먹도끼

② 갈돌과 갈판

③ 비파형 동검

④ 철제 농기구

04 (가) 시대의 생활 모습으로 옳은 것은? 〔55회〕〔1점〕

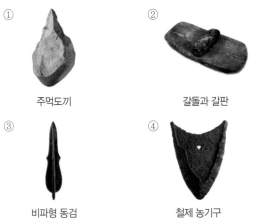

여러분은 (가) 시대의 벼농사를 체험하고 있습니다. 이 시대에는 처음으로 금속 도구를 만들었으나, 농기구는 여러분이 손에 들고 있는 반달 돌칼과 같이 돌로 만들었습니다.

① 우경이 널리 보급되었다.
② 철제 무기를 사용하였다.
③ 주로 동굴이나 막집에 살았다.
④ 지배자의 무덤으로 고인돌을 만들었다.

주제 **2** 고조선과 여러 나라의 성장

- 고조선: 청동기+철기 문화, 범금 8조(8조법)
- 부여: 영고
- 고구려: 서옥제
- 옥저: 민며느리제
- 동예: 책화
- 삼한: 신지, 읍차, 소도

05 다음 퀴즈의 정답으로 옳은 것은? 〔49회〕〔2점〕

1단계 청동기 문화를 바탕으로 성립하였다.

2단계 평양성을 도읍으로 삼았다.

3단계 범금 8조가 있었다.

4단계 한 무제의 공격으로 멸망하였다.

제시된 단계별 힌트를 종합하여 알 수 있는 국가는 어디일까요?

한국사 310 300 퀴즈왕

① 동예 ② 부여 ③ 고구려 ④ 고조선

06 다음 자료에 해당하는 나라에 대한 설명으로 옳은 것은? 〔57회〕〔2점〕

○ 위서에 이르기를, "지금으로부터 2천여 년 전에 단군왕검이 아사달에 도읍을 정하였다."고 하였다.
– 『삼국유사』 –

○ 누선장군 양복(楊僕)이 군사 7천을 거느리고 먼저 왕검성에 도착하였다. 우거가 성을 지키고 있다가 양복의 군사가 적은 것을 알고 곧 나가서 공격하니 양복이 패하여 달아났다.
– 『삼국유사』 –

① 신성 지역인 소도가 있었다.
② 낙랑, 왜 등에 철을 수출하였다.
③ 화백 회의에서 중요한 일을 결정하였다.
④ 사회 질서를 유지하기 위해 범금 8조를 만들었다.

07 학생들이 공통으로 이야기하고 있는 나라를 지도에서 옳게 찾은 것은? 52회 2점

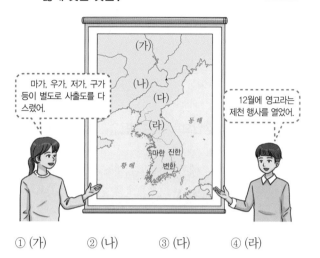

마가, 우가, 저가, 구가 등이 별도로 사출도를 다스렸어.

12월에 영고라는 제천 행사를 열었어.

① (가)　　② (나)　　③ (다)　　④ (라)

08 다음 자료에 해당하는 나라를 지도에서 옳게 고른 것은? 48회 3점

　　이 나라에는 여자가 열 살이 되기 전에 혼인을 약속하고, 신랑 집에서는 여자를 데려와 기른 후 성인이 되면 신부 집에 대가를 주고 며느리로 삼는 풍속이 있었다. 또한 가족이 죽으면 뼈만 추려 보관하는 장례 풍습이 있었다.

① (가)　　② (나)　　③ (다)　　④ (라)

09 (가)에 들어갈 내용으로 옳은 것은? 57회 2점

우리 모둠은 이 나라를 만화로 표현할 거야. 어떤 장면으로 구성할지 이야기해 보자.

제천 행사인 무천을 여는 모습을 그리자.

책화라는 풍습을 표현하자.

(가)

① 서옥제라는 혼인 풍습을 표현해 보자.
② 무예를 익히는 화랑도의 모습을 보여 주자.
③ 특산물인 단궁, 과하마, 반어피를 그려 보자.
④ 지배층인 마가, 우가, 저가, 구가를 등장시키자.

10 (가) 나라에 대한 설명으로 옳은 것은? 60회 3점

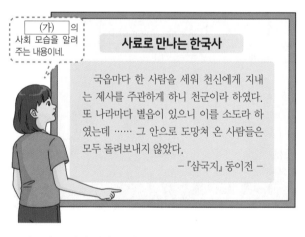

(가) 의 사회 모습을 알려 주는 내용이네.

사료로 만나는 한국사

　　국읍마다 한 사람을 세워 천신에게 지내는 제사를 주관하게 하니 천군이라 하였다. 또 나라마다 별읍이 있으니 이를 소도라 하였는데 …… 그 안으로 도망쳐 온 사람들은 모두 돌려보내지 않았다.

－ 『삼국지』 동이전 －

① 영고라는 제천 행사가 있었다.
② 신지, 읍차 등의 지배자가 있었다.
③ 혼인 풍습으로 민며느리제가 있었다.
④ 읍락 간의 경계를 중시하는 책화가 있었다.

11 밑줄 그은 '이 나라'에 대한 설명으로 옳은 것은?

47회 3점

① 범금 8조로 백성을 다스렸다.
② 영고라는 제천 행사를 열었다.
③ 서옥제라는 혼인 풍습이 있었다.
④ 신지, 읍차 등의 지배자가 있었다.

12 학생들이 공통으로 이야기하고 있는 나라에 대한 설명으로 옳은 것은?

54회 2점

① 서옥제라는 혼인 풍습이 있었다.
② 소도라고 불리는 신성 구역이 있었다.
③ 범금 8조를 만들어 사회 질서를 유지하였다.
④ 단궁, 과하마, 반어피 등의 특산물이 있었다.

시대별 기출문제 | 고대

◑ 정답해설 64~69쪽

시대공략 포인트
• 국가별 주요 왕의 업적을 시기별로 정리해 두세요.
• 국가별 빈출 문화유산은 반드시 사진으로 익혀요.

킬러 주제 고구려와 백제의 성장과 발전

(가), (나) 사이의 시기에 있었던 사실로 옳은 것은?

57회 3점

(가)
얼마 전 고구려가 도읍을 평양으로 옮겼다는군.
앞으로 우리 한성을 향해 내려올 것 같아 걱정일세.

(나)
왕성이 함락되고 왕께서도 목숨을 잃으셨다고 하네.
새로 즉위한 문주왕께서 이곳 웅진으로 오신다는군.

키워드 문제분석

❶ 고구려 평양 천도 = (가) 고구려 장수왕
❷ 문주왕이 웅진 = (나) 백제 문주왕

❶ 고구려 장수왕은 427년 평양으로 도읍을 옮기고 본격적으로 남진 정책을 추진하였어요. 장수왕은 백제를 공격하여 한성을 빼앗았고 이 과정에서 백제 개로왕이 전사하였어요.
❷ 개로왕에 이어 즉위한 백제 문주왕은 어지러운 나라를 극복하기 위해 475년, 지금의 공주인 웅진으로의 천도를 결정하였어요.

① 고구려가 옥저를 정복하였다.
➡ 1세기 후반 고구려 태조왕은 옥저를 정복하였어요.
② 백제가 신라와 동맹을 맺었다.
➡ 5세기 고구려 장수왕이 평양으로 천도하고 남진 정책을 추진하자 백제와 신라는 동맹을 맺고 고구려에 저항하였어요.
③ 백제가 관산성 전투에서 패배하였다.
➡ 6세기 중엽 백제 성왕은 신라와 연합하여 찾은 한강 유역을 다시 빼앗기자, 신라를 공격하였다가 관산성 전투에서 전사하였어요.
④ 고구려가 안시성에서 당군을 물리쳤다.
➡ 7세기 중반 당 태종은 고구려 안시성을 공격하였어요. 이에 안시성의 성주와 백성들은 당에 맞서 싸웠어요.

주제 1 고구려와 백제의 성장과 발전

• 고구려
 – 광개토 대왕: '영락' 연호, 가야에 침입한 왜 격퇴
 – 장수왕: 평양 천도, 광개토 대왕릉비
• 백제: 한성 → 웅진 → 사비 천도

01 (가)에 들어갈 내용으로 옳은 것은?

54회 2점

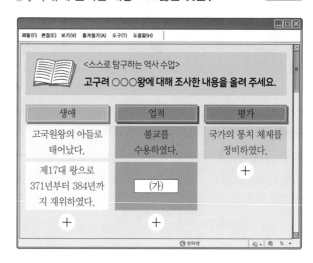

파일(F) 편집(E) 보기(V) 즐겨찾기(A) 도구(T) 도움말(H)

<스스로 탐구하는 역사 수업>
고구려 ○○○왕에 대해 조사한 내용을 올려 주세요.

생애	업적	평가
고국원왕의 아들로 태어났다.	불교를 수용하였다.	국가의 통치 체제를 정비하였다.
제17대 왕으로 371년부터 384년까지 재위하였다.	(가)	+
+	+	

① 태학을 설립하였다.
② 병부를 설치하였다.
③ 화랑도를 정비하였다.
④ 웅진으로 천도하였다.

02 (가) 왕에 대한 설명으로 옳은 것은?

49회 3점

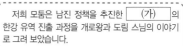

저희 모둠은 남진 정책을 추진한 [(가)]의 한강 유역 진출 과정을 개로왕과 도림 스님의 이야기로 그려 보았습니다.

역사의 한 장면 그리기

개로왕
도림

① 태학을 설립하였다.
② 우산국을 정벌하였다.
③ 왜에 칠지도를 보냈다.
④ 광개토 대왕릉비를 건립하였다.

03 (가)~(다)를 일어난 순서대로 옳게 나열한 것은?

47회 2점

고구려의 발전 과정

(가) 영락 연호 사용
(나) 태학 설립
(다) 평양 천도

① (가) – (나) – (다)
② (가) – (다) – (나)
③ (나) – (가) – (다)
④ (다) – (나) – (가)

04 밑줄 그은 '이 왕'으로 옳은 것은?

52회 1점

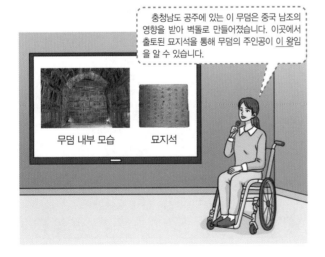

충청남도 공주에 있는 이 무덤은 중국 남조의 영향을 받아 벽돌로 만들어졌습니다. 이곳에서 출토된 묘지석을 통해 무덤의 주인공이 이 왕임을 알 수 있습니다.

무덤 내부 모습   묘지석

① 성왕
② 고이왕
③ 무령왕
④ 근초고왕

05 학생들이 공통으로 이야기하고 있는 왕으로 옳은 것은?

50회 2점

사비로 도읍을 옮겼어.

남부여로 국호를 바꿨어.

신라와 연합하여 한강 하류 지역을 되찾았어.

① 성왕
② 무열왕
③ 근초고왕
④ 소수림왕

06 밑줄 그은 '이 왕'의 업적으로 옳은 것은?

58회 2점

부여 나성 발굴 과정에서 성의 북문 터가 확인되었습니다. 부여 나성은 백제 사비 도성을 감싸는 방어 시설로, 수도를 웅진에서 사비로 옮긴 이 왕 때 축조된 것으로 추정됩니다.

부여 나성 북문 터 확인

① 동진으로부터 불교를 받아들였다.
② 고흥에게 역사서인 서기를 편찬하게 하였다.
③ 진흥왕과 연합하여 한강 유역을 회복하였다.
④ 대야성을 비롯한 신라의 40여개 성을 빼앗았다.

신라와 가야의 성장과 발전

- 신라 ┬ 지증왕: '신라', '왕', 우산국 정복
    ├ 법흥왕: 율령 반포, 불교 공인
    └ 진흥왕: 북한산 순수비, 대가야 정복
- 가야 ┬ 금관가야: 김해
    └ 대가야: 고령

07 다음 가상 인터뷰에 등장하는 왕의 재위 기간에 있었던 사실로 옳은 것은? [52회|3점]

① 불교가 공인되었다.
② 노비안검법이 시행되었다.
③ 이사부가 우산국을 정벌하였다.
④ 황룡사 구층 목탑이 건립되었다.

08 밑줄 그은 '나'의 업적으로 옳은 것은? [51회|2점]

① 녹읍을 폐지하였다.
② 불교를 공인하였다.
③ 독서삼품과를 시행하였다.
④ 북한산에 순수비를 세웠다.

09 다음 가상 인터뷰에 등장하는 왕의 업적으로 옳은 것은? [55회|2점]

① 국학을 설립하였다.
② 병부를 설치하였다.
③ 대가야를 정복하였다.
④ 독서삼품과를 실시하였다.

10 다음 사건이 일어난 시기를 연표에서 옳게 고른 것은? [48회|3점]

475		523		642		660		676
	(가)		(나)		(다)		(라)	
백제 웅진 천도		백제 성왕 즉위		대야성 전투		황산벌 전투		신라 삼국 통일

① (가)　　② (나)　　③ (다)　　④ (라)

11 (가) 나라의 경제 상황에 대한 설명으로 옳은 것은?

51회 2점

초대합니다

창작 뮤지컬 '김수로왕과 허황옥'

알에서 태어나 (가) 을/를 건국하였다고 전해지는 김수로왕이 아유타국의 공주였던 허황옥을 만나 혼인하게 된 이야기를 한 편의 뮤지컬로 선보입니다. 많은 관람 바랍니다.

• 일시: 2021년 ○○월 ○○일 20:00
• 장소: 김해 대성동 고분군 앞 특설 무대

① 낙랑과 왜에 철을 수출하였다.
② 모내기법이 전국으로 확산하였다.
③ 물가 조절을 위해 상평창을 두었다.
④ 활구라고도 불린 은병을 제작하였다.

12 (가) 나라의 문화유산으로 옳지 <u>않은</u> 것은?

49회 2점

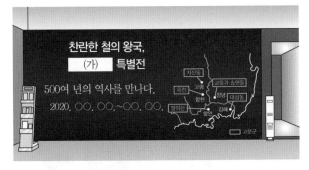

찬란한 철의 왕국, (가) 특별전

500여 년의 역사를 만나다.

2020. ○○. ○○.~○○. ○○.

① 금관

② 금동 대향로

③ 말머리 가리개

④ 기마인물형 뿔잔

주제 **3** 　**7세기 삼국의 정세와 사회**

• 신라의 삼국 통일: 백제 멸망 → 고구려 멸망 → 매소성 전투 → 기벌포 전투 → 삼국 통일
• 부흥 운동 ┌ 백제: 복신, 도침, 부여풍
　　　　　　└ 고구려: 검모잠, 고연무, 안승

13 (가) 시기에 있었던 사실로 옳은 것은?

52회 3점

백제가 우리 신라의 여러 성을 빼앗았습니다. 군대를 파견하여 도와주십시오.

죽령 서북 땅은 본래 우리 것이니, 그곳을 돌려준다면 군사를 보내줄 것이오.

보장왕

김춘추　　　　연개소문

↓

(가)

↓

이곳 황산벌에서 신라군에 맞서 죽을 각오로 싸우자!

계백

① 신라와 당이 동맹을 맺었다.
② 백제가 수도를 사비로 옮겼다.
③ 대가야가 가야 연맹을 주도하였다.
④ 고구려가 살수에서 수의 대군을 격파하였다.

14 다음 가상 뉴스에서 보도하고 있는 사건이 일어난 시기를 연표에서 옳게 고른 것은? `55회 3점`

우리 백제 부흥군을 지원하러 온 왜군이 백강 어귀에서 나·당 연합군에 맞서 싸웠으나 크게 패배하였습니다.

백제 부흥군, 위기에 처하다

523	554	642	660	676
	(가)	(나)	(다)	(라)
백제 성왕 즉위	관산성 전투	대야성 전투	사비성 함락	신라 삼국 통일

① (가)   ② (나)   ③ (다)   ④ (라)

16 다음 가상 일기의 밑줄 그은 '이 전투'로 옳은 것은? `54회 2점`

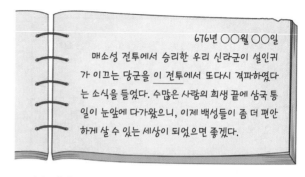

676년 ○○월 ○○일

매소성 전투에서 승리한 우리 신라군이 설인귀가 이끄는 당군을 이 전투에서 또다시 격파하였다는 소식을 들었다. 수많은 사람의 희생 끝에 삼국 통일이 눈앞에 다가왔으니, 이제 백성들이 좀 더 편안하게 살 수 있는 세상이 되었으면 좋겠다.

① 살수 대첩   ② 기벌포 전투
③ 안시성 전투   ④ 황산벌 전투

15 (가)에 해당하는 인물로 옳은 것은? `49회 2점`

모집

고연무 장군이 압록강을 넘어 오골성을 공격했다지.

고구려 부흥을 위해 우리도 힘을 보태세.

고구려 부흥군은 당신을 원하고 있다!

(가) 이/가 안승을 왕으로 세워 당에 대항한다네.

① 계백   ② 검모잠   ③ 김유신   ④ 흑치상지

17 밑줄 그은 '이 나라'에 대한 설명으로 옳은 것은? `58회 2점`

사진은 이 나라의 왕성인 경주 월성입니다. 월성은 2014년부터 본격적인 발굴 작업이 진행 중이며, 올해에는 방어 시설인 해자의 복원이 마무리될 예정입니다.

이 사진에 대해 설명해 주세요.

① 골품제라는 엄격한 신분 제도가 있었다.
② 전국을 5도 양계로 나누어 통치하였다.
③ 빈민 구제를 위해 진대법을 실시하였다.
④ 정사암에서 국가의 중대사를 결정하였다.

- 고구려: 금동 연가 7년명 여래 입상
- 백제: 익산 미륵사지 석탑, 부여 정림사지 5층 석탑
- 신라: 경주 분황사 모전 석탑, 황룡사 9층 목탑

18 (가)에 들어갈 문화유산으로 옳은 것은? 50회 2점

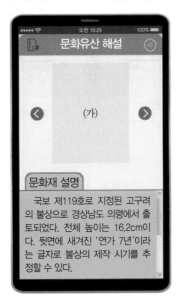

①

②

③

④

19 밑줄 그은 '이 탑'에 대한 설명으로 옳은 것은? 49회 2점

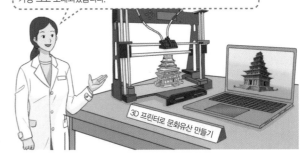

지금 제작하고 있는 것은 백제 무왕이 창건한 미륵사 터에 남아 있는 탑의 모형입니다. 이 탑은 건립 연대가 명확하게 밝혀진 한국의 석탑 중 가장 크고 오래되었습니다.

3D 프린터로 문화유산 만들기

① 목탑 양식을 반영하였다.
② 돌을 벽돌 모양으로 다듬어 쌓아 올렸다.
③ 원의 영향을 받아 대리석으로 제작되었다.
④ 내부에서 무구정광대다라니경이 발견되었다.

20 (가)에 들어갈 문화유산으로 옳은 것은? 54회 3점

경주 남산 일대 탐방 지도

(가)

탑골

금오봉 • 무량사

용장골

용장사곡 삼층 석탑

칠불암 마애불상군

이 지역에는 신라의 불교 문화유산이 많이 남아 있구나!

사람들이 자주 와서 불공을 드렸을 것 같아.

①

배동 석조 여래 삼존 입상

②

관촉사 석조 미륵보살 입상

③

미륵사지 석탑

④

월정사 팔각 구층 석탑

- 통일 신라 – 신문왕: 9주 5소경, 관료전 지급·녹읍 폐지, 국학 설립
- 발해 ┌ 무왕: '인안', 장문휴 산둥 공격
       ├ 문왕: '대흥', 3성 6부
       └ 선왕: '건흥', 5경 15부 62주, 해동성국

21 다음 일기의 소재가 된 유적으로 옳은 것은? 57회 2점

○○월 ○○일 ○요일 날씨: ☀

오늘은 동해안에 있는 절터에 갔다. 신문왕이 아버지 문무왕에 이어 완성한 곳으로, 절의 이름은 선왕의 은혜에 감사하는 마음을 담아 지었다고 한다. 마침 그곳에서 축제가 열려 대금 연주가 시작되었다. 마치 만파식적 설화 속 대나무 피리 소리가 들리는 것 같았다.

①
경주 감은사지

② 여주 고달사지

③
원주 법천사지

④
화순 운주사지

22 (가), (나)에 들어갈 내용을 옳게 연결한 것은? 49회 3점

관리들에게 관료전을 지급하고, (가) 을/를 폐지하였습니다.

노비안검법을 실시하고, 쌍기의 건의를 받아들여 (나) 을/를 시행하였습니다.

홀로그램으로 만나는 역사 인물

신라 신문왕 | 오늘은 왕조의 기틀을 다진 두 분의 왕을 모셨습니다. 즉위 후 어떤 일을 하셨나요? | 고려 광종

	(가)	(나)
①	녹읍	과거제
②	정방	전시과
③	소격서	직전법
④	금난전권	호포제

23 (가) 국가에 대한 설명으로 옳은 것은? 58회 1점

이것은 (가) 의 중대성에서 일본으로 보낸 외교 문서입니다. 화면에 보이는 것처럼 이 문서에 기록된 사절단에 고구려의 왕족 성씨인 고씨가 다수 포함된 것이 확인됩니다.

중대성첩

① 대조영이 동모산에서 건국하였다.
② 청해진을 중심으로 해상 무역이 전개되었다.
③ 여러 가(加)들이 별도로 사출도를 주관하였다.
④ 지방 세력 견제를 위해 기인 제도가 실시되었다.

24 밑줄 그은 '이 국가'에 대한 설명으로 옳은 것은?

[49회 2점]

이것은 고구려 문화의 영향을 받은 이 국가의 문화유산입니다. 고구려의 옛 영토를 대부분 회복한 이 국가는 전성기에 해동성국이라 불렸습니다.

온돌 시설
(러시아 콕샤로프카)

치미
(중국 헤이룽장성)

① 상수리 제도를 실시하였다.
② 전국에 9주 5소경을 두었다.
③ 제가 회의에서 중요한 일을 결정하였다.
④ 인안, 대흥 등의 독자적 연호를 사용하였다.

---

26 밑줄 그은 '이 인물'에 대한 설명으로 옳은 것은?

[50회 2점]

신라 왕실의 후예로 알려진 이 인물은 양길의 부하가 되어 세력을 키웠다.

이후 그는 송악을 도읍으로 삼아 새로운 국가를 세웠다. 스스로를 미륵불이라 칭하였다.

① 훈요 10조를 남겼다.
② 청해진을 설치하였다.
③ 백제 계승을 내세웠다.
④ 국호를 태봉으로 바꾸었다.

주제 **6** **후삼국의 성립**

• 신라 말: 김헌창의 난, 원종과 애노의 난
• 후백제: 견훤, 완산주
• 후고구려: 궁예, 송악(개성) → 철원, 미륵불

---

27 밑줄 그은 '나'에 해당하는 인물로 옳은 것은?

[48회 1점]

25 다음 책에 포함될 내용으로 가장 적절한 것은?

[54회 2점]

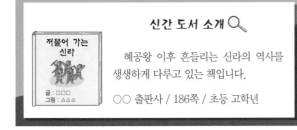

신간 도서 소개 🔍

혜공왕 이후 흔들리는 신라의 역사를 생생하게 다루고 있는 책입니다.

○○ 출판사 / 186쪽 / 초등 고학년

저물어 가는
신라

글 : □□□
그림 : △△△

① 갑신정변
② 위화도 회군
③ 김헌창의 난
④ 연개소문의 집권

오래전 신라는 당과 함께 백제를 멸망시켰다. 나는 이제 이곳 완산주에 도읍하여 의자왕의 억울함을 풀겠다.

① 견훤　　② 궁예　　③ 만적　　④ 양길

- 통일 신라 ┌ 학문: 최치원(시무 10조)
  └ 불교: 원효(아미타 신앙), 의상(화엄 사상)
- 발해의 문화유산: 정혜·정효 공주 묘, 이불병좌상

28 (가)에 들어갈 내용으로 옳은 것은? 51회 3점

이것은 신라 촌락 문서입니다. 이 문서에 대해 알고 있는 내용을 대화 창에 올려 주세요.

과거로 떠나는 역사 여행

ON 대화창

일본 도다이사 쇼소인에서 발견되었어요.

서원경에 속한 촌을 비롯한 4개 촌락의 경제 상황이 기록되어 있어요.

(가)

① 단군의 건국 이야기가 수록되어 있어요.
② 병인양요 때 프랑스군에게 약탈당하였어요.
③ 유네스코 세계 기록 유산으로 등재되었어요.
④ 노동력 동원과 세금 징수를 위해 작성되었어요.

29 다음 퀴즈의 정답으로 옳은 것은? 55회 1점

한국사 퀴즈 대회

1단계	6두품 출신의 학자입니다.
2단계	당의 빈공과에 합격해 관직에 올랐습니다.
3단계	진성 여왕에게 시무책 10여 조를 올렸습니다.

제시된 단계별 힌트를 종합하여 알 수 있는 인물은 누구일까요?

① 설총
② 이사부
③ 이차돈
④ 최치원

30 (가) 인물에 대한 설명으로 옳은 것은? 50회 2점

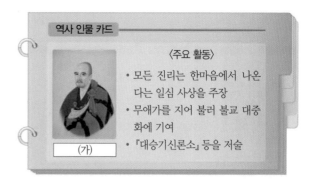

역사 인물 카드

〈주요 활동〉
- 모든 진리는 한마음에서 나온다는 일심 사상을 주장
- 무애가를 지어 불러 불교 대중화에 기여
- 『대승기신론소』 등을 저술

(가)

① 세속 5계를 지었다.
② 십문화쟁론을 저술하였다.
③ 수선사 결사를 제창하였다.
④ 영주 부석사를 건립하였다.

31 다음 퀴즈의 정답으로 옳은 것은? 47회 1점

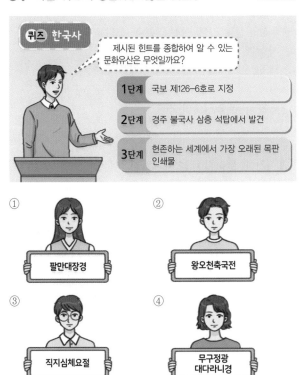

퀴즈 한국사

제시된 힌트를 종합하여 알 수 있는 문화유산은 무엇일까요?

1단계 국보 제126−6호로 지정

2단계 경주 불국사 삼층 석탑에서 발견

3단계 현존하는 세계에서 가장 오래된 목판 인쇄물

① 팔만대장경

② 왕오천축국전

③ 직지심체요절

④ 무구정광 대다라니경

32 (가)에 들어갈 문화유산으로 적절한 것은? 48회 2점

수행 평가 계획서 ○○모둠

◎ **주제**: 발해의 문화유산

◎ **방법**: 문헌 조사, 인터넷 검색

◎ **조사 대상**

| 이불병좌상 | (가) | 발해 석등 |

① 칠지도

② 금관총 금관

③ 호우총 청동 그릇

④ 연꽃무늬 수막새

시대별 기출문제 | 고려

○ 정답해설 70~73쪽

○ 정답해설 70~73쪽

시대공략 포인트

- 태조, 광종, 성종의 업적을 꼭 알아두세요.
- 거란, 여진, 몽골의 침입과 고려의 대응을 비교할 수 있어야 해요.

킬러 주제 성립과 통치 체제의 정비

밑줄 그은 '왕'의 업적으로 옳은 것은? 58회 2점

┌ 광종
❶ 왕께서 한림학사 쌍기의 건의를 받아들이셨다고 합니다.

❷ 과거 시험을 통해 인재를 선발하기로 했다더군요.

키워드 문제분석

❶ 쌍기 + ❷ 과거 시험 = 고려 광종

광종은 왕권을 강화하기 위해 후주 사람인 쌍기의 건의를 바탕으로 과거제를 처음 실시하였어요. 시험으로 관리를 선발하였으며, 이를 통해 유교적 지식과 능력을 갖춘 인재를 뽑아 등용하였어요.

① 훈요 10조를 남겼다.
➡ **태조**는 후대의 왕들이 지켜야 할 내용을 훈요 10조로 남겼어요.

② 수도를 강화도로 옮겼다.
➡ 고려 **원 간섭기**에 최우는 몽골군의 침입에 맞서기 위해 수도를 강화도로 옮겨 항쟁하였어요.

③ 노비안검법을 시행하였다.
➡ **광종**은 호족들의 군사적·경제적 기반을 약화시키고 왕권을 강화하기 위해 불법적으로 노비가 된 사람들을 양인으로 해방시키는 노비안검법을 실시하였어요.

④ 기철 등 친원파를 숙청하였다.
➡ **공민왕**은 기철을 비롯한 친원 세력을 숙청하고, 몽골식 풍습을 금지하는 등의 반원 자주 개혁 정책을 펼쳤어요.

주제 1 성립과 통치 체제의 정비

- 후삼국 통일 과정: 공산 전투 → 고창 전투 → 견훤 금산사 유폐 → 경순왕 항복 → 일리천 전투
- 태조: 훈요 10조, 기인 제도
- 광종: 노비안검법, 과거제 시행
- 성종: 12목 설치, 2성 6부

01 (가)에 들어갈 내용으로 가장 적절한 것은? 50회 2점

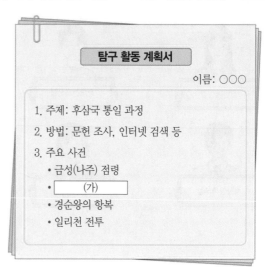

탐구 활동 계획서

이름: ○○○

1. 주제: 후삼국 통일 과정
2. 방법: 문헌 조사, 인터넷 검색 등
3. 주요 사건
   - 금성(나주) 점령
   - (가)
   - 경순왕의 항복
   - 일리천 전투

① 고창 전투 ② 진포 대첩
③ 삼별초 항쟁 ④ 위화도 회군

02 밑줄 그은 '나'에 대한 설명으로 옳은 것은? 52회 2점

나는 왕으로 즉위해 나라 이름을 고려라 정하였습니다. 이후 신라의 항복을 받고 후백제를 격파하여 후삼국을 통일하였습니다.

① 전국을 8도로 나누었다.
② 천리장성을 축조하였다.
③ 화통도감을 설치하였다.
④ 사심관 제도를 시행하였다.

03 (가)에 들어갈 내용으로 옳은 것은? `52회 1점`

〈앞면〉

- 고려 제6대 왕
- 최승로의 시무 28조 수용
- 2성 6부로 중앙 통치 조직 정비
- (가)

〈뒷면〉

① 녹읍 폐지
② 대마도 정벌
③ 지방에 12목 설치
④ 북한산 순수비 건립

주제 **2** 문벌 사회와 무신 정권

- 묘청의 서경 천도 운동: 개경파 vs 서경파 → 김부식이 진압
- 최씨 무신 정권 ┬ 최충헌: 교정도감, 만적의 난
                └ 최우: 정방, 삼별초의 항쟁

05 다음 가상 인터뷰에 나타난 사건으로 옳은 것은? `54회 2점`

서경에서 거사한 이유가 무엇인가요?

저는 서경으로 수도를 옮기면 천하를 다스릴 수 있고, 금이 스스로 항복할 것이라고 주장해 왔습니다. 그런데 조정에 반대하는 무리가 있어 뜻을 이룰 수 없었기 때문에 거사한 것입니다.

① 묘청의 난
② 김흠돌의 난
③ 홍경래의 난
④ 원종과 애노의 난

---

04 다음 퀴즈의 정답으로 옳은 것은? `52회 2점`

중서문하성과 중추원의 고위 관료들이 모여 국방과 군사 문제를 논의하던 고려의 정치 기구는 무엇일까요?

① 삼사
② 어사대
③ 의정부
④ 도병마사

---

06 (가) 인물에 대한 설명으로 옳은 것은? `49회 2점`

묘청이 서경에서 반란을 일으켰소. 그대를 진압군의 원수로 삼으니 속히 토벌하시오.

네, 명을 따르겠습니다.

인종

(가)

① 삼국사기를 편찬하였다.
② 금국 정벌을 주장하였다.
③ 화약 무기를 개발하였다.
④ 고려에 성리학을 소개하였다.

07 (가) 시기에 있었던 사실로 옳은 것은? `48회` `3점`

① 김헌창이 난을 일으켰다.
② 최우가 정방을 설치하였다.
③ 묘청이 금 정벌을 주장하였다.
④ 서희가 강동 6주를 획득하였다.

08 (가) 시기에 있었던 사실로 옳은 것은? `55회` `3점`

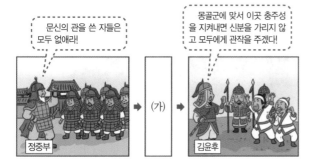

① 이자겸이 난을 일으켰다.
② 묘청이 서경 천도를 주장하였다.
③ 만적이 개경에서 봉기를 모의하였다.
④ 강감찬이 귀주에서 큰 승리를 거두었다.

주제 **3** **대외 관계와 공민왕의 개혁 정치**

· 거란의 침입: 서희(강동 6주), 강감찬(귀주 대첩)
· 여진의 침입: 윤관(별무반 편성)
· 몽골의 침입: 김윤후(충주성 전투), 삼별초(진도 → 제주도)
· 공민왕의 개혁 정치: 정동행성 이문소 폐지, 쌍성총관부 수복, 전민변정도감 설치

09 (가) 인물의 활동으로 옳은 것은? `55회` `1점`

① 강동 6주를 확보하였다.
② 동북 9성을 축조하였다.
③ 화통도감을 설치하였다.
④ 4군과 6진을 개척하였다.

10 (가)의 활동으로 옳은 것은? `58회` `2점`

○ __(가)__ 이/가 아뢰기를, "신이 여진에게 패배한 까닭은 그들은 기병이고 우리는 보병이어서 대적하기 어려웠기 때문입니다."라고 하였다. 이에 건의하여 비로소 별무반을 만들었다.
– 『고려사절요』 –

○ __(가)__ 이/가 여진을 쳐서 크게 물리쳤다. [왕이] 여러 장수를 보내 경계를 정하였다.
– 『고려사』 –

① 강동 6주를 획득하였다.
② 동북 9성을 축조하였다.
③ 쓰시마섬을 정벌하였다.
④ 쌍성총관부를 수복하였다.

11 다음 외교 문서를 보낸 국가에 대한 고려의 대응으로 옳은 것은? 〔54회 2점〕

> 칸께서 살리타 등이 이끄는 군대를 너희에게 보내 항복할지 아니면 죽임을 당할지 묻고자 하신다. 이전에 칸께서 보낸 사신 저고여가 사라져서 다른 사신이 찾으러 갔으나, 너희들은 활을 쏘아 그를 쫓아냈다. 너희가 저고여를 살해한 것이 확실하니, 이제 그 책임을 묻고 있는 것이다.

① 이자겸이 사대 요구를 수용하였다.
② 서희가 소손녕과 외교 담판을 벌였다.
③ 김윤후 부대가 처인성에서 적장을 사살하였다.
④ 강감찬이 군사를 이끌고 귀주에서 크게 승리하였다.

12 (가)~(다)의 사건을 일어난 순서대로 옳게 나열한 것은? 〔52회 3점〕

(가) 항복은 없다! 우리 삼별초는 여기 진도에서 적에 맞서 끝까지 싸울 것이다. / 배중손

(나) 공격하라! 이곳 귀주에서 거란군을 모두 물리쳐라. / 강감찬

(다) 우리 별무반은 여진을 정벌할 것이다. 나를 따르라! / 윤관

① (가) - (나) - (다)
② (나) - (다) - (가)
③ (다) - (가) - (나)
④ (다) - (나) - (가)

13 밑줄 그은 '왕'의 업적으로 옳은 것은? 〔50회 2점〕

이 그림은 고려 제31대 왕과 왕비의 초상화야.

이 왕은 정동행성 이문소를 폐지하는 등 원의 간섭을 물리치기 위해 많은 노력을 했어.

① 교정도감을 설치하였다.
② 천리장성을 축조하였다.
③ 쓰시마섬을 정벌하였다.
④ 쌍성총관부를 공격하였다.

14 (가) 인물의 활동으로 옳은 것은? 〔57회 2점〕

이 전투는 고려 말 (가) 이/가 제작한 화포를 이용하여 왜구를 크게 물리친 진포 대첩입니다.

① 거중기를 설계하였다.
② 앙부일구를 제작하였다.
③ 비격진천뢰를 발명하였다.
④ 화통도감 설치를 건의하였다.

- 전시과: 시정(전·현직, 관직 + 인품) → 개정(전·현직, 관직) → 경정(현직)
- 사회 제도: 의창(빈민 구제), 상평창(물가 조절)

15 밑줄 그은 '이 국가'의 경제 상황으로 옳은 것은?

55회 3점

이것은 전라남도 나주 등지에서 거둔 세곡 등을 싣고 이 국가의 수도인 개경으로 향하다 태안 앞바다에서 침몰한 배를 복원한 것입니다. 발굴 당시 수많은 청자와 함께 화물의 종류, 받는 사람 등이 기록된 목간이 다수 발견되었습니다.

① 전시과 제도가 실시되었다.
② 고구마, 감자가 널리 재배되었다.
③ 모내기법이 전국적으로 확산되었다.
④ 시장을 감독하기 위한 동시전이 설치되었다.

16 (가) 국가의 경제 상황으로 옳은 것은?

52회 2점

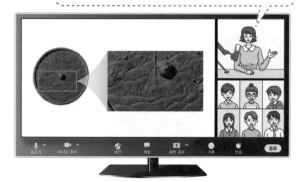

화면 속의 청동 거울은 (가) 시대에 제작된 것으로, 여기에 새겨진 배를 통해 당시 국제 무역이 활발하게 이루어졌음을 짐작할 수 있습니다. 송을 비롯한 여러 나라 상인들은 예성강 하구의 벽란도를 드나들면서 무역을 하였습니다.

① 고구마, 감자 등이 재배되었다.
② 모내기법이 전국적으로 확산되었다.
③ 만상, 내상 등이 활발하게 활동하였다.
④ 활구라고 불린 은병이 화폐로 사용되었다.

17 교사의 질문에 대한 학생의 답변으로 옳지 않은 것은?

54회 1점

고려의 사회 모습에 대해 말해 볼까요?

① 의창이 운영되었습니다.
② 팔관회가 개최되었습니다.
③ 골품제가 실시되었습니다.
④ 여성이 호주가 될 수 있었습니다.

18 (가)에 들어갈 기구로 옳은 것은?

58회 2점

이번에 새로운 기구로 (가) 이/가 설치됩니다. 개경과 서경 및 12목에 설치될 예정으로, 풍년에는 곡물을 사들이고 흉년에는 곡물을 풀어 물가를 조절하는 기능을 하게 됩니다.

개경과 서경 등에 물가 조절 기구 설치

① 중방
② 상평창
③ 어사대
④ 식목도감

- 불교 ┬ 의천: 해동 천태종, 교관겸수
       └ 지눌: 수선사 결사, 정혜쌍수·돈오점수
- 문화유산 ┬ 인쇄술: 『팔만대장경』,
              『직지심체요절』(금속 활자본)
          ├ 석탑: 평창 월정사 팔각 구층 석탑,
                  개성 경천사지 십층 석탑
          └ 불상: 논산 관촉사 석조 미륵보살 입상,
                  영주 부석사 소조 여래 좌상,
                  안동 이천동 마애여래 입상

19 (가)에 들어갈 인물로 옳은 것은?   58회 2점

영통사 대각국사비에 대해 검색해 줘.

검색 결과입니다.

영통사 대각국사비는 고려 문종의 넷째 아들로 승려가 된 (가) 의 행적을 새긴 비석이다. 비문에는 그가 송에서 불교를 배우고 돌아와 해동 천태종을 개창한 사실이 기록되어 있다.

① 원효   ② 의천
③ 지눌   ④ 혜심

20 다음 퀴즈의 정답으로 옳은 것은?   54회 2점

이 인물은 정혜결사를 조직하였으며, 선과 교를 함께 닦아야 한다는 정혜쌍수를 주장하였습니다. 보조국사라고도 하는 이 인물은 누구일까요?

한국사 퀴즈 대회

① 지눌   ② 요세
③ 혜초   ④ 원효

21 (가)에 해당하는 문화유산으로 옳은 것은? 50회 1점

이달의 뮤지컬

등불처럼 불꽃처럼

청주 흥덕사에서 간행된 금속 활자본인 (가) 을
프랑스 국립 도서관에서 발견하여 알린 그녀!
조선 왕실의 행사를 기록한 외규장각 의궤의
국내 반환을 위해 애쓴 그녀!
박병선 박사의 꿈과 열정이
춤과 노래로 펼쳐집니다.

• 일시: 2020년 ○○월 ○○일 오후 7시
• 장소: ◇◇ 문화 센터 대강당

①
신증동국여지승람

②
직지심체요절

③
왕오천축국전

④
무구정광대다라니경

22 (가)에 들어갈 문화유산으로 옳은 것은? 48회 2점

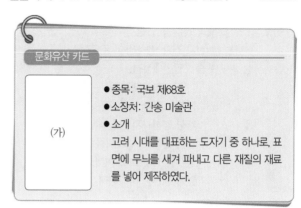

문화유산 카드

(가)

• 종목: 국보 제68호
• 소장처: 간송 미술관
• 소개
고려 시대를 대표하는 도자기 중 하나로, 표면에 무늬를 새겨 파내고 다른 재질의 재료를 넣어 제작하였다.

①
분청사기 철화 어문 항아리

②
백자 철화 끈무늬 병

③
청자 상감 운학문 매병

④
청자 참외 모양 병

23 (가)에 들어갈 문화유산으로 옳은 것은? 49회 2점

고려의 문화유산

공예 — 나전 국화 넝쿨무늬 합
석탑 — 월정사 팔각 구층 석탑
불상 — (가)

①
이불병좌상

②
안동 이천동
마애여래 입상

③
석굴암 본존불상

④
서산 용현리
마애여래 삼존상

24 (가)에 들어갈 문화유산으로 옳은 것은? 54회 2점

이 문화유산에 대해 발표해 볼까요?

고려 후기에 만들어졌어요.

대한 제국 시기에 일본인에게 약탈되었다가 일제 강점기에 다시 돌아왔어요. 그 과정에서 베델과 헐버트 등이 많은 노력을 하였어요.

지금은 국립 중앙 박물관에 전시되어 있어요.

①
불국사 다보탑

②
분황사 모전 석탑

③
정림사지 오층 석탑

④
경천사지 십층 석탑

QR코드로 빠른 정답 확인

시대별 기출문제 | 조선

◐ 정답해설 74~81쪽

시대공략 포인트

- 조선의 주요 왕과 업적을 경제·사회·문화와 엮어서 알아두세요.
- 조선 전기와 후기의 경제와 문화를 비교할 수 있어야 해요.
- 조선 후기 실학자들의 특징과 저서를 구분하세요.

킬러 주제 | 건국과 통치 체제의 정비

다음 대화가 이루어진 시기에 볼 수 있는 모습으로 적절한 것은?　〔55회 2점〕

❶박연 등이 새로 아악을 정비하여 바쳤으니 논공행상을 하려는데 어떠한가?

아악 정비에 참여한 모두에게 차등을 두어 상을 주는 것이 마땅하옵니다.

키워드 문제분석

❶ 박연이 아악을 정비 = 조선 세종

조선 세종은 박연에게 궁중 음악인 아악을 정비하게 하였어요. 아악은 세종 때 발전하였으나, 임진왜란과 병자호란을 거치면서 위축되었어요.

① 단성사에서 공연하는 배우
　➡ 단성사는 대한 제국 시기인 1907년 종로에 설립된 영화관이에요.

②　집현전에서 연구하는 관리
　➡ 조선 세종은 집현전을 설치하여 학문과 정책을 연구하였어요.

③ 청해진에서 교역하는 상인
　➡ 신라 말 장보고는 완도에 청해진을 설치하여 해상 무역을 주도하였어요.

④ 해동통보를 주조하는 장인
　➡ 고려 숙종 때 해동통보, 삼한통보 등 화폐가 만들어졌어요.

주제 1 | 건국과 통치 체제의 정비

- 태종: 호패법, 주자소(계미자 주조)
- 세종: 의정부 서사제, 4군 6진 개척
- 세조: 6조 직계제 부활

01 (가)에 들어갈 내용으로 옳은 것은?　〔52회 2점〕

조선의 건국 과정을 소개합니다

| 한양 천도 |
| 조선 건국 |
| 과전법 실시 |
| (가) |

사직단　종묘

① 비변사 혁파
② 위화도 회군
③ 대전회통 편찬
④ 훈민정음 창제

02 (가)에 들어갈 내용으로 옳은 것은?　〔55회 2점〕

〈주요 활동〉
- ＿＿＿(가)＿＿＿
- 위화도 회군으로 권력을 장악함
- 정도전 등과 함께 개혁을 추진함
- 조선을 건국함

(앞면)　(뒷면)

① 별무반을 편성함
② 우산국을 정벌함
③ 전민변정도감을 설치함
④ 황산에서 왜구를 격퇴함

03 (가)에 들어갈 내용으로 옳은 것은? `48회 2점`

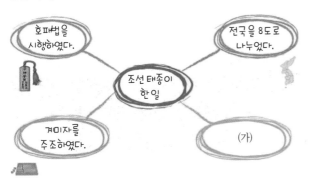

조선 태종이 한 일
- 호패법을 시행하였다.
- 전국을 8도로 나누었다.
- 계미자를 주조하였다.
- (가)

① 균역법을 시행하였다.
② 직전법을 실시하였다.
③ 5군영 체제를 완성하였다.
④ 6조 직계제를 시행하였다.

04 (가) 왕의 정책으로 옳은 것은? `50회 3점`

> 조선 제7대 국왕 (가) 의 모습을 담은 밑그림이 공개되었습니다. 이것은 일제 강점기에 어진 모사본을 옮겨 그리는 과정에서 제작되었습니다. (가) 은/는 6조 직계제를 다시 시행하는 등 왕권 강화를 위해 노력하였습니다.

○○ 박물관 (가) 의 어진 밑그림 첫 공개

① 경복궁을 중건하였다.
② 직전법을 실시하였다.
③ 초계문신제를 시행하였다.
④ 5군영 체제를 완성하였다.

05 (가)에 들어갈 기구로 옳은 것은? `50회 2점`

> 이번에 (가) 의 교리에 임명되셨다고 들었습니다. (가) 에 대해 알려 주세요.

> 궁궐 내의 서적을 관리하고 왕의 각종 자문에 응하는 기구입니다. 사헌부, 사간원과 함께 삼사로 불립니다.

① 승정원　② 어사대　③ 집사부　④ 홍문관

06 (가)에 들어갈 내용으로 옳은 것은? `49회 1점`

○○년 신입생 모집

조선 최고 교육 기관

(가)

1. 선발 인원: 200명
2. 지원 자격: 소과에 합격한 생원, 진사 등
3. 특전: 원점* 300점인 자에게 관시(館試) 응시 자격 부여

*원점(圓點): 아침, 저녁 식당에 들어갈 때 찍는 점

① 향교　② 성균관　③ 육영 공원　④ 4부 학당

- 사화 ┬ 무오사화: 김종직의 「조의제문」
  └ 기묘사화: 조광조의 개혁 정치(현량과 실시, 소격
            서 폐지)
- 유학자: 이황(동인, 『성학십도』) vs 이이(서인, 『성학집요』)

07 (가)에 들어갈 내용으로 옳은 것은? 49회 2점

① 경신환국 ② 무오사화 ③ 인조반정 ④ 임오군란

09 (가) 인물의 활동으로 옳은 것은? 47회 3점

이곳은 도산 서원 상덕사로 (가) 의 위패를
모신 사당입니다. 그는 풍기 군수, 성균관 대사성 등의
관직을 역임하였으며 예안 향약을 만들었습니다.

① 거중기를 설계하였다.
② 대마도를 정벌하였다.
③ 성학십도를 저술하였다.
④ 대동여지도를 제작하였다.

08 다음 인물에 대한 설명으로 옳은 것은? 51회 2점

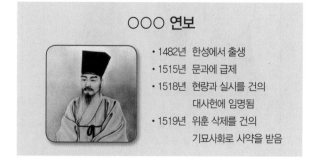

○○○ 연보

- 1482년 한성에서 출생
- 1515년 문과에 급제
- 1518년 현량과 실시를 건의
        대사헌에 임명됨
- 1519년 위훈 삭제를 건의
        기묘사화로 사약을 받음

① 거중기를 설계하였다.
② 조선경국전을 저술하였다.
③ 소격서 폐지를 주장하였다.
④ 만권당에서 원의 학자들과 교류하였다.

10 (가) 인물의 활동으로 옳은 것은? 54회 3점

화폐로 보는 역사 인물

이 화폐에는 (가) 의 모습과 그가
태어난 강릉 오죽헌 등이 그려져 있습니다.
그는 조선 시대 유학자이자 정치가로 수미법
을 주장하였습니다.

① 앙부일구를 제작하였다.
② 성학집요를 저술하였다.
③ 시무 28조를 건의하였다.
④ 화통도감 설치를 제안하였다.

주제 3 전기의 경제·사회·문화

- 토지 제도: 과전법 → 직전법 → 관수관급제 → 직전법 폐지
- 사회·문화: 『칠정산』, 『농사직설』, 『향약집성방』

11 (가)에 들어갈 내용으로 옳은 것은? 〔51회 2점〕

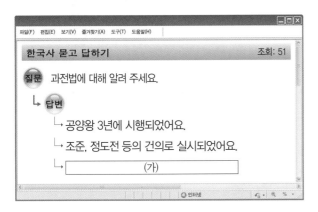

① 공인이 등장하는 배경이 되었어요.
② 토지 소유자에게 지계를 발급하였어요.
③ 전지와 시지를 품계에 따라 나누어 주었어요.
④ 전·현직 관리에게 토지의 수조권을 지급하였어요.

12 (가)에 해당하는 책으로 옳은 것은? 〔51회 2점〕

조선 제9대 국왕인 성종의 재위 기간에는 통치에 관한 규범들을 확립하기 위해 많은 서적이 편찬되었다. 국가 운영 전반에 대한 법률을 담은 □(가)□이/가 반포되었으며, 국가의 의례를 정비한 국조오례의와 궁중 음악을 집대성한 악학궤범이 완성되었다.

①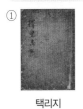
택리지

② 경국대전

③
농사직설

④ 동의보감

13 (가)에 들어갈 책으로 옳은 것은? 〔50회 2점〕

① 동의보감 ② 악학궤범 ③ 삼강행실도 ④ 용비어천가

14 (가)에 해당하는 책으로 옳은 것은? 〔54회 2점〕

이곳은 전주 사고(史庫)입니다. 사초와 시정기 등을 바탕으로 편찬한 □(가)□을/를 보관하였던 여러 사고 중 하나입니다. 전주 사고의 □(가)□은/는 전란 중에도 소실되지 않았고, 그로 인해 우리의 귀중한 역사가 전해질 수 있었습니다.

①
동의보감

② 경국대전

③
삼강행실도

④
조선왕조실록

15 (가)에 들어갈 문화유산으로 옳은 것은? 52회 1점

나
어제, 오전 9시 30분

#국립고궁박물관 #미국에서_귀환
#조선시대_과학기구 #해시계

(가)

👍 좋아요 6 　 💬 댓글 2 　 ➡ 공유

□□
이건 어떤 기구야?

△△
그림자로 시간을 측정하는 기구야. 동
지나 하지와 같은 절기도 알 수 있어.

①
자격루

②
측우기

③
앙부일구

④
혼천의

16 (가)에 들어갈 그림으로 옳은 것은? 48회 2점

이 작품은 조선 전기를 대표하는 그림으로, 안평 대군이 꿈에서 본
이상 세계에 대한 이야기를 듣고 안견이 그린 것입니다.

가상 현실 체험으로 만나는
조선 회화 특별전

(가)

①
무동도

②
세한도

③
인왕제색도

④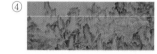
몽유도원도

주제 4 대외 관계와 양 난

- 임진왜란 ┌ 의병: 곽재우, 고경명
         └ 수군: 이순신(한산도, 명량, 노량 해전)
- 병자호란: 인조 남한산성 피신, 임경업(백마산성)

17 (가) 전쟁 중에 있었던 사실로 옳은 것은? [57회|2점]

1592년 7월 이순신이 이끄는 조선 수군은 이곳 한산도 앞바다에서 학익진을 펼치며 일본 수군을 크게 격파하였습니다. 그 결과 조선군은 (가) 당시 남해안 일대의 제해권을 장악하게 되었습니다.

증강 현실로 만난 역사

① 최윤덕이 4군을 개척하였다.
② 서희가 강동 6주를 확보하였다.
③ 권율이 행주산성에서 승리하였다.
④ 이종무가 쓰시마섬을 토벌하였다.

18 (가)에 들어갈 장면으로 가장 적절한 것은? [51회|2점]

 ➡ (가) ➡ 북벌

①
서경으로 수도를 옮기고 금나라를 정벌하자!
서경
개경

②
위화도
요동 정벌은 불가하다. 개경으로 회군하라.

③
광해군이 유배 가는 모습을 보니 세상 참 덧없군.

④
나 이종무가 대마도를 정벌하러 왔다.

19 (가) 전쟁에 대한 탐구 활동으로 적절한 것은? [47회|2점]

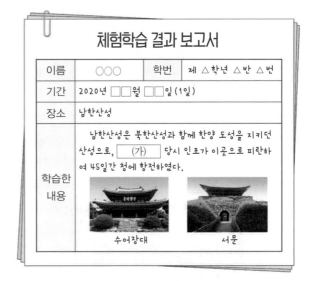

체험학습 결과 보고서

이름	○○○	학번	제 △학년 △반 △번
기간	2020년 □□월 □□일 (1일)		
장소	남한산성		
학습한 내용	남한산성은 북한산성과 함께 한양 도성을 지키던 산성으로, (가) 당시 인조가 이곳으로 피란하여 45일간 청에 항전하였다. 수어장대 서문		

① 보빙사의 활동을 조사한다.
② 삼별초의 이동 경로를 찾아본다.
③ 삼전도비의 건립 배경을 파악한다.
④ 을미의병이 일어난 계기를 살펴본다.

20 (가)에 들어갈 내용으로 옳은 것은? [49회|2점]

효종에 대해 조사한 것을 이야기해 볼까?

병자호란 이후 소현 세자와 함께 청나라 심양에 볼모로 잡혀갔다 왔어.

왕으로 즉위하고 나서 (가)

① 북벌을 추진했어.
② 경복궁을 중건했어.
③ 중립 외교를 펼쳤어.
④ 대전통편을 만들었어.

- 통치 체제: 비변사 권한 ↑, 훈련도감 설치
- 영조: 탕평책 실시, 탕평비, 균역법 시행, 신문고 부활
- 정조: 탕평책 실시, 초계문신제, 규장각·장용영 설치

21 (가) 인물에 대한 설명으로 옳은 것은? 〔52회│2점〕

이곳은 안동에 있는 병산 서원으로 (가) 의 학문과 업적을 기리기 위한 곳입니다. 그는 임진왜란이 일어났을 때 훈련도감 설치를 건의하기도 하였습니다.

① 징비록을 저술하였다.
② 4군 6진을 개척하였다.
③ 서경 천도를 주장하였다.
④ 대동여지도를 제작하였다.

22 교사의 질문에 대한 학생의 답변으로 옳지 않은 것은? 〔50회│3점〕

현종 때 있었던 두 차례의 예송에 대해 발표해 볼까요?

① 서인과 남인이 예법을 둘러싸고 대립한 것이에요.
② 조광조 일파가 축출되는 결과를 가져왔어요.
③ 자의 대비가 상복을 입는 기간이 문제가 되었어요.
④ 효종과 효종비가 죽은 뒤 각각 일어났어요.

23 (가) 시기에 있었던 사건으로 옳은 것은? 〔54회│3점〕

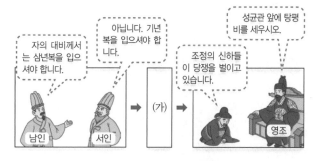

① 무오사화
② 병자호란
③ 경신환국
④ 임술 농민 봉기

24 다음 비석을 세운 왕의 업적으로 옳은 것은? 〔50회│3점〕

이 건물 안에 있는 비석은 탕평비입니다. '두루 원만하고 치우치지 않음이 군자의 공정한 마음이요, 치우치고 두루 원만하지 못함이 소인의 사사로운 마음이다.'라는 글이 새겨져 있습니다.

① 비변사를 혁파하였다.
② 속대전을 편찬하였다.
③ 나선 정벌을 단행하였다.
④ 백두산정계비를 건립하였다.

25 왕의 업적으로 옳지 <u>않은</u> 것은? 52회 2점

답사 계획서

◈ 주제: (가) 의 효심을 만나다
◈ 일시: 2021년 ○○월 ○○일 09:00~17:00
◈ 경로: 봉수당 → 융릉 → 용주사

사도 세자의 명복을 빌기 위해 세운 용주사

혜경궁 홍씨의 회갑연이 열렸던 봉수당

사도 세자가 묻힌 융릉

① 장용영을 설치하였다.
② 금난전권을 폐지하였다.
③ 농사직설을 편찬하였다.
④ 초계문신제를 실시하였다.

• 영정법: 인조, 토지 1결당 4~6두
• 대동법: 광해군 ~ 숙종, 호(戶) → 토지로 바뀜, 공인 등장
• 균역법: 영조, 1년에 2필 → 1필

26 다음 퀴즈의 정답으로 옳은 것은? 50회 2점

한국사 골든벨

제시된 단계별 힌트를 통해 알 수 있는 제도는 무엇일까요?

1단계 선혜청에서 주관
2단계 특산물 대신 쌀, 베, 동전으로 납부
3단계 토지 결수를 기준으로 공납을 부과

① 과전법　　② 균역법　　③ 대동법　　④ 영정법

27 (가)에 해당하는 제도로 옳은 것은? 51회 1점

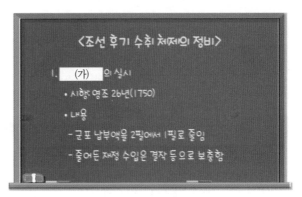

〈조선 후기 수취 체제의 정비〉

I. (가) 의 실시
• 시행: 영조 26년(1750)
• 내용
 - 군포 납부액을 2필에서 1필로 줄임
 - 줄어든 재정 수입은 결작 등으로 보충함

① 균역법　　　　② 대동법
③ 영정법　　　　④ 직전법

28 (가)에 들어갈 화폐로 옳은 것은? 52회 2점

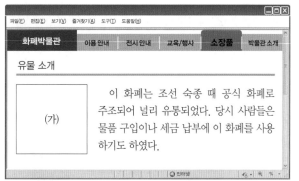

유물 소개

이 화폐는 조선 숙종 때 공식 화폐로 주조되어 널리 유통되었다. 당시 사람들은 물품 구입이나 세금 납부에 이 화폐를 사용하기도 하였다.

① 건원중보
② 해동통보
③ 상평통보
④ 백동화

29 (가)에 들어갈 내용으로 옳지 <u>않은</u> 것은? 48회 3점

조선 후기 상업에 대해 이야기해 보자.

경강상인이 한강을 무대로 운송업에 종사했어.

(가)

① 내상이 일본과의 무역을 주도했어.
② 벽란도에서 송과의 무역이 이루어졌어.
③ 관청에 물품을 조달하는 공인이 활동했어.
④ 정기 시장인 장시가 전국 각지에서 열렸어.

주제 7 **사회 변화와 사회 개혁론**

- 종교: 서학(천주교, 신유박해), 동학(최제우, 인내천)
- 실학자 ─ 유형원: 『반계수록』, 균전론
　　　　 ─ 정약용: 『목민심서』, 여전론
　　　　 ─ 박제가: 『북학의』, 소비 권장

30 다음 퀴즈의 정답으로 옳은 것은? 48회 2점

조선 시대에 정부가 부족한 국가 재정을 보충하기 위해 곡물, 돈 등을 받고 그 대가로 신분을 상승시켜 주거나 벼슬을 내린 정책을 무엇이라 할까요?

① 납속책
② 사창제
③ 영정법
④ 호포제

31 (가) 종교에 대한 설명으로 옳은 것은? 50회 2점

□□신문

제△△호　　　　　　　　　2014년 ○○월 ○○일

교황, 서소문 성지 방문

프란치스코 교황은 지난 8월 16일 서울특별시의 서소문 순교 성지를 방문하였다. 이곳은 200여 년 전, 유교 윤리를 어겼다는 이유로 이승훈을 비롯한 　(가)　을/를 믿는 사람들을 처형한 곳이다. 교황은 순교자들을 애도하며 이곳에 세워진 현양탑에 헌화하였다.

① 중광단 결성을 주도하였다.
② 기관지로 만세보를 발간하였다.
③ 초기에는 서학으로 소개되었다.
④ 동경대전을 기본 경전으로 삼았다.

32 (가)에 들어갈 종교로 옳은 것은? 51회 1점

① 동학
② 대종교
③ 원불교
④ 천주교

34 다음 사건에 대한 정부의 대책으로 옳은 것은? 52회 2점

① 소격서를 폐지하였다.
② 직전법을 실시하였다.
③ 척화비를 건립하였다.
④ 삼정이정청을 설치하였다.

33 밑줄 그은 '거사'에 대한 설명으로 옳은 것은? 47회 2점

① 강화도 초지진에서 항전하였다.
② 서경 천도와 금국 정벌을 주장하였다.
③ 제물포 조약이 체결되는 결과를 가져왔다.
④ 서북 지역민에 대한 차별에 반발하여 일어났다.

35 다음 가상 인터뷰의 주인공에 대한 설명으로 옳은 것은? 48회 2점

① 동학을 창시하였다.
② 추사체를 창안하였다.
③ 목민심서를 저술하였다.
④ 사상 의학을 확립하였다.

36 다음 인물에 대한 설명으로 옳은 것은? 〔50회│2점〕

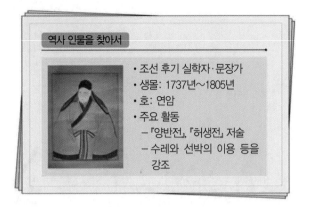

역사 인물을 찾아서

- 조선 후기 실학자·문장가
- 생몰: 1737년~1805년
- 호: 연암
- 주요 활동
  - 『양반전』, 『허생전』 저술
  - 수레와 선박의 이용 등을
    강조

① 몽유도원도를 그렸다.
② 열하일기를 저술하였다.
③ 사상 의학을 정립하였다.
④ 대동여지도를 제작하였다.

37 (가)에 들어갈 지도로 옳은 것은? 〔54회│1점〕

문화유산 퍼즐 맞추기

(가) 는 김정호
가 제작한 총 22첩의
목판본 지도입니다. 10
리마다 눈금을 표시하
여 거리를 알 수 있게
하였습니다.

① 동국지도　　　　② 대동여지도
③ 곤여만국전도　　④ 혼일강리역대국도지도

주제 **8** **문화의 새 경향**

- 과학 기술: 곤여만국전도, 『동의보감』, 사상 의학
- 서민 문화: 판소리, 탈춤, 한글 소설, 전기수, 사설시조
- 회화: 진경 산수화, 김홍도, 신윤복, 김정희

38 다음 대화가 이루어진 시기에 볼 수 있는 모습으로 옳은 것은? 〔58회│2점〕

① 국자감에 입학하는 학생
② 팔관회에 참석하는 관리
③ 판소리 공연을 구경하는 농민
④ 삼별초의 일원으로 훈련하는 군인

39 밑줄 그은 '이 그림'이 그려진 시기에 볼 수 있는 모습으로 적절하지 <u>않은</u> 것은? 〔54회〕〔2점〕

이 그림은 서당의 모습을 그린 김홍도의 풍속화입니다. 훈장 앞에서 훌쩍이는 학생과 이를 바라보는 다른 학생들의 모습이 생생하게 표현되어 있습니다.

① 한글 소설을 읽는 여인
② 청화 백자를 만드는 도공
③ 판소리 공연을 하는 소리꾼
④ 초조대장경을 제작하는 장인

40 다음 대화가 이루어진 시기의 상황으로 옳지 <u>않은</u> 것은? 〔50회〕〔2점〕

임경업 장군이 칼을 휘~~익! 휘 두르자 …….

전기수, 자네 왜 이야기를 하다 멈추는가?

다음 이야기를 들을 수 있게 얼른 상평통보를 주게나.

① 중인층의 시사 활동이 활발하였다.
② 춘향가 등의 판소리가 성행하였다.
③ 기존 형식에서 벗어난 사설시조가 유행하였다.
④ 단군의 건국 이야기를 담은 제왕운기가 저술되었다.

41 다음 특별전에서 볼 수 있는 작품으로 옳은 것은? 〔49회〕〔1점〕

특별전
우리 산천을 담다
우리나라 산천을 소재로 한 조선 후기 진경 산수화의 아름다움을 느껴 보세요.
2020. ○○. ○○.~○○. ○○.
△△박물관 특별 전시실

①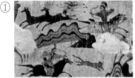
수렵도

②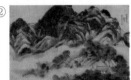
인왕제색도

③
몽유도원도

④
고사관수도

QR코드로
빠른 정답 확인

시대별 기출문제 | 개항기

● 정답해설 81~86쪽

시대공략 포인트
• 조선의 개항 과정을 순서대로 알고 있어야 해요.
• 일제의 국권 침탈 과정과 조선의 대응을 파악하세요.

킬러 주제 개항과 근대적 개혁의 추진

(가)에 들어갈 사절단으로 옳은 것은? 54회 2점

보빙사

이것은 <u>(가)</u>의 대표 ❶민영익이 ❷미국 대통령에게
전한 국서의 한글 번역문입니다. 이 문서에는 두 나라가 조
약을 맺어 우호 관계가 돈독해졌으므로 ❸사절단을 보낸다는
내용 등이 담겨 있습니다.

키워드 문제분석

❶ 민영익 + ❷ 미국 + ❸ 사절단 = 보빙사

조선은 청의 알선으로 미국과 조·미 수호 통상 조약을 맺었어
요. 그리고 미국 공사의 내한에 대한 답방으로 민영익, 홍영식,
유길준 등을 보빙사로 미국에 파견하였어요. 이는 조선이 서양에
파견한 최초의 사절단이었어요.

① 수신사
➡ 수신사는 강화도 조약 체결 이후 일본에 파견한 사절단이에요.

②보빙사
➡ 조선은 민영익을 대표로 하여 **미국**에 보빙사를 파견하였어요.

③ 영선사
➡ 영선사는 조선이 청에 파견한 사절단으로, 무기 제조법 및
근대적 군사 훈련 습득을 위해 보냈어요.

④ 조사 시찰단
➡ 조사 시찰단은 고종이 일본의 발전상을 살펴보기 위해 보낸
사절단이에요. 개화 반대 여론으로 비밀리에 파견하였어요.

주제 **1** 흥선 대원군 집권 시기의 정치

• 흥선 대원군: 비변사 축소, 호포제, 서원 정리, 경복궁 중건
• 통상 수교 거부 정책

┌ 병인박해 → 병인양요 ─────────┐
└ 제너럴셔먼호 사건 → 신미양요 ┘→ 척화비

01 다음 대화가 이루어진 시기에 볼 수 있는 모습으로 적
절한 것은? 48회 2점

이것이 당백전일세. 우리가
원래 사용하던 엽전 한 닢의
백배에 해당한다는데, 실제 가
치는 훨씬 못 미치네.

맞네. 이 당백전의 남발
로 물가가 크게 올라 백성들
의 형편이 매우 어려워지고
있다네.

① 원에 공녀로 끌려가는 여인
② 원산 총파업에 참여하는 노동자
③ 독립운동가를 감시하는 헌병 경찰
④ 경복궁 중건 공사에 동원되는 농민

02 밑줄 그은 '이 사건'에 대한 설명으로 옳은 것은? 54회 2점

화면의 사진은 문수산성입니다. <u>이 사건</u> 당시 한성근 부대는
이곳에서 프랑스군에 맞서 싸웠고, 이어서 양헌수 부대는 정족
산성에서 프랑스군을 물리쳤습니다.

① 흥선 대원군 집권기에 일어났다.
② 제너럴셔먼호 사건의 배경이 되었다.
③ 삼정이정청이 설치되는 결과를 가져왔다.
④ 군함 운요호가 강화도에 접근하여 위협하였다.

03 (가) 시기에 있었던 사실로 옳은 것은? [55회│3점]

한국사 연표

1863 ──────── (가) ──────── 1876
고종 즉위   강화도 조약

①
신미양요

②
보빙사 파견

③
황룡촌 전투

④
만민 공동회 개최

주제 **2** **개항과 근대적 개혁의 추진**

• 조약 체결 ┌ 운요호 사건 → 강화도 조약
          └ 『조선책략』 → 조·미 수호 통상 조약
• 개화 정책: 통리기무아문, 별기군, 수신사, 보빙사

05 (가)에 들어갈 내용으로 옳은 것은? [50회│2점]

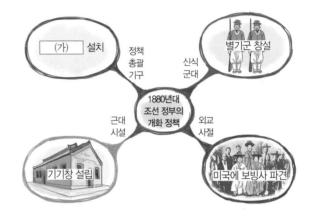

(가) 설치 ── 정책 총괄 기구

별기군 창설 ── 신식 군대

기기창 설립 ── 근대 시설

미국에 보빙사 파견 ── 외교 사절

1880년대 조선 정부의 개화 정책

① 교정청   ② 군국기무처
③ 도평의사사   ④ 통리기무아문

---

04 (가) 인물이 집권한 시기의 사실로 옳은 것은? [51회│2점]

소식 들었는가? 이제 우리 양반에게도 군포를 걷겠다는군.

어쩌겠는가. 조정이 왕의 아버지인 (가) 의 위세에 눌려 모든 일이 그의 뜻대로 되고 있으니 말일세.

① 장용영이 창설되었다.
② 척화비가 건립되었다.
③ 청해진이 설치되었다.
④ 칠정산이 편찬되었다.

06 (가) 조약 이후에 있었던 사실로 옳은 것은? 〔49회 2점〕

주제: (가) 의 체결

조선책략의 내용이 유포되고 청이 적극적으로 알선하여 조약이 체결되었습니다.

서양 국가와 맺은 최초의 근대적 조약이었습니다.

조선책략

조약 체결 장면

① 보빙사가 파견되었다.
② 별기군이 창설되었다.
③ 탕평비가 건립되었다.
④ 통리기무아문이 설치되었다.

주제 3 **임오군란과 갑신정변**

• 임오군란: 구식 군대 차별, 별기군, 제물포 조약, 청의 내정 간섭, 조·청 상민 수륙 무역 장정
• 갑신정변: 우정총국 개국 축하연, 14개조 개혁 정강, 톈진 조약

08 (가)에 들어갈 사건으로 옳은 것은? 〔55회 1점〕

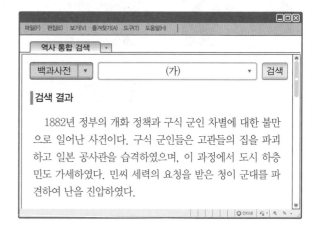

파일(F) 편집(E) 보기(V) 즐겨찾기(A) 도구(T) 도움말(H)

역사 통합 검색

백과사전   (가)   검색

검색 결과

　1882년 정부의 개화 정책과 구식 군인 차별에 대한 불만으로 일어난 사건이다. 구식 군인들은 고관들의 집을 파괴하고 일본 공사관을 습격하였으며, 이 과정에서 도시 하층민도 가세하였다. 민씨 세력의 요청을 받은 청이 군대를 파견하여 난을 진압하였다.

① 임오군란　　　　　② 삼국 간섭
③ 거문도 사건　　　　④ 임술 농민 봉기

---

07 (가)~(다) 학생이 발표한 내용을 일어난 순서대로 옳게 나열한 것은? 〔52회 3점〕

<배움 주제: 위정척사 운동의 전개>

최익현이 일본과 서양은 같다는 왜양일체론을 주장하며 일본과의 수교에 반대하였습니다.

이항로 등은 서양과의 통상을 반대하는 흥선 대원군의 통상 수교 거부 정책을 지지하였습니다.

이만손을 중심으로 한 영남 지역 유생들은 조선책략 유포에 반발하여 만인소를 올렸습니다.

(가)　　　(나)　　　(다)

① (가) – (나) – (다)　　② (가) – (다) – (나)
③ (나) – (가) – (다)　　④ (다) – (가) – (나)

---

09 다음에서 설명하는 사건의 영향으로 옳은 것은? 〔48회 2점〕

특강 주제: 개화 정책을 둘러싼 갈등

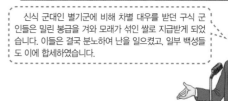

　신식 군대인 별기군에 비해 차별 대우를 받던 구식 군인들은 밀린 봉급을 겨와 모래가 섞인 쌀로 지급받게 되었습니다. 이들은 결국 분노하여 난을 일으켰고, 일부 백성들도 이에 합세하였습니다.

① 운요호 사건이 일어났다.
② 통리기무아문이 설치되었다.
③ 외규장각 도서가 약탈되었다.
④ 청의 내정 간섭이 심화하였다.

10 밑줄 그은 '거사'로 옳은 것은? 52회 1점

> 나는 개화 정책을 강력하게 추진하기 위해 1884년 이곳 우정총국의 개국 축하연을 이용해서 거사를 감행하였습니다. 이후 새로운 정부를 구성하였으나 청군의 개입으로 3일 만에 실패로 끝이 났습니다.

① 갑신정변　　　　② 을미사변
③ 임오군란　　　　④ 아관 파천

주제 4 동학 농민 운동과 갑오·을미개혁

• 동학 농민 운동: 전봉준, 황토현 전투, 전주 화약, 집강소, 우금치 전투
• 개혁 정책
　┌ 제1차 갑오개혁: 군국기무처, 과거제 폐지, 신분제 철폐
　├ 제2차 갑오개혁: 교육입국 조서
　└ 을미개혁: 단발령, 태양력 사용

---

11 밑줄 그은 '개혁'의 내용으로 옳지 <u>않은</u> 것은? 55회 3점

역사 용어 카드

군국기무처

1894년 6월 의정부 산하에 설치되어 개혁을 추진하였던 정책 의결 기구이다. 총재는 영의정 김홍집이 겸임하였다. 약 3개월 동안 신분제 폐지, 조혼 금지 등 약 210건의 안건을 심의하고 통과시켰다.

① 지계를 발급하였다.
② 과거제를 폐지하였다.
③ 도량형을 통일하였다.
④ 연좌제를 금지하였다.

---

12 (가)에 들어갈 기구로 옳은 것은? 54회 2점

주제: 갑오·을미개혁

1. 제1차 갑오개혁: [(가)] 을/를 중심으로 개혁을 추진하여 과거제, 노비제, 연좌제 등 폐지
2. 제2차 갑오개혁: 홍범 14조 반포, 지방 행정 조직을 23부로 개편, 교육입국 조서 반포
3. 을미개혁: 태양력 채택, 건양 연호 사용, 단발령 실시

① 정방　　　　　　② 교정도감
③ 군국기무처　　　④ 통리기무아문

---

13 다음 사건에 대한 설명으로 옳은 것은? 52회 2점

백산 집결

황룡촌 전투

전주성 점령

우금치 전투

① 외규장각 도서가 약탈되었다.
② 집강소를 설치하여 폐정 개혁을 추진하였다.
③ 홍의 장군 곽재우가 의병장으로 활약하였다.
④ 서북인에 대한 차별이 원인이 되어 일어났다.

14 (가) 시기에 있었던 사실로 옳은 것은? 49회 2점

① 당백전이 발행되었다.
② 동시전이 설치되었다.
③ 속대전이 편찬되었다.
④ 태양력이 채택되었다.

주제 5 **독립 협회와 대한 제국, 국권 침탈**

• 독립 협회: 독립신문, 만민 공동회, 헌의 6조
• 대한 제국: 광무개혁, 원수부, 지계 발급
• 국권 침탈과 반발 ┬ 제1차 한·일 협약: 메가타
　　　　　　　　　└ 을사늑약: 외교권 박탈, 통감부 설치
　　　　　　　　　→ 헤이그 특사, 시일야방성대곡, 안중근

16 (가)에 해당하는 신문으로 옳은 것은? 54회 1점

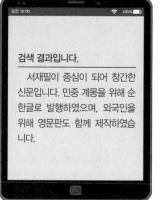

(가) 에 대해 검색해 줘.

검색 결과입니다.

서재필이 중심이 되어 창간한 신문입니다. 민중 계몽을 위해 순 한글로 발행하였으며, 외국인을 위해 영문판도 함께 제작하였습니다.

① 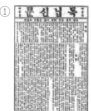 독립신문
②  제국신문
③  해조신문
④  대한매일신보

15 다음 사건이 일어난 시기를 연표에서 옳게 고른 것은? 49회 3점

아침 7시가 될 무렵 왕과 세자는 궁녀들이 타는 가마를 타고 몰래 궁을 떠났다. 탈출은 치밀하게 계획된 것이었다. 1주일 전부터 궁녀들은 몇 채의 가마를 타고 궐문을 드나들어서 경비병들이 궁녀들의 잦은 왕래에 익숙해지도록 했다. 그래서 이른 아침 시종들이 두 채의 궁녀 가마를 들고 나갈 때도 경비병들은 특별히 신경 쓰지 않았다. 왕과 세자는 긴장하며 러시아 공사관에 도착했다.
　　　　　　　　　　　　　　　　　　　　　 — F. A. 매켄지의 기록 —

1863	1871	1884	1895	1904
(가)	(나)	(다)	(라)	
고종 즉위	신미 양요	갑신 정변	을미 사변	러일 전쟁

① (가)　　② (나)　　③ (다)　　④ (라)

17 (가)에 들어갈 단체의 활동으로 옳은 것은? 〔52회〕〔2점〕

오늘 신문에 ▢(가)▢ 이/가 종로에서 만민 공동회를 열어 러시아 군사 교관 철수를 요구했다는 기사가 실렸네.

지난 기사에는 러시아의 절영도 조차 요구를 반대했다는 내용이 실렸었지요.

① 태극 서관을 운영하였다.
② 독립문 건립을 주도하였다.
③ 고종 강제 퇴위를 반대하였다.
④ 국채 보상 운동을 지원하였다.

18 (가)에 들어갈 문화유산으로 옳은 것은? 〔47회〕〔1점〕

🔍 **역사** 돋보기

(가) 1897년 고종이 하늘에 제사 지내고 황제 즉위식을 거행한 장소이다. 국권 피탈 이후 일제가 헐어버렸고, 현재는 부속 건물인 황궁우가 남아 있다.

①
종묘

②
광혜원

③
사직단

④
환구단

19 (가) 조약의 내용으로 옳은 것은? 〔47회〕〔2점〕

우리와 함께 일제에 맞선 외국인

호머 헐버트는 육영 공원의 교사로 초빙되어 우리나라와 처음 인연을 맺었다. 그는 1905년 일제에 의해 ▢(가)▢ 이/가 강제로 체결되자, 그 부당성을 알리기 위해 파견된 헤이그 특사의 활동을 지원하였다.

호머 헐버트

① 외교권 박탈
② 천주교 포교 허용
③ 화폐 정리 사업 실시
④ 대한 제국 군대 해산

20 밑줄 그은 '새 조약'에 대한 설명으로 옳은 것은? 〔51회〕〔2점〕

나인영은 진술하기를 "광무 9년 11월에 우리 대한 제국의 외교권을 일본에 넘겨준 새 조약은 일본의 강제에 따른 것으로 황제 폐하가 윤허하지 않았고, 참정대신이 동의하지도 않았습니다. 슬프게도 5적 이지용, 이근택, 박제순 등이 제멋대로 가(可)하다고 쓰고 속여 2천만 민족을 노예로 내몰았습니다."라고 하였다.

① 운요호 사건을 계기로 체결되었다.
② 최혜국 대우를 처음으로 규정하였다.
③ 통감부가 설치되는 결과를 가져왔다.
④ 외국과 맺은 최초의 근대적 조약이었다.

21 (가)~(다)를 일어난 순서대로 옳게 나열한 것은? 〔49회〕〔3점〕

(가)	(나)	(다)
역사신문	역사신문	역사신문
제△△호 ○○○○년 ○○월 ○○일	제△△호 ○○○○년 ○○월 ○○일	제△△호 ○○○○년 ○○월 ○○일
박승환 대대장, 군대 해산에 항의하며 순국하다	헤이그 특사, 을사늑약의 부당성을 폭로하다	고종, 일본에 의해 강제 퇴위되다

① (가) – (나) – (다)
② (가) – (다) – (나)
③ (나) – (다) – (가)
④ (다) – (가) – (나)

- 애국 계몽 운동: 대한 자강회, 신민회, 안창호, 105인 사건
- 경제적 구국 운동: 방곡령, 국채 보상 운동

22 교사의 질문에 대한 학생의 답변으로 옳은 것은?

〔50회 2점〕

> 화면의 사진은 1907년 영국 기자 매켄지가 의병들을 취재하면서 찍은 것입니다. 당시 의병 활동에 대해 말해 볼까요?

① 13도 창의군을 결성하였어요.
② 정부에 헌의 6조를 건의하였어요.
③ 백산에 집결하여 4대 강령을 발표하였어요.
④ 곽재우, 고경명 등이 의병장으로 활약하였어요.

23 (가) 단체의 활동으로 옳은 것은?

〔50회 2점〕

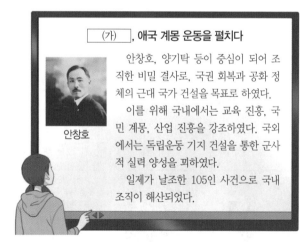

> __(가)__, 애국 계몽 운동을 펼치다
>
> 안창호, 양기탁 등이 중심이 되어 조직한 비밀 결사로, 국권 회복과 공화 정체의 근대 국가 건설을 목표로 하였다.
> 이를 위해 국내에서는 교육 진흥, 국민 계몽, 산업 진흥을 강조하였다. 국외에서는 독립운동 기지 건설을 통한 군사적 실력 양성을 꾀하였다.
> 일제가 날조한 105인 사건으로 국내 조직이 해산되었다.
>
> 안창호

① 독립신문을 창간하였다.
② 한성 사범 학교를 설립하였다.
③ 태극 서관, 자기 회사를 운영하였다.
④ 일본의 황무지 개간권 요구를 저지하였다.

24 다음 검색창에 들어갈 용어로 옳은 것은?

〔51회 2점〕

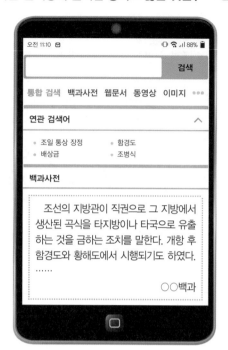

> 오전 11:10
>
> [   ] 검색
>
> 통합 검색 백과사전 웹문서 동영상 이미지 •••
>
> 연관 검색어
> - 조일 통상 장정   • 함경도
> - 배상금   • 조병식
>
> 백과사전
>
> 조선의 지방관이 직권으로 그 지방에서 생산된 곡식을 타지방이나 타국으로 유출하는 것을 금하는 조치를 말한다. 개항 후 함경도와 황해도에서 시행되기도 하였다. ……
>
> ○○백과

① 단발령   ② 방곡령
③ 삼림령   ④ 회사령

25 (가)에 들어갈 내용으로 옳은 것은?

〔50회 3점〕

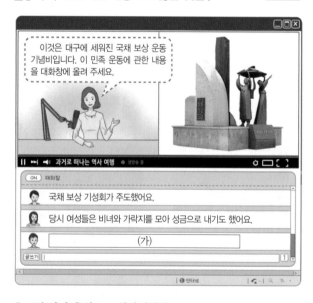

> 이것은 대구에 세워진 국채 보상 운동 기념비입니다. 이 민족 운동에 관한 내용을 대화창에 올려 주세요.
>
> 과거로 떠나는 역사 여행
>
> ON 대화창
>
> 국채 보상 기성회가 주도했어요.
>
> 당시 여성들은 비녀와 가락지를 모아 성금으로 내기도 했어요.
>
> __(가)__

① 근우회의 후원으로 확산되었어요.
② 조선 총독부의 방해로 실패했어요.
③ 김홍집 등이 중심이 되어 활동했어요.
④ 대한매일신보 등 언론의 지원을 받았어요.

주제 7 근대 문물의 수용

- 신문: 박문국, 한성순보, 독립신문, 대한매일신보, 만세보
- 교육: 육영 공원, 원산 학사
- 국학, 문예, 종교: 신채호, 원각사, 천도교, 대종교

26 (가)에 들어갈 문화유산으로 옳은 것은? 55회 2점

답사 계획서

- 주제: 근대 역사의 현장을 찾아서
- 날짜: 2021년 ○○월 ○○일
- 답사 장소

사진	설명
 우정총국	근대 우편 제도를 시행하기 위해 세워진 것으로, 개국 축하연 때 갑신정변이 발생하였다.
 구 러시아 공사관	을미사변 이후 고종이 피신한 곳으로 약 1년 동안 머물렀다. 지금은 건물의 일부만 남아 있다.
 (가)	고종의 접견실 등으로 사용하기 위해 지어진 것으로, 당시 건축된 서양식 건물 중 규모가 가장 크다.

① 황궁우
② 명동 성당
③ 운현궁 양관
④ 덕수궁 석조전

27 (가)에 해당하는 신문으로 옳은 것은? 49회 1점

① 만세보
② 독립신문
③ 해조신문
④ 대한매일신보

28 (가)에 들어갈 근대 교육 기관으로 옳은 것은? 55회 2점

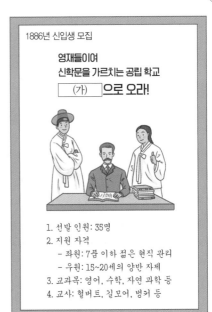

1886년 신입생 모집

영재들이여
신학문을 가르치는 공립 학교
(가) 으로 오라!

1. 선발 인원: 35명
2. 지원 자격
   - 좌원: 7품 이하 젊은 현직 관리
   - 우원: 15~20세의 양반 자제
3. 교과목: 영어, 수학, 자연 과학 등
4. 교사: 헐버트, 길모어, 벙커 등

① 서전서숙
② 배재 학당
③ 육영 공원
④ 이화 학당

QR코드로
빠른 정답 확인

시대별 기출문제 | 일제 강점기

○ 정답해설 86~91쪽

시대공략 포인트

- 일제의 식민 통치 방식을 시대별로 구분하여 알아두세요.
- 일제의 침략에 맞선 다양한 독립 전쟁과 민족 운동을 기억하세요.

킬러 주제 3·1 운동과 대한민국 임시 정부

(가) 민족 운동에 대한 설명으로 옳은 것은? `55회` `2점`

> ┌ 3·1 운동
> 이것은 1919년에 일어난 __(가)__ 의 지역별 시위 현황을 표기한 지도입니다. 이 자료를 통해 우리 민족이 일제의 무단 통치에 맞서 전국적으로 독립운동을 전개하였음을 확인할 수 있습니다.

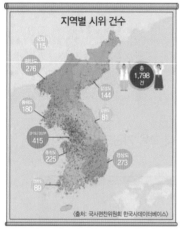

지역별 시위 건수

- 국외 115
- 평안도 276
- 함경도 144
- 황해도 180
- 강원도 81
- 경기도/서울 415
- 충청도 225
- 경상도 273
- 전라도 89
- 총 1,798건

(출처: 국사편찬위원회 한국사데이터베이스)

키워드 문제분석

❶ 1919년 + ❷ 전국적으로 독립운동 = 3·1 운동

3·1 운동은 1919년 고종의 인산일을 기해 일어난 전국적인 만세 운동이에요. 3·1 운동은 전국 주요 도시부터 농촌과 국외까지 확산되었고, 일제는 경찰, 군대 등을 동원하여 이를 진압하였어요.

① 개혁 추진을 위해 집강소가 설치되었다.
➡ 집강소는 동학 농민 운동 당시 농민군이 설치한 개혁 기구예요.

② 조선 물산 장려회를 중심으로 전개되었다.
➡ 1920년 평양에서 조만식 등이 조선 물산 장려회를 설립해 조선 물산 장려 운동을 주도하였어요.

③ 대한민국 임시 정부 수립의 계기가 되었다.
➡ 3·1 운동은 대한민국 임시 정부가 수립되는 계기가 되었어요.

④ 신간회의 지원을 받아 민중 대회가 추진되었다.
➡ 1929년 광주 학생 항일 운동이 일어나자 신간회는 진상 조사단을 파견하는 한편 민중 대회를 추진하였어요.

주제 1 일제의 식민 통치와 경제 침탈

- 1910년대: 헌병 경찰, 조선 태형령, 토지 조사 사업, 회사령
- 1920년대: 치안 유지법, 산미 증식 계획, 회사령 철폐
- 1930년대 후반 이후: 황국 신민 서사 암송, 국가 총동원법, 일본군 '위안부'

01 (가)에 들어갈 기구로 옳은 것은? `55회` `1점`

> 저는 지금 일제 식민 통치의 최고 기구였던 __(가)__ 청사 철거 현장에 나와 있습니다. 정부는 광복 50주년을 맞아 '역사 바로 세우기' 사업의 일환으로 이번 철거를 진행한다고 밝혔습니다.

① 조선 총독부 ② 종로 경찰서
③ 서대문 형무소 ④ 동양 척식 주식회사

02 밑줄 그은 '시기'에 볼 수 있는 모습으로 가장 적절한 것은? `51회` `2점`

> □□ 신문
>
> 제△△호 　　　　　　2020년 ○○월 ○○일
>
> **헌병, 군사 경찰로 명칭 변경**
>
> 군대 내 경찰 직무를 수행해 오던 헌병이 군사 경찰이라는 새 이름을 달았다. 헌병은 일본식 표현으로, 국권 피탈 이후에는 일제가 헌병 경찰 제도를 실시하던 시기가 있었다. 따라서 이번 명칭 변경은 우리 사회에 남아 있던 일제의 잔재를 청산한다는 측면에서 중요한 역사적 의미가 있다.

① 제복을 입고 칼을 찬 교사
② 브나로드 운동에 참여하는 학생
③ 조선책략 유포에 반발하는 유생
④ 치안 유지법 위반으로 구속된 독립운동가

03 밑줄 그은 '이 정책'으로 옳은 것은? 〔55회〕〔2점〕

이 사진은 일제 강점기 일본으로 반출하기 위해 쌀을 쌓아 놓은 군산항의 모습입니다. 일제는 자국의 식량 문제를 해결하기 위하여 1920년부터 조선에 이 정책을 실시하여 수많은 양의 쌀을 수탈해 갔습니다.

① 회사령
② 농지 개혁법
③ 산미 증식 계획
④ 토지 조사 사업

04 다음 상황이 나타난 시기에 볼 수 있는 모습으로 옳은 것은? 〔52회〕〔2점〕

황국 신민 서사를 외우지 못하는 국민학교 학생은 제국 신민이 될 자격이 없어!

① 대동법 시행에 반대하는 지주
② 신사 참배를 강요당하는 청년
③ 암태도 소작 쟁의에 참여하는 농민
④ 박문국에서 한성순보를 발간하는 관리

05 (가)~(다)를 일어난 순서대로 옳게 나열한 것은? 〔54회〕〔3점〕

일제 강점기 시행 법령

(가)	(나)	(다)
조선 태형령 실시	치안 유지법 제정	국가 총동원법 공포

① (가) - (나) - (다)
② (가) - (다) - (나)
③ (나) - (가) - (다)
④ (다) - (나) - (가)

06 (가)~(다)를 일어난 순서대로 옳게 나열한 것은? 〔50회〕〔2점〕

일제 강점기 경제 수탈

(가)	(나)	(다)
토지 조사령 공포	공출제 실시	산미 증식 계획 처음 시행

① (가) - (나) - (다)
② (가) - (다) - (나)
③ (나) - (가) - (다)
④ (다) - (나) - (가)

- 1910년대 독립운동
  - 국내: 독립 의군부, 대한 광복회, 3·1 운동
  - 국외: 신흥 강습소, 권업회, 대조선 국민 군단
- 대한민국 임시 정부: 연통제, 독립 공채, 국민대표 회의, 한국광복군

07 밑줄 그은 '이 단체'로 옳은 것은?
52회 3점

1910년대에 국내에서도 항일 독립운동이 전개되었다고요?

네, 맞습니다. 박상진을 중심으로 1915년에 대구에서 결성된 이 단체가 대표적입니다.

공화정치를 목표로 했으며 주로 독립 전쟁 자금 모금, 친일파 처단 등의 활동을 하였지요.

① 대한 광복회
② 조선어 학회
③ 조선 형평사
④ 한인 애국단

08 (가) 지역에서 있었던 독립운동에 대한 설명으로 옳은 것은?
54회 3점

(가) 지역 독립운동 조사 보고서

－ 목차 －

1. 대조선 국민 군단의 활동
   1) 박용만의 결성 주도
   2) 독립군 양성
   3) 군단의 해체

2. 한인 비행 학교의 운영
   1) 노백린의 설립 노력
   2) 김종림의 재정 지원
   3) 학교의 폐쇄

① 서전서숙이 세워졌다.
② 권업회가 조직되었다.
③ 신흥 강습소가 설립되었다.
④ 대한인 국민회가 결성되었다.

09 교사의 질문에 대한 학생의 답변으로 옳지 <u>않은</u> 것은?
50회 2점

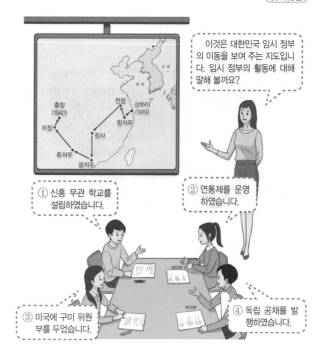

이것은 대한민국 임시 정부의 이동을 보여 주는 지도입니다. 임시 정부의 활동에 대해 말해 볼까요?

① 신흥 무관 학교를 설립하였습니다.
② 연통제를 운영하였습니다.
③ 미국에 구미 위원부를 두었습니다.
④ 독립 공채를 발행하였습니다.

10 (가)에 들어갈 인물로 옳은 것은?
50회 3점

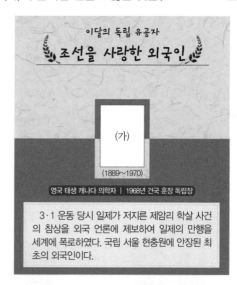

이달의 독립 유공자

조선을 사랑한 외국인

(가)

(1889~1970)

영국 태생 캐나다 의학자 | 1968년 건국 훈장 독립장

3·1 운동 당시 일제가 저지른 제암리 학살 사건의 참상을 외국 언론에 제보하여 일제의 만행을 세계에 폭로하였다. 국립 서울 현충원에 안장된 최초의 외국인이다.

① 호머 헐버트
② 메리 스크랜튼

③ 어니스트 베델

④ 프랭크 스코필드

주제 3 1920년대 독립 전쟁과 의열 투쟁

- 1920년대 무장 독립 전쟁: 봉오동 전투, 대한 독립군, 홍범도, 청산리 전투, 북로 군정서, 김좌진
- 의열 투쟁
  - 의열단: 김원봉, 조선 혁명 선언, 황푸 군관 학교
  - 한인 애국단: 김구, 이봉창, 윤봉길

11 밑줄 그은 '전투'가 일어난 시기를 연표에서 옳게 고른 것은? 54회 3점

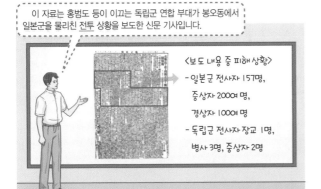

이 자료는 홍범도 등이 이끄는 독립군 연합 부대가 봉오동에서 일본군을 물리친 <u>전투</u> 상황을 보도한 신문 기사입니다.

〈보도 내용 중 피해 상황〉
- 일본군 전사자 157명, 중상자 2000여 명, 경상자 1000여 명
- 독립군 전사자 장교 1명, 병사 3명, 중상자 2명

1910	1925	1931	1937	1945
(가)	(나)	(다)	(라)	
국권 피탈	미쓰야 협정	만주 사변	중일 전쟁	8·15 광복

① (가)　② (나)　③ (다)　④ (라)

12 (가)에 들어갈 단체로 옳은 것은? 55회 1점

1931년 김구는 항일 의열 단체인 (가) 을 조직하였습니다. 1/3

단원 이봉창은 1932년 1월 도쿄에서 일왕이 탄 마차를 향해 수류탄을 던졌습니다. 2/3

단원 윤봉길은 1932년 4월 상하이 훙커우 공원에서 일본군 주요 인사 등을 처단하였습니다. 3/3

① 중광단　② 흥사단
③ 한인 애국단　④ 대조선 국민 군단

13 밑줄 그은 '이 단체'로 옳은 것은? 52회 1점

독립운동 단체 조사 발표회

○ △△모둠

폭파
요인처단
종로경찰서
조선혁명선언
신채호 김익상 김상옥
김원봉
박재혁

저희 모둠은 <u>이 단체</u>와 관련된 단어를 검색해 보았습니다. 사람들의 조회 수가 많을수록 글자의 크기가 큽니다.

① 근우회　② 보안회
③ 의열단　④ 중광단

14 (가)에 들어갈 전투로 옳은 것은? 51회 2점

이달의 독립운동가

만주 지역에서 무장 독립 투쟁에 힘쓴

박영희
1896~1930

신흥 무관 학교 교관 및 북로 군정서 사관 연성소 학도단장으로 활동하였다. 1920년 10월에는 북로 군정서군, 대한 독립군 등으로 구성된 독립군 연합 부대가 일본군과 10여 차례 교전을 벌여 승리하였던 (가) 에 참여하였다.

① 쌍성보 전투　② 영릉가 전투
③ 청산리 전투　④ 대전자령 전투

- 한국 독립군: 지청천, 쌍성보 전투
- 조선 혁명군: 양세봉, 영릉가 전투
- 조선 의용대 ┌ 한국광복군 편입
         └ 조선 의용대 화북 지대 → 조선 의용군
- 한국광복군: 지청천, 국내 진공 작전

15 교사의 질문에 대한 답변으로 옳은 것은? 〔48회〕〔3점〕

일제는 만주 사변을 일으키고 지도에 표시된 것과 같이 자신들의 꼭두각시 정권인 만주국을 세웠습니다. 이 지역에서 독립운동을 펼치던 세력은 당시 일제의 만주 침략에 어떻게 대응하였을까요?

① 신간회를 결성하였습니다.
② 국민대표 회의를 소집하였습니다.
③ 신흥 무관 학교를 설립하였습니다.
④ 한·중 연합 작전을 전개하였습니다.

16 (가)에 들어갈 군사 조직으로 옳은 것은? 〔54회〕〔2점〕

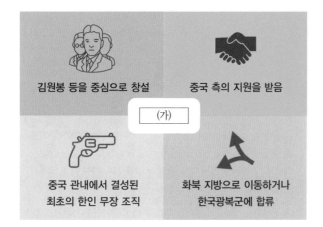

김원봉 등을 중심으로 창설

중국 측의 지원을 받음

(가)

중국 관내에서 결성된 최초의 한인 무장 조직

화북 지방으로 이동하거나 한국광복군에 합류

① 별기군　　　　② 북로 군정서
③ 조선 의용대　　④ 동북 항일 연군

17 (가) 군대에 대한 설명으로 옳은 것은? 〔55회〕〔2점〕

이달의 독립운동가

1940년 대한민국 임시 정부가 창설한
　(가)　의 총사령관

지청천 장군
(1888~1957)

① 자유시 참변으로 큰 타격을 입었다.
② 봉오동 전투에서 일본군을 격퇴하였다.
③ 미군과 연계하여 국내 진공 작전을 계획하였다.
④ 흥경성에서 중국 의용군과 연합 작전을 펼쳤다.

주제 **5** 실력 양성 운동과 학생 항일 운동

- 실력 양성 운동: 물산 장려 운동, 조만식, 민립 대학 설립 운동, 이상재, 브나로드 운동
- 학생 항일 운동: 6·10 만세 운동, 광주 학생 항일 운동

18 다음 자료의 민족 운동에 대한 설명으로 옳은 것은? 〔51회〕〔2점〕

물산 장려에 대한 운동의 새로운 풍조가 시작된 이래로 …… 반드시 토산으로 원료를 삼아 학생모, 중절모 등을 제조하는 것이 좋겠다. …… 현재 인도에서는 간디캡이 크게 유행한다는데 간디 씨가 발명, 제조한 순 인도산의 재료로 순 인도인이 만든 모자라고 한다.

① 대한매일신보의 후원을 받았다.
② 평양에서 시작하여 전국으로 확산하였다.
③ 황국 중앙 총상회를 중심으로 전개되었다.
④ 독립문 건립을 위한 모금 활동이 추진되었다.

19 다음 대화가 이루어진 시기를 연표에서 옳게 고른 것은?

55회 3점

순종의 인산일인 어제 경성에서 만세 시위가 크게 일어났다는군.

장례 행렬이 지나갈 때 학생들이 격문을 뿌리며 독립 만세를 외쳤다지.

1897	1910	1920	1929	1942
(가)	(나)	(다)	(라)	
대한 제국 수립	국권 피탈	청산리 대첩	광주 학생 항일 운동	조선어 학회 사건

① (가)   ② (나)   ③ (다)   ④ (라)

---

20 (가)에 들어갈 내용으로 옳은 것은?

52회 2점

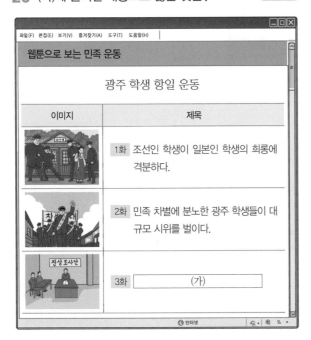

웹툰으로 보는 민족 운동

광주 학생 항일 운동

이미지	제목
	1화 조선인 학생이 일본인 학생의 희롱에 격분하다.
	2화 민족 차별에 분노한 광주 학생들이 대규모 시위를 벌이다.
	3화 (가)

① 통감부가 설치되다.
② 2·8 독립 선언서를 작성하다.
③ 일제가 치안 유지법을 공포하다.
④ 신간회 등이 지원하여 전국으로 확산되다.

- 신간회: 최대의 민족 협동 전선 단체, 진상 조사단 파견
- 사회적 민족 운동: 암태도 소작 쟁의, 원산 총파업, 잡지 『어린이』, 근우회, 조선 형평사

21 다음 가상 뉴스의 (가)에 들어갈 단체로 옳은 것은?

54회 2점

이상재 선생의 장례가 사회장으로 거행되었습니다. 선생은 '일체의 기회주의를 부인함' 등을 강령으로 내세운 _____(가)_____ 의 초대 회장으로 민족 유일당 운동에 앞장섰습니다. 마지막까지 민족 운동에 헌신하였던 선생의 죽음을 많은 사람이 애도하였습니다.

이상재 선생 사회장 거행

① 보안회   ② 신간회
③ 진단 학회   ④ 조선 형평사

---

22 다음 자료에 나타난 사건으로 옳은 것은?

50회 2점

라이징 선 석유 회사는 조선인을 구타한 일본인 감독을 파면하라!

영상으로 만나는 1920년대

8시간 노동제를 실시하라!

최저 임금제를 확립하라!

① 6·3 시위   ② 새마을 운동
③ 원산 총파업   ④ 제주 4·3 사건

23 (가)에 들어갈 자료로 옳은 것은? 50회 2점

> 일제 강점기에 백정들이 저울처럼 평등한 사회를 만들고자 일으켰던 운동을 기념하는 탑이야.

> 이것은 이 운동을 주도한 단체의 포스터야. 저울을 뜻하는 글자를 볼 수 있어.

(가)

①

②

③

④

주제 7 민족 문화 수호 운동

- 한국사: 박은식, 신채호, 백남운, 진단 학회
- 국어, 문학: 조선어 학회, 이육사, 윤동주, 나운규
- 종교: 천도교 『개벽』, 대종교 중광단, 원불교 새생활 운동

24 밑줄 그은 '이 책'으로 옳은 것은? 47회 3점

> 이 책에 대해 소개해 주세요.

> 일제 강점기에 단재 신채호가 저술했어요.

> 역사를 아(我)와 비아(非我)의 투쟁을 기록한 것으로 정의하고 있어요.

①
제왕운기

②
동사강목

③
연려실기술

④ 조선상고사

---

25 다음 퀴즈의 정답으로 옳은 것은? 〔49회│1점〕

이것은 한글 맞춤법 통일안과 외래어 표기법 통일안을
마련한 단체에서 사전을 편찬하기 위해 만든 원고입니다.
이 단체의 이름은 무엇일까요?

①
보안회

②
독립 협회

③
대한 광복회

④
조선어 학회

26 (가)에 들어갈 인물로 옳은 것은? 〔50회│2점〕

카드 뉴스 만들기

주제: (가) , 조국의 독립을 꿈꾸다

독립운동을 하다
가 대구 형무소에 갇
힌 내용을 넣어보자.

그의 이름이 형무소
에 있을 때 수인 번호와
관련이 있다는데 그 이
야기도 다루자.

대표적 작품인
광야에 대해 소개
했으면 좋겠어.

① 윤동주   ② 이상화   ③ 이육사   ④ 한용운

27 (가)에 들어갈 인물로 옳은 것은? 〔55회│1점〕

이 유물은 ___(가)___ 이 1936년 베를린 올림픽 마라톤 경기에서
우승하여 받은 투구입니다. 당시 조선중앙일보, 동아일보 등이 그의 우
승 소식을 보도하면서 유니폼에 그려진 일장기를 삭제하여 일제의 탄
압을 받았습니다.

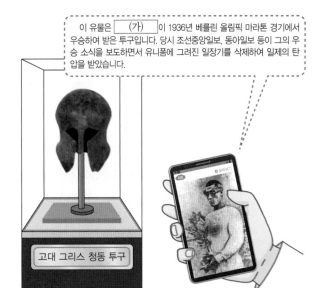

고대 그리스 청동 투구

① 남승룡   ② 손기정
③ 안창남   ④ 이중섭

QR코드로
빠른 정답 확인

시대별 기출문제 | 현대

● 정답해설 91~94쪽

시대공략 포인트

- 대한민국 정부 수립 과정을 순서대로 파악하세요.
- 각 정부별 주요 사건을 기억하세요.
- 통일과 관련된 문제는 매 시험마다 출제되고 있어요.

킬러 주제 통일 정책과 경제·사회 변화

다음 내용을 발표한 정부의 통일 노력으로 옳은 것은?

54회 2점

> 북한의 무력 도발을 절대 용납하지 않는다. 우리도 북한을 해치거나 흡수 통일을 추구하지 않는다. 남북이 화해·협력하자. 이것이 바로 우리가 추구하는 햇볕 정책의 핵심이며 냉전 종식을 위한 주장입니다.

역사의 현장
2000년 3월, 베를린 자유대학

키워드 문제분석

❶ 남북 화해·협력 + ❷ 햇볕 정책 = 김대중 정부

김대중 정부는 대북 화해 협력 정책인 햇볕 정책을 추진하여 금강산 관광 사업을 추진하였고, 북한과 제1차 남북 정상 회담을 진행하였어요. 정상 회담 이후 6·15 남북 공동 선언을 발표하고 경의선 복구 사업, 개성 공단 건설 등 다양한 사업을 추진하였어요.

① 개성 공단 조성에 합의하였다.
➡ 김대중 정부 시기에 북한과 개성 공단 조성에 합의하였어요.

② 남북 기본 합의서를 채택하였다.
➡ 노태우 정부 시기에 남북 기본 합의서를 채택하였어요.

③ 남북한이 유엔에 동시 가입하였다.
➡ 노태우 정부 시기에 남북한 유엔 동시 가입이 이루어졌어요.

④ 7·4 남북 공동 성명을 발표하였다.
➡ 박정희 정부 시기에 7·4 남북 공동 성명을 발표하고 남북 조절 위원회를 구성하였어요.

주제 1 8·15 광복 ~ 6·25 전쟁

- 정부 수립: 모스크바 3국 외상 회의 → 미·소 공동 위원회 → 정읍 발언 → 좌우 합작 7원칙
- 제헌 국회: 5·10 총선거, 반민족 행위 특별 조사 위원회
- 6·25 전쟁: 인천 상륙 작전, 1·4 후퇴, 한미 상호 방위 조약

01 (가)에 들어갈 내용으로 가장 적절한 것은? 50회 2점

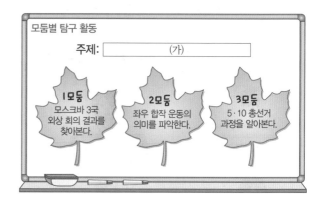

모둠별 탐구 활동
주제: (가)

1모둠	2모둠	3모둠
모스크바 3국 외상 회의 결과를 찾아본다.	좌우 합작 운동의 의미를 파악한다.	5·10 총선거 과정을 알아본다.

① 헤이그 특사 파견 배경
② 대한민국 정부 수립 과정
③ 국민대표 회의 개최 원인
④ 한·일 기본 조약 체결 결과

02 (가)에 들어갈 사진으로 옳지 않은 것은? 55회 2점

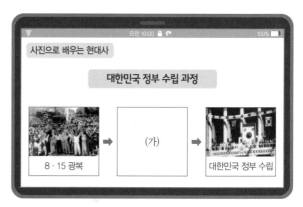

사진으로 배우는 현대사
대한민국 정부 수립 과정

8·15 광복 → (가) → 대한민국 정부 수립

①
5·10 총선거 실시

②
유엔 한국 임시 위원단 내한

③
제1차 미소 공동 위원회 개최

④
반민족 행위 특별 조사 위원회 활동

03 다음 발언 이후에 전개된 사실로 옳은 것은? `51회` `3점`

미·소 공동 위원회가 결렬된 이후 다시 열릴 기미가 보이지 않습니다. 통일 정부가 수립되길 원했으나 뜻대로 되지 않으니, 남방만이라도 임시 정부 혹은 위원회를 조직하고, 38도선 이북에서 소련이 물러가도록 세계에 호소해야 합니다.

이승만

① 한국광복군이 창설되었다.
② 김구가 남북 협상을 추진하였다.
③ 모스크바 삼국 외상 회의가 개최되었다.
④ 여운형이 조선 건국 준비 위원회를 결성하였다.

04 밑줄 그은 '사건'으로 옳은 것은? `54회` `2점`

문학으로 만나는 한국사

아, 떼죽음 당한 마을이 어디 우리 마을 뿐이던가. 이 섬 출신이거든 아무라도 붙잡고 물어보라. 필시 그의 가족 중에 누구 한 사람이, 아니면 적어도 사촌까지 중에 누구 한 사람이 그 북새통에 죽었다고 말하리라.
– 『순이 삼촌』 –

위 소설의 배경이 된 사건은 미 군정기에 시작되어 이승만 정부 수립 이후까지 지속되었습니다. 당시에 남한만의 단독 정부 수립에 반대하는 무장대와 토벌대 간의 무력 충돌과 토벌대의 진압 과정에서 많은 주민이 희생되었습니다.

① 간도 참변
② 6·3 시위
③ 제주 4·3 사건
④ 제암리 학살 사건

05 (가) 정책에 대한 설명으로 옳은 것은? `51회` `2점`

정부가 (가) 을/를 실시하면서 발급한 지가 증권입니다. 당시 재정이 부족했던 정부는 지주에게 현금 대신 이것을 지급하고 농지를 매입하였습니다. 그리고 이 농지를 농민들에게 유상으로 분배하였습니다.

이것은 무엇인가요?

① 친일파 청산을 목적으로 하였다.
② 서재필, 이상재 등이 주도하였다.
③ 자작농이 증가하는 계기가 되었다.
④ 농광 회사가 설립되는 배경이 되었다.

06 밑줄 그은 '이 전쟁' 중에 있었던 사실로 옳은 것은? `55회` `2점`

이것은 이 전쟁 중인 1951년 11월 판문점 인근에서 열기구를 띄우려는 모습을 촬영한 사진입니다. 이 열기구는 휴전 회담이 진행되던 당시 판문점 일대가 중립 지대임을 표시하기 위한 것이었습니다.

① 애치슨 선언이 발표되었다.
② 흥남 철수 작전이 전개되었다.
③ 사사오입 개헌안이 가결되었다.
④ 한·미 상호 방위 조약이 체결되었다.

07 (가) 전쟁 중에 있었던 사실로 옳은 것은? <u>49회 2점</u>

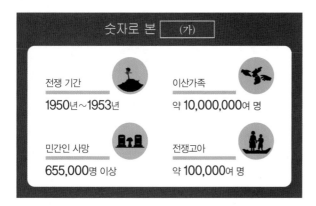

숫자로 본 ___(가)___

전쟁 기간		이산가족	
1950년~1953년		약 **10,000,000**여 명	
민간인 사망		전쟁고아	
655,000명 이상		약 **100,000**여 명	

① 인천 상륙 작전이 전개되었다.

② 모스크바 3상 회의가 개최되었다.

③ 미국이 애치슨 선언을 발표하였다.

④ 반민족 행위 처벌법이 제정되었다.

주제 **2** **민주주의의 시련과 발전**

• 정치: 사사오입 개헌, 한·일 협정, 브라운 각서, 유신 헌법, 북방 외교, OECD 가입, IMF 지원

• 민주 항쟁: 4·19 혁명, 부·마 민주 항쟁, 5·18 민주화 운동, 6월 민주 항쟁

---

08 (가) 민주화 운동에 대한 설명으로 옳은 것은? <u>55회 2점</u>

기록으로 만나는 ___(가)___

개요 | 일반 문서류 | 사진 기록물 | 동영상 기록물

전개 과정 >
주요 일지 >
참고 자료 >

2월 28일
대구 학생 시위

4월 11일
김주열 군 시신 발견,
2차 마산 의거

4월 26일
이승만 대통령 하야

4월 19일
경찰이 시위대에 발포,
비상계엄령 선포

① 3·15 부정 선거에 항의하였다.

② 4·13 호헌 조치 철폐를 요구하였다.

③ 유신 체제가 붕괴되는 계기가 되었다.

④ 신군부의 비상계엄 확대에 반대하였다.

---

09 밑줄 그은 '정부' 시기의 사실로 옳지 <u>않은</u> 것은? <u>51회 2점</u>

우리 정부가 일본의 사과와 반성 없이 한·일 국교 정상화를 추진한다는 사실이 알려지면서 대학생과 시민들을 중심으로 굴욕적 대일 외교에 반대하는 시위가 확산하고 있습니다.

한일 회담 반대 시위 확산

① 3선 개헌안이 통과되었다.

② 베트남에 국군이 파병되었다.

③ 경제 개발 5개년 계획이 추진되었다.

④ 한·일 월드컵 축구 대회가 개최되었다.

---

10 다음 대화에 나타난 민주화 운동으로 옳은 것은? <u>50회 3점</u>

이것은 1979년 야당 총재의 국회 의원직 제명으로 촉발되어 유신 독재에 저항한 민주화 운동을 기념한 조형물입니다.

2019년 정부는 이 운동이 민주화에 기여한 점을 인정하여 시위가 시작된 날을 국가 기념일로 지정하였습니다.

① 4·19 혁명　　　　② 6월 민주 항쟁

③ 부·마 민주 항쟁　④ 5·18 민주화 운동

11 (가)에 들어갈 민주화 운동으로 옳은 것은? 57회 1점

① 6·3 시위
② 6월 민주 항쟁
③ 2·28 민주 운동
④ 5·18 민주화 운동

12 다음 자료로 알 수 있는 민주화 운동에 대한 설명으로 옳은 것은? 52회 3점

① 대통령이 하야하는 결과를 가져왔다.
② 굴욕적인 한·일 국교 정상화에 반대하였다.
③ 5년 단임의 대통령 직선제 개헌을 이끌어냈다.
④ 전개 과정에서 시민군이 자발적으로 조직되었다.

13 (가) 정부 시기에 있었던 사실로 옳은 것은? 48회 2점

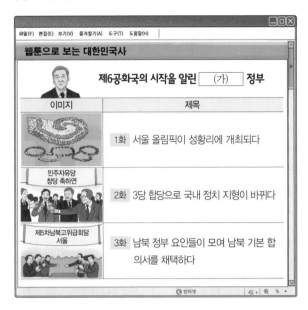

① 농지 개혁법이 제정되었다.
② 베트남에 국군이 파병되었다.
③ 소련 및 중국과 국교가 수립되었다.
④ 6·15 남북 공동 선언이 발표되었다.

14 (가)에 들어갈 사진으로 적절한 것은? 48회 3점

①

경부 고속 도로 준공

②
평창 동계 올림픽 개최

③

경제 협력 개발 기구
(OECD) 가입

④

아시아·태평양 경제 협력체
(APEC) 정상 회의 개최

- 통일 정책: 7·4 남북 공동 성명, 유엔 동시 가입, 남북 기본 합의서, 햇볕 정책, 6·15 남북 공동 선언, 개성 공단
- 경제: 경제 개발 5개년 계획, 수출 100억 달러, 새마을 운동, 금융 실명제, 금 모으기 운동, 한미 FTA

15 (가) 시기에 있었던 사실로 옳은 것은? 49회 3점

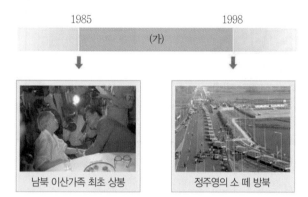

1985		1998
	(가)	

남북 이산가족 최초 상봉　　　정주영의 소 떼 방북

① 개성 공단 조성에 합의하였다.
② 남북 기본 합의서가 채택되었다.
③ 남북 조절 위원회가 설치되었다.
④ 6·15 남북 공동 선언이 발표되었다.

16 (가)에 들어갈 내용으로 옳은 것은? 52회 2점

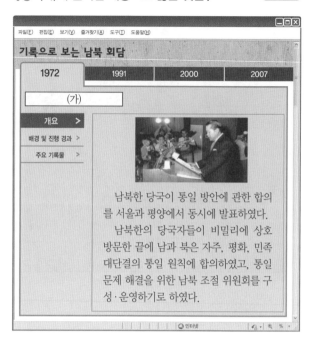

기록으로 보는 남북 회담

| 1972 | 1991 | 2000 | 2007 |

(가)

개요 >
배경 및 진행 경과 >
주요 기록물 >

남북한 당국이 통일 방안에 관한 합의를 서울과 평양에서 동시에 발표하였다.
남북한의 당국자들이 비밀리에 상호 방문한 끝에 남과 북은 자주, 평화, 민족 대단결의 통일 원칙에 합의하였고, 통일 문제 해결을 위한 남북 조절 위원회를 구성·운영하기로 하였다.

① 남북 기본 합의서
② 7·4 남북 공동 성명
③ 6·15 남북 공동 선언
④ 10·4 남북 정상 선언

17 (가)에 들어갈 사진으로 옳은 것은? 〔47회 2점〕

1970년대 대한민국 사진전
- 경제 분야 -

경부 고속 도로 개통

포항 종합 제철 공장 준공

(가)

①

수출 100억 달러 달성

②

서울 올림픽 대회 개최

③

경제 협력 개발 기구
(OECD) 가입

④

아시아 · 태평양 경제 협력체
(APEC) 정상 회의 개최

18 (가)에 해당하는 인물로 옳은 것은? 〔57회 2점〕

이 문서는 (가) 이/가 작성한 평화 시장 봉제공장 실태 조사서입니다. 당시 노동자들의 노동 시간과 건강 상태 등이 상세히 기록되어 있습니다. 열악한 노동 환경의 개선을 요구하던 그는 1970년에 "근로 기준법을 지켜라.", "우리는 기계가 아니다."를 외치며 분신하였습니다.

①

김주열

②

장준하

③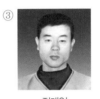

전태일

④

이한열

QR코드로
빠른 정답 확인

능력 때문에 성공한 사람보다
끈기 때문에 성공한 사람이 더 많습니다.

– 조정민, 『인생은 선물이다』, 두란노

정답해설

정답해설

선사

P. 4~7

01	③	02	①	03	②	04	④	05	④
06	④	07	①	08	③	09	③	10	②
11	④	12	②						

01 구석기 시대의 생활 모습
정답 ③

키워드 문제분석

동굴, 막집 + 연천 전곡리 = 구석기 시대

구석기 시대 사람들은 식량을 찾아 이동 생활을 하였고, 동굴이나 강가의 막집에 살았어요. 경기 연천 전곡리는 대표적인 구석기 시대 유적이 남아 있는 곳이에요.

① 가락바퀴는 신석기 시대의 대표적인 유물로 실을 뽑는 데 사용하였어요.
② 청동기 시대에 농경이 시작되었고, 반달 돌칼을 사용하여 벼를 수확하였어요.
③ 구석기 시대의 사람들은 주먹도끼를 사용하여 사냥을 하고, 동물의 가죽을 벗기는 등 다양하게 사용하였어요.
④ 세형동검은 초기 철기 시대 한반도의 독자적인 청동기 문화가 발달하였음을 보여주는 유물이에요.

02 신석기 시대의 생활 모습
정답 ①

키워드 문제분석

빗살무늬 토기 + 암사동 = 신석기 시대

신석기 시대에는 토기를 만들어 음식을 조리하거나 식량을 저장하는데 이용하였는데, 빗살무늬 토기가 대표적이에요. 서울 암사동에는 신석기 시대의 유적과 유물이 많이 남아 있어요.

① 신석기 시대에는 가락바퀴로 실을 뽑아 옷을 만들었어요.
② 청동기 시대에 지배층의 무덤으로 고인돌을 만들었어요.
③ 청동기 시대 이후 거푸집을 이용하여 비파형 동검이나 청동 무기 등을 만들었어요.
④ 철기 시대 이후 철제 농기구로 농사를 지었어요.

03 신석기 시대의 유물
정답 ②

키워드 문제분석

가락바퀴 + 빗살무늬 토기 = 신석기 시대

신석기 시대에는 농경과 목축이 시작되면서 정착 생활을 하기 시작하여 움집에 거주하였어요. 음식물을 저장하기 위해 토기를 만들었고, 가락바퀴를 이용하여 옷이나 그물을 만들었어요.

① 구석기 시대의 뗀석기 중 하나인 주먹도끼는 사냥 도구로 이용되었어요.
② 신석기 시대에는 갈돌과 갈판을 사용하여 곡식을 갈거나 열매의 껍질을 벗겼어요.
③ 청동기 시대의 대표적인 유물인 비파형 동검은 악기 비파와 모양이 비슷하였어요.
④ 철기 시대부터 농사를 짓는 데 철제 농기구가 사용되었어요.

04 청동기 시대의 생활 모습
정답 ④

키워드 문제분석

벼농사 + 반달 돌칼 = 청동기 시대

청동기 시대에는 벼농사를 짓기 시작하였으며, 곡식을 수확할 때 반달 돌칼과 같은 농기구를 사용하였어요. 또한 농업 생산력이 늘어나면서 잉여 생산물이 발생하였고, 사유 재산이 등장하면서 계급이 발생하였어요.

① 우경은 신라 지증왕 때 장려되었고, 고려 시대에 일반화되었어요.
② 철기 시대에 부족 간의 전쟁이 증가하면서 철제 무기를 사용하였어요.
③ 구석기 시대에는 주로 동굴이나 막집에 거주하였어요.
④ 청동기 시대에는 많은 인력이 동원되어 지배자(군장)의 무덤인 고인돌을 만들었어요.

05 고조선의 사회 모습
정답 ④

키워드 문제분석

청동기 문화 + 범금 8조 = 고조선

고조선은 기원전 2333년 단군이 청동기 문화를 배경으로 건국한 우리 역사상 최초의 국가로, 평양성을 도읍으로 삼았어요. 고조선에는 사회 질서를 유지하기 위한 범금 8조가 있었고, 이를 통해 노동력과 사유 재산을 중시하였다는 것을 알 수 있어요.

① 동예는 한반도 북부 동해안 지역에서 건국되었고, 책화와 족외혼 등의 풍습이 존재하였어요.
② 부여는 만주 쑹화강 유역에서 건국되었고, 왕 아래 여러 가(加)들이 별도로 사출도를 주관하였어요.
③ 고구려는 압록강 중류 일대 산이 많은 지역에서 건국되었고, 서옥제 등의 풍습이 있었어요.
④ 고조선은 독자적인 문화를 이루면서 발전하였고, 부왕·준왕 같은 강력한 왕이 등장하여 왕위를 세습하였어요.

06 고조선의 사회 모습
정답 ④

키워드 문제분석

단군왕검 + 왕검성 = 고조선

단군왕검이 아사달에 도읍을 정하고 건국한 고조선은 우거왕 때 한 무제의 공격을 받아 맞서 싸웠으나 기원전 108년에 수도 왕검성이 무너지면서 멸망하였어요.

① **삼한**은 제정 분리 사회로 제사장인 천군이 다스리는 별도 구역인 소도가 존재하였어요.

② 삼한 중 **변한**에서는 철이 풍부하게 생산되어 낙랑, 왜 등에 철을 수출하였어요.

③ **신라**의 귀족 회의체인 화백 회의는 만장일치로 국가의 중대한 일을 결정하였어요.

④ **고조선**에는 사회 질서를 유지하기 위해 살인, 절도 등의 죄를 다스리는 범금 8조가 있었어요.

07 부여의 사회 모습　　　　　정답 ①

사출도 + 영고 = 부여

부여는 왕 아래 마가, 우가, 저가, 구가 등의 대가들이 각자 독립된 행정 구역인 사출도를 다스렸어요. 또한 추수를 마친 12월에는 영고라는 제천 행사를 개최하였어요.

① (가)는 중국 쑹화강 유역의 평야 지대에서 발달한 **부여**예요.

② (나)는 졸본 지방을 중심으로 성장한 **고구려**예요.

③ (다)는 함경도 동해안 지방에서 성장한 **옥저**예요.

④ (라)는 강원도 북부 동해안 지방에서 성장한 **동예**예요.

08 옥저의 사회 모습　　　　　정답 ③

민며느리제 + 가족 공동 무덤 = 옥저

옥저에는 신랑 집에서 신부가 될 여자를 데려와 키우고 어른이 되면 돌려보낸 뒤 신부 집에 금전적 대가를 주고 혼인하는 민며느리제의 결혼 풍습이 있었어요. 또한 가족이 죽으면 시신을 임시로 묻어 두었다가 나중에 뼈만 추려 가족의 뼈가 있는 목곽에 같이 담는 가족 공동 무덤의 장례 풍습이 있었어요.

① (가)는 만주 쑹화강의 넓은 평야 지대에 위치하였던 **부여**예요.

② (나)는 압록강 졸본 지역에 위치하였던 **고구려**예요.

③ (다)는 함경도 지역에 위치하였던 **옥저**로 해산물이 풍부하였어요.

④ (라)는 강원도 북부 지역에 위치하였던 **동예**예요.

09 동예의 사회 모습　　　　　정답 ③

무천 + 책화 = 동예

동예에는 허락 없이 다른 부족의 경계를 넘어가면 노비 또는 소나 말 등으로 갚아주어야 했던 책화의 풍습이 있었어요. 또한 10월에는 무천이라는 제천 행사가 열렸어요.

① **고구려**의 혼인 풍습으로 서옥제가 있었어요.

② 화랑도는 원시 사회의 청소년 집단에서 기원한 것으로 **신라**의 청소년 수련 단체예요.

③ **동예**는 짧은 활인 단궁, 작은 조랑말인 과하마, 바다표범의 가죽인 반어피 등의 특산물이 있었어요.

④ **부여**는 왕 이외에도 마가, 우가, 저가, 구가의 지배층이 존재하였어요.

10 삼한의 사회 모습　　　　　정답 ②

천군 + 소도 = 삼한

삼한은 제사장인 천군이 별도로 다스리는 지역인 소도가 있던 제정 분리 사회였어요. 그래서 죄인이 소도로 도망을 가면 아무리 군장이라도 죄인을 함부로 잡아갈 수 없었어요.

① **부여**에는 매년 12월에 영고라는 제천 행사가 있었어요.

② **삼한**은 신지, 읍차 등의 군장이 나라를 다스렸어요.

③ **옥저**에는 결혼 풍습으로 민며느리제가 있었어요.

④ **동예**는 읍락 간의 경계를 중시하여 이를 침범하는 경우 노비나 소, 말 등으로 변상하게 하는 책화가 있었어요.

11 삼한의 사회 모습　　　　　정답 ④

소도 + 천군 = 삼한

삼한에는 종교 지배자(제사장)인 천군과 그가 관할하는 신성 지역인 소도가 있었어요.

① **고조선**은 범금 8조의 법률로 백성을 다스렸어요.

② **부여**는 매년 12월에 영고라 불리는 제천 행사를 개최하였어요.

③ **고구려**에는 서옥제라는 혼인 풍습이 있었어요.

④ **삼한**은 정치적으로 왕이 없고 세력 크기에 따라 신지, 읍차라 불리는 군장이 나라를 다스렸어요.

12 삼한의 사회 모습　　　　　정답 ②

신지나 읍차 + 5월과 10월 계절제 = 삼한

한반도 남부의 여러 소국으로 구성되었던 마한, 변한, 진한의 삼한은 세력 크기에 따라 신지·읍차 등의 군장이 다스렸어요. 삼한은 매년 5월과 10월에 계절제를 열어 하늘에 제사를 지냈어요.

① **고구려**에는 일종의 데릴사위제인 서옥제라는 혼인 풍습이 있었어요.

② **삼한**에는 천군이 다스리는 신성 구역으로 소도를 두었어요.

③ **고조선**에는 사회 질서를 유지하기 위한 범금 8조가 있었어요.

④ **동예**에는 단궁, 과하마, 반어피 등의 특산물이 있었어요.

01	①	02	④	03	③	04	③	05	①
06	③	07	③	08	②	09	③	10	②
11	①	12	②	13	①	14	④	15	②
16	②	17	①	18	③	19	①	20	①
21	①	22	①	23	①	24	④	25	③
26	④	27	①	28	④	29	④	30	②
31	④	32	④						

01 고구려 소수림왕의 업적   정답 ①

키워드 문제분석   고국원왕의 아들 + 불교 수용 = 고구려 소수림왕

소수림왕은 아버지 고국원왕이 백제 근초고왕의 공격으로 전사한 이후 위기에 빠진 고구려의 체제 정비를 위해 노력하였어요. 소수림왕은 불교를 수용하고 태학을 설립하였으며 율령을 반포하여 통치 체제를 정비하였어요.

① 고구려 소수림왕은 인재 양성을 위해 유학 교육 기관인 태학을 설립하였어요.
② 신라 법흥왕은 병부를 설치하여 왕이 직접 군사권을 장악하였어요.
③ 신라 진흥왕은 화랑도를 국가 조직으로 재편하여 인재를 양성하였어요.
④ 백제 문주왕은 고구려 장수왕이 한성을 함락시키자 웅진으로 천도하였어요.

02 고구려 장수왕의 업적   정답 ④

키워드 문제분석   남진 정책 + 한강 유역 진출 = 고구려 장수왕

고구려 장수왕은 평양으로 천도하여 국내 정세를 안정시키고, 남진 정책을 추진하였어요. 이후 백제의 수도 위례성(한성)을 점령한 후 신라를 공격하여 한강 이남까지 영토를 확장하였어요.

① 고구려 소수림왕은 태학을 설립하여 중앙 집권 체제를 강화하였어요.
② 신라 지증왕은 이사부로 하여금 우산국을 정벌하게 하였어요.
③ 백제 근초고왕 때 왜에 칠지도를 보냈어요.
④ 고구려 장수왕은 아버지인 광개토 대왕의 업적을 기리고자 압록강 유역에 광개토 대왕릉비를 건립하였어요.

03 고구려의 발전 과정   정답 ③

키워드 문제분석
• 영락 연호 사용 = (가) 광개토 대왕
• 태학 설립 = (나) 소수림왕
• 평양 천도 = (다) 장수왕

(나) 고국원왕이 전사한 이후 즉위한 소수림왕은 나라를 정비하기 위해 불교를 수용하고, 율령을 반포하였어요. 또한 수도에 태학을 설립하여 인재를 양성하고자 하였어요(4세기 후반).
(가) 고구려 전성기를 이끈 광개토 대왕은 고구려의 영토를 크게 확장하였고, '영락'이라는 독자적인 연호를 사용하였어요(4세기 말~ 5세기 초).
(다) 장수왕은 수도를 국내성에서 평양으로 옮기고 본격적으로 남진 정책을 추진하였어요(5세기).

③ (나) 태학 설립(4세기 후반) → (가) 광개토 대왕 영토 확장(4세기 말~5세기 초) → (다) 장수왕의 평양 천도(5세기)

04 백제 무령왕의 업적   정답 ③

키워드 문제분석   충남 공주 + 중국 남조의 영향 + 벽돌무덤 = 백제 무령왕

무령왕릉은 출토된 묘지석을 통해 무덤의 주인공이 백제 무령왕임을 알 수 있는 무덤이에요. 또한 중국 남조의 영향을 받아 벽돌무덤 양식으로 만들어져 당시 백제가 중국 남조와 교류하였음을 짐작할 수 있어요.

① 성왕은 수도를 사비로 옮기고, 국호를 남부여로 변경하는 등 백제의 중흥을 위해 노력하였어요.
② 고이왕은 관등제를 정비하고, 관리의 공복을 제정하는 등 중앙 집권 체제의 토대를 마련하였어요.
③ 무령왕은 중국 남조와 국교를 강화하였고, 지방 22담로에 왕족을 파견하여 지방에 대한 통제를 강화하였어요.
④ 근초고왕은 4세기 백제의 전성기를 이끌었으며, 마한의 남은 세력을 정복하였고, 평양성을 공격하여 고구려의 고국원왕을 전사시켰어요.

05 백제 성왕의 업적   정답 ①

키워드 문제분석   사비 천도 + 남부여 + 신라와 연합 = 백제 성왕

백제 성왕은 백제의 중흥을 위해 수도를 웅진에서 사비로 옮겼으며 부여 계승 의식을 내세우며 국호를 '남부여'로 바꾸었어요. 또한 신라 진흥왕과 연합한 후 한강 유역을 공격하여 일시적으로 회복하였으나 신라의 공격을 받아 다시 빼앗겼어요.

① 백제 성왕은 국력을 회복하기 위해 중앙 정치 제도와 지방 행정 제도를 정비하였어요.

② **신라 무열왕**(김춘추)은 신라 최초의 진골 출신 왕이에요. 무열왕은 당과 함께 백제를 멸망시켰어요.

③ **백제 근초고왕**은 백제의 전성기를 이끌었으며 평양성을 공격하여 고구려의 고국원왕을 전사시켰어요.

④ **고구려 소수림왕**은 불교 수용, 태학 설립, 율령 반포 등을 통해 중앙 집권 체제를 완성하였어요.

06 백제 성왕의 업적   정답 ③

키워드 문제분석
웅진에서 사비로 옮김 = 백제 성왕

백제 성왕은 백제의 부흥을 위해 웅진보다 경제적, 외교적으로 유리한 사비(지금의 부여)로 수도를 옮겼어요. 또한 중앙 관청을 22부로 확대하는 등 국가 조직을 재정비하였어요.

① **침류왕**은 동진의 승려인 마라난타로부터 불교를 수용하고 공인하였어요.

② **근초고왕**은 고흥에게 역사서인 『서기』를 편찬하게 하였어요.

③ **성왕**은 신라와 함께 고구려를 공격하여 한강 하류 지역을 일시적으로 회복하였으나, 신라 진흥왕의 배신으로 다시 빼앗겼어요.

④ **의자왕**은 신라를 공격하여 경주로 가는 요충지에 있는 대야성을 비롯한 신라의 40여 개 성을 빼앗았어요.

07 신라 지증왕의 업적   정답 ③

키워드 문제분석
'신라' 국호 + '왕' 칭호 사용 = 신라 지증왕

신라 지증왕은 국호를 '신라'로 변경하고, 왕호를 '마립간'에서 '왕'으로 고치는 등 체제를 정비하였어요.

① **신라 법흥왕** 때 불교가 공인되었어요.

② **고려 광종**은 불법적으로 노비가 된 사람을 양인 신분으로 되돌려 주는 노비안검법을 시행하였어요.

③ **신라 지증왕**은 512년에 이사부로 하여금 우산국을 정벌하게 하여 신라에 복속시켰어요.

④ **신라 선덕 여왕** 때 자장의 건의로 황룡사 구층 목탑이 건립되었어요.

08 신라 법흥왕의 업적   정답 ②

키워드 문제분석
병부 설치 + 율령 반포 = 신라 법흥왕

신라 법흥왕은 병부를 설치하여 왕이 직접 군사권을 행사하게 하였고, 율령을 반포하고 관등제를 정비하는 등 국가 체제를 정비하였어요. 대외적으로는 낙동강 유역의 금관가야를 병합하여 김해 지역을 확보하였어요.

① **신문왕**은 진골 세력을 견제하고 왕권을 강화하기 위해 녹읍을 폐지하였어요.

② **법흥왕**은 이차돈의 순교를 계기로 불교를 공인하였어요.

③ **원성왕**은 유교적 소양을 갖춘 인재를 뽑기 위해 독서삼품과를 시행하였어요.

④ **진흥왕**은 한강 유역을 차지한 뒤 북한산에 순수비를 세웠어요.

09 신라 진흥왕의 업적   정답 ③

키워드 문제분석
북한산 순수비 + 화랑도 = 신라 진흥왕

6세기 중반 신라의 전성기를 이끈 진흥왕은 백제 성왕과 연합하였고 고구려를 공격하여 한강 상류 지역을 빼앗은 후, 백제로부터 한강 하류 지역마저 빼앗아 한강 유역을 모두 차지하였어요. 진흥왕은 이를 기념하기 위해 북한산에 순수비를 세웠어요. 또한 화랑도를 국가적인 조직으로 개편하여 유능한 인재 양성을 위해 노력하였어요.

① **신문왕**은 유교적 소양을 갖춘 인재를 양성하기 위해 국학을 설립하였어요.

② **법흥왕**은 병부를 설치하고 율령을 반포하는 등 체제를 정비하였어요.

③ **진흥왕**은 고령의 대가야를 정복하여 낙동강 유역 전체를 차지하였어요.

④ **원성왕**은 독서삼품과를 시행하여 유교 경전에 대한 소양을 관리 선발에 참고하였어요.

10 신라 진흥왕의 업적   정답 ②

키워드 문제분석
한강 유역 차지 + 북한산 순수비 = 신라 진흥왕

고구려 장수왕의 남진 정책에 대항하여 백제 비유왕과 신라 눌지 마립간은 동맹을 체결하였어요(433). 이후 나·제 동맹을 바탕으로 신라와 백제는 한강 유역을 회복하였으나(551), 신라 진흥왕이 백제를 공격하고 한강 유역을 모두 차지하면서 나·제 동맹은 결렬되었어요. 이 과정에서 백제 성왕은 관산성 전투에서 전사하였어요.

② 신라 **진흥왕**은 한강 유역을 차지한 것을 기념하기 위해 555년경 북한산에 순수비를 세웠어요.

11 가야의 경제 상황   정답 ①

키워드 문제분석
김수로왕 + 김해 대성동 고분군 = 금관가야

김수로왕이 건국하였다고 전해지는 나라는 금관가야예요. 김해 지역에서 발달한 금관가야는 전기 가야 연맹을 주도하였어요. 김해 대성동 고분군은 금관가야의 대표적인 유적지예요.

① 김해 지역을 중심으로 발달한 **금관가야**는 질 좋은 철이 많이 생산되어 낙랑과 왜에 철을 수출하였어요.

② **조선 후기**에 모내기법이 전국으로 확산되었어요.

③ **고려와 조선**은 물가 조절을 위해 상평창을 운영하였어요.

④ **고려**는 고액 화폐인 은병을 제작하였는데, 활구라고도 불렸어요.

12 가야의 문화유산

정답 ②

키워드 문제분석

> 철의 왕국 + 김해 + 고령 = 가야

가야 연맹은 낙동강 유역의 입지 조건과 우수한 제철 산업을 바탕으로 주변국과 교역하며 성장하였어요. 4세기 후반에는 김해의 금관가야를 중심으로 통합을 이룩하였고, 금관가야가 쇠퇴하자 고령을 중심으로 한 대가야가 연맹을 주도하였어요.

① 대가야의 중심지였던 고령에서 출토된 **가야** 금관이에요.

②금동 대향로는 **백제**의 문화유산으로 불교와 도교 사상의 영향을 받았어요.

③ **가야**의 말머리 가리개로 철기 문화가 발달한 가야에서는 판갑옷, 투구 등이 출토되었어요.

④ 기마 인물형 뿔잔은 **가야**의 무기 등을 짐작할 수 있게 해주는 문화유산이에요.

13 나·당 동맹 과정

정답 ①

642년 백제 의자왕이 신라의 남쪽 요충지인 대야성을 비롯한 40여 성을 빼앗자 신라 김춘추는 고구려에 도움을 요청하였으나 거절당하였어요. 이후 신라는 당과 동맹을 맺고 백제를 공격하였어요. 660년 백제 계백은 신라군에 맞서 황산벌에서 싸웠으나 패배하였고 백제는 멸망하였어요.
따라서 김춘추가 고구려에 도움을 요청한 642년과 황산벌 전투가 일어난 660년 사이 시기의 사실을 골라야 해요.

①고구려에 도움을 요청하였으나 거절당한 신라는 당과 나·당 동맹을 맺었어요. 나·당 연합군은 백제를 공격하였고, 계백이 이끈 백제군이 황산벌에서 김유신이 이끈 신라군에 패하면서 결국 백제는 멸망하였어요.

② 백제 성왕은 **538년** 수도를 사비로 옮긴 후 백제 중흥을 위해 노력하였어요.

③ **5~6세기**에 가야 연맹을 주도하였던 대가야는 신라 진흥왕의 공격을 받아 멸망하였어요.

④ **612년**에 고구려 을지문덕이 살수에서 수의 군대를 물리쳤어요.

14 백제 부흥 운동

정답 ④

키워드 문제분석

> 왜의 지원군 + 백강 = 백강 전투(663)

660년에 나·당 연합군의 공격에 백제가 멸망하자 백제 부흥 운동이 이어졌어요. 663년에는 왜의 지원군과 백제 부흥군이 연합하여 백강 어귀에서 나·당 연합군에 맞서 싸웠지만 패배하였어요(백강 전투).

④백제는 660년 사비성이 함락되며 멸망하였고, 이후 복신·도침이 왕자 부여풍을 왕으로 추대하고 주류성에서 저항하는 등의 백제 부흥 운동이 일어났어요.

15 고구려 부흥 운동

정답 ②

키워드 문제분석

> 고구려 부흥군 + 안승 = 검모잠

나·당 연합군에 의해 고구려가 멸망하자 고구려 유민들은 검모잠, 고연무 등을 중심으로 부흥 운동을 전개하였어요. 검모잠은 안승을 왕으로 추대하고 한성(황해도 재령)에서, 고연무는 오골성에서 고구려 부흥 운동을 주도하였어요.

① 계백은 **황산벌**에서 김유신이 이끄는 신라군에 맞서 싸운 백제의 장군이에요.

②검모잠은 **한성**에서 안승을 왕으로 추대하고 고구려 부흥 운동을 전개하였어요. 하지만 부흥 운동 세력의 내분으로 안승이 검모잠을 죽이고 신라로 달아나면서 실패로 끝났어요.

③ 김유신은 백제와 고구려를 멸망시키고, 당을 물리치는 등 **삼국 통일**에 큰 공을 세웠던 신라 장군이에요.

④ 흑치상지는 임존성에서 **백제 부흥 운동**을 주도하였어요.

16 신라의 삼국 통일 과정

정답 ②

키워드 문제분석

> 설인귀 격파 = 기벌포 전투

나·당 연합군이 백제와 고구려를 차례로 멸망시킨 이후 당이 한반도 전체를 장악하려 하자 신라는 이에 맞서 나·당 전쟁을 벌였어요. 신라는 매소성 전투에서 당군을 물리쳤고 기벌포에서 설인귀가 이끄는 당의 수군을 격퇴하면서 삼국 통일을 완수하였어요(676).

① 살수 대첩은 고구려의 **을지문덕**이 수의 침입에 맞서 큰 승리를 거둔 전투예요.

②신라는 기벌포 전투에서 승리한 후 **삼국 통일**을 이루었어요.

③ 안시성 전투는 **고구려**가 **당의 침입**에 맞서 싸웠던 전투예요.

④ 황산벌 전투는 백제의 **계백**이 이끄는 결사대가 신라군에 맞서 싸웠으나 패배한 전투예요.

17 신라의 사회 모습　　　　　정답 ①

경주 월성 = 신라 수도

삼국 중 가장 늦게 전성기를 맞이한 신라는 씨족 사회의 전통을 계승한 화백 회의가 있었어요. 화백 회의는 귀족들의 의견을 만장일치제로 모은 것이 특징이에요. 또한 원시 청소년 집단에서 기원한 화랑도가 있었어요.

① 신라의 엄격하고 폐쇄적 신분제인 골품제는 골품에 따라 관등 승진과 일상생활에도 제한을 두었으며 진골 귀족의 특권을 보장하였어요.
② 고려는 전국을 5도 양계로 나누어 통치하였어요. 5도는 일반 행정 구역이고 양계는 국경 지역에 설치한 군사 행정 구역이에요.
③ 고구려의 고국천왕은 가난한 백성을 구제하기 위해 진대법을 실시하였어요.
④ 백제는 귀족들이 정사암에 모여 국가의 중대사를 결정하였어요.

18 고구려의 문화유산　　　　　정답 ③

고구려 불상 + 연가 7년
= 금동 연가 7년명 여래 입상

① 삼국 시대에 많이 만들어진 금동 미륵보살 반가사유상이에요.
② 통일 신라 시기인 8세기에 만들어진 석굴암 본존불상이에요.
③ 고구려의 금동 연가 7년명 여래 입상이에요.
④ 발해의 이불병좌상으로 고구려 불상 양식의 영향을 받았어요.

19 백제의 탑　　　　　정답 ①

백제 무왕 + 미륵사 터 = 익산 미륵사지 석탑

전라북도 익산시 미륵사 터에 남아 있는 미륵사지 석탑은 현재 남아 있는 국내 최대의 석탑이며 동시에 가장 오래된 백제의 석탑이에요. 미륵사는 백제 무왕 때 창건된 사찰인데, 석탑 역시 이때 함께 건립된 것으로 추정돼요.

① 익산 미륵사지 석탑은 목탑 양식을 계승한 석탑이에요.
② 경주 분황사 모전 석탑은 돌을 벽돌 모양으로 다듬어 쌓아 올린 탑이에요.
③ 개성 경천사지 십층 석탑은 원의 영향을 받아 대리석으로 제작된 탑이에요.
④ 경주 불국사 삼층 석탑을 보수하는 과정에서 『무구정광대다라니경』이 발견되었어요.

20 신라의 문화유산　　　　　정답 ①

경주 남산 + 신라의 불교 문화유산
= 경주 배동 석조 여래 삼존 입상

신라의 수도였던 경주에는 불교와 관련된 신라의 문화유산이 많이 남아 있어요. 유네스코 세계 유산에 등재된 '경주 역사 유적 지구'에는 경주 배동 석조 여래 삼존 입상 등을 포함한 남산 지구가 있어요.

① 경주에 있는 배동 석조 여래 삼존 입상으로 어린아이의 표정과 체구로 부처님을 표현하였어요.
② 충남 논산의 관촉사 석조 미륵보살 입상은 고려 불상의 개성을 보여줘요.
③ 전북 익산에 있는 미륵사지 석탑은 백제의 석탑 중 가장 오래된 탑이에요.
④ 강원도 평창에 있는 월정사 팔각 구층 석탑은 고려의 대표적인 다각 다층탑이에요.

21 신라 신문왕의 업적　　　　　정답 ①

선왕의 은혜에 감사 + 만파식적 설화
= 경주 감은사지

신문왕은 아버지 문무왕의 유언을 받들어 절을 이어서 짓고, 아버지의 은혜에 감사한다는 뜻을 담아 '감은사'라고 이름을 지었어요. 죽어서 바다의 용이 된 문무왕이 김유신이 보내 준 대나무로 피리를 만들었는데, 이 피리를 불면 나라의 근심과 걱정이 사라진다는 만파식적 설화가 전해졌어요.

① 경주 감은사지는 신라 신문왕 때 지어진 사찰인 감은사가 있던 터예요. 동쪽과 서쪽에 3층 석탑이 세워져 있어요.
② 여주 고달사지는 신라 경덕왕 때 지어진 사찰인 고달사가 있던 터예요. 여주 고달사지 승탑이 남아 있어요.
③ 원주 법천사지는 통일 신라 때 지어진 법천사가 있던 터예요.
④ 화순 운주사지는 신라 말 승려 도선국사가 다시 세웠다고 전해지는 운주사가 있던 터로, 운주사는 고려 시대에 번창했던 절이에요.

22 신라 신문왕과 고려 광종　　　　　정답 ①

· 신라 신문왕 + 관료전 지급 = (가) 녹읍 폐지
· 고려 광종 + 쌍기의 건의 = (나) 과거제

(가) 신라 신문왕은 귀족의 경제 기반을 약화하고 왕권을 강화하기 위해 관료전을 지급하고 녹읍을 폐지하였어요.
(나) 고려 광종은 호족 세력을 누르기 위해 억울하게 노비가 된 사람을 조사하여 풀어주는 노비안검법을 실시하고, 중국에서 귀화한 쌍기의 건의를 받아들여 과거제를 시행하였어요.

① **녹읍**은 토지에서 조세 수취와 노동력 동원이 가능하였어요. **과거제**는 유교적 지식과 학문을 평가하기 위한 관리 선발 제도예요.

② **정방**은 고려 무신 집권기에 최우가 인사권을 장악하기 위해 설치한 기구이며, **전시과**는 고려의 토지 제도예요.

③ **소격서**는 도교 의식을 위하여 설치한 조선의 관청이고, **직전법**은 조선 세조 때 시행되었던 토지 제도예요.

④ **금난전권**은 조선 시대 시전 상인이 허가받지 않은 상인인 난전을 금지할 수 있었던 권리를 의미하고, **호포제**는 조선 흥선 대원군이 양반에게도 군포를 징수하였던 제도예요.

23 발해의 발전
정답 ①

키워드 문제분석

중대성 + 고씨 = 발해

고구려 출신 대조영은 동모산에서 고구려 유민과 말갈 집단을 이끌고 발해를 건국하였어요. 발해는 당의 3성 6부제를 기반으로 명칭과 운영 방식이 독자적인 중앙 정치 조직을 정비하였고, 중대성은 3성 중 하나예요.

① 고구려 유민 출신인 대조영이 고구려 유민과 말갈 집단을 이끌고 동모산에서 **발해**를 건국하였어요.

② **통일 신라** 장보고는 9세기 초 완도에 청해진을 설치하고 해적을 소탕하였으며, 해상 무역을 장악하였어요.

③ **부여**는 마가, 우가, 저가, 구가 등 여러 가(加)들이 별도로 사출도를 주관하였어요.

④ **고려**의 태조(왕건)는 지방 세력을 견제하기 위해 지방 호족의 자제 중 일부를 수도에 머물도록 하는 기인 제도를 실시하였어요.

24 발해의 발전
정답 ④

키워드 문제분석

고구려 문화의 영향 + 해동성국 = 발해

발해는 고구려를 계승한 나라임을 대내외적으로 표방하였는데, 이러한 부분은 발해가 일본에 보낸 국서와 발해의 고분, 기와, 온돌 등에서 고구려와의 연관성을 찾아볼 수 있어요. 또한 전성기에 중국으로부터 '바다 동쪽의 번성한 나라'라는 뜻의 해동성국이라 불렸어요.

① **신라**는 지방 세력을 견제하기 위해 상수리 제도를 실시하였어요.

② **신라**는 삼국 통일 이후 신문왕 때 전국에 9주 5소경을 두어 지방 제도를 정비하였어요.

③ **고구려**는 대가들이 모인 제가 회의에서 중요한 일을 결정하였어요.

④ **발해**의 무왕과 문왕은 각각 인안, 대흥 등의 독자적 연호를 사용하였어요.

25 신라 말의 상황
정답 ③

키워드 문제분석

혜공왕 이후 흔들리는 신라 = 신라 말

8세기 후반 혜공왕이 김지정의 난을 진압하는 와중에 피살된 이후 진골 귀족들 사이에 치열한 왕위 쟁탈전이 전개되었어요. 이 시기에는 김헌창의 난, 장보고의 난과 같은 반란이 이어졌으며, 원종과 애노의 봉기와 같은 농민 봉기도 많이 일어났어요.

① 갑신정변은 **1884년**에 급진 개화파가 정부의 소극적인 개화 정책에 불만을 품고 일으킨 정변이에요.

② 위화도 회군은 **고려 말** 요동 정벌을 위해 출병하던 이성계가 개경으로 돌아와 우왕과 최영 등을 몰아내고 권력을 장악한 사건이에요.

③ **신라 말** 헌덕왕 때 일어난 김헌창의 난은 아버지 김주원이 왕위 다툼에서 밀려나자 김헌창이 공주 지역에서 일으킨 반란이에요.

④ **고구려**의 연개소문은 영류왕을 제거하고 정변을 일으켜 권력을 장악하였어요.

26 궁예의 활동
정답 ④

키워드 문제분석

양길의 부하 + 미륵불을 칭함 = 궁예

궁예는 양길의 부하로 들어가 세력을 키운 후 송악에 도읍을 정하고 후고구려를 건국하였어요. 궁예는 스스로를 미륵불이라고 칭하며 민심을 점점 잃어갔어요.

① **고려 태조**(왕건)는 훈요 10조를 남겼어요.

② 신라 말 **장보고**는 청해진을 설치하고 해적을 소탕하였어요.

③ **견훤**은 백제 계승을 내세우며 후백제를 건국하였어요.

④ 후고구려를 세운 **궁예**는 국호를 마진으로 바꾸었다가 철원으로 도읍을 옮긴 후 다시 국호를 태봉으로 바꾸었어요.

27 견훤의 활동
정답 ①

키워드 문제분석

백제 멸망 후 + 완산주에 도읍 = 견훤

견훤은 전라도 일대의 군사력과 호족 세력을 토대로 완산주(전주)에 도읍을 정하고 후백제를 세웠어요(900). 견훤은 백제를 멸망시킨 신라에 적대적이었으나 중국의 후당, 오월에 사신을 파견하여 외교 관계를 맺었어요.

① 견훤의 후계를 둘러싼 내분이 일어나자 견훤은 아들인 **신검에 의해 금산사에 유폐**되었어요. 이후 탈출한 견훤은 고려 태조에게 귀순하였어요.

② 궁예는 양길 아래에 들어가 세력을 키운 후 양길을 몰아낸 다음 송악(개성)에 도읍을 정하고 **후고구려**를 세웠어요.

③ 만적은 최충헌의 사노비로 **개경**에서 **봉기**를 도모하였어요.

④ 양길은 신라 **진성 여왕** 때 **봉기**하여 북원 등 30여 성을 공략하였어요.

28 신라 촌락 문서 정답 ④

키워드 문제분석 일본 도다이사 쇼소인에서 발견 + 촌락의 경제 상황 기록 = 신라 촌락 문서(민정 문서)

일본 도다이사의 쇼소인에서 발견된 신라 촌락 문서는 촌의 이름과 규모, 촌락 인구, 토지의 종류와 면적, 말의 수, 수목의 종류와 수 등을 기록한 문서예요. 3년마다 촌주가 작성한 이 문서는 당시 원활한 조세 징수를 위해 작성되었음을 알 수 있어요.

① 『**삼국유사**』, 『**제왕운기**』 등에 단군의 건국 이야기가 수록되어 있어요.
② 병인양요 때 프랑스군은 퇴각 과정에서 **외규장각 도서**와 각종 문화유산을 약탈하였어요.
③ 『**조선왕조실록**』, 『**직지심체요절**』은 유네스코 세계 기록 유산으로 등재되었어요.
④ **신라 촌락 문서**는 노동력 동원과 세금 징수를 위해 작성되었어요.

29 최치원의 활동 정답 ④

키워드 문제분석 6두품 + 빈공과 + 시무책 10여 조 = 최치원

최치원은 신라 말 6두품 출신의 학자로 어렸을 때 당에서 유학하고 빈공과에 합격하였으며, 황소의 난이 일어났을 때 「토황소격문」이라는 명문장을 작성한 것으로 유명해요. 그는 신라에 귀국한 후 진성 여왕에게 시무책 10여 조를 올렸으나 6두품 출신이라는 한계 등으로 중용되지 못하였어요.

① 설총은 6두품 출신의 학자로 유교적 도덕 정치를 강조한 『**화왕계**』를 신문왕에게 지어 바쳤어요.
② 신라 지증왕은 이사부를 보내 **우산국을 정벌**하였어요.
③ 이차돈은 신라 법흥왕 때의 인물로 **불교**가 공인되는 과정에서 순교하였어요.
④ 최치원은 6두품 출신의 학자로 당에 유학한 뒤 진성 여왕에게 **시무책 10여 조**를 남겼어요.

30 원효의 활동 정답 ②

키워드 문제분석 일심 사상 + 불교 대중화 = 원효

신라의 승려 원효는 일심 사상과 화쟁 사상을 통해 종파 간의 사상적 대립을 해소하고자 하였어요. 또한 무애가라는 노래를 지어 부르면서, 대중들도 쉽게 불교의 교리를 익힐 수 있도록 불교 대중화에 힘썼어요.

① 신라의 승려 **원광**은 화랑도의 행동 규범으로 세속 5계를 지었어요.
② **원효**는 불교의 여러 이론을 정리하여 『십문화쟁론』을 저술하였어요.
③ 고려의 승려 **지눌**은 수선사 결사를 제창하여 불교계를 개혁하고자 하였어요.
④ 신라의 승려인 **의상**은 화엄 사상을 정리하고 영주 부석사를 비롯한 많은 사찰을 건립하였어요.

31 무구정광대다라니경 정답 ④

키워드 문제분석 경주 불국사 삼층 석탑 + 현존하는 세계에서 가장 오래된 목판 인쇄물 = 『무구정광대다라니경』

『무구정광대다라니경』은 경주 불국사 삼층 석탑을 수리·보수하는 과정에서 발견되었어요. 『무구정광대다라니경』은 현존하는 세계에서 가장 오래된 목판 인쇄물이에요.

① 『팔만대장경』은 고려 시대 **몽골이 침입**하자 부처의 힘을 빌려 몽골을 물리치고자 제작하였어요.
② 『왕오천축국전』은 신라의 승려 **혜초**가 인도와 중앙아시아 등을 기행하고 남긴 글이에요.
③ 『직지심체요절』은 청주 흥덕사에서 인쇄한 것으로, 현존하는 **세계에서 가장 오래된 금속 활자 인쇄본**이에요.
④ 『무구정광대다라니경』은 **신라의 목판 인쇄술**이 뛰어남을 보여주는 문화유산이에요.

32 발해의 문화유산 정답 ④

발해는 고구려 장수 출신 대조영이 만든 나라로 대내외적으로 고구려 계승을 표방하였고, 고구려 문화의 영향을 많이 받았어요. 대표적으로 이불병좌상 불상의 자세와 석등에 새겨진 연꽃 무늬를 통해 짐작할 수 있어요.

① 칠지도는 **백제**가 제작하여 일본에 전해 주었던 철제 칼이에요.
② 금관총 금관은 경주 금관총에서 출토된 **신라**의 유물이에요.
③ 호우총 청동 그릇은 경주 호우총에서 출토된 **고구려**의 유물로, 신라와 고구려 간의 관계를 잘 보여 줘요.
④ **발해**의 연꽃무늬 수막새는 지붕의 추녀 끝에 사용하는 것으로, 형태 면에서 고구려의 수막새와 유사점이 많은 것으로 평가받아요.

고려									P.18~25
01	①	02	④	03	③	04	④	05	①
06	①	07	②	08	③	09	①	10	②
11	③	12	②	13	④	14	④	15	①
16	④	17	③	18	②	19	②	20	①
21	②	22	③	23	②	24	④		

01 후삼국 통일 과정　　　　　　정답 ①

궁예의 신하가 되어 금성(나주)을 점령한 왕건은 궁예가 민심을 잃자 왕으로 추대되어 고려를 건국하였어요. 송악으로 근거지를 옮긴 왕건은 공산 전투에서 후백제에게 패하였지만 고창 전투에서는 승기를 잡았어요. 이후 신라 경순왕이 고려에 항복하였고, 일리천에서 후백제에 승리한 후 후삼국 통일을 이루었어요.

① 고창 전투의 승리로 인해 고려는 **후삼국의 항쟁**에서 **주도권**을 쥐게 되었어요.
② 진포 대첩은 고려 말 **최무선**이 화포를 사용해 왜구를 크게 물리친 전투예요.
③ 몽골과의 강화와 개경 천도에 반대한 삼별초는 **강화도, 진도, 제주도**로 근거지를 옮겨가며 항쟁하였어요.
④ 고려 말 **이성계**는 위화도 회군을 계기로 권력을 장악하였어요.

02 고려 태조의 업적　　　　　　정답 ④

키워드 문제분석　고려 건국 + 후삼국 통일 = 고려 태조(왕건)

왕건은 신하들에 의해 왕위에 오르자 나라 이름을 고려로 바꾸고, 송악으로 도읍을 옮겼어요. 후백제를 일리천에서 격퇴한 후 후삼국을 통일하였어요.

① **조선 태종**은 전국을 8도로 나누고 지방관을 파견하였어요.
② 고려는 **거란의 침입**을 물리친 후 외적의 침입에 대비하기 위해 국경 지역에 천리장성을 쌓았어요.
③ **고려 말 우왕**은 최무선의 건의로 화통도감을 설치하였어요.
④ **고려 태조**는 사심관 제도를 실시하여 호족을 통제하였어요.

03 고려 성종의 업적　　　　　　정답 ③

키워드 문제분석　최승로 시무 28조 + 2성 6부 = 고려 성종

고려 성종은 최승로의 시무 28조를 수용하여 유교 정치 이념을 바탕으로 통치 체제를 정비하였어요. 또한 당과 송의 제도를 참고하여 중앙 정치 조직을 2성 6부로 정비하였어요.

① **신라 신문왕**은 녹읍을 폐지하여 왕권을 강화하였어요.
② **고려 창왕, 조선 태조와 세종** 때 왜구의 근거지인 대마도를 정벌하였어요.
③ **고려 성종**은 지방에 12목을 설치하고 지방관을 파견하였어요.
④ **신라 진흥왕**은 한강 유역을 차지한 후 이를 기념하여 북한산 순수비를 건립하였어요.

04 고려의 정치 기구　　　　　　정답 ④

키워드 문제분석　고려의 국방과 군사 문제 논의 = 도병마사

고려에서는 중서문하성의 고위 관리인 재신, 중추원의 고위 관리인 추밀이 국가의 중대사를 결정하는 회의 기구인 도병마사와 식목도감에 참여하였어요. 도병마사는 국방과 군사 문제를, 식목도감은 대내적인 법의 제정과 격식을 담당하였어요.

① 고려의 삼사는 화폐와 곡식의 출납에 대한 **회계**를 담당하던 기구예요.
② 고려의 어사대는 **관리의 비리**를 감찰하던 기구예요.
③ 의정부는 조선의 3정승이 모여 **국정을 논의**하던 최고 기구예요.
④ 도병마사는 국가 중대사를 결정하는 고려의 독자적인 **정치 기구**예요.

05 서경 천도 운동(묘청의 난)　　　　　　정답 ①

키워드 문제분석　서경에서 거사 + 서경 천도 주장 = 묘청의 난

고려 인종은 묘청과 정지상 등을 등용하여 문벌 사회를 개혁하고자 하였어요. 이들은 서경 천도, 금국 정벌 등을 주장하였으나 김부식 등 개경파의 반대로 좌절되자 서경에서 난을 일으켰어요.

① 묘청이 서경에서 일으킨 반란은 **김부식에 의해 진압**되었어요.
② **신라 신문왕**은 즉위 초 왕의 장인인 김흠돌이 반란을 일으키자 난을 진압하였어요.
③ **조선 후기** 평안도 지역에 대한 차별 대우 등이 원인이 되어 홍경래의 난이 일어났어요.
④ 원종과 애노의 난은 **신라 말**에 일어난 대표적인 농민 봉기예요.

06 김부식의 활동　　　　　　정답 ①

키워드 문제분석　묘청의 서경 천도 운동 진압 = 김부식

고려 인종 때 묘청 등의 서경 세력이 수도를 서경으로 옮길 것을 주장하며 난을 일으키자, 김부식은 관군을 이끌고 난을 진압하였어요.

① 김부식은 인종의 명으로 『삼국사기』를 편찬하였는데, 이는 현존하는 우리나라에서 가장 오래된 역사서예요.

② **묘청** 등의 서경 세력은 금국 정벌과 칭제건원을 주장하였어요.

③ **최무선**은 화약 제조법을 배워 화약 무기를 제조하였어요.

④ 고려 말 **안향**은 원으로부터 성리학을 들여와 소개하였어요.

07 무신 집권기의 사실   정답 ②

문신에 비해 무신들의 차별이 지속되자 정중부, 이의방 등은 의종을 폐위하고, 문신들을 살해하는 무신정변을 일으켰어요. 이의방, 정중부 등 집권자가 계속 바뀌다가 최충헌이 이의민을 제거하고 권력을 잡으며 최씨 무신 집권기가 시작되었어요. 무신 집권기 몽골의 침입으로 최우는 수도를 강화도로 옮겨 항전하였으나 몽골과 강화를 맺으며 개경으로 환도를 결정하자, 삼별초는 이에 반대하여 봉기하였어요. 배중손의 지휘로 진도에서 저항한 삼별초는 진도가 함락되자 제주도로 이동하여 항전하였어요.

① **신라 헌덕왕** 때 김헌창은 웅천주(공주)에서 난을 일으켰어요.

②**최우**는 정방을 설치하여 인사권을 장악하였으며 몽골이 **침입**하자 강화도로 천도할 것을 주장하였어요.

③ **고려 인종** 때 묘청은 서경 천도와 금 정벌을 주장하였어요.

④ 서희는 **고려 성종** 때 거란 장수 소손녕과의 외교 담판을 통해 강동 6주를 획득하였어요.

08 무신 집권기의 사실   정답 ③

고려 의종 때 무신들이 문신과의 차별에 불만을 품고 무신정변을 일으켰어요. 정중부, 이의방 등은 문신을 제거하고 의종을 폐위하였어요. 최씨 무신 집권기에 몽골이 고려를 침략하자 김윤후는 충주성의 주민들과 노비들을 이끌고 몽골에 항전하였어요.

① **고려 인종** 때인 1126년 왕실의 외척인 이자겸이 난을 일으켰어요.

② 묘청은 금국 정벌과 서경 천도를 주장하며 1135년 서경에서 난을 일으켰어요.

③만적은 최충헌의 사노비로 1198년 수도인 개경에서 노비 해방 등을 목적으로 신분 해방 운동을 추진하였어요.

④ **거란의 제3차 침입**이 일어나자 강감찬이 귀주에서 큰 승리를 거두었어요(1019).

09 서희의 활동   정답 ①

키워드
문제분석
거란(소손녕) + 외교 담판 = 서희

고려 성종 때 세력을 키운 거란(요)은 송과 고려가 친하게 지내는 것을 견제하며 고려를 공격하였어요(거란의 제차 침입). 서희는 거란 장수인 소손녕과 외교 담판을 벌여 거란군을 철수시키고, 거란과 교류할 것을 약속하는 대신 압록강 동쪽 여진의 거주 지역을 고려의 영토로 인정받았어요.

①**서희**의 외교 담판으로 고려는 강동 6주를 확보하였어요.

② 고려 예종 때 **윤관**이 별무반을 이끌고 여진의 근거지를 공격하여 동북 9성을 쌓았어요.

③ 고려 말 우왕 때 **최무선**의 건의로 화통도감이 설치되었어요.

④ 조선 세종 때 **최윤덕과 김종서**의 활약으로 4군과 6진을 확보하였어요.

10 윤관의 활동   정답 ②

키워드
문제분석
별무반 + 여진 = 윤관

여진은 고려에 식량, 농기구 등을 요구하며 교류하였으나 세력이 통합되면서 고려와 충돌하였어요. 이에 윤관의 건의에 따라 별무반을 설치하여 여진에 대항하였어요.

① 거란의 제1차 침입 당시 **서희**는 소손녕과의 외교 담판을 통해 강동 6주 지역을 확보하였어요.

②**윤관**은 별무반을 이끌고 여진족의 근거지를 공격하여 동북 지역에 9성을 축조하였어요.

③ 왜구의 침입에 맞서 고려 창왕 때 **박위**, 세종 때 **이종무** 등이 쓰시마섬을 정벌하였어요.

④ 고려 **공민왕**은 영토 확보를 위해 원이 설치한 쌍성총관부를 공격하여 철령 이북 지역을 회복하였어요.

11 몽골의 침입과 고려의 대응   정답 ③

키워드
문제분석
살리타 + 저고여 = 몽골

몽골의 사신으로 왔던 저고여가 귀국길에 피살되는 사건이 발생하자 몽골은 이를 빌미로 군대를 파견하여 고려를 공격하였어요.

① **여진**(금)이 고려에 사대를 요구하자, 이자겸은 정권 유지를 위해 금의 사대 요구를 수용하였어요.

② **거란**의 제1차 침입 당시 서희가 소손녕과 외교 담판을 벌여 강동 6주를 확보하였어요.

③김윤후는 **몽골**의 침입에 맞서 처인성에서 적장 살리타를 사살하였어요.

④ **거란**의 제3차 침입 당시 강감찬이 거란군에 맞서 귀주에서 크게 승리하였어요.

12 고려의 대외 항쟁
정답 ②

키워드
문제분석

- 진도 + 배중손 = 삼별초 항쟁
- 귀주 + 강감찬 = 귀주 대첩
- 별무반 + 여진 = 윤관의 여진 정벌

(나) 11세기 거란이 강동 6주의 반환을 요구하며 세 번째로 침입하자, 강감찬은 귀주에서 거란군을 크게 물리쳤어요(귀주 대첩, 1019).

(다) 12세기 세력을 키운 여진이 침입하자 윤관은 별무반을 이끌고 여진을 정벌한 뒤 동북 9성을 쌓았어요.

(가) 13세기 몽골이 침입해 오자 고려 정부는 수도를 강화도로 옮겨 항전하였으나 결국 몽골과 강화를 맺고 개경 환도를 결정하였어요. 이에 반발한 삼별초는 배중손을 중심으로 대몽 항쟁을 이어 나갔어요.

② (나) 귀주 대첩(11세기) → (다) 윤관의 여진 정벌(12세기) → (가) 삼별초 항쟁(13세기)

13 고려 공민왕의 업적
정답 ④

키워드
문제분석

정동행성 이문소 폐지 = 고려 공민왕

고려 공민왕은 원·명 교체기에 반원 자주 정책을 펼쳤어요. 원의 내정 간섭 기구였던 정동행성 이문소를 폐지하였고, 격하된 고려의 관제를 복구하였어요.

① 최충헌은 무신 집권기에 국정을 총괄하는 최고 권력 기구로 교정도감을 설치하였어요.
② 고려 덕종 때 외적의 침입에 대비하여 천리장성을 축조하였어요.
③ 조선 세종은 이종무를 보내 쓰시마섬을 정벌하였어요.
④ 고려 공민왕은 쌍성총관부를 공격하여 철령 이북 지역을 회복하였어요.

14 최무선의 활동
정답 ④

키워드
문제분석

화포 + 진포 대첩 = 최무선

최무선은 고려 말 화약 개발에 성공하였고, 화포를 이용하여 진포 대첩에서 왜구를 물리쳤어요.

① 조선 후기에 정약용은 서양의 기술 서적인 『기기도설』을 참고하여 거중기를 만들었어요.
② 앙부일구는 조선 세종 때 처음 제작되었어요.
③ 비격진천뢰는 조선 시대에 군사 목적으로 사용된 폭탄으로, 선조 때 화포장 이장손이 처음 발명한 것으로 알려져 있어요.
④ 고려 말 우왕은 최무선의 건의에 따라 화통도감을 설치하여 화약과 화포를 제작하였어요.

15 고려의 경제(전시과)
정답 ①

키워드
문제분석

수도 개경 + 수많은 청자 = 고려

고려는 푸른빛의 청자 공예가 발달하였어요. 11세기에는 순청자가 만들어졌고, 12세기 중반부터는 고려의 독창적인 상감 기법을 사용한 상감 청자가 제작되었어요.

① 고려 전시과는 문무 관료들에게 관직의 높고 낮음에 따라 전지와 시지를 지급한 토지 제도예요.
② 조선 후기에는 고구마, 감자 등의 구황 작물이 재배되었어요.
③ 조선 후기에는 모내기법이 전국적으로 확산되었어요.
④ 신라 지증왕은 수도에 시장인 동시를 설치하고, 시장을 감독하기 위한 동시전을 설치하였어요.

16 고려의 경제 상황
정답 ④

키워드
문제분석

벽란도 = 고려의 국제 무역항

고려 시대에는 예성강 하구에 위치한 벽란도가 국제 무역항으로 번성하였어요. 송을 비롯한 일본, 아라비아 상인 등이 벽란도를 드나들면서 활발히 교류하였어요.

① 조선 후기에는 고구마, 감자 등이 재배되었어요.
② 조선 후기에는 모내기법이 전국적으로 확산되었어요.
③ 조선 후기에는 만상, 내상 등 사상이 활발하게 활동하였어요.
④ 고려 시대에는 활구라고 불리는 은병이 화폐로 사용되었지만 유통이 잘 이루어지지 않았어요.

17 고려의 사회 모습
정답 ③

고려 태조(왕건)는 훈요 10조에서 연등회와 팔관회를 성대하게 개최할 것을 당부하는 등 불교 발전을 위해 힘썼어요. 또한 고려는 빈민을 구제하기 위해 의창, 상평창 등의 기관을 두었고, 가족 관계에서도 남녀를 차별하지 않았어요.

① 고려에는 흉년에 빈민을 구제하기 위해 의창을 운영하였어요.
② 고려 시대에 팔관회는 국가적인 종교 행사로 개최되었어요.
③ 골품제는 신라의 신분 제도로, 골품에 따라 관직 진출부터 일상생활까지 제한하는 폐쇄적인 신분 제도예요.
④ 고려 시대에는 남녀를 차별하지 않고, 태어난 순서대로 호적에 기록하여 여성이 호주가 되기도 하였어요.

18 고려의 사회 제도
정답 ②

키워드
문제분석

개경과 서경 + 물가 조절 기구 = 상평창

고려는 물가 조절 기구로 성종 때 개경과 서경, 지방 12목에 상평창을 처음 설치하였어요. 상평창은 풍년으로 곡물이 흔하면 적정량을 사들여 가격이 크게 내리는 것을 막고, 흉년이 들면 사놓은 곡물을 풀어 가격이 오르는 것을 막았어요.

① 중방은 고려 시대 무신들이 모여 회의하던 기구예요.
②상평창은 농민 생활의 안정을 위한 물가 조절 기구로 고려 시대부터 조선 시대까지 있었어요.
③ 어사대는 고려 시대 관리의 비리 감찰과 풍속 교정 등의 역할을 담당한 기구예요.
④ 식목도감은 고려의 독자적인 회의 기구로 법을 제정하고 각종 시행 규칙을 관장하였어요.

19 의천의 활동　　　　정답 ②

키워드 문제분석　　문종의 아들 + 해동 천태종 = 의천

고려 문종의 넷째 아들로 태어나 승려가 된 의천은 해동 천태종을 개창하여 교종을 중심으로 선종을 통합하려는 교선 통합 운동을 전개하였어요.

① 신라의 승려 원효는 무애가를 지어 불렀으며, 불교의 대중화에 기여하였어요.
②고려의 승려 의천은 수행 방법으로 경전의 연구와 깨달음을 위한 수행을 함께하는 교관겸수를 주장하였어요.
③ 고려의 승려 지눌은 불교계의 개혁을 위해 수선사 결사를 제창하였어요.
④ 고려의 승려 혜심은 유불 일치설을 주장하였어요.

20 지눌의 활동　　　　정답 ①

키워드 문제분석　　정혜쌍수 + 보조국사 = 지눌

고려의 승려 지눌은 불교계 개혁을 위해 정혜결사를 조직하였고, 선교 통합을 위해 노력하였어요.

①지눌은 수행 방법으로 참선과 교리를 함께 공부해야 한다는 정혜쌍수를 주장하였어요.
② 고려의 승려 요세는 법화 신앙에 바탕을 둔 백련결사를 제창하였어요.
③ 신라의 승려 혜초는 인도와 중앙아시아 등을 순례하고 『왕오천축국전』을 저술하였어요.
④ 신라의 승려 원효는 불교 대중화를 위해 노력하였어요.

21 직지심체요절　　　　정답 ②

키워드 문제분석　　청주 흥덕사 + 금속 활자본 = 『직지심체요절』

『직지심체요절』은 고려 말 청주 흥덕사에서 간행된 금속 활자본이에요. 프랑스 국립 도서관에서 박병선 박사가 발견하여 우리나라에 돌아올 수 있도록 노력하였어요.

①『신증동국여지승람』은 조선 중기에 편찬된 인문 지리서예요.
②『직지심체요절』은 현존하는 세계에서 가장 오래된 금속 활자 인쇄본이에요.
③『왕오천축국전』은 혜초가 인도와 중앙아시아 등을 순례하고 기록한 순례기예요.
④『무구정광대다라니경』은 경주 불국사 삼층 석탑에서 발견된 것으로, 현존하는 세계에서 가장 오래된 목판 인쇄본이에요.

22 상감 청자　　　　정답 ③

키워드 문제분석　　고려의 도자기 + 상감 기법 = 상감 청자

고려의 도자기는 전통 기술을 토대로 송의 기술을 받아들여 11세기부터 크게 발전하였어요. 12세기 중엽에는 고려만의 독창적 기법인 상감법이 발달하였어요.

① 분청사기는 조선 전기 15세기에 주로 제작되었어요.
② 16세기 이후에는 선비들의 검소한 취향에 맞는 백자가 유행하였어요.
③ 청자 상감 운학문 매병은 고려의 대표적인 상감 청자예요.
④ 고려의 순청자는 11세기에 주로 만들어졌어요.

23 고려의 불상　　　　정답 ②

고려 시대에는 조개껍데기 조각을 여러 가지 모양으로 박아 넣어서 꾸민 나전 칠기 공예품이 유행하였어요. 또한 월정사 팔각 구층 석탑과 같은 다각 다층탑이 유행하였어요.

① 이불병좌상은 고구려 양식의 영향을 받은 발해의 불상이에요.
②고려의 안동 이천동 마애여래 입상은 몸체와 머리를 별개의 돌로 조각하여 올려 놓았다는 특징이 있어요.
③ 석굴암 본존불상은 통일 신라 때 만들어진 불상이에요.
④ 서산 용현리 마애여래 삼존상은 백제의 불상으로, '백제의 미소'라고도 불려요.

24 고려의 탑　　　　정답 ④

키워드 문제분석　　고려 후기의 탑 + 국립 중앙 박물관 전시 = 경천사지 십층 석탑

경천사지 십층 석탑은 일제 강점기 일본에 무단 반출되었다가 돌려받은 후 보수되어 국립 중앙 박물관에 전시되고 있어요.

① 불국사 다보탑은 통일 신라 때 만들어진 석탑이에요.
② 분황사 모전 석탑은 남아 있는 신라 석탑 중 가장 오래된 탑이에요.
③ 부여의 정림사지 오층 석탑은 목탑 양식이 남아 있는 백제의 석탑이에요.
④ 경천사지 십층 석탑은 대리석으로 만들어진 것이 특징이에요.

01	②	02	④	03	④	04	②	05	④
06	②	07	②	08	③	09	③	10	②
11	④	12	②	13	③	14	④	15	③
16	④	17	③	18	③	19	③	20	①
21	①	22	②	23	④	24	②	25	③
26	③	27	①	28	③	29	③	30	①
31	③	32	①	33	④	34	④	35	③
36	②	37	②	38	③	39	④	40	④
41	②								

01 조선의 건국 과정　　　　　　　　정답 ②

새로 건국된 명이 고려에 철령 이북의 땅을 요구하자 우왕과 최영은 요동 정벌을 추진하였어요. 요동 정벌을 반대하던 이성계는 군대를 이끌고 압록강의 위화도까지 나아갔다가 회군하여 우왕과 최영을 제거한 후 권력을 장악하였어요(위화도 회군, 1388). 이후 신진 사대부들은 권문세족의 경제적 기반을 약화시키고 자신들의 경제적 기반을 마련하기 위해 과전법을 실시하였어요. 이듬해 정도전, 조준 등 급진파는 이성계와 손을 잡고 조선을 건국하였고 이성계는 한양을 도읍으로 정하였어요.

① 흥선 대원군은 비변사를 혁파하고 **의정부와 삼군부의 기능을** 부활시켰어요.

②이성계는 위화도 회군 이후 **정치적 실권**을 장악하였어요.

③『대전회통』은 고종 재위 시기에 편찬된 **조선의 법전**이에요.

④ 세종은 백성을 교화하고 백성이 자신의 **말과 생각을** 글로 표현할 수 있도록 훈민정음을 창제하고 반포하였어요.

02 조선 태조(이성계)의 업적　　　　　정답 ④

키 워 드 문제분석　위화도 회군 + 조선 건국 = 태조 이성계

이성계는 위화도 회군 이후 권력을 장악한 후 정도전 등 급진 개화파와 함께 개혁을 추진하였어요. 정몽주 등 온건 개화파를 제거하고 1392년에 조선을 건국하였어요.

① **고려 숙종** 때 윤관의 건의로 별무반이 편성되었어요.

② **신라 지증왕**은 이사부를 시켜 우산국을 정벌하였어요.

③ **고려 공민왕**은 토지 개혁을 위해 신돈의 건의를 받아들여 전민변정도감을 설치하였어요.

④고려 말 **이성계**는 홍건적과 왜구들을 격퇴하면서 신흥 무인 세력으로 성장하였어요. 황산 대첩에서 왜구를 크게 무찔러 명성이 높아졌어요.

03 조선 태종의 업적　　　　　　　　정답 ④

키 워 드 문제분석　호패법 + 계미자 = 조선 태종

두 차례 왕자의 난을 거쳐 왕위에 오른 태종은 국왕 중심의 통치 체제를 정비하였어요. 또 언론 기관인 사간원을 독립시켜 대신들을 견제하였으며, 사병을 없애고 국왕의 친위 군사를 늘렸어요. 태종은 세금과 군역을 확보하기 위해 양전 사업과 호패법을 시행하였어요.

① **영조** 때 균역법을 실시하여 농민들의 군포 부담을 줄여주었어요.

② **세조**는 직전법을 실시하여 현직 관료에게만 수조권을 지급하였어요.

③ **숙종** 때 금위영이 설치되면서 5군영 체제가 완성되었어요.

④태종은 6조에서 의정부를 거치지 않고 곧바로 왕에게 재가를 받도록 하는 6조 직계제를 시행하였어요.

04 조선 세조의 업적　　　　　　　　정답 ②

키 워 드 문제분석　조선 제7대 국왕 + 6조 직계제 재시행 = 조선 세조

조선 세조는 6조가 의정부를 거치지 않고 직접 왕에게 업무 보고를 하는 6조 직계제를 다시 시행하여 왕권을 강화하였어요.

① 고종 때 **홍선 대원군**은 왕실의 위엄을 높이기 위해 경복궁을 중건하였어요.

②세조는 세습 토지의 증가로 신진 관료에게 지급할 토지가 부족해지자 직전법을 시행하여 현직 관리에게만 수조권을 지급하였어요.

③ **정조**는 젊은 문신을 선발하여 재교육하는 초계문신제를 시행하였어요.

④ **숙종**은 금위영을 창설하여 5군영 체제를 완성하였어요.

05 조선의 중앙 정치 기구　　　　　　정답 ④

키 워 드 문제분석　왕의 자문 역할 + 삼사 = 홍문관

홍문관은 왕에 대한 자문과 경연을 담당한 조선의 중앙 정치 기구예요. 사헌부, 사간원과 함께 삼사라고 불리며 권력의 독점과 부정을 막기 위한 언론 기능을 담당하였어요.

① **승정원**은 왕명의 출납을 담당하던 조선 시대 **왕의 비서 기관**이에요.

② **어사대**는 고려 시대 **관리의 감찰**을 담당하던 기구예요.

③ **집사부**는 신라의 13부 중 하나로, **왕의 명령을 집행**하고 보고하던 기구예요.

④조선 성종은 **집현전을 계승**하여 홍문관을 설치하였어요.

06 조선의 교육 기관 정답 ②

> **키워드 문제분석**
> 조선의 최고 교육 기관 + 생원, 진사 = 성균관

성균관은 조선 시대 최고의 교육 기관으로 입학 자격은 소과에 합격한 생원, 진사를 원칙으로 하였으나 관리 중 입학을 원하는 자에게도 입학 자격이 주어졌어요.

① 향교는 고려 시대와 조선 시대에 지방에 설치된 관립 중등 교육 기관이에요.
②성균관은 공자를 제사지내는 문묘와 유학을 강론하는 명륜당, 기숙사인 동재와 서재 등으로 구성되었어요.
③ 육영 공원은 우리나라 최초의 근대식 공립 교육 기관으로, 외국인 교사를 초빙하여 근대 학문을 교육하였어요.
④ 4부 학당은 조선 시대의 관립 중등 교육 기관으로 한양에 설치되었어요.

07 무오사화 정답 ②

> **키워드 문제분석**
> 사림 + 조의제문 + 김종직 = 무오사화

조선 성종은 훈구 세력의 힘을 누르고자 김종직을 비롯한 사림 세력을 중용하였어요. 이에 사림은 주로 3사에 배치되어 훈구 세력을 견제하였는데, 조선 연산군 때부터 훈구 세력과 사림 세력 사이의 대립이 표면화되면서 사화가 일어났어요.

① 경신환국은 조선 숙종의 주도로 **남인** 세력이 축출되고 서인이 정권을 잡은 사건이에요.
②무오사화는 김종직의 제자였던 사관 김일손이 사초에 김종직이 지은 「조의제문」을 실은 것이 빌미가 되어 수많은 **사림이 피해**를 입은 사건이에요.
③ **서인**은 인조반정을 주도하여 광해군과 북인을 몰아내고 **정권을 차지**하였어요.
④ 임오군란은 1882년 **구식** 군인들과 하층민이 정부의 개화 정책에 반발하여 일으킨 사건이에요.

08 조광조의 활동 정답 ③

> **키워드 문제분석**
> 현량과 + 위훈 삭제 + 기묘사화 = 조광조

중종반정으로 즉위한 중종은 훈구 세력을 견제하기 위해 조광조를 비롯한 사림 세력을 등용하였어요. 조광조는 추천을 통해 인재를 선발하는 천거제인 현량과 실시를 주장하였고, 중종반정과 관련된 위훈(거짓된 공훈)을 삭제할 것을 건의하였어요. 이러한 조광조의 급진적인 개혁 정치는 훈구 세력의 반발을 가져왔고, 결국 기묘사화로 인해 조광조 등 사림 세력이 제거되었어요.

① 조선 후기 **정약용**은 『기기도설』 등을 참고하여 거중기를 설계하였어요.

② **정도전**은 『조선경국전』을 저술하여 국가를 다스릴 기본 정책을 제시하였어요.
③**조광조**는 하늘에 제사지내는 일을 담당하던 도교 행사 기구인 소격서 폐지를 주장하였어요.
④ **이제현**은 고려 충선왕이 원의 수도에 있을 때 세운 만권당에서 원의 학자들과 교류하였어요.

09 이황의 활동 정답 ③

> **키워드 문제분석**
> 도산 서원 + 예안 향약 = 이황

이황은 우리나라 실정에 맞게 향약을 만들어 향촌에 널리 보급한 유학자예요. 예안 향약은 경북 안동 지방에서 시행하기 위해 만들었으며, 선조 때 이황을 기리기 위해 안동에 도산 서원을 건립하였어요.

① **정약용**은 거중기를 제작하여 수원 화성 건설에 이용하였어요.
② 세종은 **이종무**를 시켜 대마도를 정벌하게 하였어요.
③**이황**은 군주의 도를 도식으로 설명한 『성학십도』를 저술하여 선조에게 바쳤어요.
④ **김정호**는 전국 지도인 대동여지도를 제작하였어요.

10 이이의 활동 정답 ②

> **키워드 문제분석**
> 강릉 오죽헌 + 수미법 = 율곡 이이

강릉 오죽헌에서 태어난 이이는 조선 시대를 대표하는 유학자예요. 이이는 공납의 폐단을 바로잡기 위해 공납을 쌀로 걷자는 수미법을 주장하였어요.

① 앙부일구는 **조선 세종**의 명으로 제작되었어요.
②**이이**는 『성학집요』를 저술하여 군주의 덕목을 제시하였어요.
③ 고려 성종 때 **최승로**가 시무 28조를 건의하였어요.
④ 화통도감은 화약을 제조하기 위한 기구로, 고려 말 **최무선**의 건의에 따라 설치되었어요.

11 과전법 정답 ④

고려 말 조준, 정도전 등 신진 사대부의 경제적 기반을 마련하기 위해 경기 지역 토지에 한하여 수조권을 지급하는 과전법을 실시하였어요.

① 조선 후기 **대동법**의 실시로 관청에 물품을 조달하는 공인이 등장하였어요.
② 대한 제국 시기에 실시된 **광무개혁**의 일환으로 양전 사업을 실시하였고, 토지 소유권 증명 문서인 지계를 발급하였어요.

③ 고려 시대에 토지를 전지와 시지로 나누어 지급하는 **전시과**가 제정되었어요.

④ **과전법**은 전·현직 관리에게 경기 지역 토지의 수조권을 지급한 제도예요.

12 조선의 서적   정답 ②

> **키워드 문제분석**
> 조선 성종 + 법률 반포 = 『경국대전』

『경국대전』은 조선 세조 때 편찬하기 시작하여 성종 때 반포되었어요. 『경국대전』은 국가 조직, 재정, 의례 등 국가 운영 전반에 대한 법률이 담겨 있는 조선의 기본 법전이에요.

① 『택리지』는 조선 후기 이중환이 각 지역의 자연환경·풍속·인심 등을 저술한 **인문 지리서**예요.

② 『경국대전』은 **6조 체제**에 맞추어 이·호·예·병·형·공전으로 구성되었어요.

③ 『농사직설』은 조선 세종 때 정초 등이 전국의 여러 농부의 경험을 모아 우리 실정에 맞게 편찬한 **농서**예요.

④ 『동의보감』은 조선 광해군 때 허준이 편찬한 **의학 서적**으로, 유네스코 세계 기록 유산에 등재되었어요.

13 조선의 서적   정답 ③

> **키워드 문제분석**
> 충신, 효자, 열녀 이야기 + 세종 = 『삼강행실도』

세종은 중국과 우리나라의 충신, 효자, 열녀의 이야기를 담아 『삼강행실도』를 편찬하였어요.

① 『동의보감』은 조선 광해군 때 허준이 편찬한 의학서예요.

② 『악학궤범』은 조선 성종 때 음악의 원리와 역사, 악기, 악보 등을 정리한 **음악서**예요.

③ 『삼강행실도』는 글과 그림을 함께 모아 편찬하였어요.

④ 『용비어천가』는 조선 세종 때 만든 서사시로 **훈민정음으로 된 최초의 작품**이에요.

14 조선의 서적   정답 ④

> **키워드 문제분석**
> 사고(史庫) + 사초, 시정기 바탕으로 편찬 = 『조선왕조실록』

『조선왕조실록』은 사초와 시정기 등을 바탕으로 편찬되었으며, 춘추관에서 실록청을 설치하여 편찬하였어요. 완성된 실록은 춘추관과 충주, 전주, 성주의 사고에 보관되었는데, 임진왜란 때 전주 사고를 제외하고 불타 버렸어요.

① 『동의보감』은 조선 광해군 때 허준이 편찬한 **의학서**로, 동양의 의학을 집대성하였어요.

② 『경국대전』은 **조선의 기본 법전**으로, 세조 때부터 편찬하기 시작하여 성종 때 완성되었어요.

③ 『삼강행실도』는 유교 윤리 질서의 보급을 위해 그림과 글을 엮어 편찬한 **윤리서**로 세종 때 발행하였어요.

④ 『조선왕조실록』은 조선 태조 ~ 철종의 역사를 편년체로 기록하였으며, **유네스코 세계 기록 유산**으로 등재되었어요.

15 조선의 문화유산   정답 ③

> **키워드 문제분석**
> 해시계 + 그림자로 시간 측정 = 앙부일구

세종 때 처음 만들어진 앙부일구는 '가마솥이 하늘을 우러르는 모양의 해시계'라는 뜻으로 절기를 표시하여 하지, 동지와 같은 절기도 알 수 있었어요.

① 자격루는 조선 세종 때 제작된 **물시계**로, 물의 양을 이용하여 시간을 측정하였어요.

② 측우기는 조선 세종 때 제작되어 **비나 눈이 내린 양을 측정**하였어요.

③ 앙부일구는 조선 세종 때 제작된 **해시계**로, 그림자를 읽어 시간과 날짜를 알 수 있었어요.

④ 혼천의는 조선 세종 때 제작된 **천체 관측 기구**로, 천체의 운행과 그 위치를 측정하였어요.

16 조선 전기의 회화   정답 ④

> **키워드 문제분석**
> 안평 대군의 꿈 + 안견 = 「몽유도원도」

「몽유도원도」는 조선 전기인 1447년 안견의 후원자였던 안평 대군이 꿈속에서 도원을 방문하고 그 내용을 안견에게 설명하여 그리게 한 그림이에요.

① 「무동도」는 조선 후기의 화가인 **김홍도**의 작품이에요.

② 「세한도」는 조선 후기 실학자인 **김정희**가 제주도로 유배되었을 때 그린 그림이에요.

③ 「인왕제색도」는 조선 후기 화가인 **정선**의 작품이에요.

④ 「몽유도원도」는 현실 세계와 이상 세계를 조화롭게 표현한 그림이에요.

17 임진왜란의 전개   정답 ③

> **키워드 문제분석**
> 한산도 + 일본 수군 격파 = 임진왜란

조선은 임진왜란 초기 수도 한성이 함락되는 등 어려움을 겪었어요. 하지만 이순신이 이끄는 수군이 옥포 해전, 한산도 대첩 등에서 승리하며 남해안 일대의 제해권을 장악하게 되었어요. 이로 인해 전라도 곡창 지대를 보존할 수 있게 되었고, 일본군의 보급로를 차단하게 되어 일본군의 진격을 저지시키는 데 기여하였어요.

① **조선 세종**은 최윤덕을 보내 여진을 몰아내고 4군을 개척하였어요.

② **고려 시대** 서희는 거란의 제1차 침입 당시 소손녕과의 외교 담판을 통해 강동 6주 지역을 확보하였어요.

③ **임진왜란** 때 권율과 백성들이 행주산성에서 일본군을 물리쳤어요.

④ **조선 세종**은 이종무를 보내 왜구의 근거지인 쓰시마섬을 토벌하였어요.

18 임진왜란 이후의 사실 　　　　　정답 ③

임진왜란이 일어나자 곽재우, 고경명 등의 의병장이 전국에서 활약하였어요. 곽재우는 붉은 옷을 입고 의병을 이끌어 홍의 장군이라고 불렸어요. 임진왜란 중에 세자로 책봉되어 전쟁 이후 왕위에 오른 광해군은 명과 후금 사이에서 중립 외교를 펼쳤어요. 서인이 전개한 인조반정으로 광해군이 폐위되고 인조가 즉위하였고, 후금은 정묘호란과 병자호란을 일으키며 조선을 침략하였어요. 병자호란으로 인조가 삼전도에서 굴욕을 당하자, 일부 서인 세력을 중심으로 청에 당한 치욕을 갚자는 북벌 여론이 일어났어요.

① 고려의 승려 묘청은 수도를 서경으로 옮기고 금을 정벌하자는 서경 천도 운동을 전개하였어요.

② 고려 말 이성계는 요동 정벌의 불가함을 주장하며 위화도에서 군대를 돌려 개경으로 돌아와 권력을 장악하였어요.

③ 임진왜란 이후 즉위한 조선 광해군은 중립 외교를 전개하였고, 이에 반대한 서인이 전개한 인조반정에 의해 폐위되어 강화도에 유배되었어요.

④ 조선 세종 때 이종무는 왜구의 근거지인 대마도를 정벌하였어요.

19 병자호란의 전개 　　　　　정답 ③

키워드 문제분석

남한산성 + 인조의 피란 = 병자호란

청 태종이 군대를 이끌고 조선을 침략하자 인조는 남한산성으로 피란하여 항전하였어요. 임경업 등이 백마산성에서 활약하여 싸웠으나 조선은 청과 굴욕적인 화의를 맺었어요.

① 보빙사는 조·미 수호 통상 조약(1882)의 체결과 미국 공사의 파견에 대한 답례로 **미국**에 파견되었어요.

② 삼별초는 고려 정부의 개경 환도에 반발하며 **강화도**에서 **진도, 제주도**로 옮겨가며 항전하였어요.

③ 병자호란 당시 인조는 남한산성으로 피란하여 청에 항전하였으나 결국 **삼전도에서 패배 의식**을 치르고 군신 관계를 맺었어요. 삼전도에는 이러한 사실을 적은 삼전도비가 건립되었어요.

④ 을미의병은 1895년 을미사변과 을미개혁에서 추진된 **단발령**에 반발하여 일어났어요.

20 조선 효종의 업적 　　　　　정답 ①

조선이 병자호란에서 패배한 후 조선 인조의 두 아들인 소현 세자와 봉림 대군(효종)은 청에 인질로 끌려갔어요. 이후 조선으로 돌아온 소현 세자가 죽자, 봉림 대군은 형을 대신하여 인조의 뒤를 이었어요. 효종은 청에 대한 복수를 내세우면서 군대를 양성하고 군사력을 강화하였어요. 청의 요청으로 두 차례 나선 정벌에 조총 부대를 파견하기도 하였어요.

① **효종**은 왕으로 즉위한 이후 청에 대한 복수를 내세우며 북벌을 추진하였어요.

② 고종의 아버지인 **흥선 대원군**은 왕실의 권위를 회복하기 위해 경복궁을 다시 지었어요.

③ **광해군**은 명과 후금 사이에서 실리적인 중립 외교를 펼쳤어요.

④ **정조**는 『대전통편』을 편찬하고 통치 체제를 정비하였어요.

21 유성룡의 활동 　　　　　정답 ①

키워드 문제분석

훈련도감 설치 건의 = 유성룡

유성룡은 임진왜란이 일어나자 조·명 연합군과 함께 평양성 전투에 나서 평양성을 탈환하는 데 기여하였어요. 한양으로 돌아온 후에는 포수·사수·살수의 삼수병으로 구성된 훈련도감의 설치를 건의하였어요.

① **유성룡**은 1592년부터 1598년까지 임진왜란 7년 동안의 일을 기록한 『징비록』을 저술하였어요.

② **조선 세종**은 최윤덕을 보내 4군을, 김종서를 보내 6진을 개척하였어요.

③ 고려 인종 때 정지상, **묘청** 등 서경 세력은 서경 천도를 주장하였어요.

④ 조선 철종 때의 **김정호**는 전국 지도인 대동여지도를 제작하였어요.

22 예송 　　　　　정답 ②

조선 현종 때 효종과 효종의 비가 죽은 후 자의 대비가 입을 상복의 기간을 둘러싸고 서인과 남인 간에 예송이 일어났어요. 서인은 효종이 인조의 둘째 아들이기 때문에 상복 입는 기간을 일반 사대부의 둘째 아들과 마찬가지로 해야 한다고 주장한 반면, 남인은 효종이 왕위를 계승했기 때문에 사대부와 달리 장자의 예법으로 대우해야 한다고 주장하였어요.

② 조선 중종 때 등용된 조광조는 현량과 실시, 위훈 삭제 등 급진적인 개혁을 추진하였어요. 훈구 세력은 이에 반발하여 **기묘사화**를 일으켰고 조광조 일파가 축출되었어요.

23 환국 정치

정답 ③

효종이 사망하자 효종의 새어머니인 자의 대비가 상복 입는 기간을 두고 기해예송이 일어났어요. 남인은 효종을 장자로 대우하여 삼년복을 주장하였고, 서인은 효종이 둘째 아들이니 기년복(1년복)을 주장하였어요. 현종의 뒤를 이어 즉위한 숙종 때 붕당이 갑작스럽게 교체되는 환국 정치가 일어났어요. 이후 즉위한 영조는 붕당 정치의 폐해를 극복하기 위해 탕평의 의지를 널리 알리고자 성균관 앞에 탕평비를 세웠어요.

① 연산군 때 김종직이 쓴 「조의제문」이 문제가 되어 김일손 등 사림이 피해를 입은 무오사화가 일어났어요.
② 인조 때 청이 조선에 군신 관계를 요구하며 침입한 병자호란이 일어났어요.
③ 숙종 때 발생한 경신환국으로 남인이 밀려나고 서인이 정권을 장악하였어요.
④ 철종 때 삼정의 문란과 지배층의 수탈이 원인이 되어 임술 농민 봉기가 일어났어요.

24 조선 영조의 업적

정답 ②

키워드 문제분석
> 탕평비 = 조선 영조

조선 영조는 붕당 정치의 폐해를 바로잡기 위해 강력한 왕권을 바탕으로 탕평파를 육성하며 탕평책을 실시하였어요. 성균관에 탕평비를 세워 탕평의 의지를 널리 알렸어요.

① 고종의 아버지인 흥선 대원군은 세도 가문의 권력 기구가 된 비변사를 혁파하였어요.
② 영조는 『속대전』을 편찬하여 법전을 정비하였어요.
③ 효종은 청의 요청에 따라 나선 정벌에 조총 부대를 파견하였어요.
④ 숙종 때 청과의 국경을 정한 백두산정계비가 건립되었어요.

25 조선 정조의 업적

정답 ③

키워드 문제분석
> 사도 세자 + 혜경궁 홍씨 = 조선 정조

조선 정조는 아버지 사도 세자의 묘를 수원으로 옮기고, 수원에 화성을 건설하였어요. 또한 어머니 혜경궁 홍씨를 모시고 사도 세자의 묘를 다녀온 뒤 화성 행궁에서 회갑연을 열었어요.

① 정조는 국왕 친위 부대인 장용영을 설치하여 왕권을 강화하였어요.
② 정조는 육의전을 제외한 시전 상인의 금난전권을 폐지하였어요.
③ 세종 때 정초 등이 우리나라 풍토에 맞는 농법을 정리한 『농사직설』을 편찬하였어요.

④ 정조는 젊은 관리들을 뽑아 재교육하는 초계문신제를 시행하였어요.

26 대동법

정답 ③

키워드 문제분석
> 선혜청 + 토지 결수 기준으로 공납 부과 = 대동법

조선 시대 광해군 때부터 실시된 대동법은 방납의 폐단으로 인한 폐해를 시정하기 위해 시작되었어요. 대동법은 선혜청에서 주관하였으며, 집집마다 부과되던 공납이 토지 결수를 기준으로 바뀌어 농민들의 부담이 줄어 들었어요.

① 과전법은 고려 말 신진 사대부의 경제적 기반을 마련하기 위해서 관리에게 토지에 대한 수조권을 지급한 것이에요.
② 균역법은 조선 영조 때 실시한 제도로, 1년에 2필씩 내던 군포를 1필로 줄여 주었어요.
③ 대동법의 시행으로 공인이 등장하였고, 조선 후기 상품 화폐 경제가 발달하는 배경이 되었어요.
④ 영정법은 조선 인조 때부터 실시한 것으로, 전세를 풍흉에 관계없이 1결당 4 ~ 6두로 고정하였어요.

27 균역법

정답 ①

키워드 문제분석
> 영조 + 군포를 1필로 줄임 + 결작 = 균역법

조선 후기 이중 징수와 수령과 아전의 농간 등으로 인해 농민의 군포 부담이 증가하자 영조는 군포를 1년에 2필에서 1필만 납부하는 균역법을 시행하였어요. 이에 재정이 감소하는 것을 보완하고자 일부 부유층에게는 선무군관포를 부과하였고, 지주에게 토지 1결당 2두씩의 결작을 부과하기도 하였어요.

① 균역법은 영조 때 시행되었고, 군포를 1년에 2필에서 1필로 줄여 주었어요.
② 대동법은 광해군 때 처음 실시되었고, 공납을 특산물 대신 쌀이나 베, 동전 등으로 납부하게 하였어요.
③ 영정법은 인조 때부터 시행되었고, 전세를 풍흉에 상관없이 토지 1결당 4~6두로 고정하였어요.
④ 직전법은 세조 때 시행되었고, 관리에게 지급할 토지가 부족해지자 현직 관료에게만 수조권을 지급하였어요.

28 조선 후기의 화폐

정답 ③

키워드 문제분석
> 조선 숙종 + 공식 화폐 = 상평통보

조선 후기에는 농업과 상업의 발달에 힘입어 상품 화폐 경제가 발달하면서 화폐 사용이 일반화되었어요. 숙종 때 상평통보가 공식 화폐로 주조되면서 전국적으로 사용되었어요.

① 건원중보는 **고려 성종** 때 만들어진 우리나라 최초의 금속 화폐예요.

② 해동통보는 **고려 숙종** 때 주전도감에서 만들어졌어요.

③ 상평통보는 **조선 숙종** 때 허적 등의 건의로 만들어졌어요.

④ 백동화는 **조선 고종** 때 설치한 전환국에서 만들어졌어요.

29 조선 후기의 상업 　　　　　　　　정답 ②

> 조선 후기에는 농업 생산력이 증대되고 수공업 생산이 활발해지면서 상업도 발달하였어요. 상업이 발달하면서 경강상인을 비롯한 사상들이 활동하였어요.

① 내상은 **조선 후기** 부산을 근거지로 활동하며 일본과의 무역을 주도하였어요.

② **고려** 시대에 예성강 하구에 위치한 벽란도에서 송과의 무역이 이루어졌어요.

③ 대동법이 시행되면서 관청에 필요한 물품을 조달하기 위한 공인이 등장하고 이들이 **조선 후기** 상업의 발달을 주도하였어요.

④ **조선 후기**에는 정기 시장인 장시가 전국적으로 열렸어요.

30 조선 후기의 사회 　　　　　　　　정답 ①

키 워 드 문제분석　　곡물이나 돈을 내고 신분 상승 = 납속책

> 임진왜란 이후 재정적 타격을 받은 정부가 공명첩을 발급하고 납속책을 시행하자, 서얼과 상민들이 이를 이용하여 신분을 얻거나 벼슬을 받았어요.

① **조선 후기** 납속책이 시행되면서 양반의 수는 늘어나고 상민과 노비의 수는 줄어 들었어요.

② 사창제는 **고종** 때 흥선 대원군이 환곡의 운영을 민간에 맡기기 위해 실시한 제도예요.

③ 영정법은 **인조** 때 풍흉에 관계없이 토지 1결당 쌀 4~6두의 전세를 징수하도록 한 제도예요.

④ 호포제는 **고종** 때 흥선 대원군이 양반에게도 군포를 징수하기 위해 실시한 제도예요.

31 천주교 　　　　　　　　정답 ③

키 워 드 문제분석　　교황 + 이승훈 = 천주교

> 천주교는 초기에 청에 다녀온 사신들에 의해 서학이라는 학문의 형태로 수용되었다가 이후 신앙으로 수용되었어요. 천주교는 조상에 대한 제사를 거부하고 평등사상을 전파하였기 때문에 유교 윤리를 따르는 조선 사회에서 배척당하였어요.

① **대종교**는 국권 피탈 이후 중광단을 조직하여 무장 투쟁을 전개하였어요.

② **천도교**는 기관지로 만세보를 발간하여 민중 계몽에 힘썼어요.

③ **천주교**는 초기에 서학이라는 학문의 형태로 수용되었어요.

④ **동학**은 『동경대전』을 기본 경전으로 삼았어요.

32 동학 　　　　　　　　정답 ①

키 워 드 문제분석　　최제우 + 『동경대전』 + 시천주, 인내천 = 동학

> 동학은 경주 출신의 몰락 양반인 최제우가 창시한 종교예요. 유교·불교·도교·민간 신앙의 요소가 결합되어 만들어졌어요. 동학은 『동경대전』을 기본 경전으로 삼고 인간 평등, 외세 침략 배격 등을 주장하였어요.

① 최제우가 창시한 동학은 **인내천**을 주요 사상으로 내세웠어요.

② 대종교는 나철과 오기호 등이 1909년에 **단군 신앙**을 바탕으로 창시하였어요.

③ 1916년 박중빈이 창시한 원불교는 일제 강점기에 **새생활 운동**을 전개하였어요.

④ 천주교는 조선 후기 **서학**이라는 학문의 형태로 수용되었다가 일부 남인 계열 학자에 의해 종교로 받아들여졌어요.

33 홍경래의 난 　　　　　　　　정답 ④

키 워 드 문제분석　　19세기 농민 봉기 + 우군칙, 홍경래 = 홍경래의 난

> 19세기 삼정의 문란과 서북 지역민에 대한 차별 대우 등에 반발하여 홍경래의 난이 일어났어요. 홍경래와 우군칙 등이 주도한 홍경래의 난에는 다양한 계층이 참여하였고, 한때 정주성을 점령하기도 하였으나 관군에 진압당하였어요.

① 강화도 초지진은 **병인양요**와 **신미양요** 때 프랑스와 미국의 침입에 맞서 방어전을 전개한 곳이에요.

② 고려의 승려 묘청은 서경 천도와 금국 정벌을 주장하였어요. 그러나 서경 천도가 좌절되자 난을 일으켰어요(**묘청의 난**).

③ **임오군란**의 결과 조선은 일본에 배상금을 지불하고, 일본 공사관의 경비병 주둔을 인정하는 제물포 조약을 체결하였어요.

④ **홍경래의 난**은 조선 순조 때인 1811년 삼정의 문란으로 인한 어려움과 서북 지역민에 대한 차별에 반발하여 일어났어요.

34 임술 농민 봉기 　　　　　　　　정답 ④

키 워 드 문제분석　　환곡의 폐단 + 백낙신 + 유계춘 = 임술 농민 봉기

> 세도 정치 시기 삼정의 문란과 지배층의 수탈이 극심한 상황 속에서 경상 우병사 백낙신의 횡포가 이어지자, 진주에서 몰락 양반인 유계춘을 중심으로 봉기가 발생하였어요. 그리고 농민 봉기는 전국으로 확산되었어요(임술 농민 봉기, 1862).

① 소격서는 조선 중종 때 **조광조**의 건의로 폐지되었어요.

② 현직 관리에게만 수조권을 지급하는 직전법은 **조선 세조** 때 실시되었어요.

③ 흥선 대원군은 신미양요 이후 전국 각지에 통상 수교 거부 의지를 알리는 척화비를 건립하였어요.

④ 조선 정부는 **임술 농민 봉기**를 수습하기 위해 박규수를 안핵사로 파견하고 삼정이정청을 설치하였어요.

35 정약용의 활동
정답 ③

토지 개혁론 + 여전론 = 정약용

조선 후기의 실학자인 정약용은 이익의 실학 사상을 계승하여 조선 후기의 사회 모순을 개혁하기 위한 다양한 방안을 내놓았어요. 정약용은 토지 문제 해결을 위해서 여전론과 정전제를 주장하였어요.

① **최제우**는 조선 후기 유·불·선·민간 신앙의 요소를 결합한 동학을 창시하였어요.
② 추사체를 창안한 인물은 **김정희**로, '추사'는 김정희의 호예요.
③ **정약용**은 목민관(지방관)이 지켜야 할 지침을 밝히면서 관리들의 폭정을 비판한 『목민심서』를 저술하였어요.
④ **이제마**는 사람의 체질을 연구하여 사상 의학을 확립하였어요.

36 박지원의 활동
정답 ②

연암 + 『양반전』 + 수레와 선박 이용 강조 = 박지원

박지원은 조선 후기 중상학파의 대표적인 실학자예요. 박지원은 『열하일기』를 저술하여 수레와 선박의 이용 등을 주장하였어요. 또한 『양반전』, 『허생전』 등 한문 소설을 저술하여 양반의 위선과 무능을 비판하였어요.

① 조선 전기의 화가인 **안견**은 안평대군의 꿈 이야기를 듣고 「몽유도원도」를 그렸어요.
② **박지원**은 연행사의 일원으로 청에 다녀온 후 『열하일기』를 저술하였어요.
③ **이제마**는 사람의 체질을 연구하여 사상 의학을 정립하였어요.
④ **김정호**는 목판으로 우리나라 지도인 대동여지도를 제작하였어요.

37 대동여지도
정답 ②

김정호 + 목판본 지도 = 대동여지도

대동여지도는 조선 후기 김정호가 만든 지도예요. 총 22첩의 목판본으로 구성되어 있으며, 10리마다 눈금을 표시하여 거리를 알 수 있도록 제작하였어요. 또한 산맥, 하천, 포구, 도로망 등을 정밀하게 표시하였어요.

① 동국지도는 정상기가 만든 지도로, **최초로 100리 척**을 사용하였어요.
② 대동여지도는 김정호가 만든 지도로, **목판본**으로 되어 있어요.
③ 곤여만국전도는 이탈리아 선교사인 **마테오 리치**가 만든 세계 지도로, 조선 후기에 유입되었어요.
④ 혼일강리역대국도지도는 태종 때 만들어진 **동양에서 가장 오래된 세계 지도**예요.

38 조선 후기의 사회 모습
정답 ③

감자, 고구마 + 상평통보 = 조선 후기

조선 후기에는 감자, 고구마 등 외래 작물이 전래되어 재배되기 시작하였어요. 재배된 감자, 고구마 등은 전국의 장시에서 거래되었는데 숙종 때부터 발행된 상평통보가 활발히 유통되며 화폐로 사용되었어요.

① 국자감은 **고려** 성종이 개경에 설치한 최고 교육 기관이에요.
② 팔관회는 **삼국 시대**부터 **고려 시대**까지 행해진 종교 행사예요.
③ **조선 후기**에는 서민 문화가 발달하며 장시에서 판소리 공연이 벌어졌어요.
④ 삼별초는 **고려** 무신 집권기 최우가 치안을 위해 만들었던 야별초에서 시작한 조직이에요.

39 조선 후기의 사회 모습
정답 ④

김홍도의 풍속화 = 조선 후기

조선 후기에는 상품 화폐 경제의 발달과 서당 교육의 확대 등으로 서민 문화가 발달하였어요. 그 결과 『홍길동전』 등의 한글 소설과 춘향가 등의 판소리가 유행하였고, 회화에서는 김홍도, 신윤복 등의 풍속화와 함께 민화 등이 유행하였어요.

① **조선 후기**에는 한글 소설이 유행하였고, 이를 읽어주는 전기수가 등장하기도 하였어요.
② **조선 후기**에는 회회청 안료를 사용한 청화 백자가 유행하였어요.
③ **조선 후기**에는 춘향가, 심청가, 흥보가 등의 판소리가 유행하였어요.
④ 초조대장경은 **고려 시대** 거란의 침입을 부처의 힘으로 물리치기 위해 제작되었어요.

40 조선 후기의 문화
정답 ④

전기수 + 상평통보 = 조선 후기

조선 후기에는 상품 화폐 경제의 발달과 서당 교육의 확산 등으로 서민 의식이 성장하면서 서민 문화가 발달하였어요. 『춘향전』, 『홍길동전』 등의 한글 소설과 기존 형식에서 벗어난 사설시조가 유행하였어요. 또한 중인층에서는 시사 활동이 활발해졌어요.

① **조선 후기**에는 중인들이 시사를 결성하여 위항 문학 활동을 활발히 전개하였어요.
② **조선 후기**에는 춘향가, 심청가 등 판소리가 성행하였는데, 현재는 일부만 전해지고 있어요.
③ **조선 후기**에는 격식에 구애받지 않고 감정을 솔직하게 표현하는 사설시조가 유행하였어요.

④ 단군의 건국 이야기가 담긴 『제왕운기』는 **고려 시대**에 이승휴에 의해 편찬되었어요.

41 조선 후기의 회화 　　　　　　　　정답 ②

키워드 문제분석 　조선 후기 진경 산수화 = 「인왕제색도」

조선 후기에는 우리의 자연을 소재로 한 진경 산수화가 발달하였어요. 조선 후기의 대표적인 화가 겸재 정선은 한성 근교와 강원도의 명승지들을 직접 돌아보고 진경 산수화인 「인왕제색도」와 「금강전도」 등을 남겼어요.

① **고구려** 고분인 무용총에서 발견된 「수렵도」예요.
②**조선 후기**에 그려진 정선의 「인왕제색도」는 인왕산을 그린 작품이에요.
③ **조선 전기**에 그려진 안견의 「몽유도원도」는 안평대군의 꿈 이야기를 듣고 그린 것으로 유명해요.
④ **조선 전기**에 그려진 강희안의 「고사관수도」예요.

개항기　　　　　　　　　P. 38~45

01	④	02	①	03	①	04	②	05	④
06	①	07	③	08	①	09	④	10	①
11	①	12	③	13	②	14	④	15	④
16	①	17	②	18	④	19	①	20	③
21	③	22	①	23	③	24	②	25	④
26	④	27	④	28	③						

01 흥선 대원군의 업적 　　　　　　　정답 ④

키워드 문제분석 　당백전 발행 = 흥선 대원군 집권기

당백전은 흥선 대원군이 경복궁 중건에 필요한 자금을 마련하기 위해 발행한 화폐예요. 당백전은 실질 가치가 명목 가치에 미치지 못하여 물가가 크게 상승하는 등의 부작용을 불러일으켰고, 결국 여론의 악화로 이듬해 주조 및 유통이 금지되었어요.

① 원 간섭기에 원은 **고려**에 공녀를 요구하였어요.
② 원산 총파업은 **일제 강점기**인 1929년에 발생하였어요.
③ 일제는 **1910년대** 헌병에게 경찰의 역할을 부여하며 억압적으로 우리 민족을 통치하였어요.
④ 당백전은 **흥선 대원군 집권기**에 경복궁 중건 자금을 마련하기 위해 발행된 화폐예요.

02 병인양요 　　　　　　　　　　　정답 ①

키워드 문제분석 　한성근, 문수산성 + 양헌수, 정족산성 = 병인양요

병인양요는 1866년 프랑스가 병인박해를 구실로 군함을 이끌고 강화도를 쳐들어온 사건이에요. 양헌수 부대가 정족산성에서, 한성근 부대가 문수산성에서 프랑스군을 격퇴하였어요. 프랑스군은 후퇴하는 과정에서 외규장각 의궤 등을 약탈하였어요.

①**병인양요**는 흥선 대원군의 집권기에 있었던 사건이에요.
② 제너럴셔먼호 사건을 빌미로 **신미양요**가 발생하였어요.
③ 삼정이정청은 **임술 농민 봉기**가 일어나자 정부에서 삼정의 문란을 해소하기 위해 설치한 기구예요.
④ 일본의 군함 운요호가 강화도와 영종도를 공격하였던 **운요호 사건**은 일본과 강화도 조약이 체결되는 배경이 되었어요.

03 신미양요 　　　　　　　　　　　정답 ①

고종이 즉위한 이후 아버지인 흥선 대원군이 정권을 장악하였어요. 흥선 대원군은 강력한 통상 수교 거부 정책을 추진하였는데, 그 과정에서 미군이 강화도를 공격한 신미양요가 일어났어요(1871). 신미양요 이후 흥선 대원군은 전국 각지에 척화비를 세워 통상 수교 거부 의지를 드러냈으나, 운요호 사건을 빌미로 한 일본의 압박에 강화도 조약을 체결하며 개항하였어요.

① 신미양요는 고종이 즉위한 이후인 1871년에 일어났어요.

② 보빙사는 조·미 수호 통상 조약 체결 이후인 1883년에 미국으로 파견되었어요.

③ 황룡촌 전투는 1894년 제1차 동학 농민 운동 때 농민군이 관군에 승리한 전투예요.

④ 만민 공동회는 1898년 독립 협회가 개최한 민중 집회예요.

04 흥선 대원군의 활동 　　　　정답 ②

키워드 문제분석　양반에게 군포 + 왕의 아버지 = 흥선 대원군

고종의 아버지인 흥선 대원군은 삼정의 문란을 시정하는 과정에서 호포제를 실시하여 양반에게도 군포를 징수하였어요.

① 장용영이 창설된 시기는 **조선 정조** 때예요.

②**흥선 대원군**은 프랑스와 미국이 강화도를 침략한 두 차례의 양요 후 통상 수교 거부 의지를 나타낸 척화비를 전국 각지에 건립하였어요.

③ 청해진이 설치된 시기는 **신라 흥덕왕** 때예요.

④『칠정산』이 편찬된 시기는 **조선 세종** 때예요.

05 통리기무아문 　　　　정답 ④

키워드 문제분석　조선 정부의 개화 정책 + 정책 총괄 = 통리기무아문

통리기무아문은 조선이 강화도 조약을 맺은 이후 개화 정책을 추진하기 위해 설치한 기구예요. 통리기무아문 아래에 12사를 설치하여 운영하였어요.

① 교정청은 **동학 농민 운동** 이후 정부가 개혁 정책을 추진하기 위해 설치했던 기구예요.

② 군국기무처는 1894년 **제1차 갑오개혁**을 주도했던 기구예요.

③ **고려의 중앙 정치 기구**인 도병마사는 원 간섭기에 도평의사사로 명칭이 바뀌었어요.

④통리기무아문은 1880년대 조선 정부의 **개화 정책**을 총괄하였던 기구예요.

06 조·미 수호 통상 조약 　　　　정답 ①

키워드 문제분석　『조선책략』 + 서양 국가와 맺은 최초의 근대적 조약 = 조·미 수호 통상 조약

조선이 일본과 강화도 조약을 체결한 이후 청은 러시아와 일본을 견제하기 위해 조선과 미국의 수교를 알선하였어요. 이에 조선은 1882년 조·미 수호 통상 조약을 체결하였어요. 조·미 수호 통상 조약은 서양과 체결한 최초의 근대적 조약이지만, 영사 재판권과 최혜국 대우 인정 등을 포함한 불평등 조약이었어요.

①조선은 조·미 수호 통상 조약 체결에 따른 답례로 1883년 미국에 보빙사를 파견하였어요.

② 신식 군대인 별기군은 1881년에 창설되었어요.

③ 탕평비는 **조선 영조** 때 탕평 정치의 의지를 보여 주고자 성균관 입구에 건립된 비석이에요.

④ 1880년에 개화 정책 기구로 통리기무아문이 설치되었어요.

07 위정척사 운동 　　　　정답 ③

키워드 문제분석
- 최익현 + 왜양일체론 = 1870년대 통상 반대
- 이항로 + 서양과의 통상 반대 = 1860년대 통상 반대
- 이만손 + 만인소 = 1880년대 영남 만인소

(나) 1860년대 이항로 등은 서양의 통상 수교 요구를 거부하는 흥선 대원군의 정책을 지지하며 척화주전론을 펼쳤어요.

(가) 1870년대 최익현 등은 서양과 일본은 같다는 왜양일체론을 주장하며 개항에 반대하였어요.

(다) 1880년대 정부의 개화 정책 추진 과정 중 『조선책략』이 유포되자, 이만손을 비롯한 영남 지역 유생들은 만인소를 올리는 등 미국과의 수교에 반대하였어요.

③(나) 1860년대 통상 반대 → (가) 1870년대 통상 반대 → (다) 1880년대 영남 만인소

08 임오군란 　　　　정답 ①

키워드 문제분석　개화 정책 반발 + 구식 군인 차별 = 임오군란

개항 이후 정부는 개화 정책의 일환으로 구식 군대를 줄이고 신식 군대인 별기군을 창설하였어요. 별기군에 비해 차별 대우를 받던 구식 군인들은 밀린 급료로 받은 쌀에 겨와 모래가 섞여 있자 분개하여 봉기를 일으켰어요(임오군란, 1882).

①임오군란은 **구식 군인**들이 일으킨 봉기예요.

② 삼국 간섭은 청·일 전쟁 이후 청이 일본에 랴오둥반도를 할양하기로 하자, 러시아·프랑스·독일이 일본에 **랴오둥반도의 반환**을 요구하였던 사건이에요.

③ 서문도 사건은 러시아의 남하를 견제한다는 명분으로 **영국**이 거문도를 **불법적으로 점령**한 사건이에요.

④ 1862년에 일어난 임술 농민 봉기는 부정부패와 삼정의 문란에 반발하여 일어났어요.

09 임오군란 　　　　정답 ④

키워드 문제분석　별기군 + 구식 군인들의 반란 = 임오군란

1882년 구식 군인들은 신식 군대와의 차별에 반발하며 임오군란을 일으켰어요. 이후 하층민까지 합세한 시위대는 선혜청을 습격하고, 일본인 교관과 고위 관료들을 죽였어요. 고종이 흥선 대원군에게 사태 수습을 맡기면서 군인들은 자진 해산하였으나, 청이 군대를 파견하여 흥선 대원군을 청으로 압송하는 등 난을 진압하고, 민씨 일파를 중심으로 한 친청 정권을 수립하였어요.

① 일본이 강화도에 군함을 파견한 운요호 사건의 결과 **강화도 조약**이 체결되었어요.

② 통리기무아문은 조선이 **개화 정책**을 추진하기 위해 1880년에 설치한 기구예요.

③ 1866년 **병인양요** 이후 프랑스군이 퇴각하면서 외규장각 도서를 약탈하였어요.

④ 청군이 **임오군란**을 진압하면서 조선 정부에 대한 청의 영향력이 크게 강화되었어요.

10 갑신정변
정답 ①

키워드 문제분석	1884년 + 우정총국 개국 축하연 = 갑신정변

임오군란 이후 청의 내정 간섭이 심해지는 상황 속에서 김옥균 등 급진 개화파는 우정총국 개국 축하연을 이용하여 정변을 일으키고 개화당 정부를 수립하였어요(갑신정변). 개화당 정부는 14개조 개혁 정강을 마련하고 근대적 개혁을 시도하였으나 청군의 개입으로 3일 만에 실패하고 말았어요.

① 갑신정변은 1884년에 **급진 개화파**가 **정변**을 일으켜 개화당 정부를 수립하고자 했던 사건이에요.

② 을미사변은 1895년 일본이 **명성 황후를 시해**한 사건이에요.

③ 임오군란은 1882년 **구식 군대**의 군인들과 하층민들이 봉기한 사건이에요.

④ 아관 파천은 1896년 고종이 **러시아 공사관**으로 처소를 옮긴 사건이에요.

11 제1차 갑오개혁
정답 ①

키워드 문제분석	군국기무처 + 신분제 폐지 + 조혼 금지 = 제1차 갑오개혁

1894년 일본의 강요로 구성된 김홍집 내각은 군국기무처를 설치하고 제1차 갑오개혁을 추진하였어요. 군국기무처는 과거제 폐지, 연좌제 금지, 공사 노비법(신분 제도) 폐지, 과부의 재가 허용 등의 개혁을 추진하였어요.

① 대한 제국이 수립된 이후 추진된 **광무개혁** 때 근대적 토지 소유 증명서인 지계가 발급되었어요.

② **제1차 갑오개혁** 때 시험으로 관리를 뽑던 과거제가 폐지되었어요.

③ **제1차 갑오개혁** 때 도량형을 통일하여 상업의 편의를 꾀하였어요.

④ **제1차 갑오개혁** 때 죄인의 죄를 가족이나 친지들에게도 함께 묻는 연좌제가 금지되었어요.

12 군국기무처
정답 ③

키워드 문제분석	제1차 갑오개혁 추진을 위해 설치 = 군국기무처

일본이 경복궁을 점령한 이후 조선은 흥선 대원군을 섭정으로 하는 제1차 김홍집 내각을 수립하고 군국기무처를 설치하여 제1차 갑오개혁을 추진하였어요.

① 정방은 고려 무신 집권기에 최우가 자신의 집에 설치한 **인사 행정 기구**예요.

② 교정도감은 고려 무신 집권기에 **최충헌**이 설치한 최고 권력 기구로, 최충헌은 교정별감이 되어 권력을 장악하였어요.

③ 군국기무처는 제1차 갑오개혁을 추진한 중심 기구예요.

④ 통리기무아문은 조선이 개항 이후 설치한 **개화 정책 총괄** 기구예요.

13 동학 농민 운동
정답 ②

키워드 문제분석	황룡촌 전투 + 전주성 + 우금치 전투 = 동학 농민 운동

1894년에 전봉준이 고부 군수 조병갑의 학정에 대항하여 봉기를 일으켰어요(고부 농민 봉기). 이 봉기는 안핵사 이용태의 횡포로 인해 제1차 동학 농민 봉기로 확대되었으며, 농민군은 황토현과 황룡촌에서 관군을 격파하고 전주성을 점령하였어요. 농민군은 정부와 전주 화약을 체결하고 개혁을 추진하였으나, 일본군이 경복궁을 점령하였어요. 이에 농민군이 제2차 봉기를 일으켰지만, 공주 우금치 전투에서 관군·일본군의 연합군에게 패배하였어요.

① 외규장각 도서는 **병인양요** 때 프랑스군에 의해 약탈되었어요.

② 동학 농민군은 정부와 전주 화약을 체결한 후에 집강소를 설치하여 폐정 개혁을 추진하였어요.

③ 곽재우는 **임진왜란** 때 의병장으로 활약한 인물이에요.

④ 세도 정치기에 평안도(서북인)에 대한 차별이 원인이 되어 홍경래의 난이 일어났어요.

14 근대 개혁
정답 ④

키워드 문제분석	• 과거제 폐지 + 군국기무처 = 제1차 갑오개혁 • 지계 발급 = 광무개혁

조선은 1894년 군국기무처를 설치한 후 제1차 갑오개혁을 실시하였어요. 이때 과거제 폐지, 신분제 철폐, 조혼 금지 등 다양한 개혁이 실시되었어요. 이어서 제2차 갑오개혁과 을미개혁이 이루어졌으나 을미개혁은 아관 파천으로 중단되었어요. 아관 파천 이후 돌아온 고종은 1897년 대한 제국을 수립하고 광무개혁을 추진하였어요. 대한국 국제를 반포하고 원수부를 설치하였고, 양전 사업을 실시하여 근대적 토지 소유 증명서인 지계를 발급하였어요.

따라서 제1차 갑오개혁이 실시된 1894년과 광무개혁이 실시된 1897년 사이 시기의 사실을 골라야 해요.

① 당백전은 **조선 시대** 흥선 대원군이 경복궁 중건을 위해 발행한 화폐예요.
② 동시전은 **신라 시대** 경주에서 시장인 동시를 관리하였던 기관이에요.
③ **조선 영조**는 『속대전』을 편찬하여 통치 체제를 정비하였어요.
④ 조선 정부는 **을미개혁** 때 태양력 실시, 단발령 추진, 종두법 시행 등의 개혁을 추진하였어요(1895).

15 아관 파천
정답 ④

왕의 탈출 + 러시아 공사관 = 아관 파천

1895년 명성 황후가 일본에 의해 시해된 을미사변이 일어난 이후 신변에 위협을 느낀 고종은 러시아 공사관으로 거처를 옮겼어요(아관 파천, 1896). 이를 계기로 김홍집 내각은 붕괴되고, 을미개혁은 중단되었어요. 이후 조선에서는 친러 성향의 내각이 수립되었고, 러시아의 정치적 간섭이 강화되었어요.

④을미사변 이후 신변에 위험을 느낀 고종은 **1896년** 아관 파천을 단행하였어요.

16 독립신문
정답 ①

서재필 + 순한글 + 영문판 = 독립신문

독립신문은 정부의 지원을 받아 서재필이 발행한 신문으로, 최초의 민간 신문이자 민중 계몽을 위한 신문이었어요. 한글판과 영문판으로 발행된 것이 특징이에요.

①독립신문은 **서재필**을 중심으로 창간되었어요.
② 이종일이 발행한 제국신문은 서민층과 부녀자가 주된 독자였으며, **순한글**로 발행되었어요.
③ 해조신문은 **연해주**에서 발행된 해외 최초의 한글 신문이에요.
④ 대한매일신보는 **양기탁과 베델**이 발행한 신문으로, 국채 보상 운동을 지원하였어요.

17 독립 협회
정답 ②

만민 공동회 + 절영도 조차 요구 반대 = 독립 협회

서재필, 이상재 등 개화 지식인들이 주도하여 창립한 독립 협회는 만민 공동회 등을 통해 러시아의 이권 침탈 저지 활동을 벌였어요. 또한 관민 공동회를 개최해 헌의 6조를 결의하기도 하였어요.

① **신민회**는 태극 서관을 운영하였어요.
②**독립 협회**는 중국에서 오는 사신을 맞이하던 영은문 터 근처에 독립문 건립을 주도하였어요.
③ 고종 강제 퇴위 반대 운동을 전개한 단체는 **대한 자강회**예요.
④ **대한매일신보**는 국채 보상 운동을 홍보하여 운동의 확대에 영향을 주었어요.

18 환구단
정답 ④

고종 + 황제 즉위식 + 황궁우 = 환구단

고종은 1897년 환구단에서 하늘에 제사를 지낸 후 대한 제국을 선포하고 황제로 즉위하였어요. 환구단은 일제 강점기에 일제에 의해 철거되고 지금은 부속 건물인 황궁우만 남아 있어요.

① 종묘는 조선의 역대 **국왕과 왕비의 신주**를 모시는 곳이에요.
② 광혜원은 1885년에 세워진 최초의 **근대식 서양 병원**이에요.
③ 사직단은 조선의 왕이 **토지의 신과 곡식의 신에게 제사**를 지내던 곳이에요.
④환구단은 1897년 고종이 대한 제국을 수립하고 **황제 즉위식**을 거행한 장소예요.

19 을사늑약
정답 ①

1905년 강제 체결 + 헤이그 특사 = 을사늑약

1905년 일제는 조선과 을사늑약이라고도 불리는 제2차 한·일 협약을 강제로 체결하였어요. 을사늑약의 결과 대한 제국의 외교권이 박탈되었고, 통감부가 설치되었어요. 이에 반발하여 고종은 조약 체결 무효 선언을 하고, 네덜란드 헤이그에 특사를 보내 을사늑약의 부당성을 알리고자 하였어요. 그러나 일제의 방해로 실패하였고, 일제는 이를 빌미로 고종을 강제 퇴위시켰어요.

①1905년 일제는 **을사늑약**을 강제로 체결하여 대한 제국의 외교권을 박탈하였어요.
② 조선과 프랑스가 맺은 **조·프 수호 통상 조약**(1886)의 결과 천주교 포교가 허용되었어요.
③ **제1차 한·일 협약**(1904)을 통해 고문으로 파견된 메가타가 화폐 정리 사업을 주도하였어요.
④ **한·일 신협약**(1907)의 비밀 각서에 따라 대한 제국의 군대가 해산되었어요.

20 을사늑약
정답 ③

외교권을 넘겨준 조약 + 5적 = 을사늑약

을사늑약은 일본의 이토 히로부미가 군대를 동원해 고종과 대신들을 위협하여 강제로 체결한 조약이에요. 이 조약으로 대한 제국의 외교권이 박탈되었고, 통감부가 설치되었어요.

① 운요호 사건을 계기로 **강화도 조약**이 체결되었어요.
② **조·미 수호 통상 조약**에서 최혜국 대우를 처음으로 규정하였어요.
③일본은 **을사늑약** 체결 이후 한성에 통감부를 설치하였고, 초대 통감으로 이토 히로부미가 부임하였어요.
④ 외국과 맺은 최초의 근대적 조약은 **강화도 조약**이에요.

21 1907년의 역사적 사실　　　　　정답 ③

을사늑약이 강제로 체결되자 고종은 네덜란드 헤이그에서 열린 만국 평화 회의에 이상설, 이준, 이위종을 특사로 파견하여 을사 늑약이 무효임을 알리고자 하였어요. 하지만 결국 받아들여지지 않았고, 일제는 헤이그 특사 파견을 문제 삼아 고종 황제를 강제로 퇴위시켰어요. 이어 일제는 한·일 신협약(정미 7조약)을 체결하고 대한 제국의 군대를 해산하였어요. 그러자 박승환은 자결로 저항하였어요.

③ (나) 헤이그 특사 → (다) 고종 강제 퇴위 → (가) 박승환 순국

22 정미의병　　　　　정답 ①

키워드 문제분석　1907년 + 의병 = 정미의병

1907년 일제가 대한 제국 군대를 강제로 해산하자 해산 군인들이 의병에 가담하였어요(정미의병). 이들은 13도 창의군(13도 연합 의병 부대)을 결성하고 자신을 국제법상 교전 단체로 인정해 줄 것을 요구하였어요.

① 정미의병 때에는 전국의 의병들이 모여 13도 창의군(13도 연합 의병 부대)을 구성하고, 서울 진공 작전을 추진하였어요.
② 독립 협회는 관민 공동회를 개최하여 정부에 헌의 6조를 건의하였어요.
③ 동학 농민군은 제1차 봉기 때 백산에 집결하여 4대 강령을 발표하였어요.
④ 임진왜란 때 곽재우, 고경명 등이 의병장으로 활약하며 우리나라 지리를 활용한 전술을 사용하였어요.

23 신민회　　　　　정답 ③

키워드 문제분석　안창호, 양기탁 + 비밀 결사 + 공화 정체 + 105인 사건 = 신민회

신민회는 안창호, 양기탁 등이 조직한 비밀 결사예요. 신민회는 대성 학교와 오산 학교를 설립하여 운영하였고, 태극 서관과 자기 회사를 설립하여 민족 산업을 육성하였어요. 또한 서간도 삼원보에 신흥 강습소를 설립하는 등 다양한 활동을 하였어요. 그러나 일제가 조작한 105인 사건으로 조직이 해체되었어요.

① 서재필 등이 1896년에 최초의 민간 신문인 독립신문을 창간하였어요.
② 교육입국 조서 발표 이후 한성 사범 학교가 설립되었어요.
③ 신민회는 태극 서관, 자기 회사 등을 설립하여 실력 양성을 꾀하였어요.
④ 일본의 황무지 개간권 요구를 저지한 단체는 보안회예요.

24 방곡령　　　　　정답 ②

키워드 문제분석　함경도 + 조병식 + 곡식 유출 금지 = 방곡령

백과사전에서 설명하고 있는 용어는 방곡령이에요. 1880년대 일본으로의 곡식 유출이 심해지자 함경도 지방관인 조병식은 1889년 방곡령을 내려 곡물 유출을 막고자 하였어요. 그러나 일본은 조·일 통상 장정에 명시한 1개월 이전에 미리 통고해야 한다는 규정을 빌미로 방곡령의 철회와 배상금 지불을 요구하였어요.

① 단발령은 1895년 을미개혁 때 성인 남자의 상투를 자르도록 한 명령이에요.
② 방곡령은 조선의 지방관이 그 지방의 곡식을 타지방이나 타국으로 유출하는 것을 금지하는 명령이에요.
③ 삼림령은 1911년 일제 강점기에 식민지 산림 정책을 수행하기 위해 시행된 제도예요.
④ 회사령은 1910년대 회사 설립 시 조선 총독의 허가를 받도록 했던 제도예요.

25 국채 보상 운동　　　　　정답 ④

키워드 문제분석　대구 + 국채 보상 기성회 = 국채 보상 운동

1907년 일본으로부터 빌린 국채를 갚아 국권을 회복하는 것을 목표로 대구에서 국채 보상 운동이 시작되었어요. 대한매일신보 등 언론의 지원을 받아 전국으로 확산되었으나 통감부의 탄압으로 실패하였어요.

① 근우회는 1927년 조직된 여성 단체로, 신간회의 자매단체 성격을 띠었어요.
② 조선 총독부는 1910년 일제가 설치한 기구예요. 국채 보상 운동 당시에는 통감부가 있었어요.
③ 김홍집 등의 온건 개화파는 내각을 수립하여 갑오개혁 등을 주도하였어요.
④ 국채 보상 운동은 대한매일신보 등 언론의 지원을 받아 전국으로 확산되었어요.

26 덕수궁 석조전　　　　　정답 ④

키워드 문제분석　고종의 접견실 + 서양식 건축물 = 덕수궁 석조전

덕수궁 석조전은 20세기 초 덕수궁 내에 만들어진 서양식 건축물이에요. 1층에는 접견실을 갖추었고, 2층은 황제와 황후의 침실과 서재 등으로 사용된 공간이 갖추어져 있었어요. 8·15 광복 후에는 이곳에서 미·소 공동 위원회가 개최되기도 하였어요.

① 황궁우는 고종이 황제로 즉위할 때 하늘에 제사를 지낸 **환구단의 부속 건물**이에요.
② 명동 성당은 1898년 준공된 **종교 시설**이에요.
③ 운현궁 양관은 **흥선 대원군의 사가**인 운현궁에 만들어진 서양식 건축물이에요.
④ 덕수궁 석조전은 고종이 **아관 파천 이후 환궁**한 건물이에요.

27 대한매일신보 정답 ④

키워드 문제분석 양기탁 + 베델 + 국채 보상 논설 = 대한매일신보

양기탁이 영국인 베델과 함께 발행한 대한매일신보는 초기에는 순 한글로 발행되다가, 이후에는 국문, 국한문, 영문 등 세 종류로 발행되었어요. 대한매일신보는 신채호, 박은식 등이 쓴 애국적인 논설을 통해 항일 의식을 고취하였고, 항일 의병 운동에 대해 호의적인 기사를 싣기도 하였어요.

① 만세보는 **천도교**에서 창간한 신문이에요.
② 독립신문은 **서재필**이 발간하였던 최초의 민간 신문이에요.
③ 해조신문은 **연해주** 지역에서 발간된 신문이에요.
④ 대한매일신보는 **국채 보상 운동**에 앞장서 국민들의 큰 호응을 이끌어 내기도 하였어요.

28 육영 공원 정답 ③

키워드 문제분석 1886년 + 공립 학교 + 헐버트·길모어 = 육영 공원

개항 이후 조선에는 근대 문물을 가르치기 위한 교육 기관이 많이 설립되었어요. 그중 육영 공원은 정부에서 설립한 대표적인 근대적 교육 기관으로, 헐버트와 길모어 등 외국인 교사를 초빙하여 영어 등 근대 학문을 교육하였어요.

① 서전서숙은 **이상설**이 만주에 설립하였던 민족 교육 기관이에요.
② 배재 학당은 개신교 선교사인 **아펜젤러**가 설립하였던 교육 기관이에요.
③ 육영 공원은 양반 자제와 젊은 현직 관리를 대상으로 설립되었던 근대적 **관립 학교**예요.
④ 이화 학당은 개신교 선교사인 **스크랜튼**이 설립하였던 교육 기관이에요.

일제 강점기 P. 46~53

01	①	02	①	03	③	04	②	05	①
06	②	07	①	08	④	09	①	10	④
11	①	12	③	13	③	14	③	15	④
16	③	17	①	18	②	19	③	20	④
21	②	22	③	23	①	24	④	25	④
26	③	27	②						

01 조선 총독부 정답 ①

키워드 문제분석 일제 식민 통치의 최고 기구 = 조선 총독부

조선 총독부는 일제가 식민 통치를 위해 경복궁 안에 설치했던 최고 기구예요. 김영삼 정부 시기 '역사 바로 세우기' 사업의 일환으로 철거되었어요.

① 조선 총독부는 **일제 식민 통치의 최고 기구**였어요.
② 종로 경찰서는 일제 강점기에 많은 **독립운동가들이 탄압**을 받았던 경찰 관서 중 하나예요.
③ 서대문 형무소는 근대적 시설을 갖춘 **한국 최초의 감옥**으로 많은 독립운동가들이 수감되어 탄압을 받았어요.
④ 동양 척식 주식회사는 일제가 **조선의 토지와 자원을 약탈**하기 위해 설치한 기구예요.

02 1910년대 무단 통치 정답 ①

키워드 문제분석 헌병 경찰 제도 = 1910년대 무단 통치

1910년대 무단 통치 시기에는 현역 군인인 헌병이 경찰을 지휘하며 일반 경찰 업무까지 담당하였고, 이들에게 정식 재판 없이 한국인을 처벌할 수 있는 즉결 처분권이 부여되었어요. 또한 한국인에게만 적용되는 조선 태형령이 제정되었어요.

① 1910년대에는 관리나 교원도 제복을 입고 칼을 착용하였어요.
② 동아일보가 주도한 브나로드 운동은 1931~1934년에 진행되었어요.
③ 『조선책략』은 1880년 제2차 수신사로 일본에 다녀온 김홍집이 가져온 책이에요. 이에 이만손을 중심으로 한 영남 유생들은 영남 만인소를 올렸어요.
④ 독립운동가 및 사회주의자를 탄압하기 위한 치안 유지법은 1925년에 제정되었어요.

03 산미 증식 계획　　　　　　　　정답 ③

　　　　　1920년 + 쌀 수탈 = 산미 증식 계획

일제는 제1차 세계 대전 특수로 급속하게 공업화되면서 식량 생산량이 줄어들었고, 그 결과 쌀값이 폭등하였어요. 이에 부족한 쌀을 우리나라에서 약탈하기 위해 산미 증식 계획을 실시하였어요. 산미 증식 계획으로 우리나라 쌀 생산량이 늘어나긴 했지만 늘어난 양 이상을 일본이 반출해 우리나라의 식량 사정은 더욱 악화되었어요.

① 회사령은 1910년 일제가 회사 설립을 허가제로 만든 것이에요.
② 농지 개혁법은 1949년 광복 이후 제정된 법령이에요.
③ 산미 증식 계획은 1920년부터 일제가 자국의 식량 문제 해결을 위해 실시한 정책이에요.
④ 토지 조사 사업은 1910년대 일제가 식민 통치의 경제 기반을 조성하기 위해 실시한 정책이에요.

04 1930년대 후반 이후 민족 말살 통치　　　정답 ②

황국 신민 서사
= 1930년대 후반 이후 민족 말살 통치

일제는 1930년대부터 한국인의 민족의식을 말살시켜 침략 전쟁에 동원하기 위해 황국 신민화 정책을 펼쳤어요. 황국 신민 서사의 암송과 궁성요배 등을 강요하였고, 소학교의 명칭을 국민학교로 바꾸기도 하였어요.

① 조선 광해군 때 시행된 대동법은 공납을 특산물 대신 쌀·베·동전 등으로 납부하게 한 수취 제도예요.
② 신사 참배는 1930년대 후반 이후 일제가 실시한 황국 신민화 정책 중 하나예요.
③ 암태도 소작 쟁의는 소작료 인상에 항의하여 1923~1924년에 발생하였어요.
④ 한성순보는 1883~1884년 박문국에서 발행하였던 우리나라 최초의 근대 신문이에요.

05 일제의 식민 법령 순서　　　　　　정답 ①

(가) 1912년에 실시한 조선 태형령은 조선인들에게 태형을 가할 수 있도록 한 것으로, 1910년대 일제의 무단 통치 실상을 보여주는 대표적인 사례예요.
(나) 치안 유지법은 1925년에 제정된 법으로, 사회주의자들의 독립운동을 탄압하기 위해 제정한 법률이에요.
(다) 국가 총동원법은 중·일 전쟁 이후 조선의 인적·물적 자원을 수탈하기 위해 1938년에 제정된 법률이에요.

① (가) 조선 태형령(1912) → (나) 치안 유지법(1925) → (다) 국가 총동원법(1938)

06 일제의 경제 침탈 순서　　　　　　정답 ②

(가) 일제는 1912년 토지 조사령을 제정한 후 토지 조사 사업을 실시하였어요. 신고된 토지에서는 토지세를 거두었고, 신고되지 않은 토지는 동양 척식 주식회사 또는 일본인에게 헐값에 매각하였어요.
(다) 1920년 일제는 일본 내의 식량 부족 문제 해결을 위해 조선에서 산미 증식 계획을 실시하였어요. 다양한 방법으로 쌀의 생산량을 증대하였으나 늘어난 쌀보다 일본으로 반출된 쌀이 더 많아 조선의 식량 사정은 오히려 악화되었어요.
(나) 1930년대 말 일제의 침략 전쟁이 확대되며 국가 총동원법이 제정되었어요. 일제는 무기 제작을 위해 공출제를 실시하여 각 가정에서 놋그릇을 비롯한 각종 금속 제품을 공출하였어요.

② (가) 토지 조사 사업(1910년대) → (다) 산미 증식 계획(1920년대) → (나) 공출제(1930년대 후반 이후)

07 대한 광복회　　　　　　　　　　정답 ①

　박상진 + 1915년 + 공화정 목표 = 대한 광복회

대한 광복회는 박상진이 주도하여 만든 국내 항일 비밀 결사예요. 독립군 기지 건설, 무관 학교 설립을 추진하였고 군자금을 마련하기 위해 친일 부호 처단 등의 활동을 벌였어요.

① 대한 광복회는 공화정 수립을 목표로 하였어요.
② 조선어 학회는 한글 맞춤법 통일안과 표준어 및 외래어 표기법 통일안을 제정하였고 『우리말 큰사전』 편찬을 시도하였어요.
③ 조선 형평사는 백정에 대한 사회적 차별 철폐를 목적으로 1923년 진주에서 조직되었어요.
④ 한인 애국단은 1931년 김구가 대한민국 임시 정부의 침체를 극복하기 위해 조직한 단체예요.

08 미주 지역의 독립운동　　　　　　정답 ④

대조선 국민 군단 + 한인 비행 학교 = 미주 지역

대조선 국민 군단은 박용만이 독립군을 양성하기 위해 하와이에서 조직한 단체예요. 한인 비행 학교는 노백린, 김종림 등이 조국의 독립을 위해 필요한 비행사를 양성하기 위해 미국 캘리포니아주에 설립한 기구예요.

① 서전서숙은 이상설이 만주 용정촌에 설립한 민족 교육 기관이에요.
② 권업회는 1911년 연해주 지역에 설립된 독립운동 단체예요.
③ 신흥 강습소는 만주 서간도 지역에 설치된 군사 학교로, 훗날 신흥 무관 학교로 개편되었어요.
④ 대한인 국민회는 안창호·박용만·이승만 등이 미국에서 조직한 독립운동 단체예요.

09 대한민국 임시 정부
정답 ①

대한민국 임시 정부는 3·1 운동을 계기로 각지의 임시 정부를 통합해 수립되었어요. 이승만을 대통령으로 한 대한민국 임시 정부는 공화주의와 삼권 분립의 원칙을 가지고 출범하였어요. 그러나 비밀 연락망이 붕괴되고 외교 성과가 나타나지 않는 등 위기가 닥치자 1923년에 국민대표 회의를 개최하여 독립운동의 새로운 방향을 모색하였어요.

① 신흥 무관 학교는 **신민회**가 서간도에 설립한 신흥 강습소를 모태로 하여 창설되었어요.
② **대한민국 임시 정부**는 비밀 행정 조직인 연통제를 운영하였어요.
③ **대한민국 임시 정부**는 미국에 구미 위원부를 설치하고 외교 활동을 전개하였어요.
④ **대한민국 임시 정부**는 독립(애국) 공채를 발행해 독립운동 자금을 모금하였어요.

10 프랭크 스코필드
정답 ④

제암리 학살 사건 제보 + 현충원 안장
= 프랭크 스코필드

프랭크 스코필드는 영국 태생의 캐나다인으로, 한국에 들어와 세브란스 의학 전문학교에서 세균학을 가르쳤어요. 3·1 운동이 일어났을 때는 3·1 운동에 대한 기록을 남겼어요.

① 호머 헐버트는 **육영 공원**의 교사로 조선에 처음 왔어요. 일제에 의해 을사늑약이 체결되자, 고종의 밀사로 미국에 건너가 을사늑약의 부당함을 알리고자 하였어요.
② 메리 스크랜튼은 **이화 학당**의 설립자이자 한국에 온 최초의 여성 선교사였어요.
③ 어니스트 베델은 영국인 신문 기자로, 한국에 온 후 양기탁과 함께 **대한매일신보**를 창간하여 항일 운동에 기여하였어요.
④ 프랭크 스코필드는 **제암리 학살 사건**의 진상을 해외에 알렸어요.

11 봉오동 전투
정답 ①

홍범도 + 봉오동 전투 = 1920년

홍범도 장군이 이끄는 대한 독립군이 포함된 독립군 연합 부대는 1920년 봉오동에서 일본군을 크게 무찔렀어요(봉오동 전투).

① 봉오동 전투가 일어난 시기는 **1920년**으로, 국권 피탈이 있었던 1910년과 미쓰야 협정이 체결된 1925년의 사이 시기예요.

12 한인 애국단
정답 ③

1931년 김구 + 이봉창, 윤봉길 = 한인 애국단

한인 애국단은 김구가 대한민국 임시 정부의 활동이 침체되자 이를 극복하기 위해 상하이에서 조직한 항일 의열 단체예요. 한인 애국단원 중 한 명이었던 윤봉길의 의거는 이후 대한민국 임시 정부가 중국 국민당의 지원을 받는 배경이 되었어요.

① 중광단은 **대종교**가 중심이 되어 결성한 항일 무장 단체로, 훗날 북로 군정서로 이어졌어요.
② 흥사단은 **안창호**가 미국 샌프란시스코에서 창설한 독립운동 단체예요.
③ 한인 애국단은 1931년 상하이에서 **김구**가 조직하였어요.
④ 대조선 국민 군단은 **박용만**이 하와이에서 독립군을 양성하기 위해 설립한 군사 교육 기관이에요.

13 의열단
정답 ③

「조선 혁명 선언」 + 김원봉 = 의열단

만주 지린에서 김원봉, 윤세주 등이 조직한 의열단은 일제 요인 및 민족 반역자 암살과 식민 통치 기관 파괴 등을 목표로 한 독립운동 단체예요. 의열단은 종로 경찰서 및 동양 척식 주식회사 등에 폭탄을 투척하는 의거를 단행하였어요.

① 근우회는 민족 유일당 운동의 영향으로 조직된 신간회의 자매 단체로, **여성 운동**에 앞장섰어요.
② 보안회는 **일제의 황무지 개간권 요구**를 저지하였어요.
③ 의열단은 신채호의 「**조선 혁명 선언**」을 활동 지침으로 삼았어요.
④ 중광단은 **대종교도**가 중심이 되어 결성한 독립운동 단체예요.

14 청산리 전투
정답 ③

1920년 10월 + 북로 군정서군 = 청산리 전투

청산리 전투는 1920년 10월 김좌진이 이끈 북로 군정서군과 홍범도가 이끈 대한 독립군 등의 연합군 부대가 백운평, 완루구, 천수평, 어랑촌 등지에서 일본군을 격파한 사건이에요. 1920년 6월 봉오동 전투에서 패한 일본이 훈춘사건을 명분으로 만주에 군대를 파견한 이후 전개되었어요.

① 쌍성보 전투는 1932년 한국 독립군이 중국 호로군과 연합하여 일본에 승리한 전투예요.
② 영릉가 전투는 1932년 조선 혁명군이 중국 의용군과 연합하여 일본에 승리한 전투예요.
③ 청산리 전투는 1920년 10월에 일어났어요.
④ 대전자령 전투는 1933년 한국 독립군이 중국 호로군과 연합하여 일본에 승리한 전투예요.

15 한·중 연합 작전　　　　　정답 ④

일제는 1931년 만주 사변을 일으켜 만주를 점령하고, 1932년에는 괴뢰국인 만주국을 수립하였어요. 이에 한국인과 중국인 간에는 일제의 침략에 대한 공감대가 형성되었어요. 그리하여 1930년대 초반에서 중반까지 한국 독립군과 조선 혁명군을 중심으로 만주에서 한·중 연합 작전이 전개되었어요.

① 신간회는 1927년 국내에 설립되었던 **비타협적 민족주의 세력**과 사회주의 세력의 연합 단체예요.
② 국민대표 회의는 1923년에 **대한민국 임시 정부**의 독립운동 방향을 두고 소집되었어요.
③ 신흥 강습소가 발전한 신흥 무관 학교는 1919년에 설립된 **군사 교육 기관**으로 이회영, 이동녕 등이 남만주에 세웠어요.
④ 일제의 만주 침략이 계기가 되어 만주에서 **한국 독립군과 조선 혁명군**을 중심으로 한·중 연합 작전이 전개되었어요.

16 조선 의용대　　　　　정답 ③

키워드 문제분석　김원봉 + 중국 관내 + 한국광복군 = 조선 의용대

1938년 중국 국민당과 협력하여 김원봉의 주도하에 결성한 조선 의용대는 정보 수집, 선전, 후방 교란 등의 임무를 맡았어요. 후일 조선 의용대는 일부가 한국광복군에 편입하였으며, 다른 일부는 화북으로 이동하여 조선 의용대 화북 지대를 결성하였고, 이후 조선 의용군으로 개편되었어요.

① 별기군은 개항 이후 개화 정책의 일환으로 창설된 **신식 군대**예요.
② 중광단이 발전하여 성립된 북로 군정서는 1920년 **청산리 전투**의 승리를 주도하였어요.
③ 김원봉이 주도하여 **중국 관내**에서 결성된 최초의 **한인 무장 조직**은 조선 의용대예요.
④ 동북 항일 연군은 동북 인민 혁명군이 개편하여 성립된 조직으로 **만주 등지에서 유격전**을 전개하였어요.

17 한국광복군　　　　　정답 ③

키워드 문제분석　1940년 + 대한민국 임시 정부 + 지청천 = 한국광복군

1940년 대한민국 임시 정부가 충칭에서 창설한 부대인 한국광복군은 지청천을 총사령관으로 하였어요. 이후 김원봉이 이끄는 조선 의용대의 일부 병력을 흡수·통합하였고 연합군의 일원으로 연합 작전을 펼쳤어요.

① 자유시 참변으로 큰 타격을 입은 부대는 **대한 독립 군단**이에요.
② 홍범도 장군이 이끈 **대한 독립군** 등의 연합 부대는 1920년 봉오동 전투에서 일본군을 격퇴하였어요.

③ 한국광복군은 미군과 연계하여 국내 진공 작전을 계획하였으나 작전 실행 전 일본이 무조건 항복을 하면서 실제로 실행하지는 못하였어요.
④ 홍경성에서 중국 의용군과 연합 작전을 펼친 부대는 양세봉이 이끈 **조선 혁명군**이에요.

18 물산 장려 운동　　　　　정답 ②

키워드 문제분석　물산 장려 + 토산 = 물산 장려 운동

물산 장려 운동은 1920년 일제의 회사령 철폐와 일본 상품에 대한 관세 철폐 움직임에 맞서 일어난 실력 양성 운동이에요. 토산품 애용 등을 통한 민족 기업 및 상업 자본 육성을 목적으로 하였으나 일제의 방해로 확산이 미흡하였고, 자본가의 이익만을 위한다는 이유로 사회주의 계열의 비판을 받았어요.

① 1907년에 전개된 **국채 보상 운동**은 대한매일신보의 후원을 받았어요.
② 물산 장려 운동은 1920년 평양에서 조만식 등이 조선 물산 장려회를 설립하며 시작되었어요.
③ 1898년 시전 상인들은 황국 중앙 총상회를 조직하여 **상권 수호 운동**을 전개하였어요.
④ **독립 협회**는 독립문 건립을 위한 모금 활동을 추진하였어요.

19 6·10 만세 운동　　　　　정답 ③

키워드 문제분석　순종의 인산일 + 만세 시위 = 6·10 만세 운동

1926년 순종의 인산일에 일어난 6·10 만세 운동은 사회주의 계열과 민족주의 계열이 함께 준비하였어요. 일제에 의해 진압당하였지만 6·10 만세 운동은 사회주의 계열과 민족주의 계열의 연대 가능성을 보여주었고, 이는 신간회의 창립으로 이어졌어요.

③ 6·10 만세 운동은 **1926년** 순종의 인산일에 학생들이 격문을 배포하고 만세 시위를 전개하며 시작되었어요.

20 광주 학생 항일 운동　　　　　정답 ④

광주 학생 항일 운동은 1929년 조선인과 일본인 학생의 충돌이 발단이 되어 일어났어요. 그러나 경찰과 교육당국이 편파적인 조치를 하며 대규모 시위로 번졌어요.

① 통감부는 1905년 체결된 **을사늑약**에 따라 1906년에 설치되었어요.
② 2·8 독립 선언서는 1919년에 작성되어 이후 **3·1 운동**이 발발하는 데 영향을 주었어요.
③ 치안 유지법은 일제가 **사회주의자와 독립운동가들을 탄압**하기 위해 1925년에 공포한 법이에요.

④ 광주 항일 학생 운동은 전국으로 확산되어 3·1 운동 이후 최대 규모의 항일 민족 운동으로 발전하였어요. 신간회는 진상 조사단을 파견하고, 민중 대회를 준비하는 등의 방법으로 광주 학생 항일 운동을 지원하였어요.

21 신간회 정답 ②

> **키워드 문제분석**
> 이상재 + 기회주의 부인 + 민족 유일당 운동 = 신간회

신간회는 민족 유일당 운동의 결과 비타협적 민족주의 세력과 사회주의 세력이 연합하여 결성한 단체예요. 신간회의 초대 회장은 이상재였으며 정치·경제적 각성, 단결의 공고화, 기회주의의 일체 부인을 강령으로 하였고, 광주 학생 항일 운동을 지원하기도 하였어요.

① 보안회는 1904년 일제의 **황무지 개간권** 요구 저지 운동을 주도한 단체예요.
②신간회는 일제 강점기 최대의 **민족 협동 전선** 단체예요.
③ 진단 학회는 일제 강점기 **실증주의 사학**에 바탕을 두고 한국사를 연구한 단체예요.
④ 조선 형평사는 백정에 대한 **사회적 차별 철폐**를 목적으로 한 단체예요.

22 원산 총파업 정답 ③

> **키워드 문제분석**
> 1920년대 + 라이징 선 석유 회사 = 원산 총파업

원산 총파업은 1929년에 전개되었던 노동자들의 파업으로, 영국인이 경영하는 문평 라이징 선 석유 회사의 일본인 감독이 조선인 노동자를 멸시·구타한 사건에서 비롯되었어요.

① 6·3 시위는 박정희 정부 시기 **한·일 국교 정상화**에 대한 반발로 일어났던 시위예요.
② 새마을 운동은 1970년부터 선새된 **농촌 경제 발전**을 추구한 운동이에요.
③원산 총파업에서 노동자들은 **저임금 반대, 노동 조건 개선** 등을 요구하였어요.
④ 제주 4·3 사건은 제주의 좌익 세력이 5·10 **총선거**를 **반대**하며 일으킨 봉기를 진압하는 과정에서 제주 주민들이 크게 희생된 사건이에요.

23 형평 운동 정답 ①

> **키워드 문제분석**
> 백정 + 평등한 사회 추구 = 형평 운동

형평 운동은 1923년에 일어난 백정들의 신분 해방 운동으로, 진주에서 조선 형평사가 조직되며 활성화되었어요.

①조선 형평사의 전국 대회 포스터예요.
② 물산 장려 운동 관련 포스터예요.
③ 천도교 소년회의 **어린이날** 관련 포스터예요.
④ 동아일보가 주도한 **브나로드 운동** 관련 포스터예요.

24 조선상고사 정답 ④

> **키워드 문제분석**
> 신채호 + 아와 비아의 투쟁 = 『조선상고사』

『조선상고사』는 역사학자 신채호가 우리나라 상고시대의 역사를 기록한 책이에요. 우리 고대 문화의 우수성과 독자성을 강조하는 내용으로 구성되어 있어요.

①『제왕운기』는 고려 시대 **이승휴**가 저술한 책이에요.
②『동사강목』은 조선 시대 실학자 **안정복**이 저술한 책이에요.
③『연려실기술』은 조선 시대 실학자 **이긍익**이 저술한 책이에요.
④『조선상고사』는 일제 강점기 민족주의 역사학자 **신채호**가 저술한 책이에요.

25 조선어 학회 정답 ④

> **키워드 문제분석**
> 한글 맞춤법 통일안 + 외래어 표기법 통일안
> = 조선어 학회

주시경의 제자들이 중심이 되어 조직하였던 조선어 연구회는 1931년에 조선어 학회로 개편되었어요. 조선어 학회는 『우리말 큰사전』 편찬을 위해 한글 맞춤법 통일안을 제정하고, 한글 표준화를 위한 표준어를 정하였으며, 외래어 표기법을 통일하였어요.

① 보안회는 일제의 황무지 개간권 **요구**를 저지한 단체예요.
② 독립 협회는 **자주 국권, 자유 민권, 자강 개혁** 사상을 보급하고 민중의 정치의식을 고취하고자 하였어요.
③ 대한 광복회는 **박상진**을 중심으로 국내에서 결성된 비밀 결사로, 친일 부호를 처단하고 군자금을 모금하였어요.
④조선어 연구회를 계승한 조선어 학회는 **한글 맞춤법 통일안**과 **외래어 표기법**을 제정하였어요.

26 이육사 정답 ③

> **키워드 문제분석**
> 형무소 수인 번호 + 「광야」 = 이육사

일제 강점기의 저항 시인인 이육사의 본명은 이원록이에요. 대구 형무소에 수감되어 있을 때의 수인 번호인 264의 음을 따서 호를 육사라고 지었다고 전해져요.

① 윤동주는 일제 강점기의 저항 시인으로, 대표적인 작품으로 「서시」, 「별 헤는 밤」, 「자화상」 등이 있어요.
② 이상화는 일제 강점기의 저항 시인으로, 대표적인 작품으로 「빼앗긴 들에도 봄은 오는가」가 있어요.

③ 이육사의 대표적인 작품으로는 「광야」, 「청포도」, 「절정」 등이 있어요.

④ 한용운은 독립운동가 겸 승려이자 시인으로, 대표적인 작품으로「님의 침묵」이 있어요.

27 손기정　　　　　정답 ②

키워드 문제분석　베를린 올림픽 마라톤 우승 + 일장기 삭제 = 손기정

손기정은 1936년에 개최된 베를린 올림픽 마라톤 경기에서 우승하였어요. 당시 조선중앙일보, 동아일보 등은 손기정의 우승 소식을 보도하면서 손기정의 유니폼에 그려진 일장기를 삭제하였어요. 그러자 일제는 해당 신문사에 정간 처분을 내려 탄압하였어요.

① 남승룡은 **베를린 올림픽 마라톤** 대회에서 손기정과 함께 참가하여 3위를 차지한 인물이에요.

② 손기정은 1936년 **베를린 올림픽 마라톤** 경기에서 **우승한** 인물이에요.

③ 안창남은 **한국 최초의 비행사**로 알려진 인물이에요.

④ 이중섭은 「싸우는 소」, 「흰소」 등을 그린 대표적인 **서양 화가**예요.

현대　　　　　P. 54~59

01	②	02	④	03	②	04	③	05	③
06	②	07	①	08	①	09	④	10	③
11	④	12	③	13	③	14	④	15	②
16	②	17	①	18	③				

01 대한민국 정부 수립 과정　　　　　정답 ②

1945년 8월 15일 광복 이후 미·영·소 3국은 모스크바에 모여 한반도 임시 정부 수립과 미·소 공동 위원회 설치를 결정하였어요. 그러나 미·소 간의 갈등으로 미·소 공동 위원회가 성과를 보지 못하자 여운형과 김규식을 중심으로 좌우 합작 운동이 전개되었어요. 미·소 공동 위원회는 결국 결렬되었고, 한반도 문제가 유엔으로 이관된 후 1948년 5월 10일에 남한만의 단독 선거가 실시되었어요.

① 조선 고종은 을사늑약의 부당함을 알리기 위해 네덜란드 헤이그에 특사를 보냈으나 실패하였어요.

② 모스크바 3국 외상 회의, 좌우 합작 운동, 5·10 총선거 등은 대한민국 정부 수립 과정에서 일어난 일들이에요.

③ 국민대표 회의는 **대한민국 임시 정부**의 활동 방향을 논의하기 위해 1923년에 개최되었어요.

④ **박정희 정부** 때 굴욕적인 한·일 회담에 반대한 국민들이 6·3 시위를 벌이기도 하였으나, 1965년 한·일 기본 조약 등의 협정이 체결되었어요.

02 대한민국 정부 수립 과정　　　　　정답 ④

1945년 8월 15일 광복 이후 한반도의 독립 등을 논의하기 위해 모스크바 3국 외상 회의가 개최되었고, 여기에서 한반도 임시 정부 수립을 위한 미·소 공동 위원회 개최가 결정되었어요. 하지만 미국·소련 간의 의견 차이로 공동 위원회가 결렬되었고, 한반도 문제는 유엔으로 이관되어 총선거를 통한 정부 수립이 결정되었어요. 그러나 소련과 북한 측의 반대로 남한만의 단독 선거가 결정되어 1948년 5월 10일 5·10 총선거가 실시되었고, 같은 해 8월 15일 대한민국 정부가 수립되었어요.

④ 반민족 행위 특별 조사 위원회는 5·10 총선거를 통해 구성된 제헌 국회가 제정한 반민족 행위 처벌법에 따라 설치된 기구로, **대한민국 정부가 수립된 이후**에 활동하였어요.

03 정읍 발언 정답 ②

이승만 + 남한만의 단독 정부 수립 = 정읍 발언

한반도의 독립 문제를 논의하기 위해 1945년 12월 모스크바 3국 외상 회의가 개최되었고, 여기에서 한반도의 임시 정부 수립을 위한 미·소 공동 위원회 개최가 결정되었어요. 그러나 제1차 미·소 공동 위원회가 임시 정부 수립의 참여 세력 등을 둘러싸고 결렬되자 이승만은 1946년 정읍에서 남한만이라도 임시 정부 혹은 위원회를 조직해야 한다는 내용의 발언을 하였어요.

① 한국광복군은 **1940년**에 창설되었어요.
② 이승만의 정읍 발언 이후 남한만의 단독 선거 움직임이 발생하자 **1948년** 김구와 김규식이 북측 지도자들과 만남을 가졌어요(남북 협상).
③ 모스크바 3국 외상 회의는 **1945년**에 개최되었어요.
④ 여운형은 **1945년**에 조선 건국 준비 위원회를 결성하였어요.

04 제주 4·3 사건 정답 ③

단독 정부 수립 반대 + 주민 희생 = 제주 4·3 사건

제주 4·3 사건은 제주에서 남한만의 단독 정부 수립에 반발한 좌익 세력이 무장 봉기한 사건이에요.

① 간도 참변은 1920년 봉오동 전투와 청산리 전투에서 패배한 일본군이 보복으로 **간도 주민들을 학살**한 사건이에요.
② 6·3 시위는 박정희 정부의 **한·일 국교 정상화에 반대**하며 벌어진 시위예요.
③ 제주 4·3 사건으로 많은 **제주 주민이 희생**되었어요.
④ 제암리 학살 사건은 1919년 3·1 운동 당시 일본이 **제암리 주민들을 학살**한 사건이에요.

05 농지 개혁 정답 ③

지가 증권 + 농지 매입 후 유상 분배 = 농지 개혁

5·10 총선거를 통해 선출된 제헌 국회는 농민들에게 농지를 분배하기 위해 농지 개혁법을 제정하였어요. 농지 개혁은 유상 매수·유상 분배를 원칙으로 진행되었어요.

① 제헌 국회는 친일파 청산을 목적으로 **반민족 행위 처벌법**을 제정하였어요.
② 서재필, 이상재 등은 **독립 협회**의 활동을 주도하였어요.
③ **농지 개혁**으로 인해 지주 중심의 토지 소유 구조가 자영농 중심으로 바뀌게 되면서 자작농이 증가하게 되었어요.
④ 1904년 **일제의 황무지 개간권 요구를 저지**하기 위해 농광 회사가 설립되었어요.

06 6·25 전쟁 정답 ②

1951년 + 휴전 회담 + 판문점 = 6·25 전쟁

6·25 전쟁 중 인천 상륙 작전으로 전세를 뒤집은 유엔군과 남한군은 서울을 되찾고 압록강까지 북진하였어요. 그러나 중국군이 참전하며 흥남 철수 작전이 벌어졌고, 서울까지 전선이 다시 밀린 후 휴전 협상이 시작되었어요. 이후 판문점에서 정전 협정이 체결되며 6·25 전쟁은 일단락되었어요.

① 미국의 아시아·태평양 방어선을 언급한 애치슨 선언은 6·25 **전쟁 이전**인 1950년 1월에 발표되었어요.
② 흥남 철수 작전은 중국군이 6·25 전쟁에 개입한 이후 벌어진 대규모 철수 작전으로, 1950년 12월에 전개되었어요.
③ 사사오입 개헌안이 가결된 시기는 6·25 **전쟁 이후**인 1954년이에요.
④ 이승만 정부는 **정전 협정 직후**인 1953년 10월에 한·미 상호 방위 조약을 체결하였어요.

07 6·25 전쟁 정답 ①

1950~1953년 + 이산가족 + 전쟁고아 = 6·25 전쟁

6·25 전쟁은 1950년 6월 25일에 북한의 남침으로 시작되었어요. 북한의 갑작스러운 침략에 남한은 순식간에 서울을 빼앗기고 낙동강 이남으로 후퇴하였어요. 이후 유엔은 유엔군을 구성하여 남한을 지원하였고, 9월 15일에 해로를 통해 인천 상륙 작전을 수행하였어요.

① 국군과 유엔군은 인천 상륙 작전을 전개하여 **서울을 수복**하고 전세를 역전시켰어요.
② 모스크바 3국 외상 회의는 **광복 직후**인 1945년 12월에 개최되었어요.
③ 애치슨 선언은 6·25 **전쟁 이전**인 1950년 1월에 발표되었어요.
④ 반민족 행위 처벌법은 제헌 국회가 수립된 **직후**인 1948년 9월에 제정되었어요.

08 4·19 혁명 정답 ①

김주열 + 이승만 대통령 하야 = 4·19 혁명

1960년 대통령과 부통령을 뽑는 선거에서 자유당 정권이 부통령 후보인 이기붕을 당선시키기 위해 대대적인 부정행위를 자행하였어요(3·15 부정 선거). 이에 반발한 시민들이 시위를 일으켰고, 시위 중 마산에서 경찰의 진압으로 희생된 김주열의 시신이 발견되었어요. 그 결과 시위는 더욱 확산되어 이승만 대통령이 하야하며 시위가 끝났어요.

① 4·19 혁명은 3·15 부정 선거에 항의하며 전개되었어요.
② 전두환 정부의 4·13 호헌 조치 철폐를 요구한 시위는 1987년에 전개된 **6월 민주 항쟁**이에요.
③ 유신 체제가 붕괴되는 계기가 된 사건은 1979년에 있었던 **부·마 민주 항쟁** 등이에요.
④ 신군부의 비상계엄 확대에 반대하며 전개된 민주화 운동은 1980년에 있었던 **5·18 민주화 운동**이에요.

09 박정희 정부 시기의 정치 정답 ④

키워드
문제분석 한·일 국교 정상화 = 박정희 정부

박정희 정부는 경제 개발을 위한 자금 마련과 미국의 한·미·일 안보 체제 강화 등을 이유로 한·일 국교 정상화를 추진하였어요. 이러한 사실이 알려지자 1964년에 이에 반대하는 6·3 시위가 전개되었어요. 그러나 박정희 정부는 군대를 동원하여 시위를 진압하였고, 1965년 한·일 협정을 체결하였어요.

① **박정희 정부**는 대통령 3회 연임을 허용하는 3선 개헌안을 국회에 상정하여 국민 투표로 개헌을 확정하였어요.
② **박정희 정부**는 경제 개발에 필요한 자금 마련 등을 위해 베트남에 국군을 파병하였어요.
③ **박정희 정부**는 경제 개발을 위해 경제 개발 5개년 계획을 추진하였어요.
④ 한·일 월드컵 축구 대회가 개최된 시기는 2002년으로, 당시는 **김대중 정부** 시기예요.

10 부·마 민주 항쟁 정답 ③

키워드
문제분석 1979년 + 유신 독재에 저항 = 부·마 민주 항쟁

1979년 YH 무역 사건이 일어난 이후 야당이었던 신민당의 총재 김영삼이 국회 의원직에서 제명되는 일이 발생하였어요. 이에 맞서 1979년 10월 부산에서는 유신 체제에 저항하는 시위가 일어났고, 이후 마산까지 확대되었어요. 박정희 정부는 계엄령과 위수령을 내려 이를 통제하였으나 10월 26일 10·26 사태가 발생하며 유신 체제가 끝났어요.

① 1960년 **3·15 부정 선거**에 반발하여 4·19 혁명이 일어났어요.
② 6월 민주 항쟁은 1987년에 **대통령 직선제 개헌**을 요구하며 전개되었어요.
③ 부·마 민주 항쟁은 유신 독재에 저항하며 일어났어요.
④ 5·18 민주화 운동은 1980년에 **신군부의 퇴진과 민주화**를 요구하며 일어났어요.

11 5·18 민주화 운동 정답 ④

키워드
문제분석 광주 + 계엄군 + 시민군 = 5·18 민주화 운동

1980년 광주에서 비상계엄 철폐 및 민주 헌정 체제 회복을 요구하며 시위가 일어나자 신군부가 계엄군(공수 부대)을 투입하였어요. 당시 광주의 시민과 학생은 시민군을 조직하고 전남도청 등에서 계엄군에 저항하였지만, 결국 무자비한 탄압으로 인해 큰 사상자가 발생하였어요.

① 1964년 박정희 정부 시기에 **한·일 국교 정상화**가 추진되자 이에 반대하는 6·3 시위가 일어났어요.
② 6월 민주 항쟁은 1987년 전두환 정부의 독재 타도와 **대통령 직선제 개헌**을 요구하며 일어났어요.
③ 2·28 민주 운동은 이승만 정부 시기 **대구**에서 학생들을 중심으로 전개된 민주화 운동이에요.
④ 5·18 민주화 운동은 전두환 등 신군부의 **비상계엄 확대**에 저항하는 광주 시민들의 시위를 계엄군이 진압하며 다수의 사상자가 발생한 사건이에요.

12 6월 민주 항쟁 정답 ③

키워드
문제분석 1987년 + 박종철 = 6월 민주 항쟁

1987년 박종철 고문 치사 사건에 대한 규탄 및 대통령 직선제 개헌 등을 주장한 6월 민주 항쟁이 일어났어요. 시민과 학생은 '호헌 철폐, 독재 타도, 민주 헌법 쟁취' 등의 구호를 외치며 대대적으로 시위를 전개하였고, 시위는 전국으로 확산되었어요.

① 1960년 **4·19 혁명**의 결과 이승만 대통령이 하야하고 국회 양원제와 내각 책임제를 골자로 하는 제3차 개헌이 이루어졌어요.
② 1964년 박정희 정부 시기에 굴욕적인 한·일 회담에 반대하여 국민들이 6·3 시위를 벌였어요.
③ 1987년 **6월 민주 항쟁**의 결과로 6·29 민주화 선언이 발표되었으며, 이에 따라 5년 단임의 대통령 직선제 개헌이 이루어졌어요.
④ 1980년 5월 18일 광주에서 신군부의 비상계엄 확대와 휴교령에 반대하는 시위가 일어났고(5·18 민주화 운동), 시민들은 시민군을 조직하여 대항하였으나 결국 신군부 세력에 의해 진압되었어요.

13 노태우 정부 시기의 정치 정답 ③

키워드
문제분석 서울 올림픽 + 3당 합당 + 남북 기본 합의서
= 노태우 정부

노태우는 5년 단임의 대통령 직선제 개헌 이후의 첫 대통령이에요. 노태우 정부 시기인 1991년에는 남북한이 유엔에 동시 가입하고, 남북한이 서로를 인정하는 가운데 '남북한 사이의 화해와 불가침 및 교류 협력에 관한 합의서(남북 기본 합의서)'를 채택하여 발표하였어요.

① 농지 개혁법은 **이승만 정부** 시기인 1949년에 제정되었어요.
② **박정희 정부** 시기인 1964년부터 1973년에 걸쳐 베트남에 국군이 파병되었어요.
③ **노태우 정부**는 북방 외교를 추진하여 소련, 중국 등 사회주의 국가들과 국교를 체결하였어요.
④ 6·15 남북 공동 선언은 **김대중 정부** 시기인 2000년 제1차 남북 정상 회담 이후에 발표되었어요.

① 남북 기본 합의서는 1991년 **노태우 정부** 시기에 발표되었어요.
② 7·4 남북 공동 성명은 1972년 **박정희 정부** 시기에 발표되었어요.
③ 6·15 남북 공동 선언은 2000년 **김대중 정부** 시기에 열린 제1차 남북 정상 회담을 통해 발표되었어요.
④ 10·4 남북 정상 선언은 2007년 **노무현 정부** 시기에 열린 제2차 남북 정상 회담의 결과 발표되었어요.

14 노무현 정부 시기의 정치   정답 ④

노무현 정부는 2007년 제2차 남북 정상 회담을 개최하고 10·4 남북 공동 선언을 발표하였어요. 또한 저소득층을 위한 복지 정책을 강화하고, 행정 중심 복합 도시 건설을 시작하였어요.

① **박정희 정부**는 1970년 경부 고속 도로를 준공하였어요.
② **문재인 정부**는 2018년 평창 동계 올림픽을 개최하였어요.
③ **김영삼 정부**는 1996년 경제 협력 개발 기구(OECD)에 가입하였어요.
④ **노무현 정부**는 2005년 아시아·태평양 경제 협력체(APEC) 정상 회의를 개최하였어요.

15 정부별 통일 정책   정답 ②

1985년에 남북 이산가족 최초 상봉을 추진한 정부는 전두환 정부예요. 1980년대 말 전두환 정부의 뒤를 이어 출범한 노태우 정부는 북한과 유엔에 동시 가입하였고, 남북 기본 합의서를 채택하고, 한반도 비핵화에 관한 공동 선언을 발표하는 등 다양한 방법으로 통일을 위해 노력하였어요. 노태우 정부 다음으로 출범한 김대중 정부 역시 햇볕 정책으로 대표되는 다양한 통일 정책을 펼쳤어요.

① **김대중 정부**는 2000년에 열린 제1차 남북 정상 회담에서 개성 공단 조성에 합의하였어요.
② **노태우 정부**는 1991년에 '남북한 사이의 화해와 불가침 및 교류 협력에 관한 합의서(남북 기본 합의서)'를 채택하였어요.
③ **박정희 정부**는 1972년 7·4 남북 공동 성명을 계기로 남북 조절 위원회를 설치하였어요.
④ **김대중 정부**는 2000년 대통령이 평양을 방문하여 김정일과 제1차 남북 정상 회담을 개최하고 6·15 남북 공동 선언을 발표하였어요.

16 박정희 정부 시기의 통일 정책   정답 ②

키 워 드 문제분석 자주, 평화, 민족 대단결 = 7·4 남북 공동 성명

7·4 남북 공동 성명은 남북한이 분단 이후 최초로 통일과 관련하여 합의·발표한 공동 성명이에요. 이 성명은 자주·평화·민족 대단결이라는 통일 원칙을 담고 있어요.

17 박정희 정부 시기의 경제   정답 ①

키 워 드 문제분석 경부 고속 도로 + 포항 제철 = 박정희 정부

박정희 정부는 1961년 박정희가 군사 정변으로 정권을 잡은 시기부터 1979년 10·26 사태로 사망할 때까지 지속되었어요. 따라서 1970년대는 박정희 정부 시기예요. 박정희 정부는 4차례에 걸쳐 경제 개발 5개년 계획을 진행하였는데, 1970년대에는 경부 고속 도로를 개통하고 포항 제철을 준공하는 등 중화학 공업을 발전시켜 수출 100억 달러를 달성하기도 하였어요.

① **박정희 정부** 시기인 1977년에 수출 100억 달러를 달성하였어요.
② **노태우 정부** 시기인 1988년에 서울 올림픽 대회가 개최되었어요.
③ **김영삼 정부** 시기인 1996년에 경제 협력 개발 기구(OECD)에 가입하였어요.
④ **노무현 정부** 시기인 2005년에 아시아·태평양 경제 협력체(APEC) 정상 회의를 개최하였어요.

18 전태일   정답 ③

키 워 드 문제분석 평화 시장 + 노동 환경 개선 + 분신 = 전태일

서울 동대문 시장 내의 평화 시장에서 재단사로 일하던 전태일은 1970년 노동 운동을 전개하였어요. 전태일은 열악한 노동 환경의 개선을 위해 근로 기준법 준수 등을 주장하며 분신하였어요.

① 김주열은 4·19 **혁명** 당시 마산 시위 과정에서 실종되었던 학생이에요.
② 장준하는 박정희 유신 정부 시기에 **유신 체제 반대 운동**을 하였던 인물이에요.
③ 평화 시장의 노동자였던 전태일은 근로 **기준법**의 준수를 요구하며 분신하였어요.
④ 6월 **민주 항쟁** 당시 대학생이던 이한열은 경찰이 쏜 최루탄에 맞아 혼수상태에 빠졌고 결국 숨졌어요.

에듀윌이
너를
지지할게

ENERGY

인생은 끊임없는 반복.
반복에 지치지 않는 자가 성취한다.

– 윤태호 「미생」 중

eduwill

2024 최신판

에듀윌 한국사능력검정시험
10회분 기출500제
기본(4·5·6급)

고객의 꿈, 직원의 꿈, 지역사회의 꿈을 실현한다

펴낸곳 (주)에듀윌 **펴낸이** 양형남 **출판총괄** 오용철 **에듀윌 대표번호** 1600-6700

주소 서울시 구로구 디지털로 34길 55 코오롱싸이언스밸리 2차 3층 **등록번호** 제25100-2002-000052호

협의 없는 무단 복제는 법으로 금지되어 있습니다.

에듀윌 도서몰
book.eduwill.net

• 부가학습자료 및 정오표: 에듀윌 도서몰 > 도서자료실
• 교재 문의: 에듀윌 도서몰 > 문의하기 > 교재(내용, 출간) / 주문 및 배송

에듀윌 한국사 합격스토리

심화 1급 합격 진○○

에듀윌 2주끝장 한 권으로 100점! 1급 합격

2주끝장은 시험에 나올 핵심만을 엄선하여서 저 같은 초심자도 쉽게 공부할 수 있었고, 기출자료와 사진들의 유기적인 배치로 어떻게 시험에 출제될지 예상할 수 있었습니다. 또한 기출선지와 대표 기출문제, 핵심요약본인 엔드노트까지 있어서 정말 책 한 권만 제대로 공부하면 자연스럽게 반복 학습이 되었습니다. 교재의 완벽한 구성 덕분에 한국사 초심자였던 제가 100점으로 손쉽게 1급에 합격하였습니다.

심화 1급 합격 서○○

1주일 전에는 에듀윌 기출문제집, 시험 직전에는 2주끝장 엔드노트

에듀윌 2주끝장과 기출문제집, 그리고 에듀윌 무료강의를 듣고 97점으로 1급을 땄습니다! 특히 시험 전 일주일 동안은 에듀윌 기출문제집을 하루에 2회씩 풀었는데 오답 정리할 때 해설집이 자세히 적혀 있어서 도움이 많이 되었어요. 시험 전날 밤부터는 2주끝장의 부록인 엔드노트로 그동안 공부했던 개념들을 머릿속에 차곡차곡 쌓았는데 핵심내용들을 한 번에 정리할 수 있어서 정말 물건이구나 생각했습니다.

심화 1급 합격 최○○

에듀윌 무료강의를 만나면 역사가 재미있다고 느끼실 거예요

사실 저는 5수 만에 1급을 받았습니다. 워낙 한국사에 노베이스였고 중고등학교 때도 한국사 수업은 지루했었지요. 하지만 에듀윌 무료강의를 통해 한국사 강의가 재미있다는 사실을 알았고, 처음으로 역사에 흥미가 생겼습니다. 덕분에 1급으로 합격하였습니다.

심화 1급 합격 정○○

에듀윌 교재와 무료강의는 지루하지 않아 좋았어요

군복무를 마치고 복학 전에 한능검 1급에 도전하였습니다. 에듀윌 교재는 알아보기 쉽게 정리되어 있고 지루하지 않은 무료강의도 들을 수 있어서 수업 내용이 머리에 쏙쏙 들어와 쉽게 공부하였습니다. 한국사에 대한 기본 지식 없이 에듀윌 교재와 무료강의를 통해 재미있게 공부하고 난이도가 가장 높았던 시험임에도 첫 도전에 당당히 1급에 합격하였습니다. 에듀윌 교재 최고입니다!

다음 합격의 주인공은 당신입니다!

에듀윌과 함께 시작하면,
당신도 합격할 수 있습니다!

대학 졸업을 앞두고 취업을 위해 바쁜 시간을 쪼개서
한국사능력검정시험을 준비하는 취준생

어렸을 때부터 꿈꾸었던 교사나 공무원이 되기 위해
한국사능력검정시험을 준비하는 수험생

부끄럽지 않은 대한민국 국민이 되기 위해 어린아이와 함께
한국사능력검정시험을 준비하는 학부모

누구나 합격할 수 있습니다.
해내겠다는 '열정' 하나면 충분합니다.

마지막 페이지를 덮으면,

에듀윌과 함께
한국사능력검정시험 합격이 시작됩니다.

에듀윌
한국사능력검정시험

10회분 기출500제 기본

한국사능력검정시험이란?

① 응시 정보

- 주관 및 시행 기관: 국사편찬위원회
- 시험 접수: 한국사능력검정시험 홈페이지(http://www.historyexam.go.kr)에서 접수(사진 등록 필수)
- 시행 횟수: 심화(1~3급) 연 4회 / 기본(4~6급) 연 2회
- 시험 시간: 심화 80분 / 기본 70분
- 응시료: 심화 27,000원 / 기본 22,000원
- 성적 인정 유효 기간: 국가에서 지정한 별도의 유효 기간은 없으나 국가 기관·기업체마다 인정하는 기간이 상이하므로 각 기관 및 기업 채용 가이드라인 확인이 필요함

※ 이 정보는 주최측의 사정상 변경될 수 있습니다. 시험 접수 전 한국사능력검정시험 홈페이지를 확인하시기 바랍니다.

② 평가 등급

구분	인증 등급			문항 수
심화	1급(80점 이상)	2급(70점~79점)	3급(60점~69점)	50문항(5지 택1)
기본	4급(80점 이상)	5급(70점~79점)	6급(60점~69점)	50문항(4지 택1)

③ 시험 일정

구분	시험 일시	합격자 발표
제69회	2024년 2월 17일(토)	2024년 2월 29일(목)
제70회	2024년 5월 25일(토)	2024년 6월 5일(수)
제71회	2024년 8월 10일(토)	2024년 8월 22일(목)
제72회	2024년 10월 20일(일)	2024년 10월 31일(목)

※ 이 일정은 주최측의 사정상 변경될 수 있습니다. 시험 접수 전 한국사능력검정시험 홈페이지를 확인하시기 바랍니다.
※ 제70회, 제72회는 기본 급수 시험이 시행되지 않습니다.

④ 시험 TO DO 리스트

시험 준비

- 회차별 기출로 약점 시대를 파악하고 실전 감각 익히기
- 시대별 기출로 자신이 취약한 시대의 기출만 집중해서 풀어보기

시험 D - DAY

- 시험장 준비물 챙기기(수험표, 신분증, 컴퓨터용 수성사인펜, 수정테이프)
- 시험 당일 08:30부터 09:59까지 지정된 시험실 입실하기

합격자 발표일

- 한국사능력검정시험 홈페이지에서 합격 여부 확인하기
- 성적 통지서와 인증서 출력하기(한국사능력검정시험 홈페이지, 정부 24)

합격직행 기출문제집

회차별 기출 7회분
최신 기출트렌드 파악

1 최신 기출문제 350제 수록

수험생들이 합격을 위해 반드시 풀어봐야 할 분량이라고 추천하는 최신 기출 7회분, 총 350제를 담았어요. 7회분을 풀어 보면서 기출문제의 출제 패턴을 파악하세요.

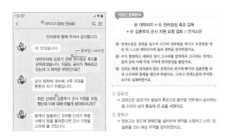

2 고퀄 첨삭해설로 실전 완벽 대비

3단계 첨삭해설을 통해 모든 문제를 상세하게 분석하였어요. 킬러문항은 별도로 표시하여 꼼꼼하게 대비할 수 있도록 구성하였어요.

시대별 기출 3회분
약점 시대 집중 보완

1 시대별 기출 150⁺ 수록

회차별 기출문제를 풀어 보면서 드러난 자신의 약점 시대를 시대별 기출문제를 풀며 집중적으로 보완하세요.

2 키워드 해설로 약점 시대 극복

핵심 키워드로 문제를 분석하고 상세하게 해설하였어요. 꼼꼼한 선택지 해설로 정답·오답 선택지 개념까지 놓치지 말고 학습하세요.

**회차별 기출로
실전 감각 완성!**

**시대별 기출로
약점 시대 극복!**

" 회차별＋시대별 기출풀이는 이제 선택이 아닌 필수! "

구성과 차례

❶ 최신 기출문제 7회분 수록!

많은 기출문제를 풀어 보면 좋지만, 시간이 부족하죠?
그래서 수험생들이 합격을 위해 적극 추천하는 분량인
최신 기출 7회분, 총 350제를 수록하였어요.

❷ 연습은 실전처럼! 실전은 연습처럼!

실제 시험지와 똑같이 구성하여 실전처럼 학습할 수 있
도록 하였어요. 실제 시험을 치르듯이 시험 시간 70분
에 맞춰 문제를 풀어 보세요.

❸ 1초 만에 합격 예측!

모바일로 편리하게 자동채점을 하고 성적분석 서비스
를 이용해 보세요.

❹ 낱낱이 파헤친 분석리포트

전근대·근현대 출제비중으로 어떤 파트가 취약한지 파
악해 보세요. 시대별 출제비중과 핵심키워드는 물론 고
대부터 조선까지 분야별 출제비중까지 확인할 수 있도
록 정리하였어요.

❺ 출제 의도를 찌르는 프리미엄 첨삭해설

자료 첨삭과 함께 정답을 찾을 수 있는 키워드인 〈키워
드 문제분석〉을 수록하였어요. 선택지를 완전 해부하여
자세하고 꼼꼼하게 설명한 해설을 통해 정답은 물론 오
답 선택지도 반드시 공부하고 넘어 가세요.
〈이것도 정답선택지〉를 통해 반복적으로 등장하는 기
출 선택지에 대한 확인문제도 풀어 보세요.

최신 7회분 합격률(%)

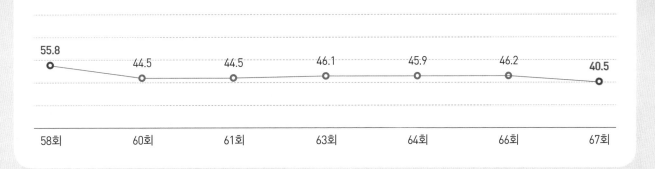

58회	60회	61회	63회	64회	66회	67회
55.8	44.5	44.5	46.1	45.9	46.2	40.5

67회

기출문제	6
분석리포트	20
첨삭해설	21

66회

기출문제	46
분석리포트	60
첨삭해설	61

64회

기출문제	86
분석리포트	100
첨삭해설	101

63회

기출문제	126
분석리포트	140
첨삭해설	141

61회

기출문제	166
분석리포트	180
첨삭해설	181

60회

기출문제	206
분석리포트	220
첨삭해설	221

58회

기출문제	246
분석리포트	260
첨삭해설	261

01 (가) 시대의 생활 모습으로 가장 적절한 것은? 1점

고인돌의 고장
화순으로 오세요

괴바위
고인돌

마당바위
고인돌

핑매바위
고인돌

감태바위
채석장

관청바위
고인돌

고인돌 유적
탐방 경로

화순에는 처음으로 금속 도구를 사용한 (가) 시대의 문화유산인 고인돌 유적이 있습니다. 이곳에는 고인돌의 덮개돌을 떼어 냈던 채석장이 남아 있어서 고인돌을 만들었던 과정을 확인할 수 있습니다.

① 철제 농기구로 농사를 지었다.
② 주로 동굴이나 막집에서 살았다.
③ 반달 돌칼로 벼 이삭을 수확하였다.
④ 빗살무늬 토기에 곡식을 저장하기 시작하였다.

02 다음 퀴즈의 정답으로 옳은 것은? 2점

한국사 퀴즈 대회

1단계	철기 문화를 바탕으로 동해안 지역에서 일어난 나라입니다.
2단계	여자아이를 데려와 기른 후 성인이 되면 며느리로 삼는 풍속이 있었습니다.
3단계	왕이 따로 없고, 읍군이나 삼로라고 불리는 군장이 자기 영역을 다스렸습니다.

제시된 힌트를 종합하여 알 수 있는 나라의 이름은 무엇일까요?

① 부여   ② 옥저   ③ 동예   ④ 마한

03 밑줄 그은 '나'의 업적으로 옳은 것은? 2점

고구려 제19대 왕인 나는 거란, 숙신, 후연, 동부여 등을 정벌하고, 영토를 크게 넓혔소.

① 태학을 설립하였다.
② 천리장성을 축조하였다.
③ 도읍을 평양성으로 옮겼다.
④ 신라에 침입한 왜를 격퇴하였다.

04 (가)에 들어갈 문화유산으로 적절한 것은? 〔3점〕

과제 학습 조사 보고서
○○모둠

주 제	백제의 문화유산 알아보기
방 법	문헌 조사, 인터넷 검색, 박물관 탐방
알게 된 점	백제 사람들의 생활 모습을 짐작할 수 있었다.
조사한 문화유산	(가) 무령왕릉

① 금동 연가 7년명 여래 입상

② 천마총 장니 천마도

③ 몽촌 토성

④ 장군총

05 (가) 왕의 업적으로 옳은 것은? 〔2점〕

단양 신라 적성비는 　(가)　 대에 고구려 영토인 적성을 점령하고 세워진 것입니다. 비문에는 이사부 등 당시 공을 세운 인물이 기록되어 있으며, 충성을 다한 적성 사람 야이차에게 상을 내렸다는 내용도 담겨 있습니다.

① 국학을 설치하였다.

② 화랑도를 정비하였다.

③ 독서삼품과를 시행하였다.

④ 김헌창의 난을 진압하였다.

06 밑줄 그은 '이 나라'에 대한 설명으로 옳은 것은? 〔2점〕

이 나라의 김해 대성동 고분군, 고령 지산동 고분군, 함안 말이산 고분군 등에서 나온 유물을 통해 당시 사람들의 뛰어난 세공 기술을 엿볼 수 있습니다.

금동 허리띠　금동관　봉황장식 금동관

① 지방에 22담로를 두었다.

② 한의 침략을 받아 멸망하였다.

③ 낙랑과 왜에 철을 수출하였다.

④ 화백 회의에서 중요한 일을 결정하였다.

인물로 보는 한국사

삼국 통일 과정

(가)	(나)	(다)
고구려에 가서 군대를 보내줄 것을 요청하였소.	기벌포 앞바다에서 당의 수군을 몰아내었소.	황산벌에서 계백이 이끄는 백제군과 싸워 승리하였소.
김춘추	문무왕	김유신

① (가) – (나) – (다) ② (가) – (다) – (나)
③ (나) – (가) – (다) ④ (다) – (가) – (나)

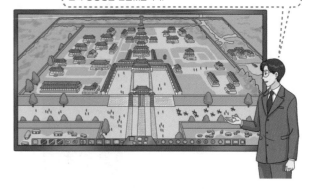

(가) 은/는 여러 번 도읍을 옮겼지만, 이곳 상경성을 가장 오랫동안 도읍으로 삼았습니다. 문왕은 당의 도읍 장안성의 구조를 본떠 상경성을 만들었습니다.

①
칠지도

②
이불병좌상

③
영광탑

④
정효 공주 무덤 벽화

09 밑줄 그은 '불상'에 해당하는 것으로 옳은 것은? ①점

제가 오늘 소개해 드릴 한국의 문화유산은 석굴암이에요. 석굴암은 화강암을 이용하여 인공적으로 만든 사원이에요. 이곳에서 특히 인상 깊었던 것은 바로 석굴암 내부에 있는 아름다운 불상이었어요. 감동 그 자체였지요. 여러분, 한국에 오면 여기 꼭 가봐야 하겠죠?

한국의 문화유산을 찾아서 생방송 중

①
②
③
④

10 (가)에 들어갈 내용으로 적절한 것은? ①점

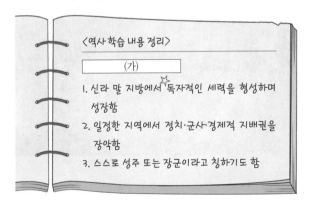

〈역사 학습 내용 정리〉

(가)

1. 신라 말 지방에서 독자적인 세력을 형성하며 성장함
2. 일정한 지역에서 정치·군사·경제적 지배권을 장악함
3. 스스로 성주 또는 장군이라고 칭하기도 함

① 성골 ② 호족
③ 권문세족 ④ 신진 사대부

11 (가) 왕의 업적으로 옳은 것은? ②점

역사 토크

고려 (가) 이/가 민족 통합을 위해 노력한 점에 대해 이야기 나눠 볼까요?

발해 유민을 받아 들이고, 조상의 제사를 지낼 수 있도록 배려해 주었죠.

오랜 기간 적대 관계였던 견훤까지 포용한 일도 빠뜨릴 수 없지요.

① 흑창을 두었다.
② 강화도로 천도하였다.
③ 과거제를 처음 실시하였다.
④ 전민변정도감을 설치하였다.

12 (가) 국가에서 볼 수 있는 모습으로 적절한 것은? ②점

이 문화유산은 태안 마도 2호선에서 발견된 청자 매병과 죽찰입니다. 죽찰에는 개경의 중방 도장교 오문부에게 좋은 꿀을 단지에 담아 보낸다는 내용이 적혀 있습니다. 이를 통해 (가) 사람들의 생활 모습을 엿볼 수 있습니다.

청자 연꽃줄기 무늬 매병과 죽찰

① 광산 개발을 감독하는 덕대
② 신해통공 실시를 알리는 관리
③ 청과의 무역으로 부를 축적하는 만상
④ 활구라고도 불린 은병을 제작하는 장인

13 다음 사건이 일어난 시기를 연표에서 옳게 고른 것은? (3점)

	(가)		(나)		(다)		(라)	
936 후삼국 통일		1019 귀주 대첩		1104 별무반 설치		1232 처인성 전투		1359 홍건적 침입

① (가)　　② (나)　　③ (다)　　④ (라)

14 (가)에 들어갈 내용으로 가장 적절한 것은? (1점)

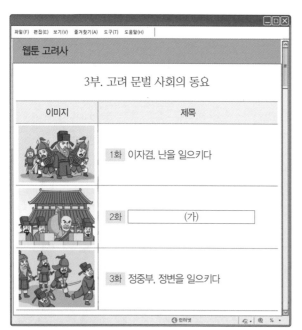

① 이괄, 도성을 점령하다
② 김흠돌, 반란을 도모하다
③ 묘청, 서경 천도를 주장하다
④ 이성계, 위화도에서 회군하다

15 밑줄 그은 '나'에 해당하는 인물로 옳은 것은? (2점)

① 안향　　② 김부식　　③ 이규보　　④ 정몽주

16 (가) 군사 조직에 대한 설명으로 옳은 것은? (2점)

① 쌍성총관부를 공격하였다.
② 백강 전투에서 활약하였다.
③ 신기군, 신보군, 항마군으로 구성되었다.
④ 최씨 무신 정권의 군사적 기반이 되었다.

17 다음 학생들이 표현하고 있는 사건으로 적절한 것은?

2점

왜구에 맞서 군대를 지휘하는 최무선을 그렸어.

전투에서 사용한 화포도 그려 넣자.

① 명량 대첩
② 살수 대첩
③ 진포 대첩
④ 행주 대첩

18 다음 가상 대화에 등장하는 왕의 업적으로 옳지 않은 것은?

2점

명하신 대로 편경을 만들었사옵니다.

우리가 만든 편경의 소리도 음이 잘 맞는구나. 이제 그대가 아악을 체계적으로 정비하도록 하라.

박연

① 자격루를 제작하였다.
② 농사직설을 간행하였다.
③ 악학궤범을 완성하였다.
④ 삼강행실도를 편찬하였다.

19 (가)에 들어갈 문화유산으로 옳은 것은?

1점

(가) 에 대해 검색해 줘.

검색 결과입니다.

태조에서 철종에 이르는 470여 년간의 역사를 역대 왕별로 기록하였습니다.

방대한 규모와 내용의 정확성을 인정받아 유네스코 세계 기록 유산에 등재되었습니다.

① 경국대전
② 동의보감
③ 목민심서
④ 조선왕조실록

20 밑줄 그은 '왕'에 대한 설명으로 옳은 것은?

3점

○ 왕께서 명하기를, "집현전을 파하고 경연을 정지하며, 거기에 소장하였던 서책은 모두 예문관에서 관장하게 하라."라고 하였다.
○ 왕께서 명령을 내려, "전날 성삼문 등이 상왕도 모의에 참여하였다고 말하였으니 …… 상왕을 노산군으로 낮추고, 궁에서 내보내 영월에 거주시키도록 하라."라고 하였다.

① 시헌력을 도입하였다.
② 탕평책을 실시하였다.
③ 한양으로 도읍을 옮겼다.
④ 6조 직계제를 시행하였다.

21 (가)에 들어갈 사건으로 옳은 것은? 〔2점〕

이곳은 조선 시대 문신인 김종직이 살았던 집터에 후손들이 지은 밀양 추원재입니다. 그가 쓴 조의제문은 연산군 때 일어난 (가) 의 빌미가 되기도 하였습니다.

① 경신환국　② 기해예송　③ 무오사화　④ 신유박해

22 (가) 제도에 대한 설명으로 옳은 것은? 〔3점〕

(가) 은/는 실로 백성을 구제하는 데 절실합니다. 경기도와 강원도에서 이미 시행하고 있으니, 우리 충청도에서도 시행하면 좋겠습니다.

김육

① 군포를 2필에서 1필로 줄였다.
② 양반에게도 군포를 부과하였다.
③ 전세를 1결당 4~6두로 고정하였다.
④ 특산물 대신 쌀, 베 등으로 납부하게 하였다.

23 다음 가상 대화 이후에 전개된 사실로 옳은 것은? 〔2점〕

남한산성에서 항전하시던 임금께서 삼전도에 나아가 청에 굴욕적인 항복을 하셨다는군.

게다가 세자와 봉림 대군께서는 청에 볼모로 잡혀가신다더군.

① 북벌론이 전개되었다.
② 4군 6진이 개척되었다.
③ 삼포왜란이 진압되었다.
④ 정동행성이 설치되었다.

24 밑줄 그은 '왕'의 업적으로 옳은 것은? 〔1점〕

저 배다리는 정약용이 설계했다는군.

왕께서 배다리를 건너 아버지 사도 세자의 묘에 참배하러 가시는군.

① 장용영을 설치하였다.
② 당백전을 발행하였다.
③ 속대전을 편찬하였다.
④ 훈민정음을 반포하였다.

25 (가)~(다)를 실시한 순서대로 옳게 나열한 것은? (3점)

우리 역사 속 제도의 변천
<관료와 토지>

관료전을 지급하고 녹읍을 폐지했어.

과전을 혁파하였고, 직전을 설치했어.

전·현직 관리에게 전지와 시지를 차등있게 지급했어

(가)　　　(나)　　　(다)

① (가) - (나) - (다)　　② (가) - (다) - (나)
③ (나) - (가) - (다)　　④ (다) - (가) - (나)

26 다음 가상 대화가 이루어진 시기에 볼 수 있는 모습으로 적절하지 <u>않은</u> 것은? (2점)

이번에 통신사로 일본에 다녀오며 가져온 고구마인데, 농민들에게 재배하도록 하면 어떻겠나?

그렇게 해보겠습니다.

조엄

① 상평통보로 거래하는 상인
② 판소리 공연을 구경하는 농민
③ 한글 소설을 읽어 주는 전기수
④ 황룡사 구층 목탑을 만드는 목수

27 학생들이 공통으로 이야기하고 있는 사건에 대한 설명으로 옳은 것은? (2점)

세도 정치기에 일어난 농민 봉기야.

경상 우병사 백낙신의 수탈에 저항하여 몰락 양반인 유계춘을 중심으로 봉기하였어.

삼정이정청이 설치되는 계기가 되었어.

① 청군의 개입으로 진압되었다.
② 박규수가 안핵사로 파견되었다.
③ 조선 형평사의 주도로 전개되었다.
④ 서북 지역민에 대한 차별이 원인이 되었다.

28 다음 가상 인터뷰에 등장하는 인물로 옳은 것은? (2점)

북한산비가 진흥왕 순수비임을 고증하셨다지요. 또 어떤 활동을 하셨나요?

금석학을 연구하여 독창적인 서체를 만들었고, 제주도에서 유배 생활을 할 때 세한도를 그렸지요.

① 김정희　　② 박지원　　③ 송시열　　④ 유득공

29 (가) 사건에 대한 설명으로 옳은 것은? `2점`

부패한 지도층과 외세의 침략에 저항했던 (가) 관련 기록물인 전봉준 공초, 개인 일기와 문집, 각종 임명장 등이 유네스코 세계 기록 유산으로 지정되었습니다.

백성이 주체가 된 역사, 세계 기록 유산으로 남다

① 9서당을 창설하는 계기가 되었다.
② 청산리에서 일본군과 전투를 벌였다.
③ 집강소를 통해 폐정 개혁을 추진하였다.
④ 제물포 조약이 체결되는 결과를 가져왔다.

30 (가)에 들어갈 인물로 옳은 것은? `1점`

(가)

(앞면)

• 평민 출신 의병장으로 알려짐
• 을미사변이 발생하자 영해에서 의병으로 활동함
• 을사늑약이 체결되자 울진, 평해 등지에서 일본군에 맞서 싸움
• 뛰어난 전술을 펼쳐 태백산 호랑이라고 불림

(뒷면)

① 신돌석　② 유인석　③ 최익현　④ 홍범도

31 (가)~(라)에 들어갈 인물로 옳지 않은 것은? `2점`

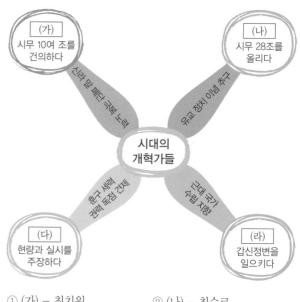

(가) 시무 10여 조를 건의하다

(나) 시무 28조를 올리다

신라 말 폐단 극복 노력

유교 정치 이념 추구

시대의 개혁가들

훈구 세력 권력 독점 견제

근대 국가 수립 지향

(다) 현량과 실시를 주장하다

(라) 갑신정변을 일으키다

① (가) – 최치원　　② (나) – 최승로
③ (다) – 정도전　　④ (라) – 김옥균

32 (가) 사건에 대한 설명으로 옳은 것은? `2점`

외규장각 의궤, 장엄한 기록의 귀환

1866년 (가) 때 프랑스군이 약탈해 간 외규장각 의궤가 145년 만에 우리 품으로 돌아왔습니다. 다시 여는 전시회를 통해 그 장엄한 기록의 의미를 되새겨 볼 수 있습니다.

■ 기간 : ○○○○. ○○. ○○. ~ ○○. ○○.
■ 장소 : □□ 박물관 전시실

① 제너럴 셔먼호 사건의 배경이 되었다.
② 강화도 조약이 체결되는 계기가 되었다.
③ 오페르트가 남연군 묘 도굴을 시도하였다.
④ 양헌수 부대가 정족산성에서 활약하였다.

33 (가) 단체의 활동으로 옳은 것은? (2점)

> 이곳 종로에서는 　(가)　 이/가 개최한 관민 공동회가 열리고 있습니다. 정부 관료와 학생, 시민들이 참여한 가운데 헌의 6조를 올리기로 하였습니다.

① 광혜원을 설립하였다.
② 태극 서관을 운영하였다.
③ 독립문 건설을 주도하였다.
④ 파리 강화 회의에 대표를 파견하였다.

34 밑줄 그은 '이 시기'에 볼 수 있는 모습으로 적절한 것은? (2점)

> 이 사진을 보면 경무부와 헌병대 간판이 나란히 걸려 있네요.

> 그렇습니다. 이 시기 일제는 군사 경찰인 헌병이 일반 경찰 업무까지 맡는 헌병 경찰 제도를 실시하였습니다.

① 제복을 입고 칼을 찬 교사
② 한성순보를 발간하는 관리
③ 단발령 시행에 반발하는 유생
④ 경인선 철도 개통식을 구경하는 청년

35 (가)에 들어갈 내용으로 적절한 것은? (3점)

〈다큐멘터리 기획안〉

국권 회복을 위한 머나먼 여정

■ 기획 의도
　불꽃 같은 삶을 살았던 이상설! 북간도, 헤이그, 연해주 등지로 이어지는 그의 치열했던 여정을 되짚어보고자 합니다.

■ 구성 내용
#1. 　(가)
#2. 만국 평화 회의에 특사로 파견되다
#3. 대한 광복군 정부를 조직하다
　　　⋮

① 의열단을 조직하다
② 서전서숙을 설립하다
③ 동양 평화론을 집필하다
④ 시일야방성대곡을 발표하다

36 밑줄 그은 '만세 시위'에 대한 설명으로 옳은 것은? (2점)

한국을 사랑한 외국인들

특집　스코필드, 제암리 학살 사건을 폭로하다

"논둑길을 돌아서자 지금도 잊혀지지 않는 광경이 눈앞에 펼쳐졌다. 마을은 불타버렸고 아직도 여기저기서 연기가 나고 있었다."

　1919년 학생과 시민들의 만세 시위가 전국으로 확산하자 일제는 경찰과 군인을 동원하여 탄압하였다. 화성 제암리에서는 주민을 교회에 몰아넣은 후 총을 쏘고 불을 질렀다. 소식을 듣고 달려간 스코필드는 제암리에서 벌어진 학살을 세계에 폭로하였다.

프랭크 스코필드
(Frank W.Schofield)

① 순종의 인산일에 전개되었다.
② 대한매일신보의 후원을 받았다.
③ 대한민국 임시 정부 수립의 계기가 되었다.
④ 신간회에서 진상 조사단을 파견하여 지원하였다.

37 (가)에 들어갈 민족 운동으로 옳은 것은? (2점)

① 브나로드 운동
② 물산 장려 운동
③ 국채 보상 운동
④ 민립 대학 설립 운동

38 다음 공연의 소재가 된 인물에 대한 설명으로 옳은 것은? (3점)

① 대한 광복회를 조직하였다.
② 조선 의용군을 창설하였다.
③ 조선 혁명 선언을 작성하였다.
④ 조선말 큰사전 편찬을 주도하였다.

39 (가)에 들어갈 인물로 가장 적절한 것은? (1점)

① 김원봉　　② 나석주　　③ 윤봉길　　④ 이동휘

40 밑줄 그은 '시기'에 볼 수 있는 모습으로 가장 적절한 것은? (2점)

① 근우회에 가입하는 학생
② 6·10 만세 운동에 참여하는 청년
③ 토지 조사령을 공포하는 일본인 관리
④ 미얀마 전선에서 활동하는 한국 광복군 대원

41 (가)에 들어갈 단체로 옳은 것은? (2점)

1946년 7월, 미군정의 지원 아래 여운형, 김규식 등이 중심이 되어 결성한 단체입니다. 정치 세력의 대립을 넘어 민주주의 임시 정부 수립을 위해 노력한 이 단체의 이름은 무엇일까요?

(가)

① 권업회
② 대한인 국민회
③ 좌우 합작 위원회
④ 남북 조절 위원회

42 (가)에 들어갈 사건으로 옳은 것은? (2점)

동백꽃을 따라서

영상 속 역사

학생들이 제작한 영상의 배경이 된 (가) 은/는 미군정기에 시작되어 이승만 정부 수립 이후까지 지속되었습니다. 당시 남한만의 단독 정부 수립에 반대하는 무장대와 토벌대 간의 무력 충돌과 그 진압 과정에서 많은 주민이 희생되었습니다.

제작: ○○ 역사동아리

① 6·3 시위
② 제주 4·3 사건
③ 2·28 민주 운동
④ 5·16 군사 정변

43 (가) 전쟁 중에 있었던 사실로 옳지 <u>않은</u> 것은? (2점)

파일(F) 편집(E) 보기(V) 즐겨찾기(A) 도구(T) 도움말(H)

기록으로 만나는 (가)

| 개요 | 일반 문서류 | 사진 기록물 | 동영상 기록물 |

전개 과정 >
주요 일지 >
참고 자료 >

북한군의 남침으로 발발 → 인천 상륙 작전 전개

정전 협정 체결 ← 중국군 참전

① 유엔군이 참전하였다.
② 흥남 철수 작전이 펼쳐졌다.
③ 거제도에 포로수용소가 설치되었다.
④ 13도 창의군이 서울 진공 작전을 전개하였다.

44 다음 가상 일기에 나타난 민주화 운동에 대한 설명으로 옳은 것은? (2점)

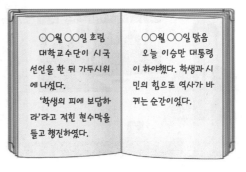

○○월 ○○일 흐림
대학교수단이 시국 선언을 한 뒤 가두시위에 나섰다.
'학생의 피에 보답하라'라고 적힌 현수막을 들고 행진하였다.

○○월 ○○일 맑음
오늘 이승만 대통령이 하야했다. 학생과 시민의 힘으로 역사가 바뀌는 순간이었다.

① 신군부의 무력 진압에 저항하였다.
② 대통령 직선제 개헌을 이끌어 냈다.
③ 유신 체제가 붕괴하는 계기가 되었다.
④ 3·15 부정 선거에 항의하여 일어났다.

45 (가)에 들어갈 내용으로 옳은 것은? ③점

① 개성 공단 조성
② 남북 기본 합의서 채택
③ 7·4 남북 공동 성명 발표
④ 6·15 남북 공동 선언 합의

46 다음 가상 뉴스에서 보도하는 사건이 일어난 정부 시기의 사실로 옳은 것은? ②점

① 농지 개혁법을 제정하였다.
② 경부 고속 도로를 개통하였다.
③ 경제 협력 개발 기구(OECD)에 가입하였다.
④ 미국과 자유 무역 협정(FTA)을 체결하였다.

47 (가)에 들어갈 인물로 옳은 것은? ①점

① 윤동주   ② 이한열   ③ 장준하   ④ 전태일

48 (가)에 들어갈 내용으로 적절한 것은? ②점

〈2023 기획 특강〉

한국사 속 여성, 세상 밖으로 나오다

격동의 역사 속에서 삶의 주체로 당당하게 살아온 여성들의 이야기를 들을 수 있습니다.

강의 내용

1강. 선덕 여왕, 우리나라 최초의 여왕으로 살다
2강. 허난설헌, _____(가)_____
3강. 이빙허각, 가정생활을 담은 "규합총서"를 집필하다
4강. 윤희순, 안사람 의병가를 지어 의병 활동을 독려하다

■ 일시 : 2023년 ○○월 ○○일 ○○시
■ 장소 : □□ 문화원 소강당

① 시인으로 이름을 떨치다
② 여성 비행사로 활약하다
③ 임금 삭감에 저항하여 농성을 벌이다
④ 재산을 기부하여 제주도민을 구제하다

49 (가) 지역에서 있었던 사실로 옳은 것은? ③점

뚜벅뚜벅 역사 여행

- 주제 : [(가)]에서 만나는 시간과 공간, 그리고 사람들
- 일자 : 2023년 ○○월 ○○일
- 답사 경로 : 동삼동 패총 전시관 – 초량 왜관 – 임시 수도 기념관 – 민주 공원

① 이봉창이 의거를 일으켰다.

② 망이·망소이가 봉기하였다.

③ 장보고가 청해진을 설치하였다.

④ 송상현이 동래성에서 순절하였다.

50 (가)에 들어갈 내용으로 옳은 것은? ①점

한국의 세시 풍속

일 년 중 밤이 가장 긴 날

[(가)]

[(가)]은/는 24절기의 하나로 '작은 설'이라고도 불렸어요. 이날에는 나쁜 기운을 물리치기 위해 팥죽을 쑤어 먹었어요. 또 대문이나 담장 벽에 팥죽을 뿌렸어요.

① 단오   ② 동지   ③ 칠석   ④ 한식

자동채점서비스

해설강의

2023년 10월 21일(토) 시행
제67회

시대별 출제비중

시대 통합 5문항
토지 제도의 역사, 개혁가들의 활동, 동지, 허난설헌의 활동, 부산의 역사

현대 7문항
좌우 합작 위원회, 제주 4·3 사건, 6·25 전쟁, 4·19 혁명, 박정희 정부 시기의 사실, 전태일의 활동, 노태우 정부 시기의 통일 정책

일제 강점기 7문항
1910년대 무단 통치, 이상설의 활동, 3·1 운동, 신채호의 활동, 물산 장려 운동, 1930년대 후반 이후 민족 말살 통치, 윤봉길의 활동

개항기 4문항
병인양요, 동학 농민 운동, 독립 협회, 신돌석의 활동

선사 2문항
청동기 시대의 생활 모습, 옥저

고대 8문항
고구려 광개토 대왕의 업적, 가야, 신라 진흥왕의 업적, 삼국 통일 과정, 호족, 백제의 문화유산, 발해의 문화유산, 경주 석굴암 본존불

고려 7문항
고려 태조의 업적, 묘청의 서경 천도 운동, 거란의 침입과 고려의 격퇴, 진포 대첩, 삼별초, 고려의 사회 모습, 안향의 활동

전근대 **27**문항
근현대 **18**문항

조선 10문항
조선 세종의 업적, 조선 세조의 정책, 무오사화, 병자호란 이후의 사실, 《조선왕조실록》, 조선 정조의 업적, 대동법, 조선 후기의 모습, 임술 농민 봉기, 김정희의 활동

분류별 출제비중 _고대~조선

정치	**14**문항
경제	**1**문항
사회	**4**문항
문화	**6**문항

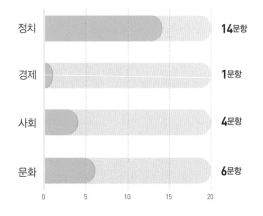

이번 회차는?

인물의 활동을 묻는 문제와
현대사 문제가 많이 출제되었어요.
난이도가 다소 높은 시험이므로
꼼꼼히 풀어 보세요.

01 청동기 시대의 생활 모습   정답 ③

(가) 시대의 생활 모습으로 가장 적절한 것은?

고인돌의 고장 화순으로 오세요

화순에는 처음으로 금속 도구를 사용한 **(가)** 시대의 문화유산인 고인돌 유적이 있습니다. 이곳에 는 고인돌의 덮개돌을 떼어 냈던 채석장이 남아 있 어서 고인돌을 만들었던 과정을 확인할 수 있습니다.

🔍 키워드 문제분석

❶ 고인돌 = 청동기 시대

고인돌은 비파형 동검과 함께 청동기 시대를 대표하는 유물이에 요. 청동기 시대에는 농경이 더욱 발달하여 생산력이 향상되었고, 이 에 따라 잉여 생산물이 발생하면서 빈부의 차이가 나타나 계급이 만 들어졌어요. 게다가 정복 활동이 활발해지면서 계급이 뚜렷하게 나 누어지고 막강한 권력을 행사하는 지배자가 등장하였어요. 청동기 시대에는 많은 인력을 동원하여 지배층의 무덤으로 고인돌을 만들었 어요.

① 철제 농기구로 농사를 지었다.
　➡ **철기 시대** 사람들은 쟁기, 쇠스랑 등의 철제 농기구를 제작해 농사에 이용하였어요.

② 주로 동굴이나 막집에서 살았다.
　➡ **구석기 시대** 사람들은 식량을 찾아 이동 생활을 하였으며, 주로 동굴이나 강가의 막집, 바위 그늘에서 거주하였어요.

③반달 돌칼로 벼 이삭을 수확하였다.
　➡ **청동기 시대**에는 곡물을 수확하기 위해 반달 모양으로 생긴 돌 칼을 사용하였어요.

④ 빗살무늬 토기에 곡식을 저장하기 시작하였다.
　➡ **신석기 시대** 사람들은 농경과 목축을 시작하였고, 빗살무늬 토 기를 사용하여 음식을 조리하거나 식량을 저장하였어요.

이것도! 정답선택지

⑤ 무덤 껴묻거리로 오수전 등을 묻었다.	(○ , ×)
⑥ 의례 도구로 청동 방울 등을 사용하였다.	(○ , ×)
⑦ 실을 뽑기 위해 가락바퀴를 처음 사용하였다.	(○ , ×)

정답 ⑤ × ⑥ ○ ⑦ ×

---

02 옥저   정답 ②

다음 퀴즈의 정답으로 옳은 것은?

한국사 퀴즈 대회

1단계	철기 문화를 바탕으로 동해안 지역에서 일어난 나라 입니다.
2단계	❶여자아이를 데려와 기른 후 성인이 되면 며느리로 삼는 풍속이 있었습니다.
3단계	왕이 따로 없고, ❷읍군이나 삼로라고 불리는 군장이 자기 영역을 다스렸습니다.

제시된 힌트를 종합하여 알 수 있는 나라의 이름 은 무엇일까요?

🔍 키워드 문제분석

❶ 여자아이를 데려와 기른 후 성인이 되면 며느리로 삼는 풍속 + ❷ 읍군이나 삼로라고 불리는 군장이 다스림 = 옥저

❶ 옥저에는 혼인을 약속한 여자아이를 남자 집에서 데려다 키운 후, 나이가 차면 여자 집에 예물을 주고 정식으로 혼인하는 풍습 인 민며느리제가 있었어요.

❷ 옥저에는 왕이 없었고 읍군, 삼로라고 불린 군장이 부족을 다스 렸어요.

① 부여
　➡ 부여는 왕이 중앙을 다스렸고, 마가·우가·구가·저가 등의 여 러 가(加)들이 별도로 사출도라고 불린 지역을 다스렸어요.

②옥저
　➡ 옥저에는 가족이 죽으면 시체를 가매장하였다가 그 뼈만 추려 서 **가족 공동 무덤**에 넣는 풍습이 있었어요.

③ 동예
　➡ 동예에는 읍락 간의 경계를 중시하여 다른 부족의 경계를 침범 하면 노비, 소, 말로 변상하게 하는 **책화**라는 풍습이 있었어요.

④ 마한
　➡ 삼한에는 제사장인 **천군**과 천군이 다스리는 신성 지역인 **소도** 가 있었어요. 이를 통해 삼한이 제정 분리 사회였음을 짐작할 수 있어요.

밑줄 그은 '나'의 업적으로 옳은 것은?

①고구려 제19대 왕인 나는 거란, 숙신, 후연, 동부여 등을 정벌하고, 영토를 크게 넓혔소.

키워드 문제분석

❶ 고구려 제19대 왕 + ❷ 거란, 숙신, 후연, 동부여
등을 정벌함 = 고구려 광개토 대왕

소수림왕, 고국양왕에 이어 고구려의 제19대 왕으로 즉위한 광개토 대왕은 후연을 격파하고 백제를 공격하여 영토를 넓혔어요. 또한, 고구려의 높은 위상을 드러내기 위해 '영락'이라는 연호를 사용하였어요.

① 태학을 설립하였다.
➡ 소수림왕은 수도에 국립 교육 기관인 태학을 설립하여 귀족 자제들을 대상으로 유학을 교육하였어요.

② 천리장성을 축조하였다.
➡ 영류왕 때 당의 침입에 대비하여 천리장성 축조를 시작하였어요. 천리장성 축조를 감독하며 세력을 키운 연개소문은 이후 정변을 일으켜 영류왕을 죽이고 보장왕을 왕위에 올린 뒤 스스로 대막리지가 되어 권력을 장악하였어요.

③ 도읍을 평양성으로 옮겼다.
➡ 장수왕은 국내성에서 평양성으로 천도한 이후 본격적인 남진 정책을 추진하였어요. 이에 압박을 느낀 백제와 신라는 나·제 동맹을 맺었어요.

④신라에 침입한 왜를 격퇴하였다.
➡ 광개토 대왕은 신라 내물 마립간의 요청으로 군대를 보내 신라에 침입한 왜를 격퇴하고, 신라에 군대를 주둔시켰어요. 이로 인해 신라는 한동안 고구려의 정치적 간섭을 받았어요.

이것도! 정답선택지

⑤ 서안평을 공격하여 영토를 확장하였다. (○ , ×)
⑥ 백제 근초고왕의 평양성 공격으로 전사하였다. (○ , ×)

정답 ⑤ × ⑥ ×

(가)에 들어갈 문화유산으로 적절한 것은?

과제 학습 조사 보고서

○○모둠

주제	백제의 문화유산 알아보기
방법	문헌 조사, 인터넷 검색, 박물관 탐방
알게 된 점	백제 사람들의 생활 모습을 짐작할 수 있었다.
조사한 문화유산	(가) / 무령왕릉

백제 무령왕은 웅진이 도읍이던 시기에 왕위에 올랐으며 중국 남조의 양과 활발히 교류하였어요. 충청남도 공주에 있는 무령왕릉은 중국 남조의 영향을 받아 벽돌무덤 양식으로 축조되었어요.

①
금동 연가 7년명 여래 입상

②
천마총 장니 천마도

➡ 금동 연가 7년명 여래 입상은 고구려의 불상으로, 뒷면에 새겨진 글자를 통해 제작 시기를 알 수 있어요.

➡ 천마총 장니 천마도는 신라의 천마총에서 발견된 2장의 말다래(장니)에 그려진 그림이에요. 말다래는 말을 탄 사람의 옷에 진흙이 튀기지 않도록 늘어뜨린 네모난 판을 말해요.

③
몽촌 토성

④
장군총

➡ 몽촌 토성은 백제가 한성을 수도로 삼았을 때 형성된 것으로 짐작되는 유적이에요.

➡ 장군총은 고구려 초기의 고분 양식인 돌무지무덤이에요.

05 신라 진흥왕의 업적　정답 ②

(가) 왕의 업적으로 옳은 것은?

> ❶단양 신라 적성비는 　(가)　 대에 고구려 영토인 적성을 점령하고 세워진 것입니다. 비문에는 이사부 등 당시 공을 세운 인물이 기록되어 있으며, 충성을 다한 적성 사람 야이차에게 상을 내렸다는 내용도 담겨 있습니다.

키워드 문제분석

❶ 단양 신라 적성비 = 신라 진흥왕

단양 신라 적성비는 충청북도 단양에 있는 신라의 비석이에요. 진흥왕 때 여러 신라 장군이 당시 고구려 지역이었던 남한강 상류 지역인 단양의 적성을 공격하여 차지하자, 진흥왕이 그 공훈을 기리고 적성 지역의 백성들을 위로하기 위해 세웠어요.

① 국학을 설치하였다.
➡ 신문왕은 국립 교육 기관으로 국학을 설치하여 유학 교육을 실시하였어요.

②화랑도를 정비하였다.
➡ **진흥왕**은 화랑도를 국가적인 조직으로 개편하여 인재를 육성하였고, 화랑도는 신라의 삼국 통일에 크게 기여하였어요.

③ 독서삼품과를 시행하였다.
➡ 원성왕은 국학 학생들을 대상으로 유교 경전에 대한 이해 수준의 정도를 평가하여 관리 임용에 참고하는 독서삼품과를 시행하였어요.

④ 김헌창의 난을 진압하였다.
➡ 헌덕왕 때 오늘날 충청남도 공주 지역인 웅천주에서 도독 김헌창이 아버지 김주원이 왕위에 오르지 못한 것에 불만을 품고 난을 일으켰으나 관군에 의해 진압당하면서 실패하였어요.

이것도! 정답선택지

⑤ 대가야를 정복하였다.　(○ , ×)
⑥ 김흠돌의 난을 진압하였다.　(○ , ×)
⑦ 관료전을 지급하고 녹읍을 폐지하였다.　(○ , ×)

정답 ⑤○ ⑥× ⑦×

06 가야　정답 ③

밑줄 그은 '이 나라'에 대한 설명으로 옳은 것은?

> 이 나라의 김해 대성동 고분군, 고령 지산동 고분군, 함안 말이산 고분군 등에서 나온 유물을 통해 당시 사람들의 뛰어난 세공 기술을 엿볼 수 있습니다.

금동 허리띠　금동관　봉황장식 금동관

키워드 문제분석

❶ 김해 대성동 고분군, 고령 지산동 고분군 = 가야

김해 대성동 고분군은 전기 가야 연맹을 이끌었던 금관가야의 대표적인 유적이고, 고령 지산동 고분군은 후기 가야 연맹을 이끌었던 대가야의 대표적인 유적이에요. 금동 허리띠, 금동관, 봉황장식 금동관 등을 통해 가야의 세공 기술이 매우 뛰어났음을 알 수 있어요.

① 지방에 22담로를 두었다.
➡ 백제 무령왕은 지방의 22담로에 왕족을 파견하여 지방에 대한 통제를 강화하고자 하였어요.

② 한의 침략을 받아 멸망하였다.
➡ 고조선은 우거왕 때 한 무제의 공격을 받아 멸망하였어요.

③낙랑과 왜에 철을 수출하였다.
➡ **금관가야**는 철이 풍부하여 낙랑과 왜에 철을 수출하였고, 덩이쇠를 화폐처럼 사용하기도 하였어요.

④ 화백 회의에서 중요한 일을 결정하였다.
➡ 신라는 귀족 회의인 화백 회의를 열어 국가의 중대사를 만장일치로 결정하였어요.

이것도! 정답선택지

⑤ 골품에 따라 관등 승진에 제한이 있었다.　(○ , ×)
⑥ 여러 가(加)들이 별도로 사출도를 주관하였다.　(○ , ×)
⑦ 낙랑군과 왜 사이의 중계 무역으로 이익을 얻었다.　(○ , ×)

정답 ⑤× ⑥× ⑦○

(가)~(다) 사건을 일어난 순서대로 옳게 나열한 것은?

인물로 보는 한국사

삼국 통일 과정

(가) ❶고구려에 가서 군대를 보내줄 것을 요청하였소.

김춘추

(나) ❷기벌포 앞바다에서 당의 수군을 몰아내었소.

문무왕

(다) ❸황산벌에서 계백이 이끄는 백제군과 싸워 승리하였소.

김유신

키워드 문제분석

❶ 김춘추가 고구려에 가서 군대를 보내줄 것을 요청함
= (가) 신라의 고구려 원병 요청(642)

❷ 신라 문무왕이 기벌포 앞바다에서 당의 수군을 몰아냄
= (나) 기벌포 전투(676)

❸ 김유신이 황산벌에서 계백이 이끄는 백제군에 승리함
= (다) 황산벌 전투(660)

(가) 신라는 백제 의자왕에게 대야성이 함락되자 고구려에 김춘추를 보내 군사를 요청하였으나 실패하였어요. 얼마 후 신라는 김춘추를 당으로 보내 당과 군사 동맹을 맺었어요.

(다) 신라의 김유신은 백제의 계백이 이끄는 결사대에 맞서 황산벌에서 전투를 벌여 승리하였어요. 이어 사비성이 함락되면서 백제는 멸망하였어요.

(나) 백제와 고구려 멸망 이후 당이 한반도 전체를 차지하려고 하자 신라는 당과의 전쟁에 나섰고 매소성 전투와 기벌포 전투에서 크게 승리하여 당 세력을 축출한 후 삼국 통일을 완성하였어요.

① (가) - (나) - (다)
② (가) - (다) - (나)
➡ (가) 신라의 고구려 원병 요청(642) → (다) 황산벌 전투(660) → (나) 기벌포 전투(676)
③ (나) - (가) - (다)
④ (다) - (가) - (나)

(가) 국가의 문화유산으로 옳지 않은 것은?

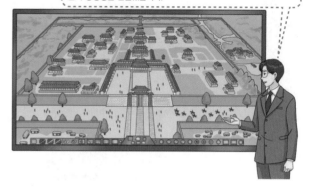

(가) 은/는 여러 번 도읍을 옮겼지만, 이곳 ❶상경성을 가장 오랫동안 도읍으로 삼았습니다. ❷문왕은 당의 도읍 장안성의 구조를 본떠 상경성을 만들었습니다.

키워드 문제분석

❶ 상경성을 가장 오랫동안 도읍으로 삼음 + ❷ 문왕
= 발해

❶ 발해는 문왕 때 상경 용천부로 수도를 옮기고 당의 수도 장안성을 참고하여 상경성을 건설하였어요. 상경성에는 남북으로 길게 뻗은 주작대로라는 길이 있어요.

❷ 발해 문왕은 연호로 '대흥'을 사용하고, 당과 친선 관계를 맺어 당의 제도와 문물을 수용하였어요.

①

칠지도

➡ 백제의 칠지도는 백제와 왜의 교류를 알 수 있는 유물로, 백제의 수준 높은 공예 기술을 엿볼 수 있어요.

②

이불병좌상

➡ 발해의 이불병좌상은 고구려의 영향을 받았으며, 동경 용원부의 절터에서 발견되었어요.

③

영광탑

➡ 발해의 영광탑은 현재 유일하게 남아 있는 발해의 탑으로, 벽돌로 만들어졌어요.

④

정효 공주 무덤 벽화

➡ 발해 문왕의 넷째 딸인 정효 공주의 무덤은 벽화가 그려진 벽돌무덤 양식에서 당의 영향을 받았음을 짐작할 수 있고, 천장 구조를 통해 고구려 양식이 혼합되었음을 알 수 있어요.

09 경주 석굴암 본존불

정답 ①

밑줄 그은 '불상'에 해당하는 것으로 옳은 것은?

제가 오늘 소개해 드릴 한국의 문화유산은 석굴암이에요. 석굴암은 화강암을 이용하여 인공적으로 만든 사원이에요. 이곳에서 특히 인상 깊었던 것은 바로 석굴암 내부에 있는 아름다운 불상이었어요. 감동 그 자체였지요. 여러분, 한국에 오면 여기 꼭 가봐야 하겠죠?

한국의 문화유산을 찾아서 생방송 중

키워드 문제분석

❶ 석굴암 내부에 있는 아름다운 불상
　= 경주 석굴암 본존불

석굴암은 통일 신라 시대에 만들어진 대표적인 불교 유적이에요. 인공 석굴 사원인 석굴암 안에는 본존불이 있는데, 신라인들의 뛰어난 조형술을 보여 주는 것이에요.

①

➡ 통일 신라의 **경주 석굴암 본존불**로, 김대성이 창건한 석굴암 안에 조성되어 있어요.

②

➡ 백제의 서산 용현리 마애 여래 삼존상으로, 둥근 얼굴 윤곽에 자비로운 인상을 지녀 '백제의 미소'라고 불려요.

③

➡ 삼국 시대에 만들어진 금동 미륵보살 반가 사유상으로, 미륵보살이 반만 가부좌를 튼 자세로 생각에 잠긴 모습이에요.

④

➡ 고려의 하남 하사창동 철조 석가여래 좌상으로, 석굴암 본존불의 양식을 이어받은 대형 철불이에요. 대형 철불은 고려 초기에 호족들의 영향으로 많이 만들어졌어요.

10 호족

정답 ②

(가)에 들어갈 내용으로 적절한 것은?

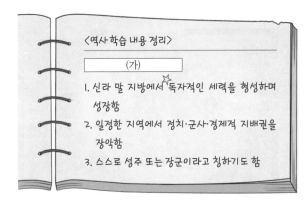

〈역사 학습 내용 정리〉

　　　　(가)

1. 신라 말 지방에서 독자적인 세력을 형성하며 성장함

2. 일정한 지역에서 정치·군사·경제적 지배권을 장악함

3. 스스로 성주 또는 장군이라고 칭하기도 함

신라 말 사회가 혼란스러워지자 지방에서 스스로 성주·장군이라 칭하는 호족이 등장하였어요. 호족은 성을 쌓고 사병을 보유하였으며, 지방의 행정권·군사권을 장악하는 등 독자적인 세력을 형성하였어요.

① 성골

➡ 성골은 신라 왕족이에요. 신라에는 왕족인 골제(성골, 진골)와 귀족인 두품(6~1두품)이 합쳐진 신분 제도인 골품제가 있었어요. 성골은 골품제에서 가장 높은 신분으로 왕족 중에서도 일부만 해당되었어요.

②호족

➡ 호족은 **신라 말**에 독자적인 세력을 형성하여 골품제의 한계를 느낀 일부 6두품과 손을 잡고 사회 개혁을 추진하였어요.

③ 권문세족

➡ 권문세족은 고려 원 간섭기에 원의 세력을 등에 업고 권력을 얻어 지배층으로 등장한 세력이에요.

④ 신진 사대부

➡ 신진 사대부는 고려 후기에 성리학을 수용하고, 중앙에 진출하여 이성계와 함께 조선을 건국한 세력이에요.

11 고려 태조의 업적　　　정답 ①

(가) 왕의 업적으로 옳은 것은?

고려 (가) 이/가 민족 통합을 위해 노력한 점에 대해 이야기 나눠 볼까요?

❶발해 유민을 받아들이고, 조상의 제사를 지낼 수 있도록 배려해 주었죠.

오랜 기간 적대 관계였던 견훤까지 포용한 일도 빠뜨릴 수 없지요.

역사 토크

키워드 문제분석

❶ 발해 유민을 받아들임 +

❷ 적대 관계였던 견훤까지 포용함 = 고려 태조

❶ 고려는 고구려 계승 의식을 가지고 있었으며, 고려 태조는 고구려를 계승한 발해가 거란에 의해 멸망하자 발해 유민을 받아들이고 거란을 적대시하였어요.

❷ 후백제에서는 왕위 계승 다툼이 일어나 견훤의 첫째 아들 신검이 난을 일으켜 동생인 금강을 죽이고 견훤을 금산사에 유폐하였어요. 이후 견훤은 금산사를 탈출하여 고려에 귀순하였어요. 신라까지 고려에 항복하자 고려 태조는 일리천 전투에서 신검의 후백제군을 격퇴하고 후삼국을 통일하였어요.

①흑창을 두었다.
➡ 태조는 빈민 구제 기관인 흑창을 설치해 곡식을 빌려주고 추수기에 갚게 하였어요. 흑창은 성종 때 의창으로 개칭되었어요.

② 강화도로 천도하였다.
➡ 고종 재위 시기인 무신 집권기 때 몽골이 침략하자 당시 최고 집권자였던 최우는 일단 몽골과 강화를 맺은 후 수도를 강화도로 옮겨 장기 항전에 대비하였어요.

③ 과거제를 처음 실시하였다.
➡ 광종은 쌍기의 건의를 받아들여 최초로 시험으로 관리를 선발하는 과거제를 실시하였어요.

④ 전민변정도감을 설치하였다.
➡ 공민왕은 전민변정도감을 설치하고 신돈을 책임자로 임명하여 권문세족이 빼앗은 토지를 본래 주인에게 돌려주고, 억울하게 노비가 된 이들을 양민으로 회복시켰어요.

이것도! 정답선택지

⑤ 노비안검법을 시행하였다. (○ , ×)

⑥ 사심관 제도를 실시하였다. (○ , ×)

⑦ 지방에 12목을 설치하였다. (○ , ×)

정답 ⑤ × ⑥ ○ ⑦ ×

---

12 고려의 사회 모습　　　정답 ④

(가) 국가에서 볼 수 있는 모습으로 적절한 것은?

이 문화유산은 태안 마도 2호선에서 발견된 청자 매병과 ❶죽찰입니다. 죽찰에는 개경의 중방 도장교 오문부에게 좋은 꿀을 단지에 담아 보낸다는 내용이 적혀 있습니다. 이를 통해 (가) 사람들의 생활 모습을 엿볼 수 있습니다.

청자 연꽃줄기 무늬 매병과 죽찰

키워드 문제분석

❶ 청자 매병 = 고려

고려에서는 11세기에 무늬나 장식이 없는 순청자가 주로 만들어졌고, 12세기 후반부터 상감 청자가 유행하였어요. 상감 청자는 그릇 표면에 무늬를 새기고 그 안을 백토나 흑토로 채우는 상감 기법을 이용하여 만든 것이에요. 상감 기법은 고려의 독창적인 청자 기법이에요.

① 광산 개발을 감독하는 덕대
➡ 조선 후기에 상인 물주로부터 자금을 받아 채굴업자와 노동자를 고용하여 광산을 전문적으로 경영하는 덕대가 등장하였어요.

② 신해통공 실시를 알리는 관리
➡ 조선 후기에 정조는 육의전을 제외한 시전 상인의 금난전권을 폐지하는 신해통공을 실시하였고, 이로써 상업 활동이 자유로워지면서 사상이 성장하게 되었어요.

③ 청과의 무역으로 부를 축적하는 만상
➡ 조선 후기에 의주를 중심으로 활동하던 사상인 만상은 청과의 무역으로 부를 축적하였어요.

④활구라고도 불린 은병을 제작하는 장인
➡ 고려는 숙종 때 의천의 건의로 주전도감을 설치하여 삼한통보, 해동통보, 은병(활구) 등의 화폐를 발행하였으나 널리 유통되지는 못하였어요.

이것도! 정답선택지

⑤ 벽란도에서 교역하는 송의 상인 (○ , ×)

⑥ 장시에서 책을 읽어 주는 전기수 (○ , ×)

⑦ 시사(詩社)에서 시를 낭송하는 중인 (○ , ×)

정답 ⑤ ○ ⑥ × ⑦ ×

13 거란의 침입과 고려의 격퇴

다음 사건이 일어난 시기를 연표에서 옳게 고른 것은?

> 우리 거란과 국경을 맞대고 있는데도 너희 고려가 바다 건너 송을 섬기는 까닭에 군사를 일으킨 것이다.

> ②여진이 압록강 안팎을 차지하고 있기 때문에 거란과 통하는 길이 막혔다. 여진을 내쫓고 우리 옛 땅을 돌려준다면 어찌 교류하지 않겠는가?

키워드 문제분석

❶ 고려가 바다 건너 송을 섬기는 까닭에 군사를 일으킴
+ ❷ 여진이 압록강 안팎을 차지하고 있기 때문에 거란과 통하는 길이 막혔음 = 서희의 외교 담판(993)

고려는 정종 때 거란의 침입에 대비하여 광군을 창설하였어요. 이후 성종 때 거란이 1차 침입을 일으켰는데, 이때 서희가 거란 장수 소손녕과 외교 담판을 벌여 송과의 관계를 끊고 거란과 교류하기로 약속하고 강동 6주를 획득하였어요.

(가)	(나)	(다)	(라)
936	1019	1104	1232	1359
후삼국 통일	귀주 대첩	별무반 설치	처인성 전투	홍건적 침입

① (가) ② (나) ③ (다) ④ (라)

➡ 후고구려의 궁예가 폭정을 계속하자 신하들은 왕건을 왕으로 추대하였어요. 왕건은 국호를 '고려'라 하고 송악으로 천도하였어요. 이후 후백제에서 왕위 계승 다툼이 일어나 견훤이 고려로 귀순하였고, 신라도 스스로 고려에 항복하였어요. 결국 고려는 신검의 후백제군을 상대로 일리천 전투 등에서 승리하며 **후삼국을 통일**하였어요(936). 이후 성종 때 거란이 1차 침입을 일으켰는데, 이때 **서희가 거란 장수 소손녕과 외교 담판**을 벌여 송과의 관계를 끊고 거란과 교류하기로 약속하고 강동 6주를 획득하였어요(993). 하지만 고려가 송과의 관계를 계속 유지하자 거란은 강조의 정변을 구실로 2차 침입을 일으켰어요. 이때 현종이 나주까지 피란하였으나 양규의 활약으로 거란은 철수하였어요. 거란의 3차 침입 때는 강감찬이 **귀주 대첩**에서 활약하여 거란군을 물리쳤고(1019), 이후 고려는 나성과 천리장성을 쌓아 외적의 침입에 대비하였어요.

따라서, 서희의 외교 담판이 일어난 시기는 '후삼국 통일(936)'과 '귀주 대첩(1019)' 사이의 시기인 **(가)**예요.

14 묘청의 서경 천도 운동

정답 ③

(가)에 들어갈 내용으로 가장 적절한 것은?

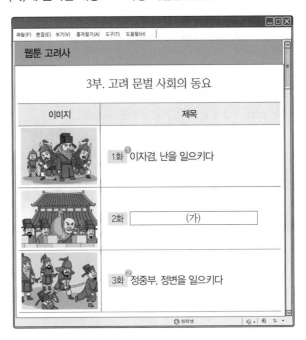

키워드 문제분석

❶ 이자겸이 난을 일으킴 = 이자겸의 난(1126)
❷ 정중부가 정변을 일으킴 = 무신 정변(1170)

❶ 1126년에 고려 인종은 경원 이씨 가문의 이자겸이 막강한 권력을 행사하자 이자겸을 제거하려고 하였어요. 이를 눈치챈 이자겸은 스스로 왕이 되기 위해 척준경과 함께 반란을 일으켰어요(이자겸의 난). 하지만 척준경의 배신으로 난은 실패하였어요.

❷ 1170년 고려 의종 때 정중부, 이의방 등 무신들은 무신에 대한 차별에 불만을 품고 보현원에서 정변을 일으켜 많은 문신을 살해하고 정권을 장악한 후 의종을 폐위하였어요(무신 정변).

① 이괄, 도성을 점령하다
➡ 1624년 조선 인조 때 이괄은 인조반정의 공신 책봉에 불만을 품고 반란을 일으켜 한양을 점령하였어요(이괄의 난).

② 김흠돌, 반란을 도모하다
➡ 681년 신라 신문왕 때 신문왕의 장인이었던 김흠돌은 진골 귀족들을 이끌고 반란을 도모하였다가 숙청되었어요(김흠돌의 난).

③ 묘청, 서경 천도를 주장하다
➡ 1135년 고려 인종 때 묘청 등은 금국 정벌과 서경 천도 등을 주장하였지만 자신들의 뜻이 받아들여지지 않자 서경에서 반란을 일으켰어요. 난은 김부식이 이끄는 관군에 의해 진압되었어요(묘청의 서경 천도 운동).

④ 이성계, 위화도에서 회군하다
➡ 1388년 고려 우왕 때 요동 정벌을 위해 출병하였던 이성계는 압록강 부근의 위화도에서 군사를 돌려 개경으로 진격한 후 최영을 제거하고 정권을 장악하였어요(위화도 회군).

밑줄 그은 '나'에 해당하는 인물로 옳은 것은?

소수 서원 문성공묘에 오신 것을 환영합니다. 나는❶ 고려 후기 문신으로 성리학 도입과 후학 양성에 힘썼습니다. 후대 사람들이 이러한 공로를 기리기 위해 소수 서원을 지어 매년 이곳에서 제향을 올리고 있답니다.

키워드 문제분석

❶ 고려 후기 문신으로 성리학 도입과 후학 양성에 힘씀 = 안향

안향은 고려 원 간섭기에 원으로부터 성리학을 들여와 고려에 소개한 문신이에요. 조선 중종 때 풍기 군수 주세붕은 우리나라 최초의 서원인 백운동 서원을 세우고 안향에 대한 제사를 지냈어요. 이후 백운동 서원은 사액되면서 소수 서원으로 이름이 바뀌었어요.

① 안향
➡ 안향은 고려 충렬왕 재위 시기인 원 간섭기에 원으로부터 **성리학**을 들여와 **고려**에 **소개**하였어요.

② 김부식
➡ 김부식은 고려 인종의 명을 받아 유교 사관에 입각하여 본기, 열전 등 기전체 형식으로 서술한 《삼국사기》를 편찬하였어요. 《삼국사기》는 현존하는 우리나라에서 가장 오래된 역사서예요.

③ 이규보
➡ 이규보는 고려 명종 때 〈동명왕편〉에서 고구려 건국 시조인 동명왕(주몽)의 일대기를 서사시로 표현하여 고구려 계승 의식을 나타냈어요.

④ 정몽주
➡ 정몽주는 고려 말의 성리학자로 온건 개혁파 신진 사대부를 대표하는 인물이에요. 정몽주는 위화도 회군 이후 이성계 세력이 주도한 조선 건국에 반대하였고, 결국 이방원 세력에 의해 살해되었어요.

(가) 군사 조직에 대한 설명으로 옳은 것은?

지금 촬영하는 곳은❶ 진도 용장성입니다. ❷고려 정부가 몽골과 강화를 맺고 개경으로 환도하자 강화도에서 옮겨온 ___(가)___ 이/가 쌓은 성으로 알려져 있습니다.

키워드 문제분석

❶ 진도 용장성 + ❷ 고려 정부가 몽골과 강화를 맺고 개경으로 환도하자 강화도에서 옮겨옴 = 삼별초

삼별초는 무신 정권기 지도자였던 최우가 만든 군사 조직이에요. 좌별초, 우별초, 신의군으로 편성된 삼별초는 최씨 무신 정권의 군사적 기반 역할을 하였어요. 삼별초는 몽골의 침입 당시 고려 정부가 몽골과 강화를 맺고 개경 환도를 결정하자 배중손 등을 중심으로 강화도에서 대몽 항쟁을 벌였어요. 이후 삼별초는 진도와 제주도로 근거지를 옮겨 가며 항쟁하였으나 결국 고려·몽골 연합군에 의해 진압되었어요.

① 쌍성총관부를 공격하였다.
➡ 유인우, 이자춘 등은 고려 공민왕의 명령을 받아 쌍성총관부를 공격하여 원이 빼앗아 간 철령 이북의 영토를 수복하였어요.

② 백강 전투에서 활약하였다.
➡ 백제 부흥 운동 세력과 왜의 연합군은 백강 전투에서 나·당 연합군에게 패배하였고 백제 부흥 운동은 실패로 끝났어요.

③ 신기군, 신보군, 항마군으로 구성되었다.
➡ 별무반은 고려 숙종 때 윤관의 건의로 설치된 군사 조직으로, 신기군, 신보군, 항마군으로 구성되었어요. 이후 예종 때 윤관은 별무반을 이끌고 여진을 정벌한 후 동북 9성을 축조하였어요.

④ 최씨 무신 정권의 군사적 기반이 되었다.
➡ 삼별초는 최우가 치안 유지를 위해 설치한 야별초에서 비롯된 부대로 좌별초, 우별초, 신의군으로 구성되었으며 최씨 무신 정권의 군사적 기반이었어요.

이것도! 정답선택지

⑤ 수원 화성에 외영을 두었다. (○, ×)
⑥ 지방군으로 9주에 배치되었다. (○, ×)
⑦ 5군영의 하나로 한성을 수비하였다. (○, ×)

정답 ⑤ × ⑥ × ⑦ ×

17 진포 대첩

정답 ③

다음 학생들이 표현하고 있는 사건으로 적절한 것은?

키워드 문제분석

❶ 왜구에 맞서 군대를 지휘하는 최무선 = 진포 대첩

고려 말 왜구의 침략으로 백성들은 고통을 받았어요. 이 무렵 최무선은 각고의 노력 끝에 화약과 화포를 개발하였고, 화약 무기를 제작을 위해 조정에 화통도감 설치를 건의하였어요. 최무선은 화통도감에서 만든 화약과 화포를 이용하여 나세, 심덕부 등과 함께 진포 대첩에서 왜구를 격퇴하였어요.

① 명량 대첩
➡ 1592년 임진왜란 발발 이후 3년여 동안 계속된 명과 일본의 휴전 협상이 결렬되자 일본군은 1597년에 다시 조선을 침략하는 정유재란을 일으켰어요. 이때 이순신이 이끈 조선 수군은 명량에서 일본 수군을 크게 격퇴하였어요(명량 대첩).

② 살수 대첩
➡ 612년에 을지문덕이 이끈 고구려군이 수의 군대를 살수에서 크게 물리쳤어요(살수 대첩).

③진포 대첩
➡ 고려 우왕 때 최무선의 건의에 따라 화통도감이 설치되고 1380년에 최무선과 나세, 심덕부 등은 화통도감에서 생산한 화약과 화포 등을 이용하여 진포에 침입한 왜구를 격퇴하였어요(진포 대첩).

④ 행주 대첩
➡ 임진왜란 중인 1593년 2월 평양성 전투에서의 패배로 사기가 떨어진 채 한양에 머무르고 있던 일본군은 마침 전라감사였던 권율이 한양을 되찾기 위하여 북진하던 중 행주산성에 머무르고 있다는 소식을 듣고 일시에 공격하였어요. 권율이 지휘한 조선군은 격전 끝에 일본군을 물리치고 큰 승리를 거두었어요(행주 대첩).

킬러 18 조선 세종의 업적

정답 ③

다음 가상 대화에 등장하는 왕의 업적으로 옳지 않은 것은?

키워드 문제분석

❶ 박연 + ❷ 아악을 체계적으로 정비함 = 조선 세종

조선 세종은 박연에게 명을 내려 아악을 체계적으로 정비하고, 악기를 개량하고 발명하게 하였어요.

① 자격루를 제작하였다.
➡ 세종 때 장영실은 밤낮, 날씨에 상관없이 시간을 알 수 있는 물시계인 자격루를 제작하였어요.

② 농사직설을 간행하였다.
➡ 세종 때 정초, 변효문 등은 왕명에 따라 농민들의 실제 경험을 종합하여 우리 풍토에 맞는 농업 기술 서적인 《농사직설》을 간행하였어요.

③악학궤범을 완성하였다.
➡ 성종 때 성현 등이 궁중 음악, 당악, 향악 등의 음악 이론을 집대성한 《악학궤범》을 완성하였어요.

④ 삼강행실도를 편찬하였다.
➡ 세종 때 유교 윤리의 보급을 위하여 중국과 우리나라의 충신과 효자 등의 이야기를 글과 그림으로 구성한 《삼강행실도》가 편찬되었어요.

19 《조선왕조실록》   정답 ④

(가)에 들어갈 문화유산으로 옳은 것은?

(가) 에 대해
검색해 줘.

검색 결과입니다.

❶ 태조에서 철종에 이르는 470여 년간의 역사를 역대 왕별로 기록하였습니다.
방대한 규모와 내용의 정확성을 인정받아 유네스코 세계 기록 유산에 등재되었습니다.

키워드 문제분석

❶ 태조에서 철종에 이르는 470여 년간의 역사를
역대 왕별로 기록함 = 《조선왕조실록》

《조선왕조실록》은 태조부터 철종 대까지의 역사를 연대순으로 서술하는 방식인 편년체로 기록한 역사서예요. 왕이 승하한 후에 춘추관에 실록청을 설치하고 사관들이 기록한 사초와 각 기관에서 보고한 문서를 정리한 시정기 등을 종합하여 편찬하였어요.

① 경국대전
➡ 《경국대전》은 세조 때 편찬하기 시작하여 성종 때 완성·반포된 조선의 기본 법전이에요.

② 동의보감
➡ 《동의보감》은 광해군 때 허준이 우리나라와 중국의 의서를 망라하여 전통 한의학을 체계적으로 정리한 의학서예요.

③ 목민심서
➡ 《목민심서》는 정약용이 귀양살이를 하면서 지방 행정의 개혁에 관한 내용을 서술한 책이에요.

④ 조선왕조실록
➡ 《조선왕조실록》은 내용의 정확성과 규모의 방대함을 인정받아 유네스코 세계 기록 유산으로 등재되었어요.

20 조선 세조의 정책   정답 ④

밑줄 그은 '왕'에 대한 설명으로 옳은 것은?

○ 왕께서 명하기를, "❶집현전을 파하고 경연을 정지하며, 거기에 소장하였던 서책은 모두 예문관에서 관장하게 하라."라고 하였다.

○ 왕께서 명령을 내려, "전날 성삼문 등이 상왕도 모의에 참여하였다고 말하였으니 …… ❷상왕을 노산군으로 낮추고, 궁에서 내보내 영월에 거주시키도록 하라."라고 하였다.

키워드 문제분석

❶ 집현전을 파하고 경연을 정지함 +
❷ 상왕을 노산군으로 낮춤 = 조선 세조

문종이 죽고 어린 나이의 단종이 왕위에 오르자 수양 대군(세조)은 계유정난을 일으켜 권력을 장악하고 양위를 통해 왕위에 올랐어요. 이후 성삼문, 박팽년 등 집현전 출신 문신들과 몇몇 무신들이 세조를 제거하고 상왕으로 밀려난 단종을 복위시킬 계획을 세웠으나 사전에 발각되어 실패하였고, 단종은 노산군으로 격하되어 유배되었어요. 한편, 세조는 집현전을 폐지하고 임금과 신하가 모여 유교 경전과 역사에 대해 연구하며 학문을 배우고 정책을 토론하던 자리인 경연을 중단하였어요.

① 시헌력을 도입하였다.
➡ 효종 때 김육이 청으로부터 24절기의 시각과 하루의 시각을 정밀하게 계산하여 만든 역법인 시헌력을 도입하자고 건의하여 시행되었어요.

② 탕평책을 실시하였다.
➡ 영조는 붕당 정치의 폐단을 극복하기 위해 탕평파를 중심으로 탕평책을 시행하고, 이를 널리 알리기 위해 성균관 앞에 탕평비를 세웠어요.

③ 한양으로 도읍을 옮겼다.
➡ 태조는 조선 건국 이후 한양으로 도읍을 옮기고 새 도읍을 건설하는 일을 정도전에게 맡겼어요.

④ 6조 직계제를 시행하였다.
➡ 세조는 6조에서 의정부를 거치지 않고 왕에게 직접 업무를 보고한 후 왕의 허락을 받아 시행하는 6조 직계제를 시행하였어요.

이것도! 정답선택지

⑤ 직전법을 실시하였다.   (○ , ×)
⑥ 경복궁을 중건하였다.   (○ , ×)
⑦ 초계문신제를 시행하였다.   (○ , ×)

정답 ⑤ ○ ⑥ × ⑦ ×

21 무오사화   정답 ③

(가)에 들어갈 사건으로 옳은 것은?

> 이곳은 조선 시대 문신인 김종직이 살았던 집터에 후손들이 지은 밀양 추원재입니다. 그가 쓴 조의제문은 연산군 때 일어난 <u>(가)</u>의 빌미가 되기도 하였습니다.

키워드 문제분석

❶ 연산군 때 김종직이 쓴 〈조의제문〉이
　 빌미가 되어 일어남 = 무오사화

　조선 성종 때 중앙 정계에 진출하기 시작한 사림은 훈구 세력을 비판하면서 대립하였어요. 성종에 이어 즉위한 연산군은 사림이 언론 활동으로 왕권을 견제하려 하자 사림을 탄압하였어요. 이때 훈구 세력은 사관 김일손이 스승인 김종직의 〈조의제문〉을 사초에 실은 일을 문제 삼아 많은 사람을 제거하는 무오사화를 일으켰어요. 〈조의제문〉은 항우에게 죽임을 당한 중국 초나라 의제를 애도한 글이지만, 수양 대군(세조)의 왕위 찬탈을 비난하였다고 해석되었어요.

① 경신환국
　➡ 숙종 때 남인의 수장이었던 허적이 무단으로 왕실의 비품인 기름 먹인 장막(유악)을 사용하였고, 이를 알게 된 숙종이 허적과 윤휴 등 남인을 대거 축출하는 경신환국을 일으켰어요.

② 기해예송
　➡ 현종 때 효종과 효종비가 죽자 서인과 남인 사이에 효종의 어머니인 자의 대비가 상복을 입는 기간을 두고 기해예송과 갑인예송이 전개되었어요.

③무오사화
　➡ **연산군** 때 훈구 세력이 사초에 실린 김종직의 〈조의제문〉을 문제 삼으면서 김일손 등의 사림 세력이 화를 입는 무오사화가 일어났어요.

④ 신유박해
　➡ 순조 때인 1801년에 이승훈이 처형되고 정약용이 유배당하는 등 수많은 천주교도가 처벌당하는 신유박해가 일어났어요.

22 대동법   정답 ④

(가) 제도에 대한 설명으로 옳은 것은?

> <u>(가)</u>은/는 실로 백성을 구제하는 데 절실합니다. ❶경기도와 강원도에서 이미 시행하고 있으니, 우리 ❷충청도에서도 시행하면 좋겠습니다.

김육

키워드 문제분석

❶ 경기도와 강원도에서 이미 시행하고 있음 +
❷ 충청도에서도 시행하면 좋겠다고 함 = 대동법

　대동법은 공납의 폐단으로 농민들의 부담이 증가하자 광해군이 이원익의 건의를 받아들여 처음 실시한 제도예요. 각 집마다 특산물로 내던 공납을 소유한 토지를 기준으로 1결당 쌀 12두 또는 무명, 삼베, 동전 등으로 내게 하였어요. 이후 효종 때 김육의 건의로 충청도에도 시행되었고, 숙종 때 이르러 전국적으로 실시되었어요.

① 군포를 2필에서 1필로 줄였다.
　➡ 영조는 백성의 군역 부담을 줄여 주기 위해 군포를 1년에 2필에서 1필로 줄여 주는 **균역법**을 제정하였어요. 균역법 시행으로 줄어든 재정 수입은 결작, 어·염·선박세, 선무군관포 등으로 보충하였어요.

② 양반에게도 군포를 부과하였다.
　➡ 고종 때 흥선 대원군은 민생 안정을 위해 양반에게도 군포를 부과하는 호포제를 실시하였어요.

③ 전세를 1결당 4~6두로 고정하였다.
　➡ 인조는 풍흉에 관계없이 전세를 1결당 4~6두로 고정하는 영정법을 제정하였어요.

④특산물 대신 쌀, 베 등으로 납부하게 하였다.
　➡ 광해군 때 방납의 폐단이 심화되자 소유한 토지를 기준으로 공납을 부과하여 특산물 대신 쌀이나 베, 동전 등으로 납부하게 하는 **대동법**이 경기도에 한해서 처음으로 시행되었어요.

이것도! 정답선택지

⑤ 비옥도에 따라 토지를 6등급으로 나누었다.   (○, ×)
⑥ 부족한 재정을 보충하기 위해 결작을 부과하였다.   (○, ×)
⑦ 관청에 물품을 조달하는 공인의 등장 배경이 되었다.   (○, ×)

정답 ⑤ × ⑥ × ⑦ ○

23 병자호란 이후의 사실

정답 ①

다음 가상 대화 이후에 전개된 사실로 옳은 것은?

> 남한산성에서 항전하시던 임금께서 삼전도에 나아가 청에 굴욕적인 항복을 하셨다는군.

> 게다가 세자와 봉림 대군께서는 청에 볼모로 잡혀가신다더군.

키워드 문제분석

❶ 남한산성에서 항전하시던 임금께서
삼전도에 나아가 청에 항복함 + ❷ 세자와 봉림 대군께서
청에 볼모로 잡혀감 = 병자호란(1636)

왜란 이후 명의 국력이 약해지자, 여진이 세력을 확장하며 후금을 세웠어요. 인조반정 이후 조선에서 서인 정권이 친명배금 정책을 펼치자 후금이 침략하였고 정봉수, 이립 등의 의병이 활약하였어요(정묘호란). 이후 후금이 나라 이름을 청으로 바꾸고 군신 관계를 강요하며 다시 침략하였어요. 인조는 남한산성에서 항전하였지만 결국 삼전도에서 항복하면서 청과 군신 관계를 맺었고(병자호란), 소현 세자와 봉림 대군(훗날 효종)은 청에 볼모로 끌려갔어요.

①북벌론이 전개되었다.
➡ **조선 효종**은 송시열 등 서인 세력과 함께 청을 정벌하여 병자호란 당시 당한 치욕을 씻어야 한다는 북벌론을 전개하였으나 실행에 옮기지는 못하였어요.

② 4군 6진이 개척되었다.
➡ **조선 세종**은 최윤덕과 김종서를 북방으로 파견하여 여진을 몰아내고 4군 6진을 개척하였어요.

③ 삼포왜란이 진압되었다.
➡ **조선 중종** 때 일본은 3포에서의 교역 규모가 점차 커지자 교역 범위의 확대를 요구하였는데, 조선은 오히려 통제를 강화하였어요. 이에 불만을 품은 일본인들이 3포에서 폭동을 일으켰는데, 이 사건을 3포 왜란이라고 해요.

④ 정동행성이 설치되었다.
➡ **고려 충렬왕** 때 몽골은 일본 원정을 위해 고려에 정동행성을 설치하였는데, 일본 원정 실패 이후에도 부속 기구인 이문소를 통해 고려의 내정에 간섭하였어요.

24 조선 정조의 업적

정답 ①

밑줄 그은 '왕'의 업적으로 옳은 것은?

> 왕께서 배다리를 건너 아버지 사도 세자의 묘에 참배하러 가시는군.

> 저 배다리는 정약용이 설계했다는군.

키워드 문제분석

❶ 왕께서 배다리를 건너 아버지 사도 세자의 묘에
참배하러 감 = 조선 정조

조선 정조는 자신의 정치적 이상을 실현하기 위해 당시의 모든 과학 기술을 총동원하여 수원 화성을 건설하였어요. 축성 작업에 정약용이 제작한 거중기가 사용되었으며, 정조의 화성 행차를 돕기 위해 정약용이 한강에 배다리를 설치하여 정조가 한강을 안전하게 건널 수 있도록 하였어요.

①장용영을 설치하였다.
➡ **정조**는 왕의 친위 부대인 장용영을 설치하여 왕권을 뒷받침하게 하였고, 장용영 외영을 수원 화성에 두었어요.

② 당백전을 발행하였다.
➡ **고종** 때 흥선 대원군은 임진왜란 때 불타 없어진 경복궁을 다시 세우기 위해 당백전을 발행하고 원납전을 징수하는 등 각종 정책을 펼쳤는데, 이로 인해 백성들의 불만이 많아졌어요.

③ 속대전을 편찬하였다.
➡ **영조**는 《경국대전》 반포 이후 법령이 증가하여 법 집행에 혼란이 생기자 이를 정리하여 통일된 법전인 《속대전》을 간행하였어요.

④ 훈민정음을 반포하였다.
➡ **세종**은 백성들이 억울한 일을 당해도 글을 몰라서 바로잡지 못하는 상황 등을 안타깝게 여겨 총 28자로 이루어진 훈민정음을 창제하여 반포하였어요.

이것도! 정답선택지

⑤ 균역법을 실시하였다.	(○ , ×)
⑥ 신해통공을 시행하였다.	(○ , ×)
⑦ 백두산정계비를 세웠다.	(○ , ×)
⑧ 농사직설을 편찬하였다.	(○ , ×)

정답 ⑤ × ⑥ ○ ⑦ × ⑧ ×

25 토지 제도의 역사(시대 통합)

정답 ②

(가)~(다)를 실시한 순서대로 옳게 나열한 것은?

우리 역사 속 제도의 변천
<관료와 토지>

❶ 관료전을 지급하고 녹읍을 폐지했어.

❷ 과전을 혁파하였고, 직전을 설치했어.

❸ 전·현직 관리에게 전지와 시지를 차등있게 지급했어

(가)   (나)   (다)

키워드 문제분석

❶ 관료전을 지급하고 녹읍을 폐지함
= (가) 신라 신문왕

❷ 과전을 혁파하고, 직전을 설치함
= (나) 조선 세조(직전법)

❸ 전·현직 관리에게 전지와 시지를 지급함
= (다) 고려 경종(전시과)

(가) 신라 신문왕은 관리에게 해당 지역에서 조세만 거둘 수 있는 관료전을 지급하고, 노동력까지 징발할 수 있는 녹읍을 폐지하였어요. 이로써 귀족의 경제적 기반을 약화시켰어요.

(다) 고려 경종 때 관리에게 관직 복무에 대한 대가로 전지와 시지를 지급하는 전시과를 시행하였어요. 전시과는 토지에 대한 수조권을 지급한 제도로, 경종 때 처음 마련된 이후 몇 차례 개정을 거쳤어요.

(나) 조선 세조는 직전법을 실시하여 수신전, 휼양전 등의 명목으로 세습되는 토지를 폐지하고, 현직 관리에게만 수조권을 지급하였어요.

① (가) - (나) - (다)
②(가) - (다) - (나)
➡ (가) 신라 신문왕 → (다) 고려 경종(전시과) → (나) 조선 세조(직전법)

③ (나) - (가) - (다)
④ (다) - (가) - (나)

26 조선 후기의 모습

정답 ④

다음 가상 대화가 이루어진 시기에 볼 수 있는 모습으로 적절하지 않은 것은?

키워드 문제분석

❶ 통신사로 일본에 다녀오며 가져온 고구마 = 조선 후기

조선 후기에는 처음부터 팔기 위한 목적으로 농사를 짓는 상품 작물의 재배가 확대되었는데, 대표적인 상품 작물로는 인삼, 담배, 목화, 고추, 생강 등이 있었어요. 또한 감자, 고구마 등의 구황 작물이 전래되어 널리 재배되기 시작하였어요. 한편, 임진왜란 이후 막부의 요청으로 일본에 통신사가 파견되어 양국의 문화 교류에 큰 역할을 하였어요.

① 상평통보로 거래하는 상인
➡ 조선 후기에 상평통보가 전국적으로 유통되면서 상품 화폐 경제가 발달하였어요.

② 판소리 공연을 구경하는 농민
➡ 조선 후기에는 사람이 많이 모이는 장시에서 노래와 사설로 이야기를 표현하는 판소리 공연이 성행하였어요.

③ 한글 소설을 읽어 주는 전기수
➡ 조선 후기에 《홍길동전》, 《춘향전》, 《박씨전》, 《심청전》 등 한글 소설이 유행하였고, 이에 따라 사람이 많이 모이는 곳에서 돈을 받고 책을 읽어 주는 전기수라는 새로운 직업이 등장하였어요.

④황룡사 구층 목탑을 만드는 목수
➡ 신라 선덕 여왕 때 승려 자장의 건의로 황룡사 9층 목탑이 건립되었어요.

학생들이 공통으로 이야기하고 있는 사건에 대한 설명으로
옳은 것은?

세도 정치기에 일어난 농민 봉기야.

❶경상 우병사 백낙신의 수탈에 저항하여 몰락 양반인 유계춘을 중심으로 봉기하였어.

❷삼정이정청이 설치되는 계기가 되었어.

키워드 문제분석

❶ 백낙신의 수탈에 저항하여 몰락 양반인 유계춘을
중심으로 봉기함 + ❷ 삼정이정청이 설치되는 계기가 됨
= 임술 농민 봉기

1862년에 진주에서 유계춘을 중심으로 경상 우병사 백낙신의 부정부패에 항의하는 농민 봉기가 일어났어요(진주 농민 봉기). 이러한 진주 농민 봉기를 거치면서 농민 봉기가 전국으로 확산되었는데, 이를 임술 농민 봉기라고 해요. 조선 정부는 봉기를 수습하기 위해 박규수를 안핵사로 파견하고 삼정이정청을 설치하였으나, 농민 봉기의 근본적인 원인을 해결하지는 못하였어요.

① 청군의 개입으로 진압되었다.
➡ 1882년 임오군란 때 조선 정부가 청에 도움을 요청하자 청이
군대를 파견해 난을 진압하였고, 1884년 갑신정변 때도 청군이
개화당 정부를 진압하면서 정변은 실패로 끝났어요.

②박규수가 안핵사로 파견되었다.
➡ 1862년에 진주 농민 봉기를 시작으로 **임술 농민 봉기**가 전개되
자 조선 정부는 농민 봉기의 수습을 위해 박규수를 안핵사로
파견하였어요.

③ 조선 형평사의 주도로 전개되었다.
➡ 1923년에 경상남도 진주의 백정들은 조선 형평사를 조직하고
백정들에 대한 사회적 차별을 철폐하기 위한 형평 운동을 전개
하였어요.

④ 서북 지역민에 대한 차별이 원인이 되었다.
➡ 1811년에 홍경래, 우군칙 등이 서북 지역민에 대한 차별과 지배
층의 수탈에 반발하여 평안도 지역에서 봉기를 일으켰는데, 이
를 홍경래의 난이라고 해요.

다음 가상 인터뷰에 등장하는 인물로 옳은 것은?

❶북한산비가 진흥왕 순수비임을 고증하셨다지요. 또 어떤 활동을 하셨나요?

❷금석학을 연구하여 독창적인 서체를 만들었고,❸제주도에서 유배 생활을 할 때 세한도를 그렸지요.

키워드 문제분석

❶ 북한산비가 진흥왕 순수비임을 고증함 +
❷ 금석학을 연구하여 독창적인 서체를 만듦 +
❸ 제주도에서 〈세한도〉를 그림 = 김정희

❶ 김정희는 청의 수도 연경에서 만난 청의 학자들과 교류하며 금석
학을 연구하였어요. 조선으로 돌아와 금석학 연구에 몰두한 김정
희는 마침내 북한산비의 비문을 판문·해석하여 북한산비가 진흥
왕 순수비라는 사실을 밝혔고, 이 내용을 《금석과안록》으로 남겼
어요.

❷ 김정희는 여러 서체를 연구하여 자신만의 개성이 넘치는 글씨체
인 추사체를 창안하였어요. 추사체는 파격적인 조형미를 보여 주
는 글씨체예요.

❸ 제주도로 유배되어 홀로 지내던 김정희가 새로운 서적을 구할 수
없는 상황에 처하였을 때 제자인 이상적이 중국에서 새로운 책을
구해다 김정희에게 보내 주었어요. 김정희가 자신을 잊지 않고
변함없는 의리를 지켜 준 이상적에게 고마운 마음을 담아 그려
준 작품이 〈세한도〉예요.

①김정희
➡ 김정희는 《금석과안록》에서 북한산비가 신라 진흥왕 순수비임
을 처음으로 고증하였어요.

② 박지원
➡ 박지원은 〈양반전〉, 〈호질〉 등의 한문 소설을 통해 양반의 허례
와 무능을 풍자하였고, 《열하일기》를 저술하였어요.

③ 송시열
➡ 송시열은 조선 효종 때 기축봉사를 올려 명에 대한 의리를 강조
하고 북벌을 주장하였어요. 이후 서인의 수장이었던 송시열은
효종이 사망한 후 기해예송이 일어나자 왕실도 사대부의 예를
따라야 한다며 효종을 차남으로 대우하여 자의 대비의 기년복
(1년복)을 주장하였어요.

④ 유득공
➡ 유득공은 《발해고》에서 '남북국'이라는 용어를 처음 사용하여
통일 신라와 발해를 서술하였어요.

29 동학 농민 운동 정답 ③

(가) 사건에 대한 설명으로 옳은 것은?

부패한 지도층과 외세의 침략에 저항했던 ___(가)___ 관련 기록물인 전봉준 공초, 개인 일기와 문집, 각종 임명장 등이 유네스코 세계 기록 유산으로 지정되었습니다.

백성이 주체가 된 역사, 세계 기록 유산으로 남다

키워드 문제분석

❶ 전봉준 공초 등이 유네스코 세계 기록 유산으로
지정됨 = 동학 농민 운동

1894년에 전봉준을 중심으로 고부 농민 봉기가 일어났어요. 이후 전봉준 등 동학 지도자들은 농민군을 조직하여 관군을 상대로 한 황토현 전투, 황룡촌 전투에서 거듭 승리하며 세력을 키웠고, 전주성을 공격하여 점령하였어요. 이에 조선 정부는 청에 지원군을 요청하였고, 갑신정변 이후 청과 일본이 체결한 톈진 조약에 따라 일본도 조선에 군대를 보냈어요. 동학 농민군은 청과 일본의 개입을 막기 위해 정부와 전주 화약을 맺고 자진 해산하였지만 이후 일본군이 경복궁을 점령하고 내정에 간섭하자 재봉기하였어요. 동학 농민군의 남접과 북접은 논산에 집결한 후 한성을 향해 북상하였고, 그 과정에서 일본군과 관군을 상대로 한 우금치 전투에서 크게 패하였어요. 한편, 동학 농민 운동과 관련된 기록물은 그 가치를 인정받아 유네스코 세계 기록 유산으로 등재되었어요.

① 9서당을 창설하는 계기가 되었다.
➡ 신라 신문왕은 삼국 통일 이후 신라인뿐만 아니라 옛 고구려인과 백제인은 물론 말갈인까지 포함시켜 군사 조직을 정비해 9서당과 10정을 설치하였어요.

② 청산리에서 일본군과 전투를 벌였다.
➡ 청산리 전투 당시 김좌진이 이끈 북로 군정서는 홍범도 부대 등과 연합하여 청산리 일대에서 일본군과 전투를 벌여 승리하였어요.

③ 집강소를 통해 폐정 개혁을 추진하였다.
➡ 동학 농민 운동 당시 동학 농민군은 전주성을 점령하고 정부와 전주 화약을 체결한 후 스스로 해산하였어요. 그리고 집강소를 설치하고 폐정 개혁안을 추진하였어요.

④ 제물포 조약이 체결되는 결과를 가져왔다.
➡ 임오군란 이후 조선 정부는 일본과 제물포 조약을 체결하여 일본에 배상금을 지불하고, 일본 공사관 경비를 위한 일본군의 주둔을 허용하였어요.

30 신돌석의 활동 정답 ①

(가)에 들어갈 인물로 옳은 것은?

___(가)___

(앞면)

- 평민 출신 의병장으로 알려짐
- 을미사변이 발생하자 영해에서 의병으로 활동함
- 을사늑약이 체결되자 울진, 평해 등지에서 일본군에 맞서 싸움
- 뛰어난 전술을 펼쳐 태백산 호랑이라고 불림

(뒷면)

러·일 전쟁 이후인 1905년에 일본에 의해 강제로 을사늑약이 체결되자 전국 각지에서 의병 운동이 일어났어요(을사의병). 최익현, 민종식 등의 양반 유생과 함께 신돌석 등 평민 출신 의병장이 등장하여 활약하였어요. 신돌석의 활약은 농민들의 항일 의식을 높였고 이후 많은 평민 출신 의병장이 등장하게 된 기폭제가 되었어요.

① 신돌석
➡ 신돌석은 1905년에 을사늑약 체결에 반발하여 일어난 을사의병 당시 평민 출신 의병장으로서 울진, 영해 등지에서 의병을 이끌고 일본군에 맞서 싸웠어요.

② 유인석
➡ 유인석, 이소응 등은 1895년에 을미사변으로 일본에 대한 분노가 높은 상황에서 을미개혁으로 단발령까지 시행되자 을미의병을 일으켰어요.

③ 최익현
➡ 최익현, 민종식 등은 1905년에 을사늑약 체결에 반발하여 을사의병을 일으켰어요.

④ 홍범도
➡ 홍범도가 이끈 대한 독립군은 대한 국민회군 등과 연합하여 1920년에 봉오동 전투에서 일본군을 상대로 큰 승리를 거두었어요.

(가)~(라)에 들어갈 인물로 옳지 <u>않은</u> 것은?

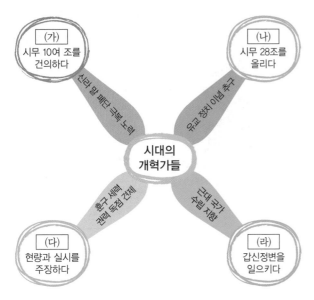

① (가) - 최치원
➡ 최치원은 **신라 말** 당에서 유학하고 돌아온 6두품 출신 학자로, 진성 여왕에게 개혁안인 시무 10여 조를 올렸으나 받아들여지지 않았어요.

② (나) - 최승로
➡ 최승로는 **고려 성종**에게 시무 28조를 올렸어요. 성종은 시무 28조를 받아들여 유교 정치 이념을 바탕으로 체제를 정비하고, 전국의 주요 지역에 12목을 설치하여 지방관을 파견하였어요.

③ (다) - 정도전
➡ 조광조가 조선 중종 때 현량과 실시, 소격서 폐지, 위훈 삭제 등 급진적인 개혁 정치를 추진하자 훈구 세력은 이에 반발하여 기묘사화를 일으켰고 조광조는 사사되었어요. 정도전은 **조선 태조** 때 《불씨잡변》을 지어 불교의 폐단을 비판하였고 《조선경국전》, 《경제문감》 등을 저술하여 민본주의와 재상 중심의 정치를 주장하였어요.

④ (라) - 김옥균
➡ 김옥균 등 급진 개화파는 **1884년**에 우정총국 개국 축하연 자리를 이용하여 갑신정변을 일으키고 개화당 정부를 수립하였지만, 청군의 개입으로 3일 만에 실패로 끝났어요.

(가) 사건에 대한 설명으로 옳은 것은?

외규장각 의궤, 장엄한 기록의 귀환

① **1866년** **(가)** 때 프랑스군이 약탈해 간 외규장각 의궤가 145년 만에 우리 품으로 돌아왔습니다. 다시 여는 전시회를 통해 그 장엄한 기록의 의미를 되새겨 볼 수 있습니다.

■ 기간 : ○○○○. ○○. ○○. ~ ○○. ○○.
■ 장소 : □□ 박물관 전시실

키워드 문제분석

❶ 프랑스군이 외규장각 《의궤》를 약탈해 감 = 병인양요

1866년에 프랑스는 병인박해를 구실로 로즈 제독이 이끄는 군함을 파견하여 강화도를 침략하였어요(병인양요). 이때 프랑스군은 철수하면서 《의궤》를 비롯한 외규장각에 있던 수많은 도서를 빼앗아 갔어요. 외규장각 도서는 프랑스 국립 도서관에 보관되어 있다가 2011년에 영구 임대 형식으로 반환되었어요.

① 제너럴 셔먼호 사건의 배경이 되었다.
➡ 1866년에 대동강을 거슬러 평양에 들어온 미국 상선 제너럴셔먼호의 선원들이 약탈과 살상 행위를 일삼자 박규수를 비롯한 평양 관민이 제너럴셔먼호를 불태워 침몰시켰어요(제너럴셔먼호 사건). 이를 구실로 미국은 신미양요를 일으켰어요.

② 강화도 조약이 체결되는 계기가 되었다.
➡ 1875년에 일본의 군함 운요호가 허락 없이 강화도로 접근하여 영종도를 공격하였는데, 이를 운요호 사건이라고 해요. 이 사건은 조선이 일본과 강화도 조약(조·일 수호 조규)을 체결하는 배경 중 하나가 되었어요.

③ 오페르트가 남연군 묘 도굴을 시도하였다.
➡ 1868년에 독일 상인 오페르트가 흥선 대원군의 아버지인 남연군의 묘를 도굴하려고 하였는데, 이를 오페르트 도굴 사건이라고 해요. 이 사건은 두 차례의 양요와 함께 척화비 건립의 계기가 되었어요.

④ 양헌수 부대가 정족산성에서 활약하였다.
➡ 1866년 **병인양요** 당시 양헌수가 이끈 조선군은 정족산성에서 프랑스군을 물리쳤어요.

33 독립 협회

정답 ③

(가) 단체의 활동으로 옳은 것은?

이곳 종로에서는 ❶ (가) 이/가 개최한 관민 공동회가 열리고 있습니다. 정부 관료와 학생, 시민들이 참여한 가운데 ❷ 헌의 6조를 올리기로 하였습니다.

키워드 문제분석

❶ 관민 공동회를 개최함 + ❷ 헌의 6조를 올리기로 함
= 독립 협회

독립 협회는 미국에서 귀국한 후 1896년에 독립신문을 창간한 서재필의 주도로 조직되었어요. 독립 협회는 독립문과 독립관을 세웠으며 민중 집회인 만민 공동회를 개최하여 러시아 등 열강의 이권 침탈을 규탄하고 이를 저지하기도 하였어요. 또한, 박정양 내각과 함께 관민 공동회를 개최하여 헌의 6조를 결의하였어요.

① 광혜원을 설립하였다.
➡ 미국인 선교사 알렌은 서양식 병원의 필요성을 고종에게 건의하였고, 고종의 승인을 거쳐 1885년에 우리나라 최초의 근대식 병원인 광혜원이 설립되었어요. 광혜원은 곧 '많은 사람들을 구한다'는 뜻의 제중원으로 이름이 변경되었어요.

② 태극 서관을 운영하였다.
➡ 신민회는 태극 서관을 운영하여 계몽 서적 등을 보급하고 자기 회사를 운영하는 등 민족 산업 육성에 힘썼어요. 또한, 평양에 대성 학교, 정주에 오산 학교를 설립하여 민족 교육을 실시하였어요.

③ 독립문 건설을 주도하였다.
➡ **독립 협회**는 청의 사신을 맞이하던 영은문이 있던 자리 부근에 독립문을 건립하려고 모금 활동을 전개하였어요.

④ 파리 강화 회의에 대표를 파견하였다.
➡ 신한 청년단은 김규식을 파리 강화 회의에 대표로 파견하였어요.

이것도! 정답선택지

⑤ 형평 운동을 전개하였다. (○, ×)
⑥ 한국광복군을 창설하였다. (○, ×)
⑦ 중추원 개편을 통한 의회 설립을 추진하였다. (○, ×)

정답 ⑤ × ⑥ × ⑦ ○

34 1910년대 무단 통치

정답 ①

밑줄 그은 '이 시기'에 볼 수 있는 모습으로 적절한 것은?

이 사진을 보면 경무부와 헌병대 간판이 나란히 걸려 있네요.

그렇습니다. 이 시기 일제는 군사 경찰인 헌병이 일반 경찰 업무까지 맡는 헌병 경찰 제도를 실시하였습니다.

키워드 문제분석

❶ 헌병 경찰 제도를 실시함 = 1910년대

일제는 1910년대에 무단 통치를 실시하여 한국인을 억압하였어요. 일제는 헌병에게 일반 경찰 업무는 물론 일반 행정 업무까지 수행하게 하는 헌병 경찰 제도를 실시하였는데, 당시 헌병 경찰은 범죄 즉결례에 따라 즉결 처분권을 가져 한국인들을 재판 없이 처벌할 수 있었어요. 1912년에 일제는 조선 태형령을 제정하여 한국인에 한해 태형 제도를 적용하기도 하였어요.

① 제복을 입고 칼을 찬 교사
➡ **1910년대**에 일제는 교원에게도 제복을 입고 칼을 차도록 하였는데, 이는 공포 분위기를 조성하기 위함이었어요.

② 한성순보를 발간하는 관리
➡ 1883년부터 1884년까지 박문국에서 우리나라 최초의 근대 신문인 한성순보를 발간하였어요.

③ 단발령 시행에 반발하는 유생
➡ 1895년에 을미개혁이 추진되면서 전국에 단발령을 내린 고종은 솔선하여 상투를 자르고 백성에게도 단발을 강요하였어요. 명성 황후가 시해당한 을미사변 이후 일본에 대한 적대감이 극에 달한 상태에서 단발령까지 실시되자 양반 유생층을 중심으로 을미의병이 일어났어요.

④ 경인선 철도 개통식을 구경하는 청년
➡ 1899년에 경인선의 제물포~노량진 구간이 개통되었어요.

(가)에 들어갈 내용으로 적절한 것은?

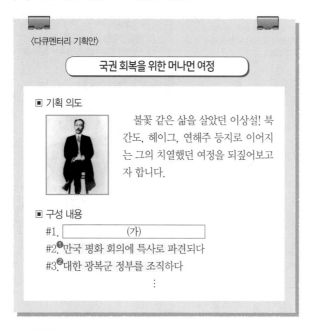

〈다큐멘터리 기획안〉

국권 회복을 위한 머나먼 여정

■ 기획 의도

불꽃 같은 삶을 살았던 이상설! 북간도, 헤이그, 연해주 등지로 이어지는 그의 치열했던 여정을 되짚어보고자 합니다.

■ 구성 내용

#1. 　　　　(가)
#2.❶만국 평화 회의에 특사로 파견되다
#3.❷대한 광복군 정부를 조직하다
　　　　⋮

키워드 문제분석

❶ 만국 평화 회의에 특사로 파견됨 +
❷ 대한 광복군 정부를 조직함 = 이상설

❶ 이상설은 1907년에 고종의 명을 받아 을사늑약의 부당함을 고발하기 위해 이준, 이위종과 함께 헤이그에서 열린 만국 평화 회의에 특사로 방문하였지만, 일본의 방해로 실패하였어요.

❷ 이상설은 1914년에 이동휘와 함께 연해주에서 권업회를 바탕으로 대한 광복군 정부를 세우고 독립 전쟁을 준비하였어요.

① 의열단을 조직하다
➡ 김원봉은 의열단을 조직하여 일제 요인 암살과 식민 통치 기관 파괴 등의 무력 투쟁을 전개하였어요.

②서전서숙을 설립하다
➡ **이상설**은 민족 교육 실시를 위해 북간도에 서전서숙을 설립하였어요.

③ 동양 평화론을 집필하다
➡ 안중근은 만주 하얼빈에서 을사늑약 체결에 핵심적 역할을 한 초대 통감 이토 히로부미를 사살하였어요. 현장에서 체포된 안중근은 이후 뤼순 감옥에서 수감 중에 〈동양 평화론〉을 집필하였어요.

④ 시일야방성대곡을 발표하다
➡ 장지연은 1905년에 을사늑약이 체결되자 '이날을 목 놓아 통곡하다'라는 뜻의 제목을 붙인 논설 〈시일야방성대곡〉을 황성신문에 실어 을사늑약의 부당함을 비판하였어요.

밑줄 그은 '만세 시위'에 대한 설명으로 옳은 것은?

한국을 사랑한 외국인들

특집 **스코필드,❶ 제암리 학살 사건을 폭로하다**

"논둑길을 돌아서자 지금도 잊혀지지 않는 광경이 눈앞에 펼쳐졌다. 마을은 불타버렸고 아직도 여기저기서 연기가 나고 있었다."

프랭크 스코필드
(Frank W.Schofield)

❷1919년 학생과 시민들의 만세 시위가 전국으로 확산하자 일제는 경찰과 군인을 동원하여 탄압하였다. 화성 제암리에서는 주민을 교회에 몰아넣은 후 총을 쏘고 불을 질렀다. 소식을 듣고 달려간 스코필드는 제암리에서 벌어진 학살을 세계에 폭로하였다.

키워드 문제분석

❶ 제암리 학살 사건 +
❷ 1919년 학생과 시민들의 만세 시위 = 3·1 운동

고종의 갑작스러운 죽음과 2·8 독립 선언 등에 영향을 받은 국내 종교계 지도자와 학생들은 고종의 인산일에 맞추어 만세 시위를 벌이기로 계획하였어요. 이에 민족 대표 33인이 구성되었고, 1919년 3월 1일에 민족 대표들은 비폭력 운동의 원칙에 따라 독립 선언서를 낭독하였어요. 같은 시각 탑골 공원에 모인 학생과 시민들도 만세 시위를 전개하였고, 이후 만세 시위는 전국은 물론 해외까지 확산되었어요. 이 시기에 경기도 제암리(지금의 화성)에서 만세 시위가 일어나자 일본군은 제암리 주민들을 교회당에 모이게 한 후, 총격을 가하고 불을 질러 학살하는 만행을 벌였어요(제암리 학살 사건). 이후 평화적으로 전개되던 3·1 운동은 점차 무력 투쟁 시위로 변하였어요. 한편, 스코필드는 3·1 운동 당시 일제가 저지른 제암리 학살 사건의 기록을 남기고 참상을 외국 언론에 알렸어요.

① 순종의 인산일에 전개되었다.
➡ 1926년에 일어난 6·10 만세 운동은 순종의 인산일에 학생들의 주도로 전개되었어요.

② 대한매일신보의 후원을 받았다.
➡ 1907년에 일어난 국채 보상 운동 당시 대한매일신보가 적극적으로 참여하여 국채 보상 운동을 확산시키는 데 기여하였어요.

③대한민국 임시 정부 수립의 계기가 되었다.
➡ 1919년에 일어난 **3·1 운동**의 영향으로 대한민국 임시 정부가 수립되었어요.

④ 신간회에서 진상 조사단을 파견하여 지원하였다.
➡ 1929년에 한·일 학생 간의 충돌을 계기로 광주 학생 항일 운동이 일어나자 신간회는 사건의 진상을 규명하기 위해 조사단을 파견하여 지원하였어요.

37 물산 장려 운동   정답 ②

(가)에 들어갈 민족 운동으로 옳은 것은?

조선 사람 조선 것
❶ 내 살림 내 것으로
❷ 조만식 등이 주도하는 (가) 을 홍보하기 위한 행렬이라네요.
무슨 행렬인가요?

> **키워드 문제분석**

❶ 조선 사람 조선 것, 내 살림 내 것으로 +
❷ 조만식 등이 주도함 = 물산 장려 운동

　일제는 1920년에 일본 자본의 침투를 원활하게 하기 위해 회사령을 폐지하였고, 이어서 일본 상품에 대한 관세를 철폐하려고 하였어요. 이에 조만식 등은 토산품 애용을 목표로 평양에서 조선 물산 장려회를 조직하여 물산 장려 운동을 추진하였어요. 이들은 '조선 사람 조선 것, 내 살림 내 것으로' 등의 구호를 내세웠어요.

① 브나로드 운동
➡ 1930년대에 동아일보는 '배우자 가르치자 다 함께 브나로드'를 구호로 내세우며 농촌 계몽을 위한 브나로드 운동을 전개하였어요.

②물산 장려 운동
➡ **1920년대**에 일어난 물산 장려 운동은 학생들이 중심이 된 **자작회**, 여성들이 중심이 된 **토산 애용 부인회** 등의 단체들이 활발히 참여하면서 전국으로 확대되었어요.

③ 국채 보상 운동
➡ 1907년에 국민들 사이에서 성금을 모아 나라가 진 빚을 갚자는 국채 보상 운동이 일어났어요. 이 운동은 서상돈, 김광제 등을 중심으로 대구에서 시작되었고, 이후 국채 보상 기성회가 설립되고 대한매일신보 등의 후원을 받으며 전국으로 확산되었어요.

④ 민립 대학 설립 운동
➡ 1923년에 조선 민립 대학 설립 기성회가 창립되어 이상재의 주도로 민족 교육을 위한 민립 대학 설립 운동이 전개되었어요. 일제는 이 운동을 탄압하고 무마하기 위해 경성 제국 대학을 설립하였어요.

38 신채호의 활동   정답 ③

다음 공연의 소재가 된 인물에 대한 설명으로 옳은 것은?

창작 뮤지컬

❶ **단재, 그의 삶과 투쟁을 노래하다**

❷「독사신론」, 「조선상고사」를 지어 민족의식을 고취하였고, 독립운동을 펼치며 치열하게 살다간 그의 생애를 한 편의 뮤지컬로 선보입니다.
• 기간: 2023년 ○○월 ○○일 ~ ○○월 ○○일
• 장소: □□문화회관 대공연장

> **키워드 문제분석**

❶ 단재 + ❷ 〈독사신론〉, 《조선상고사》를 지음 = 신채호

❶ '단재'는 신채호의 호예요.
❷ 신채호는 〈독사신론〉을 발표하여 민족주의 사학의 기초를 다졌고, 민족의식을 고취하기 위해 《을지문덕전》, 《이순신전》 등의 위인전을 저술하였어요. 또한, 일제 강점기에는 일제의 식민 사관을 극복하기 위해 고대사 연구를 바탕으로 한 《조선상고사》, 《조선사연구초》 등을 저술하였어요.

① 대한 광복회를 조직하였다.
➡ 박상진은 1915년에 국내에서 비밀 결사 형태로 대한 광복회를 조직하여 친일파 처단, 군자금 모금 등의 활동을 하였어요.

② 조선 의용군을 창설하였다.
➡ 김두봉 등은 1940년대 중국 화북 지역에서 사회주의 세력을 중심으로 조선 독립 동맹을 결성하였어요. 이후 화북 지역으로 이동해 온 일부 조선 의용대를 기반으로 조선 의용군을 창설하여 대일 항전을 전개하였어요.

③조선 혁명 선언을 작성하였다.
➡ **신채호**는 1923년에 김원봉의 부탁을 받아 〈조선 혁명 선언〉을 작성하였고, 이는 의열단의 활동 지침이 되었어요.

④ 조선말 큰사전 편찬을 주도하였다.
➡ 이윤재, 최현배 등은 1931년에 조선어 연구회를 계승한 조선어 학회를 조직하고 우리말을 연구하였어요. 조선어 학회는 《조선말(우리말) 큰사전》 편찬 작업을 진행하였는데, 조선어 학회 사건으로 일제가 원고를 압수하고 회원들이 검거·투옥되면서 조직이 와해되어 사전 편찬을 완수하지 못하였어요.

> **이것도! 정답선택지**

⑤ 독립 의군부를 조직하였다.   (○, ×)
⑥ 서울 진공 작전을 지휘하였다.   (○, ×)

정답 ⑤ × ⑥ ×

(가)에 들어갈 인물로 가장 적절한 것은?

독립운동가 (가) 특별 사진전

한인 애국단에 가입함 | 홍커우 공원 의거를 일으킴 | 김구에게 시계를 남김

1931년에 김구는 대한민국 임시 정부의 침체를 극복하기 위해 의열 투쟁 단체인 한인 애국단을 조직하였어요. 한인 애국단은 일제의 주요 인물과 식민 통치 기관 폭파 등의 의열 투쟁을 전개하였어요. 단원인 이봉창은 도쿄에서 일왕 암살을 시도하였으나 실패하였고, 윤봉길은 상하이 홍커우 공원에서 열린 일왕 생일 축하 기념 겸 전승 기념 축하식에 폭탄을 던졌어요.

① 김원봉
➡ 김원봉의 주도로 1938년에 중국 국민당 정부의 지원을 받아 조선 민족 전선 연맹 산하의 군사 조직으로 조선 의용대가 창설되었어요.

② 나석주
➡ 나석주는 의열단원으로 1926년에 조선 식산 은행과 동양 척식 주식회사에 폭탄을 던졌어요.

③ 윤봉길
➡ 윤봉길은 한인 애국단원으로 1931년에 상하이 홍커우 공원에서 열린 일왕 생일 축하 기념 겸 전승 기념 축하식에 폭탄을 던져 일본군 장성과 고관을 처단하였어요.

④ 이동휘
➡ 이동휘는 이상설 등과 함께 1914년에 연해주에서 대한 광복군 정부를 수립하였으며, 이후 대한민국 임시 정부의 국무총리를 역임하였어요.

밑줄 그은 '시기'에 볼 수 있는 모습으로 가장 적절한 것은?

❶태평양 전쟁이 전개되던 시기에 일제에 의해 강제 동원되었다가 희생된 한국인의 유해가 태평양의 작은 섬 타라와에서 발견되었습니다.

타라와

키워드 문제분석

❶ 태평양 전쟁이 전개되던 시기 = 1930년대 후반 이후

일제는 1937년 중·일 전쟁 이후 태평양 전쟁을 일으키는 등 침략 전쟁을 확대하면서 우리 민족을 전쟁에 쉽게 동원하기 위해 민족 말살 정책을 본격화하였어요. 일제는 1938년에 국가 총동원령을 내려 미곡·금속 공출을 실시하였으며, 국민 징용령을 내리고 일본군 '위안부'를 강제 동원하는 등 물적·인적 자원을 수탈하기도 하였어요.

① 근우회에 가입하는 학생
➡ 1927년에 신간회의 자매단체인 근우회가 창립되었어요.

② 6·10 만세 운동에 참여하는 청년
➡ 1926년 순종의 인산일에 학생들의 주도로 6·10 만세 운동이 전개되었어요.

③ 토지 조사령을 공포하는 일본인 관리
➡ 1910년대 일제는 식민 지배에 필요한 재정 마련을 위해 토지 조사령을 공포하여 토지 조사 사업을 실시하였어요.

④ 미얀마 전선에서 활동하는 한국 광복군 대원
➡ 1930년대 후반 이후인 1940년에 충칭에서 대한민국 임시 정부의 정규군으로 창설된 한국광복군은 태평양 전쟁 발발 이후 영국군의 요청에 따라 인도·미얀마 전선에 일부 대원을 파견하여 선전 활동, 정보 수집 등을 담당하였어요.

이것도! 정답선택지

⑤ 징병제에 따라 끌려가는 한국인 청년 (○ , ×)
⑥ 보안회가 개최한 집회에 참석한 상인 (○ , ×)
⑦ 황국 신민 서사 암송을 강요받는 학생 (○ , ×)
⑧ 헌병 경찰에게 끌려가 태형을 당하는 농민 (○ , ×)

정답 ⑤○⑥×⑦○⑧×

41 좌우 합작 위원회

정답 ③

(가)에 들어갈 단체로 옳은 것은?

1946년 7월, 미군정의 지원 아래 여운형, 김규식 등이 중심이 되어 결성한 단체입니다. 정치 세력의 대립을 넘어 민주주의 임시 정부 수립을 위해 노력한 이 단체의 이름은 무엇일까요?

(가)

키워드 문제분석

❶ 미군정의 지원 아래 여운형, 김규식 등이 중심이 되어 결성한 단체 = 좌우 합작 위원회

1945년 광복 후 열린 모스크바 3국 외상 회의로 인해 좌우익의 대립이 심화되었고, 제1차 미·소 공동 위원회가 결렬된 후 이승만의 정읍 발언으로 한반도에 분단 위기가 커졌어요. 이에 1946년 7월에 여운형은 김규식 등과 함께 좌우 합작 위원회를 구성하고 통일 정부 수립을 위한 좌우 합작 운동을 펼쳤어요. 그러나 처음에 좌우 합작 운동을 지지하였던 미군정이 지지를 철회하고 여운형이 암살되면서 좌우 합작 운동은 실패하였어요.

① 권업회
➡ 1910년대 연해주에서는 권업회가 조직되어 권업신문을 발간하였으며, 이상설 등이 대한 광복군 정부를 결성하였어요.

② 대한인 국민회
➡ 1910년에 미국 내의 여러 독립운동 단체들이 통합된 대한인 국민회가 조직되었어요.

③ 좌우 합작 위원회
➡ 1946년 7월에 여운형과 김규식 등은 좌우 합작 위원회를 조직하고 좌우 합작 7원칙을 발표하였어요.

④ 남북 조절 위원회
➡ 1972년 박정희 정부 시기에 남북한은 자주·평화·민족 대단결의 3대 원칙을 포함한 7·4 남북 공동 성명을 발표하였고, 그 실천을 위해 남북 조절 위원회를 구성하였어요.

42 제주 4·3 사건

정답 ②

(가)에 들어갈 사건으로 옳은 것은?

동백꽃을 따라서

영상 속 역사

학생들이 제작한 영상의 배경이 된 [(가)] 은/는 미군정기에 시작되어 이승만 정부 수립 이후까지 지속되었습니다. 당시 남한만의 단독 정부 수립에 반대하는 무장대와 토벌대 간의 무력 충돌과 그 진압 과정에서 많은 주민이 희생되었습니다.

제작 : ○○역사동아리

키워드 문제분석

❶ 남한만의 단독 정부 수립에 반대하는 무장대와 토벌대 간의 무력 충돌과 그 진압 과정에서 많은 주민이 희생됨 = 제주 4·3 사건

1948년 4월 3일에 제주도에서 좌익 세력이 남한만의 단독 정부 수립에 반대하는 무장봉기를 일으켰어요. 이에 미군정이 극우 청년들과 경찰 등을 동원하여 무차별 폭력을 휘둘러 진압하였고, 이러한 상황은 정부 수립 후까지 계속되었어요. 그 과정에서 무장봉기를 일으킨 세력뿐만 아니라 수많은 무고한 제주도민이 희생되었어요.

① 6·3 시위
➡ 1964년 박정희 정부 시기에 굴욕적인 한·일 국교 정상화에 반대하는 6·3 시위가 전개되었어요.

② 제주 4·3 사건
➡ 1948년에 일어난 제주 4·3 사건에 대해 2000년에 제주 4·3 사건 진상 규명 및 희생자 명예 회복에 관한 특별법이 제정되었어요.

③ 2·28 민주 운동
➡ 1960년 2월 28일에 이승만 정부가 대구 학생들이 야당 부통령 후보 장면의 선거 유세장에 가지 못하도록 일요일에도 등교할 것을 지시하자 대구 시내 고등학생들이 시위를 벌였는데, 이 사건을 2·28 민주 운동이라고 해요.

④ 5·16 군사 정변
➡ 1961년에 박정희 등 군인 세력은 5·16 군사 정변을 일으켜 권력을 장악한 후 국가 재건 최고 회의를 설치하였어요.

(가) 전쟁 중에 있었던 사실로 옳지 않은 것은?

1950년 6월 25일에 북한군은 기습적으로 남한을 침략하였어요. 전쟁이 일어난 지 3개월 만에 경상도 일부 지역을 제외한 모든 지역을 점령당하자 국군과 유엔군은 전쟁의 흐름을 바꾸기 위하여 인천 상륙 작전을 전개하여 성공하였어요. 이후 국군과 유엔군은 압록강 일대까지 진격하였지만 중국군의 참전으로 후퇴하였어요. 이후 곳곳에서 크고 작은 전투들이 계속되다가 1953년 7월 27일에 마침내 군사 분계선을 설정하고 정전 협정이 체결되었어요.

① 유엔군이 참전하였다.
➡ 1950년 6월에 6·25 전쟁이 발발하자 연합군으로 구성된 유엔군이 참전하였어요.

② 흥남 철수 작전이 펼쳐졌다.
➡ 인천 상륙 작전 성공 이후 승기를 잡은 국군과 유엔군은 압록강 일대까지 진격하였지만 중국군의 개입으로 후퇴하여 1950년 12월에 흥남 철수 작전을 전개하였어요.

③ 거제도에 포로수용소가 설치되었다.
➡ 1950년 11월에 거제도에 포로 수용소가 설치되어 국군과 유엔군이 잡은 포로가 수용되었어요.

④ 13도 창의군이 서울 진공 작전을 전개하였다.
➡ **1907년** 정미의병 당시 각지의 의병 부대가 연합하여 이인영을 총대장으로 하는 13도 창의군이 결성되었어요. 이들은 서울을 탈환할 목적으로 서울 진공 작전을 전개하였지만 실패하였어요.

다음 가상 일기에 나타난 민주화 운동에 대한 설명으로 옳은 것은?

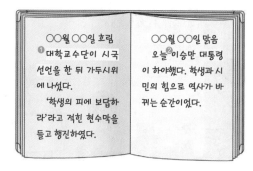

키워드 문제분석

❶ 대학교수단이 시국 선언을 함 +
❷ 이승만 대통령이 하야함 = 4·19 혁명

이승만 정부가 정권 유지를 위해 1960년에 3·15 부정 선거를 저지르자 이에 저항하는 시위가 일어났어요. 마산에서 경찰의 무자비한 진압으로 희생된 김주열의 시신이 마산 앞바다에서 발견되자 시위는 전국으로 확산되었어요. 4월 19일에 경무대로 향하는 시위대를 향해 경찰이 발포하여 사상자가 발생하였고, 이에 대학교수단도 시국 선언을 발표하고 대통령 퇴진을 요구하며 시위에 나섰어요(4·19 혁명). 결국 이승만이 하야 성명을 발표하고 대통령직에서 물러났어요.

① 신군부의 무력 진압에 저항하였다.
➡ 1980년에 신군부가 국민들의 민주화 요구를 억누르기 위해 비상계엄을 전국으로 확대하자, 전라남도 광주에서 5·18 민주화 운동이 일어나 신군부의 비상계엄 확대와 무력 진압에 저항하였어요.

② 대통령 직선제 개헌을 이끌어 냈다.
➡ 1987년 전두환 정부 시기에 일어난 6월 민주 항쟁의 결과 대통령 직선제를 수용한다는 6·29 민주화 선언이 발표되었고, 이에 따라 5년 단임의 대통령 직선제 개헌이 이루어졌어요.

③ 유신 체제가 붕괴하는 계기가 되었다.
➡ 1979년에 YH 무역 사건과 부·마 민주 항쟁이 연이어 일어났고, 10·26 사태로 박정희 대통령이 사망하면서 유신 체제는 붕괴되었어요.

④ 3·15 부정 선거에 항의하여 일어났다.
➡ 1960년 이승만 정부 시기에 3·15 부정 선거에 대한 항의에서 시작된 4·19 혁명으로 이승만 정부가 붕괴되었어요.

이것도! 정답선택지

⑤ 6·29 민주화 선언을 이끌어 냈다.   (○ , ×)
⑥ 4·13 호헌 조치의 철폐를 요구하였다.   (○ , ×)
⑦ 관련 기록물이 유네스코 세계 기록 유산으로 등재되었다.   (○ , ×)

정답 ⑤ × ⑥ × ⑦ ×

45 노태우 정부 시기의 통일 정책

정답 ②

(가)에 들어갈 내용으로 옳은 것은?

제24회 ❶ 서울 올림픽
대회 개최

(가)

노태우 정부

UNITED NATIONS

❷ 남북한 유엔
동시 가입

❸ 한중 국교
수립

키워드 문제분석

❶ 서울 올림픽 대회 개최 + ❷ 남북한 유엔 동시 가입 +
❸ 한·중 국교 수립 = 노태우 정부

❶ 서울 올림픽은 전두환 정부 시기에 유치하여 1988년 노태우 정부 시기에 개최되었어요.

❷ 노태우 정부 시기에 남북한은 유엔에 동시 가입하고, 화해와 불가침 및 교류·협력에 관해 합의한 '남북 기본 합의서'를 채택하였으며, 한반도 비핵화 공동 선언에도 합의하였어요.

❸ 노태우 정부 시기에 북방 외교가 추진되면서 우리나라는 소련, 중국 및 동유럽의 사회주의 국가와 수교하였어요.

① 개성 공단 조성
➡ 김대중 정부 시기인 2000년에 최초로 남북 정상 회담을 개최하고, 6·15 남북 공동 선언을 채택하였어요. 이에 따라 이산가족 상봉, 경의선 복원, 개성 공단 조성에 대한 합의 등이 추진되었어요. 개성 공단 조성은 노무현 정부 때 이루어졌어요.

②남북 기본 합의서 채택
➡ 노태우 정부 시기인 1991년에 '남북한 사이의 화해와 불가침 및 교류·협력에 관한 합의서(남북 기본 합의서)'가 채택되었어요.

③ 7·4 남북 공동 성명 발표
➡ 박정희 정부 시기인 1972년에 남북한은 7·4 남북 공동 성명을 발표하였고, 이에 따라 남북 조절 위원회가 구성되었어요.

④ 6·15 남북 공동 선언 합의
➡ 김대중 정부 시기에 남북한은 제1차 남북 정상 회담을 개최하고, 6·15 남북 공동 선언에 합의하였어요.

46 박정희 정부 시기의 사실

정답 ②

다음 가상 뉴스에서 보도하는 사건이 일어난 정부 시기의 사실로 옳은 것은?

오늘 일본 총리 관저에서 한일 협정 조인식이 열려 양국 대표들이 협정문에 서명했습니다.

❶ 한일 협정 조인식 열려

키워드 문제분석

❶ 한·일 협정 조인식 = 박정희 정부

박정희 정부는 경제 개발 자금을 확보하기 위해 일본과 한·일 회담을 추진하였어요. 이 과정에서 중앙정보부장 김종필과 일본 외무장관 오히라가 비밀리에 합의 사항을 교환하였어요. 이 소식을 들은 학생과 시민들은 일본의 사과와 배상이 없는 굴욕적 외교라며 6·3 시위를 일으켰지만 결국 1965년에 한·일 협정이 체결되었어요.

① 농지 개혁법을 제정하였다.
➡ 이승만 정부 시기인 1949년에 제헌 국회에서 유상 매수, 유상 분배 원칙의 농지 개혁법이 제정되었어요.

②경부 고속 도로를 개통하였다.
➡ 박정희 정부 시기인 1970년에 경부 고속 도로가 개통되었어요.

③ 경제 협력 개발 기구(OECD)에 가입하였다.
➡ 김영삼 정부 시기인 1996년에 우리나라는 경제 협력 개발 기구(OECD)에 가입하였어요.

④ 미국과 자유 무역 협정(FTA)을 체결하였다.
➡ 노무현 정부 시기에 한·미 자유 무역 협정(FTA)이 체결되었고, 이명박 정부 시기에 발효되었어요.

이것도! 정답선택지

⑤ 금융 실명제가 실시되었다. (○ , ×)
⑥ 한·일 간의 국교 정상화가 이루어졌다. (○ , ×)
⑦ 전태일이 근로 기준법의 준수를 요구하며 분신하였다. (○ , ×)

정답 ⑤ × ⑥ ○ ⑦ ○

47 전태일의 활동

정답 ④

(가)에 들어갈 인물로 옳은 것은?

내가 그린 (가) 은/는 서울 평화 시장에서 재단사로 일하셨어. 바보회를 조직하고❶ 1970년 노동자들의 인권을 위해 자신을 희생하셨어.❷

근로 기준법을 준수하라! 우리는 기계가 아니다!

키워드 문제분석

❶ 서울 평화 시장에서 재단사로 일함 +
❷ 1970년에 노동자들의 인권을 위해 자신을 희생함
= 전태일

박정희 정부 시기에 수출 경쟁력 확보를 위해 저임금 정책이 실시되면서 노동자의 희생이 강요되었어요. 이러한 노동자의 처우에 저항하여 평화 시장에서 재단사로 일하던 전태일은 동료들과 바보회를 결성하여 근로 기준법의 내용을 알렸고, 1970년에 근무 환경 개선과 근로 기준법 준수를 요구하며 분신하였어요. 이후 많은 사람이 노동 문제에 관심을 기울이면서 노동 운동이 본격화되었어요.

① 윤동주
➡ 윤동주는 일제 강점기에 〈서시〉, 〈별 헤는 밤〉 등의 시를 남겼고, 그가 죽은 뒤에 《하늘과 바람과 별과 시》라는 유고 시집이 발간되었어요.

② 이한열
➡ 이한열은 전두환 정부 시기인 1987년에 일어난 6월 민주 항쟁 과정에서 경찰이 쏜 최루탄에 맞아 희생되었어요.

③ 장준하
➡ 장준하는 박정희 정부 시기인 1973년에 유신 헌법 개정을 요구하는 개헌 청원 100만 인 서명 운동을 벌였어요.

④ 전태일
➡ 전태일은 박정희 정부 시기인 1970년에 노동자의 근무 환경 개선과 근로 기준법 준수를 요구하며 분신하였어요.

킬러
48 허난설헌의 활동

정답 ①

(가)에 들어갈 내용으로 적절한 것은?

〈2023 기획 특강〉

한국사 속 여성, 세상 밖으로 나오다

격동의 역사 속에서 삶의 주체로 당당하게 살아온 여성들의 이야기를 들을 수 있습니다.

강의 내용

1강. 선덕 여왕, 우리나라 최초의 여왕으로 살다
2강. 허난설헌, (가)
3강. 이빙허각, 가정생활을 담은 "규합총서"를 집필하다
4강. 윤희순, 안사람 의병가를 지어 의병 활동을 독려하다

■ 일시 : 2023년 ○○월 ○○일 ○○시
■ 장소 : □□ 문화원 소강당

① 시인으로 이름을 떨치다
➡ 허난설헌은 조선 중기의 여류시인으로, 《홍길동전》을 쓴 허균의 누이예요.

② 여성 비행사로 활약하다
➡ 권기옥은 우리나라 최초의 여성 비행사로 일제 강점기에 항일 운동을 전개하였어요.

③ 임금 삭감에 저항하여 농성을 벌이다
➡ 강주룡은 평원 고무공장의 여공이었는데, 일제 강점기인 1931년에 임금 삭감에 저항하여 평양 을밀대 지붕에 올라가 농성을 벌였어요.

④ 재산을 기부하여 제주도민을 구제하다
➡ 김만덕은 조선 후기의 상인으로 재산을 기부하는 등 제주도에서 빈민 구제 활동을 벌였어요.

49 부산의 역사

정답 ④

(가) 지역에서 있었던 사실로 옳은 것은?

뚜벅뚜벅 역사 여행

· 주제 : [(가)]에서 만나는 시간과 공간, 그리고 사람들
· 일자 : 2023년 ○○월 ○○일
· 답사 경로 : ❶ 동삼동 패총 전시관 – ❷ 초량 왜관 – ❸ 임시 수도 기념관 – 민주 공원

❶ 부산 동삼동 유적은 신석기 시대의 대표적인 유적으로, 빗살무늬 토기와 갈돌과 갈판, 패총 등이 출토되었어요.

❷ 조선 후기에는 초량 왜관을 통해 일본과 무역하였는데, 임진왜란 이후 부산 두모포에 왜관이 신설되었다가 숙종 때 초량으로 옮겨졌어요.

❸ 1950년 6월에 발발한 6·25 전쟁 초기에 북한군의 공세에 밀린 이승만 정부는 피란하여 부산을 임시 수도로 정하였어요.

① 이봉창이 의거를 일으켰다.
→ 1931년에 김구가 조직한 한인 애국단 소속의 이봉창은 일본 도쿄에서 일왕의 행렬을 향해 폭탄을 투척하였어요.

② 망이·망소이가 봉기하였다.
→ 고려 무신 집권기인 1176년에 공주 명학소에서 망이, 망소이 등이 가혹한 수탈에 저항하여 봉기를 일으켰는데, 이 사건을 망이·망소이의 난이라고 해요.

③ 장보고가 청해진을 설치하였다.
→ 9세기 전반 신라의 장보고는 당에서 군인으로 활약하다가 귀국한 후 왕의 후원 아래 완도에 청해진을 설치하였어요. 장보고는 청해진을 거점으로 해적을 소탕하고 해상 무역을 전개하여 큰 부를 쌓았어요.

④ 송상현이 동래성에서 순절하였다.
→ 1592년에 임진왜란을 일으킨 일본군은 부산에 상륙하여 부산진성 전투와 동래성 전투에서 승리한 후 한양을 향해 빠르게 진격하였어요. 동래성 전투에서는 송상현이 일본군과 싸우다 순절하였어요.

50 동지

정답 ②

(가)에 들어갈 내용으로 옳은 것은?

한국의 세시 풍속
일 년 중 밤이 가장 긴 날
[(가)]

[(가)] 은/는 24절기의 하나로 '작은 설'이라고도 불렀어요. 이날에는 나쁜 기운을 물리치기 위해 팥죽을 쑤어 먹었어요. 또 대문이나 담장 벽에 팥죽을 뿌렸어요.

① 단오
→ 단오는 음력 5월 5일로, 수릿날·천중절·중오절이라고도 해요. 창포물에 머리 감기, 그네뛰기, 씨름, 봉산 탈춤 등의 풍속이 있었고, 임금이 신하들에게 부채를 나누어 주기도 하였어요. 수리취떡, 쑥떡 등을 먹었어요.

② 동지
→ 동지는 양력 12월 22일경으로, 일 년 중 밤의 길이가 가장 긴 날이에요. 주로 새알심을 넣은 팥죽과 동치미를 먹었는데, 팥의 붉은색이 귀신을 물리친다고 여겨 집 안 곳곳에 팥죽을 놓아두었어요.

③ 칠석
→ 칠석은 음력 7월 7일로, 견우와 직녀가 만나는 날로 전해져요. 시 짓기, 칠석 놀이, 햇볕에 옷과 책 말리기 등의 풍속이 있었고 호박전, 밀전병, 밀국수 등을 먹었어요.

④ 한식
→ 한식은 동지에서 105일째 되는 날로 성묘, 그네뛰기, 개사초(산소 손질) 등의 풍속이 있었어요. 이날은 불을 사용하지 않고 찬 음식을 먹었어요.

01 다음 가상 공간에서 체험할 수 있는 활동으로 가장 적절한 것은? (1점)

이곳은 농경과 목축이 시작된 신석기 시대의 마을을 체험할 수 있는 가상 공간입니다. 마을 곳곳을 거닐며 다양한 활동을 해볼까요?

① 청동 방울 흔들기
② 빗살무늬 토기 만들기
③ 철제 농기구로 밭 갈기
④ 거친무늬 거울 목에 걸기

02 밑줄 그은 '이 나라'에 대한 설명으로 옳은 것은? (2점)

이 유물은 여러 가들이 별도로 사출도를 다스린 이 나라의 금제 허리띠 장식이에요.

날개 달린 말의 모습이 새겨져 있네요.

① 영고라는 제천 행사를 열었다.
② 신성 지역인 소도가 존재하였다.
③ 혼인 풍습으로 민며느리제가 있었다.
④ 읍락 간의 경계를 중시하는 책화가 있었다.

03 다음 검색창에 들어갈 왕으로 옳은 것은? (2점)

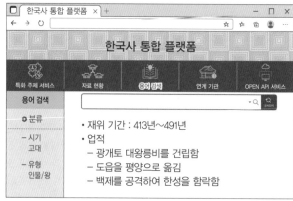

한국사 통합 플랫폼

특화 주제 서비스 | 자료 현황 | 용어 검색 | 연계 기관 | OPEN API 서비스

용어 검색

◆ 분류

- 시기
  고대
- 유형
  인물/왕

• 재위 기간 : 413년~491년
• 업적
  – 광개토 대왕릉비를 건립함
  – 도읍을 평양으로 옮김
  – 백제를 공격하여 한성을 함락함

① 미천왕   ② 장수왕
③ 고국천왕   ④ 소수림왕

04 밑줄 그은 '그날'에 해당하는 세시 풍속으로 옳은 것은? (1점)

일 년 중 한번 직녀님을 만나는 그날이 곧 오네요. 그녀를 만날 생각에 소치는 일도 전혀 힘들지 않아요.

까치와 까마귀가 많이 모여 오작교를 놓아야 저희가 만날 수 있어요. 여러분이 도와주시겠어요?

① 단오　　② 동지　　③ 추석　　④ 칠석

05 (가) 왕에 대한 설명으로 옳은 것은? (2점)

부여 야행, 백제의 밤을 느끼다

(가) 이/가 도읍으로 정한 부여에서 열리는 다양한 행사에 참여해 보세요.

행사1 정림사지 오층 석탑 탑돌이
행사2 궁남지에서 연꽃 유등 띄우기

① 왜에 칠지도를 보냈다.
② 동진으로부터 불교를 받아들였다.
③ 신라를 공격하여 대야성을 점령하였다.
④ 진흥왕과 연합하여 한강 하류 지역을 되찾았다.

06 (가)~(다)를 일어난 순서대로 옳게 나열한 것은? (3점)

만화로 보는 삼국 통일 과정

고구려 평양성이 함락되었다. (가)

왜군이 백강 전투에서 패배하였다. 백강 (나)

신라군이 기벌포에서 당군에 승리하였다. (다)

① (가) – (나) – (다)　　② (가) – (다) – (나)
③ (나) – (가) – (다)　　④ (다) – (가) – (나)

07 밑줄 그은 '이 왕'의 업적으로 옳은 것은? (2점)

문무왕의 아들인 이 왕은 동해에 작은 산이 떠다닌다는 이야기를 듣고 이견대로 갔어요. 용이 나타나 말하기를, 산에 있는 대나무로 피리를 만들면 천하가 평온해질 것이라고 했어요. 이후 그 대나무로 피리를 만들어 만파식적이라 부르고, 나라의 보물로 삼았어요.

① 국학을 설립하였다.
② 우산국을 정벌하였다.
③ 천리장성을 축조하였다.
④ 화랑도를 국가 조직으로 개편하였다.

08 (가)에 들어갈 문화유산으로 옳은 것은? 〔2점〕

> 백제 무왕이 건립한 사찰의 터에는 목탑 양식이 반영된 석탑이 남아 있습니다. 이 석탑의 복원 공사 중에 사리장엄구와 금제 사리봉영기가 발견되었습니다.

(가)

①

경천사지 십층 석탑

②

화엄사 사사자 삼층 석탑

③

미륵사지 석탑

④

분황사 모전 석탑

09 밑줄 그은 '이 시기'에 볼 수 있는 모습으로 가장 적절한 것은? 〔2점〕

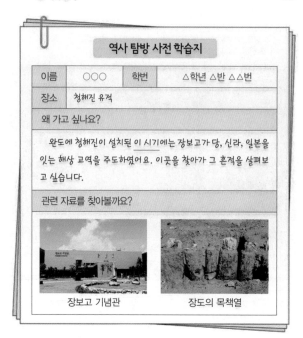

역사 탐방 사전 학습지

이름	○○○	학번	△학년 △반 △△번
장소	청해진 유적		

왜 가고 싶나요?

완도에 청해진이 설치된 이 시기에는 장보고가 당, 신라, 일본을 잇는 해상 교역을 주도하였어요. 이곳을 찾아가 그 흔적을 살펴보고 싶습니다.

관련 자료를 찾아볼까요?

장보고 기념관 / 장도의 목책열

① 분청사기를 만드는 도공
② 녹읍을 지급받는 진골 귀족
③ 장시에서 책을 읽어 주는 전기수
④ 상평통보로 물건값을 치르는 농민

10 다음 특별전에 전시될 문화유산으로 적절하지 <u>않은</u> 것은? (1점)

치미

연꽃무늬 수막새

이불병좌상

성덕 대왕 신종

---

11 다음 사건이 일어난 시기를 연표에서 옳게 고른 것은? (3점)

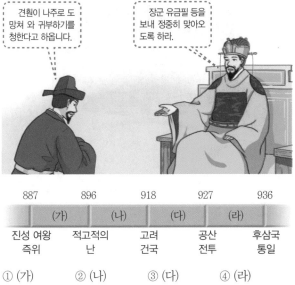

① (가)　　② (나)　　③ (다)　　④ (라)

---

12 밑줄 그은 '전쟁'에 대한 탐구 활동으로 가장 적절한 것은? (2점)

이 성벽은 북방 세력의 침입에 대비하여 강감찬의 건의로 개경 외곽에 쌓은 나성의 일부입니다. 고려와 거란의 전쟁이 끝난 후 현종 20년에 완공되었습니다.

① 귀주 대첩의 의의를 파악한다.
② 위화도 회군의 결과를 조사한다.
③ 안시성 전투의 전개 과정을 살펴본다.
④ 진포 전투에서 새롭게 사용된 무기를 찾아본다.

---

13 다음 퀴즈의 정답으로 옳은 것은? (1점)

① 광종　　② 문종　　③ 성종　　④ 예종

14 다음 대화가 이루어진 시기의 경제 상황으로 가장 적절한 것은? `2점`

자네 들었는가? 송 사신단이 곧 수도 개경에 도착한다고 하더군.

사신단의 규모가 엄청나다니 가져온 물품도 상당하겠어.

① 공인이 관청에 물품을 조달하였다.
② 모내기법이 전국적으로 확산되었다.
③ 벽란도가 국제 무역항으로 기능하였다.
④ 고추와 담배가 상품 작물로 재배되었다.

15 (가)에 들어갈 내용으로 가장 적절한 것은? `2점`

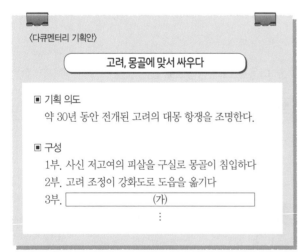

〈다큐멘터리 기획안〉

고려, 몽골에 맞서 싸우다

■ 기획 의도
약 30년 동안 전개된 고려의 대몽 항쟁을 조명한다.

■ 구성
1부. 사신 저고여의 피살을 구실로 몽골이 침입하다
2부. 고려 조정이 강화도로 도읍을 옮기다
3부. (가)
⋮

① 윤관이 별무반 편성을 건의하다
② 김윤후가 처인성 전투에서 활약하다
③ 을지문덕이 살수에서 적군을 물리치다
④ 서희가 외교 담판을 통해 강동 6주 지역을 확보하다

16 (가)에 들어갈 가상 우표로 가장 적절한 것은? `1점`

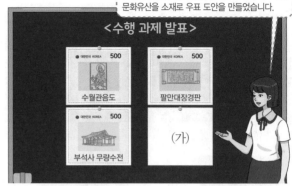

저희 모둠은 태조 왕건이 세운 국가의 대표적인 문화유산을 소재로 우표 도안을 만들었습니다.

〈수행 과제 발표〉

● 대한민국 KOREA 500 수월관음도
● 대한민국 KOREA 500 팔만대장경판
● 대한민국 KOREA 500 부석사 무량수전
(가)

①
산수무늬 벽돌

②
도기 바퀴장식 뿔잔

③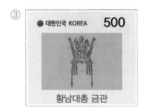
황남대총 금관

④
청자 상감 운학문 매병

17 밑줄 그은 '왕'의 재위 기간에 있었던 사실로 옳은 것은? `2점`

왼편은 기철 등 친원파를 제거하고 정동행성 이문소를 폐지한 왕의 무덤이야.

오른편은 왕비 노국 대장 공주의 무덤이야. 왕과 왕비를 나란히 같은 곳에 모셨대.

① 동북 9성을 축조하였다.
② 독서삼품과가 실시되었다.
③ 쌍성총관부를 공격하였다.
④ 백두산정계비가 건립되었다.

18 (가)에 해당하는 인물로 옳은 것은? `2점`

이곳 경복궁은 조선의 궁궐로 (가) 이/가 이름 지었대. 국왕과 백성이 만년토록 태평하며 큰 복을 누리기를 바란다는 의미가 담겨 있어. 그는 새 왕조의 통치 방향을 제시한 조선경국전도 저술하였지.

①
송시열

②
채제공

③
정몽주

④
정도전

19 (가)에 들어갈 기구로 옳은 것은? `2점`

역사 용어 해설

(가)

1. 개요

조선 시대에 왕명을 받아 반역 사건과 강상죄에 대한 처결을 담당한 사법 기구였다.

2. 주요 관원과 역할

- 도사: 죄인 심문 및 문서 작성
- 나장: 죄인 체포 및 압송, 형 집행

① 사헌부　② 의금부　③ 춘추관　④ 홍문관

20 (가)에 들어갈 내용으로 옳은 것은? `3점`

(앞면)

〈조선 제7대 왕〉
- 단종을 몰아냄
- 경연을 폐지함
- 진관 체제를 실시함
- **(가)**

(뒷면)

① 직전법을 시행함　② 탕평비를 건립함
③ 교정도감을 설치함　④ 금난전권을 폐지함

21 (가) 시기에 있었던 사실로 옳은 것은? `2점`

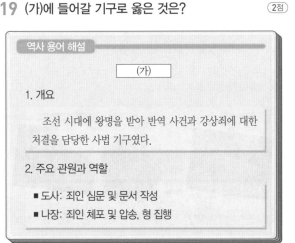

광해군이 유배 가는 모습을 보니 세상 참 덧없군.

➡ (가) ➡

청을 쳐서 삼전도의 치욕을 씻자.

북벌

① 병자호란이 일어났다.
② 4군 6진이 개척되었다.
③ 훈련도감이 창설되었다.
④ 외규장각 도서가 약탈되었다.

22 (가) 왕의 업적으로 옳지 <u>않은</u> 것은? (3점)

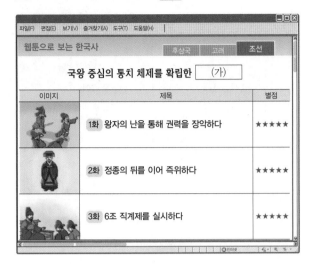

① 신문고를 설치하였다.
② 계미자를 주조하였다.
③ 칠정산을 편찬하였다.
④ 호패법을 마련하였다.

23 (가)에 들어갈 문화유산으로 옳은 것은? (1점)

① 자격루　　　　　② 측우기
③ 혼천의　　　　　④ 앙부일구

24 (가) 인물의 활동으로 옳은 것은? (2점)

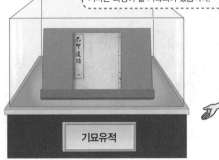

이 책은 기묘사화의 전말을 다룬 기묘유적입니다. 현량과 실시와 위훈 삭제를 주장한 (가) 이/가 관직에서 쫓겨나는 과정이 잘 기록되어 있습니다.

① 발해고를 저술하였다.
② 대동여지도를 제작하였다.
③ 백운동 서원을 건립하였다.
④ 소격서 폐지를 건의하였다.

25 다음 답사가 이루어진 장소로 적절하지 <u>않은</u> 것은? (2점)

□□ 학회 정기 답사

임진왜란의 격전지를 가다

■ 답사 개관 임진왜란 중 치열한 전투가 벌어진 유적을 답사하여 나라를 지키고자 노력한 선조들의 호국 정신을 기린다.
■ 답사 기간 2023년 ○○월 ○○일 ~ ○○월 ○○일
■ 신청 방법 방문 접수, 이메일 접수

① 탄금대　　　　　② 행주산성
③ 수원 화성　　　　④ 울산 왜성

26 (가)에 들어갈 제도로 옳은 것은? `1점`

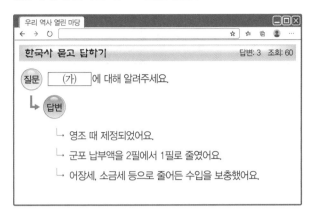

우리 역사 열린 마당

한국사 묻고 답하기　　　　　　　　답변: 3　조회: 60

질문　(가)　에 대해 알려주세요.

↳ 답변

　↳ 영조 때 제정되었어요.

　↳ 군포 납부액을 2필에서 1필로 줄였어요.

　↳ 어장세, 소금세 등으로 줄어든 수입을 보충했어요.

① 과전법　　② 균역법　　③ 대동법　　④ 영정법

27 (가)에 들어갈 그림으로 옳은 것은? `3점`

메타버스에서 만나는 조선의 회화

두 그림은 조선 후기 풍속화가 신윤복의 작품입니다. 그는 양반의 풍류와 여성의 생활 등을 소재로 한 많은 작품을 남겼습니다.

단오풍정　　(가)

해설사

학생1　학생2　학생3

①
씨름도

②
노상알현도

③
고사관수도

④
월하정인

28 밑줄 그은 '봉기'에 대한 설명으로 옳은 것은? `2점`

이것은 1862년에 진주에서 일어난 농민 봉기의 주요 지점을 조선 시대 지도에 표시한 것입니다. 유계춘을 중심으로 모인 농민들은 축곡에서 모의하고 수곡에서 읍회를 연 뒤, 덕산 장시를 출발하여 진주성으로 진격했습니다.

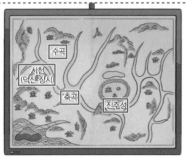

수곡

서천
(덕산 장시)

축곡

진주성

① 김부식이 이끄는 관군에 진압되었다.

② 삼정이정청이 설치되는 계기가 되었다.

③ 서북인에 대한 차별에 반발하여 일어났다.

④ 흥선 대원군이 재집권하는 결과를 가져왔다.

29 (가) 인물의 활동으로 옳은 것은? `2점`

남양주　(가)　유적지 내에 있는 이 가옥의 이름은 여유당입니다.　(가)　은/는 목민심서 등 많은 책을 저술한 실학자로 유명합니다.

① 거중기를 설계하였다.

② 몽유도원도를 그렸다.

③ 동의보감을 완성하였다.

④ 열하일기를 저술하였다.

30 다음 대화 이후에 있었던 사실로 옳은 것은? (2점)

며칠 전 미군이 포를 마구 쏘며 손돌목을 지나갔다고 하니 곧 큰일이 벌어지겠어.

어재연 장군이 이끄는 군사들이 광성보에서 대비하고 있으니 기대해 보세.

① 병인박해가 일어났다.
② 장용영이 창설되었다.
③ 척화비가 건립되었다.
④ 화통도감이 설치되었다.

31 밑줄 그은 '사절단'으로 옳은 것은? (2점)

이 그림은 1883년 미국 신문에 실린 삽화입니다. 푸트 미국 공사의 조선 부임에 대한 답례로 파견된 민영익 등의 사절단이 아서 대통령을 만나는 상황을 표현하였습니다.

① 보빙사 　　　② 수신사
③ 영선사 　　　④ 조사 시찰단

32 (가)에 해당하는 인물로 옳은 것은? (1점)

□□ 신문

제△△호　　　　　　　　○○○○년 ○○월 ○○일

**　(가)　, 쓰시마섬에서 순국하다**

　을사늑약 체결에 저항하여 태인에서 의병을 일으켰던 　(가)　 이/가 오늘 절명하였다. 그는 관군이 진압하러 오자 같은 동포끼리는 서로 죽일 수 없다며 전투를 중단하고 체포되었다. 서울로 압송된 뒤 쓰시마섬에 끌려가 최후를 맞이하였다.

①
신돌석

②
최익현

③
안중근

④
홍범도

33 밑줄 그은 '비상 수단'에 해당하는 사건으로 옳은 것은? `2점`

> 나라를 어지럽히는 신하를 살해하고, 국왕을 보호하여 정령(政令)*의 남발을 막을 수밖에 없었다. 그러므로 희생을 무릅쓰고 <u>비상 수단</u>을 쓰기로 결심한 것이다.
>
> 홍영식 : 모의를 총괄한 제1인자
> 박영효 : 실행 총지휘
> 서광범 : 거사 계획 수립
> 김옥균 : 일본 공사관과의 교섭 및 통역
> 서재필 : 병사 통솔
>
> ― 박영효의 회고 ―
>
> *정령(政令) : 정치상의 명령

① 갑신정변
② 을미사변
③ 삼국 간섭
④ 아관 파천

34 다음 문서가 작성된 시기를 연표에서 옳게 고른 것은? `3점`

> **영국 공관에 보냄**
>
> 근래 국내에 전해지는 소문을 통해 귀국이 거문도에 뜻을 두고 있다는 것을 알았습니다. 이 섬은 우리나라의 땅으로, 다른 나라는 점유할 수 없는 곳입니다. 귀국처럼 공법에 밝은 나라가 이처럼 뜻밖의 일을 저지를 줄이야 어떻게 알 수 있었겠습니까?

1863	1876	1882	1894	1905
(가)	(나)	(다)	(라)	
고종 즉위	강화도 조약	임오 군란	갑오 개혁	을사 늑약

① (가)
② (나)
③ (다)
④ (라)

35 (가)에 들어갈 학교로 옳은 것은? `2점`

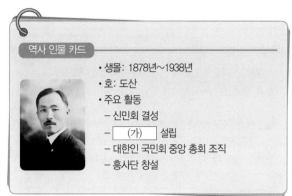

역사 인물 카드
- 생몰: 1878년~1938년
- 호: 도산
- 주요 활동
  - 신민회 결성
  - [(가)] 설립
  - 대한인 국민회 중앙 총회 조직
  - 흥사단 창설

① 대성 학교
② 원산 학사
③ 육영 공원
④ 이화 학당

36 (가), (나) 사이의 시기에 체결된 조약으로 옳은 것은? `2점`

(가)

역사 신문
제△△호   ○○○○년 ○○월 ○○일

국외 중립 선언 무효화되다

한일 의정서

(나)

역사 신문
제△△호   ○○○○년 ○○월 ○○일

일제가 국권을 강탈하다

한일 병합 조약

① 톈진 조약
② 정미 7조약
③ 제물포 조약
④ 시모노세키 조약

37 다음 시나리오의 상황 이후에 전개된 사실로 옳은 것은? `2점`

> **S#17. 전주성 안 선화당**
> 농민군 대장 전봉준과 전라감사 김학진이 대화를 나누고 있다.
>
> 김학진: 일본군이 궁궐을 점령하여 국가에 큰 위기가 닥쳤소.
> 전봉준: 청군과 일본군이 들어와 있는 상황에서 이런 일이 생기다니 참으로 큰일입니다.

① 동학을 창시한 최제우가 처형되었다.
② 동학 농민군이 우금치 전투에서 패하였다.
③ 교조 신원을 요구하는 삼례 집회가 열렸다.
④ 조병갑의 탐학에 맞서 고부 농민 봉기가 일어났다.

38 다음 장면에 나타난 운동으로 옳은 것은? `1점`

일본에 진 빚 1,300만 원을 갚기 위해 이곳저곳에서 의연금을 모으고 있습니다. 우리도 의연금을 기성회에 보내 국권 수호에 힘을 보탭시다.

옳소! 나는 20전을 내겠소!

좋은 뜻이오. 나는 은가락지를 내겠소!

① 국채 보상 운동
② 문자 보급 운동
③ 물산 장려 운동
④ 민립 대학 설립 운동

39 밑줄 그은 ㉠에 해당하는 내용으로 적절하지 않은 것은? `3점`

이 사진은 무엇인가요?

동대문에서 열린 전차 개통식에 참석한 대한 제국의 고위 관리들을 찍은 사진이에요. 전차를 비롯하여 ㉠대한 제국 시기에 도입된 근대 문물은 당시 사람들의 생활에 큰 변화를 주었어요.

① 극장인 원각사가 세워졌다.
② 덕수궁에 중명전이 건립되었다.
③ 박문국에서 한성순보가 발행되었다.
④ 서울과 부산을 잇는 경부선 철도가 부설되었다.

40 다음 상황 이후에 일어난 사실로 옳은 것은? `2점`

호외요! 호외! 대한 제국의 마지막 황제께서 승하하셨소!

① 6·10 만세 운동이 일어났다.
② 헤이그 특사가 파견되었다.
③ 토지 조사 사업이 실시되었다.
④ 제너럴셔먼호 사건이 발생하였다.

41 밑줄 그은 '시기'에 볼 수 있는 모습으로 가장 적절한 것은? 〔2점〕

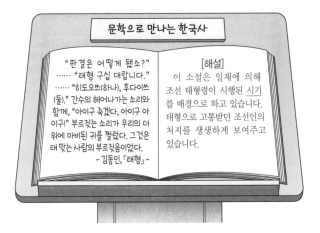

① 경성 제국 대학에 다니는 학생
② 제복을 입고 칼을 찬 헌병 경찰
③ 조선책략 유포에 반발하는 유생
④ 국민 징용령에 의해 끌려가는 청년

42 (가)의 활동으로 옳은 것은? 〔2점〕

① 독립 공채를 발행하였다.
② 만민 공동회를 개최하였다.
③ 신흥 강습소를 설립하였다.
④ 잡지 어린이를 발간하였다.

43 (가)에 들어갈 군사 조직으로 옳은 것은? 〔2점〕

① 대한 독립군　　　② 북로 군정서
③ 조선 의용대　　　④ 조선 혁명군

44 (가) 지역에 대한 탐구 활동으로 가장 적절한 것은? 〔2점〕

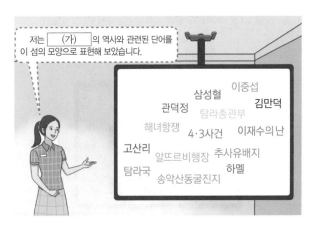

① 운요호 사건의 과정을 검색한다.
② 삼별초의 최후 항쟁지를 조사한다.
③ 고려 왕릉이 조성된 지역을 찾아본다.
④ 대한 제국 칙령 제41호의 내용을 파악한다.

45 (가)~(다)에 대한 설명으로 옳은 것은? `3점`

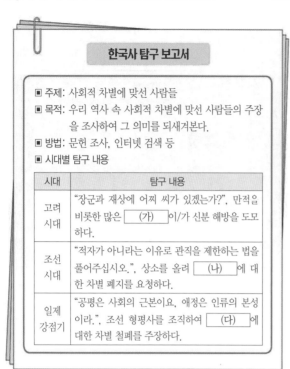

한국사 탐구 보고서

▣ 주제: 사회적 차별에 맞선 사람들
▣ 목적: 우리 역사 속 사회적 차별에 맞선 사람들의 주장을 조사하여 그 의미를 되새겨본다.
▣ 방법: 문헌 조사, 인터넷 검색 등
▣ 시대별 탐구 내용

시대	탐구 내용
고려 시대	"장군과 재상에 어찌 씨가 있겠는가?", 만적을 비롯한 많은 <u>(가)</u> 이/가 신분 해방을 도모하다.
조선 시대	"적자가 아니라는 이유로 관직을 제한하는 법을 풀어주십시오.", 상소를 올려 <u>(나)</u> 에 대한 차별 폐지를 요청하다.
일제 강점기	"공평은 사회의 근본이요, 애정은 인류의 본성이라.", 조선 형평사를 조직하여 <u>(다)</u> 에 대한 차별 철폐를 주장하다.

① (가) – 고려 시대에 공음전을 지급받았다.
② (나) – 일부가 규장각 검서관에 기용되었다.
③ (다) – 골품에 따라 관직 승진의 제한을 받았다.
④ (가), (나), (다) – 매매, 상속, 증여의 대상이 되었다.

46 밑줄 그은 '국회'의 활동으로 적절하지 <u>않은</u> 것은? `3점`

이 자료는 유엔 결의에 따라 치러진 총선거로 출범한 국회의 개회식 광경을 담은 화보입니다.

① 제헌 헌법을 제정하였다.
② 반민족 행위 처벌법을 가결하였다.
③ 한·미 상호 방위 조약을 비준하였다.
④ 이승만을 초대 대통령으로 선출하였다.

47 (가)에 들어갈 내용으로 옳은 것은? `1점`

수업 시간에 <u>(가)</u> 당시 시민군의 항쟁 중심지였던 옛 전남도청 모형을 만들었다. 실제 옛 도청 앞 시계탑에서는 매일 같은 시간에 '임을 위한 행진곡'이 나온다고 한다. 많은 분의 희생으로 우리나라의 민주주의가 발전하게 되었음을 깨닫게 되었다.

① 4·19 혁명
② 부·마 민주 항쟁
③ 6월 민주 항쟁
④ 5·18 민주화 운동

48 다음 뉴스가 보도된 정부 시기의 통일 노력으로 옳은 것은? (3점)

분단 26년 만에 처음으로 남측 자유의 집과 북측 판문각을 연결하는 직통 전화가 개설되었습니다. 이로써 남북 적십자 회담을 열기 위한 대화의 통로가 마련되었습니다.

남북 직통 전화 개설

① 금강산 관광 사업을 시작하였다.
② 남북한이 유엔에 동시 가입하였다.
③ 7·4 남북 공동 성명을 발표하였다.
④ 최초로 남북 정상 회담을 개최하였다.

49 다음 연설이 있었던 정부 시기의 경제 상황으로 옳은 것은? (2점)

국민 여러분, 금융 실명제 실시를 위한 대통령 긴급 명령은 깨끗한 사회로 가기 위해 필수적인 제도 개혁입니다. 지하 경제가 사라질 것입니다. 검은 돈이 없어질 것입니다.

① 경부 고속 도로를 준공하였다.
② 3저 호황으로 수출이 증가하였다.
③ 제1차 경제 개발 5개년 계획을 추진하였다.
④ 경제 협력 개발 기구(OECD)에 가입하였다.

50 (가)~(다)에 대한 설명으로 옳은 것은? (3점)

한글을 빛낸 인물을 만나다

신숙주	주시경	정세권
1420년 세종이 설치한 학문 연구 기관인 (가) 의 학사였다. 훈민정음 해례본과 동국정운 등의 저술에 참여하여 새 문자의 반포와 보급에 기여하였다.	1907년 국문 연구를 위해 학부에 설치한 (나) 에 참여하여 문자 체계와 표기법 등을 연구하였다. 큰 보따리에 책들을 넣어 다니며 한글 교육에도 힘썼다.	한옥을 여러 곳에 지어 쌓은 재력으로 조선 말 큰사전 편찬을 추진하던 (다) 을/를 후원하였다. 1942년 (다) 사건으로 한글 학자들과 함께 끌려가 고문을 당하였다.

① (가) – 삼강행실도 언해본을 편찬하였다.
② (나) – 한글 신문인 독립신문을 간행하였다.
③ (다) – 한글 맞춤법 통일안을 제정하였다.
④ (가), (나), (다) – 창덕궁 후원에 설치되었다.

자동채점서비스

해설강의

2023년 8월 13일(일) 시행

제**66**회

시대별 출제비중

시대 통합 **4문항**

칠석, 제주의 역사,
신분 제도의 역사,
학문 연구 기관의 역사

현대 **4문항**

제헌 국회,
박정희 정부 시기의 통일 노력,
5·18 민주화 운동,
김영삼 정부 시기의 경제 상황

일제 강점기 **4문항**

1910년대 무단 통치,
대한민국 임시 정부,
6·10 만세 운동, 조선 의용대

개항기 **10문항**

신미양요 이후의 사실, 최익현의 활동, 보빙사, 갑신정변,
거문도 사건, 동학 농민 운동, 안창호의 활동,
국채 보상 운동, 한·일 신협약(정미 7조약), 근대 문물

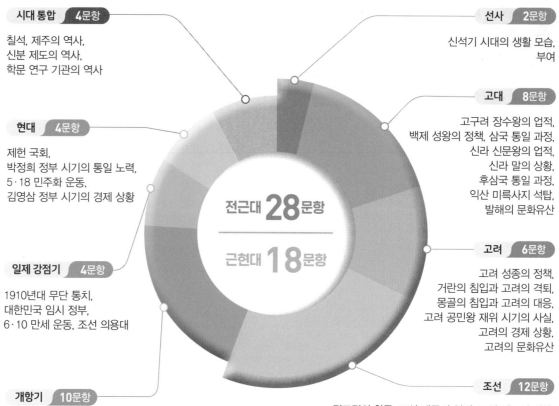

전근대 **28**문항

근현대 **18**문항

선사 **2문항**

신석기 시대의 생활 모습,
부여

고대 **8문항**

고구려 장수왕의 업적,
백제 성왕의 정책, 삼국 통일 과정,
신라 신문왕의 업적,
신라 말의 상황,
후삼국 통일 과정,
익산 미륵사지 석탑,
발해의 문화유산

고려 **6문항**

고려 성종의 정책,
거란의 침입과 고려의 격퇴,
몽골의 침입과 고려의 대응,
고려 공민왕 재위 시기의 사실,
고려의 경제 상황,
고려의 문화유산

조선 **12문항**

정도전의 활동, 조선 태종의 업적, 조선 세조의 정책,
조광조의 활동, 의금부, 임진왜란,
병자호란, 앙부일구, 균역법,
진주 농민 봉기, 정약용의 활동, 신윤복의 활동

분류별 출제비중_고대~조선

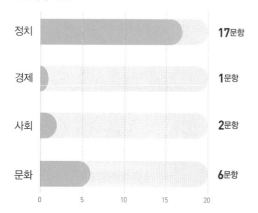

정치	**17문항**
경제	**1문항**
사회	**2문항**
문화	**6문항**

0　5　10　15　20

이번 회차는?

조선과 개항기에서 특히 많은 문제가
출제되었으나, 기본 개념만 알고 있다면
무난히 4급 합격이 가능한 시험이에요.

01 신석기 시대의 생활 모습 정답 ②

다음 가상 공간에서 체험할 수 있는 활동으로 가장 적절한 것은?

> 이곳은 농경과 목축이 시작된 신석기 시대의 마을을 체험할 수 있는 가상 공간입니다. 마을 곳곳을 거닐며 다양한 활동을 해볼까요?

신석기 시대 사람들은 농경과 목축을 시작하여 스스로 식량을 생산하는 단계에 이르렀고, 강가나 바닷가에 움집을 지어 정착하여 생활하였어요. 한편, 신석기 시대 사람들은 돌을 갈고 다듬는 기술을 발전시켜 다양한 간석기를 만들어 사용하였어요. 갈돌과 갈판을 이용하여 곡식의 껍질을 벗기거나 곡식을 가루로 만들었고, 돌낫과 돌괭이를 이용하여 농사를 지었어요.

① 청동 방울 흔들기
 ➡ 청동기 시대부터 청동 도끼, 청동 방울, 청동 검 등 청동으로 도구를 제작하기 시작하였어요.

②빗살무늬 토기 만들기
 ➡ 신석기 시대에는 농경과 목축이 시작되었고, 빗살무늬 토기를 만들어 식량을 저장하고 음식을 조리하는데 사용하였어요.

③ 철제 농기구로 밭 갈기
 ➡ 철기 시대에는 철제 무기와 쟁기, 쇠스랑 등 철제 농기구가 널리 보급되었어요.

④ 거친무늬 거울 목에 걸기
 ➡ 청동기 시대의 대표적인 유물로는 비파형 동검, 거친무늬 거울 등이 있어요.

02 부여 정답 ①

밑줄 그은 '이 나라'에 대한 설명으로 옳은 것은?

> 이 유물은 여러 가들이 별도로 사출도를 다스린 이 나라의 금제 허리띠 장식이에요.

> 날개 달린 말의 모습이 새겨져 있네요.

키워드 문제분석

❶ 여러 가들이 별도로 사출도를 다스림 = 부여

부여는 왕이 중앙을 다스리고, 마가·우가·구가·저가 등의 여러 가(加)들이 별도로 사출도를 다스리는 연맹체 국가였어요. 부여의 왕은 가뭄 등 재해가 일어나면 자리에서 쫓겨나거나 죽임을 당하기도 하였어요.

①영고라는 제천 행사를 열었다.
 ➡ 부여는 12월에 영고라는 제천 행사를 열어 농사가 잘 되기를 빌었어요.

② 신성 지역인 소도가 존재하였다.
 ➡ 삼한에는 제사장인 천군과 천군이 다스리는 신성 지역인 소도가 있었어요. 이를 통해 삼한은 제정 분리 사회였음을 짐작할 수 있어요.

③ 혼인 풍습으로 민며느리제가 있었다.
 ➡ 옥저에는 혼인을 약속한 여자아이를 남자 집에서 데려다 키운 후, 나이가 차면 여자 집에 예물을 주고 정식으로 혼인하는 풍습인 민며느리제가 있었어요.

④ 읍락 간의 경계를 중시하는 책화가 있었다.
 ➡ 동예에는 다른 부족의 경계를 침범하면 노비, 소, 말 등으로 변상하게 하는 책화라는 풍습이 있었어요.

이것도! 정답선택지

⑤ 범금 8조가 있었다. (○ , ×)
⑥ 낙랑군과 왜에 철을 수출하였다. (○ , ×)
⑦ 남의 물건을 훔쳤을 때는 12배로 갚게 하였다. (○ , ×)

정답 ⑤ × ⑥ × ⑦ ○

03 고구려 장수왕의 업적

정답 ②

다음 검색창에 들어갈 왕으로 옳은 것은?

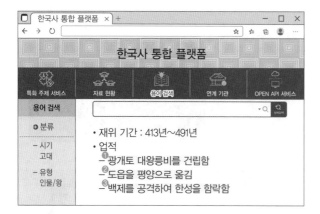

키워드 문제분석

❶ 광개토 대왕릉비를 건립함 + ❷ 도읍을 평양으로 옮김 + ❸ 백제를 공격하여 한성을 함락함 = 고구려 장수왕

고구려 장수왕은 아버지 광개토 대왕의 뒤를 이어 고구려의 제20대 왕으로 즉위하였어요. 장수왕은 수도를 국내성에서 평양으로 옮긴 후 본격적인 남진 정책을 추진하였어요. 이에 위협을 느낀 신라와 백제는 동맹을 체결하여 고구려에 대항하였어요. 결국 장수왕은 백제의 한성을 함락하여 개로왕을 죽이고 한강 유역을 차지하면서 한반도 중부 지역까지 영토를 확장하였어요. 한편, 장수왕은 아버지 광개토 대왕의 업적을 기리기 위해 광개토 대왕릉비를 건립하였어요.

① 미천왕
➡ 미천왕은 낙랑군을 몰아내어 대동강 유역까지 영토를 확장하였어요.

②장수왕
➡ 장수왕은 국내성에서 평양으로 천도한 이후 본격적인 남진 정책을 추진하였어요.

③ 고국천왕
➡ 고국천왕은 을파소의 건의를 받아들여 빈민을 구제하기 위한 진대법을 시행하였어요.

④ 소수림왕
➡ 소수림왕은 불교를 공인하고 율령을 반포하는 등 중앙 집권 체제를 확립하였어요.

04 칠석

정답 ④

밑줄 그은 '그날'에 해당하는 세시 풍속으로 옳은 것은?

키워드 문제분석

❶ 일 년 중 한번 직녀님을 만나는 날 = 칠석

① 단오
➡ 단오는 음력 5월 5일로, 수릿날·천중절·중오절이라고도 해요. 창포물에 머리 감기, 그네뛰기, 씨름, 봉산 탈춤 등의 풍속이 있었고 임금이 신하들에게 부채를 나누어 주기도 하였어요. 음식으로 수리취떡, 쑥떡 등을 먹었어요.

② 동지
➡ 동지는 양력 12월 22일경으로, 일 년 중 밤의 길이가 가장 긴 날이에요. 주로 새알심을 넣은 팥죽과 동치미를 먹었는데, 팥의 붉은색이 귀신을 물리친다고 여겨 집 안 곳곳에 팥죽을 놓아두었어요.

③ 추석
➡ 추석은 음력 8월 15일로, 한가위·중추절·가배라고도 해요. 조상께 가을철 풍성한 수확에 대해 감사를 전하는 날로, 성묘, 차례, 줄다리기, 강강술래, 씨름, 가마싸움 등의 풍속이 있었어요. 음식으로 송편, 시루떡, 토란국 등을 먹었어요.

④칠석
➡ 칠석은 음력 7월 7일로, 견우와 직녀가 만나는 날로 전해져요. 시 짓기, 칠석 놀이, 햇볕에 옷과 책 말리기 등의 풍속이 있었고 호박전, 밀전병, 밀국수 등을 먹었어요.

05 백제 성왕의 정책 　정답 ④

(가) 왕에 대한 설명으로 옳은 것은?

부여 야행, 백제의 밤을 느끼다

[(가)] 이/가 도읍으로 정한 부여에서 열리는
다양한 행사에 참여해 보세요.

행사1 정림사지 오층 석탑 탑돌이
행사2 궁남지에서 연꽃 유등 띄우기

키워드 문제분석

❶ 부여를 도읍으로 정함 = 백제 성왕

　백제는 고구려 장수왕에게 한성을 빼앗기자 문주왕 때 웅진(공주)
으로 수도를 옮겼어요. 이후 성왕은 백제의 중흥을 위하여 사비(부여)
로 수도를 옮기고 국호를 '남부여'로 고쳤어요.

① 왜에 칠지도를 보냈다.
　➡ 근초고왕 때 백제는 중국 남조의 동진 및 일본의 규슈 지방과
　　교류하였는데, 일본과의 교류를 보여 주는 유물로는 칠지도가
　　있어요.

② 동진으로부터 불교를 받아들였다.
　➡ 침류왕은 동진의 마라난타를 통해 불교를 수용하였어요.

③ 신라를 공격하여 대야성을 점령하였다.
　➡ 의자왕은 윤충을 보내 신라의 대야성을 공격하였어요. 대야성
　　전투는 신라에 큰 타격을 주었고, 신라에서 김춘추를 보내 당과
　　동맹을 체결하는 계기가 되었어요.

④ 진흥왕과 연합하여 한강 하류 지역을 되찾았다.
　➡ 성왕은 신라 진흥왕과 연합하여 고구려를 공격해 한강 하류 지
　　역을 되찾았으나 곧이어 신라군의 기습 공격을 받아 다시 빼앗
　　겼어요. 이에 분노한 성왕은 신라 공격에 나섰다가 관산성 전투
　　에서 전사하였어요.

이것도! 정답선택지

⑤ 중앙 관청을 22부로 확대하였다. 　　　　(○ , ×)
⑥ 고흥에게 역사서인 서기를 편찬하게 하였다. 　(○ , ×)

정답 ⑤ ○ ⑥ ×

06 삼국 통일 과정 　정답 ③

(가)~(다)를 일어난 순서대로 옳게 나열한 것은?

만화로 보는 삼국 통일 과정

❶ 고구려 평양성이 　❷ 왜군이 백강 전투에서 　❸ 신라군이 기벌포에서
　함락되었다. 　　　　패배하였다. 　　　　당군에 승리하였다.
　(가) 　　　　　　　(나) 　　　　　　　　(다)

키워드 문제분석

❶ 고구려 평양성이 함락됨 = (가) 고구려 멸망(668)
❷ 왜군이 백강 전투에서 패배함 = (나) 백강 전투(663)
❸ 신라군이 기벌포에서 당군에 승리함
　= (다) 기벌포 전투(676)

(나) 백제 멸망(660) 이후 복신과 도침은 주류성에서, 흑치상지는 임
　　존성에서 백제 부흥 운동을 전개하였어요. 백제 부흥 운동 세력
　　은 왜와 연합하여 백강 전투에서 나·당 연합군과 싸웠으나 패배
　　하였고, 결국 백제 부흥 운동은 실패로 끝났어요.

(가) 고구려에서는 최고 권력자였던 연개소문이 죽은 뒤 권력 다툼이
　　벌어졌어요. 연개소문의 첫째 아들인 연남생은 당에 항복하였
　　고, 연개소문의 동생인 연정토는 신라에 항복하였어요. 이후
　　668년에 고구려는 나·당 연합군에 평양성이 함락되면서 멸망하
　　였어요.

(다) 당은 백제와 고구려의 멸망 이후 한반도 전체를 지배하려는 야
　　욕을 드러냈어요. 이에 신라는 매소성 전투에서 당의 육군을,
　　기벌포 전투에서 당의 수군을 격파하고 676년에 삼국 통일을
　　완성하였어요.

① (가) – (나) – (다)
② (가) – (다) – (나)
③ (나) – (가) – (다)
　➡ (나) 백강 전투(663) → (가) 고구려 멸망(668) → (다) 기벌포 전투
　　(676)
④ (다) – (가) – (나)

밑줄 그은 '이 왕'의 업적으로 옳은 것은?

❶문무왕의 아들인 <u>이 왕</u>은 동해에 작은 산이 떠다닌다는 이야기를 듣고 이견대로 갔어요. 용이 나타나 말하기를, 산에 있는 대나무로 피리를 만들면 천하가 평온해질 것이라고 했어요. 이후 그 대나무로 피리를 만들어 ❷만파식적이라 부르고, 나라의 보물로 삼았어요.

키워드 문제분석

❶ 문무왕의 아들 + ❷ 만파식적 = 신라 신문왕

만파식적 설화는 신문왕이 아버지 문무왕을 위해 감은사를 짓고 용에게 대나무를 받아 '만파식적'이라는 피리를 만들었는데, 이 피리를 불면 나라의 근심과 걱정이 사라졌다는 설화예요. 여기서 '만파식적'은 신문왕 때 정치가 안정되고 나라가 발전한 모습을 상징적으로 나타내는 것으로 알려져 있어요.

①국학을 설립하였다.
➡ **신라 신문왕**은 유교적 소양을 갖춘 인재를 양성하기 위해 최고 교육 기관으로 국학을 설립하였어요.

② 우산국을 정벌하였다.
➡ **신라 지증왕** 때 이사부는 우산국(울릉도 일대)을 정벌하였어요.

③ 천리장성을 축조하였다.
➡ **고구려 영류왕** 때 당의 침입에 대비하여 천리장성을 축조하였고, 보장왕 때 완성되었어요. 고려 시대에는 덕종 때 국경 지대인 압록강에서 도련포까지 천리장성 축조가 시작되어 정종 때 완성되었어요.

④ 화랑도를 국가 조직으로 개편하였다.
➡ **신라 진흥왕**은 화랑도를 국가적인 조직으로 개편하여 인재를 육성하였고, 화랑도는 신라의 삼국 통일에 크게 기여하였어요.

이것도! 정답선택지

⑤ 독서삼품과를 실시하였다. (○ , ×)
⑥ 김흠돌의 난을 진압하였다. (○ , ×)
⑦ 관료전을 지급하고 녹읍을 폐지하였다. (○ , ×)

정답 ⑤ × ⑥ ○ ⑦ ○

(가)에 들어갈 문화유산으로 옳은 것은?

❶백제 무왕이 건립한 사찰의 터에는 목탑 양식이 반영된 석탑이 남아 있습니다. 이 석탑의 복원 공사 중에 사리장엄구와 금제 사리봉영기가 발견되었습니다.

(가)

키워드 문제분석

❶ 백제 무왕이 건립한 사찰의 터에 있는 목탑 양식이 반영된 석탑 + ❷ 복원 공사 중에 사리장엄구와 금제 사리봉영기가 발견됨 = 익산 미륵사지 석탑

익산 미륵사지 석탑은 백제의 석탑으로, 현존하는 삼국 시대 석탑 중 가장 규모가 크며 목탑 양식이 반영되었어요. 무왕이 건립한 익산 미륵사에 세워졌으며, 이 탑에서 금제 사리봉영기가 발견되어 석탑의 건립 연도가 밝혀졌어요.

①
경천사지 십층 석탑
➡ 개성 경천사지 10층 석탑은 고려 시대에 건립된 석탑으로, 원의 영향을 받아 대리석으로 만들어졌어요.

②
화엄사 사사자 삼층 석탑
➡ 화엄사 4사자 3층 석탑은 **신라**의 석탑으로, 기단과 탑신에 화려한 조각이 새겨져 있어요.

③
미륵사지 석탑
➡ 익산 미륵사지 석탑은 목탑 양식을 계승한 **백제**의 석탑이에요.

④
분황사 모전 석탑
➡ 경주 분황사 모전 석탑은 현존하는 **신라** 석탑 중 가장 오래된 석탑이에요.

09 신라 말의 상황

정답 ②

밑줄 그은 '이 시기'에 볼 수 있는 모습으로 가장 적절한 것은?

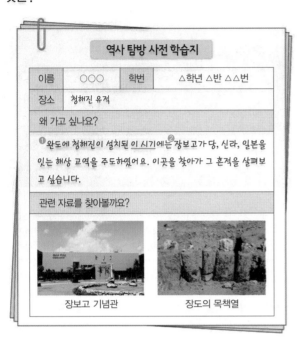

역사 탐방 사전 학습지

이름	○○○	학번	△학년 △반 △△번
장소	청해진 유적		

왜 가고 싶나요?

❶완도에 청해진이 설치된 이 시기에는 ❷장보고가 당, 신라, 일본을 잇는 해상 교역을 주도하였어요. 이곳을 찾아가 그 흔적을 살펴보고 싶습니다.

관련 자료를 찾아볼까요?

장보고 기념관 　　　　장도의 목책열

키워드 문제분석

❶ 완도에 청해진이 설치된 시기 + ❷ 장보고 = 신라 말

　신라 말 장보고는 당에서 군인으로 활약하다가 귀국한 후 왕의 후원 아래 완도에 청해진을 건설하였어요. 장보고는 청해진을 거점으로 해적을 소탕하고 해상 무역을 전개하여 서·남해의 해상 무역권을 장악하였어요. 또한, 무역으로 축적한 경제력을 바탕으로 산둥반도 일대에 신라인의 불교 사찰인 법화원을 세워 운영하였어요.

① 분청사기를 만드는 도공
➡ 조선 전기에는 분청사기가 유행하였으나 16세기 이후에는 백자가 본격적으로 생산되면서 그 생산이 줄었어요.

②녹읍을 지급받는 진골 귀족
➡ 신라 말에는 신문왕 때 폐지되었다가 경덕왕 때 부활한 녹읍이 귀족들에게 지급되었어요.

③ 장시에서 책을 읽어 주는 전기수
➡ 조선 후기에 《홍길동전》, 《춘향전》, 《박씨전》, 《심청전》 등 한글 소설이 유행하였고, 이에 따라 사람이 많이 모이는 곳에서 돈을 받고 책을 읽어 주는 전기수라는 새로운 직업이 등장하였어요.

④ 상평통보로 물건값을 치르는 농민
➡ 조선 후기에 상공업 발달과 대동법 실시 등으로 상평통보가 전국적으로 유통되어 화폐로 사용되었어요.

10 발해의 문화유산

정답 ④

다음 특별전에 전시될 문화유산으로 적절하지 않은 것은?

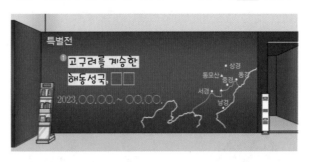

키워드 문제분석

❶ 고구려를 계승한 해동성국 = 발해

　발해는 고구려 출신인 대조영이 세운 나라로, 스스로 고구려 계승 의식을 분명히 나타냈어요. 일본과 주고받은 외교 문서에 발해와 고구려의 연관성을 인정하는 기록이 남아 있고 온돌, 기와 무늬 등에서도 발해가 고구려의 문화를 계승한 것을 알 수 있어요. 한편, 발해는 중국으로부터 '바다 동쪽의 번성한 나라'라는 뜻의 해동성국으로 불리기도 하였어요.

①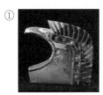

치미

➡ 발해의 치미는 고구려의 치미와 비슷한 모양이에요.

②

연꽃무늬 수막새

➡ 발해의 연꽃무늬 수막새는 고구려의 연꽃무늬 수막새와 비슷한 모습이에요.

③

이불병좌상

➡ 발해의 이불병좌상은 고구려의 영향을 받았으며, 동경 용원부의 유적에서 발견되었어요.

④

성덕 대왕 신종

➡ 신라의 성덕 대왕 신종은 경덕왕이 아버지 성덕왕의 공덕을 기리기 위해 만들기 시작하여 혜공왕 때 완성된 것으로, 우리나라에 남아 있는 가장 큰 종이에요.

다음 사건이 일어난 시기를 연표에서 옳게 고른 것은?

❶ 견훤이 나주로 도망쳐 와 귀부하기를 청한다고 합니다.

장군 유금필 등을 보내 정중히 맞아오도록 하라.

887	896	918	927	936
(가)	(나)	(다)	(라)	
진성 여왕 즉위	적고적의 난	고려 건국	공산 전투	후삼국 통일

키워드 문제분석

❶ 견훤이 귀부하기를 청함 = 견훤의 귀순(935)

후백제에서는 왕위 계승 다툼으로 견훤의 첫째 아들 신검이 난을 일으켜 동생인 금강을 죽이고 견훤을 금산사에 유폐하였어요. 이후 견훤은 금산사를 탈출하여 고려에 귀순하였어요.

① (가)　　② (나)　　③ (다)　　④ (라)

➡ 후고구려의 궁예가 폭정을 계속하자 신하들은 왕건을 왕으로 추대하였고, 왕건은 국호를 '고려'라 하고 송악으로 천도하였어요. 후백제를 세운 견훤은 신라의 수도 금성을 공격하여 경애왕을 죽게 하고 경순왕을 세웠어요. 이에 왕건이 이끈 고려군은 신라를 지원하여 **공산 전투**에서 후백제군과 싸웠으나 신하 신숭겸이 죽는 등 크게 패하였어요(927). 이후 왕건은 고창 전투에서 후백제군을 상대로 승리하면서 후삼국 통일의 주도권을 잡았어요. 한편, 후백제에서 왕위 계승 다툼이 일어나 **견훤이 고려로 귀순**하였고(935), 신라도 스스로 고려에 항복하였어요. 결국 고려는 신검의 후백제군을 상대로 일리천 전투 등에서 승리하며 **후삼국을 통일**하였어요(936).
따라서, 견훤의 귀순이 일어난 시기는 '공산 전투(927)'와 '후삼국 통일(936)' 사이의 시기인 **(라)**예요.

밑줄 그은 '전쟁'에 대한 탐구 활동으로 가장 적절한 것은?

이 성벽은 북방 세력의 침입에 대비하여 강감찬의 건의로 개경 외곽에 쌓은 나성의 일부입니다. 고려와 거란의 **전쟁**이 끝난 후 현종 20년에 완공되었습니다.

고려 성종 때 거란이 1차 침입을 일으켰는데, 이때 서희가 거란 장수 소손녕과 외교 담판을 벌여 송과의 관계를 끊고 거란과 교류하기로 약속하고 강동 6주를 획득하였어요. 하지만 고려가 송과의 관계를 계속 유지하자 거란은 강조의 정변을 구실로 2차 침입을 일으켰어요. 이때 현종이 나주까지 피란하였으나 양규의 활약으로 거란은 철수하였어요. 거란의 3차 침입 때는 강감찬이 귀주 대첩에서 활약하여 거란군을 물리쳤고, 이후 고려는 나성과 천리장성을 쌓아 외적의 침입에 대비하였어요.

① 귀주 대첩의 의의를 파악한다.
➡ 고려 현종 때 거란은 강동 6주의 반환을 요구하며 3차 침입을 일으켰어요. 이때 강감찬이 귀주에서 **거란군**을 크게 **격퇴**하였는데, 이를 귀주 대첩이라고 해요.

② 위화도 회군의 결과를 조사한다.
➡ 고려 우왕 때 요동 정벌을 위해 출병한 이성계는 위화도 회군을 단행하여 개경으로 돌아온 후 최영을 제거하고 실권을 잡았어요.

③ 안시성 전투의 전개 과정을 살펴본다.
➡ 고구려 보장왕 때 당 태종은 연개소문의 정변을 구실로 고구려를 침략하였어요. 고구려는 요동성, 백암성이 함락되는 위기를 맞기도 하였으나 안시성 전투에서 당군을 격퇴하였어요.

④ 진포 전투에서 새롭게 사용된 무기를 찾아본다.
➡ 고려 우왕 때 최무선의 건의에 따라 화통도감이 설치되었어요. 최무선과 나세, 심덕부 등은 이곳에서 생산한 화약과 화포 등을 이용하여 진포에 침입한 왜구를 격퇴하였는데, 이를 진포 전투라고 해요.

13 고려 성종의 정책

정답 ③

다음 퀴즈의 정답으로 옳은 것은?

한국사 퀴즈 대회

1단계 ❶국자감 정비

2단계 ❷건원중보 발행

3단계 ❸최승로의 시무 28조 수용

제시된 힌트를 종합하여 알 수 있는 고려의 왕은 누구일까요?

키워드 문제분석

❶ 국자감 정비 + ❷ 건원중보 발행 +
❸ 최승로의 시무 28조 수용 = 고려 성종

❶ 성종은 국자감을 정비하여 유학 교육을 장려하였어요.

❷ 성종 때 우리 역사상 최초의 금속 화폐인 건원중보가 주조되었지만, 널리 유통되지는 못하였어요.

❸ 성종은 최승로의 시무 28조를 받아들여 유교 정치 이념을 바탕으로 통치 체제를 정비하였어요.

① 광종
➡ 광종은 왕권 강화를 위해 **노비안검법**을 시행하였고, 쌍기의 건의를 받아들여 처음으로 **과거제**를 실시하였어요.

② 문종
➡ 문종 때 시전의 상행위를 감독하는 **경시서**를 설치하여 운영하였고, 전시과를 개정하여 현직 관리에게만 토지를 지급하게 하였어요.

③성종
➡ 성종은 최승로의 건의를 받아들여 전국의 주요 지역에 **12목**을 설치하고 지방관을 파견하였어요.

④ 예종
➡ 예종 때 관학을 진흥시키기 위해 국자감에 전문 강좌인 **7재**가 개설되었고, 장학 재단인 **양현고**가 운영되었어요.

14 고려의 경제 상황

정답 ③

다음 대화가 이루어진 시기의 경제 상황으로 가장 적절한 것은?

자네 들었는가? 송 사신단이 곧 수도 개경에 도착한다고 하더군.

사신단의 규모가 엄청나다니 가져온 물품도 상당하겠어.

키워드 문제분석

❶ 송 사신단이 곧 수도 개경에 도착함 = 고려

고려 시대에 송으로부터 들어오는 물품은 주로 개경에 사는 왕실과 귀족들이 소비하였기 때문에 개경과 가까운 예성강 하구의 벽란도가 국제 무역항으로 번성하였어요.

① 공인이 관청에 물품을 조달하였다.
➡ 조선 후기에 대동법이 시행되면서 관청에서 공가를 받고 필요한 물품을 마련하여 궁궐과 관청에 조달하는 공인이 등장하였어요. 공인의 활동은 상공업이 발달하고 상품 화폐 경제가 발달하는 데 기여하였어요.

② 모내기법이 전국적으로 확산되었다.
➡ 조선 후기에는 수리 시설의 확충으로 모내기법이 전국으로 확산되었어요.

③벽란도가 국제 무역항으로 기능하였다.
➡ 고려 시대에 번성한 국제 무역항인 벽란도에는 송의 상인은 물론 아라비아 상인도 드나들었어요.

④ 고추와 담배가 상품 작물로 재배되었다.
➡ 조선 후기에는 인삼, 담배, 면화, 고추 등의 상품 작물이 재배되었고, 청과의 무역이 활발해지면서 국경을 중심으로 공무역(개시)과 사무역(후시)이 이루어지기도 하였어요.

이것도! 정답선택지

⑤ 활구라고 불리는 은병이 유통되었다. (○ , ×)

⑥ 시장을 감독하기 위한 기구로 동시전이 설치되었다. (○ , ×)

정답 ⑤ ○ ⑥ ×

15 몽골의 침입과 고려의 대응

정답 ②

(가)에 들어갈 내용으로 가장 적절한 것은?

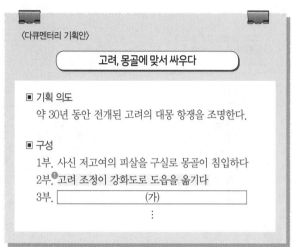

〈다큐멘터리 기획안〉

> **고려, 몽골에 맞서 싸우다**

■ 기획 의도
  약 30년 동안 전개된 고려의 대몽 항쟁을 조명한다.

■ 구성
  1부. 사신 저고여의 피살을 구실로 몽골이 침입하다
  2부.❶고려 조정이 강화도로 도읍을 옮기다
  3부. ┌─────── (가) ───────┐
     ⋮

키워드 문제분석

❶ 고려 조정이 강화도로 도읍을 옮김
= 고려의 강화도 천도(1232)

고려 고종 때 몽골은 고려에 보낸 사신 저고여의 피살 사건을 구실로 1231년에 고려를 침략하였어요. 최씨 무신 정권을 이끌던 최우는 일단 강화를 요청하여 몽골군을 물러나게 하고, 1232년에 도읍을 강화도로 옮겨 장기 항전을 준비하였어요.

① 윤관이 별무반 편성을 건의하다
  ➡ 1104년 고려 숙종 때 윤관은 여진을 정벌하기 위해 별무반 편성을 건의하였고, 예종 때 별무반을 이끌고 여진을 정벌한 후 동북 9성을 축조하였어요.

②김윤후가 처인성 전투에서 활약하다
  ➡ 1232년 고려 고종 때 일어난 몽골의 2차 침입 당시 김윤후는 처인성에서 몽골 장수 살리타를 사살하고 몽골군을 격퇴하였어요.

③ 을지문덕이 살수에서 적군을 물리치다
  ➡ 612년 고구려 영양왕 때 을지문덕이 이끄는 고구려군이 수의 군대를 살수에서 크게 물리쳤는데, 이를 살수 대첩이라고 해요.

④ 서희가 외교 담판을 통해 강동 6주 지역을 확보하다
  ➡ 993년 고려 성종 때 거란의 1차 침입이 일어났는데, 서희는 거란 장수 소손녕과 외교 담판을 벌여 전쟁 없이 거란군을 물러가게 하고 강동 6주를 획득하였어요.

16 고려의 문화유산

정답 ④

(가)에 들어갈 가상 우표로 가장 적절한 것은?

저희 모둠은 태조 왕건이 세운 국가의 대표적인 문화유산을 소재로 우표 도안을 만들었습니다.

〈수행 과제 발표〉

②수월관음도 ③팔만대장경판 ④부석사 무량수전 (가)

키워드 문제분석

❶ 태조 왕건이 세운 국가 + ❷ 〈수월관음도〉 +
❸ 팔만대장경판 + ❹ 부석사 무량수전 = 고려

❶ 후고구려를 세운 궁예가 폭정을 이어가자 신하들이 궁예를 몰아내고 왕건을 왕으로 추대하였어요. 태조 왕건은 국호를 '고려'로 하고 송악으로 천도하였어요.

❷ 고려 후기에는 왕실이나 귀족들의 평안과 극락왕생을 기원하는 불화가 많이 제작되었는데, 〈수월관음도〉가 대표적이에요.

❸ 고려는 몽골의 침입을 부처의 힘으로 물리치고자 팔만대장경을 만들었어요. 팔만대장경은 현재 합천 해인사 장경판전에 보관되어 있고, 2007년에 유네스코 세계 기록 유산으로 등재되었어요.

❹ 영주 부석사 무량수전은 고려 시대를 대표하는 주심포 양식의 목조 건축물이에요.

①
  산수무늬 벽돌
  ➡ 산수무늬 벽돌은 백제의 문화유산으로, 도교적 색채가 드러나 있어요.

②
  도기 바퀴장식 뿔잔
  ➡ 도기 바퀴장식 뿔잔은 가야의 문화유산으로, 가야의 뛰어난 기술을 엿볼 수 있어요.

③
  황남대총 금관
  ➡ 황남대총 금관은 신라의 문화유산이에요.

④
  청자 상감 운학문 매병
  ➡ 청자 상감 운학문 매병은 고려 시대에 상감 기법을 이용하여 만든 상감 청자예요.

17 고려 공민왕 재위 시기의 사실

정답 ③

밑줄 그은 '왕'의 재위 기간에 있었던 사실로 옳은 것은?

> 왼편은 기철 등 친원파를 제거하고 정동행성 이문소를 폐지한 왕의 무덤이야.

> 오른편은 왕비 노국 대장 공주의 무덤이야. 왕과 왕비를 나란히 같은 곳에 모셨대.

키워드 문제분석

❶ 기철 등 친원파를 제거하고 정동행성 이문소를 폐지한 왕 = 고려 공민왕

고려 공민왕은 원의 세력이 약화된 틈을 이용하여 반원 자주 정책을 펼쳤어요. 친원 세력인 기철 세력을 숙청하고 원이 설치하여 고려의 내정을 간섭하던 기구인 정동행성 이문소를 폐지하였으며 격하된 관제를 복구하였어요. 또한, 신돈을 등용하여 전민변정도감을 설치하고 정방을 폐지하는 등 왕권 강화 정책도 펼쳤어요.

① 동북 9성을 축조하였다.
→ 고려 예종 때 윤관은 별무반을 이끌고 여진을 정벌한 후 동북 9성을 축조하였어요.

② 독서삼품과가 실시되었다.
→ 신라 원성왕은 국학 학생들을 대상으로 유교 경전에 대한 이해 수준의 정도를 평가하여 관리 선발에 참고하는 독서삼품과를 시행하였어요.

③ 쌍성총관부를 공격하였다.
→ 고려 공민왕은 유인우, 이자춘 등을 보내 쌍성총관부를 공격하여 원이 빼앗아간 철령 이북의 영토를 수복하였어요.

④ 백두산정계비가 건립되었다.
→ 조선 숙종 때 간도 지역에서 조선과 청 백성 사이에 갈등이 빈번하게 발생하자 양국의 관리가 백두산 일대를 답사한 후 백두산정계비를 세워 국경을 정하였어요.

18 정도전의 활동

정답 ④

(가)에 해당하는 인물로 옳은 것은?

> 이곳 경복궁은 조선의 궁궐로 (가) 이/가 이름 지었어. 국왕과 백성이 만년토록 태평하며 큰 복을 누리기를 바란다는 의미가 담겨 있어. 그는 새 왕조의 통치 방향을 제시한 조선경국전도 저술하였지.

키워드 문제분석

**❶ '경복궁'이라는 이름을 지음 +
❷ 《조선경국전》을 저술함 = 정도전**

정도전은 이성계를 도와 조선 건국을 주도한 인물이에요. 정도전은 재상 중심의 정치를 주장하였는데, 이는 그가 지은 《조선경국전》과 《경제문감》을 통해 알 수 있어요. 한편, 정도전은 태조 이성계가 조선 건국 이후 한양으로 천도하면서 건립한 조선의 첫 번째 궁궐인 경복궁의 주요 전각의 명칭을 정하였어요.

①
송시열

②
채제공

→ 송시열은 서인의 지도자로, 조선 효종 때 기축봉사를 올려 명에 대한 의리를 강조하고 북벌을 주장하였어요.

→ 채제공은 조선 정조의 탕평책을 추진한 인물로, 육의전을 제외한 시전 상인의 금난전권을 폐지하는 신해통공을 주도하였어요.

③
정몽주

④
정도전

→ 정몽주는 고려 말의 성리학자로 온건 개혁파 신진 사대부를 대표하는 인물이에요. 이성계 세력이 주도한 조선 건국에 반대하였고, 결국 이방원 세력에 의해 살해되었어요.

→ 정도전은 《불씨잡변》을 지어 불교의 폐단을 비판하였어요. 또한, 《조선경국전》 등을 저술하여 재상 중심의 정치를 주장하였어요.

19 의금부

정답 ②

(가)에 들어갈 기구로 옳은 것은?

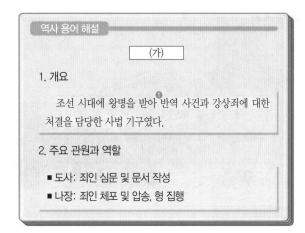

역사 용어 해설

(가)

1. 개요

조선 시대에 왕명을 받아 **①**반역 사건과 강상죄에 대한 처결을 담당한 사법 기구였다.

2. 주요 관원과 역할

■ 도사: 죄인 심문 및 문서 작성
■ 나장: 죄인 체포 및 압송, 형 집행

키워드 문제분석

① 반역 사건과 강상죄에 대한 처결을 담당한 사법 기구
= 의금부

① 사헌부

➡ 사헌부는 관리 감찰 기관으로, 사헌부와 사간원의 소속 관원인 대간은 5품 이하의 관리 임명에 대한 서경권을 행사하였어요.

②의금부

➡ 의금부는 **국왕 직속 특별 사법 기구**로 반역죄, 강상죄 등 중범죄를 처결하였어요.

③ 춘추관

➡ 춘추관은 실록 등 역사서를 편찬·보관·관리하는 일을 담당하였어요. 왕이 죽으면 실록청을 설치하여 춘추관 관원들이 실록 편찬에 참여하였어요.

④ 홍문관

➡ 홍문관은 사간원, 사헌부와 함께 3사로 불리며 언론 기능을 담당하였어요.

20 조선 세조의 정책

정답 ①

(가)에 들어갈 내용으로 옳은 것은?

(앞면)

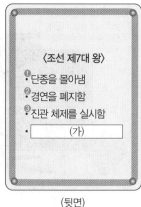

〈조선 제7대 왕〉

①단종을 몰아냄
②경연을 폐지함
③진관 체제를 실시함
(가)

(뒷면)

키워드 문제분석

① 단종을 몰아냄 + **②** 경연을 폐지함 +
③ 진관 체제를 실시함 = 조선 세조

① 문종이 일찍 죽은 후 어린 단종이 즉위하자 문종의 동생인 수양 대군이 난을 일으켜 권력을 장악하였는데, 이를 계유정난이라고 해요. 이후 수양 대군은 단종의 양위를 받아 세조로 즉위하였어요.

② 경연은 임금과 신하가 모여 유교 경전과 역사에 대해 연구하며 정책을 토론하던 자리로, 세조는 집현전과 경연을 폐지하였어요.

③ 세조는 지역 방어 체제로 진관 체제를 실시하였어요. 진관 체제는 각 요충지마다 진관을 설치하여 이를 중심으로 지역을 방어하는 체제로, 작은 규모의 전투에는 유리하지만 대규모의 적이 침입할 경우에는 방어가 어렵다는 단점이 있어요.

①직전법을 시행함

➡ **세조**는 수신전, 휼양전 등의 명목으로 세습되는 토지를 폐지하고 현직 관리에게만 수조지를 지급하는 직전법을 시행하였어요.

② 탕평비를 건립함

➡ **영조**는 붕당 정치의 폐단을 경계하고자 탕평책을 실시하였고, 이를 널리 알리려고 성균관 앞에 탕평비를 세웠어요.

③ 교정도감을 설치함

➡ **최충헌**은 고려 무신 집권기의 집권자로 희종 때 교정도감을 설치하여 국정을 총괄하는 최고 권력 기구로 삼고, 그 수장인 교정별감이 되어 국정 전반을 장악하였어요.

④ 금난전권을 폐지함

➡ **정조**는 육의전을 제외한 시전 상인의 금난전권을 폐지하는 신해통공을 단행하였고, 이로써 상업 활동이 자유로워지면서 사상이 성장하게 되었어요.

이것도! 정답선택지

⑤ 계미자를 주조함	(○ , ×)
⑥ 6조 직계제를 시행함	(○ , ×)

정답 ⑤ × ⑥ ○

21 병자호란

정답 ①

(가) 시기에 있었던 사실로 옳은 것은?

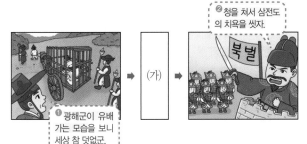

❷ 청을 쳐서 삼전도의 치욕을 씻자.

북벌

(가)

❶ 광해군이 유배가는 모습을 보니 세상 참 덧없군.

키워드 문제분석

❶ 광해군이 유배를 감

= 광해군이 폐위되어 강화도로 유배를 감(1623)

❷ 청을 쳐서 삼전도의 치욕을 씻고자 함

= 효종의 북벌 정책(1649~1659)

❶ 1623년에 서인 세력은 광해군이 영창 대군을 죽이고 인목 대비를 유폐한 일 등을 구실 삼아 반정을 일으켜 광해군을 폐하고 북인 세력을 몰아낸 후 인조를 왕위에 올렸어요(인조반정). 폐위된 광해군은 강화도로 유배되었어요.

❷ 효종은 병자호란으로 청에 볼모로 끌려갔다가 돌아온 후 1649년에 인조의 뒤를 이어 왕위에 올랐어요. 효종은 송시열 등 서인 세력과 함께 병자호란 때 청에 당한 수치를 씻고 명에 대한 의리를 지키기 위해 청을 정벌하자는 북벌 정책을 전개하였어요. 그러나 당시 조선 내부의 문제와 국제 상황 등으로 인해 실행하지는 못하였어요.

①병자호란이 일어났다.
➡ 1636년 인조 때 청은 조선에 군신 관계를 요구하며 병자호란을 일으켰어요.

② 4군 6진이 개척되었다.
➡ 1433년에 세종은 최윤덕과 김종서를 북방으로 파견하여 여진을 몰아내고 4군 6진을 개척하였어요.

③ 훈련도감이 창설되었다.
➡ 1593년 임진왜란 중에 선조는 유성룡의 건의를 받아들여 포수, 사수, 살수의 삼수병으로 구성된 훈련도감을 설치하였어요. 훈련도감은 급료를 받는 직업 군인이 주축을 이루었어요.

④ 외규장각 도서가 약탈되었다.
➡ 1866년 병인양요 당시 프랑스군은 퇴각하면서 외규장각에 보관하고 있던 《의궤》 등 수많은 외규장각 도서를 약탈해 갔어요.

22 조선 태종의 업적

정답 ③

(가) 왕의 업적으로 옳지 않은 것은?

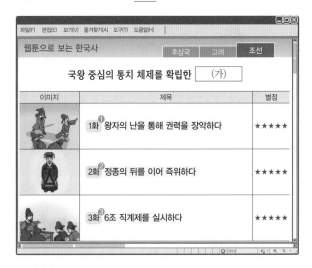

파일(F) 편집(E) 보기(V) 즐겨찾기(A) 도구(T) 도움말(H)

웹툰으로 보는 한국사 　후삼국　고려　조선

국왕 중심의 통치 체제를 확립한 　(가)

이미지	제목	별점
	1화 ❶왕자의 난을 통해 권력을 장악하다	★★★★★
	2화 ❷정종의 뒤를 이어 즉위하다	★★★★★
	3화 ❸6조 직계제를 실시하다	★★★★★

키워드 문제분석

❶ 왕자의 난을 통해 권력을 장악함 + ❷ 정종의 뒤를 이어 즉위함 + ❸ 6조 직계제를 실시함 = 조선 태종

조선 건국 초에 태조 이성계의 아들들 사이에서 왕위 계승권을 둘러싸고 두 차례 왕자의 난이 일어났어요. 1차 왕자의 난은 태조와 정도전 등이 여덟째 아들 방석을 세자로 책봉하자, 다섯째 아들 방원이 정도전 등 반대파를 죽이고 권력을 장악한 사건이에요. 이후 둘째 아들 방과가 세자에 책봉되었고 후에 정종으로 즉위하였어요. 2차 왕자의 난은 태조의 넷째 아들 방간이 방원의 정권 장악에 불만을 품고 난을 일으킨 사건이에요. 난을 진압한 방원은 정종의 뒤를 이어 태종으로 즉위하였어요. 한편, 태종은 6조에서 의정부를 거치지 않고 왕에게 직접 업무를 보고한 후 왕의 허락을 받아 시행하는 6조 직계제를 실시하였어요.

① 신문고를 설치하였다.
➡ 태종은 백성들의 억울한 일을 해결해 주기 위해 신문고를 처음 설치하였어요. 신문고는 연산군 때 폐지되었다가 영조 때 다시 설치되었어요.

② 계미자를 주조하였다.
➡ 태종은 활자를 만드는 관청인 주자소를 설치하여 구리 활자인 계미자를 주조하였어요.

③칠정산을 편찬하였다.
➡ 세종 때 최초로 한양을 기준으로 천체 운동을 계산한 역법서인 《칠정산》이 간행되었어요.

④ 호패법을 마련하였다.
➡ 태종은 전국의 인구 현황을 파악하여 조세 징수와 군역 부과에 활용하기 위해 16세 이상 남성에게 이름, 출생 연도, 신분 등을 새긴 신분증인 호패를 의무적으로 차고 다니게 한 호패법을 실시하였어요.

(가)에 들어갈 문화유산으로 옳은 것은?

❶ 종묘 앞에 처음 설치됨 +
❷ 영침의 그림자로 시각을 표시함 = 앙부일구

앙부일구는 세종 때 제작된 해시계로, 종묘 앞에 처음 설치되었어요. 오목한 내부면에 시각선을 그어 해의 그림자를 통해 시간을 알 수 있게 하였어요. 또한, 계절선이 그어져 있어 24절기를 알 수 있었기 때문에 달력의 역할도 하였어요.

① 자격루
  ➡ 자격루는 세종 때 장영실이 왕명을 받아 제작한 **물시계**예요.

② 측우기
  ➡ 측우기는 세종 때 **강우량**을 정확히 **측정**하여 농사짓는 데 도움을 받기 위해 처음 만들어졌어요.

③ 혼천의
  ➡ 혼천의는 세종 때 이천, 장영실 등이 제작한 **천문 관측 기구**예요. 혼천의는 이후에도 여러 차례 제작되었어요.

④ 앙부일구
  ➡ 앙부일구는 세종 때 제작된 **해시계**로, 시각은 물론 절기도 확인할 수 있었어요.

(가) 인물의 활동으로 옳은 것은?

❶ 현량과 실시와 위훈 삭제를 주장함 = 조광조

중종반정으로 연산군을 몰아낸 훈구 세력이 권력을 장악하자 중종은 이들을 견제하기 위해 조광조를 비롯한 사림을 등용하였어요. 조광조는 현량과 실시, 위훈 삭제 등의 급진적인 개혁을 추진하였는데, 중종과 훈구 세력이 반발하면서 조광조를 비롯한 많은 사림이 제거되었어요(기묘사화).

① 발해고를 저술하였다.
  ➡ 유득공은 《발해고》를 저술하여 발해를 우리 역사로 다루었고, 처음으로 통일 신라와 발해를 '남북국'이라고 칭하였어요.

② 대동여지도를 제작하였다.
  ➡ 김정호는 각 지역의 교통로, 읍성, 요충지는 물론, 산맥과 하천의 연결망도 상세히 표현한 대동여지도를 제작하였어요. 대동여지도는 10리마다 눈금을 표시하여 거리를 알 수 있었어요.

③ 백운동 서원을 건립하였다.
  ➡ 주세붕은 중종 때 우리나라 최초의 서원인 백운동 서원을 세웠어요. 백운동 서원은 이후 사액되면서 소수 서원으로 이름이 바뀌었어요.

④ 소격서 폐지를 건의하였다.
  ➡ **조광조**는 하늘에 제사 지내는 일을 담당하였던 소격서의 폐지를 건의하였어요.

25 임진왜란

정답 ③

다음 답사가 이루어진 장소로 적절하지 않은 것은?

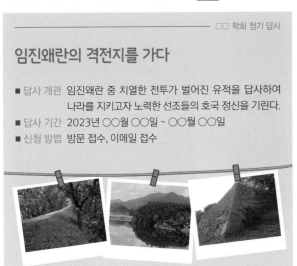

□□ 학회 정기 답사

임진왜란의 격전지를 가다

- **답사 개관** 임진왜란 중 치열한 전투가 벌어진 유적을 답사하여
나라를 지키고자 노력한 선조들의 호국 정신을 기린다.
- **답사 기간** 2023년 ○○월 ○○일 ~ ○○월 ○○일
- **신청 방법** 방문 접수, 이메일 접수

① 탄금대
➡ **임진왜란 발발 직후인 1592년 4월에 동래성을 함락한 일본군이** 북진하였는데, 이때 신립이 충주의 탄금대에서 배수의 진을 치고 항전하였지만 패배하고 말았어요(탄금대 전투).

② 행주산성
➡ **임진왜란 중인 1593년 2월 평양성 전투에서의 패배로 사기가** 떨어진 채 한양에 머무르고 있던 일본군은 마침 전라감사였던 권율이 한양을 되찾기 위하여 북진하던 중 행주산성에 머무르고 있다는 소식을 듣고 일시에 공격하였어요. 권율이 지휘한 조선군은 격전 끝에 일본군을 물리치고 큰 승리를 거두었어요(행주 대첩).

③ 수원 화성
➡ 1796년에 정조는 자신의 정치적 이상과 개혁 의지를 실현하고자 수원에 화성을 건설하고 정치·군사·상업 기능을 부여하였어요.

④ 울산 왜성
➡ 1597년 정유재란 당시 일본군이 쌓은 성곽인 울산 왜성에서 조선과 명의 연합군이 일본군과 격렬한 전투를 벌였어요.

26 균역법

정답 ②

(가)에 들어갈 제도로 옳은 것은?

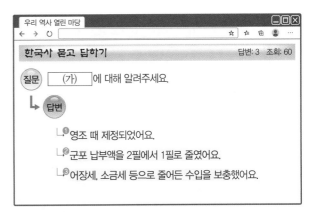

질문 [(가)]에 대해 알려주세요.

답변

└ ❶ 영조 때 제정되었어요.
└ ❷ 군포 납부액을 2필에서 1필로 줄였어요.
└ ❸ 어장세, 소금세 등으로 줄어든 수입을 보충했어요.

키워드 문제분석

❶ 영조 때 제정됨 +
❷ 군포 납부액을 2필에서 1필로 줄임 +
❸ 어장세, 소금세 등으로 줄어든 수입을 보충함 = **균역법**

균역법은 조선 영조가 백성들의 군포 부담을 줄여 주기 위해 군포를 1년에 2필에서 1필만 납부하게 한 제도예요. 영조는 군포 징수와 관련하여 여러 폐단이 나타나자 이를 해결하기 위해 균역청을 설치하고 균역법을 실시하였어요. 균역법의 시행으로 부족해진 재정은 선무군관포, 결작, 어장세·소금세(염전세)·선박세 등을 징수하여 보충하였어요.

① 과전법
➡ 고려 공양왕 때 이성계와 신진 사대부 세력의 주도로 과전법이 실시되었고, 과전법은 조선 세조가 직전법을 실시하기 전까지 시행되었어요.

②균역법
➡ **조선 영조는** 백성의 군포 부담을 줄여 주기 위해 군포를 1년에 2필에서 1필만 납부하게 하는 균역법을 제정하였어요.

③ 대동법
➡ 조선 광해군은 경기도에 한해서 대동법을 처음 실시하였어요. 대동법은 효종 때 김육의 건의로 충청도로 확대되었고, 숙종 때 전국적으로 시행되었어요.

④ 영정법
➡ 조선 인조는 풍흉에 관계없이 전세를 1결당 4~6두로 고정하는 영정법을 제정하였어요.

(가)에 들어갈 그림으로 옳은 것은?

메타버스에서 만나는 조선의 회화

두 그림은 조선 후기 풍속화가 신윤복의 작품입니다. 그는 양반의 풍류와 여성의 생활 등을 소재로 한 많은 작품을 남겼습니다.

(가)

단오풍정

학생1　학생2　학생3　해설사

　　조선 후기에는 사람들의 생활 모습을 그린 풍속화가 유행하였어요. 대표적인 화가로 혜원 신윤복과 단원 김홍도가 있어요. 신윤복은 양반의 풍류와 남녀 간의 애정을 해학적·감각적으로 표현하였고, 김홍도는 서민들의 일상생활을 익살스럽고 소탈하게 표현하였어요. 신윤복의 대표적인 작품으로는 〈단오풍정〉이 있어요.

①

씨름도

➡ 조선 후기에 김홍도가 그린 〈씨름도〉예요.

②

노상알현도

➡ 조선 후기에 김득신이 그린 〈노상알현도〉예요.

③

고사관수도

➡ 조선 전기에 강희안이 그린 〈고사관수도〉예요.

④

월하정인

➡ 조선 후기에 신윤복이 그린 〈월하정인〉이에요.

밑줄 그은 '봉기'에 대한 설명으로 옳은 것은?

이것은 1862년에 진주에서 일어난 농민 봉기의 주요 지점을 조선 시대 지도에 표시한 것입니다. 유계춘을 중심으로 모인 농민들은 축곡에서 모의하고 수곡에서 읍회를 연 뒤, 덕산 장시를 출발하여 진주성으로 진격했습니다.

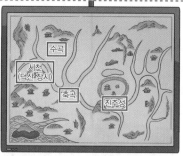

키워드 문제분석

❶ 1862년에 진주에서 일어난 농민 봉기 = 진주 농민 봉기

　　1862년에 경상남도 진주에서 유계춘을 중심으로 경상 우병사 백낙신의 부정부패에 항의하는 농민 봉기가 일어났어요. 이러한 진주 농민 봉기를 거치면서 농민 봉기가 전국으로 확산되었는데, 이를 임술 농민 봉기라고 해요. 조선 정부는 봉기를 수습하기 위해 박규수를 안핵사로 파견하고 삼정이정청을 설치하였어요.

① 김부식이 이끄는 관군에 진압되었다.
　➡ 고려 인종 때 김부식은 서경에서 묘청 등이 반란을 일으키자 군대를 이끌고 가서 진압하였어요.

②삼정이정청이 설치되는 계기가 되었다.
　➡ 조선 철종 때 진주 농민 봉기를 시작으로 임술 농민 봉기가 발생하자 정부는 봉기를 수습하기 위해 박규수를 안핵사로 파견하고 삼정이정청을 설치하였어요. 하지만 농민 봉기의 근본적인 원인을 해결하지는 못하였어요.

③ 서북인에 대한 차별에 반발하여 일어났다.
　➡ 조선 순조 때 홍경래, 우군칙 등이 서북인에 대한 차별과 지배층의 수탈에 반발하여 평안도 지역에서 봉기를 일으켰는데, 이를 홍경래의 난이라고 해요.

④ 흥선 대원군이 재집권하는 결과를 가져왔다.
　➡ 조선 고종 때인 1882년에 임오군란이 일어나자 정권을 다시 장악한 흥선 대원군은 개화 정책의 일환으로 설치된 별기군을 폐지하고 5군영을 부활시켰어요.

(가) 인물의 활동으로 옳은 것은?

> 남양주 (가) 유적지 내에 있는 이 가옥의 이름은❶여유당입니다. (가) 은/는 ❷목민심서 등 많은 책을 저술한 실학자로 유명합니다.

키워드 문제분석

❶ 여유당 + ❷《목민심서》를 저술함 = 정약용

❶ '여유당'은 정약용의 호예요.
❷ 정약용은 귀양살이를 하면서 지방 행정의 개혁에 관한 《목민심서》, 중앙 행정의 개혁에 관한 《경세유표》, 형법에 관한 《흠흠신서》, 마진(홍역)에 관한 의학서인 《마과회통》 등 다양한 저술을 남겼어요.

① 거중기를 설계하였다.
➡ **정약용**은 《기기도설》에 실린 도르래의 원리를 활용하여 거중기를 설계하였어요. 거중기는 수원 화성 축조에 이용되었어요.

② 몽유도원도를 그렸다.
➡ 안견은 조선 전기의 화가로, 안평 대군의 꿈을 소재로 한 〈몽유도원도〉를 그렸어요.

③ 동의보감을 완성하였다.
➡ 허준은 광해군 때 우리나라와 중국의 의서를 망라하여 전통 한의학을 체계적으로 정리한 《동의보감》을 완성하였어요.

④ 열하일기를 저술하였다.
➡ 박지원은 청에 다녀온 후 《열하일기》에서 수레와 선박의 필요성을 강조하였어요.

이것도! 정답선택지

⑤ 여전론을 주장하였다. (○ , ×)
⑥ 대동여지도를 제작하였다. (○ , ×)
⑦ 북한산비가 진흥왕 순수비임을 밝혔다. (○ , ×)

정답 ⑤ ○ ⑥ × ⑦ ×

다음 대화 이후에 있었던 사실로 옳은 것은?

> ❶ 며칠 전 미군이 포를 마구 쏘며 손돌목을 지나갔다고 하니 곧 큰일이 벌어지겠어.

> ❷ 어재연 장군이 이끄는 군사들이 광성보에서 대비하고 있으니 기대해 보세.

키워드 문제분석

❶ 미군이 포를 마구 쏘며 손돌목을 지나감 +
❷ 어재연 장군이 이끄는 군사들이 광성보에서 대비함
= 신미양요(1871)

미국은 1866년에 제너럴셔먼호 사건을 구실로 조선에 배상금 지불과 통상 조약 체결을 요구하였으나 거절당하였어요. 이를 계기로 1871년에 로저스 제독이 이끄는 군함을 파견하여 강화도를 침략하였어요(신미양요). 이때 어재연이 이끈 조선군이 광성보에서 끝까지 항전하였으나 결국 패하였어요. 그러나 이후에도 조선군이 끈질기게 저항을 계속하자 미국은 결국 강화도에서 철수하였어요.

① 병인박해가 일어났다.
➡ 1866년에 흥선 대원군은 프랑스 선교사를 포함하여 천주교 신자들을 처형하는 병인박해를 일으켰어요. 프랑스는 같은 해에 이 사건을 구실로 조선을 침략하였는데, 이를 병인양요라고 해요.

② 장용영이 창설되었다.
➡ 1793년에 조선 정조는 국왕의 친위 부대로 장용영을 설치하였고, 수원 화성에 장용영 외영을 두어 주둔하게 하였어요.

③ 척화비가 건립되었다.
➡ 1871년 신미양요 직후 흥선 대원군은 종로와 전국 각지에 척화비를 세워 통상 수교 거부 정책의 의지를 널리 알렸어요.

④ 화통도감이 설치되었다.
➡ 1377년 고려 우왕 때 최무선의 건의로 화통도감이 설치되어 화약과 화포가 제작되었어요. 이곳에서 제작된 화약과 화포는 왜구 격퇴에 활용되었어요.

밑줄 그은 '사절단'으로 옳은 것은?

이 그림은 1883년 미국 신문에 실린 삽화입니다. 푸트 미국 공사의 조선 부임에 대한 답례로 파견된 민영익 등의 사절단이 아서 대통령을 만나는 상황을 표현하였습니다.

키워드 문제분석

❶ 미국 공사의 조선 부임에 대한 답례로 파견된 민영익 등의 사절단 = 보빙사

1882년 조·미 수호 통상 조약 체결 이후 이듬해 한성에 미국 공사가 부임하였고, 이에 대한 답례로 조선 정부는 미국에 외교 사절인 보빙사를 파견하였어요. 전권대신 민영익, 홍영식, 서광범, 유길준 등이 포함되었고, 업무가 끝난 후 미국에 남아 유학한 유길준은 귀국 후 미국에서 보고 들은 근대적 모습을 기록한 《서유견문》을 집필하였어요.

① 보빙사
➡ 조선 정부는 조·미 수호 통상 조약 체결 이후 미국 공사의 부임에 대한 답례로 1883년에 **미국**으로 보빙사를 파견하였어요.

② 수신사
➡ 조선 정부는 강화도 조약 체결 이후인 1876년에 김기수를 제1차 수신사로 **일본**에 파견하였어요.

③ 영선사
➡ 조선 정부는 1881년에 김윤식을 대표로 유학생과 기술자들을 **청**에 영선사로 파견하였어요. 이들은 청의 근대식 무기 제조 공장인 기기국에서 무기 제조 기술을 배우고 돌아와 기기창 설립에 영향을 주었어요.

④ 조사 시찰단
➡ 조선 정부는 1881년에 박정양, 어윤중, 홍영식 등으로 구성된 조사 시찰단을 비밀리에 **일본**에 파견하여 일본 정부의 각 기관과 산업 시설 등을 시찰하도록 하였어요.

(가)에 해당하는 인물로 옳은 것은?

□□신문

제△△호　　　　　○○○○년 ○○월 ○○일

　(가)　, 쓰시마섬에서 순국하다

❶ 을사늑약 체결에 저항하여 태인에서 의병을 일으켰던 　(가)　이/가 오늘 절명하였다. 그는 관군이 진압하러 오자 같은 동포끼리는 서로 죽일 수 없다며 전투를 중단하고 체포되었다. 서울로 압송된 뒤 쓰시마섬에 끌려가 최후를 맞이하였다.

키워드 문제분석

❶ 을사늑약 체결에 저항하여 태인에서 의병을 일으킴
= 최익현

최익현은 어린 고종이 성장하여 친정(親政)이 가능한 나이가 되었음에도 흥선 대원군이 계속 실권을 쥐고 있자, 흥선 대원군의 정치를 비판하며 흥선 대원군이 정치에서 물러날 것을 촉구하는 내용의 상소를 올렸어요. 이를 계기로 흥선 대원군이 물러나고 고종의 친정이 이루어지게 되었어요. 이후 최익현은 을사늑약 체결에 반대하여 태인에서 의병을 일으켰다가(을사의병) 쓰시마섬(대마도)으로 유배되어 죽음을 맞이하였어요.

①
신돌석
➡ 신돌석은 을사의병 당시 평민 출신 의병장으로 활약하였어요.

②
최익현
➡ 최익현은 〈지부복궐척화의소〉를 올려 **왜양일체론**을 주장하며 개항에 반대하였어요.

③
안중근
➡ 안중근은 하얼빈역에서 초대 통감이었던 **이토 히로부미**를 사살하고 감옥에서 〈동양 평화론〉을 저술하였어요.

④
홍범도
➡ 홍범도가 이끈 대한 독립군은 대한 국민회군 등과 연합하여 봉오동 전투에서 일본군을 상대로 큰 승리를 거두었어요.

33 갑신정변

밑줄 그은 '비상 수단'에 해당하는 사건으로 옳은 것은?

> 나라를 어지럽히는 신하를 살해하고, 국왕을 보호하여 정령(政令)*의 남발을 막을 수밖에 없었다. 그러므로 희생을 무릅쓰고 비상 수단을 쓰기로 결심한 것이다.
>
> ❶홍영식 : 모의를 총괄한 제1인자
> ❶박영효 : 실행 총지휘
> ❶서광범 : ❷거사 계획 수립
> ❶김옥균 : 일본 공사관과의 교섭 및 통역
> ❶서재필 : 병사 통솔
>
> – 박영효의 회고 –
>
> *정령(政令) : 정치상의 명령

키워드 문제분석

❶ 홍영식, 박영효, 서광범, 김옥균, 서재필 +
❷ 거사 계획 = 갑신정변

1884년에 김옥균, 박영효, 서광범 등 급진 개화파는 우정총국 개국 축하연을 이용하여 정변을 일으키고 개화당 정부를 수립한 후 개혁 정강을 발표하였어요(갑신정변). 개화당 정부는 청과의 사대 관계 청산, 호조로의 재정 일원화, 지조법 개혁, 문벌 폐지, 인민 평등권 마련, 능력에 따른 인재 등용 등의 내용을 담은 개혁안을 발표하고 개혁을 추진하려 하였으나 청군의 개입으로 3일 만에 실패하였어요.

①갑신정변
➡ 1884년에 김옥균 등 급진 개화파는 우정총국 개국 축하연을 이용하여 갑신정변을 일으키고 개화당 정부를 수립하였지만 청군의 개입으로 3일 만에 실패로 끝났어요.

② 을미사변
➡ 1895년에 일본은 삼국 간섭의 영향으로 조선에서 친러 정책이 추진되자 위기를 느끼고 명성 황후를 시해하는 을미사변을 일으켰어요.

③ 삼국 간섭
➡ 1895년에 일본은 청·일 전쟁에서 승리한 결과 청으로부터 막대한 배상금과 함께 랴오둥반도와 타이완을 할양받았어요. 이에 위협을 느낀 러시아가 프랑스와 독일을 끌어들여 일본이 랴오둥반도를 청에 반환하도록 압력을 가하였는데, 이를 삼국 간섭이라고 해요.

④ 아관 파천
➡ 을미사변으로 신변에 위협을 느낀 고종은 1896년에 러시아 공사관으로 거처를 옮기는 아관 파천을 단행하였어요.

킬러 34 거문도 사건

다음 문서가 작성된 시기를 연표에서 옳게 고른 것은?

> ❶영국 공관에 보냄
>
> 근래 국내에 전해지는 소문을 통해❶귀국이 거문도에 뜻을 두고 있다는 것을 알았습니다. 이 섬은 우리나라의 땅으로, 다른 나라는 점유할 수 없는 곳입니다. 귀국처럼 공법에 밝은 나라가 이처럼 뜻밖의 일을 저지를 줄이야 어떻게 알 수 있었겠습니까?

1863	1876	1882	1894	1905
(가)	(나)	(다)	(라)	
고종 즉위	강화도 조약	임오 군란	갑오 개혁	을사 늑약

키워드 문제분석

❶ 영국이 거문도에 뜻을 두고 있음
= 거문도 사건(1885~1887)

① (가) ② (나) ③(다) ④ (라)

➡ 개항 후 조선에는 신식 군대인 별기군이 만들어졌어요. 별기군은 신식 무기를 지급받고 근대식 군사 훈련을 받았지만, 이에 반해 구식 군인들은 별기군에 비해 처우가 매우 열악하였어요. 그러던 중 13개월 만에 월급으로 지급된 쌀에 모래와 겨가 섞여 있자 이에 분노한 구식 군인들이 난을 일으켰는데, 이를 임오군란이라고 해요(1882). 이후 김옥균 등 급진 개화파는 우정총국 개국 축하연에서 갑신정변을 일으켜 개화당 정부를 수립하고 개혁 정강을 발표하였어요. 하지만 청군의 개입으로 3일 만에 실패하였어요(1884). 갑신정변 이후 청의 간섭이 심해지자 고종은 러시아와 교섭을 추진하였어요. 그러자 1885년에 영국은 러시아의 남하를 막는다는 구실로 거문도를 불법으로 점령하였어요(거문도 사건). 영국은 러시아로부터 조선을 침략하지 않겠다는 약속을 받아낸 후인 1887년에 철수하였어요. 이후 1894년에 조선에서는 고부 농민 봉기를 시작으로 동학 농민 운동이 전개되었어요. 외세의 개입을 막기 위해 조선 정부와 전주 화약을 체결한 이후 해산하였던 동학 농민군은 일본이 조선 정부의 철병 요구를 무시하고 경복궁을 무력으로 점령하자 다시 봉기하였어요. 한편, 일본은 경복궁 점령 이후 김홍집을 중심으로 한 내각을 수립하였고, 김홍집 내각은 군국기무처를 설치하여 제1차 갑오개혁을 추진하였어요(1894).

따라서, 거문도 사건이 일어난 시기는 '임오군란(1882)'과 '갑오개혁(1894)' 사이의 시기인 (다)예요.

(가)에 들어갈 학교로 옳은 것은?

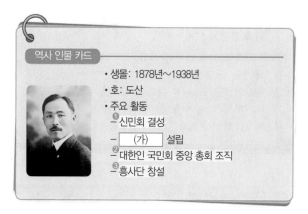

역사 인물 카드

- 생몰: 1878년~1938년
- 호: 도산
- 주요 활동
  ❶ 신민회 결성
  － [(가)] 설립
  ❷ 대한인 국민회 중앙 총회 조직
  ❸ 흥사단 창설

키워드 문제분석

❶ 신민회 결성 + ❷ 대한인 국민회 중앙 총회 조직 + ❸ 흥사단 창설 = 안창호

안창호는 대한 제국 시기와 일제 강점기에 활동한 독립운동가예요. 안창호는 1907년에 양기탁 등과 함께 비밀 결사 조직인 신민회를 결성하고 국권 회복과 공화 정체의 국가 건설을 목표로 활동하였어요. 신민회는 오산 학교와 대성 학교 등을 설립하여 민족 교육을 실시하였고, 자기 회사와 태극 서관을 운영하여 민족 산업 육성에도 힘썼어요. 한편, 1910년 국권 피탈 이후 안창호는 미국으로 건너가 대한인 국민회, 흥사단 등의 독립운동 단체를 조직하기도 하였어요.

① 대성 학교
➡ 대성 학교는 1908년에 **신민회** 소속이었던 **안창호**가 평양에 세운 학교로, 민족 교육을 실시하였어요.

② 원산 학사
➡ 원산 학사는 1883년에 함경남도 덕원 지방의 관민들이 주도하여 세운 우리나라 최초의 근대식 학교예요. 원산 학사에서는 외국어를 비롯한 근대 학문과 무예를 가르쳤어요.

③ 육영 공원
➡ 육영 공원은 1886년에 정부가 양반층 자제에게 서양식 근대 교육을 실시하기 위해 설립한 우리나라 최초의 서양식 관립 교육 기관으로 헐버트, 길모어 등 외국인 교사를 초빙하기도 하였어요.

④ 이화 학당
➡ 이화 학당은 1886년에 개신교 선교사였던 스크랜튼이 신학문 보급을 위해 세운 우리나라 최초의 여성 교육 기관이에요.

(가), (나) 사이의 시기에 체결된 조약으로 옳은 것은?

(가)   (나)

(가) 역사 신문	(나) 역사 신문
제△△호 ○○○○년 ○○월 ○○일	제△△호 ○○○○년 ○○월 ○○일
❶ 국외 중립 선언 무효화되다	❷ 일제가 국권을 강탈하다
한일 의정서	한일 병합 조약

키워드 문제분석

❶ 국외 중립 선언 무효화됨 = (가) 한·일 의정서(1904)
❷ 일제가 국권을 강탈함 = (나) 한·일 병합 조약(1910)

❶ 1904년에 러·일 전쟁이 발발하자 일본은 대한 제국에 한·일 의정서 체결을 강요하였어요. 이 조약으로 일본은 대한 제국의 군사적 요충지와 시설을 임의로 사용할 수 있는 권리를 확보하였어요.

❷ 1910년에 일본은 한·일 병합 조약을 체결하여 대한 제국의 국권을 강탈하였고, 이후 데라우치가 초대 조선 총독으로 부임하였어요.

① 톈진 조약
➡ 갑신정변의 결과 1885년에 조선과 일본 사이에 한성 조약이 체결되었고, 청과 일본 사이에는 톈진 조약이 체결되었어요. 톈진 조약을 통해 청과 일본은 조선에서 군대를 공동 철수하고, 이후 파병 시 서로 미리 통보할 것을 약속하였어요.

② 정미 7조약
➡ 일제는 1907년에 한·일 신협약(정미 7조약)을 강제로 체결하여 각 부처에 일본인 차관을 임명하였고, 부수 비밀 각서를 체결하여 대한 제국의 군대를 해산하였어요.

③ 제물포 조약
➡ 임오군란의 결과 1882년에 조선과 일본 사이에 제물포 조약이 체결되면서 일본 공사관에 경비병이 주둔하게 되었어요.

④ 시모노세키 조약
➡ 청·일 전쟁에서 승리한 일본은 1895년에 청과 시모노세키 조약을 맺어 청으로부터 랴오둥반도를 넘겨받았어요.

37 동학 농민 운동   정답 ②

다음 시나리오의 상황 이후에 전개된 사실로 옳은 것은?

> **S#17. 전주성 안 선화당**
> 농민군 대장 전봉준과 전라감사 김학진이 대화를 나누고 있다.
>
> 김학진: ❶일본군이 궁궐을 점령하여 국가에 큰 위기가 닥쳤소.
> 전봉준: ❷청군과 일본군이 들어와 있는 상황에서 이런 일이 생기다니 참으로 큰일입니다.

키워드 문제분석

❶ 일본군이 궁궐을 점령함 + ❷ 청군과 일본군이 조선에 들어와 있음 = 일본군의 경복궁 무력 점령(1894. 6.)

　동학 농민 운동은 고부 군수 조병갑의 탐학이 계기가 되어 일어난 고부 농민 봉기로부터 시작되었어요. 이후 정부에서 사건 수습을 위해 파견한 관리가 농민 봉기 가담자들을 동학교도로 몰아 탄압하였고, 이에 동학 농민군은 보국안민과 제폭구민을 기치로 내걸고 백산 등에서 봉기하였어요. 전봉준 등이 이끈 동학 농민군은 관군을 상대로 한 황토현 전투, 황룡촌 전투에서 거듭 승리하며 세력을 키웠고, 전주성을 공격하여 점령하였어요. 이에 조선 정부는 청에 지원군을 요청하였고, 톈진 조약에 의해 일본도 조선에 군대를 보냈어요. 동학 농민군은 청과 일본의 개입을 막기 위해 정부와 전주 화약을 맺고 자진 해산하였지만 이후 일본군이 경복궁을 무력 점령하고 내정을 간섭하자 재봉기하였어요.

① 동학을 창시한 최제우가 처형되었다.
➡ 1864년에 조선 정부는 동학이 유교적 사회 질서를 어지럽힌다고 하여 동학을 창시한 최제우를 혹세무민의 죄목으로 처형하였어요.

②동학 농민군이 우금치 전투에서 패하였다.
➡ 1894년 11월에 동학 농민군은 일본군과 관군을 상대로 한 우금치 전투에서 크게 패하였어요.

③ 교조 신원을 요구하는 삼례 집회가 열렸다.
➡ 1892년에 동학의 교조인 최제우의 신원을 요구하는 삼례 집회가 열렸어요.

④ 조병갑의 탐학에 맞서 고부 농민 봉기가 일어났다.
➡ 1894년 1월에 고부 군수 조병갑의 수탈에 반발하여 전봉준이 농민들을 이끌고 고부 관아를 습격하였는데, 이를 고부 농민 봉기라고 해요.

38 국채 보상 운동   정답 ①

다음 장면에 나타난 운동으로 옳은 것은?

키워드 문제분석

❶ 일본에 진 빚 1,300만 원을 갚기 위해 의연금을 모음 = 국채 보상 운동

　일본은 을사늑약 이후 대한 제국에 강제로 차관을 제공하였는데, 그 액수가 1,300만 원에 달하였어요. 그러자 1907년에 국민들 사이에서 성금을 모아 나라가 진 빚을 갚자는 운동이 서상돈, 김광제 등을 중심으로 대구에서 시작되었어요. 국채 보상 기성회가 조직되어 국민들은 금주와 금연, 비녀와 반지를 내놓는 방법 등으로 참여하였고, 국외에서도 의연금을 보내 왔어요.

①국채 보상 운동
➡ 국채 보상 운동은 **대한매일신보**, 황성신문 등 당시 언론의 적극적인 지원을 받았고, 이로 인해 국채 보상 운동은 전국적으로 확산될 수 있었어요.

② 문자 보급 운동
➡ 문자 보급 운동은 1929년부터 조선일보 주도로 전개된 문맹 퇴치 운동으로 '아는 것이 힘, 배워야 산다'라는 구호를 내세웠어요.

③ 물산 장려 운동
➡ 물산 장려 운동은 1920년에 조만식 등이 조선 물산 장려회를 조직하여 전개한 운동으로, '조선 사람 조선 것'이라는 구호를 내세웠어요.

④ 민립 대학 설립 운동
➡ 민립 대학 설립 운동은 1923년에 이상재 등이 조선 민립 대학 설립 기성회를 창립하여 전개한 운동으로, 민립 대학 설립을 위한 모금 운동을 전개하였어요.

밑줄 그은 ㉠에 해당하는 내용으로 적절하지 <u>않은</u> 것은?

이 사진은 무엇인가요?

동대문에서 열린 전차 개통식에 참석한 대한 제국의 고위 관리들을 찍은 사진이에요. 전차를 비롯하여 ㉠대한 제국 시기에 도입된 근대 문물은 당시 사람들의 생활에 큰 변화를 주었어요.

키워드 문제분석

❶ 대한 제국 시기 = 1897~1910년

대한 제국은 1897년에 고종이 황제 국가를 선포하면서 수립되었고, 이후 1910년에 일제에 국권을 빼앗길 때까지 유지되었어요. 대한 제국 시기인 1898년에 설립된 한성 전기 회사에 의해 이듬해인 1899년에 서대문에서 청량리 간 노선이 처음으로 개통하여 전차가 운행되었어요.

① 극장인 원각사가 세워졌다.
  ➡ 원각사는 1908년에 문을 연 우리나라 최초의 서양식 극장이에요.

② 덕수궁에 중명전이 건립되었다.
  ➡ 덕수궁 중명전은 1899년에 황실 도서관으로 사용하기 위해 지어졌어요.

③ 박문국에서 한성순보가 발행되었다.
  ➡ 한성순보는 1883년부터 1884년까지 박문국에서 발행된 우리나라 최초의 근대 신문이에요.

④ 서울과 부산을 잇는 경부선 철도가 부설되었다.
  ➡ 경부선은 일본에 의해 1905년에 개통되었어요.

다음 상황 이후에 일어난 사실로 옳은 것은?

호외! 호외! 대한 제국의 마지막 황제께서 승하하셨소!

키워드 문제분석

❶ 대한 제국의 마지막 황제가 승하함 = 순종의 죽음

1926년 4월에 대한 제국의 마지막 황제인 순종이 죽음을 맞이하자 사회주의 계열과 천도교 계열, 학생들은 순종의 인산일을 기회로 만세 시위를 계획하였어요. 사회주의 계열과 천도교 계열의 계획이 사전에 발각되자 학생들의 주도로 만세 시위가 진행되었는데, 이 사건을 6·10 만세 운동이라고 해요. 이를 계기로 민족 유일당을 결성할 수 있다는 공감대가 형성되었어요.

① 6·10 만세 운동이 일어났다.
  ➡ 1926년 순종의 인산일에 학생들의 주도로 6·10 만세 운동이 전개되었어요.

② 헤이그 특사가 파견되었다.
  ➡ 1907년에 고종은 을사늑약이 무효임을 알리기 위해 헤이그에서 열린 만국 평화 회의에 특사를 파견하였어요.

③ 토지 조사 사업이 실시되었다.
  ➡ 1910년대에 일제는 식민 통치의 경제 기반을 마련하기 위해 토지 조사 사업에 관한 법령으로 토지 조사령을 제정하여 토지 조사 사업을 실시하였어요.

④ 제너럴셔먼호 사건이 발생하였다.
  ➡ 1866년에 대동강을 거슬러 평양에 들어온 미국 상선 제너럴셔먼호의 선원들이 약탈과 살상 행위를 일삼자 박규수를 비롯한 평양 관민이 제너럴셔먼호를 불태워 침몰시켰는데, 이를 제너럴셔먼호 사건이라고 해요. 이 사건을 구실로 미국은 1871년에 신미양요를 일으켰어요.

41 1910년대 무단 통치

정답 ②

밑줄 그은 '시기'에 볼 수 있는 모습으로 가장 적절한 것은?

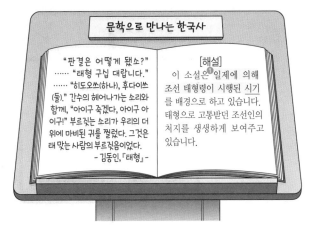

문학으로 만나는 한국사

"판결은 어떻게 됐소?"
······ "태형 구십 대랍니다."
······ "히도오쓰(하나), 후다이쓰(둘)." 간수의 헤어나가는 소리와 함께, "아이구 죽겠다, 아이구 아이구!" 부르짖는 소리가 우리의 더 위에 마비된 귀를 짤렀다. 그것은 태 맞는 사람의 부르짖음이었다.
- 김동인, 『태형』 -

[해설]
이 소설은 일제에 의해 조선 태형령이 시행된 시기를 배경으로 하고 있습니다. 태형으로 고통받던 조선인의 처지를 생생하게 보여주고 있습니다.

키워드 문제분석

❶ 일제에 의해 조선 태형령이 시행된 시기 = 1910년대

일제는 1910년대에 무단 통치를 실시하여 한국인을 억압하였어요. 교원에게 제복을 입고 칼을 차도록 하였으며, 헌병에게 일반 경찰 업무는 물론 일반 행정 업무까지 수행하게 하였어요. 당시 헌병 경찰은 범죄 즉결례에 따라 즉결 처분권을 가져 한국인들을 재판 없이 처벌할 수 있었어요. 1912년에 일제는 조선 태형령을 제정하여 한국인에 한해 태형 제도를 적용하기도 하였어요.

① 경성 제국 대학에 다니는 학생
➡ 1920년대 일제는 고등 교육에 대한 한국인의 교육열과 민립 대학 설립 운동을 무마하기 위해 경성 제국 대학을 설립하였어요.

②제복을 입고 칼을 찬 헌병 경찰
➡ 1910년대 일제는 헌병이 일반 경찰의 업무까지 관여하도록 하는 헌병 경찰 제도를 실시하였어요.

③ 조선책략 유포에 반발하는 유생
➡ 1881년에 이만손 등은 국내에 《조선책략》이 유포되자 고종에게 정부의 개화 정책을 반대한다는 내용의 영남 만인소를 올렸어요.

④ 국민 징용령에 의해 끌려가는 청년
➡ 1930년대 후반 이후 침략 전쟁을 확대하고 있었던 일제는 1939년에 한국인의 노동력을 원활하게 동원하고자 강제 징용에 관한 법령인 국민 징용령을 공포하였어요.

이것도! 정답선택지

⑤ 국채 보상 운동을 취재하는 대한매일신보 기자　(○ , ×)
⑥ 토지 조사령에 따라 토지를 측량하는 일본인 기사　(○ , ×)

정답 ⑤ × ⑥ ○

42 대한민국 임시 정부

정답 ①

(가)의 활동으로 옳은 것은?

이것은 네 엄마를 키우면서 쓴 일기야. 네 할아버지랑 나는 3·1 운동을 계기로 상하이에 수립된 [(가)] 이/가 창사로 옮겼을 때 합류해서 독립운동을 했어. 김구, 이시영 선생님이 네 엄마를 참 예뻐하셨지.

와, 그 힘든 독립운동을 하시면서도 육아 일기를 쓰셨네요!

키워드 문제분석

❶ 3·1 운동을 계기로 상하이에 수립됨
= 대한민국 임시 정부

3·1 운동을 계기로 독립운동을 체계적으로 이끌 지도부의 필요성이 높아지면서 상하이에서 대한민국 임시 정부가 수립되었어요. 대한민국 임시 정부는 임시 의정원, 국무원, 법원의 삼권 분립에 기초한 민주 공화제 정부였어요. 연통제와 교통국을 두어 독립운동 자금을 모금하고 국내와 연락을 취하고자 하였으며, 독립신문을 간행하여 국내외에 임시 정부의 활동과 독립운동 상황을 알렸어요. 또한, 임시 사료 편찬 위원회를 두어 《한·일 관계 사료집》을 편찬하였어요.

①독립 공채를 발행하였다.
➡ 대한민국 임시 정부는 군자금 모금을 위해 독립 공채를 발행하였어요.

② 만민 공동회를 개최하였다.
➡ 독립 협회는 민중 집회인 만민 공동회를 개최하여 민권 신장을 추구하고, 러시아 등 열강의 이권 침탈을 규탄해 이를 저지하는 활동을 벌였어요.

③ 신흥 강습소를 설립하였다.
➡ 신민회 회원들은 서간도(남만주)의 삼원보 지역으로 이주한 후 경학사를 조직하고 신흥 강습소(이후 신흥 무관 학교)를 설립하였어요.

④ 잡지 어린이를 발간하였다.
➡ 방정환을 중심으로 창립된 천도교 소년회는 '어린이날'을 제정하고, 잡지 《어린이》를 간행하는 등 소년 운동을 전개하였어요.

이것도! 정답선택지

⑤ 기관지인 만세보를 발행하였다.　(○ , ×)
⑥ 구미 위원부를 설치하여 외교 활동을 펼쳤다.　(○ , ×)
⑦ 광주 학생 항일 운동에 조사단을 파견하였다.　(○ , ×)

정답 ⑤ × ⑥ ○ ⑦ ×

(가)에 들어갈 군사 조직으로 옳은 것은?

나는 ❶김원봉입니다. 의열단의 단장으로 활동하고, ❷중국 관내 최초의 한인 무장 부대인 (가) 을/를 만들었습니다.

나는 박차정입니다. 근우회의 중앙 집행 위원으로 활동하고, (가) 의 부녀 복무 단장으로 무장 투쟁에도 참여하였습니다.

홀로그램으로 만나는 독립운동가 부부

키워드 문제분석

❶ 김원봉 + ❷ 중국 관내 최초의 한인 무장 부대
= 조선 의용대

1938년에 조선 민족 전선 연맹은 김원봉 등의 주도로 중국 국민당 정부의 지원을 받아 조선 의용대를 편성하였어요. 중국 관내에서 창설된 최초의 한인 무장 부대였던 조선 의용대는 이후 분화되어 일부는 화북 지역으로 이동해 조선 의용대 화북 지대를 결성하여 호가장 전투 등에 참여하였고, 일부는 한국광복군에 편입되었어요.

① 대한 독립군
➡ 홍범도가 이끈 대한 독립군은 대한 국민회군 등과 연합하여 봉오동 전투에서 일본군을 상대로 큰 승리를 거두었어요.

② 북로 군정서
➡ 김좌진이 이끈 북로 군정서는 홍범도가 이끈 대한 독립군 등과 연합하여 청산리 전투에서 일본군을 격퇴하였어요.

③ 조선 의용대
➡ 조선 의용대는 **일본군에 대한 심리전, 포로 심문, 정보 수집** 등 중국군을 지원하는 활동을 수행하였어요.

④ 조선 혁명군
➡ 양세봉이 이끈 조선 혁명군은 중국 의용군과 연합하여 **영릉가 전투, 흥경성 전투** 등에서 일본군과 싸워 크게 승리하였어요.

(가) 지역에 대한 탐구 활동으로 가장 적절한 것은?

저는 (가) 의 역사와 관련된 단어를 이 섬의 모양으로 표현해 보았습니다.

이중섭
삼성혈
관덕정   탐라총관부   ❶김만덕
해녀항쟁 ❸4·3사건   이재수의 난
❷고산리   알뜨르비행장 ❹추사유배지
탐라국   송악산동굴진지   하멜

키워드 문제분석

❶ 김만덕 + ❷ 고산리 + ❸ 4·3 사건 + ❹ 추사유배지
= 제주

❶ 조선 후기에 활동한 상인 김만덕은 재산을 기부하는 등 제주도에서 빈민 구제 활동을 벌였어요.

❷ 제주 고산리 유적은 양양군 오산리 유적, 서울 암사동 유적과 더불어 신석기 시대의 대표적인 유적이에요.

❸ 1948년 4월 3일에 제주도에서 남한만의 단독 정부 수립에 반대하는 무장 봉기가 일어나 미군정이 이를 탄압하는 과정에서 무고한 수많은 제주도민이 희생되는 사건이 일어났는데, 이를 제주 4·3 사건이라고 해요.

❹ 〈세한도〉는 김정희가 제주도에서 유배 생활을 할 때 자신을 잊지 않고 챙겨 준 제자 이상적에게 고마움의 표시로 그려준 그림이에요.

---

① 운요호 사건의 과정을 검색한다.
➡ 조선 말인 1875년에 일본의 군함 운요호가 허락 없이 강화도로 접근하여 영종도를 공격하였는데, 이를 운요호 사건이라고 해요. 이 사건을 계기로 조선은 일본과 강화도 조약(조·일 수호 조규)을 체결하였어요.

② 삼별초의 최후 항쟁지를 조사한다.
➡ 고려 시대에 삼별초는 **제주도**에서 최후의 대몽 항쟁을 전개하였는데, 항파두리 항몽 유적은 삼별초의 마지막 보루였던 곳이에요.

③ 고려 왕릉이 조성된 지역을 찾아본다.
➡ 고려 시대의 왕릉은 대부분 수도였던 개성 부근에 조성되어 있어요. 몽골이 침략해온 시기에는 당시 수도로 기능하였던 강화도에 일부 고려 왕릉이 조성되었어요.

④ 대한 제국 칙령 제41호의 내용을 파악한다.
➡ 대한 제국은 칙령 제41호를 반포하여 독도를 울릉 군수의 관할 영토로 명시하였어요.

45 신분 제도의 역사(시대 통합)

정답 ②

(가)~(다)에 대한 설명으로 옳은 것은?

한국사 탐구 보고서

■ 주제: 사회적 차별에 맞선 사람들
■ 목적: 우리 역사 속 사회적 차별에 맞선 사람들의 주장을 조사하여 그 의미를 되새겨본다.
■ 방법: 문헌 조사, 인터넷 검색 등
■ 시대별 탐구 내용

시대	탐구 내용
고려 시대	"장군과 재상에 어찌 씨가 있겠는가?", 만적을 비롯한 많은 __(가)__ 이/가 신분 해방을 도모하다.
조선 시대	"적자가 아니라는 이유로 관직을 제한하는 법을 풀어주십시오.", 상소를 올려 __(나)__ 에 대한 차별 폐지를 요청하다.
일제 강점기	"공평은 사회의 근본이요, 애정은 인류의 본성이라.", 조선 형평사를 조직하여 __(다)__ 에 대한 차별 철폐를 주장하다.

키워드 문제분석

❶ 만적 등이 신분 해방을 도모함 = (가) 노비
❷ 적자가 아니라는 이유로 관직을 제한하는 법을 풀어달라고 함 = (나) 서얼
❸ 조선 형평사를 조직하여 차별 철폐를 주장함 = (다) 백정

❶ 고려 무신 집권기에 사노비 만적이 신분 해방을 꿈꾸며 개경에서 봉기를 계획하였으나 사전에 발각되어 죽임을 당하였어요.
❷ 조선 후기에 서얼은 집단 상소 운동을 벌여 관직 진출의 제한을 없애 달라고 요구하였어요.
❸ 일제 강점기에 백정들은 자신들에 대한 사회적 차별을 철폐하기 위해 조선 형평사를 조직하고 형평 운동을 전개하였어요.

① (가) – 고려 시대에 공음전을 지급받았다.
➡ 고려의 5품 이상의 관료들은 나라로부터 받은 공음전을 경제적 기반으로 삼았어요.

②(나) – 일부가 규장각 검서관에 기용되었다.
➡ 조선 정조 때 박제가, 유득공, 이덕무 등 서얼 출신의 학자들이 규장각 검서관으로 기용되었어요.

③ (다) – 골품에 따라 관직 승진의 제한을 받았다.
➡ 신라의 골품제는 골품에 따라 관직 진출을 제한할 뿐만 아니라 일상생활까지 규제한 폐쇄적인 신분 제도였어요.

④ (가), (나), (다) – 매매, 상속, 증여의 대상이 되었다.
➡ 고려와 조선의 노비들은 재산으로 취급되어 매매·상속·증여의 대상이 되었어요.

46 제헌 국회

정답 ③

밑줄 그은 '국회'의 활동으로 적절하지 않은 것은?

이 자료는 ❶유엔 결의에 따라 치러진 총선거로 출범한 국회의 개회식 광경을 담은 화보입니다.

키워드 문제분석

❶ 유엔 결의에 따라 치러진 총선거로 출범한 국회
= 제헌 국회

1948년 2월 유엔 소총회에서 선거가 가능한 지역에서의 총선거 실시를 결정하면서 1948년에 우리나라의 첫 번째 민주 선거인 5·10 총선거가 실시되었어요. 21세 이상의 모든 국민에게 투표권이 부여되었으며, 보통·직접·평등·비밀 선거의 원칙에 따라 실시되었어요. 그 결과 제주 4·3 사건의 영향으로 제주도 2곳을 제외한 선거구에서 임기 2년의 제헌 국회의원 198명이 선출되었어요. 이들로 구성된 우리나라 초대 국회에서 헌법을 제정·공포하였는데, 이 헌법을 제헌 헌법이라고 하고, 초대 국회를 '헌법을 제정한 국회'라는 뜻의 제헌 국회라고 해요.

① 제헌 헌법을 제정하였다.
➡ 제헌 국회에서 헌법을 제정·공포하였는데, 이 헌법을 제헌 헌법이라고 해요.

② 반민족 행위 처벌법을 가결하였다.
➡ 제헌 국회는 반민족 행위 처벌법을 제정하고 반민족 행위 특별 조사 위원회(반민특위)를 설치하여 친일파 청산에 나섰어요.

③한·미 상호 방위 조약을 비준하였다.
➡ 이승만 정부 시기인 1953년에 6·25 전쟁의 정전 협정이 체결된 이후 한·미 상호 방위 조약이 체결되었어요.

④ 이승만을 초대 대통령으로 선출하였다.
➡ 제헌 국회에서 제정한 제헌 헌법에 따라 초대 대통령으로 선출된 이승만은 행정부를 조직하여 1948년 8월 15일에 대한민국 정부의 수립을 선포하였어요.

정답 ④

(가)에 들어갈 내용으로 옳은 것은?

수업 시간에 ___(가)___ 당시❶시민군의 항쟁 중심지였던 옛 전남도청 모형을 만들었다. 실제 옛 도청 앞 시계탑에서는 매일 같은 시간에 '임을 위한 행진곡'이 나온다고 한다. 많은 분의 희생으로 우리나라의 민주주의가 발전하게 되었음을 깨닫게 되었다.

키워드 문제분석

❶ 시민군의 항쟁 중심지였던 옛 전남도청
= 5·18 민주화 운동

1980년 5월 18일에 광주에서 신군부 퇴진과 비상계엄 철폐를 요구하는 5·18 민주화 운동이 일어났어요. 신군부는 공수부대까지 동원하여 시위대를 무자비하게 진압하였고, 이에 일부 시민들은 시민군을 조직하여 대항하였는데, 이 과정에서 수많은 광주 시민들이 희생되었어요.

① 4·19 혁명
➡ 1960년 이승만 정부 시기에 일어난 4·19 혁명으로 이승만 대통령이 하야하고 허정 과도 정부가 수립되었어요.

② 부·마 민주 항쟁
➡ 1979년에 야당(신민당) 총재 김영삼이 YH 무역 사건을 강경 진압한 유신 정권을 강하게 비판하자 여당은 김영삼을 국회에서 제명하였고, 이를 계기로 부·마 민주 항쟁이 일어났어요.

③ 6월 민주 항쟁
➡ 1987년에 전두환 정부는 국민의 대통령 직선제 개헌 요구를 무시하고 기존 헌법을 고수하겠다는 4·13 호헌 조치를 발표하였고, 이후 6월 민주 항쟁이 일어났어요.

④ 5·18 민주화 운동
➡ 1980년에 일어난 5·18 민주화 운동과 관련된 기록물은 그 가치를 인정받아 유네스코 세계 기록 유산으로 등재되었어요.

정답 ③

다음 뉴스가 보도된 정부 시기의 통일 노력으로 옳은 것은?

분단 26년 만에 처음으로 남측 자유의 집과 북측 판문각을 연결하는 직통 전화가 개설되었습니다.❶ 이로써 남북 적십자 회담을 열기 위한 대화의 통로가 마련되었습니다.

남북 직통 전화 개설

키워드 문제분석

❶ 남북 적십자 회담을 열기 위한 대화의 통로가 마련됨
= 박정희 정부

박정희 정부는 1971년에 이산가족 상봉을 위한 남북 적십자 회담을 개최하였어요. 이듬해 남북한은 '자주, 평화, 민족 대단결'이라는 평화 통일의 3대 원칙에 합의한 7·4 남북 공동 성명을 서울과 평양에서 동시에 발표하였어요. 이에 따라 남북 조절 위원회가 설치되어 실무자 회의가 전개되기도 하였지만 성과를 거두지는 못하였어요.

① 금강산 관광 사업을 시작하였다.
➡ 김대중 정부 시기에 금강산 해로 관광이 시작되었고, 금강산 육로 관광은 시범 운영되었어요. 노무현 정부 시기에 금강산 육로 관광이 정식으로 시작되었어요.

② 남북한이 유엔에 동시 가입하였다.
➡ 노태우 정부 시기에 남북한이 유엔에 동시 가입하였어요.

③ 7·4 남북 공동 성명을 발표하였다.
➡ 박정희 정부 시기에 남북한은 7·4 남북 공동 성명에 따라 남북 조절 위원회를 구성하여 통일 방안을 논의하였어요.

④ 최초로 남북 정상 회담을 개최하였다.
➡ 김대중 정부는 최초로 남북 정상 회담을 개최하고, 6·15 남북 공동 선언을 채택하였어요.

49 김영삼 정부 시기의 경제 상황 　정답 ④

다음 연설이 있었던 정부 시기의 경제 상황으로 옳은 것은?

국민 여러분, 금융 실명제 실시를 위한 대통령 긴급 명령은 깨끗한 사회로 가기 위해 필수적인 제도 개혁입니다. 지하 경제가 사라질 것입니다. 검은 돈이 없어질 것입니다.

키워드 문제분석

❶ 금융 실명제 실시 = 김영삼 정부

김영삼 정부는 가명이나 차명을 이용한 금융 거래로 많은 부정부패가 일어나자, 본인의 실제 이름으로만 금융 거래를 하도록 한 금융 실명제를 1993년에 대통령 긴급 명령 형식으로 전격 실시하였어요.

① 경부 고속 도로를 준공하였다.
➡ 박정희 정부 시기인 1970년에 경부 고속 도로를 준공하였어요.

② 3저 호황으로 수출이 증가하였다.
➡ 전두환 정부 시기인 1980년대 중반에 우리나라의 경제는 3저 호황을 누렸어요.

③ 제1차 경제 개발 5개년 계획을 추진하였다.
➡ 박정희 정부 시기에 제1차 경제 개발 5개년 계획이 추진되면서 경공업이 발전하였어요.

④ 경제 협력 개발 기구(OECD)에 가입하였다.
➡ 김영삼 정부 시기에 우리나라는 경제 협력 개발 기구(OECD)에 가입하였어요.

50 학문 연구 기관의 역사(시대 통합) 　정답 ③

(가)~(다)에 대한 설명으로 옳은 것은?

한글을 빛낸 인물을 만나다

신숙주
1420년 세종이 설치한 학문 연구 기관인 (가) 의 학사였다. 훈민정음 해례본과 동국정운 등의 저술에 참여하여 새 문자의 반포와 보급에 기여하였다.

주시경
1907년 국문 연구를 위해 학부에 설치한 (나) 에 참여하여 문자 체계와 표기법 등을 연구하였다. 큰 보따리에 책들을 넣어 다니며 한글 교육에도 힘썼다.

정세권
한옥을 여러 곳에 지어 쌓은 재력으로 조선말 큰사전 편찬을 추진하던 (다) 을/를 후원하였다. 1942년 (다) 사건으로 한글 학자들과 함께 끌려가 고문을 당하였다.

키워드 문제분석

❶ 세종이 설치한 학문 연구 기관 = 집현전
❷ 국문 연구를 위해 학부에 설치함 = 국문 연구소
❸ 《조선말 큰사전》 편찬을 추진함 = 조선어 학회

❶ 조선 세종은 학문 연구 기관으로 집현전을 두어 정책 연구와 경연을 담당하도록 하였어요.
❷ 주시경, 지석영 등은 대한 제국 정부가 세운 국문 연구소에서 한글의 문자 체계와 맞춤법 등을 연구하였어요.
❸ 1931년에 이윤재, 최현배, 이극로 등을 중심으로 조직된 조선어 학회는 조선어 연구회를 계승하여 우리말을 연구하였어요. 조선어 학회는 《조선말 큰사전》 편찬 작업을 진행하였는데, 조선어 학회 사건(1942)으로 일제가 원고를 압수하고 회원들이 검거·투옥되면서 조직이 와해되어 사전 편찬을 완수하지 못하였어요. 일제에 압수되었던 원고가 광복 이후 서울역 창고에서 발견되면서 사전 편찬 작업이 재개되었어요.

① (가) – 삼강행실도 언해본을 편찬하였다.
➡ 조선 세종 때 편찬된 《삼강행실도》를 바탕으로 성종 때 허침, 정석견 등이 《삼강행실도》 언해본을 편찬하였어요.

② (나) – 한글 신문인 독립신문을 간행하였다.
➡ 독립신문은 서재필이 주도하여 창간한 우리나라 최초의 민간 신문이에요. 독립 협회는 한글판과 함께 영문판을 발행하여 외국인에게도 국내 상황을 알렸어요.

③ (다) – 한글 맞춤법 통일안을 제정하였다.
➡ 조선어 학회는 휴간되었던 잡지 《한글》을 다시 발행하고 한글 맞춤법 통일안과 표준어 사정안을 제정하였어요.

④ (가), (나), (다) – 창덕궁 후원에 설치되었다.
➡ 조선 정조는 창덕궁 후원에 왕실 도서관이자 학술 연구 및 정책 자문 기관으로 규장각을 설치하였어요.

01 (가) 시대의 생활 모습으로 옳은 것은? (1점)

VR 가상 체험관

금속 도구를 사용하기 시작한 (가) 시대의 대표적 유물인 비파형 동검을 만들어 봅시다. 손잡이를 돌려 거푸집에 주물을 부어 보세요.

① 우경이 널리 보급되었다.
② 철제 농기구를 사용하였다.
③ 주로 동굴이나 막집에서 살았다.
④ 지배층의 무덤으로 고인돌을 만들었다.

03 (가)에 들어갈 내용으로 옳은 것은? (2점)

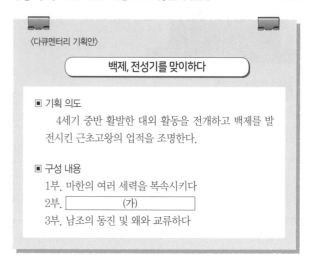

〈다큐멘터리 기획안〉

백제, 전성기를 맞이하다

■ 기획 의도
　4세기 중반 활발한 대외 활동을 전개하고 백제를 발전시킨 근초고왕의 업적을 조명한다.

■ 구성 내용
　1부. 마한의 여러 세력을 복속시키다
　2부. 　　　(가)
　3부. 남조의 동진 및 왜와 교류하다

① 사비로 천도하다
② 22담로를 설치하다
③ 고국원왕을 전사시키다
④ 독서삼품과를 시행하다

02 (가)에 들어갈 나라로 옳은 것은? (1점)

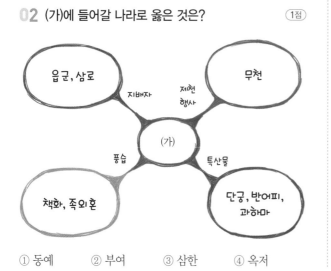

읍군, 삼로 —지배자—
무천 —제천 행사—
(가)
책화, 족외혼 —풍습—
단궁, 반어피, 과하마 —특산물—

① 동예　　② 부여　　③ 삼한　　④ 옥저

04 (가) 시기에 있었던 사실로 옳은 것은? `2점`

① 김흠돌이 반란을 도모하였다.

② 연개소문이 정변을 일으켰다.

③ 장문휴가 당의 산동 반도를 공격하였다.

④ 검모잠이 고구려 부흥 운동을 전개하였다.

05 다음 퀴즈의 정답으로 옳은 것은? `1점`

혈통에 따라 관직 진출뿐만 아니라 일상생활까지 차별한 신라의 신분 제도는 무엇일까요?

① 골품 제도

② 기인 제도

③ 음서 제도

④ 상수리 제도

06 (가)에 들어갈 문화유산으로 옳은 것은? `1점`

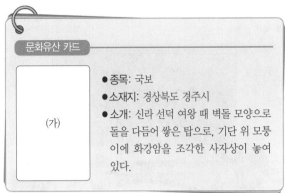

문화유산 카드

(가)

● 종목: 국보
● 소재지: 경상북도 경주시
● 소개: 신라 선덕 여왕 때 벽돌 모양으로 돌을 다듬어 쌓은 탑으로, 기단 위 모퉁이에 화강암을 조각한 사자상이 놓여 있다.

① 분황사 모전 석탑

② 정림사지 오층 석탑

③ 월정사 팔각 구층 석탑

④ 화엄사 사사자 삼층 석탑

07 다음 사건이 일어난 시기를 연표에서 옳게 고른 것은? `2점`

진성왕 3년, 나라 안의 모든 주와 군에서 공물과 부세를 보내지 않아 창고가 텅 비어 나라의 재정이 궁핍해졌다. 왕이 관리를 보내 독촉하니 곳곳에서 도적이 벌떼처럼 일어났다. 이때 원종과 애노 등이 사벌주를 거점으로 반란을 일으켰다.

— 「삼국사기」 —

433	562	676	780	918
(가)	(나)	(다)	(라)	
나제 동맹 성립	진흥왕 대가야 병합	신라 삼국 통일	혜공왕 피살	고려 건국

① (가)　　② (나)　　③ (다)　　④ (라)

08 밑줄 그은 '인물'에 대한 설명으로 옳은 것은? `2점`

이 사당은 후백제를 세운 인물을 기리고 있어.

그는 아들 신검에 의해 금산사에 유폐된 비운의 왕이기도 해.

문화유산을 찾아서-상주 편

① 청해진을 설치하였다.
② 국호를 마진으로 하였다.
③ 경주의 사심관으로 임명되었다.
④ 공산 전투에서 고려에 승리하였다.

09 다음 자료에 해당하는 국가의 문화유산으로 옳은 것은? `2점`

○ 대조영은 마침내 그 무리를 거느리고 동쪽으로 가서 계루부의 옛 땅을 차지하고, 동모산에 웅거하여 성을 쌓고 살았다.

○ 대인수가 왕위에 올라 연호를 건흥으로 바꾸었다. ······ 여러 차례 학생들을 유학 보내어 고금의 제도를 익히게 하니, 비로소 해동성국에 이르렀다.

①
영광탑

②
금관총 금관

③
금동 대향로

④
판갑옷과 투구

10 (가)에 들어갈 내용으로 옳은 것은? `2점`

청주 용두사지 철당간에는 준풍이라는 연호가 새겨져 있습니다. 이 연호를 사용한 왕의 업적을 대화 창에 올려주세요.

과거로 떠나는 역사 여행 - 청주 편

대화창
노비안검법을 시행했어요.
관리의 복색을 제정했어요.
글쓰기 (가)

① 강화도로 천도했어요.
② 쌍성총관부를 수복했어요.
③ 지방에 12목을 설치했어요.
④ 과거제를 처음으로 시행했어요.

11 (가) 시기에 있었던 사실로 옳은 것은? `2점`

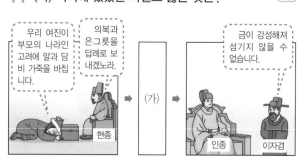

우리 여진이 부모의 나라인 고려에 말과 담비 가죽을 바칩니다.

의복과 은그릇을 답례로 보내겠노라.

현종

(가)

금이 강성해져 섬기지 않을 수 없습니다.

인종　이자겸

① 박위가 대마도를 정벌하였다.
② 윤관이 별무반 설치를 건의하였다.
③ 김윤후가 처인성 전투에서 승리하였다.
④ 김춘추가 당과의 군사 동맹을 성사시켰다.

12 (가)에 들어갈 화폐로 옳은 것은? `1점`

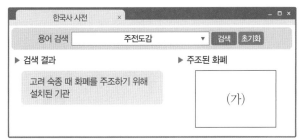

① 명도전

② 당백전

③ 백동화

④ 해동통보

13 (가)에 들어갈 문화유산으로 옳은 것은? `2점`

오늘 합천 해인사에서는 ___(가)___ 을 머리에 이고 가는 정대불사가 진행되었습니다. 이 행사는 부처의 힘으로 몽골의 침략을 물리치고자 만든 ___(가)___ 을 강화도에서 해인사로 옮긴 것을 기념하기 위해서 시작되었습니다.

해인사에서 정대불사 기념 행사 열려

① 초조대장경

② 직지심체요절

③ 팔만대장경판

④ 무구정광대다라니경

14 (가) 시기에 볼 수 있는 장면으로 옳은 것은? `3점`

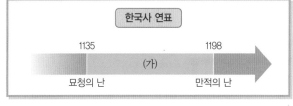

한국사 연표

1135 묘청의 난 ──(가)── 1198 만적의 난

① 문신의 관을 쓰고 있는 자는 모두 죽여라. — 정중부

② 새로 제작한 화포로 진포에 침입한 왜구를 물리치자. — 최무선

③ 이곳 흥화진에서 거란군을 모두 물리쳐라. — 강감찬

④ 우리 삼별초는 여기 진도 용장성에서 적에 맞서 끝까지 싸울 것이다. — 배중손

15 밑줄 그은 '이 왕'의 업적으로 옳은 것은? `2점`

이 왕은 후삼국을 통일하고 발해 유민까지 포용했어요. 저는 이것을 그림으로 표현해 보았어요.

① 흑창을 만들었다.

② 천리장성을 축조하였다.

③ 전민변정도감을 설치하였다.

④ 전시과를 처음으로 시행하였다.

16 밑줄 그은 '이 시기'에 볼 수 있는 모습으로 적절하지 않은 것은? (2점)

왼쪽 그림에서는 발립을 쓴 관리의 모습, 오른쪽 그림에서는 변발과 호복을 한 무사의 모습을 볼 수 있습니다. 이러한 복식은 <u>이 시기</u> 지배층 사이에서 유행하였습니다.

복식으로 배우는 한국사

이조년 초상   천산대렵도(일부)

① 매를 조련시키는 응방 관리
② 원에 공녀로 끌려가는 여인
③ 황룡사 구층 목탑을 세우는 목공
④ 권문세족에게 땅을 빼앗기는 농민

17 (가) 인물에 대한 설명으로 옳은 것은? (3점)

〈한국사 토론〉
요동 정벌, 어떻게 볼 것인가?

저는 최영의 주장처럼 명의 철령위 설치에 맞서 요동 정벌을 추진해야 했다고 생각합니다.

아닙니다. 저는 요동 정벌은 무리라는 (가) 의 4불가론이 타당하다고 생각합니다.

① 강동 6주를 획득하였다.
② 비격진천뢰를 제작하였다.
③ 황산에서 왜구를 물리쳤다.
④ 매소성 전투를 승리로 이끌었다.

18 다음 가상 인터뷰에 등장하는 왕의 업적으로 옳은 것은? (2점)

조선의 북방 영토를 넓힌 과정을 말씀해 주세요.

여진의 침입이 잦아 최윤덕과 김종서를 파견하여 4군 6진을 개척하였습니다.

① 비변사를 폐지하였다.
② 칠정산을 편찬하였다.
③ 동의보감을 간행하였다.
④ 백두산정계비를 건립하였다.

19 (가)에 들어갈 왕으로 옳은 것은? (1점)

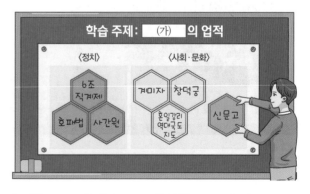

학습 주제: (가) 의 업적

〈정치〉
6조 직계제
호패법 사간원

〈사회·문화〉
계미자 창덕궁
혼일강리 역대국도 지도
신문고

① 태종   ② 세조   ③ 중종   ④ 영조

20 밑줄 그은 '제도'로 옳은 것은? (2점)

① 균역법 ② 대동법 ③ 영정법 ④ 직전법

21 (가) 전쟁에 대한 설명으로 옳지 않은 것은? (3점)

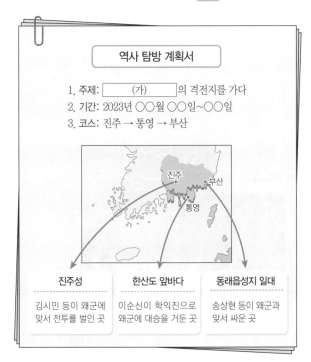

① 조헌이 금산에서 의병을 이끌었다.
② 임경업이 백마산성에서 항전하였다.
③ 곽재우가 의병을 일으켜 정암진에서 싸웠다.
④ 신립이 탄금대에서 배수의 진을 치고 전투를 벌였다.

22 (가)~(다) 학생이 발표한 내용을 일어난 순서대로 옳게 나열한 것은? (3점)

① (가) - (나) - (다) ② (가) - (다) - (나)
③ (나) - (가) - (다) ④ (다) - (나) - (가)

23 (가)에 해당하는 사건으로 옳은 것은? (2점)

이곳은 유네스코 세계유산에 등재된 필암 서원으로 인종의 스승이었던 김인후를 배향하고 있습니다. 그는 명종 즉위 후 왕의 외척들 간 권력 다툼으로 (가) 이/가 일어나자, 고향으로 돌아와 성리학 연구와 후학 양성에 힘썼습니다.

① 경신환국 ② 기해예송
③ 병인박해 ④ 을사사화

24 다음 특별전에서 볼 수 있는 작품으로 옳은 것은? (2점)

①
영통동구도

②
인왕제색도

③
세한도

④
몽유도원도

25 선생님의 질문에 대한 학생의 대답으로 옳지 않은 것은? (2점)

26 밑줄 그은 '이 왕'의 업적으로 옳은 것은? (2점)

① 경복궁을 중건하였다.
② 영선사를 파견하였다.
③ 장용영을 창설하였다.
④ 훈민정음을 창제하였다.

27 밑줄 그은 '사건'에 대한 설명으로 옳은 것은? (2점)

정주성공함작전도(모사본)

① 보국안민, 제폭구민을 기치로 내걸었다.
② 한성 조약이 체결되는 결과를 가져왔다.
③ 서북 지역민에 대한 차별에 반발하여 일어났다.
④ 전개 과정에서 선혜청과 일본 공사관을 공격하였다.

28 (가)에 들어갈 사건으로 옳은 것은? `1점`

역사 신문

제△△호   ○○○○년 ○○월 ○○일

일본과의 조약이 체결되다

작년 가을 강화도와 영종도 일대에서 　(가)　을 일으킨 일본과의 회담이 최근 수 차례 열렸다. 일본이 피해 보상과 조선의 개항을 일방적으로 요구하자, 조정에서는 이에 대한 찬반 논쟁 끝에 신헌을 파견하여 조일 수호 조규를 체결하였다.

무력 시위하는 일본 군인들

① 운요호 사건
② 105인 사건
③ 제너럴 셔먼호 사건
④ 오페르트 도굴 사건

30 밑줄 그은 '나'에 대한 설명으로 옳은 것은? `2점`

나는 대한 제국의 주권을 침탈한 이토 히로부미를 대한의군 참모중장 자격으로 하얼빈역에서 처단하였습니다.

디지털 복원으로 만나는 독립운동가

獨立

① 중광단을 결성하였다.
② 독립 의군부를 조직하였다.
③ 동양 평화론을 집필하였다.
④ 시일야방성대곡을 발표하였다.

29 밑줄 그은 '변란'으로 옳은 것은? `2점`

메타버스로 만나보는 한국사 인물

구식 군인들이 변란을 일으키자, 나는 사태 수습을 위해 입궐하여 통리기무아문과 별기군을 폐지하였소. 그런데 청군이 나를 변란의 책임자로 지목하여 이곳으로 납치하였소.

중국 톈진에 억류당하시게 된 경위를 들을 수 있을까요?

흥선 대원군

① 갑신정변
② 신미양요
③ 임오군란
④ 임술 농민 봉기

31 (가)에 해당하는 지역을 지도에서 옳게 찾은 것은? (2점)

이 책에 대해 소개해 주시겠습니까?

이 책은 (가) 시종기입니다. 우당 이회영의 부인이자 독립운동가인 이은숙이 국권 피탈 후 (가) 에서의 망명 생활과 신흥 강습소 설립 과정 등을 기록한 책입니다.

① ㉠   ② ㉡   ③ ㉢   ④ ㉣

32 다음 공고가 발표된 시기 일제의 정책으로 옳은 것은? (2점)

<토지 조사 사무원 생도 모집>

조선 총독부에서는 토지 조사 사업을 진행할 사무원 및 기술원 생도를 모집합니다.
■ 모집 인원: 150명
■ 수업 기간: 6개월 이내
■ 담당 기관: 임시 토지 조사국 사무원 양성과

① 농광 회사를 설립하였다.
② 조선 태형령을 시행하였다.
③ 산미 증식 계획을 실시하였다.
④ 화폐 정리 사업을 추진하였다.

33 (가)에 들어갈 인물로 옳은 것은? (2점)

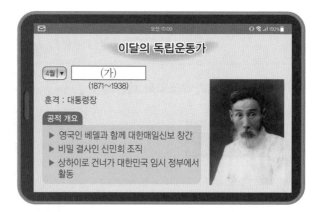

이달의 독립운동가

4월 ▼   (가)
(1871~1938)

훈격 : 대통령장

공적 개요
▶ 영국인 베델과 함께 대한매일신보 창간
▶ 비밀 결사인 신민회 조직
▶ 상하이로 건너가 대한민국 임시 정부에서 활동

① 김원봉   ② 나석주   ③ 신익희   ④ 양기탁

34 다음 상황 이후에 볼 수 있는 모습으로 가장 적절한 것은? (3점)

저것이 며칠 전 동대문에서 서대문까지 운행을 시작한 전차라는 것인가?

그렇다네. 한성 전기 회사에서 전기를 공급하여 운행한다더군.

① 한성순보를 발간하는 직원
② 만민 공동회에서 연설하는 백정
③ 경부선 철도 개통식에 참석하는 관리
④ 동문학에서 영어를 공부하고 있는 학생

35 (가)에 들어갈 전투로 옳은 것은? `1점`

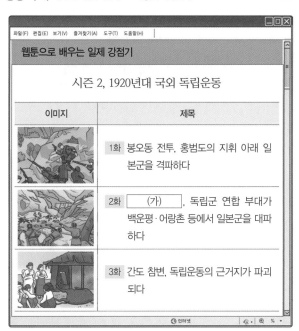

파일(F) 편집(E) 보기(V) 즐겨찾기(A) 도구(T) 도움말(H)

웹툰으로 배우는 일제 강점기

시즌 2, 1920년대 국외 독립운동

이미지	제목
	1화 봉오동 전투, 홍범도의 지휘 아래 일본군을 격파하다
	2화 ___(가)___, 독립군 연합 부대가 백운평·어랑촌 등에서 일본군을 대파하다
	3화 간도 참변, 독립운동의 근거지가 파괴되다

인터넷

① 영릉가 전투　　　　② 청산리 전투
③ 흥경성 전투　　　　④ 대전자령 전투

36 (가)의 활동으로 옳은 것은? `2점`

이 장면은 새로운 기법으로 구현한 ___(가)___ 의 충칭 청사와 그 요인들입니다. ___(가)___ 은/는 3·1 운동을 계기로 수립되어 독립운동을 활발하게 전개하였습니다.

① 독립문을 건립하였다.
② 서전서숙을 설립하였다.
③ 대한국 국제를 반포하였다.
④ 한국 광복군을 창설하였다.

37 (가)에 들어갈 내용으로 옳은 것은? `2점`

□□신문

제△△호　　　　　　　　　　2022년 ○○월 ○○일

이봉창 의사 선서문, 보물 되다

이봉창 의사가 한인 애국단 단원으로서 조국의 독립과 자유를 회복하기 위해 헌신할 것을 다짐한 선서문이 국가 지정 문화재인 보물이 되었다.

1931년 상하이에서 한인 애국단의 1호 단원이 된 그는, ___(가)___

① 도쿄에서 일왕을 향해 폭탄을 투척하였다.
② 홍커우 공원에서 일본군 장성 등을 살상하였다.
③ 명동 성당 앞에서 이완용을 습격하여 중상을 입혔다.
④ 샌프란시스코에서 친일 인사인 스티븐스를 사살하였다.

38 (가) 시기에 있었던 사실로 옳은 것은? `2점`

고종이 러시아 공사관에서 경운궁으로 돌아와 황제로 즉위하고 국호를 ___(가)___ (으)로 선포한 이후에 사용한 어새입니다.

___(가)___ 고종 황제 어새와 내함

① 지계가 발급되었다.
② 척화비가 건립되었다.
③ 육영 공원이 설립되었다.
④ 군국기무처가 설치되었다.

39 밑줄 그은 '이 시기'에 볼 수 있는 모습으로 적절하지 않은 것은? (3점)

이것은 일제 강점기 학적부의 일부입니다. 중일 전쟁 이후 침략 전쟁을 확대하던 <u>이 시기</u>에 일제는 학생들에게도 일본식으로 성명을 바꾸게 하는 창씨개명을 강요하였습니다.

① 공출을 독려하는 애국반 반장
② 황국 신민 서사를 암송하는 학생
③ 국민 징용령에 의해 끌려가는 청년
④ 회사령을 공포하는 조선 총독부 관리

40 다음 퀴즈의 정답으로 옳은 것은? (1점)

한국사 퀴즈 대회

1단계	1927년에 결성된 여성 운동 단체
2단계	민족주의 세력과 사회주의 세력이 협동하여 설립
3단계	신간회의 자매 단체로 전국에 지회를 두고 활동

제시된 힌트를 종합하여 알 수 있는 단체의 이름은 무엇일까요?

① 근우회   ② 보안회
③ 송죽회   ④ 색동회

41 밑줄 그은 '이 민주화 운동'에 대한 설명으로 옳은 것은? (3점)

'고바우'가 바라본 우리 현대사

직선개헌

직선개헌

이 만화는 김성환이 그린 '고바우 영감'으로 1987년 7월 1일자 신문에 게재되었다.

호헌 철폐, 독재 타도를 외친 <u>이 민주화 운동</u>으로 대통령 직선제 개헌을 약속하는 발표가 나자, 기뻐하는 국민들의 모습을 작가가 네 컷 만화로 표현하였다.

① 유신 체제가 붕괴되는 계기가 되었다.
② 양원제 국회가 출현하는 결과를 가져왔다.
③ 박종철과 이한열 등의 희생으로 확산되었다.
④ 전개 과정에서 시민군이 자발적으로 조직되었다.

42 (가)에 들어갈 내용으로 옳은 것은? (3점)

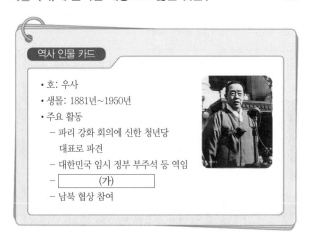

역사 인물 카드

- 호: 우사
- 생몰: 1881년~1950년
- 주요 활동
  – 파리 강화 회의에 신한 청년당 대표로 파견
  – 대한민국 임시 정부 부주석 등 역임
  – (가)
  – 남북 협상 참여

① 대성 학교 설립
② 조선 혁명 선언 작성
③ 좌우 합작 위원회 결성
④ 한국독립운동지혈사 저술

43 (가) 전쟁 중에 있었던 사실로 옳지 <u>않은</u> 것은? 2점

① 흥남 철수 전개
② 발췌 개헌안 통과
③ 인천 상륙 작전 개시
④ 반민족 행위 처벌법 제정

45 밑줄 그은 '정부'의 통일 노력으로 옳은 것은? 2점

① 남북 기본 합의서를 채택하였다.
② 남북한이 유엔에 동시 가입하였다.
③ 6·15 남북 공동 선언을 발표하였다.
④ 최초로 남북 간 이산가족 상봉을 성사시켰다.

44 (가) 정부 시기에 있었던 사실로 옳은 것은? 2점

① 농지 개혁법이 제정되었다.
② 경부 고속 도로를 준공하였다.
③ 금융 실명제를 전면 실시하였다.
④ 경제 협력 개발 기구(OECD)에 가입하였다.

46 밑줄 그은 '이 섬'에 대한 설명으로 옳은 것은? `1점`

> 우리나라 동쪽 끝에 있는 이 섬은 1900년 대한 제국 칙령 41호에서 우리 영토임을 분명히 하였습니다.

① 정약전이 자산어보를 저술한 섬이다.
② 하멜 일행이 표류하다 도착한 섬이다.
③ 이종무가 왜구를 소탕하기 위해 정벌한 섬이다.
④ 안용복이 일본에 가서 우리 영토임을 확인받은 섬이다.

47 (가) 문화유산으로 옳은 것은? `2점`

> 이 실감 콘텐츠는 정조와 혜경궁이 함께 수원 화성에 행차하는 장면을 구현한 것으로, 조선 시대 왕실이나 국가의 중대한 행사를 글과 그림으로 기록한 책인 (가) 을/를 바탕으로 제작되었어요.

혜경궁   정조

① 의궤
② 경국대전
③ 삼강행실도
④ 조선왕조실록

48 (가)에 들어갈 지역으로 옳은 것은? `2점`

답사 보고서

• 주제: 우리 고장 [(가)]의 역사를 찾아서
• 날짜: 2023년 ○○월 ○○일
• 내용: 미추홀이라고도 불린 우리 고장의 조선 시대, 개항기, 일제 강점기, 현대를 알 수 있는 대표적인 장소를 답사함.

장소	사진	설명
(가) 향교		- 유학을 교육하기 위해 지방에 세운 조선 시대 교육 기관
개항 박물관		- 개항 후 일본 제일은행 지점 - 해방후 한국은행 지점
제물포 구락부		- 개항기 외국인 사교장 - 일제 강점기 일본 재향 군인 회관 - 해방 후 미군 장교 클럽

① 군산   ② 마산   ③ 목포   ④ 인천

49 (가)~(라)에 들어갈 내용으로 옳은 것은? `3점`

한국사 학습지	한국사에 큰 업적을 남긴 승려	이름:

※ 아래 제시된 역사 인물들의 활동을 조사해 봅시다.

인물	활동
원효	• 무애가를 지어 불교 대중화에 기여함. • (가)
혜초	• 인도·중앙아시아 지역을 순례하고 왕오천 축국전을 씀. • (나)
지눌	• 돈오점수와 정혜쌍수를 내세움. • (다)
유정	• 임진왜란 시기 의병을 일으켜 활약함. • (라)

① (가) – 십문화쟁론을 저술함.

② (나) – 해동 천태종을 창시함.

③ (다) – 세속 5계를 지음.

④ (라) – 수선사 결사를 제창함.

50 (가)~(다)를 설립한 순서대로 옳게 나열한 것은? `3점`

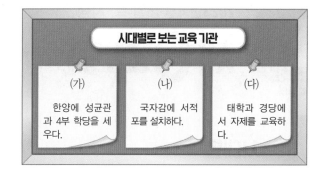

시대별로 보는 교육 기관

(가)	(나)	(다)
한양에 성균관과 4부 학당을 세우다.	국자감에 서적포를 설치하다.	태학과 경당에서 자제를 교육하다.

① (가) – (나) – (다) ② (가) – (다) – (나)

③ (나) – (가) – (다) ④ (다) – (나) – (가)

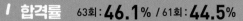

2023년 4월 15일(토) 시행

제64회

합격률 63회 : **46.1%** / 61회 : **44.5%**

45.9%

시대별 출제비중

시대 통합 5문항

승려들의 활동, 《의궤》,
독도의 역사, 인천의 역사,
교육의 역사

현대 5문항

김규식의 활동, 6·25 전쟁,
박정희 정부 시기의 경제 정책,
6월 민주 항쟁,
김대중 정부 시기의 통일 노력

일제 강점기 7문항

1910년대 무단 통치,
서간도 지역의 독립운동,
대한민국 임시 정부,
1920년대 국외 독립운동,
근우회, 이봉창의 활동,
1930년대 후반 이후 민족 말살 통치

개항기 6문항

운요호 사건, 임오군란,
양기탁의 활동, 안중근의 활동,
광무개혁, 근대 문물

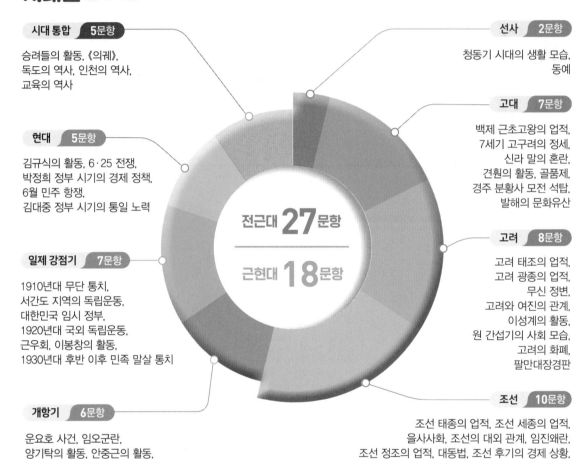

전근대 **27** 문항

근현대 **18** 문항

선사 2문항

청동기 시대의 생활 모습,
동예

고대 7문항

백제 근초고왕의 업적,
7세기 고구려의 정세,
신라 말의 혼란,
견훤의 활동, 골품제,
경주 분황사 모전 석탑,
발해의 문화유산

고려 8문항

고려 태조의 업적,
고려 광종의 업적,
무신 정변,
고려와 여진의 관계,
이성계의 활동,
원 간섭기의 사회 모습,
고려의 화폐,
팔만대장경판

조선 10문항

조선 태종의 업적, 조선 세종의 업적,
을사사화, 조선의 대외 관계, 임진왜란,
조선 정조의 업적, 대동법, 조선 후기의 경제 상황,
홍경래의 난, 겸재 정선의 활동

분류별 출제비중 _고대~조선

정치	**14**문항
경제	**3**문항
사회	**4**문항
문화	**4**문항

0 5 10 15 20

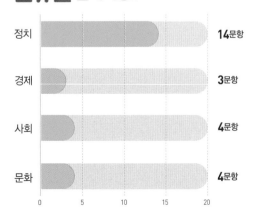

이번 회차는?

시대 통합 문제가 많이 출제되었으나,
기본 개념만 알고 있다면 무난히
4급 합격을 받을 수 있는 시험이에요.

01 청동기 시대의 생활 모습

정답 ④

(가) 시대의 생활 모습으로 옳은 것은?

VR 가상 체험관

금속 도구를 사용하기 시작한 (가) 시대의 대표적 유물인 비파형 동검을 만들어 봅시다. 손잡이를 돌려 거푸집에 주물을 부어 보세요.

키워드 문제분석

① 비파형 동검 + ② 거푸집 = 청동기 시대

① 비파형 동검은 청동기 시대의 대표적인 유물이에요. 청동기 시대부터 청동 도끼, 청동 검, 청동 방울, 거친무늬 거울 등 청동으로 도구를 제작하기 시작하였어요.

② 거푸집은 금속을 녹인 물을 부어 도구를 만드는 틀이에요. 청동기 시대와 철기 시대에는 거푸집을 이용하여 청동 검을 만들었어요.

① 우경이 널리 보급되었다.
  ➡ 신라 지증왕 때 소를 이용한 깊이갈이인 우경이 우리나라의 기록에 처음 등장하였고, 고려 시대에 널리 보급되었어요.

② 철제 농기구를 사용하였다.
  ➡ 철기 시대부터 철제 농기구를 제작해 농사에 사용하였어요.

③ 주로 동굴이나 막집에서 살았다.
  ➡ 구석기 시대 사람들은 식량을 찾아 이동 생활을 하였으며, 주로 동굴이나 막집에서 살았어요.

④ 지배층의 무덤으로 고인돌을 만들었다.
  ➡ 청동기 시대에는 지배층의 무덤으로 고인돌을 만들었는데, 고인돌의 규모를 통해 당시 지배층이 가졌던 권력의 크기를 짐작할 수 있어요.

이것도! 정답선택지

⑤ 농경과 목축이 시작되었다. (○ , ×)
⑥ 가락바퀴가 처음 등장하였다. (○ , ×)
⑦ 반달 돌칼을 사용하여 곡식을 수확하였다. (○ , ×)

정답 ⑤ × ⑥ × ⑦ ○

02 동예

정답 ①

(가)에 들어갈 나라로 옳은 것은?

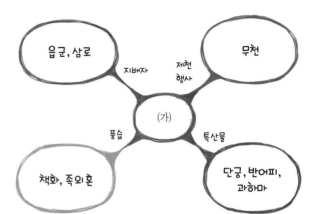

읍군, 삼로 — 지배자

무천 — 제천 행사

(가)

책화, 족외혼 — 풍습

단궁, 반어피, 과하마 — 특산물

동예에는 왕이 없었고, 읍군, 삼로라고 불린 군장이 부족을 다스렸어요. 또한, 읍락의 경계를 중시하였기 때문에 다른 읍락을 침범하면 소, 말 등으로 변상하게 하는 책화라는 풍습이 있었고, 해마다 10월에 무천이라는 제천 행사를 열어 하늘에 풍년을 기원하였어요. 한편, 동예는 해산물이 풍부하였고 박달나무로 만든 활인 단궁, 바다표범 가죽인 반어피, 키 작은 말인 과하마 등이 특산물로 유명하였어요.

① 동예
  ➡ 동예는 오늘날 강원도 북부 동해안 지역에 위치하였던 나라로 단궁, 반어피, 과하마 등이 특산물로 유명하였어요.

② 부여
  ➡ 부여는 왕이 중앙을 다스리고, 여러 가(加)들이 별도로 사출도를 다스리는 연맹체 국가였어요. 12월에 영고라는 제천 행사를 열어 농사가 잘 되기를 빌었어요.

③ 삼한
  ➡ 삼한은 신지, 읍차라고 불리는 군장이 다스렸고, 제사장인 천군과 신성 지역인 소도가 존재하였어요.

④ 옥저
  ➡ 옥저에는 혼인을 약속한 여자아이를 데려다 키워서 며느리로 삼는 민며느리제와 가족의 유골을 한 목곽에 안치하는 풍습이 있었어요.

03 백제 근초고왕의 업적 　　정답 ③

(가)에 들어갈 내용으로 옳은 것은?

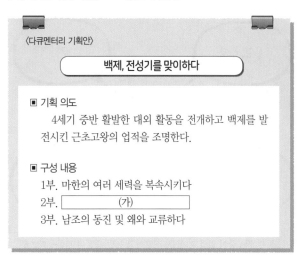

〈다큐멘터리 기획안〉

백제, 전성기를 맞이하다

■ 기획 의도

　　4세기 중반 활발한 대외 활동을 전개하고 백제를 발전시킨 근초고왕의 업적을 조명한다.

■ 구성 내용

1부. 마한의 여러 세력을 복속시키다

2부. ［　　　　(가)　　　　］

3부. 남조의 동진 및 왜와 교류하다

백제는 4세기 근초고왕 때 전성기를 이루었어요. 근초고왕은 마한을 정복하였고, 고구려를 공격하여 황해도 일대까지 영토를 확장하였어요. 또한 중국 남조의 동진 및 일본의 규슈 지방과 교류하였어요.

① 사비로 천도하다

➡ 백제 성왕은 수도를 웅진(공주)에서 사비(부여)로 옮기고, 부여 계승 의식을 내세우며 국호를 '남부여'로 고쳤어요.

② 22담로를 설치하다

➡ 백제 무령왕은 22담로에 왕족을 파견하여 지방에 대한 통제력을 강화하고자 하였어요.

③ 고국원왕을 전사시키다

➡ 백제 근초고왕은 고구려의 평양성을 공격하여 고국원왕을 전사시켰어요.

④ 독서삼품과를 시행하다

➡ 신라 원성왕은 유교 경전에 대한 이해 수준의 정도를 평가하여 인재를 등용하는 독서삼품과를 시행하였어요.

이것도! 정답선택지

⑤ 동진으로부터 불교를 받아들였다. 　　(○ , ×)

⑥ 고흥에게 역사서인 서기를 편찬하게 하였다. 　　(○ , ×)

⑦ 진흥왕과 연합하여 한강 유역을 회복하였다. 　　(○ , ×)

정답 ⑤ × ⑥ ○ ⑦ ×

킬러 04 7세기 고구려의 정세 　　정답 ②

(가) 시기에 있었던 사실로 옳은 것은?

(① 수의 군대를 이곳 살수에서 크게 물리쳤노라.)

(가)

(② 우리가 안시성에서 힘을 합쳐 당군을 물리쳤다.)

키워드 문제분석

❶ 수의 군대를 살수에서 물리침 = 살수 대첩(612)

❷ 안시성에서 당군을 물리침 = 안시성 전투(645)

❶ 6세기 말~7세기 초에 중국의 통일 왕조인 수와 당이 팽창 정책을 펼치면서 동아시아 국제 정세는 크게 변화하였고, 중국과 맞닿아 있었던 고구려는 중국과의 충돌을 피할 수 없었어요. 수와의 전쟁 과정에서 고구려의 장수 을지문덕이 살수에서 수의 대군을 격파하였어요(살수 대첩, 612).

❷ 수가 멸망하고 당이 들어서자, 고구려는 당의 침입에 대비하여 부여성에서 비사성에 이르는 천리장성을 축조하였어요. 당시 고구려의 집권자였던 연개소문은 당에 강경하게 대응하였고, 이에 당 태종은 직접 대규모 병력을 이끌고 침입하여 요동성, 백암성 등을 함락시켰지만 고구려는 안시성에서 당의 대군을 물리쳤어요(안시성 전투, 645).

① 김흠돌이 반란을 도모하였다.

➡ 681년에 신라 신문왕의 장인인 김흠돌은 진골 귀족들을 이끌고 반란을 도모하였다가 진압당하였어요.

② 연개소문이 정변을 일으켰다.

➡ 천리장성 축조를 감독하며 세력을 키운 연개소문은 642년에 정변을 일으켜 영류왕을 죽이고 보장왕을 왕위에 올린 뒤 스스로 대막리지가 되어 권력을 장악하였어요.

③ 장문휴가 당의 산둥 반도를 공격하였다.

➡ 732년에 발해 무왕은 장문휴를 보내 당의 영토였던 산둥 반도의 등주를 공격하였어요.

④ 검모잠이 고구려 부흥 운동을 전개하였다.

➡ 고구려 멸망 이후인 670년에 검모잠은 고구려 왕족 안승을 왕으로 삼고 고구려 부흥 운동을 전개하였어요.

05 골품제
정답 ①

다음 퀴즈의 정답으로 옳은 것은?

> ❶ 혈통에 따라 관직 진출뿐만 아니라 일상생활까지 차별한 신라의 신분 제도는 무엇일까요?

키워드 문제분석

❶ 혈통에 따라 관직 진출뿐만 아니라 일상생활까지 차별한 신라의 신분 제도 = 골품제

　신라의 골품제는 왕족인 골제(성골, 진골)와 귀족인 두품(6~1두품)이 합쳐진 신분 제도예요. 골품제는 각 지역의 부족장을 중앙 귀족에 편입하는 과정에서 세력의 크기에 따라 등급을 나누면서 생겨났어요. 골품제는 골품에 따라 관직 진출에 제한받았을 뿐만 아니라 집과 수레의 크기, 장신구 등 일상생활까지 규제하는 폐쇄적인 신분 제도였어요.

①

골품 제도

➡ **신라**의 골품제는 골품에 따라 관등 승진에 제한을 두고 일상생활까지도 규제하는 폐쇄적인 신분 제도였어요.

②

기인 제도

➡ 고려 태조는 호족을 통제하고 지방 통치를 보완하기 위해 지방 호족의 자제를 중앙에 머무르게 하는 기인 제도를 실시하였어요.

③

음서 제도

➡ 고려는 왕족과 공신, 5품 이상 고위 관료의 자손 등은 과거를 거치지 않고 관료가 될 수 있는 음서 제도를 실시하였어요.

④

상수리 제도

➡ 신라는 지방 세력가나 그 자제를 일정 기간 수도에 머무르게 하는 상수리 제도를 실시하여 지방 세력을 견제하였어요.

06 경주 분황사 모전 석탑
정답 ①

(가)에 들어갈 문화유산으로 옳은 것은?

> **문화유산 카드**
>
> (가)
>
> ● 종목: 국보
> ● 소재지: 경상북도 경주시
> ● 소개: ❶신라 선덕 여왕 때 벽돌 모양으로 돌을 다듬어 쌓은 탑으로, 기단 위 모퉁이에 화강암을 조각한 사자상이 놓여 있다.

키워드 문제분석

❶ 신라 선덕 여왕 때 벽돌 모양으로 돌을 다듬어 쌓은 탑 = 경주 분황사 모전 석탑

　경주 분황사 모전 석탑은 현존하는 신라 석탑 중 가장 오래된 석탑으로, 돌을 벽돌 모양으로 다듬어 쌓았어요. 선덕 여왕 시기에 건립된 것으로 보여요.

①

분황사 모전 석탑

➡ **신라**의 경주 분황사 모전 석탑은 돌을 벽돌 모양으로 다듬어 쌓아 만들었어요.

②

정림사지 오층 석탑

➡ 백제의 부여 정림사지 5층 석탑은 목탑 양식을 계승하였어요. 백제 멸망 당시 당의 소정방이 쓴 글이 새겨져 있어 '평제탑'이라고도 불려요.

③

월정사 팔각 구층 석탑

➡ 고려의 평창 월정사 8각 9층 석탑은 고려 전기에 만들어진 대표적인 다각 다층 석탑이에요.

④

화엄사 사사자 삼층 석탑

➡ 신라의 화엄사 4사자 3층 석탑은 기단과 탑신에 화려한 조각이 새겨져 있어요.

07 신라 말의 혼란　　　　　정답 ④

다음 사건이 일어난 시기를 연표에서 옳게 고른 것은?

> 진성왕 3년, 나라 안의 모든 주와 군에서 공물과 부세를 보내지 않아 창고가 텅 비어 나라의 재정이 궁핍해졌다. 왕이 관리를 보내 독촉하니 곳곳에서 도적이 벌떼처럼 일어났다. 이때 ❶원종과 애노 등이 사벌주를 거점으로 반란을 일으켰다.
>
> － 『삼국사기』 －

433	562	676	780	918
(가)	(나)	(다)	(라)	
나제 동맹 성립	진흥왕 대가야 병합	신라 삼국 통일	혜공왕 피살	고려 건국

키워드 문제분석

**❶ 원종과 애노 등이 사벌주를 거점으로 반란을 일으킴
= 원종과 애노의 난(889)**

신라 말 진성 여왕 때 중앙 정부의 지방 통제력이 약화되고 귀족의 수탈이 더욱 심해지자 원종과 애노의 난(사벌주), 적고적의 난 등 곳곳에서 농민 봉기가 일어났어요.

① (가)　　② (나)　　③ (다)　　④ (라)

➡ 8세기 후반인 780년에 귀족 세력인 김지정이 반란을 일으켰을 때 **혜공왕이 피살**되었어요. 이후 신라는 150여 년간 20여 명의 왕이 교체되는 혼란이 이어지면서 중앙 정부의 지방 통제력이 약화되었어요. 이로 인해 귀족들의 농민 수탈이 심화되었고, 정부는 세금이 잘 걷히지 않자 강압적으로 조세를 징수하였어요. 고통스러운 생활을 이어 가던 농민들은 노비로 몰락하거나 초적이 되었으며, 곳곳에서 봉기를 일으켰어요. 9세기 말 진성 여왕 때 농민 봉기가 최고조에 이르렀는데, **원종과 애노의 난(889)**이 대표적이에요. 이후 견훤이 후백제를, 궁예가 후고구려를 세우면서 신라와 함께 후삼국을 이루었어요. 후고구려를 세운 궁예가 폭정을 이어가자 신하들이 궁예를 몰아내고 왕건을 왕으로 추대하였어요. 918년에 왕건은 **고려**를 건국하였고, 이후 일리천 전투에서 후백제를 격퇴하면서 후삼국을 통일하였어요.

따라서, 원종과 애노의 난이 일어난 시기는 '혜공왕 피살(780)'과 '고려 건국(918)' 사이의 시기인 **(라)**예요.

---

08 견훤의 활동　　　　　정답 ④

밑줄 그은 '인물'에 대한 설명으로 옳은 것은?

이 사당은 후백제를 세운 ❶인물을 기리고 있어.

그는 ❷아들 신검에 의해 금산사에 유폐된 비운의 왕이기도 해.

문화유산을 찾아서－상주 편

키워드 문제분석

**❶ 후백제를 세움 +
❷ 아들 신검에 의해 금산사에 유폐됨 = 견훤**

❶ 신라 말 지방 호족이었던 견훤은 스스로 왕위에 오른 후 완산주를 도읍으로 정하고 후백제를 세웠어요.

❷ 후백제에서는 왕위 계승 다툼이 일어나 견훤의 첫째 아들 신검이 난을 일으켜 동생인 금강을 죽이고 견훤을 금산사에 유폐하였어요. 이후 견훤이 금산사를 탈출하여 고려에 귀순하고, 신라까지 고려에 항복하자 태조 왕건은 일리천 전투에서 신검의 후백제군을 격퇴하고 후삼국을 통일하였어요.

① 청해진을 설치하였다.
➡ 장보고는 신라 말 흥덕왕 때 완도에 청해진을 설치하고 해적을 소탕한 후 해상 무역을 전개하여 큰 부를 쌓았어요.

② 국호를 마진으로 하였다.
➡ 궁예는 송악(개성)을 도읍으로 후고구려를 건국하였고, 이어 국호를 마진으로 바꾼 후 철원으로 천도하였어요.

③ 경주의 사심관으로 임명되었다.
➡ 신라 경순왕이 고려 태조에게 항복하자 태조는 경순왕(김부)을 경주의 사심관으로 임명하였어요.

④ 공산 전투에서 고려에 승리하였다.
➡ **견훤**이 이끈 후백제군은 신라를 지원하기 위해 온 고려군을 상대로 공산 전투에서 크게 승리하였어요.

이것도! 정답선택지

⑤ 훈요 10조를 남겼다.　　　　(○ , ×)
⑥ 백제 계승을 내세웠다.　　　　(○ , ×)
⑦ 국호를 태봉으로 바꾸었다.　　(○ , ×)

정답 ⑤ × ⑥ ○ ⑦ ×

09 발해의 문화유산

정답 ①

다음 자료에 해당하는 국가의 문화유산으로 옳은 것은?

> ○ 대조영은 마침내 그 무리를 거느리고 동쪽으로 가서 계루부의 옛 땅을 차지하고, 동모산에 웅거하여 성을 쌓고 살았다.
>
> ○ 대인수가 왕위에 올라 연호를 건흥으로 바꾸었다. …… 여러 차례 학생들을 유학 보내어 고금의 제도를 익히게 하니, 비로소 해동성국에 이르렀다.

> **키워드 문제분석**

① 대조영 + ② 건흥 + ③ 해동성국 = 발해

대조영은 고구려 유민과 말갈인을 이끌고 지린성 동모산 지역에서 발해를 세웠어요. 무왕은 연호로 '인안'을 사용하고, 대문예에게 흑수 말갈 공격을 명하였으며, 장문휴를 보내 당의 등주를 선제공격하였어요. 문왕은 연호로 '대흥'을 사용하고, 당과 친선 관계를 맺어 당의 제도와 문물을 수용하였으며, 상경 용천부로 수도를 옮겼어요. 선왕은 연호로 '건흥'을 사용하고 고구려의 옛 영토를 대부분 회복하는 등 발해의 전성기를 이끌었어요. 이때 발해는 당으로부터 '바다 동쪽의 번성한 나라'라는 뜻의 '해동성국'으로 불리기도 하였어요.

①
영광탑

②
금관총 금관

➡ **발해**의 영광탑은 현재 유일하게 남아 있는 발해의 탑으로, 벽돌로 만들어졌어요.

➡ **신라**의 금관총 금관은 출(出)자 모양과 사슴뿔 모양 장식으로 이루어져 있어요.

③
금동 대향로

④
판갑옷과 투구

➡ **백제** 금동 대향로에는 신선, 봉황, 연꽃 등 도교와 불교의 상징이 정교하게 묘사되어 있어요.

➡ **대가야**의 판갑옷과 투구는 고령 지산동 고분군에서 출토되었어요.

10 고려 광종의 업적

정답 ④

(가)에 들어갈 내용으로 옳은 것은?

> **키워드 문제분석**

① 준풍 + ② 노비안검법 + ③ 관리의 복색을 제정함 = 고려 광종

① 광종은 스스로 황제라 칭하고 '광덕', '준풍' 등 독자적인 연호를 사용하였어요.

② 광종은 부당하게 노비가 된 사람들을 조사하여 양민 신분으로 회복시키는 노비안검법을 실시하였어요. 이를 통해 호족 세력을 약화하고 국가 재정을 확충하였어요.

③ 광종은 관리들이 입는 옷을 4가지 색으로 구분하는 공복을 제정하였어요. 관등에 따라 다른 색깔의 공복을 착용하도록 해 관직 체제를 정비하고 위계질서를 확립하였어요.

① 강화도로 천도했어요.
➡ **고종** 재위 시기인 무신 집권기 때 몽골이 침입하자 집권자 최우는 서둘러 몽골과 강화를 맺고, 강화도로 천도하여 장기 항전에 대비하였어요.

② 쌍성총관부를 수복했어요.
➡ **공민왕**은 원의 간섭에서 벗어나기 위해 반원 자주 정책을 펼쳤는데, 그 일환으로 쌍성총관부를 공격하여 원이 빼앗아간 철령 이북의 영토를 수복하였어요.

③ 지방에 12목을 설치했어요.
➡ **성종**은 최승로의 건의를 받아들여 전국의 주요 지역에 12목을 설치하고 지방관을 파견하였어요.

④ 과거제를 처음으로 시행했어요.
➡ **광종**은 쌍기의 건의를 받아들여 처음으로 시험을 통해 관리를 선발하는 과거제를 시행하였어요.

(가) 시기에 있었던 사실로 옳은 것은?

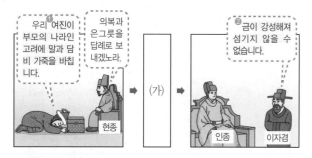

(가)에 들어갈 화폐로 옳은 것은?

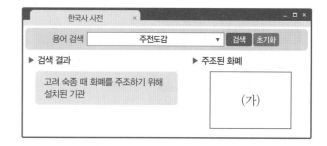

키워드 문제분석

❶ 여진이 부모의 나라인 고려에 말과 담비 가죽을 바침
= 여진이 고려를 섬김(10~11세기 초)

❷ 금이 강성해짐 = 여진이 세운 금이 고려에 군신 관계
를 요구함(1126)

❶ 천리장성 북쪽에 거주하던 여진은 10~11세기 초에 고려를 부모
의 나라로 생각하고 말과 가죽 등을 바쳤으며 고려는 식량과 옷,
관직 등을 주며 회유하였어요. 고려와 여진 간의 무역은 여진이
모피, 말 등을 보내면 고려가 여진에 필요한 물품을 보내는 형식
으로 이루어졌어요.

❷ 여진은 12세기 들어 부족을 통합해 성장하면서 고려와 충돌이 잦
아졌어요. 이에 윤관은 별무반을 이끌고 여진을 몰아낸 후 동북 9
성을 쌓았어요. 고려는 여진이 조공을 약속하며 끈질기게 동북 9
성의 반환을 요청하자 1년 만에 돌려주었어요. 이후 힘을 키운 여
진은 금을 세워 요를 멸망시키고 송을 남쪽으로 밀어낸 후 1126
년에 고려에 군신 관계를 요구하였어요. 인종의 외척으로 당시
반란을 일으킨 후 정권을 장악하고 있던 이자겸은 금의 요구를
수용하였어요.

① 박위가 대마도를 정벌하였다.
➡ 14세기 후반인 1389년 고려 창왕 때 박위가 왜구의 근거지인
대마도(쓰시마섬)를 정벌하였어요.

② 윤관이 별무반 설치를 건의하였다.
➡ **12세기 초반**인 1104년 고려 숙종 때 여진과 충돌이 잦아지자 윤
관의 건의로 신기군, 신보군, 항마군으로 구성된 별무반이 설치
되었어요. 이후 예종 때 윤관이 별무반을 이끌고 여진을 정벌한
뒤 동북 9성을 쌓았어요.

③ 김윤후가 처인성 전투에서 승리하였다.
➡ **13세기 전반**인 1232년 고려 고종 때 일어난 몽골의 2차 침입 당
시 승려 김윤후는 처인성에서 몽골 장수 살리타를 사살하고 몽
골군을 격퇴하였어요.

④ 김춘추가 당과의 군사 동맹을 성사시켰다.
➡ **7세기 중반**에 신라는 백제 의자왕에게 대야성이 함락되자 김춘
추를 고구려로 보내 동맹을 시도하였으나 실패하였어요. 이후
신라는 648년에 김춘추를 당으로 보내 동맹을 체결하고 나·당
연합군을 결성하여 백제와 고구려를 멸망시켰어요.

고려는 성종 때 우리나라 최초의 화폐인 건원중보를 만들었지만
제대로 유통되지 않았어요. 이후 숙종 때 의천의 건의로 화폐를 주조
하기 위한 기관인 주전도감을 설치하고 은병(활구), 해동통보, 삼한
통보 등의 화폐를 주조·유통하였어요. 하지만 백성들은 여전히 쌀이
나 베 등을 교환 수단으로 이용하였기 때문에 이 역시 널리 쓰이지
못하였어요.

①

명도전

➡ 우리나라의 철기 시대 유적
에서 명도전, 반량전 등 중국
화폐가 발견되었는데, 이를
통해 당시 중국과 교역하였
음을 짐작할 수 있어요.

②

당백전

➡ 조선 고종 때 흥선 대원군은
임진왜란 때 불타 없어진 경
복궁을 다시 세우기 위해 당
백전을 발행하였어요. 이로
인해 화폐 가치가 하락하고
물가가 폭등하자 백성들의
불만이 높아졌어요.

③

백동화

➡ 조선 고종 때 정부는 개항 이
후 급증하는 재정 수요와 당
면한 재정 궁핍에서 벗어나
기 위해 1892년부터 전환국
에서 백동화를 주조하여 유
통하였어요.

④

해동통보

➡ **고려** 숙종 때 주전도감이 설
치되어 해동통보 등이 발행
되었으나 널리 유통되지는
못하였어요.

13 팔만대장경판

정답 ③

(가)에 들어갈 문화유산으로 옳은 것은?

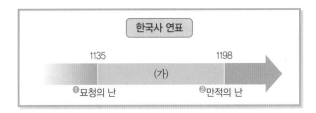

오늘 합천 해인사에서는 [(가)]을 머리에 이고 가는 정대불사가 진행되었습니다. 이 행사는 부처의 힘으로 몽골의 침략을 물리치고자 만든 [(가)]을 강화도에서 해인사로 옮긴 것을 기념하기 위해서 시작되었습니다.

해인사에서 정대불사 기념 행사 열려

키워드 문제분석

❶ 합천 해인사 + ❷ 몽골의 침략을 물리치고자 만듦
= 팔만대장경판

고려는 외적이 침입했을 때 부처의 힘으로 이들을 물리치고자 대장경을 제작하였어요. 고려 초에 거란의 침입을 물리치기 위해 초조대장경을 만들었고, 이후 몽골의 침입으로 초조대장경이 불타자 팔만대장경을 만들었어요. 정식 명칭은 고려대장경이며, 초조대장경 이후 다시 만들었다고 하여 재조대장경이라고도 해요. 현재 조선 초에 지어진 합천 해인사 장경판전에 보관되어 있어요.

① 초조대장경
　➡ 초조대장경은 '처음 새긴 대장경'이라는 뜻으로, 고려가 부처의 힘으로 거란의 침입을 격퇴하고자 만들었어요.

② 직지심체요절
　➡《직지심체요절》은 고려 시대에 청주 흥덕사에서 간행되었으며, 현존하는 세계에서 가장 오래된 금속 활자본이에요.

③ 팔만대장경판
　➡ 팔만대장경판은 2007년에 유네스코 세계 기록 유산으로 등재되었어요.

④ 무구정광대다라니경
　➡《무구정광대다라니경》은 통일 신라의 경주 불국사 3층 석탑을 해체·보수하는 과정에서 발견되었어요. 현존하는 세계에서 가장 오래된 목판 인쇄물이에요.

14 무신 정변

정답 ①

(가) 시기에 볼 수 있는 장면으로 옳은 것은?

한국사 연표

1135 ── (가) ── 1198
❶묘청의 난 　　❷만적의 난

❶ 고려는 이자겸의 난 이후 왕권이 약해졌고 지배층 사이의 분열과 갈등이 심화되었어요. 이에 인종은 승려 묘청과 정지상 등 서경 세력을 이용하여 개혁 정치를 추진하였어요. 이 과정에서 묘청을 비롯한 서경 세력이 서경 천도를 주장하였으나 이루어지지 않자 반란을 일으켰는데, 이를 묘청의 난이라고 해요(1135).

❷ 묘청의 난은 김부식이 이끄는 관군에 의해 진압되었지만 무신 정변이 일어나면서 문벌 사회는 무너졌어요. 이후 무신 집권기 때 농민에 대한 수탈이 심해지자 하층민들의 봉기가 전국 곳곳에서 일어났는데, 대표적으로 사노비 만적이 주도하여 개경에서 일어난 만적의 난(1198)이 있어요. 만적의 난은 차별적 신분 질서를 극복하려는 신분 해방 운동의 성격도 있었어요.

①

문신의 관을 쓰고 있는 자는 모두 죽여라.
정중부

➡ 1170년에 정중부, 이의방 등이 무신들에 대한 차별에 불만을 품고 무신 정변을 일으켰어요.

②

새로 제작한 화포로 진포에 침입한 왜구를 물리치자.
최무선

➡ 1380년에 최무선 등은 화통도감에서 제작된 화포를 사용하여 진포에서 왜구를 크게 물리쳤어요.

③

이곳 흥화진에서 거란군을 모두 물리쳐라.
강감찬

➡ 1018년 거란의 3차 침입 때 고려의 장수 강감찬은 흥화진에서 거란군을 크게 물리쳤어요.

④

우리 삼별초는 여기 진도 용장성에서 적에 맞서 끝까지 싸울 것이다.
배중손

➡ 1270년에 고려 정부가 몽골과 강화를 맺고 개경 환도를 결정하자 삼별초는 이에 반발하여 배중손을 중심으로 대몽 항쟁을 계속하였어요. 이들은 강화도가 함락되자 진도로 근거지를 옮겨 항쟁을 이어 갔어요.

15 고려 태조의 업적

정답 ①

밑줄 그은 '이 왕'의 업적으로 옳은 것은?

이 왕은 후삼국을 통일하고 발해 유민까지 포용했어요. 저는 이것을 그림으로 표현해 보았어요.

키워드 문제분석

❶ 후삼국을 통일함 + ❷ 발해 유민까지 포용함
= 고려 태조

❶ 후고구려를 세운 궁예가 폭정을 이어가자 신하들의 추대로 왕건이 왕위에 올랐어요. 왕건은 국호를 '고려'로 하고 송악으로 천도하였어요. 이후 나라를 더 이상 유지하기 어려워진 신라가 고려에 항복하였고, 왕건이 고려로 귀순한 견훤과 함께 일리천 전투에서 신검의 후백제군을 격퇴하면서 후삼국을 통일하였어요.

❷ 발해가 멸망하고 왕자 대광현이 고구려계를 포함해 많은 유민을 이끌고 고려에 망명해 오자, 태조 왕건은 이들을 우대하여 받아들였어요. 이로써 고려는 후삼국을 비롯해 발해 유민까지 포함한 민족의 재통일을 완성하였어요.

①흑창을 만들었다.
➡ **태조**는 빈민 구제 기관으로 흑창을 설치하여 곡식을 빌려주고 추수기인 가을에 갚도록 하였어요. 흑창은 성종 때 의창으로 개칭되었어요.

② 천리장성을 축조하였다.
➡ 현종은 거란의 침입을 모두 물리친 후 거란을 비롯한 북방 세력의 침입에 대비하기 위해 개경 주위에 나성을 쌓았고, 이후 고려는 덕종과 정종 재위 시기에 걸쳐 국경 지대에 천리장성을 축조하였어요.

③ 전민변정도감을 설치하였다.
➡ **공민왕**은 권문세족을 견제하기 위해 신돈의 건의를 받아들여 전민변정도감을 설치하였어요.

④ 전시과를 처음으로 시행하였다.
➡ 경종 때 관리에게 관직 복무에 대한 대가로 전지와 시지를 지급하는 전시과를 처음으로 시행하였어요. 전시과는 토지에 대한 수조권을 지급한 제도로, 경종 때 처음 마련된 이후 몇 차례 개정을 거쳤어요.

16 원 간섭기의 사회 모습

정답 ③

밑줄 그은 '이 시기'에 볼 수 있는 모습으로 적절하지 않은 것은?

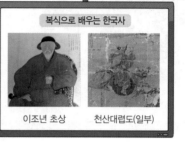

왼쪽 그림에서는 발립을 쓴 관리의 모습, 오른쪽 그림에서는 변발과 호복을 한 무사의 모습을 볼 수 있습니다. 이러한 복식은 이 시기 지배층 사이에서 유행하였습니다.

복식으로 배우는 한국사
이조년 초상 　천산대렵도(일부)

키워드 문제분석

❶ 변발과 호복 = 원 간섭기

원 간섭기의 고려에는 원의 영향으로 몽골풍(몽골 풍습)이 유행하기 시작하였는데, 대표적으로 몽골인이나 만주인의 풍습인 변발이 있었어요. 또한, 족두리와 같은 의복과 만두, 소주 등의 음식도 몽골에서 전해졌어요. 몽골풍은 공민왕 때 반원 자주 정책이 추진되면서 금지되었어요.

① 매를 조련시키는 응방 관리
➡ 원 간섭기에 원은 고려에 응방을 설치하여 사냥을 위한 매를 징발하고 사육하였어요.

② 원에 공녀로 끌려가는 여인
➡ 원 간섭기에 원은 고려에서 강제로 공녀를 데리고 갔는데, 일반 백성뿐 아니라 귀족의 딸까지도 데려갔어요. 이로 인해 고려에는 조혼의 풍습이 생기기도 하였어요.

③황룡사 구층 목탑을 세우는 목공
➡ **신라** 선덕 여왕은 승려 자장의 건의를 받아들여 부처의 힘으로 주변국들을 복속시키고자 하는 염원에서 경주 황룡사 9층 목탑을 세웠어요.

④ 권문세족에게 땅을 빼앗기는 농민
➡ 원 간섭기에는 원의 세력을 등에 업고 권력을 얻은 권문세족이 농민들의 토지를 부당하게 빼앗았어요.

17 이성계의 활동　　　정답 ③

(가) 인물에 대한 설명으로 옳은 것은?

〈한국사 토론〉

요동 정벌, 어떻게 볼 것인가?

저는 최영의 주장처럼 명의 철령위 설치에 맞서 요동 정벌을 추진해야 했다고 생각합니다.

아닙니다. 저는 요동 정벌은 무리라는 (가) 의 4불가론이 타당하다고 생각합니다.

키워드 문제분석

➊ 4불가론 = 이성계

고려 우왕 때 명이 철령 이북의 땅을 요구하자 우왕과 최영은 요동 정벌을 추진하여 이성계에게 출병을 명하였어요. 이성계는 4불가론을 주장하며 반대하였으나 받아들여지지 않았어요. 결국 이성계는 압록강 근처의 위화도에서 군사를 돌려 우왕과 최영을 몰아내고 정권을 장악하였어요(위화도 회군).

① 강동 6주를 획득하였다.
➡ 고려의 서희는 거란의 1차 침입 당시 거란의 장수 소손녕과 외교 담판을 벌여 전쟁 없이 거란군을 물러가게 하고, 강동 6주까지 획득하였어요.

② 비격진천뢰를 제작하였다.
➡ 조선 선조 때 **이장손**은 발화 장치를 활용한 포탄인 비격진천뢰를 발명하였어요. 임진왜란 당시 조선군은 비격진천뢰를 써서 많은 성과를 올렸어요.

③ 황산에서 왜구를 물리쳤다.
➡ 고려 말 **이성계**는 왜구가 고려를 침입하여 행패를 부리자 전라도 지리산 부근의 황산에서 왜구를 크게 물리쳤어요.

④ 매소성 전투를 승리로 이끌었다.
➡ 신라의 문훈 등은 매소성 전투에서 당군을 크게 물리쳤어요.

18 조선 세종의 업적　　　정답 ②

다음 가상 인터뷰에 등장하는 왕의 업적으로 옳은 것은?

여진의 침입이 잦아 최윤덕과 김종서를 파견하여 ➊4군 6진을 개척하였습니다.

조선의 북방 영토를 넓힌 과정을 말씀해 주세요.

키워드 문제분석

➊ 4군 6진을 개척함 = 조선 세종

세종은 최윤덕과 김종서를 북방으로 보내 여진을 몰아내어 4군과 6진을 개척하였고, 이후 남쪽 지방에 살던 백성들을 이 지역으로 이주시켜 정착하게 하였어요. 조선은 연고가 있는 지역에는 지방관을 파견하지 않는 상피제가 있었는데 이 지역에는 적용하지 않았으며, 토착민을 지방관으로 임명하는 토관 제도를 실시하였어요.

① 비변사를 폐지하였다.
➡ 고종 때 흥선 대원군은 세도 정치의 기반이었던 비변사를 폐지하였고, 의정부와 삼군부의 기능을 부활시켰어요.

② 칠정산을 편찬하였다.
➡ **세종**은 이순지 등에게 명을 내려 한양을 기준으로 한 역법서인 《칠정산》을 편찬하였어요.

③ 동의보감을 간행하였다.
➡ 광해군 때 허준은 우리나라와 중국의 의서를 망라하여 전통 한의학을 체계적으로 정리한 《동의보감》을 간행하였어요.

④ 백두산정계비를 건립하였다.
➡ 간도 지역에서 조선과 청 백성 사이에 갈등이 빈번하게 발생하자, 숙종 때 양국의 관리가 백두산을 답사하고 백두산정계비를 세워 국경을 정하였어요.

이것도! 정답선택지

⑤ 녹읍을 폐지하였다.　　　(○ , ×)
⑥ 장용영을 설치하였다.　　　(○ , ×)
⑦ 척화비를 건립하였다.　　　(○ , ×)

정답 ⑤ × ⑥ × ⑦ ×

이것도! 정답선택지

⑤ 집현전을 설치하였다.　　　(○ , ×)
⑥ 경국대전을 완성하였다.　　　(○ , ×)
⑦ 나선 정벌을 단행하였다.　　　(○ , ×)

정답 ⑤ ○ ⑥ × ⑦ ×

19 조선 태종의 업적
정답 ①

(가)에 들어갈 왕으로 옳은 것은?

조선의 제3대 왕으로 즉위한 태종은 국왕 중심의 통치 체제를 정비하였어요. 6조에서 의정부를 거치지 않고 왕에게 직접 업무를 보고한 후 왕의 허락을 받아 시행하는 6조 직계제를 실시하였고, 문하부 낭사를 사간원으로 독립시켜 신하들을 견제하였어요. 또한, 16세 이상 남성에게 이름, 출생 연도, 신분 등을 새긴 신분증인 호패를 의무적으로 차고 다니게 하는 호패법을 실시하였어요. 한편, 태종 때 주자소가 설치되어 구리 활자인 계미자가 주조되었고, 현존하는 동양에서 가장 오래된 세계 지도인 〈혼일강리역대국도지도〉가 제작되었어요. 그리고 억울한 백성들을 위해 신문고를 설치하기도 하였어요.

①태종
➡ 태종은 두 차례 **왕자의 난**을 통해 반대 세력을 제거하고 정권을 장악한 후 정종의 뒤를 이어 즉위하였어요.

② 세조
➡ 세조는 현직 관리에게만 수조권을 지급하는 **직전법**을 실시하였고, 《경국대전》편찬을 시작하였어요.

③ 중종
➡ 중종 때 조광조가 현량과 실시, 소격서 폐지 등 급진적인 개혁 정치를 추진하자 훈구 세력은 이에 반발하여 **기묘사화**를 일으켰고 조광조는 사사되었어요.

④ 영조
➡ 영조는 붕당 정치의 폐단을 극복하기 위해 **탕평책**을 시행하고 이를 널리 알리기 위해 성균관 앞에 **탕평비**를 세웠어요. 또한, 군역의 폐단을 해결하고 백성들의 군포 부담을 덜어 주기 위해 **균역법**을 실시하였어요.

20 대동법
정답 ②

밑줄 그은 '제도'로 옳은 것은?

키워드 문제분석

❶ 토지 결수를 기준으로 쌀이나 옷감, 동전 등으로 납부
= 대동법

대동법은 방납의 폐단으로 농민들의 부담이 증가하자 광해군이 이원익의 건의를 받아들여 처음 실시한 제도예요. 각 집마다 토산물을 내던 공납을 소유한 토지의 결수를 기준으로 1결당 쌀 12두 또는 무명, 삼베, 동전 등으로 내게 하였어요. 대동법은 경기도에 처음 실시하였다가 이후 효종 때 김육의 건의로 충청도에도 실시하였고, 숙종 때 이르러 전국적으로 실시하였어요.

① 균역법
➡ 영조는 백성의 군역 부담을 줄여 주기 위해 군포를 1년에 1필만 납부하게 하는 균역법을 실시하였어요. 균역법 시행으로 줄어든 재정 수입은 결작, 어·염세, 선박세, 선무군관포 등으로 보충하였어요.

②대동법
➡ **광해군** 때부터 대동법이 실시되면서 관청에서 필요로 하는 물품을 대량으로 납품하는 공인이 등장하였어요.

③ 영정법
➡ **인조**는 풍흉에 관계없이 전세를 1결당 4~6두로 고정하는 영정법을 제정하였어요.

④ 직전법
➡ 세조는 수신전, 휼양전 등의 명목으로 세습되는 토지를 폐지하고 현직 관리에게만 수조권을 지급하는 직전법을 시행하였어요.

21 임진왜란

정답 ②

(가) 전쟁에 대한 설명으로 옳지 않은 것은?

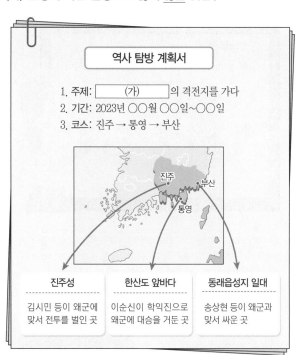

역사 탐방 계획서

1. 주제: _____(가)_____의 격전지를 가다
2. 기간: 2023년 ○○월 ○○일~○○일
3. 코스: 진주 → 통영 → 부산

진주성	한산도 앞바다	동래읍성지 일대
김시민 등이 왜군에 맞서 전투를 벌인 곳	이순신이 학익진으로 왜군에 대승을 거둔 곳	송상현 등이 왜군과 맞서 싸운 곳

1592년에 부산에 상륙한 일본군은 부산진과 동래성을 차례대로 함락하였는데, 부산진성 전투에서 정발이 전사하였고, 동래성 전투에서는 송상현이 전사하였어요. 이후 일본군은 신립이 이끈 조선군과 벌인 탄금대 전투에서도 크게 승리하며 거침없이 북진하였고, 결국 한양까지 점령하였어요. 그러나 조선은 이순신이 이끈 수군이 옥포, 한산도 등지에서 일본 수군을 격퇴하고, 육지에서는 각지에서 일어난 의병, 김시민(진주 대첩)과 권율(행주 대첩) 등 조선군의 활약, 그리고 명군의 지원까지 더해지며 전세를 역전시켰어요.

① 조헌이 금산에서 의병을 이끌었다.
➡ 임진왜란 당시 조헌은 의병장으로 금산 등에서 활약하였어요.

②임경업이 백마산성에서 항전하였다.
➡ 병자호란 당시 임경업은 백마산성에서 청군의 진로를 차단하는 등 침입에 대비하였어요.

③ 곽재우가 의병을 일으켜 정암진에서 싸웠다.
➡ 임진왜란 당시 곽재우는 의병장으로 의령(정암진), 진주 등에서 활약하였어요.

④ 신립이 탄금대에서 배수의 진을 치고 전투를 벌였다.
➡ 임진왜란 발발 직후 동래성을 함락한 일본군이 북진하자 신립이 충주의 탄금대에서 배수의 진을 치고 항전하였지만 패배하고 말았어요(탄금대 전투).

22 조선의 대외 관계

정답 ②

(가)~(다) 학생이 발표한 내용을 일어난 순서대로 옳게 나열한 것은?

명청 교체기 조선의 대외 관계

❶ 강홍립의 부대가 파병되어 후금과 전투하였어요.
❷ 청의 요청으로 나선 정벌에 조총 부대가 파견되었어요.
❸ 남한산성에서 나온 인조가 삼전도에서 청에 항복하였어요.

(가)　　　　(나)　　　　(다)

키워드 문제분석

❶ 강홍립의 부대가 파병되어 후금과 전투함
＝ (가) 사르후 전투(1619)
❷ 청의 요청으로 나선 정벌에 조총 부대가 파견됨
＝ (나) 나선 정벌(1654, 1658)
❸ 인조가 삼전도에서 청에 항복함
＝ (다) 병자호란(1636~1637)

(가) 광해군은 명과 후금 사이에서 실리를 우선으로 하는 중립 외교를 펼쳤어요. 명이 후금과의 전투에 지원군을 요청하자 강홍립의 부대를 파견하였는데, 강홍립에게 상황에 따라 행동하라는 지시를 내렸어요. 이에 강홍립은 조·명 연합군이 사르후 전투에서 패하자, 남은 군사를 이끌고 후금군에 투항하였어요.

(다) 인조와 서인 정권은 인조반정을 일으켜 광해군을 폐위시키고 친명배금 정책을 추진하였어요. 이로 인해 정묘호란이 일어났고, 후금은 조선과 후금이 형제 관계를 맺는다는 조건으로 물러갔어요. 그 뒤 세력이 더욱 강성해진 후금은 국호를 '청'으로 바꾸고 조선에 군신 관계를 요구하며 병자호란을 일으켰어요. 인조는 남한산성으로 피란하여 항전하였으나 결국 이듬해에 삼전도에서 항복하였어요. 이후 조선은 청과 군신 관계를 맺고 소현 세자와 봉림 대군을 청에 볼모로 보냈어요.

(나) 병자호란으로 청에 볼모로 끌려갔다가 돌아온 후 즉위한 효종은 송시열 등 서인 세력과 함께 북벌을 계획하였으나 실행에 옮기지는 못하였어요. 한편, 효종은 청의 요청에 따라 나선(러시아) 정벌을 위해 두 차례 조총 부대를 파견하였어요.

① (가) – (나) – (다)
②(가) – (다) – (나)
➡ (가) 사르후 전투(1619) → (다) 병자호란(1636~1637) → (나) 나선 정벌(1654, 1658)

③ (나) – (가) – (다)
④ (다) – (나) – (가)

23　을사사화　　　　　　　　　　정답 ④

(가)에 해당하는 사건으로 옳은 것은?

> 이곳은 유네스코 세계유산에 등재된 필암 서원으로 인종의 스승이었던 김인후를 배향하고 있습니다. 그는 명종 즉위 후 왕의 외척들 간 권력 다툼으로　(가)　이/가 일어나자, 고향으로 돌아와 성리학 연구와 후학 양성에 힘썼습니다.

키워드 문제분석

**❶ 명종 즉위 후 왕의 외척들 간 권력 다툼으로 일어남
= 을사사화**

조선 명종 때는 윤임(대윤)과 윤원형(소윤)을 대표로 하는 외척 세력 간의 갈등이 심하였는데, 이는 결국 을사사화로 이어졌고 윤임 일파가 제거되었어요. 이후 윤원형 일파가 남은 윤임 일파를 몰아내기 위해 양재역 벽서 사건을 확대하면서 이언적 등이 화를 입었어요.

① 경신환국
➡ 숙종 때 남인의 수장이었던 허적이 무단으로 왕실의 비품인 기름 먹인 장막(유악)을 사용하였고, 이를 알게 된 숙종이 허적과 윤휴 등 남인을 대거 축출하는 경신환국을 일으켰어요.

② 기해예송
➡ 현종 때 효종과 효종비가 죽자 서인과 남인 사이에 효종의 어머니인 자의 대비가 상복을 입는 기간을 두고 기해예송과 갑인예송이 전개되었어요.

③ 병인박해
➡ 고종 때 흥선 대원군은 프랑스 선교사를 통해 프랑스를 끌어들여 러시아의 남하를 저지하려던 계획이 무산되자, 프랑스 선교사를 비롯한 조선인 천주교 신자들을 처형하는 병인박해를 일으켰어요. 이를 구실로 프랑스가 병인양요를 일으켰어요.

④ 을사사화
➡ 명종 때 외척 간의 권력 갈등으로 을사사화가 일어나 사림이 피해를 입었어요.

24　겸재 정선의 활동　　　　　　정답 ②

다음 특별전에서 볼 수 있는 작품으로 옳은 것은?

○○미술관 특별전
겸재 정선, 우리 자연의 아름다움을 화폭에 담다
화면을 넘기면 다른 작품을 볼 수 있습니다.

조선 전기에는 추상적인 이상 세계를 그린 중국의 산수화를 많이 모방하였다면, 조선 후기에는 우리나라의 경치를 직접 보고 사실적으로 그린 그림인 진경 산수화가 등장하였어요. 겸재 정선의 〈인왕제색도〉, 〈금강전도〉가 대표적인 작품이에요.

①
영통동구도
➡ 〈영통동구도〉는 조선 후기에 강세황이 서양 화법인 음영법과 원근법을 사용하여 영통동으로 향하는 길목 풍경을 그린 그림이에요.

②
인왕제색도
➡ 〈인왕제색도〉는 조선 후기에 겸재 정선이 그린 진경 산수화예요. 비 온 후의 인왕산의 모습을 사실적으로 묘사하였어요.

③
세한도
➡ 〈세한도〉는 조선 후기에 김정희가 제주도 유배 중일 때 변함없는 의리를 지켜 준 제자 이상적에게 고마운 마음을 담아 그려 준 그림이에요.

④
몽유도원도
➡ 〈몽유도원도〉는 조선 전기에 안견이 안평 대군의 꿈을 소재로 그린 그림이에요.

선생님의 질문에 대한 학생의 대답으로 옳지 <u>않은</u> 것은?

❶이 화폐가 전국에 유통된 시기의 경제 상황에 대해서 말해볼까요?

① 정기 시장인 장시가 전국 각지에서 열렸어요.

② 관청에 물품을 조달하는 공인이 활동했어요.

상평통보

③ 송상이 각지에 송방이라는 지점을 설치했어요.

④ 벽란도에서 활발한 국제 무역이 이루어졌어요.

키워드 문제분석

❶ 상평통보가 전국에 유통된 시기 = 조선 후기

상평통보는 조선 숙종 때 허적 등의 제안에 따라 발행·유통되기 시작하여 조선 후기에 법화로써 널리 쓰였어요. 상평통보가 전국적으로 유통되면서 상품 화폐 경제가 발달하였어요.

① 정기 시장인 장시가 전국 각지에서 열렸어요.
➡ 조선 후기에 상업이 발달하면서 전국적으로 장시가 개설 및 활성화되었고, 이에 따라 전국의 장시를 돌아다니며 상업 활동을 하는 보부상이 활약하였어요.

② 관청에 물품을 조달하는 공인이 활동했어요.
➡ 조선 후기에 대동법이 시행되면서 관청에서 공가를 받고 필요한 물품을 마련하여 궁궐과 관청에 납품하는 공인이 등장하였어요. 공인의 활동은 조선 후기에 상공업이 발달하고 상품 유통이 활발해지는 데 기여하였어요.

③ 송상이 각지에 송방이라는 지점을 설치했어요.
➡ 조선 후기에 송상은 개성을 중심으로 청과의 무역을 통해 부를 축적하였어요. 송상은 전국 주요 지역에 송방이라는 지점을 설치해 운영하였어요.

④ 벽란도에서 활발한 국제 무역이 이루어졌어요.
➡ 고려 시대에는 개경과 거리가 가까웠던 예성강 하구의 벽란도가 국제 무역항으로 번성하였어요.

밑줄 그은 '이 왕'의 업적으로 옳은 것은?

화면에 펼쳐진 자료에 대해 설명해 주시겠습니까?

네, 이것은 초계문신제를 시행한 이 왕이 규장각의 관원 등을 초대하여 함께 지은 시를 모은 것입니다.

키워드 문제분석

❶ 초계문신제를 시행함 = 조선 정조

초계문신제는 과거에 합격하여 등용된 중·하급 관리 중에서 젊고 재능 있는 문신들을 선발하여 규장각에서 재교육하는 제도예요. 정조가 자신의 정책을 뒷받침할 유능한 인재를 양성하기 위해 실시하였어요.

① 경복궁을 중건하였다.
➡ 고종 때 흥선 대원군은 왕실의 위엄을 높이기 위해 임진왜란 때 불타 없어진 경복궁을 중건하였어요.

② 영선사를 파견하였다.
➡ 고종 재위 시기에 조선 정부는 개항 이후 개화 정책을 추진하는 과정에서 김윤식과 유학생, 기술자 등으로 꾸려진 영선사를 청에 파견하였어요.

③ 장용영을 창설하였다.
➡ 정조는 국왕의 친위 부대로 장용영을 설치하였고, 수원 화성에 장용영 외영을 두어 주둔하게 하였어요.

④ 훈민정음을 창제하였다.
➡ 세종은 백성들이 글을 몰라서 권리를 제대로 찾지 못하는 상황을 안타깝게 여겨 훈민정음을 창제하였어요.

이것도! 정답선택지

⑤ 전시과를 시행하였다.   (○ , ×)
⑥ 경복궁을 중건하였다.   (○ , ×)
⑦ 경국대전을 완성하였다.   (○ , ×)
⑧ 수원 화성을 건설하였다.   (○ , ×)

정답 ⑤ × ⑥ × ⑦ × ⑧ ○

밑줄 그은 '사건'에 대한 설명으로 옳은 것은?

정주성공함작전도(모사본)

이 지도는 홍경래가 주도하여 일으킨 사건을 진압하기 위해 관군이 정주성을 포위한 상황을 보여 주고 있습니다.

키워드 문제분석

❶ 홍경래가 주도하여 일으킨 사건 = 홍경래의 난

1811년에 서북 지역(평안도)에 대한 차별과 탐관오리의 수탈, 삼정의 문란 등에 항거하여 몰락 양반이었던 홍경래가 영세 농민과 광산 노동자, 중소 상인 등 다양한 계층을 참여시켜 평안도에서 봉기를 일으켰어요. 이들은 한때 청천강 이북 지역을 점령하였으나 정주성에서 일어난 관군과의 전투에서 패배하여 진압되었어요.

① 보국안민, 제폭구민을 기치로 내걸었다.
　➡ 동학 농민 운동은 고부 군수 조병갑의 탐학이 계기가 되어 일어난 고부 농민 봉기부터 본격적으로 시작되었어요. 이후 정부가 파견한 관리가 고부 농민 봉기를 수습하는 과정에서 봉기 참여자들을 탄압하자 동학 농민군은 보국안민과 제폭구민을 기치로 내걸고 무장에서 재차 봉기하였어요.

② 한성 조약이 체결되는 결과를 가져왔다.
　➡ 갑신정변 이후 조선과 일본 사이에 일본 공사관 증축 비용과 배상금 지불 등을 약속한 한성 조약이 체결되었어요.

③ 서북 지역민에 대한 차별에 반발하여 일어났다.
　➡ 홍경래의 난은 조선 순조 때 홍경래, 우군칙 등이 서북 지역민에 대한 차별과 지배층의 수탈에 반발하여 평안도 지역에서 일으킨 반란이에요.

④ 전개 과정에서 선혜청과 일본 공사관을 공격하였다.
　➡ 임오군란은 신식 군대인 별기군에 비해 차별 대우를 받던 구식 군인들의 불만이 폭발하여 일어난 사건이에요. 구식 군인들은 선혜청을 공격하면서 난을 일으켰고, 일본 공사관 등의 관공서를 습격하였어요.

이것도! 정답선택지

⑤ 서경 천도를 주장하며 일어났다. (○, ×)
⑥ 백낙신의 횡포가 계기가 되었다. (○, ×)
⑦ 특수 행정 구역인 소의 주민이 참여하였다. (○, ×)

정답 ⑤ × ⑥ × ⑦ ×

(가)에 들어갈 사건으로 옳은 것은?

역사 신문

제△△호　　　　　　　○○○○년 ○○월 ○○일

일본과의 조약이 체결되다

무력 시위하는 일본 군인들

작년 가을 강화도와 영종도 일대에서 　(가)　 을 일으킨 일본과의 회담이 최근 수 차례 열렸다. ❶일본이 피해 보상과 조선의 개항을 일방적으로 요구하자, 조정에서는 이에 대한 찬반 논쟁 끝에 신헌을 파견하여 ❷조일 수호 조규를 체결하였다.

키워드 문제분석

❶ 일본이 조선의 개항을 일방적으로 요구함 +
❷ 조·일 수호 조규를 체결함 = 운요호 사건

1875년에 일본의 군함 운요호가 허락 없이 강화도로 접근하여 영종도를 공격하였는데, 이를 운요호 사건이라고 해요. 이 사건을 계기로 조선은 일본과 강화도 조약(조·일 수호 조규)을 체결하였어요.

① 운요호 사건
　➡ 1875년에 일본은 조선에 개항을 요구하기 위해 운요호 사건을 일으켰어요. 이를 계기로 조선은 일본과 강화도 조약(조·일 수호 조규)을 체결하면서 개항하였어요.

② 105인 사건
　➡ 1911년에 일제는 데라우치 총독의 암살을 모의하였다는 누명을 씌워 많은 독립운동가들을 체포하였어요. 이 중 105인이 유죄 판결을 받았는데, 대부분 신민회 회원이었어요. 이를 105인 사건이라고 하며, 이로 인해 신민회는 조직의 실체가 드러나면서 국내 조직이 와해되었어요.

③ 제너럴 셔먼호 사건
　➡ 1866년에 미국 상선 제너럴셔먼호가 대동강을 거슬러 올라와 평양에서 통상을 요구하며 행패를 부리자 박규수를 비롯한 평양 관민들이 배를 불태워 침몰시켰는데, 이를 제너럴셔먼호 사건이라고 해요. 이 사건이 빌미가 되어 미군이 강화도를 침략하는 신미양요가 일어났어요.

④ 오페르트 도굴 사건
　➡ 1868년에 독일 상인 오페르트가 통상 협정에 이용하기 위해 흥선 대원군의 아버지인 남연군의 묘를 도굴하려 하였으나 실패하였는데, 이를 오페르트 도굴 사건이라고 해요.

정답 ③

밑줄 그은 '변란'으로 옳은 것은?

키워드 문제분석

❶ 구식 군인들이 변란을 일으킴 = 임오군란

1882년에 일어난 임오군란은 신식 군대인 별기군에 비해 차별 대우를 받던 구식 군인들의 불만이 폭발하여 일어난 사건이에요. 구식 군인들은 흥선 대원군에게 도움을 요청하였고, 민씨 일파와 경기 감영, 일본 공사관 등의 관공서를 습격하였어요. 이 과정에서 명성 황후는 장호원으로 피신하였고, 고종이 흥선 대원군에게 사태 수습을 맡기면서 흥선 대원군이 다시 정권을 잡게 되었어요. 그러나 민씨 일파의 요청으로 파견된 청군에 의해 난은 진압되었고, 군란의 책임자로 몰린 흥선 대원군은 청으로 납치되었어요.

① 갑신정변
➡ 1884년에 김옥균 등 급진 개화파는 우정총국 개국 축하연 자리를 이용하여 갑신정변을 일으켰어요. 이들은 개화당 정부를 수립한 후 14개조 개혁 정강을 발표하였으나 청군의 개입으로 3일 만에 실패하였어요.

② 신미양요
➡ 1871년에 미국은 제너럴셔먼호 사건을 구실로 강화도를 침입하는 신미양요를 일으켰어요.

③임오군란
➡ 1882년에 일어난 임오군란의 결과 조선과 일본 사이에 제물포 조약이 체결되어 일본 공사관에 경비병이 주둔하게 되었어요.

④ 임술 농민 봉기
➡ 1862년에 진주에서 유계춘을 중심으로 경상 우병사 백낙신의 부정부패에 항의하는 농민 봉기가 일어났어요. 이러한 진주 농민 봉기를 거치면서 농민 봉기가 전국으로 확산되었는데, 이를 임술 농민 봉기라고 해요. 조선 정부는 농민 봉기의 수습을 위해 박규수를 안핵사로 파견하였어요.

---

30 안중근의 활동 정답 ③

밑줄 그은 '나'에 대한 설명으로 옳은 것은?

키워드 문제분석

❶ 이토 히로부미를 하얼빈역에서 처단함 = 안중근

1909년에 안중근은 하얼빈역에서 을사늑약 체결에 핵심적 역할을 한 이토 히로부미를 사살하였어요. 현장에서 체포된 안중근은 뤼순 감옥에서 수감 중에 〈동양 평화론〉을 저술하였어요.

① 중광단을 결성하였다.
➡ 서일 등 대종교 세력은 북간도 지역에서 항일 무장 단체인 중광단을 조직하였고, 이후 중광단은 북로 군정서로 발전하였어요.

② 독립 의군부를 조직하였다.
➡ 임병찬은 국권 피탈 이후 고종의 밀지를 받고 의병과 유생을 모아 독립 의군부를 조직하였어요.

③동양 평화론을 집필하였다.
➡ 안중근은 뤼순 감옥에 수감된 후 대등한 위치에서의 한·중·일의 협력을 강조한 〈동양 평화론〉의 집필을 시작하였으나 사형이 집행되면서 책은 완성되지 못하였어요.

④ 시일야방성대곡을 발표하였다.
➡ 장지연은 을사늑약이 체결되자 '이날을 목 놓아 통곡하다'라는 뜻의 제목을 붙인 논설 〈시일야방성대곡〉을 황성신문에 실어 을사늑약의 부당함을 비판하였어요.

31 서간도 지역의 독립운동 정답 ②

(가)에 해당하는 지역을 지도에서 옳게 찾은 것은?

이 책에 대해 소개해 주시겠습니까?

이 책은 (가) 시종기입니다. 우당 이회영의 부인이자 독립운동가인 이은숙이 국권 피탈 후 (가) 에서의 망명 생활과 신흥 강습소 설립 과 정 등을 기록한 책입니다.

㉠ 충칭
㉡ 서간도
㉢ 하와이
㉣ 멕시코

키워드 문제분석

❶ 신흥 강습소 설립 = 서간도

일제는 국권 침탈 후 우리 민족의 독립운동을 철저하게 탄압하였어요. 이에 국내에서 의병 전쟁과 애국 계몽 운동을 벌였던 애국지사들은 동포들이 다수 거주하는 만주나 연해주 등지로 이주하였어요. 서간도(남만주)의 삼원보 지역으로 이주한 신민회 회원들은 경학사를 조직하고 신흥 강습소(이후 신흥 무관 학교)를 설립하여 항일 무장 투쟁을 위한 준비를 하였어요.

① ㉠
➡ 1940년에 충칭에 정착한 대한민국 임시 정부는 지청천을 총사령관으로 하여 정규군인 한국광복군을 창설하였어요.

② ㉡
➡ 1910년대 서간도의 삼원보로 이주한 이동녕, 이회영 등 신민회 회원들은 신흥 강습소를 세워 독립군 양성을 위해 노력하였어요.

③ ㉢
➡ 1910년대 하와이에서는 박용만 등이 대조선 국민군단을 창설하여 군사 훈련을 실시하였어요.

④ ㉣
➡ 1910년대 멕시코에서는 이주한 한인들이 숭무 학교를 세워 무장 투쟁을 준비하였어요.

32 1910년대 무단 통치 정답 ②

다음 공고가 발표된 시기 일제의 정책으로 옳은 것은?

<토지 조사 사무원 생도 모집>

조선 총독부에서는 ❶토지 조사 사업을 진행할 사무원 및 기술원 생도를 모집합니다.

◾ 모집 인원: 150명
◾ 수업 기간: 6개월 이내
◾ 담당 기관: 임시 토지 조사국 사무원 양성과

키워드 문제분석

❶ 토지 조사 사업을 진행함 = 1910년대

일제는 1910년대에 식민 지배에 필요한 재정 마련과 토지 약탈을 목적으로 토지 조사 사업을 실시하였어요. 일제는 임시 토지 조사국을 설치한 후 토지 조사령을 공포하여 본격적인 조사에 나섰어요. 일제는 토지 소유자가 정해진 기간 내에 토지 종류, 주소, 면적 등을 직접 신고하게 하였는데 신고 기간이 짧고 절차가 까다로워 기한 내에 신고하지 못한 농민이 많았어요. 미신고된 토지, 소유주가 불분명한 토지 등은 조선 총독부에 귀속되었고, 일제는 이러한 땅을 동양 척식 주식회사를 통해 일본인에게 싼값에 넘겼어요.

① 농광 회사를 설립하였다.
➡ 1904년에 황무지 개간권을 일제에 넘길 것이 아니라 한국인이 직접 회사를 세워 사업을 벌이자는 여론에 따라 일부 관료와 실업가들이 근대적 농업 회사인 농광 회사를 설립하였어요.

② 조선 태형령을 시행하였다.
➡ 1910년대 일제는 조선 태형령을 시행하여 한국인에게만 태형을 가하였어요.

③ 산미 증식 계획을 실시하였다.
➡ 1920년대부터 일제는 일본 내에서 부족한 식량을 한국에서 확보하기 위해 산미 증식 계획을 실시하였어요.

④ 화폐 정리 사업을 추진하였다.
➡ 제1차 한·일 협약 체결 후 재정 고문으로 부임한 메가타는 1905년부터 화폐 정리 사업을 추진하였어요.

이것도! 정답선택지

⑤ 징병제를 실시하였다. (○ , ×)
⑥ 헌병 경찰제를 시행하였다. (○ , ×)
⑦ 미곡 공출제가 추진되었다. (○ , ×)
⑧ 여자 정신 근로령이 제정되었다. (○ , ×)

정답 ⑤ × ⑥ ○ ⑦ × ⑧ ×

33 양기탁의 활동

정답 ④

(가)에 들어갈 인물로 옳은 것은?

> ### 이달의 독립운동가
>
> 4월 ▼ (가)
> (1871~1938)
>
> 훈격 : 대통령장
>
> **공적 개요**
> ▶ 영국인 베델과 함께 대한매일신보 창간
> ▶ 비밀 결사인 신민회 조직
> ▶ 상하이로 건너가 대한민국 임시 정부에서 활동

양기탁은 영국인 베델과 함께 대한매일신보를 창간하여 항일 언론 활동을 전개하였고, 국권 피탈 이후 상하이로 건너가 대한민국 임시 정부에서 국무 위원으로 활동하였어요.

① 김원봉
➡ 김원봉은 1938년에 중국 국민당 정부의 지원을 받아 조선 민족 전선 연맹 산하의 군사 조직으로 조선 의용대를 창설하였어요.

② 나석주
➡ 나석주는 의열단원으로 조선 식산 은행과 동양 척식 주식회사에 폭탄을 투척하였어요.

③ 신익희
➡ 신익희는 대한민국 임시 정부의 내무총장 등을 지내며 독립운동을 하였고, 광복 후에는 국회의장을 지내기도 하였어요.

④ 양기탁
➡ 양기탁은 안창호 등과 함께 국내에서 비밀 결사 조직인 **신민회**를 **결성**하였어요.

킬러 34 근대 문물

정답 ③

다음 상황 이후에 볼 수 있는 모습으로 가장 적절한 것은?

저것이 며칠 전 동대문에서 서대문까지 운행을 시작한 전차라는 것인가?

그렇다네. 한성 전기 회사에서 전기를 공급하여 운행한다더군.

> **키워드 문제분석**
>
> ❶ 전차 운행 = 1899년 이후
>
> 1898년에 설립된 한성 전기 회사에 의해 이듬해인 1899년에 서대문에서 청량리 간 노선이 처음으로 개통하여 전차가 운행되었어요.

① 한성순보를 발간하는 직원
➡ 한성순보는 우리나라 최초의 근대 신문으로, 1883년부터 1884년까지 박문국에서 발행되었어요.

② 만민 공동회에서 연설하는 백정
➡ 독립 협회는 1898년에 만민 공동회를 열어 러시아의 절영도 조차 요구를 저지하였고, 한·러 은행을 폐쇄하는 데 기여하였어요.

③ 경부선 철도 개통식에 참석하는 관리
➡ 경부선은 일본에 의해 1905년에 개통되었어요.

④ 동문학에서 영어를 공부하고 있는 학생
➡ 동문학은 통역관 양성을 목적으로 1883년에 조선 정부가 설립한 교육 기관이에요.

> **이것도! 정답선택지**
>
> ⑤ 조총으로 무장한 훈련도감 군인 (○, ×)
> ⑥ 황국 신민 서사를 암송하는 학생 (○, ×)
> ⑦ 치안 유지법 위반으로 구속된 독립운동가 (○, ×)
> ⑧ 일본의 황무지 개간권 요구에 반대하는 보안회 회원 (○, ×)
>
> 정답 ⑤ × ⑥ ○ ⑦ ○ ⑧ ○

(가)에 들어갈 전투로 옳은 것은?

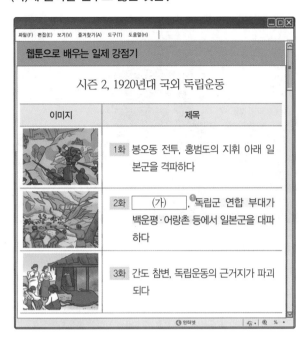

파일(F) 편집(E) 보기(V) 즐겨찾기(A) 도구(T) 도움말(H)

웹툰으로 배우는 일제 강점기

시즌 2, 1920년대 국외 독립운동

이미지	제목
	1화 봉오동 전투, 홍범도의 지휘 아래 일본군을 격파하다
	2화 (가) , ❶독립군 연합 부대가 백운평·어랑촌 등에서 일본군을 대파하다
	3화 간도 참변, 독립운동의 근거지가 파괴되다

🔵인터넷

키워드 문제분석

❶ 백운평·어랑촌 등에서 일본군을 대파함 = 청산리 전투

1920년대 만주에서 많은 독립군 단체가 결성되어 활동하였어요. 홍범도가 이끈 대한 독립군은 국민회군 등과 연합하여 일본군을 상대로 봉오동에서 승리를 거두었어요. 또한, 김좌진이 이끈 북로 군정서를 비롯한 독립군 연합 부대는 백운평, 어랑촌 등 청산리 일대에서 일본군을 크게 격퇴하였어요.

① 영릉가 전투
➡ 1930년대 초 조선 혁명군은 양세봉의 지휘 아래 남만주에서 중국 의용군과 연합하여 영릉가 전투에서 일본군에 승리하였어요.

②청산리 전투
➡ 1920년대 김좌진이 이끈 **북로 군정서**는 홍범도가 이끈 대한 독립군 등 독립군 연합 부대와 함께 청산리 전투에서 일본군을 격퇴하였어요.

③ 흥경성 전투
➡ 1930년대 초 조선 혁명군은 남만주에서 중국 의용군과 연합하여 흥경성 전투에서 일본군에 크게 승리하였어요.

④ 대전자령 전투
➡ 1930년대 초 지청천이 이끈 한국 독립군은 북만주에서 중국 호로군과 연합하여 쌍성보 전투, 대전자령 전투 등에서 일본군에 승리하였어요.

(가)의 활동으로 옳은 것은?

이 장면은 새로운 기법으로 구현한   (가) ❶의 충칭 청사와 그 요인들입니다.   (가) ❷은/는 3·1 운동을 계기로 수립되어 독립운동을 활발하게 전개하였습니다.

키워드 문제분석

❶ 충칭 청사 + ❷ 3·1 운동을 계기로 수립됨
= 대한민국 임시 정부

1919년에 일어난 3·1 운동이 확산되는 가운데, 우리 민족은 체계적인 독립운동을 이끌기 위한 단체의 필요성을 느꼈어요. 이에 국내외에서 임시 정부 수립의 움직임이 나타났고, 여러 곳에서 수립된 임시 정부는 상하이의 대한민국 임시 정부로 통합되었어요. 대한민국 임시 정부는 우리 역사상 처음으로 임시 의정원(입법권), 국무원(행정권), 법원(사법권)의 삼권 분립에 근거한 민주 공화제를 채택하였어요. 이후 일제의 탄압을 피해 계속 근거지를 옮겨 다니던 대한민국 임시 정부는 1940년에 충칭에 정착하였어요.

① 독립문을 건립하였다.
➡ 독립 협회는 1896년에 영은문이 있던 자리 부근에 독립문을 건립하였어요.

② 서전서숙을 설립하였다.
➡ 이상설은 1906년 북간도 지역에 서전서숙을 세워 민족 교육을 실시하였어요.

③ 대한국 국제를 반포하였다.
➡ 고종은 대한 제국 수립을 선포한 이후인 1899년에 대한국 국제를 반포하여 대한 제국이 자주독립 국가임과 동시에 황제권의 무한함을 규정하였어요.

④한국 광복군을 창설하였다.
➡ **대한민국 임시 정부**는 1940년에 충칭에 정착한 후 지청천을 총사령관으로 하여 정규군인 한국광복군을 창설하였어요.

이것도! 정답선택지

⑤ 연통제를 운영하였다.   (○ , ×)
⑥ 구미 위원부를 설치하였다.   (○ , ×)
⑦ 조선 혁명 간부 학교를 설립하였다.   (○ , ×)

정답 ⑤○ ⑥○ ⑦×

(가)에 들어갈 내용으로 옳은 것은?

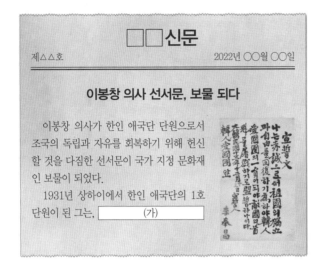

□□신문

제△△호 　　　　　　　　2022년 ○○월 ○○일

이봉창 의사 선서문, 보물 되다

이봉창 의사가 한인 애국단 단원으로서 조국의 독립과 자유를 회복하기 위해 헌신할 것을 다짐한 선서문이 국가 지정 문화재인 보물이 되었다.

1931년 상하이에서 한인 애국단의 1호 단원이 된 그는, 　(가)

1931년에 김구는 대한민국 임시 정부의 침체를 극복하기 위해 의열 투쟁 단체인 한인 애국단을 조직하였어요. 한인 애국단은 일제의 주요 인물과 식민 통치 기관 폭파 등 의열 투쟁을 전개하였어요. 단원인 이봉창은 도쿄에서 일왕 암살을 시도하였으나 실패하였어요.

① 도쿄에서 일왕을 향해 폭탄을 투척하였다.
➡ **이봉창**은 일본 도쿄에서 일왕의 행렬을 향해 폭탄을 투척하였지만 일왕을 죽이는 데는 실패하였어요.

② 홍커우 공원에서 일본군 장성 등을 살상하였다.
➡ 윤봉길은 상하이 홍커우 공원에서 열린 일왕 생일 축하 기념 겸 전승 기념 축하식에 폭탄을 던져 일본군 장성과 고관을 처단하였어요.

③ 명동 성당 앞에서 이완용을 습격하여 중상을 입혔다.
➡ 이재명은 명동 성당 앞에서 을사늑약 체결을 주도한 을사오적 중 한 명인 이완용을 습격하여 중상을 입혔어요.

④ 샌프란시스코에서 친일 인사인 스티븐스를 사살하였다.
➡ 장인환과 전명운은 샌프란시스코에서 제1차 한·일 협약으로 대한 제국의 외교 고문이 된 친일 인사 스티븐스를 사살하였어요.

(가) 시기에 있었던 사실로 옳은 것은?

고종이 러시아 공사관에서 경운궁으로 돌아와 황제로 즉위하고 국호를 　(가)　(으)로 선포한 이후에 사용한 어새입니다.

　(가)　고종 황제 어새와 내함

키워드 문제분석

❶ 고종이 러시아 공사관에서 경운궁으로 돌아와 황제로 즉위함 = 대한 제국 시기(1897~1910)

아관 파천 이후 경운궁(덕수궁)으로 환궁한 고종은 1897년에 연호를 '광무'로 바꾸고, 환구단에서 황제 즉위식을 거행한 후 대한 제국 수립을 선포하였어요. 이후 고종은 구본신참의 원칙 아래 광무개혁을 추진하였어요.

① 지계가 발급되었다.
➡ **1899년**부터 대한 제국은 광무개혁의 일환으로 양전 사업을 본격 시행하여 근대적 토지 소유 증명서인 지계를 발급하였어요.

② 척화비가 건립되었다.
➡ 1871년 신미양요 직후 흥선 대원군은 종로와 전국 각지에 척화비를 세워 통상 수교 거부 정책의 의지를 널리 알렸어요.

③ 육영 공원이 설립되었다.
➡ 1886년에 설립된 육영 공원은 우리나라 최초의 서양식 관립 교육 기관이에요.

④ 군국기무처가 설치되었다.
➡ 1894년에 일본의 강요로 구성된 김홍집 내각은 최고 정책 결정 기관으로 군국기무처를 설치하고 제1차 갑오개혁을 추진하였어요.

밑줄 그은 '이 시기'에 볼 수 있는 모습으로 적절하지 <u>않은</u> 것은?

키워드 문제분석

❶ 중·일 전쟁 이후 일제가 침략 전쟁을 확대하던 시기 +

❷ 창씨개명 = 1930년대 후반 이후

일제는 1937년에 중·일 전쟁을 일으키고 침략 전쟁을 확대하는 과정에서 한국인을 전쟁에 쉽게 동원하기 위해 내선일체, 일선동조론 등을 내세워 민족 말살 정책을 본격화하였어요. 일왕에 대한 충성 맹세문인 황국 신민 서사를 제정하여 강제로 암송하게 하고, 신사 참배와 궁성 요배를 강요하였어요. 그뿐만 아니라 우리의 성과 이름도 일본식으로 바꾸도록 강요하였어요. 한편, 일제는 1938년에 국가 총동원법을 제정하여 전쟁에 필요한 자원을 본격적으로 수탈하였어요. 공출제와 식량 배급 제도 등을 통해 전쟁에 필요한 물자를 강제로 가져갔으며 지원병제, 학도 지원병제, 징병제, 국민 징용령을 실시하여 한국인들을 전쟁터와 전쟁 시설로 끌고 갔어요.

① 공출을 독려하는 애국반 반장
➡ 1930년대 후반 이후 일제는 전쟁에 필요한 물자를 원활하게 동원하기 위해 국가 총동원법을 공포하고 미곡 공출, 금속 공출 등을 실시하였어요. 또한, 한국인의 생활 구석구석을 지배하고 감시하기 위해 애국반을 조직하였어요.

② 황국 신민 서사를 암송하는 학생
➡ 1930년대 후반 이후 일제는 한국인의 정체성을 말살하기 위해 황국 신민 서사 암송 강요, 신사 참배 강요 등 황국 신민화 정책을 추진하였어요.

③ 국민 징용령에 의해 끌려가는 청년
➡ 1930년대 후반 이후 일제는 한국인의 노동력을 원활하게 동원하고자 강제 징용에 관한 법령인 국민 징용령을 발표하였어요.

④ 회사령을 공포하는 조선 총독부 관리
➡ 1910년에 일제는 한국인의 기업 설립을 제한하기 위해 회사 설립 시 조선 총독의 허가를 받도록 하는 회사령을 공포하였어요.

다음 퀴즈의 정답으로 옳은 것은?

키워드 문제분석

❶ 신간회의 자매단체 = 근우회

신간회의 자매단체로 결성된 근우회는 전국 순회 강연을 개최하고 야학을 여는 등 여성의 지위 향상과 의식 계몽에 앞장섰어요. 한편, 근우회는 기관지인 《근우》를 발간하였어요.

① 근우회
➡ 근우회는 1927년에 신간회의 자매단체로 창립되었어요.

② 보안회
➡ 보안회는 1904년에 일제가 황무지 개간권을 요구하자 반대 운동에 나서 이를 저지하는데 성공하였어요.

③ 송죽회
➡ 송죽회는 1913년에 평양에서 설립된 항일 비밀 여성 단체예요.

④ 색동회
➡ 색동회는 1923년에 방정환이 중심이 되어 설립한 어린이 인권 운동 단체예요.

41 6월 민주 항쟁

정답 ③

밑줄 그은 '이 민주화 운동'에 대한 설명으로 옳은 것은?

'고바우'가 바라본 우리 현대사

이 만화는 김성환이 그린 '고바우 영감'으로 1987년 7월 1일자 신문에 게재되었다. ❶호헌 철폐, 독재 타도를 외친 이 민주화 운동으로 ❷대통령 직선제 개헌을 약속하는 발표가 나자, 기뻐하는 국민들의 모습을 작가가 네 컷 만화로 표현하였다.

키워드 문제분석

❶ 호헌 철폐, 독재 타도를 외침 + ❷ 대통령 직선제 개헌을 약속하는 발표가 남 = 6월 민주 항쟁

　전두환 정부 시기인 1987년에 민주화에 대한 국민의 열망이 높아지고 있었음에도 정부는 이를 무시하고 4·13 호헌 조치를 발표하였어요. 이러한 상황에서 박종철 고문치사 사건의 진실이 세상에 알려졌고 시위 과정에서 대학생 이한열이 경찰이 쏜 최루탄에 피격되는 사건이 일어났어요. 이에 분노한 국민들은 호헌 철폐와 독재 타도를 외치며 전국 각지에서 대규모 시위를 벌였어요. 결국 전두환 정부는 여당의 차기 대통령 후보인 노태우를 내세워 국민들의 대통령 직선제 개헌 요구를 수용하는 6·29 민주화 선언을 발표하였고 이후 5년 단임의 대통령 직선제를 골자로 한 9차 개헌이 단행되었어요.

① 유신 체제가 붕괴되는 계기가 되었다.
➡ 1979년에 YH 무역 사건과 부·마 민주 항쟁이 일어났고, 10·26 사태로 박정희 대통령이 사망하면서 유신 체제는 붕괴되었어요.

② 양원제 국회가 출현하는 결과를 가져왔다.
➡ 1960년 4·19 혁명 이후 3차 개헌을 통해 국회가 참의원과 민의원의 양원제 국회로 구성되었어요.

③박종철과 이한열 등의 희생으로 확산되었다.
➡ 1987년에 일어난 6월 민주 항쟁은 박종철과 이한열 등의 희생으로 전국으로 확산되었어요.

④ 전개 과정에서 시민군이 자발적으로 조직되었다.
➡ 1980년에 5·18 민주화 운동이 일어나자 신군부는 공수 부대를 동원하여 시위대를 무자비하게 진압하였어요. 이에 맞서 일부 광주 시민들은 시민군을 조직하여 대항하였는데, 이 과정에서 수많은 광주 시민들이 희생되었어요.

---

42 김규식의 활동

정답 ③

(가)에 들어갈 내용으로 옳은 것은?

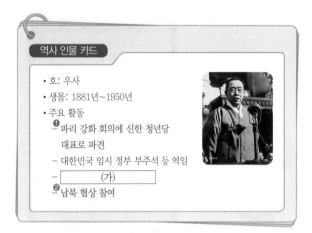

역사 인물 카드

• 호: 우사
• 생몰: 1881년~1950년
• 주요 활동
　❶파리 강화 회의에 신한 청년당 대표로 파견
　– 대한민국 임시 정부 부주석 등 역임
　– 　　(가)
　❷남북 협상 참여

키워드 문제분석

❶ 파리 강화 회의에 신한 청년당 대표로 파견 +
❷ 남북 협상 참여 = 김규식

❶ 1918년에 상하이에서 여운형의 주도로 조직된 신한 청년당은 파리 강화 회의에 김규식을 대표로 파견하여 한국의 독립을 주장하였어요.
❷ 1945년 광복 후 남한만의 단독 선거에 반대한 김규식, 김구 등은 통일 정부 수립을 위한 남북 협상을 추진하였으나 성과를 거두지는 못하였어요.

① 대성 학교 설립
➡ 안창호는 신민회 소속으로 평양에 대성 학교를 설립하여 민족 교육을 실시하였어요.

② 조선 혁명 선언 작성
➡ 신채호는 의열단의 활동 지침이 된 〈조선 혁명 선언〉을 작성하였어요.

③좌우 합작 위원회 결성
➡ 김규식은 광복 이후 이승만이 남한만의 단독 정부 수립을 주장하자 여운형 등과 함께 좌우 합작 위원회를 세우고 통일 정부 수립 등의 내용을 담은 좌우 합작 7원칙을 발표하였어요.

④ 한국독립운동지혈사 저술
➡ 박은식은 일본의 침략 과정을 담은 《한국통사》, 독립 투쟁 과정을 서술한 《한국독립운동지혈사》를 저술하였어요.

43 6·25 전쟁
정답 ④

(가) 전쟁 중에 있었던 사실로 옳지 않은 것은?

● 1·4 후퇴에 대해 검색해 줘.

검색 결과입니다.

(가) 전쟁 당시 압록강과 두만강 유역까지 북진했던 국군과 유엔군이 중국군의 공세에 밀려 서울 이남 지역까지 철수한 사건입니다. 이로 인해 수많은 피란민이 발생하였습니다.

키워드 문제분석

❶ 1·4 후퇴 = 6·25 전쟁(1950~1953)

1950년 6월에 6·25 전쟁이 발발하자 유엔 안전 보장 이사회는 유엔군을 파병하였고, 낙동강 지역까지 밀렸던 국군과 유엔군은 반격을 시도하였어요. 국군과 유엔군은 인천 상륙 작전을 전개하여 서울을 탈환하고, 여세를 몰아 38도선을 돌파하여 압록강 일대까지 진격하였어요. 그러나 중국군이 참전하면서 국군과 유엔군은 후퇴하였고, 1951년 1월에는 서울을 다시 빼앗겼어요(1·4 후퇴). 국군과 유엔군은 전열을 가다듬어 서울을 재탈환하였지만 이후 38도선 일대에서 공방전이 지속되었고, 마침내 1953년 7월 27일에 정전 협정이 체결되었어요.

① 흥남 철수 전개
➡ 인천 상륙 작전 성공 이후 승기를 잡은 국군과 유엔군은 압록강 일대까지 진격하였지만 중국군의 개입으로 후퇴하여 1950년 12월에 흥남 철수 작전을 전개하였어요.

② 발췌 개헌안 통과
➡ 이승만 정부는 6·25 전쟁 중이던 1952년 임시 수도 부산에 계엄령을 선포하고 공포 분위기를 조성하여 기립 표결로 직선제를 골자로 하는 개헌안을 통과시켰어요(1차 개헌). 정부가 제출한 개헌안과 국회에서 제출한 개헌안의 일부를 발췌하여 만들었기 때문에 발췌 개헌이라고도 해요.

③ 인천 상륙 작전 개시
➡ 6·25 전쟁 발발 이후 국군과 유엔군은 전쟁의 흐름을 바꾸기 위해 1950년 9월에 인천 상륙 작전을 전개하여 성공하였어요. 이후 승기를 잡은 국군과 유엔군은 압록강 일대까지 진격하였어요.

④ 반민족 행위 처벌법 제정
➡ 대한민국 정부가 수립된 이후인 1948년 9월에 제헌 국회는 반민족 행위 처벌법을 제정하고 반민족 행위 특별 조사 위원회(반민특위)를 설치하여 친일파 청산에 나섰어요.

44 박정희 정부 시기의 경제 정책
정답 ②

(가) 정부 시기에 있었던 사실로 옳은 것은?

사진으로 보는 (가) 정부

❶ 새마을 운동 ❷ 광주 대단지 사건 ❸ 100억 달러 수출 달성

키워드 문제분석

❶ 새마을 운동 + ❷ 광주 대단지 사건 +
❸ 100억 달러 수출 달성 = 박정희 정부

❶ 박정희 정부가 경제 성장을 위해 저임금 정책과 저곡가 정책을 실시하면서 농촌과 도시의 경제·문화적 격차는 더욱 커지게 되었어요. 이에 1970년대 정부 주도로 도시와 농촌 간의 균형 있는 발전을 목표로 하여 근면·자조·협동을 강조한 새마을 운동이 전개되었어요.

❷ 박정희 정부 시기에 빈민가 철거민 이주 사업의 일환으로 많은 사람들을 경기도 광주 지역으로 이주시키는 과정에서 광주 대단지 사건이 발생하였어요.

❸ 박정희 정부는 1970년대에 들어서 제3·4차 경제 개발 5개년 계획을 실시하여 철강, 조선, 화학 등 중화학 공업 위주의 경제 정책을 추진하였어요. 경상도 해안 지역에 제철소, 조선소 등 대규모 공업 단지를 조성하였고, 이때 포항 종합 제철소도 건설되었어요. 이러한 경제 정책으로 우리나라는 1977년에 수출 100억 달러를 달성하는 등 급격한 경제 발전을 이루었어요.

① 농지 개혁법이 제정되었다.
➡ 이승만 정부 시기에 제헌 국회에서 유상 매수, 유상 분배 원칙의 농지 개혁법을 제정하였어요.

② 경부 고속 도로를 준공하였다.
➡ **박정희 정부** 시기에 경부 고속 도로가 준공되었어요.

③ 금융 실명제를 전면 실시하였다.
➡ 김영삼 정부 시기에 금융 거래의 투명성을 확보하기 위해 대통령 긴급 명령으로 금융 실명제가 실시되었어요.

④ 경제 협력 개발 기구(OECD)에 가입하였다.
➡ 김영삼 정부 시기에 우리나라는 경제 협력 개발 기구(OECD)에 가입하여 회원국이 되었어요.

45 김대중 정부 시기의 통일 노력　정답 ③

밑줄 그은 '정부'의 통일 노력으로 옳은 것은?

키워드 문제분석

❶ IMF 구제 금융을 조기 상환한 정부 +
❷ 정주영이 소 떼를 몰고 북한을 방문함 = 김대중 정부

❶ 우리나라는 1997년 말에 외환 보유액 부족으로 경제 위기를 겪게 되자 국제 통화 기금(IMF)에 긴급 자금 지원을 요청하였고, 이에 따라 IMF의 경제 간섭을 받게 되었어요. 김대중 정부 시기에 외환 위기를 극복하기 위해 국민들이 자발적으로 금 모으기 운동을 전개하였고, 이러한 국민들의 노력으로 우리나라는 외환 위기를 조기에 극복할 수 있었어요.

❷ 김대중 정부는 '햇볕 정책'이라고 불리는 대북 화해 협력 정책을 추진하였어요. 이러한 분위기 속에서 기업인 정주영이 소 떼를 몰고 북한을 방문하였고, 해로를 통한 금강산 관광이 시작되었어요. 그리고 2000년에 최초의 남북 정상 회담이 개최되고 6·15 남북 공동 선언이 발표되었어요. 이후 개성 공단 조성이 추진되고 경의선이 복구되었으며, 이산가족 상봉과 금강산 육로 관광도 추진되었어요.

① 남북 기본 합의서를 채택하였다.
➡ 노태우 정부 시기에 남북한은 남북 기본 합의서(남북 사이의 화해와 불가침 및 교류·협력에 관한 합의서)를 채택하고 북한과 교환하였어요.

② 남북한이 유엔에 동시 가입하였다.
➡ 노태우 정부 시기에 남북한은 유엔에 동시 가입하였어요.

③ 6·15 남북 공동 선언을 발표하였다.
➡ 김대중 정부 시기에 최초의 남북 정상 회담이 개최되었고, 남북한은 6·15 남북 공동 선언을 발표하였어요.

④ 최초로 남북 간 이산가족 상봉을 성사시켰다.
➡ 전두환 정부 시기에 최초로 남북 간 이산가족 상봉과 예술 공연단 교환이 이루어졌어요.

46 독도의 역사　정답 ④

밑줄 그은 '이 섬'에 대한 설명으로 옳은 것은?

키워드 문제분석

❶ 우리나라 동쪽 끝에 있는 섬 = 독도

독도는 울릉도에 부속된 섬으로 삼국 시대부터 우리나라의 고유 영토였어요. 대한 제국은 1900년에 칙령 제41호를 반포하여 독도를 관할 영토로 명시하였어요. 그러나 일본은 러·일 전쟁 중에 독도를 무인도로 규정하고 자국 영토인 시마네현으로 불법 편입하였어요.

① 정약전이 자산어보를 저술한 섬이다.
➡ 조선 순조 때 정약전은 흑산도에서 유배 중 《자산어보》를 저술하였어요.

② 하멜 일행이 표류하다 도착한 섬이다.
➡ 조선 효종 때 하멜 일행은 표류하다 제주도에 도착하였고, 이곳에서 겪었던 일을 《하멜 표류기》라는 책으로 만들었어요.

③ 이종무가 왜구를 소탕하기 위해 정벌한 섬이다.
➡ 조선 세종 때 이종무가 군사를 이끌고 왜구의 근거지인 쓰시마섬(대마도)을 정벌하였어요.

④ 안용복이 일본에 가서 우리 영토임을 확인받은 섬이다.
➡ 조선 숙종 때 일본 어민들이 독도를 무단으로 자주 침입하자, 안용복은 일본으로 건너가 일본인들의 불법 침입에 대해 항의하며 독도가 조선의 영토임을 주장하였어요. 그리고 일본으로부터 울릉도와 독도가 조선 땅이라는 것을 공식적으로 인정받고 돌아왔어요.

이것도! 정답선택지

⑤ 러시아가 조차를 요구한 섬이다.　(○, ×)
⑥ 영국이 불법적으로 점령한 섬이다.　(○, ×)

정답 ⑤ × ⑥ ×

47 《의궤》   정답 ①

(가) 문화유산으로 옳은 것은?

> 이 실감 콘텐츠는 정조와 혜경궁이 함께 수원 화성에 행차하는 장면을 구현한 것으로, 조선 시대 왕실이나 국가의 중대한 행사를 글과 그림으로 기록한 책인 [(가)] 을/를 바탕으로 제작되었어요.

혜경궁   정조

키워드 문제분석

❶ 조선 시대 왕실이나 국가의 중대한 행사를 글과 그림으로 기록한 책 = 《의궤》

《의궤》는 조선 왕실의 주요 행사를 글과 그림으로 기록한 책으로, 왕의 혼인, 세자 책봉 등의 행사가 상세히 기록되어 있어요. 임진왜란을 거치면서 소실되었고, 병인양요 때는 프랑스군이 퇴각하면서 강화도의 외규장각에 있던 《의궤》를 빼앗아 갔는데, 2001년에 영구 임대 형식으로 반환되었어요.

① 의궤
➡ 《의궤》는 조선 시대 왕실이나 국가의 행사 내용을 글과 그림으로 기록한 책이에요. 2007년에 《조선왕조의궤》로 **유네스코 세계 기록 유산**에 등재되었어요.

② 경국대전
➡ 《경국대전》은 세조 때 편찬하기 시작하여 성종 때 완성·반포한 조선의 기본 **법전**이에요.

③ 삼강행실도
➡ 《삼강행실도》는 세종 때 우리나라와 중국의 모범이 될 만한 충신, 효자, 열녀의 행실을 모아 만든 **윤리서**예요. 모든 사람이 한눈에 쉽게 알아볼 수 있도록 글 옆에 그림을 그려 넣었어요.

④ 조선왕조실록
➡ 《조선왕조실록》은 각 왕대의 역사를 편년체로 기록한 **역사서**로, 태조부터 철종 대까지 편찬되었어요. 왕이 죽으면 실록청을 설치하고, 실록청에서 사초와 시정기 등을 바탕으로 편찬하였어요.

킬러 48 인천의 역사   정답 ④

(가)에 들어갈 지역으로 옳은 것은?

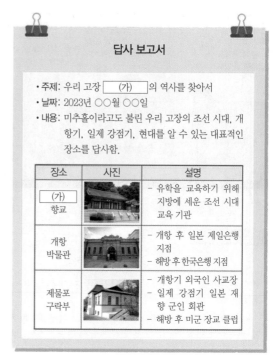

답사 보고서

- 주제: 우리 고장 [(가)] 의 역사를 찾아서
- 날짜: 2023년 ○○월 ○○일
- 내용: 미추홀이라고도 불린 우리 고장의 조선 시대, 개항기, 일제 강점기, 현대를 알 수 있는 대표적인 장소를 답사함.

장소	사진	설명
[(가)] 향교		- 유학을 교육하기 위해 지방에 세운 조선 시대 교육 기관
개항 박물관		- 개항 후 일본 제일은행 지점 - 해방후 한국은행 지점
제물포 구락부		- 개항기 외국인 사교장 - 일제 강점기 일본 재향 군인 회관 - 해방 후 미군 장교 클럽

① 군산
➡ 1920년대부터 일제는 일본 내 부족한 식량을 한국에서 확보하기 위해 **산미 증식 계획**을 실시하였어요. 한국에서 생산된 쌀은 군산항 등을 통해 일본으로 들어갔어요.

② 마산
➡ 1979년 박정희 정부 시기에 YH 무역 사건으로 야당(신민당) 총재 김영삼이 국회에서 제명되자 부산과 마산에서 '독재 타도, 유신 철폐'를 외치며 민주 항쟁이 일어났는데, 이 사건을 **부·마 민주 항쟁**이라고 해요.

③ 목포
➡ 1923년에 전라남도 목포 근해의 섬인 **신안 암태도**의 농민들은 고율의 소작료를 징수하는 지주 문재철에 맞서 **소작 쟁의**를 일으켰고, 그 결과 소작료를 낮추는 데 성공하였어요.

④ 인천
➡ 1950년 6·25 전쟁 발발 직후 북한군은 3일 만에 서울을 함락하고 낙동강 방어선까지 진출하였어요. 이에 국군과 유엔군은 **인천 상륙 작전**을 전개하여 성공하면서 서울을 수복하였고, 이후 압록강 근처까지 진격하였어요.

49 승려들의 활동(시대 통합)

정답 ①

(가)~(라)에 들어갈 내용으로 옳은 것은?

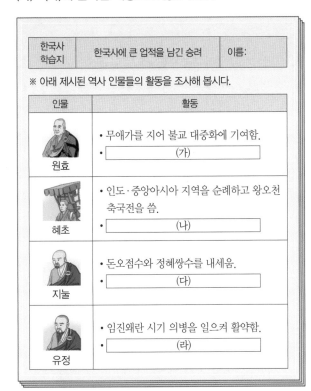

한국사 학습지	한국사에 큰 업적을 남긴 승려	이름:

※ 아래 제시된 역사 인물들의 활동을 조사해 봅시다.

인물	활동
원효	• 무애가를 지어 불교 대중화에 기여함. • (가)
혜초	• 인도·중앙아시아 지역을 순례하고 왕오천축국전을 씀. • (나)
지눌	• 돈오점수와 정혜쌍수를 내세움. • (다)
유정	• 임진왜란 시기 의병을 일으켜 활약함. • (라)

① (가) – 십문화쟁론을 저술함.
→ 신라의 **원효**는 《십문화쟁론》을 지어 종파 간의 사상적 대립을 해소하기 위해 노력하였어요.

② (나) – 해동 천태종을 창시함.
→ 고려의 **의천**은 해동 천태종을 창시하였고, 불교 경전에 대한 주석서를 모아 《교장》을 편찬하였어요.

③ (다) – 세속 5계를 지음.
→ 신라의 **원광**은 화랑도의 행동 규범으로 세속 5계를 제시하였어요.

④ (라) – 수선사 결사를 제창함.
→ 고려의 **지눌**은 독경과 참선, 노동에 고루 힘써야 한다고 주장하며 수선사 결사를 제창하였고, 수행 방법으로 정혜쌍수와 돈오점수를 주장하였어요.

50 교육의 역사(시대 통합)

정답 ④

(가)~(다)를 설립한 순서대로 옳게 나열한 것은?

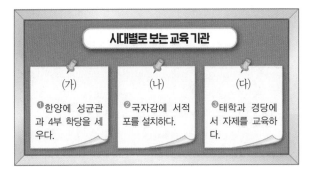

시대별로 보는 교육 기관

(가) ❶한양에 성균관과 4부 학당을 세우다.

(나) ❷국자감에 서적포를 설치하다.

(다) ❸태학과 경당에서 자제를 교육하다.

키워드 문제분석

❶ 한양에 성균관과 4부 학당을 세움 = (가) 조선
❷ 국자감에 서적포를 설치함 = (나) 고려
❸ 태학과 경당에서 자제를 교육함 = (다) 고구려

(다) 고구려는 교육 기관으로 수도에 태학, 지방에 경당을 두어 인재를 양성하였어요.

(나) 고려는 인재 양성을 위하여 개경에 최고 교육 기관인 국자감을 설립하였어요. 현재의 국립 대학이라 할 수 있는 국자감은 유학부와 기술학부로 나뉘어 있었어요. 한편, 숙종 때 국자감에 출판을 담당하는 서적포를 두었어요.

(가) 성균관은 고려와 조선의 최고 교육 기관으로 수도에 설치되었어요. 조선 시대의 성균관은 소과에 합격한 생원과 진사에게 입학 자격을 부여하였어요. 또한, 조선은 수도 한성에 중등 교육 기관으로 4부 학당을 설치하고 유교 경전을 교육하였어요.

① (가) – (나) – (다)
② (가) – (다) – (나)
③ (나) – (가) – (다)
④ (다) – (나) – (가)
→ (다) 고구려 → (나) 고려 → (가) 조선

01 (가)에 들어갈 내용으로 가장 적절한 것은? (1점)

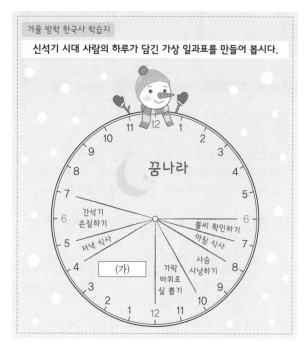

겨울 방학 한국사 학습지

신석기 시대 사람의 하루가 담긴 가상 일과표를 만들어 봅시다.

꿈나라

간석기 손질하기
불씨 확인하기
저녁 식사
아침 식사
사슴 사냥하기
(가)
가락 바퀴로 실 뽑기

① 거친무늬 거울 닦기
② 비파형 동검 제작하기
③ 빗살무늬 토기 만들기
④ 철제 농기구로 밭 갈기

02 (가) 나라에 대한 설명으로 옳은 것은? (2점)

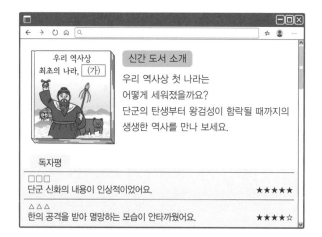

우리 역사상 최초의 나라, (가)

신간 도서 소개

우리 역사상 첫 나라는 어떻게 세워졌을까요? 단군의 탄생부터 왕검성이 함락될 때까지의 생생한 역사를 만나 보세요.

독자평

□□□
단군 신화의 내용이 인상적이었어요. ★★★★★

△△△
한의 공격을 받아 멸망하는 모습이 안타까웠어요. ★★★★☆

① 범금 8조가 있었다.
② 책화라는 풍습이 있었다.
③ 낙랑군과 왜에 철을 수출하였다.
④ 제가 회의에서 나라의 중요한 일을 결정하였다.

03 다음 가상 인터뷰의 주인공으로 옳은 것은? (2점)

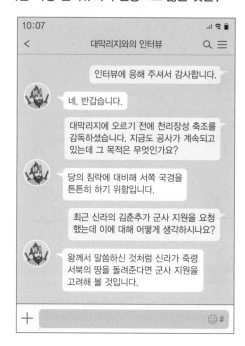

10:07

< 대막리지와의 인터뷰 Q ≡

인터뷰에 응해 주셔서 감사합니다.

네, 반갑습니다.

대막리지에 오르기 전에 천리장성 축조를 감독하셨습니다. 지금도 공사가 계속되고 있는데 그 목적은 무엇인가요?

당의 침략에 대비해 서쪽 국경을 튼튼히 하기 위함입니다.

최근 신라의 김춘추가 군사 지원을 요청 했는데 이에 대해 어떻게 생각하시나요?

왕께서 말씀하신 것처럼 신라가 죽령 서북의 땅을 돌려준다면 군사 지원을 고려해 볼 것입니다.

+ ☺ #

① 김유신
② 장보고
③ 연개소문
④ 흑치상지

04 밑줄 그은 '이 국가'에 대한 설명으로 옳은 것은? (2점)

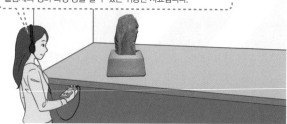

이 유물은 2009년 포항 중성리에서 발견되었습니다. 현재 남아 있는 이 국가의 비석 중 가장 오래된 것으로, 당시의 관등 체계 및 골품제의 정비 과정 등을 알 수 있는 귀중한 자료입니다.

① 진대법을 실시하였다.
② 영고라는 제천 행사를 열었다.
③ 화백 회의라 불리는 합의 기구가 있었다.
④ 왕족인 부여씨와 8성의 귀족이 지배층을 이루었다.

05 (가)에 들어갈 문화유산으로 옳은 것은? (1점)

특별 사진전
문화유산으로 보는 백제의 대외 교류

백제 금동 대향로 (가) 무령왕릉

①
칠지도

②
청자 상감 운학문 매병

③
천마총 장니 천마도

④
호우총 청동 그릇

06 (가) 국가에 대한 설명으로 옳은 것은? (2점)

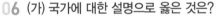

이 사료의 대무예는 (가) 의 무왕으로, 대조영의 아들입니다. 그는 장문휴에게 명령하여 당의 등주를 공격하는 등 대당 강경책을 펼쳤습니다.

대무예가 대장 장문휴를 보내 수군을 거느리고 등주를 공격하게 하였다. 당 현종은 급히 대문예에게 유주의 군사를 거느리고 반격하게 하였다.

① 마한의 소국 중 하나였다.
② 상수리 제도를 실시하였다.
③ 전성기에 해동성국이라 불렸다.
④ 광덕, 준풍 등의 연호를 사용하였다.

07 다음 퀴즈의 정답으로 옳은 것은? (2점)

제시된 힌트를 종합하여 알 수 있는 기구는 무엇일까요?

수업 마무리 퀴즈
• 신라의 중앙 행정 기구인 14부 중 하나
• 왕의 명령 전달과 국가 기밀을 담당함
• 장관을 중시 또는 시중이라 부름

①
의정부

②
정당성

③
집사부

④
도병마사

08 (가) 국가의 경제 상황으로 옳은 것은? (3점)

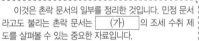

이것은 촌락 문서의 일부를 정리한 것입니다. 민정 문서라고도 불리는 촌락 문서는 (가) 의 조세 수취 제도를 살펴볼 수 있는 중요한 자료입니다.

숫자로 본 촌락 문서 – 사해점촌
👤 인구 147명	🐴 말 25마리 / 소 22마리
🌾 논 102결 / 밭 62결	🌳 뽕나무 1,004그루 / 잣나무 120그루 / 가래나무 112그루

① 활구라고 불리는 은병이 유통되었다.
② 고추, 담배 등이 상품 작물로 재배되었다.
③ 관청에 물품을 조달하는 공인이 활동하였다.
④ 시장을 감독하기 위한 기구로 동시전이 설치되었다.

09 밑줄 그은 '이 인물'로 옳은 것은? (1점)

역사 인물 소개하기

이 인물은 호가 고운으로, 신라 말기에 활동하였습니다. 당의 빈공과에 합격하였으며, 난을 일으킨 황소에게 항복을 권하는 격문을 써서 문장가로 이름을 날렸습니다. 귀국한 이후에는 진성 여왕에게 개혁안을 올리기도 하였습니다.

① 강수　　② 설총　　③ 김부식　　④ 최치원

10 (가) 왕에 대한 설명으로 옳은 것은? (2점)

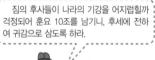

짐의 후사들이 나라의 기강을 어지럽힐까 걱정되어 훈요 10조를 남기니, 후세에 전하여 귀감으로 삼도록 하라.

네. 분부대로 하겠습니다.

박술희

① 집현전을 설치하였다.
② 기인 제도를 실시하였다.
③ 나선 정벌을 단행하였다.
④ 노비안검법을 시행하였다.

11 (가)~(다)를 일어난 순서대로 옳게 나열한 것은? (3점)

문신의 관을 쓴 자는 모두 죽여라!

왕이 우리를 죽이려 했다. 군사를 동원하여 궁궐로 가자!

국호를 대위, 연호를 천개라 하겠다!

정중부 (가)　　이자겸 (나)　　묘청 (다)

① (가) - (나) - (다)　　② (나) - (가) - (다)
③ (나) - (다) - (가)　　④ (다) - (나) - (가)

12 다음 사건이 있었던 국가의 지방 통치에 대한 설명으로 옳은 것은? (2점)

역사 신문

제△△호　　　　　　　　○○○○년 ○○월 ○○일

공주 명학소, 충순현으로 승격

공주 명학소 사람 망이·망소이가 무리를 불러 모아 난을 일으켜 공주를 함락하였다. 이에 정부는 명학소를 충순현으로 승격하는 조치를 취했다. 이는 소의 주민으로서 그들이 겪어야 했던 차별이 철폐됨을 의미하는 것으로, 정부의 이번 조치가 해결책이 될 수 있을지 결과가 주목된다.

① 지방에 22담로를 두었다.
② 양계에 병마사를 파견하였다.
③ 주요 지역에 5소경을 설치하였다.
④ 전국을 5경 15부 62주로 나누었다.

13 교사의 질문에 대한 답변으로 옳지 <u>않은</u> 것은? 〔2점〕

① 최고 국립 교육 기관으로 국자감을 두었어요.

② 경당에서 글과 활쏘기를 가르쳤어요.

③ 문헌공도 등 사학 12도가 번성하였어요.

④ 지방에 유학 교육을 담당하는 향교가 있었어요.

고려의 교육 기관에 대해 말해 볼까요?

15 (가) 왕의 업적으로 옳은 것은? 〔2점〕

① 사비로 천도하였다.

② 북한산 순수비를 세웠다.

③ 독서삼품과를 실시하였다.

④ 전민변정도감을 설치하였다.

14 밑줄 그은 '시기'에 있었던 사실로 옳은 것은? 〔2점〕

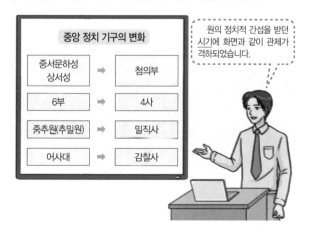

원의 정치적 간섭을 받던 시기에 화면과 같이 관제가 격하되었습니다.

① 별무반이 편성되었다.

② 정동행성이 설치되었다.

③ 6조 직계제가 실시되었다.

④ 김흠돌의 난이 진압되었다.

16 (가)에 들어갈 문화유산으로 가장 적절한 것은? `2점`

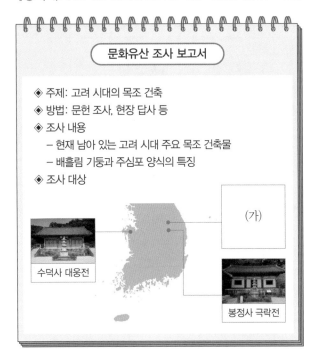

문화유산 조사 보고서

◈ 주제: 고려 시대의 목조 건축
◈ 방법: 문헌 조사, 현장 답사 등
◈ 조사 내용
　– 현재 남아 있는 고려 시대 주요 목조 건축물
　– 배흘림 기둥과 주심포 양식의 특징
◈ 조사 대상

수덕사 대웅전

(가)

봉정사 극락전

① 종묘 정전

② 경복궁 근정전

③ 법주사 팔상전

④ 부석사 무량수전

17 다음 건의를 받아들여 제정한 법으로 옳은 것은? `3점`

　　전하께서는 무릇 수도에 거주하는 관료에게는 단지 경기 안의 토지만을 지급하고, 그 밖의 토지는 허락하지 마십시오. 이를 법으로 제정하셔서 백성과 더불어 다시 시작하십시오. 그렇게 하여 국가 재정을 넉넉하게 하고, 백성의 삶을 풍요롭게 하며, 조정의 선비들을 우대하고, 군대의 군량을 넉넉하게 하십시오.
　　　　　　　　　　　　　　　　　－조준의 상소－

① 과전법　② 대동법　③ 영정법　④ 호패법

18 밑줄 그은 '왕'의 재위 시기에 있었던 사실로 옳은 것은? `2점`

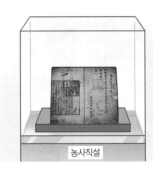

이 책은 정초, 변효문 등이 왕의 명을 받아 편찬한 농서입니다. 우리 풍토에 맞는 농법을 보급하기 위해 각 지역에 있는 노련한 농부들의 경험을 수집하여 간행하였습니다.

농사직설

① 자격루가 제작되었다.
② 화통도감이 설치되었다.
③ 삼국유사가 저술되었다.
④ 백두산정계비가 건립되었다.

19 밑줄 그은 '왕'에 대한 설명으로 옳은 것은? `2점`

조선 왕실은 자손이 태어나면 전국 각지의 명당에 태실을 만들어 탯줄을 보관하였습니다. 이곳은 국조오례의를 편찬하는 등 통치 체제 정비에 큰 역할을 한 조선 제9대 왕의 태실입니다. 원래 경기도 광주시에 있던 것을 조선 총독부가 창경궁으로 옮겨 왔습니다.

① 훈민정음을 창제하였다.
② 경국대전을 완성하였다.
③ 초계문신제를 시행하였다.
④ 위화도 회군을 단행하였다.

20 (가), (나) 사이의 시기에 있었던 사실로 옳은 것은? ③점

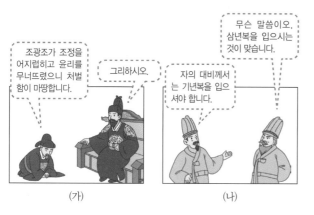

① 김옥균 등이 갑신정변을 일으켰다.
② 사림이 동인과 서인으로 나뉘었다.
③ 성균관 입구에 탕평비가 건립되었다.
④ 왕자의 난으로 정도전 등이 피살되었다.

21 (가)에 들어갈 내용으로 옳은 것은? ①점

한국사 탐구 계획서

■ 주제: 외세의 침략을 물리친 전투
■ 목적: 우리 역사 속에서 외세의 침략에 맞서 승리한 전투를 시대별로 살펴보고, 그 역사적 의미와 교훈을 되새겨 본다.
■ 방법: 문헌 조사, 인터넷 검색 등
■ 시대별 탐구 내용

시대	탐구 내용
삼국 시대	을지문덕의 지략으로 수의 침략을 물리친 살수 대첩
고려 시대	강감찬의 지휘로 거란의 대군을 섬멸한 (가)
조선 시대	이순신이 학익진으로 왜군을 격퇴한 한산도 대첩

① 귀주 대첩 ② 진포 대첩 ③ 행주 대첩 ④ 황산 대첩

22 다음 대화에 나타난 시기의 경제 상황으로 옳은 것은? ②점

① 상평통보가 유통되었다.
② 전시과 제도가 실시되었다.
③ 벽란도가 국제 무역항으로 번성하였다.
④ 팔관회의 경비 마련을 위해 팔관보가 설치되었다.

23 (가)에 들어갈 인물로 옳은 것은? ①점

여기는 도산 서당으로, 성학십도를 저술한 성리학자 (가) 이/가 제자들을 양성한 곳입니다. 그의 사후 제자들이 스승을 추모하고자 서당 뒤편으로 도산 서원을 조성하면서 한 공간에 서원과 서당이 공존하는 보기 드문 형태를 갖추게 되었습니다.

① 서희 ② 이황 ③ 박제가 ④ 정몽주

24 다음 상황 이후에 전개된 사실로 옳은 것은? (2점)

남한산성을 나와 삼전도에 도착한 왕께서 청 황제 앞에 나아가 항복의 예를 행하였다. 예를 마치고 해 질 무렵이 되자 청 황제가 왕에게 도성으로 돌아가도록 허락하였다. 포로로 사로잡힌 이들이 도성으로 돌아가는 왕을 보고 "우리 임금이시여, 우리 임금이시여. 우리를 버리고 가십니까."라며 울부짖는데, 그 수가 만 명을 헤아렸다.

① 북벌이 추진되었다.
② 강화도로 천도하였다.
③ 쓰시마섬을 정벌하였다.
④ 최씨 무신 정권이 붕괴하였다.

25 (가)에 들어갈 부대로 옳은 것은? (2점)

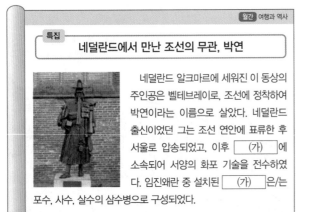

월간 여행과 역사

특집
네덜란드에서 만난 조선의 무관, 박연

네덜란드 알크마르에 세워진 이 동상의 주인공은 벨테브레이로, 조선에 정착하여 박연이라는 이름으로 살았다. 네덜란드 출신이었던 그는 조선 연안에 표류한 후 서울로 압송되었고, 이후 (가) 에 소속되어 서양의 화포 기술을 전수하였다. 임진왜란 중 설치된 (가) 은/는 포수, 사수, 살수의 삼수병으로 구성되었다.

① 9서당 ② 별기군 ③ 삼별초 ④ 훈련도감

26 밑줄 그은 '시기'의 사실로 옳은 것은? (3점)

문학으로 만나는 한국사

구만 리 긴 하늘에도 머리 들기 어렵고
삼천 리 넓은 땅에서도 발을 펴기 어렵도다.
늦은 밤 누대에 오르니 달을 감상하고자 함이 아니요
삼 일 동안 곡기를 끊었으니 신선이 되기 위함이 아니로다.

[해설] 김삿갓으로 널리 알려진 김병연은 안동 김씨 등 소수 외척 가문이 중심이 되어 권력을 독점하던 시기에 전국을 방랑하며 많은 시를 남겼다. 그는 안동 김씨였으나 할아버지가 반역죄로 처형당했기에 관직에 진출하지 못하였다. 김병연이 지은 것으로 진해지는 위 시에는 그의 이러한 처지가 잘 나타나 있다.

① 최승로가 시무 28조를 올렸다.
② 수양 대군이 계유정난을 일으켰다.
③ 지방 세력 통제를 위해 사심관 제도가 실시되었다.
④ 삼정의 문란을 바로잡기 위해 삼정이정청이 설치되었다.

27 밑줄 그은 '이 인물'에 대한 설명으로 옳은 것은? (2점)

이 인물은 유학, 서양 과학 등 여러 학문을 융합하여 독창적 사상을 정립하였습니다. 그가 저술한 의산문답에는 무한 우주론에 대한 설명과 함께, 중국 중심 세계관에 대한 비판적 인식이 잘 드러나 있습니다.

조선 후기 북학파 실학자인 이 인물에 대해 알려 주세요.

① 추사체를 창안하였다.
② 지전설을 주장하였다.
③ 사상 의학을 정립하였다.
④ 대동여지도를 제작하였다.

28 (가)에 들어갈 문화유산으로 옳은 것은? ①점

조사 보고서

△학년 △반 이름: ○○○

■ 주제: [(가)]의 축조와 복원

[(가)]은 정조의 명에 의해 축조된 성으로, 거중기 등을 이용하여 공사 기간과 경비를 줄일 수 있었다. 일제 강점기와 6·25 전쟁을 거치면서 일부 훼손되었지만, 의궤의 기록을 바탕으로 원형에 가깝게 복원되었다. 아래의 사진과 그림은 이 성의 일부인 남포루가 엄밀한 고증을 거쳐 복원되었음을 보여 준다.

훼손된 모습 / 의궤에 묘사된 포루 / 복원 후 모습

① 공산성 ② 전주성 ③ 수원 화성 ④ 한양 도성

29 (가)에 들어갈 내용으로 가장 적절한 것은? ②점

이곳은 석파정으로 고종의 아버지인 이하응의 별장이었습니다. 그는 아들 고종이 12세의 어린 나이에 왕위에 오르자 10여 년간 국정을 장악하였습니다. 이 시기에 있었던 사실을 대화 창에 올려 주세요.

◄◄ ◀〉 역사의 현장을 찾아서

ON 대화장

당백전이 발행되었어요.

호포제가 실시되었어요.

(가)

① 녹읍이 폐지되었어요.
② 장용영이 설치되었어요.
③ 척화비가 건립되었어요.
④ 요동 정벌이 추진되었어요.

30 (가)~(다)를 일어난 순서대로 옳게 나열한 것은? ③점

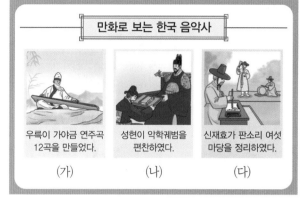

만화로 보는 한국 음악사

우륵이 가야금 연주곡 12곡을 만들었다. (가)

성현이 악학궤범을 편찬하였다. (나)

신재효가 판소리 여섯 마당을 정리하였다. (다)

① (가) – (나) – (다)
② (나) – (가) – (다)
③ (나) – (다) – (가)
④ (다) – (나) – (가)

31 밑줄 그은 '조약'에 대한 설명으로 옳은 것은? ③점

이것은 민영익을 대표로 한 보빙사의 모습이 담긴 사진입니다. 조선책략 유포로 미국과의 수교론이 제기된 상황에서, 청의 주선으로 조약이 체결된 이후 조선은 보빙사를 미국에 파견하였습니다.

① 최혜국 대우가 규정되어 있다.
② 통감부가 설치되는 결과를 가져왔다.
③ 부산, 원산, 인천을 개항하는 배경이 되었다.
④ 일본 공사관에 경비병이 주둔하는 계기가 되었다.

32 (가)에 들어갈 내용으로 옳은 것은? `2점`

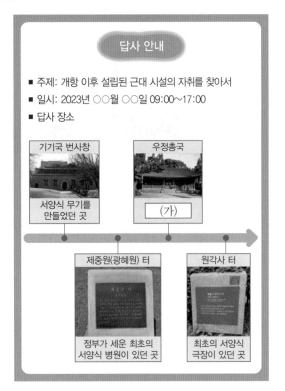

① 나운규의 아리랑이 개봉되었던 곳
② 근대적 우편 업무를 담당하였던 곳
③ 순 한문 신문인 한성순보가 발간되었던 곳
④ 헐버트를 교사로 초빙해 근대 학문을 가르쳤던 곳

33 (가)에 들어갈 기구로 옳은 것은? `2점`

① 비변사   ② 원수부
③ 홍문관   ④ 군국기무처

34 밑줄 그은 '이 신문'에 대한 설명으로 옳은 것은? `2점`

① 천도교의 기관지였다.
② 박문국에서 발간하였다.
③ 한글판과 영문판으로 발행되었다.
④ 시일야방성대곡이라는 논설을 실었다.

35 다음 가상 뉴스가 보도된 이후에 전개된 사실로 옳은 것은? `2점`

① 외규장각 도서가 약탈되었다.
② 김윤식이 영선사로 파견되었다.
③ 제너럴셔먼호 사건이 발생하였다.
④ 고종이 러시아 공사관으로 피신하였다.

36 (가)에 들어갈 단체로 옳은 것은? 1점

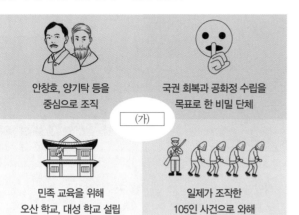

① 근우회 ② 보안회 ③ 신민회 ④ 조선어 학회

37 (가)에 들어갈 인물로 옳은 것은? 2점

이것은 구 서울역사 앞에 세워진 [(가)] 의사의 동상입니다. 당시 65세였던 그는 새로 부임하는 사이토 총독을 향해 이곳에서 폭탄을 던졌으나, 뜻을 이루지 못하고 체포되어 이듬해 서대문 형무소에서 순국하였습니다.

① 김구 ② 강우규 ③ 윤봉길 ④ 이승만

38 다음 인물에 대한 설명으로 옳은 것은? 3점

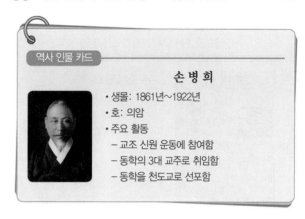

역사 인물 카드

손병희

· 생몰: 1861년~1922년
· 호: 의암
· 주요 활동
 – 교조 신원 운동에 참여함
 – 동학의 3대 교주로 취임함
 – 동학을 천도교로 선포함

① 청산리 전투를 승리로 이끌었다.
② 하얼빈에서 이토 히로부미를 처단하였다.
③ 헤이그 만국 평화 회의에 특사로 파견되었다.
④ 민족 대표 33인 중 한 명으로 독립 선언에 참여하였다.

39 (가)에 들어갈 민족 운동으로 옳은 것은? 1점

[(가)]에 대해 검색해 줘.

검색 결과입니다.

1920년대 초반 실력 양성 운동의 일환으로 이상재, 이승훈 등이 고등 교육 기관을 설립하기 위해 전개한 운동입니다.
1년 내 1천만 원 조성을 목표로 모금 활동을 추진하였으나, 조선 총독부의 방해와 자연재해 등으로 성과를 거두지 못하였습니다.

① 6·10 만세 운동 ② 물산 장려 운동
③ 광주 학생 항일 운동 ④ 민립 대학 설립 운동

40 (가)에 해당하는 인물로 옳은 것은? ②점

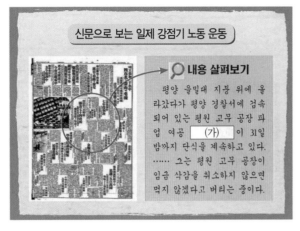

신문으로 보는 일제 강점기 노동 운동

🔍 내용 살펴보기

평양 을밀대 지붕 위에 올라갔다가 평양 경찰서에 검속되어 있는 평원 고무 공장 파업 여공 (가) 이 31일 밤까지 단식을 계속하고 있다. …… 그는 평원 고무 공장이 임금 삭감을 취소하지 않으면 먹지 않겠다고 버티는 중이다.

①
강주룡

②
남자현

③
유관순

④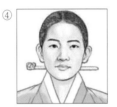
윤희순

41 (가)에 들어갈 무장 투쟁 단체로 옳은 것은? ③점

항일 무장 투쟁 특별전

제2관 만주 사변 이후

(가)

총사령 양세봉의 지휘 아래 중국 의용군과 연합하여 남만주 일대를 호령하다.

영릉가 전투 (1932)

흥경성 전투 (1933)

① 의열단
② 북로 군정서
③ 조선 혁명군
④ 한국광복군

42 밑줄 그은 '시기'에 볼 수 있는 모습으로 가장 적절한 것은? ②점

저는 지금 제주 송악산에 있는 일제 동굴 진지에 와 있습니다. 동굴 진지는 일제가 일으킨 태평양 전쟁이 전개되던 시기에 송악산 주변 군사 시설 경비와 연안으로 침투하는 연합군에 대한 대비를 위해 만들어졌습니다.

① 원산 총파업에 참여하는 노동자
② 만민 공동회에서 연설하는 백정
③ 황국 신민 서사를 암송하는 학생
④ 조선 태형령을 관보에 싣는 관리

43 (가)에 들어갈 단체로 옳은 것은? (2점)

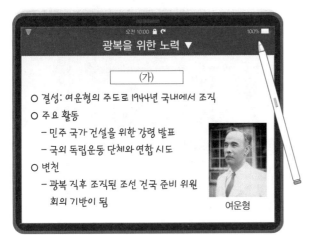

광복을 위한 노력 ▼

(가)

○ 결성: 여운형의 주도로 1944년 국내에서 조직
○ 주요 활동
  – 민주 국가 건설을 위한 강령 발표
  – 국외 독립운동 단체와 연합 시도
○ 변천
  – 광복 직후 조직된 조선 건국 준비 위원회의 기반이 됨

여운형

① 독립 의군부
② 민족 혁명당
③ 조선 의용대
④ 조선 건국 동맹

44 밑줄 그은 '국회'에 대한 설명으로 옳은 것은? (3점)

이 사진은 5·10 총선거를 통해 구성된 국회의 개원식 모습입니다. 임기 2년의 국회의원으로 구성된 이 국회는 국호를 대한민국으로 결정하고 헌법을 제정하였습니다.

① 3선 개헌안을 통과시켰다.
② 농지 개혁법을 제정하였다.
③ 5·16 군사 정변으로 해산되었다.
④ 국회의원의 3분의 1을 대통령이 추천하였다.

45 밑줄 그은 '정부' 시기에 볼 수 있는 사회 모습으로 가장 적절한 것은? (2점)

긴급 조치 9호로 피해를 당한 국민과 그 가족에 대해 국가의 배상 책임이 있다는 대법원 판결이 나왔습니다. 긴급 조치 9호에는 정부가 선포한 유신 헌법을 부정하거나 반대 또는 비방하는 행위 등을 금지하고, 위반할 경우 영장 없이 체포·구속해 1년 이상의 징역에 처한다는 내용이 담겨 있습니다.

당시 대한뉴스 화면

헌법 부정행위 금지

대법원 "긴급 조치 9호로 인한 피해, 국가가 배상해야"

① 부마 민주 항쟁에 참여하는 학생
② 서울 올림픽 대회 개막식을 관람하는 시민
③ 금융 실명제 시행 속보를 시청하는 회사원
④ 반민족 행위 특별 조사 위원회에 체포되는 친일 행위자

46 (가) 정부 시기의 경제 상황으로 옳은 것은? (2점)

○○ 신문

2023년 △△월 △△일

정치 경제 사회 문화 **스포츠**

스포츠〉축구

프로 축구 출범 40주년 맞아

프로 축구가 올해로 출범 40주년을 맞게 된다. '슈퍼 리그'라는 이름 아래 다섯 팀으로 시작하였던 프로 축구는 현재 팀 수가 크게 늘어나 승강제가 시행될 정도로 규모가 확대되었다.

슈퍼 리그 개막 행사

5·18 민주화 운동이 진압된 이후 집권한 [(가)] 정부는 프로 야구 출범 이듬해인 1983년에 프로 축구를 출범시켰다. 이로써 프로 스포츠 시대가 본격화하였지만, 정치에 대한 국민의 관심을 돌리기 위한 조치였다는 비판을 받기도 한다.

① 제1차 경제 개발 5개년 계획이 수립되었다.
② 경제 협력 개발 기구(OECD)에 가입하였다.
③ 저금리·저유가·저달러의 3저 호황이 있었다.
④ 미국과의 자유 무역 협정(FTA)이 체결되었다.

---

48 (가)에 들어갈 명절로 옳은 것은? (1점)

○○○
30분 전

#세시_풍속 #부럼_깨기
#오곡밥_먹기

오늘은 음력 1월 15일
[(가)] 맞이 부럼 깨기 완료!

👍 좋아요 48   💬 댓글 2   ➤ 공유하기

□□
부럼 깨기가 뭐야?

○○○
부스럼을 예방하고 치아를 튼튼하게 하려는 뜻이 담긴 세시 풍속이야.

① 단오   ② 동지
③ 한식   ④ 정월 대보름

---

47 학생들이 공통으로 이야기하는 인물로 옳은 것은? (2점)

제15대 대통령에 당선되어 평화적 여야 정권 교체를 이루었어.

분단 이후 처음으로 남북 정상 회담을 갖고, 6·15 남북 공동 선언을 발표하였지.

민주주의와 인권, 한반도 긴장 완화에 기여한 공로를 인정받아 노벨 평화상을 수상하였어.

① 김대중   ② 김영삼   ③ 윤보선   ④ 최규하

49 (가)에 들어갈 섬으로 옳은 것은? ⟨1점⟩

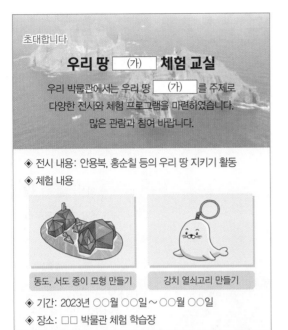

초대합니다

우리 땅 (가) 체험 교실

우리 박물관에서는 우리 땅 (가) 를 주제로
다양한 전시와 체험 프로그램을 마련하였습니다.
많은 관람과 참여 바랍니다.

◆ 전시 내용: 안용복, 홍순칠 등의 우리 땅 지키기 활동
◆ 체험 내용

| 동도, 서도 종이 모형 만들기 | 강치 열쇠고리 만들기 |

◆ 기간: 2023년 ○○월 ○○일~○○월 ○○일
◆ 장소: □□ 박물관 체험 학습장

① 독도　　② 진도　　③ 거문도　　④ 제주도

---

50 학생들이 공통으로 이야기하는 지역으로 옳은 것은? ⟨2점⟩

모둠별 학습 활동

주제: ○○의 역사 알아보기

고려 시대 12목 의 하나였어.

임진왜란 때 김시 민 장군이 왜군에 맞서 싸운 장소지.

조선 후기에 유계 춘의 주도로 농민 봉 기가 일어난 곳이야.

일제 강점기에 조선 형평사 창립 대회가 개최되었어.

① 강릉　　② 군산　　③ 대구　　④ 진주

해설강의

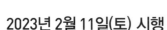

합격률　61회 : **44.5%** / 60회 : **44.5%**
46.1%

시대별 출제비중

시대 통합　5문항
수원 화성, 시대별 음악사,
정월 대보름, 독도, 진주의 역사

선사　2문항
신석기 시대의 생활 모습, 고조선

현대　5문항
조선 건국 동맹, 제헌 국회,
박정희 정부 시기의 사회 모습,
전두환 정부 시기의 경제 상황,
김대중 정부 시기의 통일 노력

고대　7문항
연개소문, 신라의 사회 모습,
백제의 문화유산, 발해의 특징,
신라의 중앙 행정 기구,
신라의 경제, 최치원

전근대 **27**문항
근현대 **18**문항

고려　9문항
태조의 업적,
문벌 사회의 동요,
고려의 통치 체제,
고려의 교육 기관,
원 간섭기, 공민왕의 업적,
고려의 문화유산, 과전법,
고려의 대외 관계

일제 강점기　6문항
강우규, 손병희,
민립 대학 설립 운동, 강주룡,
조선 혁명군,
1930년대 후반 이후 민족 말살 통치

개항기　7문항
흥선 대원군의 활동, 조·미 수호 통상 조약,
개항 이후의 근대 시설, 군국기무처,
독립신문, 을미사변 이후의 사실, 신민회

조선　9문항
세종의 업적, 성종의 업적,
붕당의 형성과 전개, 조선 후기의 경제, 이황,
병자호란 이후의 사실, 조선의 군사 조직,
세도 정치 시기, 홍대용

분류별 출제비중_고대~조선

정치	**14**문항
경제	**2**문항
사회	**7**문항
문화	**2**문항

0　5　10　15　20

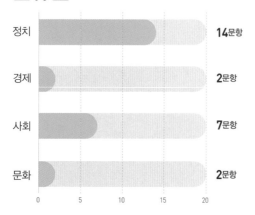

이번 회차는?

특정 인물을 대표적인 활동과 연결지어
출제한 문제의 비중이 높았어요. 왕의 업
적은 물론, 시대별 중요한 인물들의 업적
도 알고 있어야 해요.

01 신석기 시대의 생활 모습

정답 ③

(가)에 들어갈 내용으로 가장 적절한 것은?

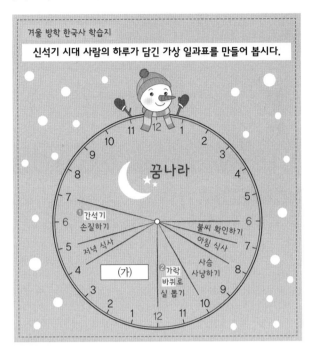

겨울 방학 한국사 학습지

신석기 시대 사람의 하루가 담긴 가상 일과표를 만들어 봅시다.

꿈나라

① 간석기 손질하기

저녁 식사

불씨 확인하기

아침 식사

② 가락 바퀴로 실 뽑기

사슴 사냥하기

(가)

키워드 문제분석

❶ 간석기 + ❷ 가락바퀴 = 신석기 시대

신석기 시대 사람들은 갈돌과 갈판, 가락바퀴 등의 도구를 사용하였어요. 갈돌과 갈판은 나무 열매나 곡물의 껍질을 벗기거나 가루로 만드는 데 사용된 간석기이고, 가락바퀴는 실을 뽑을 때 사용된 도구예요.

① 거친무늬 거울 닦기

➡ 청동기 시대부터 청동 검, 청동 방울, 거친무늬 거울 등 청동으로 무기와 제기 등을 만들기 시작하였어요.

② 비파형 동검 제작하기

➡ 비파형 동검은 청동기 시대의 대표적인 유물로, 중국의 악기인 비파를 닮았다고 하여 붙여진 이름이에요.

③빗살무늬 토기 만들기

➡ 빗살무늬 토기는 신석기 시대의 대표적인 토기로, 신석기 시대 사람들은 빗살무늬 토기를 만들어 식량을 저장하거나 음식을 조리하였어요.

④ 철제 농기구로 밭 갈기

➡ 철기 시대부터 철제 농기구를 사용하여 농사를 지었어요.

이것도! 정답선택지

⑤ (ㄱㅍ)과 갈돌로 곡식 갈기

⑥ (ㄱㄹㅂㅋ)를 이용하여 실을 뽑았다.

정답 ⑤ 갈판 ⑥ 가락바퀴

02 고조선의 사회 모습

정답 ①

(가) 나라에 대한 설명으로 옳은 것은?

❶우리 역사상 최초의 나라, (가)

고조선

신간 도서 소개

우리 역사상 첫 나라는 어떻게 세워졌을까요?

❷단군의 탄생부터 왕검성이 함락될 때까지의 생생한 역사를 만나 보세요.

➡ 단군(제사장)+왕검(지배자)=단군 왕검

독자평

□□□

단군 신화의 내용이 인상적이었어요. ★★★★★

△△△

한의 공격을 받아 멸망하는 모습이 안타까웠어요. ★★★★☆

키워드 문제분석

❶ 우리 역사상 최초의 나라 + ❷ 단군 + ❸ 왕검성 = 고조선

❶ 고조선은 청동기 문화를 배경으로 세워진 우리 역사상 최초의 나라예요.

❷ 『삼국유사』에 실린 고조선의 건국 이야기에 따르면 환웅과 웅녀 사이에서 태어난 단군 왕검은 아사달을 도읍으로 고조선을 세웠어요.

❸ 고조선은 한 무제의 공격으로 왕검성이 함락되어 멸망하였어요. (기원전 108).

①범금 8조가 있었다.

➡ **고조선**에는 사회 질서를 유지하기 위한 범금 8조(8조법)가 있었어요. 범금 8조를 통해 고조선이 사람의 생명과 사유 재산을 중시하였으며 계급 사회였음을 짐작할 수 있어요.

② 책화라는 풍습이 있었다.

➡ 동예는 읍락 간의 경계를 중요하게 여겨 경계를 침범하면 노비나 소, 말 등으로 변상하게 하는 책화의 풍습이 있었어요.

③ 낙랑군과 왜에 철을 수출하였다.

➡ 삼한 중 변한은 철이 풍부하게 생산되고 해상 교역이 발달하여 낙랑군과 왜에 철을 수출하였어요.

④ 제가 회의에서 나라의 중요한 일을 결정하였다.

➡ 고구려는 나라의 중대한 일을 제가 회의를 열어 결정하였어요.

이것도! 정답선택지

⑤ (ㅊㄷㄱ) 문화를 바탕으로 세워졌다.

⑥ 한 (ㅁㅈ)의 공격으로 멸망하였다.

정답 ⑤ 청동기 ⑥ 무제

다음 가상 인터뷰의 주인공으로 옳은 것은?

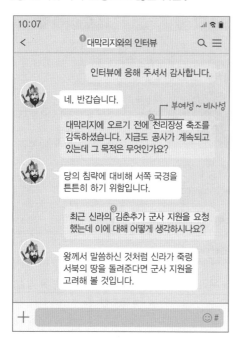

10:07

< **①대막리지와의 인터뷰** Q ≡

인터뷰에 응해 주셔서 감사합니다.

네, 반갑습니다.

┌ 부여성 ~ 비사성
대막리지에 오르기 전에 ②천리장성 축조를
감독하셨습니다. 지금도 공사가 계속되고
있는데 그 목적은 무엇인가요?

당의 침략에 대비해 서쪽 국경을
튼튼히 하기 위함입니다.

③
최근 신라의 김춘추가 군사 지원을 요청
했는데 이에 대해 어떻게 생각하시나요?

왕께서 말씀하신 것처럼 신라가 죽령
서북의 땅을 돌려준다면 군사 지원을
고려해 볼 것입니다.

\+ ☺ #

키워드 문제분석

① 대막리지 + ② 천리장성 축조 감독
+ ③ 김춘추의 군사 지원 요청 검토 = 연개소문

❶ 연개소문은 정변을 일으켜 고구려 영류왕을 죽이고 보장왕을 세운 뒤 스스로 대막리지에 올라 권력을 장악하였어요.

❷ 수가 멸망하고 세워진 당이 고구려를 압박하자 고구려는 연개소문의 감독 아래 국경 지역에 천리장성을 쌓았어요.

❸ 신라는 백제 의자왕의 잦은 공격으로 위기에 빠지자 김춘추를 보내 고구려와 동맹을 맺으려 하였어요. 그러나 연개소문의 무리한 요구로 실패하였어요.

① 김유신
➡ 김유신은 금관가야 왕실의 후손으로 황산벌 전투에서 승리하는 등 신라의 삼국 통일에 큰 공을 세웠어요.

② 장보고
➡ 장보고는 완도에 청해진을 설치하여 해적을 소탕하고 신라, 당, 일본을 잇는 해상 무역을 장악하였어요.

③연개소문
➡ 연개소문은 정변을 일으켜 스스로 대막리지에 올라 고구려의 권력을 장악한 후 당에 강경한 외교 정책을 펼쳤어요.

④ 흑치상지
➡ 흑치상지는 백제 멸망 후 임존성에서 백제 부흥 운동을 전개하였어요.

밑줄 그은 '이 국가'에 대한 설명으로 옳은 것은?

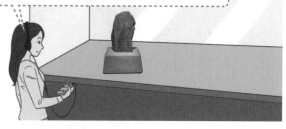

┌ 신라
이 유물은 2009년 포항 중성리에서 발견되었습니다. 현재 남아
있는 이 국가의 비석 중 가장 오래된 것으로, 당시의 관등 체계 및
①골품제의 정비 과정 등을 알 수 있는 귀중한 자료입니다.

키워드 문제분석

① 골품제 = 신라

골품제는 신라의 엄격한 신분 제도예요. 골품에 따라 관직 승진에 제한이 있었고, 거주할 수 있는 집의 크기와 입을 수 있는 옷의 색깔 등이 규정되어 있었어요. 6두품은 이러한 골품제의 모순 때문에 능력이 뛰어나도 올라갈 수 있는 관직에 한계가 있어서 불만이 컸어요. 이에 신라 말 일부 6두품은 호족과 손을 잡고 반신라 세력이 되기도 하였어요.

① 진대법을 실시하였다.
➡ 고구려 고국천왕은 을파소의 건의를 받아들여 흉년이 들거나 봄에 먹을 것이 없을 때 나라에서 백성에게 곡식을 빌려주고 가을에 수확한 후에 갚도록 한 진대법을 실시하였어요.

② 영고라는 제천 행사를 열었다.
➡ 부여는 매년 12월에 영고라는 제천 행사를 열었어요.

③화백 회의라 불리는 합의 기구가 있었다.
➡ 신라는 귀족 회의인 화백 회의에서 나라의 중요한 일을 만장일치로 결정하였어요.

④ 왕족인 부여씨와 8성의 귀족이 지배층을 이루었다.
➡ 백제는 왕족인 부여씨와 8성의 귀족이 지배층을 이루고 나라를 다스렸어요.

이것도! 정답선택지

⑤ (ㅎㄹㄷ)를 국가적인 조직으로 운영하였다.

⑥ 화랑도의 규범으로 (ㅅㅅ 5ㄱ)를 제시하였다.

정답 ⑤ 화랑도 ⑥ 세속 5계

(가)에 들어갈 문화유산으로 옳은 것은?

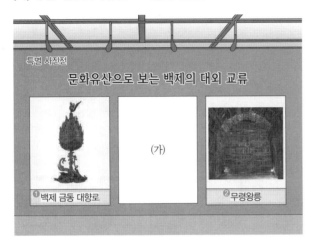

특별 사진전

문화유산으로 보는 백제의 대외 교류

❶ 백제 금동 대향로   (가)   ❷ 무령왕릉

❶ 백제 금동 대향로는 부여 능산리 절터에서 출토된 백제의 문화유산이에요. 불교와 도교 사상이 반영되어 있으며, 백제의 수준 높은 공예 기술을 보여 줘요.

❷ 백제 무령왕릉은 웅진(오늘날 공주) 시기의 고분으로 무령왕과 왕비의 무덤이에요. 무덤 속에서 무덤의 주인을 알 수 있는 묘지석이 발견되어 이를 알 수 있어요. 무령왕릉은 중국 남조의 영향을 받아 벽돌무덤 형태로 만들어졌어요.

①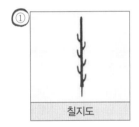

칠지도

➡ **백제**의 문화유산으로, 당시 백제와 왜의 관계를 짐작하게 해 주는 유물이에요.

②

청자 상감 운학문 매병

➡ **고려**의 문화유산으로, 상감법이라는 고려의 독창적인 기법으로 제작된 상감 청자예요.

③

천마총 장니 천마도

➡ **신라**의 문화유산으로, 말의 배 양쪽에 늘어뜨리는 네모난 판인 말다래(장니)에 그려져 있어요.

④

호우총 청동 그릇

➡ **신라** 무덤에서 발견된 고구려의 문화유산으로, 당시 고구려와 신라의 관계를 짐작할 수 있어요.

(가) 국가에 대한 설명으로 옳은 것은?

이 사료의 대무예는 ❶(가) 의 무왕으로, 대조❷영의 아들입니다. 그는 ❸장문휴에게 명령하여 당의 등주를 공격하는 등 대당 강경책을 펼쳤습니다.

발해

대무예가 대장 장문휴를 보내 수군을 거느리고 등주를 공격하게 하였다. 당 현종은 급히 대문예에게 유주의 군사를 거느리고 반격하게 하였다.

키워드 문제분석

❶ 무왕 + ❷ 대조영 + ❸ 장문휴의 등주 공격 = 발해

❶ 발해 무왕은 당에 대한 강경한 정책을 폈으며, 당이 흑수 말갈을 이용하여 발해를 견제하자 흑수 말갈을 정벌하고 일본, 돌궐 등과 교류하였어요.

❷ 고구려 멸망 후 대조영은 고구려 유민과 말갈인을 이끌고 동모산에서 발해를 건국하였어요.

❸ 발해 무왕은 장문휴를 보내 당의 영토인 산동반도의 등주를 공격하였어요.

---

① 마한의 소국 중 하나였다.

➡ 목지국은 마한의 소국 중 하나로, 오늘날 충청남도 직산 지역 부근에 있었어요.

② 상수리 제도를 실시하였다.

➡ 신라는 상수리 제도를 실시하여 지방 세력가나 그 자제를 일정 기간 수도에 머무르게 하여 지방 세력을 견제하였어요.

③ 전성기에 해동성국이라 불렸다.

➡ **발해**는 선왕 때 전성기를 맞이하여 중국으로부터 '해동성국'이라고 불렸어요. 해동성국은 '바다 동쪽의 융성한 나라'라는 뜻이에요.

④ 광덕, 준풍 등의 연호를 사용하였다.

➡ 고려 광종은 스스로를 황제로 칭하고 광덕, 준풍 등의 독자적인 연호를 사용하였어요.

이것도! 정답선택지

⑤ 전국을 (5ㄱ 15ㅂ 62ㅈ)로 나누어 다스렸다.

⑥ 인안, 대흥 등의 독자적 (ㅇㅎ)를 사용하였다.

정답 ⑤ 5경 15부 62주 ⑥ 연호

다음 퀴즈의 정답으로 옳은 것은?

제시된 힌트를 종합하여 알 수 있는 기구는 무엇일까요?

수업 마무리 퀴즈

❶ 신라의 중앙 행정 기구인 14부 중 하나
• 왕의 명령 전달과 국가 기밀을 담당함
❷ 장관을 중시 또는 시중이라 부름

키워드 문제분석

❶ 신라의 중앙 행정 기구 + ❷ 중시, 시중 = 집사부

신라의 집사부는 기밀 사무를 관장하면서 왕의 명령 전달과 국가 기밀을 담당했던 부서예요. 통일 신라 시기에는 집사부의 장관인 시중의 권한이 강화되는 반면 상대등의 권한은 약화되면서 왕권이 강해졌어요.

①

의정부

➡ 조선 시대 국정을 총괄하는 최고 기구로 영의정, 좌의정, 우의정의 재상들이 정책을 심의·결정하였어요.

②

정당성

➡ 발해의 3성 가운데 하나로, 6부의 행정을 총괄하였어요.

③

집사부

➡ **신라**의 중앙 행정 기구인 14부 중 하나로, 왕의 명령을 집행하고 보고하며 중요한 기밀 업무 등을 맡았어요.

④

도병마사

➡ 고려의 독자적인 회의 기구로, 중서문하성과 중추원의 고위 관료들로 구성되었으며, 국방과 군사 문제를 다루었어요.

(가) 국가의 경제 상황으로 옳은 것은?

┌ 3년마다 다시 기록

이것은 촌락 문서의 일부를 정리한 것입니다. 민정 문서라고도 불리는 촌락 문서는 ┌─(가)─┐ 의 조세 수취 제도를 살펴볼 수 있는 중요한 자료입니다. └ 신라

숫자로 본 촌락 문서 – 사해점촌	
인구 147명	말 25마리 소 22마리
논 102결 밭 62결	뽕나무 1,004그루 잣나무 120그루 가래나무 112그루

키워드 문제분석

❶ 촌락 문서 = 신라

신라 촌락 문서(민정 문서)는 각 촌락의 인구수, 토지 종류와 면적, 소와 말의 수, 나무의 종류와 수 등을 조사하여 3년에 한 번씩 촌주가 기록하였어요. 신라 촌락 문서를 통해 당시의 경제 상황과 조세 행정에 대해 짐작할 수 있어요.

① 활구라고 불리는 은병이 유통되었다.
➡ 고려는 숙종 때 주전도감을 설치하여 은병(활구), 해동통보 등 화폐를 발행하였으나 널리 유통되지는 못하였어요.

② 고추, 담배 등이 상품 작물로 재배되었다.
➡ 조선 후기에는 인삼, 담배, 면화, 고추, 인삼 등 상품 작물의 재배가 확대되었어요.

③ 관청에 물품을 조달하는 공인이 활동하였다.
➡ 조선 후기 대동법이 시행되면서 관청에서 공가를 받고 필요한 물품을 마련하여 궁궐과 관청에 납품하는 공인이 등장하였어요.

④ 시장을 감독하기 위한 기구로 동시전이 설치되었다.
➡ 신라 지증왕 때 수도에 시장인 동시를 설치하고 동시를 감독하기 위한 관청으로 동시전을 설치하였어요.

09 최치원의 활동

정답 ④

밑줄 그은 '이 인물'로 옳은 것은?

역사 인물 소개하기

최치원 ─ ❶ 이 인물은 호가 고운으로, 신라 말기에 활동하였습니다. 당의 빈공과에 합격하였으며, 난을 일으킨 황소에게 항복을 권하는 격문을 써서 문장가로 이름을 날렸습니다. 귀국한 이후에는 ❷ 진성 여왕에게 개혁안을 올리기도 하였습니다.

당에서 외국인을 대상으로 실시하던 과거 시험

키워드 문제분석

❶ 빈공과 합격 + ❷ 진성 여왕에게 개혁안 = 최치원

최치원은 신라 말 6두품 출신으로 당에 유학하여 빈공과에 합격해 당에서 관직 생활을 한 후 신라에 돌아왔어요. 당시 신라는 진골 귀족들의 왕위 다툼으로 왕권이 약화되었고, 중앙의 지방 통제력이 약해진 상태였어요. 이로 인해 귀족의 수탈이 더욱 심해져 농민 봉기가 곳곳에서 일어났어요.

① 강수
→ 신라의 외교 문서를 작성하는 데 큰 역할을 했던 강수는 당이 인질로 잡고 있던 무열왕의 아들 김인문의 석방을 요구하는 글인 「청방인문표」를 지어 보냈어요.

② 설총
→ 설총은 원효의 아들로, 이두를 정리하였으며, 도덕 정치를 할 것을 강조한 「화왕계」를 지어 신문왕에게 조언하였어요.

③ 김부식
→ 고려의 김부식은 인종의 명을 받아 유교적 합리주의 사관에 입각하여 「삼국사기」를 편찬하였어요.

④ 최치원
→ 최치원은 당에서 돌아온 후 혼란스러운 신라 사회를 개혁하기 위해 진성 여왕에게 시무책 10여 조를 건의하였으나 받아들여지지 않았어요.

10 고려 태조(왕건)의 업적

정답 ②

(가) 왕에 대한 설명으로 옳은 것은?

짐의 후사들이 나라의 기강을 어지럽힐까 걱정되어 훈요 10조를 남기니, 후세에 전하여 귀감으로 삼도록 하라.

네, 분부대로 하겠습니다.

(가)

고려 태조 (왕건)

박술희

키워드 문제분석

❶ 훈요 10조 = 고려 태조(왕건)

고려 태조가 남긴 훈요 10조는 '후대의 왕들이 지켰으면 하는 10가지 가르침'이라는 뜻이에요. 고려 태조는 불교를 숭상할 것, 서경을 중요하게 여길 것, 연등회와 팔관회를 소홀히 하지 말 것 등을 당부하였어요. 또한 「정계」와 「계백료서」를 지어 관리들이 지켜야 할 규범을 제시하였어요.

① 집현전을 설치하였다.
→ 조선 세종은 집현전을 확대 개편하여 학문과 정책 연구 기관으로 삼고, 이를 통해 인재를 육성하고 편찬 사업을 추진하였어요.

② 기인 제도를 실시하였다.
→ 고려 태조는 각 지방 호족의 자제를 수도 개경에 머무르게 한 기인 제도를 실시하였어요. 출신 지역의 일에 대해 자문을 구하는 것과 동시에 이들을 볼모로 삼아 호족 세력을 견제하고자 하였어요.

③ 나선 정벌을 단행하였다.
→ 조선 효종은 청의 요청에 따라 나선(러시아) 정벌을 위해 두 차례 조총 부대를 파견하였어요.

④ 노비안검법을 시행하였다.
→ 고려 광종은 노비안검법을 실시하여 부당하게 노비가 된 사람들을 원래의 신분인 양민으로 회복시켰어요. 이를 통해 호족 세력의 힘을 약화시키고 국가 재정을 확충하였어요.

이것도! 정답선택지

⑤ (훈◎ 10ㅈ)를 남겼다.

⑥ 빈민 구제를 위해 (흑ㅊ)을 설치하였다.

정답 ⑤ 훈요 10조 ⑥ 흑창

11 고려 문벌 귀족 사회의 동요

정답 ③

(가)~(다)를 일어난 순서대로 옳게 나열한 것은?

키워드 문제분석

❶ 정중부, 문신의 죽음 = (가) 무신 정변(1170)

❷ 이자겸, 군사 동원 = (나) 이자겸의 난(1126)

❸ 묘청, 대위, 천개 = (다) 묘청의 난(1135)

(나) 왕실과 중첩된 혼인 관계를 맺고 권력을 독점하던 이자겸은 척준경과 함께 반란을 일으켰으나 인종이 척준경을 회유하여 이자겸을 제거하였어요(이자겸의 난, 1126).

(다) 고려 인종 때 묘청 등 서경 세력이 풍수지리설을 내세워 서경 천도를 추진하였어요. 그러나 개경 세력의 반대로 서경 천도가 좌절되자, 서경에서 반란을 일으켰어요(묘청의 난, 1135). 김부식은 진압군을 이끌고 가서 반란을 진압하였어요.

(가) 고려 시대 문벌 귀족의 권력 독점이 계속되면서 문신에 비해 차별을 받았던 정중부, 이의방 등의 무신들이 정변을 일으켰어요. 이들은 무신들을 이끌고 수많은 문신을 살해한 뒤 의종을 폐위하였어요(무신 정변, 1170).

① (가) − (나) − (다)

② (나) − (가) − (다)

③ (나) − (다) − (가)

➡ (나) 이자겸의 난(1126) → (다) 묘청의 난(1135) → (가) 무신 정변(1170)

④ (다) − (나) − (가)

12 고려의 통치 체제

정답 ②

다음 사건이 있었던 국가의 지방 통치에 대한 설명으로 옳은 것은?

역사 신문

제△△호 　　　　　○○○○년 ○○월 ○○일

❶ 공주 명학소, 충순현으로 승격

　공주 명학소 사람 ❷망이·망소이가 무리를 불러 모아 난을 일으켜 공주를 함락하였다. 이에 정부는 명학소를 충순현으로 승격하는 조치를 취했다. 이는 소의 주민으로서 그들이 겪어야 했던 차별이 철폐됨을 의미하는 것으로, 정부의 이번 조치가 해결책이 될 수 있을지 결과가 주목된다.

키워드 문제분석

❶ 공주 명학소 + ❷ 망이·망소이의 난 = 고려

　망이·망소이의 난은 1176년 고려 무신 집권기에 공주 명학소에 살던 망이·망소이 형제가 소에 대한 가혹한 수탈에 저항하여 일으킨 난이에요. 이들의 기세가 커지자 고려 정부는 명학소를 충순현으로 승격시키고 현령과 현위를 파견하는 등 회유책을 썼어요. 그러나 봉기가 계속되자 군대를 파견하여 토벌하였어요.

① 지방에 22담로를 두었다.

➡ 백제 무령왕은 지방의 22담로에 왕족을 파견하여 지방 통제를 강화하였어요.

② 양계에 병마사를 파견하였다.

➡ 고려는 지방 행정 조직을 5도와 양계, 경기 지역으로 정비하였어요. 5도에는 안찰사, 양계에는 병마사가 파견되었어요.

③ 주요 지역에 5소경을 설치하였다.

➡ 신라 신문왕은 전국을 9주로 나누고 주요 지역에 5소경을 설치하여 9주 5소경의 지방 행정 제도를 갖추었어요.

④ 전국을 5경 15부 62주로 나누었다.

➡ 발해 선왕은 전국을 5경 15부 62주로 나누어 통치하였어요.

이것도! 정답선택지

⑤ 지방을 5도와 (ㅇㄱ)로 나누었다.

⑥ 향, 부곡, (ㅅ) 등의 특수 행정 구역이 있었다.

정답 ⑤ 양계 ⑥ 소

13 고려의 교육 기관 정답 ②

교사의 질문에 대한 답변으로 옳지 않은 것은?

고려는 교육 기관으로 수도에 국자감, 지방에는 향교를 두었어요. 그러나 고려 중기에 최충이 설립한 9재 학당(문헌공도)을 비롯한 사학 12도가 번성하며 관학이 위축되었어요. 이에 예종 때 국자감에 7재를 설치하고, 장학 재단인 양현고를 설립하는 등 다양한 관학 진흥책이 마련되었어요.

① 최고 국립 교육 기관으로 국자감을 두었어요.
➡ 고려는 최고 국립 교육 기관으로 개경에 국자감을 두었어요. 국자감은 유학부와 기술학부로 나뉘어 있었어요.

②경당에서 글과 활쏘기를 가르쳤어요.
➡ **고구려**는 지방에 경당을 세워 글과 활쏘기 등을 가르쳤어요. 수도에는 태학을 세워 귀족 자제에게 유학을 가르쳤어요.

③ 문헌공도 등 사학 12도가 번성하였어요.
➡ 고려 시대에 최충이 9재 학당(문헌공도)을 설립한 이후 사학에서 많은 과거 합격자를 배출하여 사학 12도가 번성하였어요.

④ 지방에 유학 교육을 담당하는 향교가 있었어요.
➡ 고려가 지방에 세운 향교는 조선 시대까지 이어졌어요.

14 원 간섭기 정답 ②

밑줄 그은 '시기'에 있었던 사실로 옳은 것은?

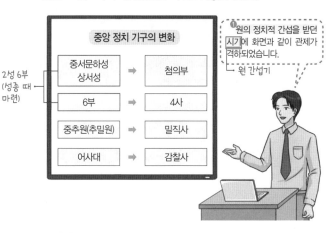

키워드 문제분석

❶ 원의 정치적 간섭 시기 = 원 간섭기

12세기 세력을 키운 몽골은 여러 차례 고려에 침입하였어요. 몽골의 침입에 오랫동안 대항하던 고려는 결국 몽골과 강화를 맺었고, 이후 고려는 원의 간섭을 받게 되었어요. 원 간섭기에 고려의 왕실 호칭과 관제는 격하되었으며, 백성은 인적·물적 수탈에 시달렸어요. 한편, 지배층을 중심으로는 원의 풍속인 변발과 호복이 유행하였어요.

① 별무반이 편성되었다.
➡ 고려 숙종 때 윤관의 건의로 별무반이 편성되었어요. 윤관은 예종 때 별무반을 이끌고 동북 지역으로 가서 여진을 정벌하고 동북 9성을 축조하였어요.

②정동행성이 설치되었다.
➡ **고려 원 간섭기**에 원은 일본 정벌을 위해 개경에 정동행성을 설치하였어요.

③ 6조 직계제가 실시되었다.
➡ 조선 태종과 세조 때 6조의 판서가 의정부를 거치지 않고 업무를 왕에게 직접 보고하는 6조 직계제를 실시하였어요.

④ 김흠돌의 난이 진압되었다.
➡ **신라 신문왕**은 장인 김흠돌이 반란을 일으키자 이를 진압하고 반란 모의에 참여한 진골 귀족을 숙청하여 왕권을 강화하였어요.

이것도! 정답선택지

⑤ 결혼도감을 통해 여성들이 (ㄱㄴ)로 보내졌다.

⑥ 지배층을 중심으로 (ㅂㅂ)과 호복이 유행하였다.

정답 ⑤ 공녀 ⑥ 변발

15 고려 공민왕의 업적 정답 ④

(가) 왕의 업적으로 옳은 것은?

키워드 문제분석

❶ 기철 제거 + ❷ 쌍성총관부 공격 = 고려 공민왕

고려 공민왕은 원·명 교체기의 국제 정세를 이용하여 반원 자주 정책을 추진하였어요. 공민왕은 기철 등 친원 세력을 제거하고 쌍성 총관부를 공격하여 철령 이북의 영토를 수복하였어요. 또한, 고려의 내정을 간섭하던 정동행성 이문소를 폐지하고 격하된 관제를 복구하였으며, 몽골풍을 금지하였어요.

① 사비로 천도하였다.
➡ 백제 성왕은 웅진(공주)에서 사비(부여)로 천도하고 국호를 '남부여'로 고쳤어요.

② 북한산 순수비를 세웠다.
➡ 신라 진흥왕은 한강 유역을 차지한 후 이를 기념하여 북한산 순수비를 세웠어요.

③ 독서삼품과를 실시하였다.
➡ 신라 원성왕은 유교 경전의 이해 수준 정도를 평가하여 관리로 등용하는 독서삼품과를 실시하였어요.

④ 전민변정도감을 설치하였다.
➡ **고려 공민왕**은 신돈을 등용하고 전민변정도감을 설치하여 권문세족이 부당하게 빼앗은 토지를 원래 주인에게 되돌려 주었어요.

이것도! 정답선택지

⑤ (ㅈㅂ)을 폐지하였다.
⑥ (ㅈㄷㅎㅅ) 이문소가 폐지되었다.
⑦ (ㅅㄷ)을 등용하고 전민변정도감을 운영하였다.
⑧ (ㅆㅅㅊㄱㅂ)를 공격하여 철령 이북의 땅을 수복하였다.

정답 ⑤ 정방 ⑥ 정동행성 ⑦ 신돈 ⑧ 쌍성총관부

16 고려의 문화유산 정답 ④

(가)에 들어갈 문화유산으로 가장 적절한 것은?

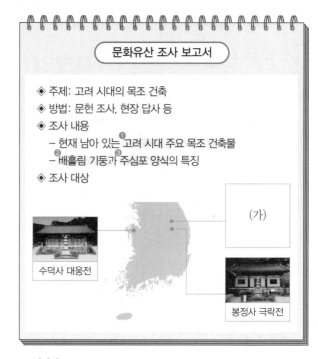

키워드 문제분석

❶ 고려 시대 목조 건축물 + ❷ 배흘림 기둥
+ ❸ 주심포 양식 = 영주 부석사 무량수전

고려 시대에는 배흘림 기둥에 주심포 양식으로 된 목조 건축물이 많이 지어졌어요. 배흘림 기둥은 기둥의 중간 부분이 기둥뿌리나 기둥머리보다 두꺼운 기둥을 말하고, 주심포 양식이란 공포가 기둥머리 바로 위에만 있는 건축 양식을 말해요. 대표적으로 안동 봉정사 극락전, 예산 수덕사 대웅전, 영주 부석사 무량수전이 있어요.

①

종묘 정전
➡ 조선 전기에 역대 왕과 왕비의 신주를 모시고 국가적인 제사를 지내던 사당이에요.

②

경복궁 근정전
➡ 조선 전기에 첫 번째로 지어진 궁궐로, 조선의 법궁이라고 불려요.

③

법주사 팔상전
➡ 조선 후기에 지어진 대표적 건축물로, 현존하는 우리나라의 유일한 목탑이에요.

④

부석사 무량수전
➡ **고려 시대**에 지어진 것으로, 배흘림 기둥과 주심포 양식이 특징이에요.

다음 건의를 받아들여 제정한 법으로 옳은 것은?

> ┌ 고려 공양왕
>
> ❶ 전하께서는 무릇 수도에 거주하는 관료에게는 단지 경기 안의 토지만을 지급하고, 그 밖의 토지는 허락하지 마십시오. 이를 법으로 제정하셔서 백성과 더불어 다시 시작하십시오. 그렇게 하여 국가 재정을 넉넉하게 하고, 백성의 삶을 풍요롭게 하며, 조정의 선비들을 우대하고, 군대의 군량을 넉넉하게 하십시오.
> ❷ ─조준의 상소─

키워드 문제분석

❶ 경기 안의 토지만 지급 + ❷ 조준 = 과전법

이성계는 위화도 회군 이후 우왕과 최영을 제거하고 권력을 잡았어요. 그리고 공양왕 때 조준 등 급진 개혁파 신진 사대부와 함께 권문세족의 토지를 몰수하고 신진 사대부의 경제적 기반을 마련하기 위해 과전법을 제정하였어요.

①과전법
➡ 고려 말 공양왕 때 경기 지역의 토지를 대상으로 **전직과 현직 관리**에게 토지에서 조세를 거둘 수 있는 권리인 **수조권**을 지급한 과전법이 시행되었어요.

② 대동법
➡ 조선 광해군 때 공납(방납)으로 인한 폐단이 심화되자 소유한 토지를 기준으로 공납을 부과하여 쌀이나 베, 동전 등으로 납부하게 하는 대동법이 경기도에서 처음으로 시행되었어요.

③ 영정법
➡ 조선 인조 때 풍흉에 관계없이 토지 1결당 쌀 4~6두의 전세를 내게 하는 영정법이 시행되었어요.

④ 호패법
➡ 조선 태종 때 16세 이상 남성에게 이름, 나이, 신분 등을 새긴 신분증인 호패를 의무적으로 차고 다니게 한 호패법이 시행되었어요.

밑줄 그은 '왕'의 재위 시기에 있었던 사실로 옳은 것은?

> ┌ 조선 세종
>
> ❶ 이 책은 정초, 변효문 등이 왕의 명을 받아 편찬한 농서입니다. 우리 풍토에 맞는 농법을 보급하기 위해 각 지역에 있는 노련한 농부들의 경험을 수집하여 간행하였습니다.

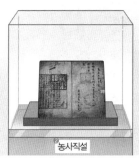

❷농사직설

키워드 문제분석

❶ 우리 풍토에 맞는 농법 + ❷『농사직설』= 조선 세종

『농사직설』은 '농사에 관한 기술을 풀이한 책'이라는 뜻으로, 조선 세종 때 편찬된 농서예요. 각지 농민들의 경험담을 모아 지역의 풍토에 맞는 적절한 농법과 곡식 재배 방법을 우리나라 실정에 맞게 정리·편찬하였어요.

---

①자격루가 제작되었다.
➡ **조선 세종** 때 장영실은 밤낮, 날씨에 상관없이 시간을 알 수 있는 물시계인 자격루를 제작하였어요.

② 화통도감이 설치되었다.
➡ 고려 우왕 때 최무선의 건의로 설치된 화통도감에서 화약과 화포가 제작되었어요.

③ 삼국유사가 저술되었다.
➡ 고려 충렬왕 때 승려 일연은 불교사를 중심으로 고대의 민간 설화 등을 수록한 『삼국유사』를 저술하였어요.

④ 백두산정계비가 건립되었다.
➡ 조선 숙종 때 조선과 청 사이에 국경 문제가 발생하자 백두산정계비를 건립해 경계를 정하였어요.

이것도! 정답선택지

⑤ (ㅈㅎㅈ)을 설치하였다.

⑥ 이종무가 (ㅆㅅㅁ)섬을 정벌하였다.

⑦ (ㅊㅈㅅ)을 간행하여 역법을 발전시켰다.

⑧ 여진족을 몰아내고 (4ㄱ 6ㅈ)을 설치하였다.

정답 ⑤ 집현전 ⑥ 쓰시마 ⑦ 칠정산 ⑧ 4군 6진

밑줄 그은 '왕'에 대한 설명으로 옳은 것은?

┌ 조선 성종

> 조선 왕실은 자손이 태어나면 전국 각지의 명당에 태실을 만들어 탯줄을 보관하였습니다. 이곳은 **국조오례의**를 편찬하는 등 통치 체제 정비에 큰 역할을 한 조선 제9대 **왕**의 태실입니다. 원래 경기도 광주시에 있던 것을 조선 총독부가 창경궁으로 옮겨 왔습니다.

키워드 문제분석

❶ 『국조오례의』 편찬 + ❷ 조선 제9대 왕 = 조선 성종

조선 제9대 왕인 성종 때에는 각종 도서가 활발히 편찬되었어요. 『국조오례의』가 편찬되어 국가 행사에 필요한 의례가 정비되었고, 서거정 등이 『동국통감』을 편찬하여 고조선부터 고려 말까지의 역사를 정리하였어요. 또한, 성현 등이 『악학궤범』을 간행하여 궁중 음악, 당악, 향악 등의 음악을 정리하였어요.

① 훈민정음을 창제하였다.
  ➡ 세종은 글을 몰라서 불편함을 겪는 백성들을 위해 훈민정음을 창제·반포하였어요.

②경국대전을 완성하였다.
  ➡ 세조 때 편찬을 시작하여 **성종** 때 완성된 조선의 기본 법전인 『경국대전』은 이·호·예·병·형·공전의 6전 체제로 구성되었어요.

③ 초계문신제를 시행하였다.
  ➡ 정조는 과거에 합격한 관리 중에서 재능 있는 젊은 문신 관리들을 뽑아 규장각에서 재교육하는 초계문신제를 시행하였어요.

④ 위화도 회군을 단행하였다.
  ➡ 이성계는 압록강 근처 위화도에서 군사를 돌려 개경으로 돌아와 우왕과 최영을 몰아내고 정권을 장악하였어요. 이후 신진 사대부 세력과 함께 조선을 건국한 후 태조로 즉위하였어요.

이것도! 정답선택지

⑤ (ㄱㅅ ㄱㄱㅈ)가 실시되었다.

정답 ⑤ 관수 관급제

(가), (나) 사이의 시기에 있었던 사실로 옳은 것은?

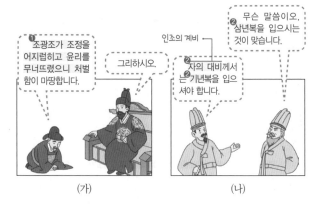

(가)   (나)

키워드 문제분석

❶ 조광조 처벌 = (가) 기묘사화(1519)
❷ 자의 대비, 기년복, 삼년복 = (나) 기해예송(1659)

❶ 조선 중종은 훈구 세력을 견제하기 위해 조광조를 비롯한 사림을 등용하였어요. 조광조는 현량과 실시, 소격서 폐지, 위훈 삭제 등 급진적인 개혁을 추진하였어요. 이에 훈구 세력이 반발하면서 조광조 등 많은 사림 세력이 처형되거나 중앙 정계에서 쫓겨났어요 (기묘사화).

❷ 효종이 사망한 후 일어난 기해예송(1차 예송)에서 서인은 왕실도 사대부의 예를 따라야 한다며 효종을 차남으로 대우하여 자의 대비의 1년복을 주장하였고, 남인은 왕실의 예는 사대부의 예와 다르므로 효종에게 장자의 예를 적용하여 자의 대비의 3년복을 주장하였어요.

따라서 기묘사화와 기해예송 사이의 시기에 일어난 일을 골라야 해요.

① 김옥균 등이 갑신정변을 일으켰다.
  ➡ (나) 이후인 1884년 김옥균 등 급진 개화파는 우정총국 개국 축하연 자리에서 갑신정변을 일으켰어요.

②사림이 동인과 서인으로 나뉘었다.
  ➡ 16세기 조선 선조 때 척신 정치의 잔재 청산 문제와 이조 전랑의 임명 문제를 둘러싸고 신진 사림을 중심으로 한 동인과 기성 사림을 중심으로 한 서인으로 붕당이 나누어졌어요.

③ 성균관 입구에 탕평비가 건립되었다.
  ➡ (나) 이후인 18세기 조선 영조는 당파에 관계없이 인재를 고루 등용하는 탕평 정치를 실시하였는데, 이를 널리 알리기 위해 성균관 입구에 탕평비를 건립하였어요.

④ 왕자의 난으로 정도전 등이 피살되었다.
  ➡ 조선 태조와 정도전 등이 여덟째 아들 이방석을 세자로 책봉하고 사병을 혁파하려고 하자, (가) 이전인 1398년 다섯째 아들 이방원이 사병을 동원해 정도전 등 반대파를 죽이고 권력을 장악하였어요.

21 고려의 대외 관계   정답 ①

(가)에 들어갈 내용으로 옳은 것은?

한국사 탐구 계획서

- ■ 주제: 외세의 침략을 물리친 전투
- ■ 목적: 우리 역사 속에서 외세의 침략에 맞서 승리한 전투를 시대별로 살펴보고, 그 역사적 의미와 교훈을 되새겨 본다.
- ■ 방법: 문헌 조사, 인터넷 검색 등
- ■ 시대별 탐구 내용

시대	탐구 내용
삼국 시대	을지문덕의 지략으로 수의 침략을 물리친 살수 대첩
❶ 고려 시대	❷강감찬의 지휘로 거란의 대군을 섬멸한 (가) → 귀주 대첩
조선 시대	이순신이 학익진으로 왜군을 격퇴한 한산도 대첩

🗨 키워드 문제분석

❶ 고려 시대 + ❷ 강감찬의 지휘 = 귀주 대첩(1019)

강감찬은 거란의 제3차 침입 때 흥화진과 귀주에서 거란군을 크게 물리쳤어요. 흥화진과 귀주는 모두 서희가 거란의 1차 침입 때 얻어 낸 강동 6주 지역에 있었어요. 또한, 강감찬은 개경에 나성을 축조할 것을 건의하였어요. 이에 따라 고려는 거란의 제3차 침입 이후 개경 주위에 나성을 쌓고, 국경 지대에는 압록강에서 동해안의 도련포에 이르는 천리장성을 쌓아 다른 민족의 침입에 대비하였어요.

---

①귀주 대첩
➡ **고려 현종** 때 일어난 거란의 제3차 침입에서 강감찬이 이끄는 고려군이 거란의 군대를 귀주에서 크게 무찔렀어요(귀주 대첩).

② 진포 대첩
➡ **고려 우왕** 때 최무선 등은 화통도감에서 제작한 화약과 화포를 사용하여 진포에서 왜구를 크게 물리쳤어요(진포 대첩).

③ 행주 대첩
➡ **조선 선조** 때 임진왜란 중 권율이 지휘한 조선군은 행주산성에서 일본군을 물리치고 큰 승리를 거두었어요(행주 대첩).

④ 황산 대첩
➡ **고려 우왕** 때 이성계 등이 전라도 부근인 황산에서 왜구를 격퇴하였어요(황산 대첩).

---

22 조선 후기의 경제   정답 ①

다음 대화에 나타난 시기의 경제 상황으로 옳은 것은?

> 기근이 심하다고 들었는데, 호남의 상황은 어떠하오?

> 통신사 조엄이 들여온 ❶고구마가 구황 작물의 역할을 할 것으로 기대하였으나 흉년에도 이를 재배하는 백성을 찾아보기 어렵습니다. ❷수령과 아전들의 수탈로 재배를 포기하였기 때문입니다.

🗨 키워드 문제분석

❶ 고구마 + ❷ 수령과 아전들의 수탈 = 조선 후기

❶ 조선 후기에는 인삼, 담배, 면화, 고추 등과 같이 처음부터 팔기 위한 목적으로 농사를 짓는 상품 작물의 재배가 확대되었어요. 일부 농민은 상품 작물을 재배하여 수익을 올리기도 하였어요. 또한 감자, 고구마 등 구황 작물의 재배도 확대되었어요.

❷ 조선 후기에는 세도 정치가 성행하며 정치 기강이 문란해졌고, 각 지방의 수령과 아전들이 백성들을 수탈하여 삼정의 문란이 극심하였어요.

---

①상평통보가 유통되었다.
➡ 상평통보는 조선 숙종 때 허적 등의 주장에 따라 본격적으로 유통되기 시작하여 **조선 후기**에 널리 쓰였어요.

② 전시과 제도가 실시되었다.
➡ 고려 경종 때 전·현직 관리에게 인품과 공복을 기준으로 등급을 나누어 전지와 시지를 지급하는 전시과(시정 전시과) 제도가 마련되었어요.

③ 벽란도가 국제 무역항으로 번성하였다.
➡ 고려는 예성강 하구의 벽란도를 중심으로 외국과 무역을 하였어요. 벽란도에는 송의 상인은 물론 아라비아 상인들까지 드나들었어요.

④ 팔관회의 경비 마련을 위해 팔관보가 설치되었다.
➡ 고려는 불교와 도교를 중시하여 도교와 민간 신앙 및 불교가 결합된 행사인 팔관회를 개최하였으며, 필요한 경비를 마련하기 위해 개경과 서경에 각각 팔관보를 설치하였어요.

이것도! 정답선택지

⑤ (ㅁㄴㄱㅂ)이 전국적으로 확산되었다.

⑥ 인삼, 담배 등이 (ㅅㅍ) 작물로 재배되었다.

⑦ 정기 시장인 (ㅈㅅ)가 전국 각지에서 열렸다.

⑧ 관청에 물품을 조달하는 (ㄱㅇ)이 활동하였다.

정답 ⑤ 모내기법 ⑥ 상품 ⑦ 장시 ⑧ 공인

23 이황의 활동 　　　　　정답 ②

(가)에 들어갈 인물로 옳은 것은?

여기는 도산 서당으로, 『성학십도』를 저술한 성리학자 (가) 이/가 제자들을 양성한 곳입니다. 그의 사후 제자들이 스승을 추모하고자 서당 뒤편으로 도산 서원을 조성하면서 한 공간에 서원과 서당이 공존하는 보기 드문 형태를 갖추게 되었습니다.

└ 이황

키워드 문제분석

❶ 도산 서당 + ❷ 『성학십도』 저술 = 이황

　성리학자 이황은 조선 선조가 성군이 되기를 바라는 마음에서 군주의 도를 도식으로 설명한 『성학십도』를 지어 바쳤어요. 이황은 조선 시대 성리학의 발전에 크게 기여하였고, 이황의 사상은 임진왜란 이후 일본에 전해져 일본의 성리학 발전에도 영향을 주었어요.

① 서희
➡ 고려의 문신인 서희는 거란의 제1차 침입 때 거란 장수 소손녕과의 외교 담판으로 강동 6주를 획득하였어요.

②이황
➡ 조선 시대의 성리학자인 이황은 '이(理)'를 강조하였으며, 임진왜란 이후에는 일본에도 전해져 **일본의 성리학 발전에 기여**하였어요. 대표적인 저술로 『성학십도』, 『주자서절요』 등이 있어요.

③ 박제가
➡ 조선 후기의 실학자인 박제가는 『북학의』에서 소비 촉진을 통한 생산력의 증대가 필요하다고 주장하고, 수레와 선박의 이용을 강조하였어요.

④ 정몽주
➡ 고려 말의 성리학자인 정몽주는 온건 개혁파 신진 사대부를 대표하는 인물로, 조선 건국에 반대하여 이방원 세력에 의해 살해되었어요.

이것도! 정답선택지

⑤ (ㅅㅎㅅㄷ)를 저술하였다.

⑥ (ㅂㅇㄷ) 서원의 사액을 청원하였다.

정답 ⑤ 성학십도 ⑥ 백운동

---

24 병자호란 이후의 사실 　　　　정답 ①

다음 상황 이후에 전개된 사실로 옳은 것은?

└ 인조　└ 청 태종

　남한산성을 나와 삼전도에 도착한 왕께서 청 황제 앞에 나아가 항복의 예를 행하였다. 예를 마치고 해 질 무렵이 되자 청 황제가 왕에게 도성으로 돌아가도록 허락하였다. 포로로 사로잡힌 이들이 도성으로 돌아가는 왕을 보고 "우리 임금이시여, 우리 임금이시여. 우리를 버리고 가십니까."라며 울부짖는데, 그 수가 만 명을 헤아렸다.

키워드 문제분석

❶ 남한산성 + ❷ 삼전도 = 병자호란

　정묘호란 이후 후금은 국호를 '청'으로 바꾸고 조선에 군신 관계를 요구하였으나 조선이 이를 거부하자 1636년 병자호란을 일으켰어요. 인조와 일부 신하들은 남한산성으로 들어가 항전하였지만 결국 삼전도에서 항복하였어요. 이후 조선은 청과 군신 관계를 맺고 소현 세자와 봉림 대군을 청에 볼모로 보냈어요.

①북벌이 추진되었다.
➡ **조선 효종**은 병자호란 때 청에 당한 치욕을 갚기 위해 북벌을 추진하였으나 실행에 옮기지는 못하였어요.

② 강화도로 천도하였다.
➡ 고려 무신 집권기에 몽골이 침입하자 최우는 서둘러 강화를 맺고, 1232년 강화도로 천도하여 장기 항전에 대비하였어요.

③ 쓰시마섬을 정벌하였다.
➡ 고려 말 창왕 때 박위는 왜구의 침입이 잦아지자 왜구의 근거지인 대마도(쓰시마섬)를 정벌하였어요.

④ 최씨 무신 정권이 붕괴하였다.
➡ 고려가 강화도로 천도한 이후에도 몽골의 침입은 거듭되었고, 최씨 무신 정권도 내부 분열로 약화되었어요. 결국 원종 때에 이르러 무신 정권은 종료되었어요.

이것도! 정답선택지

⑤ 송시열 등이 (ㅂㅂ)론을 내세웠다.

⑥ 두 차례의 나선 정벌에 (ㅈㅊ) 부대가 파견되었다.

정답 ⑤ 북벌 ⑥ 조총

25 조선의 군사 조직
정답 ④

(가)에 들어갈 부대로 옳은 것은?

> **월간** 여행과 역사
> **특집**
> ## 네덜란드에서 만난 조선의 무관, 박연
>
> 네덜란드 알크마르에 세워진 이 동상의 주인공은 벨테브레이로, 조선에 정착하여 박연이라는 이름으로 살았다. 네덜란드 출신이었던 그는 조선 연안에 표류한 후 서울로 압송되었고, 이후 (가) 에 소속되어 서양의 화포 기술을 전수하였다. ❶임진왜란 중 설치된 (가) 은/는 ❷포수, 사수, 살수의 삼수병으로 구성되었다.

— 훈련도감

키워드 문제분석

❶ 임진왜란 중 설치 + ❷ 포수, 사수, 살수 = 훈련도감

임진왜란 중 조선 조정은 일본군의 조총 부대에 맞서 새로운 군사 조직인 훈련도감을 설치하였어요. 훈련도감은 조총을 사용하는 포수, 활을 사용하는 사수, 창과 칼을 사용하는 살수로 구성되었으며, 대부분의 병사는 일정한 급료를 받는 직업 군인이었어요.

① 9서당
➡ 통일 후 신라는 신문왕 때 군사 조직을 정비하여 중앙군으로 9서당, 지방군으로 10정을 설치하였어요.

② 별기군
➡ 개항 후 조선은 개화 정책의 일환으로 신식 군대인 별기군을 창설하였어요. 별기군은 신식 무기를 지급받고 일본인 교관에게 근대식 군사 훈련을 받았어요.

③ 삼별초
➡ 삼별초는 고려 무신 집권기 때 최우가 치안 유지를 위해 설치한 야별초에서 비롯된 부대예요. 좌별초, 우별초, 신의군으로 구성되었으며, 최씨 무신 정권의 군사적 기반이었어요.

④훈련도감
➡ 조선 선조는 임진왜란이 일어나자 유성룡의 건의를 받아들여 군사 훈련과 수도 방비를 위해 훈련도감을 설치하였어요.

26 세도 정치 시기
정답 ④

밑줄 그은 '시기'의 사실로 옳은 것은?

> **문학으로 만나는 한국사**
>
> 구만 리 긴 하늘에도 머리 들기 어렵고
> 삼천 리 넓은 땅에서도 발을 펴기 어렵도다.
> 늦은 밤 누대에 오르니 달을 감상하고자 함이 아니요
> 삼 일 동안 곡기를 끊었으니 신선이 되기 위함이 아니로다.
>
> 비변사 장악 — 세도 정치 시기
> [해설] 김삿갓으로 널리 알려진 김병연은 안동 김씨 등 소수 외척 가문이 중심이 되어 권력을 독점하던 시기에 전국을 방랑하며 많은 시를 남겼다. 그는 안동 김씨였으나 할아버지가 반역죄로 처형당했기에 관직에 진출하지 못하였다. 김병연이 지은 것으로 전해지는 위 시에는 그의 이러한 처지가 잘 나타나 있다.

키워드 문제분석

❶ 소수 외척 가문이 권력 독점 = 세도 정치 시기

조선은 정조가 죽은 후 나이 어린 순조가 즉위하면서 왕권이 약화되고, 왕실과 혼인 관계를 맺은 외척 세력 등 세도 가문이 정권을 장악하였어요. 이러한 세도 정치 시기는 순조~철종 시기에 이르는 60여 년간 계속되었어요. 이 시기에 매관매직이 성행하고 탐관오리의 수탈 등 부정부패가 심화되었으며, 삼정의 문란으로 민생이 크게 약화되었어요.

① 최승로가 시무 28조를 올렸다.
➡ 고려 성종은 최승로가 올린 시무 28조를 채택하여 유교 이념을 바탕으로 통치 체제를 정비하였어요.

② 수양 대군이 계유정난을 일으켰다.
➡ 조선 전기 문종이 일찍 죽고 어린 단종이 즉위하자 수양 대군이 난을 일으켜 권력을 장악하였어요(계유정난). 계유정난으로 정권을 장악한 수양 대군은 왕위에 올랐어요.

③ 지방 세력 통제를 위해 사심관 제도가 실시되었다.
➡ 고려 태조는 지방 통치를 보완하고 지방 세력 통제를 위해 지방 출신 고관을 사심관으로 임명하여 출신 지역을 통제하도록 한 사심관 제도를 실시하였어요.

④삼정의 문란을 바로잡기 위해 삼정이정청이 설치되었다.
➡ 조선 후기 세도 정치 시기인 철종 때 임술 농민 봉기가 일어났어요. 정부는 봉기를 수습하고 삼정의 문란을 바로잡기 위해 박규수를 안핵사로 파견하고 삼정이정청을 설치하였어요.

이것도! 정답선택지

⑤ (ㅇㅅ) 농민 봉기가 발생하였다.

⑥ (ㅎㄱㄹ)가 평안도에서 봉기하였다.

⑦ 수령과 향리의 수탈로 (ㅅㅈ)이 문란하였다.

정답 ⑤ 임술 ⑥ 홍경래 ⑦ 삼정

밑줄 그은 '이 인물'에 대한 설명으로 옳은 것은?

이 인물은 유학, 서양 과학 등 여러 학문을 융합하여 독창적 사상을 정립하였습니다. 그가 저술한 『의산문답』에는 무한 우주론에 대한 설명과 함께, 중국 중심 세계관에 대한 비판적 인식이 잘 드러나 있습니다.

조선 후기 북학파 실학자인 이 인물에 대해 알려 주세요. — 홍대용

키워드 문제분석

❶ 북학파 실학자 + ❷ 『의산문답』 + ❸ 무한 우주론
= 홍대용

조선 후기 북학파 실학자인 홍대용은 『의산문답』에서 지전설과 무한 우주론을 주장하여 중국 중심의 세계관을 비판하였어요. 또한 『임하경륜』 등을 저술하고 기술 혁신과 문벌 제도의 철폐를 주장하였어요.

① 추사체를 창안하였다.
➡ 김정희는 여러 서체를 연구하여 자신만의 독창적인 글씨체인 추사체를 창안하였어요.

②지전설을 주장하였다.
➡ **홍대용**은 지구가 회전한다는 지전설과 우주가 무한히 이어진다는 무한 우주론을 주장하였는데, 이는 중국 중심의 세계관을 비판하는 근거가 되었어요.

③ 사상 의학을 정립하였다.
➡ 이제마는 사람의 체질에 맞게 처방해야 한다는 이론인 사상 의학을 정립하고 『동의수세보원』을 저술하였어요.

④ 대동여지도를 제작하였다.
➡ 김정호는 산맥, 하천, 포구, 도로망 등을 자세하게 그려 넣은 목판 지도인 「대동여지도」를 제작하였어요.

(가)에 들어갈 문화유산으로 옳은 것은?

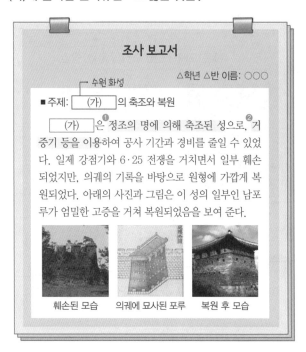

조사 보고서

△학년 △반 이름: ○○○

— 수원 화성

■ 주제: (가)   의 축조와 복원

   (가)   은 정조의 명에 의해 축조된 성으로, 거중기 등을 이용하여 공사 기간과 경비를 줄일 수 있었다. 일제 강점기와 6·25 전쟁을 거치면서 일부 훼손되었지만, 의궤의 기록을 바탕으로 원형에 가깝게 복원되었다. 아래의 사진과 그림은 이 성의 일부인 남포루가 엄밀한 고증을 거쳐 복원되었음을 보여 준다.

훼손된 모습   의궤에 묘사된 포루   복원 후 모습

키워드 문제분석

❶ 정조의 명에 의해 축조 + ❷ 거중기 = 수원 화성

수원 화성은 조선 정조 때 당시의 모든 기술을 총동원해서 만든 성곽 건축물이에요. 정약용이 화성의 설계를 맡았고, 도르래의 원리를 이용해 무거운 물체를 들어올리는 기계인 거중기를 고안하여 성을 짓는 데 이용하였어요.

① 공산성
➡ 충청남도 공주에 있는 공산성은 백제가 고구려 장수왕에 밀려 한성에서 웅진으로 천도한 뒤, 수도를 방어하기 위해 축조한 산성이에요.

② 전주성
➡ 전라북도 전주에 있는 전주성은 1894년 동학 농민 운동이 일어났을 때 동학 농민군이 점령하기도 하였어요.

③수원 화성
➡ 경기도 수원에 있는 수원 화성은 **조선 정조**가 자신의 정치적 이상과 개혁 의지를 실현하고자 건설하였어요.

④ 한양 도성
➡ 서울에 있는 한양 도성은 **조선 태조** 때 한성부 도심의 경계를 표시하고 수도를 방어하기 위해 축조한 성곽이에요.

(가)에 들어갈 내용으로 가장 적절한 것은?

이곳은 석파정으로 고종의 아버지인 이하응의 별장이었습니다. 그는 아들 고종이 12세의 어린 나이에 왕위에 오르자 10여 년간 국정을 장악하였습니다. 이 시기에 있었던 사실을 대화 창에 올려 주세요.

ON　대화창

② 당백전이 발행되었어요.

③ 호포제가 실시되었어요.

글쓰기　　　　(가)

키워드 문제분석

❶ 고종의 아버지인 이하응 + ❷ 당백전 + ❸ 호포제 = 흥선 대원군

❶ 조선 철종이 후계자 없이 죽고 12세의 어린 나이로 고종이 즉위하자 고종의 아버지인 흥선 대원군이 정치적 실권을 잡았어요.

❷ 흥선 대원군은 왕실의 위엄을 과시하기 위해 경복궁을 중건하며 당백전을 남발하였어요. 당백전은 상평통보에 비해 법정 가치는 100배였으나 실질 가치는 5~6배에 불과하였어요.

❸ 흥선 대원군은 군포를 호(집) 단위로 부과하는 호포제를 실시하여 양반에게도 군포를 부과하였어요.

① 녹읍이 폐지되었어요.
➡ **신라 신문왕**은 관리에게 조세만 거둘 수 있는 관료전을 지급하고, 노동력까지 징발할 수 있는 녹읍은 폐지하였어요.

② 장용영이 설치되었어요.
➡ **조선 정조**는 국왕의 친위 부대로 장용영을 설치하여 왕권을 강화하였어요.

③ 척화비가 건립되었어요.
➡ **조선 고종 때 흥선 대원군**은 신미양요 후 전국 각지에 척화비를 건립하여 서양과의 통상 수교 거부 의지를 널리 알렸어요.

④ 요동 정벌이 추진되었어요.
➡ **고려 우왕 때** 명이 철령 이북의 영토를 요구하자 이에 반발해 최영은 요동 정벌을 추진하였어요.

이것도! 정답선택지

⑤ (ㅂㅂㅅ)를 혁파하였다.

⑥ (ㄱㅂㄱ)을 중건하여 왕실의 권위를 높이려고 하였다.

정답 ⑤ 비변사 ⑥ 경복궁

(가)~(다)를 일어난 순서대로 옳게 나열한 것은?

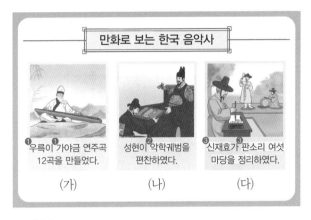

만화로 보는 한국 음악사

❶ 우륵이 가야금 연주곡 12곡을 만들었다.　　❷ 성현이 악학궤범을 편찬하였다.　　❸ 신재효가 판소리 여섯 마당을 정리하였다.

(가)　　　　(나)　　　　(다)

키워드 문제분석

❶ 우륵, 가야금 = (가) 삼국 시대(가야 연맹)

❷ 『악학궤범』 = (나) 조선 전기(성종)

❸ 신재효, 판소리 정리 = (다) 조선 후기

(가) 가야 연맹 중 대가야 출신으로 알려진 우륵은 가야금을 만들고, 가야금 연주곡으로 12곡을 지었어요. 우륵은 이후 신라의 음악 발전에도 큰 영향을 끼쳤어요.

(나) 조선 전기 성종 때 성현 등이 음악 이론 등을 집대성한 『악학궤범』이 간행되었어요.

(다) 신재효는 조선 후기의 판소리 이론가이자 작가로, '춘향가', '심청가' 등 판소리 여섯 마당을 정리하였어요.

① (가) – (나) – (다)
➡ (가) 삼국 시대 → (나) 조선 전기(성종) → (다) 조선 후기

② (나) – (가) – (다)

③ (나) – (다) – (가)

④ (다) – (나) – (가)

31 조·미 수호 통상 조약 ─ 러시아의 남하를 막기 정답 ①
위해 청, 일본, 미국과 연대 주장

밑줄 그은 '조약'에 대한 설명으로 옳은 것은?

이것은 민영익을 대표로 한 보빙사의 모습이 담긴 사진입니다. 조선책략 유포로 미국과의 수교론이 제기된 상황에서 청의 주선으로 조약이 체결된 이후 조선은 보빙사를 미국에 파견하였습니다. ─ 조·미 수호 통상 조약

키워드 문제분석

❶ 보빙사 + ❷ 청의 주선 = 조·미 수호 통상 조약

제2차 수신사로 일본에 다녀온 김홍집에 의해 『조선책략』이 유포되고 조선 정부에서도 미국에 우호적인 여론이 형성되며 청의 주선으로 1882년 조·미 수호 통상 조약이 체결되었어요. 조약 체결 이후 미국이 공사를 파견하자 답례 차원으로 조선 정부는 민영익, 홍영식, 유길준 등으로 구성된 보빙사를 미국에 파견하였어요.

①최혜국 대우가 규정되어 있다.
➡ 1882년 **조·미 수호 통상 조약**에는 최혜국 대우, 영사 재판권, 거중 조정, 낮은 세율의 관세 조항이 규정되었어요.

② 통감부가 설치되는 결과를 가져왔다.
➡ 1905년 일본은 을사늑약을 체결하여 대한 제국의 외교권을 빼앗아 갔고, 이듬해 통감부를 설치하고 초대 통감으로 이토 히로부미를 파견하였어요.

③ 부산, 원산, 인천을 개항하는 배경이 되었다.
➡ 1876년 **강화도 조약**(조·일 수호 조규)의 체결로 부산, 원산, 인천이 차례대로 개항하였어요.

④ 일본 공사관에 경비병이 주둔하는 계기가 되었다.
➡ 1882년 임오군란 이후 조선과 일본은 제물포 조약을 체결하였어요. 이 조약에 따라 조선은 일본에 배상금을 지불하고 일본 공사관에 경비병 주둔을 허용해 주었어요.

32 개항 이후의 근대 시설 정답 ②

(가)에 들어갈 내용으로 옳은 것은?

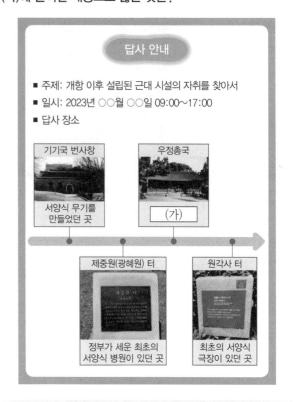

우정총국은 '우편 행정을 총괄하는 관청'이라는 뜻이에요. 김옥균 등 급진 개화파는 우정총국 개국 축하 자리에서 갑신정변을 일으켜 근대 국가를 건설하려는 개혁을 시도하였으나 청군의 개입으로 3일 만에 실패하였어요.

① 나운규의 아리랑이 개봉되었던 곳
➡ 나운규의 '아리랑'은 나라 잃은 민족의 슬픔을 담은 영화로, 단성사에서 개봉되었어요.

②근대적 우편 업무를 담당하였던 곳
➡ 근대적 우편 업무를 담당한 우리나라 최초의 우체국은 **우정총국**이에요.

③ 순 한문 신문인 한성순보가 발간되었던 곳
➡ 개항 후 조선은 개화 정책의 일환으로 박문국을 설치해 한성순보 등 신문, 잡지를 발간하였어요.

④ 헐버트를 교사로 초빙해 근대 학문을 가르쳤던 곳
➡ 육영 공원은 근대식 공립 교육 기관으로, 헐버트 등 미국인 교사를 초빙하여 학생들에게 근대 학문을 가르쳤어요.

33 군국기무처 정답 ④

(가)에 들어갈 기구로 옳은 것은?

① 노비 제도가 폐지되었다는 소식 들었는가?

② 군국기무처 들었네. (가) 에서 과거 제도를 없애고 연좌제를 폐지하는 개혁 안건도 통과시켰다더군.

키워드 문제분석

❶ 노비 제도 폐지 + ❷ 과거제 폐지 + ❸ 연좌제 폐지 = 제1차 갑오개혁

동학 농민 운동 과정에서 조선에 들어온 일본군은 경복궁에 침입하여 조선 정부를 장악한 후 청·일 전쟁을 일으켰어요. 그리고 흥선 대원군을 섭정으로 세우고 김홍집 중심의 내각을 구성하게 하였고, 김홍집 내각은 군국기무처를 설치하여 제1차 갑오개혁을 추진하였어요. 제1차 갑오개혁 때 개국기년 사용, 과부의 재가 허용, 공사 노비법 혁파(신분제 폐지), 과거제 폐지, 연좌제 폐지 등의 개혁이 추진되었어요.

① 비변사
➡ 비변사는 조선 중종 때 3포 왜란이 일어나면서 임시 기구로 설치되었고, 명종 때 을묘왜변을 겪으면서 상설 기구가 되었으며, 임진왜란 이후 **국정을 총괄하는 최고 정치 기구**로 바뀌었어요.

② 원수부
➡ 원수부는 대한 제국 때 설치된 **최고 군 통수 기구**예요. 대한 제국은 황제권과 국방력을 강화하기 위해 원수부를 설치하였어요.

③ 홍문관
➡ 홍문관은 조선 시대 **경연을 주관**하고 **왕의 자문**을 담당하였던 곳으로 사헌부, 사간원과 함께 3사를 구성하였어요.

④ 군국기무처
➡ 군국기무처는 일본의 강요로 구성된 김홍집 내각에서 최고 정책 결정 기관으로 설치한 기구예요. 군국기무처를 중심으로 **제1차 갑오개혁**이 추진되었어요.

34 독립신문 정답 ③

밑줄 그은 '이 신문'에 대한 설명으로 옳은 것은?

史 오늘의 역사
10분 전
#신문의_날 #1896년_4월_7일

독립신문
1896년 4월 7일은 서재필이 우리나라 최초의 민간 신문인 이 신문을 창간한 날입니다. 언론계에서는 이를 기념해 4월 7일을 '신문의 날'로 지정하였습니다.

👍 좋아요 58　　💬 댓글 3　　↗ 공유하기

키워드 문제분석

❶ 서재필 + ❷ 우리나라 최초의 민간 신문 = 독립신문

독립신문은 서재필이 창간한 우리나라 최초의 민간 신문으로, 민중에게 근대 의식을 전파하는 역할을 하였어요. 서재필은 독립신문을 창간한 뒤 독립 협회를 창립해 자주 국권, 자유 민권, 자강 개혁 운동을 주도하였어요.

① 천도교의 기관지였다.
➡ 천도교는 민중 계몽을 위해 기관지로 만세보를 창간하였어요.

② 박문국에서 발간하였다.
➡ 우리나라 최초의 근대 신문인 한성순보와 최초로 상업성 광고를 게재한 한성주보는 박문국에서 발간되었어요.

③ 한글판과 영문판으로 발행되었다.
➡ **독립신문**은 한글판과 함께 영문판이 발행되어 외국인에게도 국내 상황을 알릴 수 있었어요.

④ 시일야방성대곡이라는 논설을 실었다.
➡ **황성신문**은 을사늑약의 부당함을 비판한 장지연의 논설 '시일야방성대곡' 등 일제의 국권 침탈을 비판하는 글을 실었어요.

다음 가상 뉴스가 보도된 이후에 전개된 사실로 옳은 것은?

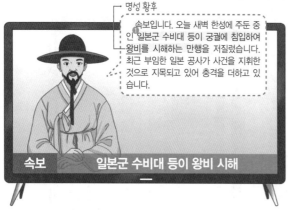

> ┌ 명성 황후
> 속보입니다. 오늘 새벽 한성에 주둔 중인 일본군 수비대 등이 궁궐에 침입하여 왕비를 시해하는 만행을 저질렀습니다. 최근 부임한 일본 공사가 사건을 지휘한 것으로 지목되고 있어 충격을 더하고 있습니다.

속보　일본군 수비대 등이 왕비 시해

키워드 문제분석

❶ 일본군이 왕비 시해 = 을미사변(1895)

청·일 전쟁에서 승리한 일본은 청과 시모노세키 조약을 체결하고 랴오둥반도를 넘겨받았어요. 그러자 러시아가 프랑스, 독일을 끌어들여 랴오둥반도를 청에 돌려주라고 일본을 압박하는 삼국 간섭이 일어났어요. 삼국 간섭으로 러시아의 영향력이 커지자 고종은 친러 정책을 추진하여 일본을 견제하려고 하였어요. 이에 일본은 조선에 대한 자신들의 영향력이 줄어든 것을 우려하면서 친러 정책 배후에 명성 황후가 있다고 판단하여 명성 황후를 시해하는 을미사변을 저질렀어요.

① 외규장각 도서가 약탈되었다.
➡ 1866년 병인양요 때 프랑스군은 철수하면서 외규장각을 불태우고 의궤 등 수많은 외규장각 도서를 약탈해 갔어요.

② 김윤식이 영선사로 파견되었다.
➡ 개항 후 1881년 조선은 개화 정책의 일환으로 청에 영선사를 파견하여 신식 무기 제조법과 군사 훈련법을 배워 오도록 하였어요.

③ 제너럴셔먼호 사건이 발생하였다.
➡ 1866년 미국 상선 제너럴셔먼호가 평양까지 들어와 통상을 요구하며 횡포를 부리자 박규수의 지휘 아래 평양 관민이 제너럴셔먼호를 불태워 침몰시켰어요(제너럴셔먼호 사건). 이 사건을 구실로 미군이 강화도를 침입한 신미양요가 일어났어요.

④ 고종이 러시아 공사관으로 피신하였다.
➡ 을미사변 이후 신변의 위협을 느낀 고종은 1896년 러시아 공사관으로 거처를 옮겼어요(아관 파천). 이후 열강의 이권 침탈이 심화되었어요.

(가)에 들어갈 단체로 옳은 것은?

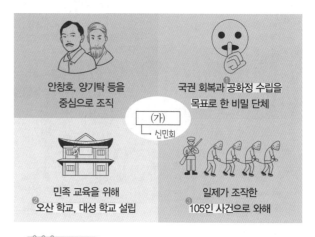

안창호, 양기탁 등을 중심으로 조직

국권 회복과 공화정 수립을 목표로 한 비밀 단체

(가) ┘ 신민회

❷ 민족 교육을 위해 오산 학교, 대성 학교 설립

❸ 일제가 조작한 105인 사건으로 와해

키워드 문제분석

❶ 공화정 수립 목표 + ❷ 오산 학교, 대성 학교 + ❸ 105인 사건 = 신민회

❶ 신민회는 안창호, 양기탁 등을 지도부로 하여 비밀 결사 형태로 조직된 애국 계몽 운동 단체로, 공화정 수립을 목표로 활동하였어요.

❷ 신민회는 평양에 대성 학교, 정주에 오산 학교를 세워 민족 교육을 실시하였어요.

❸ 일제는 데라우치 총독의 암살을 모의하였다는 누명을 씌워 수백 명의 독립운동가를 체포하였어요. 이 중 105인이 유죄 판결을 받았는데 이들 대부분이 신민회 회원이었어요. 결국 이 사건으로 신민회 조직이 와해되었어요.

① 근우회
➡ 근우회는 신간회의 자매단체로, 여성의 권리 신장과 의식 계몽에 앞장섰으며, 기관지인 『근우』를 발간하였어요.

② 보안회
➡ 보안회는 일제가 황무지 개간권을 요구하자, 이에 반대하는 운동을 펼쳐 요구를 철회시키는 데 성공하였어요.

③ 신민회
➡ 신민회는 태극 서관과 자기 회사를 운영하여 민족 산업을 육성하려 하였어요.

④ 조선어 학회
➡ 조선어 학회는 한글 맞춤법 통일안을 마련하고 『우리말 큰사전』 편찬을 시도하였으나 조선어 학회 사건으로 강제 해산되었어요.

37 강우규의 활동

정답 ②

(가)에 들어갈 인물로 옳은 것은?

강우규

이것은 구 서울역사 앞에 세워진 (가) 의사의 동상입니다. 당시 65세였던 그는 새로 부임하는 사이토 총독을 향해 이곳에서 폭탄을 던졌으나, 뜻을 이루지 못하고 체포되어 이듬해 서대문 형무소에서 순국하였습니다.

키워드 문제분석

❶ 사이토 총독을 향해 폭탄을 던짐 = 강우규

① 김구
➡ 김구는 한인 애국단을 조직하여 의열 투쟁을 벌였고, 대한민국 임시 정부의 주석으로 광복 직전까지 활발한 독립운동을 전개하였어요.

②강우규
➡ 강우규는 서울역 부근에서 제3대 총독으로 부임하는 사이토 마코토의 마차에 폭탄을 던지는 의거를 하였으나 암살에는 실패하였어요.

③ 윤봉길
➡ 김구가 조직한 한인 애국단 소속의 윤봉길은 중국 상하이 훙커우 공원에서 열린 일왕 생일 축하 겸 전승 기념 축하식에 폭탄을 던져 일본군 장성과 고관을 처단하였어요.

④ 이승만
➡ 이승만은 대한민국 임시 정부의 초대 대통령으로, 광복 전까지 국내외에서 활발한 독립운동을 펼쳤어요. 광복 후에는 제헌 국회에서 대한민국의 제1대 대통령으로 선출되었어요.

킬러 38 손병희의 활동

정답 ④

다음 인물에 대한 설명으로 옳은 것은?

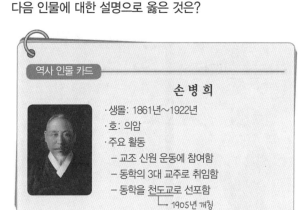

역사 인물 카드

손 병 희

· 생몰: 1861년~1922년
· 호: 의암
· 주요 활동
  - 교조 신원 운동에 참여함
  - 동학의 3대 교주로 취임함
  - 동학을 천도교로 선포함
    └ 1905년 개칭

손병희는 동학의 3대 교주로 동학을 천도교로 개칭하고 교단을 정비하였어요. 손병희가 이끈 천도교는 일제 강점기 독립운동에 적극적으로 참여하였고, 청년·소년·여성 운동 등을 전개하기도 하였어요.

① 청산리 전투를 승리로 이끌었다.
➡ 1920년 김좌진이 이끈 북로 군정서와 독립군 연합 부대는 일본군을 청산리 일대로 유인하여 백운평, 어랑촌 등지에서 격퇴하였는데, 이를 청산리 전투라고 해요.

② 하얼빈에서 이토 히로부미를 처단하였다.
➡ 1909년 안중근은 만주 하얼빈에서 을사늑약 체결에 핵심적인 역할을 한 이토 히로부미를 처단하였어요.

③ 헤이그 만국 평화 회의에 특사로 파견되었다.
➡ 고종은 을사늑약의 부당함을 국제 사회에 알리기 위해 네덜란드 헤이그에서 개최된 만국 평화 회의에 이상설, 이준, 이위종을 특사로 파견하였어요.

④민족 대표 33인 중 한 명으로 독립 선언에 참여하였다.
➡ 손병희는 3·1 운동 당시 민족 대표 33인 중 한 명으로 독립 선언에 참여하였어요.

(가)에 들어갈 민족 운동으로 옳은 것은?

민립 대학 설립 운동

(가) 에 대해 검색해 줘.

검색 결과입니다.

1920년대 초반 실력 양성 운동의 일환으로 ❶이상재, 이승훈 등이 ❷고등 교육 기관을 설립하기 위해 전개한 운동입니다. └─ 한국인에 대한 교육 차별에 대항

1년 내 1천만 원 조성을 목표로 모금 활동을 추진하였으나, 조선 총독부의 방해와 자연재해 등으로 성과를 거두지 못하였습니다.

🗨 키워드 문제분석

❶ 이상재 + ❷ 고등 교육 기관 = 민립 대학 설립 운동

민립 대학 설립 운동은 이상재 등이 중심이 되어 우리 손으로 대학을 설립하여 고등 교육을 실현하고자 한 민족 운동이에요. '한민족 1천만이 한 사람이 1원씩을' 구호로 내걸고 모금 운동을 벌였어요. 그러나 일제의 방해와 모금 실적 저조로 우리 민족의 대학 설립 시도는 실패하였어요. 이후 일제는 회유책으로 경성 제국 대학을 설립하였어요.

① 6·10 만세 운동
➡ 1926년 6월 10일에 학생들 중심으로 만세 운동이 전개되었어요. 6·10 만세 운동은 민족 유일당인 **신간회를 결성하는 계기**가 되었어요.

② 물산 장려 운동
➡ 1920년대 조만식 등은 **평양**에서 **조선 물산 장려회**를 결성하여 토산품 애용을 내세운 물산 장려 운동을 전개하였어요.

③ 광주 학생 항일 운동
➡ 1929년 한·일 학생 간 충돌이 발단이 되어 광주 학생 항일 운동이 일어났어요. **신간회**는 광주 학생 항일 운동에 **진상 조사단**을 **파견**하였어요.

④민립 대학 설립 운동
➡ 1920년대 한국인에 대한 교육 차별에 대항하여 이상재 등이 **민립 대학 설립 기성회**를 조직하고 민립 대학 설립 운동을 전개하였어요.

(가)에 해당하는 인물로 옳은 것은?

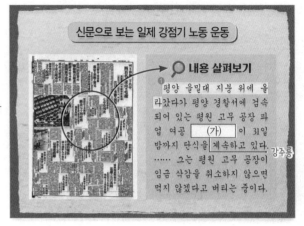

신문으로 보는 일제 강점기 노동 운동

🔍 **내용 살펴보기**

평양 을밀대 지붕 위에 올라갔다가 평양 경찰서에 검속되어 있는 평원 고무 공장 파업 여공 (가) 이 31일 밤까지 단식을 계속하고 있다. …… 그는 평원 고무 공장이 임금 삭감을 취소하지 않으면 먹지 않겠다고 버리는 중이다.

강주룡

🗨 키워드 문제분석

❶ 평양 을밀대 지붕 위에서 시위 = 강주룡

1930년대에는 전 세계적인 경제 위기로 소작 쟁의와 노동 쟁의가 증가하였고, 사회주의 세력들은 이를 기회로 세력 확대를 꾀하였어요. 사회주의 세력은 일제의 눈을 피해 혁명적 노동조합과 농민 조합을 조직하고 농민과 노동자의 경제적 이익을 지키기 위한 운동을 벌였어요. 강주룡의 평양 을밀대 고공 농성도 이러한 움직임 중 하나였어요.

①
강주룡
➡ 1931년 평원 고무 공장 파업을 주도한 강주룡은 **평양 을밀대** 지붕 위에서 **농성**을 벌였어요.

②
남자현
➡ 남자현은 만주에서 여자 권학회를 조직하여 여성 운동을 전개하였고, 국제 연맹 조사단에 '**조선 독립원**'이라는 혈서를 전달하였어요.

③
유관순
➡ 유관순은 이화 학당 재학 시절 3·1 운동이 일어나자 고향인 천안으로 내려가 아우내 장터에서 만세 시위를 주도하였어요.

④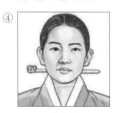
윤희순
➡ 윤희순은 의병 활동을 지원하고, **의병가**를 만들어 의병들의 사기를 높였어요.

(가)에 들어갈 무장 투쟁 단체로 옳은 것은?

🔴 키워드 문제분석

❶ 총사령 양세봉 + ❷ 중국 의용군과 연합
= 조선 혁명군

일제가 1931년 만주를 침략하고 만주국을 세우자 중국 내에서는 항일 감정이 고조되었어요. 이러한 가운데 만주의 독립군 부대와 항일 중국군의 연합 작전이 전개되었어요. 남만주 지역에서는 총사령 양세봉이 지휘하는 조선 혁명군과 중국 의용군이, 북만주 지역에서는 총사령 지청천이 지휘하는 한국 독립군과 중국 호로군이 한·중 연합 작전을 전개하였어요.

① 의열단
➡ 김원봉을 중심으로 조직된 의열단은 신채호가 쓴 '조선 혁명 선언'을 활동 지침으로 삼았으며, 일제 요인 암살, 식민 통치 기관 파괴 등의 무력 투쟁을 전개하였어요.

② 북로 군정서
➡ 북로 군정서는 중광단을 중심으로 조직된 독립군 부대예요. 김좌진이 지휘한 북로 군정서는 청산리 대첩에서 일본군을 크게 격퇴하였어요.

③ 조선 혁명군
➡ 조선 혁명군은 중국 의용군과 함께 영릉가 전투, 흥경성 전투에서 일본군에 승리를 거두었어요.

④ 한국광복군
➡ 한국광복군은 대한민국 임시 정부의 정규군으로 창설되었어요. 태평양 전쟁 발발 후 영국군의 요청에 따라 인도·미얀마 전선에 대원을 파견하여 선전 활동, 정보 수집 등을 담당하였어요. 또한 미국과 연합해 국내 진공 작전을 계획하였으나 일본의 항복으로 실행하지 못하였어요.

밑줄 그은 '시기'에 볼 수 있는 모습으로 가장 적절한 것은?

🔴 키워드 문제분석

❶ 태평양 전쟁 = 1930년대 후반 이후

일제는 1929년에 일어난 대공황의 위기를 극복하기 위해 대륙 침략에 적극적으로 나섰어요. 만주 침략에 이어 1937년 중·일 전쟁을 일으켜 침략 전쟁을 확대한 일제는 1941년 태평양 전쟁까지 일으켜 전선을 넓혔어요.

① 원산 총파업에 참여하는 노동자
➡ 1929년 문평 라이징 선 석유 회사의 일본인 감독관이 한국인 노동자를 구타한 사건이 발단이 되어 원산 노동자들이 총파업을 전개하였어요.

② 만민 공동회에서 연설하는 백정
➡ 1898년 독립 협회는 아관 파천 이후 열강의 이권 침탈이 심해지는 가운데 만민 공동회를 개최하고 자주 국권을 지키기 위한 이권 수호 운동을 전개하였어요.

③ 황국 신민 서사를 암송하는 학생
➡ 1930년대 후반 이후 일제는 침략 전쟁을 확대하면서 한국인을 전쟁에 쉽게 동원하기 위해 황국 신민 서사 암송, 창씨 개명 등 민족 말살 정책을 본격적으로 추진하였어요.

④ 조선 태형령을 관보에 싣는 관리
➡ 1912년 일제는 한국인에게만 적용하는 조선 태형령을 제정하여 시행하였어요. 태형은 죄를 지은 사람의 볼기를 때리는 처벌이에요.

🟧 이것도! 정답선택지

⑤ 미곡 (ㄱㅊ)제가 추진되었다.

⑥ 여자 (ㅈㅅ) 근로령으로 여성들이 강제 동원되었다.

⑦ 일제가 (ㅈㅂ)령을 내려 조선인을 전쟁에 동원하였다.

정답 ⑤ 공출 ⑥ 정신 ⑦ 징병

43 조선 건국 동맹

정답 ④

(가)에 들어갈 단체로 옳은 것은?

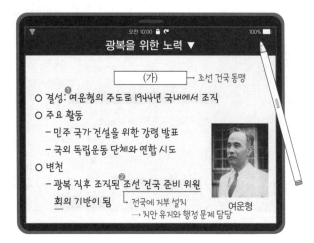

광복을 위한 노력 ▼

[(가)] → 조선 건국 동맹

○ 결성: 여운형의 주도로 1944년 국내에서 조직
○ 주요 활동
  - 민주 국가 건설을 위한 강령 발표
  - 국외 독립운동 단체와 연합 시도
○ 변천
  - 광복 직후 조직된 조선 건국 준비 위원
    회의 기반이 됨 → 전국에 지부 설치
    → 치안 유지와 행정 문제 담당

여운형

키워드 문제분석

❶ 여운형의 주도로 조직

+ ❷ 조선 건국 준비 위원회의 기반 = 조선 건국 동맹

광복 직전 서울에서는 여운형이 광복 이후를 대비하여 비밀리에 건국 준비 조직인 조선 건국 동맹을 결성하였어요.

① 독립 의군부
  ➡ 독립 의군부는 국권 피탈 후 의병장 출신 **임병찬**이 고종의 밀지를 받고 국내에서 비밀 결사 형태로 조직한 독립운동 단체로, 복벽주의를 내세워 고종의 복위를 도모하였어요.

② 민족 혁명당
  ➡ 민족 혁명당은 **중국 관내**의 독립운동 세력 사이에서 전선을 하나로 통합하려는 노력의 결과로 조직된 독립운동 단체예요.

③ 조선 의용대
  ➡ 조선 의용대는 조선 민족 전선 연맹의 군사 조직으로, 중국 관내에서 결성된 최초의 한인 무장 부대예요.

④ 조선 건국 동맹
  ➡ 조선 건국 동맹은 광복 직전 여운형이 광복 이후를 대비하여 비밀리에 조직한 단체예요. 광복 직후 조선 건국 동맹을 계승하여 **조선 건국 준비 위원회**가 조직되었어요.

44 제헌 국회

정답 ②

밑줄 그은 '국회'에 대한 설명으로 옳은 것은?

제헌 국회

이 사진은 5·10 총선거를 통해 구성된 국회의 개원식 모습입니다. 임기 2년의 국회의원으로 구성된 이 국회는 국호를 대한민국으로 결정하고 헌법을 제정하였습니다.

제헌 헌법

키워드 문제분석

❶ 5·10 총선거를 통해 구성 + ❷ 임기 2년 = 제헌 국회

5·10 총선거의 결과로 구성된 초대 국회는 국호를 '대한민국'으로 정하고 헌법을 제정·공포하였는데, 이 헌법을 제헌 헌법이라고 해요. 초대 국회는 '헌법을 제정한 국회'라고 해서 '제헌 국회'라고도 불러요. 제헌 국회에서 반민족 행위 처벌법과 농지 개혁법 등이 제정되었어요.

① 3선 개헌안을 통과시켰다.
  ➡ 1969년 박정희 정부는 국가 안보와 경제 성장을 구실로 대통령의 3회 연임을 허용하는 3선 개헌안을 야당의 반대를 무릅쓰고 통과시켰어요.

② 농지 개혁법을 제정하였다.
  ➡ 1949년 이승만 정부 시기에 **제헌 국회**에서는 농지 개혁법을 제정한 뒤 일부 개정하여 이듬해부터 유상 매수·유상 분배의 원칙 아래 농지 개혁을 시행하였어요.

③ 5·16 군사 정변으로 해산되었다.
  ➡ 1961년 박정희를 비롯한 군인 세력은 5·16 군사 정변을 일으켜 장면 내각을 해산하고 입법·행정·사법권을 장악한 국가 재건 최고 회의를 설치하였어요.

④ 국회의원의 3분의 1을 대통령이 추천하였다.
  ➡ 1972년 박정희 정부는 대통령에게 헌법을 초월하는 긴급 조치권과 국회 해산권, 국회의원의 3분의 1 추천권 등 막강한 권한을 부여한다는 내용의 유신 헌법을 공포하였어요.

이것도! 정답선택지

⑤ (ㅂㅁㅈ) 행위 특별 조사 위원회가 구성되었다.

정답 ⑤ 반민족

45 박정희 정부 시기의 사회 모습

정답 ①

밑줄 그은 '정부' 시기에 볼 수 있는 사회 모습으로 가장 적절한 것은?

긴급 조치권 ─┐ ┌─ 제7차 개헌

긴급 조치 9호로 피해를 당한 국민과 그 가족에 대해 국가의 배상 책임이 있다는 대법원 판결이 나왔습니다. 긴급 조치 9호에는 정부가 선포한 유신 헌법을 부정하거나 반대 또는 비방하는 행위 등을 금지하고, 위반할 경우 영장 없이 체포·구속해 1년 이상의 징역에 처한다는 내용이 담겨 있습니다.

└─ 박정희 정부

당시 대한뉴스 화면

헌법 부정행위 금지

대법원 "긴급 조치 9호로 인한 피해, 국가가 배상해야"

키워드 문제분석

❶ 긴급 조치 9호 + ❷ 유신 헌법 = 박정희 정부

박정희 정부는 평화적 통일을 위해 정치 체제를 개혁한다고 선언하며 대통령에게 헌법을 초월하는 긴급 조치권과 국회 해산권, 국회의원 3분의 1 추천권 등 막강한 권한을 부여하는 개헌(유신 헌법)을 단행하였어요.

① 부마 민주 항쟁에 참여하는 학생
➡ 1979년 박정희 정부 시기 YH 무역 사건 이후 부산과 마산 지역을 중심으로 학생과 시민들이 '독재 타도, 유신 철폐'를 외쳤는데, 이 사건을 부·마 민주 항쟁이라고 해요.

② 서울 올림픽 대회 개막식을 관람하는 시민
➡ 1988년 노태우 정부 시기에 서울 올림픽 대회가 개최되었어요.

③ 금융 실명제 시행 속보를 시청하는 회사원
➡ 1993년 김영삼 정부 시기에 대통령 긴급 명령으로 금융 거래를 실제 거래자 이름으로만 할 수 있도록 한 금융 실명제가 실시되었어요.

④ 반민족 행위 특별 조사 위원회에 체포되는 친일 행위자
➡ 1948년 10월, 이승만 정부 시기에 제헌 국회에서 반민족 행위 특별 조사 위원회가 구성되었어요.

이것도! 정답선택지

⑤ (3ㅅ) 개헌안이 통과되었다.

⑥ (ㅂㅌㄴ) 전쟁에 한국군을 파병하였다.

⑦ 제1차 (ㄱㅈ ㄱㅂ) 5개년 계획이 추진되었다.

정답 ⑤ 3선 ⑥ 베트남 ⑦ 경제 개발

46 전두환 정부 시기의 경제 상황

정답 ③

(가) 정부 시기의 경제 상황으로 옳은 것은?

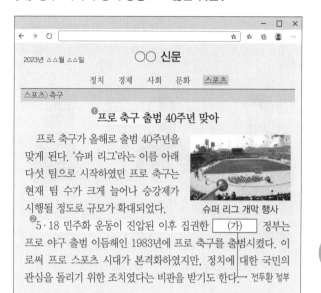

2023년 △△월 △△일   ○○ 신문

정치   경제   사회   문화   스포츠

스포츠〉축구

프로 축구 출범 40주년 맞아

프로 축구가 올해로 출범 40주년을 맞게 된다. '슈퍼 리그'라는 이름 아래 다섯 팀으로 시작하였던 프로 축구는 현재 팀 수가 크게 늘어나 승강제가 시행될 정도로 규모가 확대되었다.

슈퍼 리그 개막 행사

5·18 민주화 운동이 진압된 이후 집권한 ▢▢(가)▢▢ 정부는 프로 야구 출범 이듬해인 1983년에 프로 축구를 출범시켰다. 이로써 프로 스포츠 시대가 본격화하였지만, 정치에 대한 국민의 관심을 돌리기 위한 조치였다는 비판을 받기도 한다. ─ 전두환 정부

키워드 문제분석

❶ 프로 축구 출범 + ❷ 5·18 민주화 운동 이후 집권 = 전두환 정부

❶ 전두환 정부는 강압적인 정책에 대한 불만을 무마하기 위해 야간 통행금지 해제, 두발과 교복 자율화, 해외여행 자유화, 프로 야구와 프로 축구 출범 등 유화 정책을 추진하였어요.

❷ 1980년 5월 18일 광주에서 신군부 퇴진과 비상계엄 철폐를 요구하는 시위가 일어나자 전두환을 중심으로 한 신군부는 공수 부대까지 동원하여 시위대를 무자비하게 진압하였어요. 이 사건을 5·18 민주화 운동이라고 해요.

① 제1차 경제 개발 5개년 계획이 수립되었다.
➡ 박정희 정부는 1960년대 제1·2차 경제 개발 5개년 계획에 이어 1970년대 제3·4차 경제 개발 5개년 계획을 추진하였어요.

② 경제 협력 개발 기구(OECD)에 가입하였다.
➡ 김영삼 정부는 자유 무역 추세가 확대되자 시장 개방 정책을 추진하고 경제 협력 개발 기구(OECD)에 가입하였어요.

③ 저금리·저유가·저달러의 3저 호황이 있었다.
➡ 전두환 정부 시기에 3저 호황으로 물가가 안정되고 수출이 증가하였어요.

④ 미국과의 자유 무역 협정(FTA)이 체결되었다.
➡ 노무현 정부 시기에 미국과의 자유 무역 협정(FTA)이 체결되었고, 이명박 정부 시기에 국회에서 비준되어 발효되었어요.

이것도! 정답선택지

⑤ (ㅅㅊ) 교육대를 운영하였다.

⑥ 4·13 (ㅎㅎ) 조치가 발표되었다.

정답 ⑤ 삼청 ⑥ 호헌

47 김대중 정부 시기의 통일 노력 정답 ①

학생들이 공통으로 이야기하는 인물로 옳은 것은?

┌ 제14대: 김영삼 → 제15대: 김대중 → 제16대: 노무현

> 제15대 대통령에 당선되어 평화적 여야 정권 교체를 이루었어.

> 분단 이후 처음으로 남북 정상 회담을 갖고, 6·15 남북 공동 선언을 발표하였지.

> 민주주의와 인권, 한반도 긴장 완화에 기여한 공로를 인정받아 노벨 평화상을 수상하였어.

키워드 문제분석

❶ 처음으로 남북 정상 회담 + ❷ 노벨 평화상 = 김대중

김대중 정부 시기에 추진된 이른바 '햇볕 정책'이라는 대북 화해 협력 정책으로 남북 관계는 커다란 전환점을 맞이했어요. 2000년 6월 남한의 김대중 대통령과 북한의 김정일 국방위원장은 평양에서 최초로 남북 정상 회담을 개최하고 6·15 남북 공동 선언을 채택하였어요. 이후 개성 공단 조성이 추진되고 경의선이 복구되었으며, 이산가족 상봉과 금강산 육로 관광도 이루어졌어요.

① 김대중
➡ 김대중은 '**햇볕 정책**'이라고 불린 대북 화해 협력 정책을 추진하여 남북 간 화해 분위기를 조성한 공로를 인정받아 한국인 최초로 노벨 평화상을 수상하였어요.

② 김영삼
➡ 김영삼은 금융 실명제를 실시하고, 지방 자치제를 전면 시행하여 주민이 직접 지방 자치 단체장을 선출하게 하였어요.

③ 윤보선
➡ 4·19 혁명으로 이승만 대통령이 하야하고 허정 과도 정부가 수립되어 내각 책임제와 양원제 국회 구성을 골자로 한 제3차 개헌이 이루어졌어요. 새 헌법에 따라 국회에서 윤보선이 대통령에 선출되었어요.

④ 최규하
➡ 최규하는 1979년 10·26 사태로 박정희 대통령이 피살되자 대통령 권한대행으로 비상계엄령을 선포하였어요. 이후 통일 주체 국민 회의에서 대통령으로 선출되었으나 전두환 등 신군부의 압력으로 8개월 만에 대통령직에서 물러났어요.

48 정월 대보름 정답 ④

(가)에 들어갈 명절로 옳은 것은?

○○○
30분 전

#세시_풍속 #부럼_깨기
#오곡밥_먹기

정월 대보름 ── 오늘은 음력 1월 15일
(가) 맞이 부럼 깨기 완료!

👍 좋아요 48   💬 댓글 2   ↪ 공유하기

□□
부럼 깨기가 뭐야?

○○○
부스럼을 예방하고 치아를 튼튼하게 하려는 뜻이 담긴 세시 풍속이야.

키워드 문제분석

❶ 음력 1월 15일 + ❷ 부럼 깨기 = 정월 대보름

① 단오
➡ 단오는 음력 5월 5일로, 수릿날이라고도 불렀어요. 이날에는 창포 삶은 물로 머리를 감고 씨름, 그네뛰기 등을 하였어요.

② 동지
➡ 동지는 양력 12월 22일~23일경으로, 일 년 중 밤이 가장 긴 날이에요. 이날에는 팥죽을 쑤어 먹는 풍습이 있어요.

③ 한식
➡ 한식은 동지에서 105일째 되는 날로, 불을 사용하지 않고 찬 음식을 먹는 풍습이 있어요.

④ 정월 대보름
➡ 정월 대보름은 음력 1월 15일로, 부럼 깨기, 달맞이, 줄다리기, 쥐불놀이, 달집태우기 등을 하였어요. 또한 오곡밥, 귀밝이술 등을 먹었어요.

49 독도
정답 ①

(가)에 들어갈 섬으로 옳은 것은?

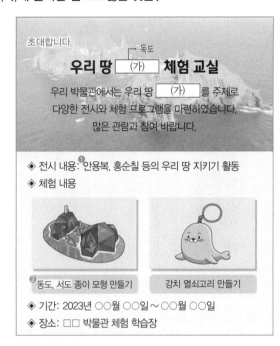

초대합니다

우리 땅 (가) 체험 교실
┗ 독도

우리 박물관에서는 우리 땅 (가) 를 주제로 다양한 전시와 체험 프로그램을 마련하였습니다. 많은 관람과 참여 바랍니다.

◈ 전시 내용: ❶ 안용복, 홍순칠 등의 우리 땅 지키기 활동
◈ 체험 내용

❷ 동도, 서도 종이 모형 만들기	강치 열쇠고리 만들기

◈ 기간: 2023년 ○○월 ○○일 ~ ○○월 ○○일
◈ 장소: □□ 박물관 체험 학습장

키워드 문제분석

❶ 안용복 + ❷ 동도, 서도 = 독도

독도는 신라 지증왕 때 이사부가 우산국을 정벌하여 복속한 이래 우리의 영토였어요. 조선 숙종 때 안용복은 일본으로 건너가 울릉도와 독도가 조선의 영토임을 확인받고 돌아오기도 하였어요.

①독도
➡ 대한 제국 시기 고종은 **칙령 제41호**를 반포하여 울릉도와 독도의 영유권이 대한 제국에 있음을 분명히 하였어요. 그러나 일본은 러·일 전쟁 중 시마네현 고시를 통해 독도를 일본의 영토로 불법 편입시켰어요.

② 진도
➡ 고려 정부의 개경 환도에 반발한 **삼별초**는 진도 용장성으로 근거지를 옮겨 대몽 항쟁을 이어 갔어요.

③ 거문도
➡ 갑신정변 이후 **영국**은 러시아의 남하를 견제한다는 구실로 약 2년간 거문도를 불법 점령하였어요.

④ 제주도
➡ 조선 효종 때 일본으로 향하던 네덜란드의 상인 하멜 일행은 배가 난파되어 제주도에 도착하였어요.

---

50 진주의 역사
정답 ④

학생들이 공통으로 이야기하는 지역으로 옳은 것은?

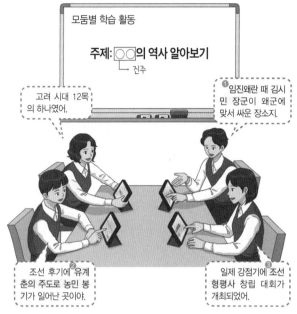

모둠별 학습 활동

주제: ○○의 역사 알아보기
┗ 진주

고려 시대 12목의 하나였어.

❶임진왜란 때 김시민 장군이 왜군에 맞서 싸운 장소지.

조선 후기에 유계춘의 주도로 농민 봉기가 일어난 곳이야.

❸일제 강점기에 조선 형평사 창립 대회가 개최되었어.

키워드 문제분석

❶ 임진왜란, 김시민 + ❷ 유계춘, 농민 봉기
+ ❸ 조선 형평사 = 진주

❶ 임진왜란 당시 김시민은 조선군을 이끌고 진주성에서 일본군과 싸워 크게 승리하였는데, 이를 진주 대첩이라고 해요. 진주 대첩은 한산도 대첩, 행주 대첩과 함께 임진왜란의 3대 대첩으로 불려요.

❷ 1862년 진주에서 유계춘을 중심으로 경상 우병사 백낙신의 부정부패에 항의하는 농민 봉기가 일어났어요. 이후 농민 봉기가 전국적으로 확산되었는데 이때가 임술년이라 임술 농민 봉기라고 해요.

❸ 일제 강점기 백정들은 자신들에 대한 사회적 차별을 철폐하기 위해 진주에서 조선 형평사를 조직하고 형평 운동을 전개하였어요.

① 강릉
➡ 강릉에는 신사임당과 율곡 이이가 태어난 집인 오죽헌이 있어요.

② 군산
➡ 일제는 1920년대 **산미 증식 계획**을 추진하며 군산항 등을 통해 쌀을 일본으로 반출하였어요.

③ 대구
➡ 대한 제국 시기 대구에서 김광제, 서상돈 등이 중심이 되어 **국채 보상 운동**이 시작되었어요.

④진주
➡ 임진왜란 당시 김시민이 진주에서 일본군을 격퇴하였고(**진주 대첩**), 일제 강점기에는 진주에서 **형평 운동**이 전개되었어요.

01 다음 축제에서 체험할 수 있는 활동으로 적절한 것은?

[1점]

① 막집 지어 보기

② 민무늬 토기 만들기

③ 철제 갑옷 입어 보기

④ 주먹도끼로 나무 손질하기

02 (가)에 들어갈 내용으로 옳은 것은?

[2점]

(앞면)

- 고구려 제19대 왕
- 영락이라는 연호를 사용함
-       (가)
- 한강 이북 지역을 차지함
- 숙신, 후연, 거란, 동부여 등을 정벌함

(뒷면)

① 태학을 설립함

② 평양으로 천도함

③ 천리장성을 축조함

④ 신라에 침입한 왜를 격퇴함

03 다음 퀴즈의 정답으로 옳은 것은?

[2점]

제시된 힌트를 종합하여 알 수 있는 나라는 어디일까요?

1단계 만주 쑹화강 유역에서 성장하였습니다.

2단계 12월에 영고라는 제천 행사를 열었습니다.

3단계 여러 가(加)들이 별도로 사출도를 다스렸습니다.

① 가야 ② 동예 ③ 부여 ④ 옥저

04 (가)에 들어갈 문화유산으로 옳지 <u>않은</u> 것은? 〔2점〕

과제 조사 보고서

주제	삼국 시대의 문화유산 알아보기
방법	문헌 조사, 인터넷 검색, 박물관 탐방
알게 된 점	문화유산을 통해 삼국 시대 문화의 특징을 파악할 수 있었다.
조사한 문화유산	금관총 금관　(가)　서산 용현리 마애 여래 삼존상

①
금동 연가 7년명
여래 입상

②
논산 관촉사
석조 미륵보살 입상

③
천마총 장니 천마도

④
장군총

05 (가) 국가에 대한 설명으로 옳은 것은? 〔2점〕

이 전시실에서는 한성을 빼앗긴 뒤 웅진과 사비에서 국력을 회복하며 문화의 꽃을 피운 　(가)　의 문화유산을 감상할 수 있습니다.

① 주몽이 건국하였다.

② 지방에 22담로를 두었다.

③ 8조법으로 백성을 다스렸다.

④ 골품제라는 신분 제도가 있었다.

06 다음 가상 뉴스에서 보도하고 있는 사건이 일어난 시기를 연표에서 옳게 고른 것은? 〔3점〕

을지문덕이 이끄는 우리 고구려군이 수의 군대를 살수에서 크게 무찔렀다는 소식입니다.

수의 30여만 대군을 상대로 대승을 거둬

433		512		554		645		660
	(가)		(나)		(다)		(라)	
나제 동맹 성립		신라 우산국 정복		관산성 전투		안시성 전투		백제 멸망

① (가)　　② (나)　　③ (다)　　④ (라)

07 (가)~(다)를 일어난 순서대로 옳게 나열한 것은? 3점

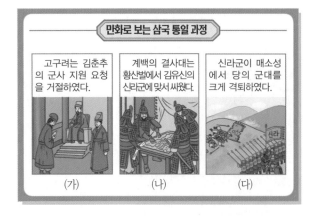

만화로 보는 삼국 통일 과정

(가) 고구려는 김춘추의 군사 지원 요청을 거절하였다.

(나) 계백의 결사대는 황산벌에서 김유신의 신라군에 맞서 싸웠다.

(다) 신라군이 매소성에서 당의 군대를 크게 격퇴하였다.

① (가) – (나) – (다)
② (나) – (가) – (다)
③ (나) – (다) – (가)
④ (다) – (나) – (가)

08 다음 일기의 소재가 된 절에서 볼 수 있는 문화유산으로 옳은 것은? 1점

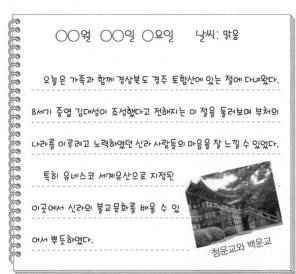

○○월 ○○일 ○요일   날씨: 맑음

오늘은 가족과 함께 경상북도 경주 토함산에 있는 절에 다녀왔다.

8세기 중엽 김대성이 조성했다고 전해지는 이 절을 둘러보며 부처의

나라를 이루려고 노력하였던 신라 사람들의 마음을 잘 느낄 수 있었다.

특히 유네스코 세계유산으로 지정된

이곳에서 신라의 불교 문화를 배울 수 있

어서 뿌듯하였다.

청운교와 백운교

① 불국사 삼층 석탑
② 쌍봉사 철감선사탑
③ 이불병좌상
④ 성덕 대왕 신종

09 (가) 국가에 대한 설명으로 옳은 것은? 2점

역사신문

제△△호   ○○○○년 ○○월 ○○일

특집 기획 해동성국으로 우뚝 서다

고구려를 계승한 (가) 은/는 선왕 때 요동에서 연해주에 이르는 최대 영토를 확보하였다. 이후 당으로부터 '바다 동쪽의 융성한 나라'를 뜻하는 '해동성국'이라 불렸다. 이를 통해 이 국가의 국제적 위상을 알 수 있다.

① 한의 침략을 받아 멸망하였다.
② 중앙 정치 조직을 3성 6부로 정비하였다.
③ 정사암에서 국가의 중대사를 결정하였다.
④ 화랑도를 국가적인 조직으로 운영하였다.

10 (가) 지역에서 있었던 사실로 옳은 것은? 2점

고려의 수도였던 (가) 의 문화유산에 대해 찾은 것을 발표해 볼까요?

만월대는 고려의 궁궐터예요.

① 묘청이 난을 일으켰다.
② 원이 쌍성총관부를 설치하였다.
③ 만적이 신분 해방을 도모하였다.
④ 삼별초가 최후의 항쟁을 전개하였다.

11 (가) 왕이 추진한 정책으로 옳은 것은? (2점)

희랑 대사는 화엄학에 조예가 깊은 승려로 후삼국을 통일한 (가) 의 스승으로 알려져 있습니다. 현재 두 인물을 표현한 문화유산은 각각 남한과 북한에 있는데 오늘 이렇게 가상 만남의 자리를 마련하게 되었습니다.

남북 문화유산의 만남

① 노비안검법을 시행하였다.
② 지방에 12목을 설치하였다.
③ 사심관 제도를 실시하였다.
④ 활구라고 불린 은병을 제작하였다.

12 다음 인물의 활동으로 옳은 것은? (3점)

나는 고려의 문신 최충이오. 지공거가 되어 과거를 주관하였고, 이후 후학을 양성하는 데 힘썼소. 이곳은 후대 사람들이 나를 기리기 위해 세운 노동 서원이라오.

증강 현실로 만나는 역사 인물

① 9재 학당을 열었다.
② 삼국유사를 집필하였다.
③ 제왕운기를 저술하였다.
④ 시무 28조를 작성하였다.

13 (가) 국가의 경제 상황으로 옳은 것은? (2점)

영상으로 보는 (가) 이야기

"화폐를 주조하는 법을 제정하니……화폐의 명칭은 해동통보로 하라."라고 명하였다.

숙종의 화폐 이야기
조회수 5,061회 · 2022.10.22.
♥788 ⬆공유 ⬇저장

추천 영상
박유의 상소 이야기
첩을 두자는 상소, 손가락질 당하다.

손변의 재판 이야기
재산 상속, 아들딸 구별 없이.

① 모내기법이 전국적으로 확산되었다.
② 벽란도가 국제 무역항으로 번성하였다.
③ 낙랑군와 왜 사이에서 중계 무역을 하였다.
④ 청해진을 중심으로 해상 무역을 전개하였다.

14 (가), (나) 사이의 시기에 있었던 사실로 옳은 것은? (3점)

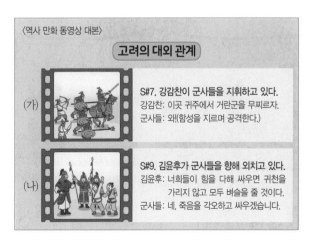

〈역사 만화 동영상 대본〉

고려의 대외 관계

(가) S#7. 강감찬이 군사들을 지휘하고 있다.
강감찬: 이곳 귀주에서 거란군을 무찌르자.
군사들: 왜(함성을 지르며 공격한다.)

(나) S#9. 김윤후가 군사들을 향해 외치고 있다.
김윤후: 너희들이 힘을 다해 싸우면 귀천을 가리지 않고 모두 벼슬을 줄 것이다.
군사들: 네, 죽음을 각오하고 싸우겠습니다.

① 서희가 강동 6주를 획득하였다.
② 윤관이 동북 9성을 축조하였다.
③ 박위가 쓰시마섬을 토벌하였다.
④ 최무선이 진포에서 왜구를 물리쳤다.

15 밑줄 그은 '그 일'에 해당하는 내용으로 옳은 것은? (2점)

몽골군의 침략으로 부인사에 보관된 대장경판이 남김없이 불에 탔습니다. 이런 큰 보배가 없어졌는데 어찌 감히 일이 어려운 것을 염려하여 다시 만들지 않겠습니까? 이제 왕과 신하 모두 한마음으로 담당 관청을 설치하고 그 일을 맡아 시작할 것을 다짐합니다. 원하옵건대 부처님께서는 신통한 힘으로 흉악한 오랑캐를 물리치시고 다시는 우리 땅을 밟는 일이 없게 해 주소서.

① 삼국사기 편찬
② 팔만대장경 제작
③ 직지심체요절 간행
④ 무구정광대다라니경 인쇄

16 다음 상황 이후에 일어난 사실로 옳은 것은? (2점)

무신 이소응이 무술 겨루기에서 이기지 못하고 달아나자, 문신 한뢰가 갑자기 이소응의 뺨을 때렸어요. 이때 왕과 문신들이 손뼉을 치며 웃었어요.

이에 차별 대우를 받으며 불만이 쌓여 왔던 무신들은 정변을 일으켜 문신들을 제거하고 권력을 장악하였어요.

① 김헌창이 난을 일으켰다.
② 장문휴가 등주를 공격하였다.
③ 최치원이 시무 10여 조를 건의하였다.
④ 망이·망소이가 공주 명학소에서 봉기하였다.

17 학생들이 공통으로 이야기하는 기구로 옳은 것은? (2점)

고려의 독자적인 정치 기구야.

국방과 군사 문제 등을 논의했어.

중서문하성과 중추원의 고위 관료가 참여했어.

충렬왕 때 명칭이 도평의사사로 바뀌었지.

① 도방　　② 어사대　　③ 의금부　　④ 도병마사

18 (가)에 들어갈 인물로 옳은 것은? (2점)

이곳은 고려 말 홍산에서 왜구의 침입을 격퇴하는 데 큰 공을 세운 (가) 의 무덤이란다. 그는 우왕 때 요동 정벌을 추진했으나, 이성계의 위화도 회군으로 뜻을 이루지 못하였단다.

① 양규　　② 최영　　③ 이종무　　④ 정몽주

19 (가)에 들어갈 문화유산으로 옳은 것은? ①1점

임금께서 큰 복을 받으시라는 뜻에서 한양의 새로운 궁궐 이름을 (가) 으로 하기를 청합니다. 또한 중심이 되는 정전은 나랏일을 부지런히 해야 한다는 의미로 근정전이라 짓고자 합니다.

그 뜻이 좋구나. 그렇게 하도록 하라.

정도전

태조

① 경복궁　　② 경운궁　　③ 경희궁　　④ 창경궁

20 (가) 왕의 재위 기간에 있었던 사실로 옳은 것은? ②2점

카드 뉴스 제작

주제: 조선의 국왕, (가)

계유정난을 일으키는 장면부터 시작해 볼까?

왕권 강화를 위해 집현전을 폐지한 내용을 다루자.

현직 관리에게만 수조권을 지급한 직전법의 내용도 넣어보자.

① 계미자가 주조되었다.
② 균역법이 실시되었다.
③ 기묘사화가 일어났다.
④ 6조 직계제가 시행되었다.

21 밑줄 그은 '이 전쟁' 중에 있었던 사실로 옳은 것은? ③3점

쇄미록은 오희문이 이 전쟁 중에 있었던 일을 적은 일기입니다. 개인 일기인 까닭에 주로 사생활을 기록한 부분이 많지만 왜군의 침입과 약탈을 비롯해 곽재우, 김덕령 등 의병장의 활동도 기록되어 있습니다.

네, 그렇습니다. 이 일기를 통해 전란으로 인한 피란민의 생활 등 당시의 사회상도 알 수 있어 그 가치가 더욱 크다고 할 수 있습니다.

① 별기군 창설
② 2군 6위 편성
③ 훈련도감 설치
④ 나선 정벌 단행

22 (가)에 들어갈 내용으로 옳은 것은? ②2점

옥당이라 쓰여 있는 이 현판은 창덕궁 내의 홍문관 청사에 걸려있던 것입니다. 홍문관은 활발한 언론 활동을 통해 사헌부·사간원과 함께 3사라고 불렸습니다. 또한 (가)

① 수원 화성에 외영을 두었습니다.
② 한양의 치안과 행정을 맡았습니다.
③ 재정의 출납과 회계를 관장하였습니다.
④ 왕의 정책 자문과 경연을 담당하였습니다.

23 다음 검색창에 들어갈 사건으로 옳은 것은? 1점

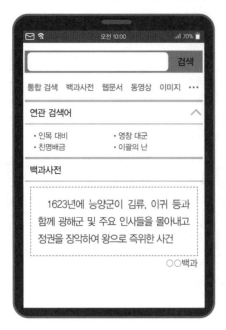

1623년에 능양군이 김류, 이귀 등과 함께 광해군 및 주요 인사들을 몰아내고 정권을 장악하여 왕으로 즉위한 사건

① 경신환국

② 무오사화

③ 신유박해

④ 인조반정

25 (가)에 들어갈 인물로 옳은 것은? 1점

조선 후기 실학자

연행사의 일원으로 청에 다녀옴

(가)

양반전을 지어 양반의 무능함을 비판함

열하일기를 지어 청의 선진 문물 도입을 주장함

① 이이

② 김정희

③ 박지원

④ 송시열

24 다음 대화가 이루어진 시기에 볼 수 있는 모습으로 적절하지 <u>않은</u> 것은? 2점

이보게! 자네 형님이 공명첩을 샀다는 소문이 진짜인가?

그렇다네. 담배 농사를 시작하더니, 그걸로 돈을 많이 모으셨다는군.

① 녹읍을 지급받는 귀족

② 고구마를 재배하는 농민

③ 관청에 물품을 조달하는 공인

④ 청과의 무역으로 부를 축적한 만상

26 다음 자료에 대한 탐구 활동으로 적절한 것은? `2점`

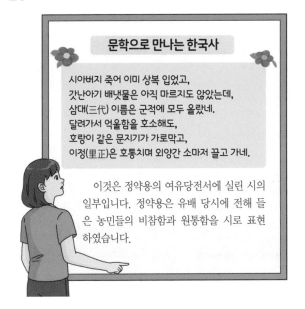

문학으로 만나는 한국사

시아버지 죽어 이미 상복 입었고,
갓난아기 배냇물은 아직 마르지도 않았는데,
삼대(三代) 이름은 군적에 모두 올랐네.
달려가서 억울함을 호소해도,
호랑이 같은 문지기가 가로막고,
이정(里正)은 호통치며 외양간 소마저 끌고 가네.

이것은 정약용의 여유당전서에 실린 시의 일부입니다. 정약용은 유배 당시에 전해 들은 농민들의 비참함과 원통함을 시로 표현하였습니다.

① 과전법 실시의 배경에 대해 살펴본다.
② 조선 형평사의 활동 내용을 조사한다.
③ 전민변정도감이 설치되는 과정을 알아본다.
④ 세도 정치 시기 삼정의 문란에 대해 찾아본다.

27 밑줄 그은 '학교'로 옳은 것은? `2점`

할머니, 이 사진은 무엇인가요?

이것은 1886년에 선교사 스크랜턴이 여성의 신학문 교육을 위해 세운 학교 사진이야. 최초의 여의사 박에스더, 3·1 운동으로 순국한 유관순 등이 이 학교에서 공부했지.

① 배재 학당 　　② 오산 학교
③ 육영 공원 　　④ 이화 학당

28 (가) 사건에 대한 설명으로 옳은 것은? `2점`

이달의 인물 소개

한국의 문화유산을 지켜낸 박병선 박사

프랑스 국립 도서관 사서였던 박병선 박사는 　(가)　 때 프랑스군이 약탈해 간 외규장각 의궤의 소재를 확인하였다.
그는 오랜 노력 끝에 의궤의 목록을 만들어 세상에 공개하였고, 2011년 의궤가 145년 만에 우리 땅으로 돌아오게 하는 데 기여하였다.

① 청군의 개입으로 진압되었다.
② 제너럴셔먼호 사건이 배경이 되었다.
③ 양헌수 부대가 정족산성에서 활약하였다.
④ 제물포 조약이 체결되는 결과를 가져왔다.

29 (가) 시기에 있었던 사실로 옳은 것은? `3점`

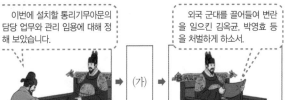

이번에 설치할 통리기무아문의 담당 업무와 관리 임용에 대해 정해 보았습니다.

외국 군대를 끌어들여 변란을 일으킨 김옥균, 박영효 등을 처벌하게 하소서.

(가)

① 탕평비가 건립되었다.
② 간도 협약이 체결되었다.
③ 구식 군인들이 임오군란을 일으켰다.
④ 어영청을 강화하며 북벌이 추진되었다.

30 (가)에 들어갈 사절단으로 옳은 것은? `2점`

<table>
<tr><td colspan="2" align="center">(가) 활동 정리</td></tr>
</table>

1. 기간: 1880. 5. 28. ~ 8. 28.
2. 참여자: 김홍집 외 50여 명
3. 주요 활동

날짜	내용
5. 28. ~ 7. 6.	한성에서 부산포, 고베를 거쳐 도쿄로 이동
7. 7. ~ 8. 3.	일본 정부 관리들과 면담 일본 근대 문물 견학 김홍집, 청 외교관 황준헌과 비공식 면담
8. 4. ~ 8. 28.	귀국 및 왕에게 결과 보고(조선책략 올림)

① 보빙사 　② 성절사 　③ 수신사 　④ 영선사

31 (가) 운동에 대한 설명으로 옳은 것은? `2점`

(가) 특별 사진전

사발통문
봉기의 주모자가 드러나지 않게 작성된 문서

장태(복원)
황룡촌 전투에서 사용한 농민군의 무기

공주 우금치 전적
농민군이 일본군·관군을 상대로 격전을 벌였던 곳

① 박규수가 안핵사로 파견되었다.
② 전개 과정에서 집강소가 설치되었다.
③ 한성 조약이 체결되는 결과를 가져왔다.
④ 평안도 지역 차별에 반발하여 일어났다.

32 (가)~(라) 제도에 대한 설명으로 옳은 것은? `3점`

<table>
<tr><td align="center">기록으로 보는 관리 등용 제도</td></tr>
</table>

(가) 처음으로 독서삼품을 정하여 관리를 선발하였다.

(나) 쌍기의 말을 받아들여 과거로 관리를 뽑았으며, 이로부터 학문을 숭상하는 풍조가 비로소 일어났다.

(다) 천거한 사람들을 한곳에 모아 시험을 치르면 많은 인재를 얻을 수 있을 것입니다. 이는 한(漢)에서 시행한 현량과의 뜻을 이은 것입니다.

(라) 군국기무처에서 올린 의안에, …… 과거제의 변통에 대한 재가를 받아 별도로 선거조례(選擧條例)를 정한다.

① (가) - 문과, 무과, 잡과로 구분하여 선발하였다.
② (나) - 신라 원성왕 재위 시기에 시행되었다.
③ (다) - 조광조 등 사림 세력이 실시를 주장하였다.
④ (라) - 광무 개혁의 일환으로 단행되었다.

33 (가)에 들어갈 단체로 옳은 것은? `1점`

① 신민회 　　　② 독립 협회
③ 대한 자강회 　④ 조선어 학회

34 밑줄 그은 '이 조약'에 대한 설명으로 옳은 것은? 2점

이곳은 네덜란드 헤이그에 있는 이준 열사 기념관입니다. 그는 대한 제국의 외교권을 박탈한 <u>이 조약</u>의 부당함을 세계에 알리기 위해 이상설, 이위종과 함께 만국 평화 회의에 특사로 파견되었습니다.

① 청일 전쟁의 배경이 되었다.
② 최혜국 대우의 조항이 들어 있다.
③ 운요호 사건을 계기로 체결되었다.
④ 통감부가 설치되는 결과를 가져왔다.

35 (가) 시기에 시행된 정책으로 옳은 것은? 2점

역사 탐방 사전 학습지

이름	○○○	학번	△학년 △반 △△번
장소	서울 덕수궁		

왜 가고 싶나요?

고종은 국가의 위상을 높이기 위해 황제에 오르고 (가) 의 수립을 대내외에 선포하였습니다. 이 시기에 고종이 머물렀던 덕수궁에서 그 흔적을 찾아보고 싶습니다.

관련 자료를 찾아볼까요?

덕수궁 중화전	덕수궁 정관헌

① 지계가 발급되었다.
② 척화비가 건립되었다.
③ 홍범 14조가 반포되었다.
④ 치안 유지법이 제정되었다.

36 밑줄 그은 '이 부대'에 대한 설명으로 옳은 것은? 2점

○○에게

이보게, 나는 마침내 의병에 합류하였네.

황제 폐하께서 강제로 그 자리에서 내려오셔야 했던 사건은 여전히 울분을 참을 수 없게 만드네. 일제가 끝내 우리 군대를 강제로 해산시키는 과정에서 동료들의 죽음을 보며 가만히 있을 수 없었네. 나는 13도의 의병이 모여 조직되고 이인영 총대장이 지휘하는 <u>이 부대</u>에 가담하여 끝까지 나라를 지키려고 하네.

자네도 우리와 뜻을 같이하면 좋겠네.

옛 동료가

① 서울 진공 작전을 전개하였다.
② 일제의 탄압을 피해 자유시로 이동하였다.
③ 어재연의 지휘 아래 광성보에서 활약하였다.
④ 황푸 군관 학교에서 군사 훈련을 실시하였다.

37 밑줄 그은 '전투'로 옳은 것은? 1점

이것은 1920년 10월 김좌진의 북로 군정서군 등 독립군 연합 부대가 백운평, 천수평, 어랑촌 일대에서 일본군과 싸워 크게 승리한 <u>전투</u>입니다.

① 백강 전투
② 진주성 전투
③ 청산리 전투
④ 대전자령 전투

38 (가)에 해당하는 인물로 옳은 것은? (2점)

이 시는 일제 강점기 민족 저항 시인 [(가)]의 대표적인 작품입니다. 그는 조선은행 대구 지점 폭파 사건에 연루되어 수감 생활을 하던 당시의 수인 번호를 따서 호를 지었습니다. 이제 그의 시를 노래로 만나 보겠습니다.

광야

지금 눈 내리고
매화 향기 홀로 아득하니
내 여기 가난한 노래의 씨를 뿌려라

다시 천고의 뒤에
백마 타고 오는 초인이 있어
이 광야에서 목놓아 부르게 하리라

①
심훈

②
윤동주

③
이육사

④
한용운

39 밑줄 그은 '이 정책'으로 옳은 것은? (2점)

그렇다네. 일제가 1920년부터 실시한 이 정책으로 쌀 생산량이 늘었지만 이보다 더 많은 양의 쌀을 일본으로 가져가 우리의 식량 사정이 더욱 나빠졌다네.

이 많은 쌀을 전부 일본으로 가져간다는 말인가?

① 방곡령
② 신해통공
③ 산미 증식 계획
④ 토지 조사 사업

40 다음 다큐멘터리에서 볼 수 있는 장면으로 적절하지 않은 것은? (3점)

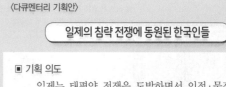

〈다큐멘터리 기획안〉

일제의 침략 전쟁에 동원된 한국인들

■ 기획 의도

일제는 태평양 전쟁을 도발하면서 인적·물적 자원 수탈을 더욱 강화하였다. 당시 우리의 민족의식을 말살하고 수많은 한국인을 침략 전쟁에 동원한 실상에 대해 구체적으로 살펴보고자 한다.

■ 구성 내용
  1. 징병제, 총알받이로 내몰린 청년들
  2. 일본군 '위안부', 인권을 유린당한 여성들
      ⋮

① 태형을 집행하는 헌병 경찰
② 강제 징용으로 끌려가는 청년
③ 공출로 가마솥을 빼앗기는 농민
④ 황국 신민 서사를 암송하는 학생

41 밑줄 그은 '이날'에 해당하는 세시 풍속으로 옳은 것은? (1점)

음력 5월 5일인 오늘은 한국의 전통 명절입니다. 여러분이 드시는 수리취떡은 이날에 만들어 먹는 음식입니다. 마당에서도 다양한 체험 행사가 진행 중입니다. 어떤 행사에 참여하실 건가요?

저는 창포물에 머리를 감아보려 합니다.

저는 친구와 함께 씨름 경기에 참여할 겁니다.

① 단오
② 동지
③ 추석
④ 한식

42 (가)에 들어갈 인물로 옳은 것은?　　(1점)

나는 지금 상하이에 있는 매헌 기념관에 와 있어.

거기는 어떤 곳이야?

한인 애국단 소속으로 홍커우 공원에서 의거를 일으킨 (가) 을/를 기념하는 곳이야.

그런 의미가 있는 곳이구나.

① 나석주　② 윤봉길　③ 이봉창　④ 이회영

43 (가) 군대에 대한 설명으로 옳은 것은?　　(2점)

뮤지컬로 역사를 만나다

작전명 **독수리**

"오늘 이 시간부터 아메리카 합중국과 대한민국 임시 정부의 비밀 공작이 시작되었다."

대한민국 임시 정부의 (가) 와/과 미국의 전략 정보국(OSS)이 합작한 국내 진공 작전, 일명 '독수리 작전'에 대한 이야기를 뮤지컬로 보여 드립니다.

■ 일시: 2022년 ○○월 ○○일 오후 7시
■ 장소: △△문화회관 ◇◇홀

① 고종의 밀지를 받아 조직되었다.
② 조선 혁명 선언을 활동 지침으로 삼았다.
③ 지청천을 총사령관으로 하여 창설되었다.
④ 영릉가 전투에서 한중 연합 작전을 전개하였다.

44 다음 사진전에 전시될 사진으로 적절하지 <u>않은</u> 것은?　　(2점)

사진으로 보는
대한민국 정부 수립 과정

우리 학교 역사 동아리에서는 광복 이후 정부 수립에 이르기까지 격동의 역사를 주제로 사진전을 기획하였습니다.
　관심 있는 학생들의 많은 관람 바랍니다.

■ 기간: 2022년 ○○월 ○○일~○○월 ○○일
■ 장소: △△ 역사 동아리실

①

5 · 10 총선거 실시

②

6 · 10 만세 운동 전개

③

좌우 합작 위원회 활동

④

제1차 미소 공동 위원회 개최

45 (가)에 들어갈 민주화 운동으로 옳은 것은? 1점

① 4·19 혁명
② 6월 민주 항쟁
③ 부마 민주 항쟁
④ 5·18 민주화 운동

46 다음 자료에 나타난 정부 시기의 통일 노력으로 옳은 것은? 3점

북방 외교를 통해 소련과 국교를 수립하고, 남북 관계의 진전을 이루었다. 1/3

화해와 불가침 및 교류 협력에 관한 내용을 담은 남북 기본 합의서를 채택하였다. 2/3

평화와 통일을 위한 준비 과정으로 한반도 비핵화 공동 선언에 합의하였다. 3/3

① 남북한 유엔 동시 가입
② 남북 이산가족 최초 상봉
③ 7·4 남북 공동 성명 발표
④ 6·15 남북 공동 선언 채택

47 밑줄 그은 '정부' 시기에 있었던 사실로 옳은 것은? 3점

□□신문

제△△호   ○○○○년 ○○월 ○○일

국민학교 명칭, 역사 속으로 사라지다

정부는 광복 50주년을 맞이하여 일제 강점기에 황국 신민의 양성을 목적으로 지어진 국민학교 명칭을 초등학교로 변경한다고 발표했다. 이에 따라 내년 2월말까지 전국 국민학교의 간판을 초등학교로 바꿔 달고 학교의 직인과 생활기록부 등에 적혀 있는 국민학교라는 명칭도 모두 바꾸기로 하였다.

① 삼청 교육대가 운영되었다.
② 조선 총독부 건물이 철거되었다.
③ 반민족 행위 처벌법이 제정되었다.
④ 서울에서 G20 정상 회의가 개최되었다.

48 다음 뉴스가 보도된 정부 시기의 경제 상황으로 옳은 것은? 2점

오늘 서울 월드컵 경기장에서 제17회 FIFA 한일 월드컵 축구대회 개막식이 열렸습니다. 이번 월드컵 대회는 아시아 지역에서 처음 열리는 대회로서 세계인의 큰 관심을 끌고 있습니다.

서울에서 월드컵 개막식 성공적으로 열려

① 경부 고속 도로를 준공하였다.
② 세계 무역 기구(WTO)에 가입하였다.
③ 제1차 경제 개발 5개년 계획이 추진되었다.
④ 국제 통화 기금(IMF)의 구제 금융을 조기 상환하였다.

49 (가)에 들어갈 내용으로 옳은 것은? `2점`

주제 탐구 활동 계획서

○학년 ○반 ○모둠

주제: 역사 속 백성들을 위한 구휼 제도

▪ 선정 이유

우리 역사 속에서 자연 재해나 경제적 위기 상황에 직면한 백성들을 위해 국가가 실시한 구휼 제도에 대해 시대별로 살펴 보고, 그 역사적 의미와 교훈에 관하여 생각해 보고자 한다.

▪ 시대별 탐구 내용

구분	삼국 시대	고려 시대	조선 시대
내용	고구려의 진대법 실시	(가)	환곡제 운영

① 의창 설치
② 신문고 운영
③ 제중원 설립
④ 호포제 실시

50 (가)에 들어갈 지역으로 옳은 것은? `2점`

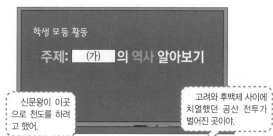

① 대구　　② 안동　　③ 울산　　④ 청주

해설강의

2022년 10월 22일(토) 시행

제61회

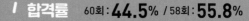

합격률　60회 : **44.5%** / 58회 : **55.8%**

44.5%

시대별 출제비중

시대 통합　**6문항**

개성의 역사, 조선의 궁궐,
관리 등용 제도, 단오, 구휼 제도,
대구의 역사

현대　**5문항**

대한민국 정부 수립 과정,
5·18 민주화 운동,
노태우 정부 시기의 통일 노력,
김영삼 정부 시기의 사실,
김대중 정부의 경제 상황

일제 강점기　**6문항**

청산리 전투, 이육사,
산미 증식 계획,
1930년대 후반 이후 민족 말살 통치,
윤봉길, 한국광복군

개항기　**9문항**

근대의 교육 기관, 병인양요, 개항 이후의 조선,
수신사의 활동, 동학 농민 운동, 독립 협회, 을사늑약,
대한 제국, 13도 창의군

선사　**2문항**

청동기 시대의 생활 모습, 부여

고대　**7문항**

광개토 대왕의 업적,
삼국의 문화유산,
백제의 성장과 발전,
살수 대첩, 삼국 통일 과정,
신라의 문화유산,
발해의 발전

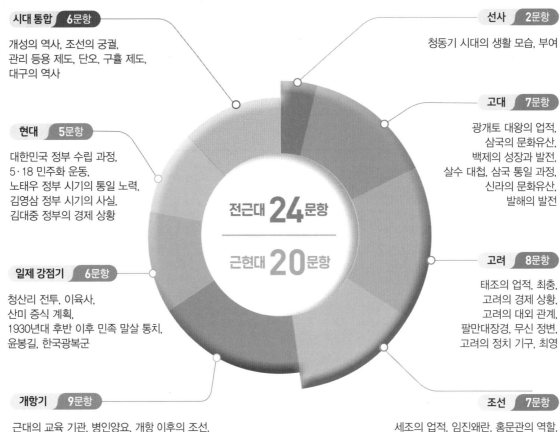

전근대 **24**문항
─────
근현대 **20**문항

고려　**8문항**

태조의 업적, 최충,
고려의 경제 상황,
고려의 대외 관계,
팔만대장경, 무신 정변,
고려의 정치 기구, 최영

조선　**7문항**

세조의 업적, 임진왜란, 홍문관의 역할,
인조반정, 조선 후기의 경제, 박지원,
조선 후기 삼정의 문란

분류별 출제비중 _고대~조선

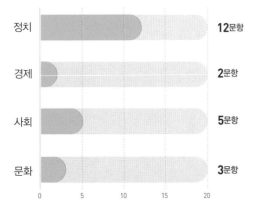

정치	**12문항**
경제	**2문항**
사회	**5문항**
문화	**3문항**

0　5　10　15　20

이번 회차는?

사건의 시기나 순서를 묻는 문제가 많이
출제되었어요. 중요한 사건들은 사건의
순서를 연결지어 알아야 해요.

01 청동기 시대의 생활 모습
정답 ②

다음 축제에서 체험할 수 있는 활동으로 적절한 것은?

청동기 문화 체험 축제

거푸집

비파형동검

부여 송국리 유적에서 출토된 유물을 중심으로 청동기 시대의 생활 모습을 체험할 수 있는 축제에 여러분을 초대합니다.

■ 기간: 2022년 ○○월 ○○일~○○일
■ 장소: 부여 송국리 유적 일대

키워드 문제분석

❶ 부여 송국리 = 청동기 시대

청동기 시대에는 비파형 동검, 청동 방울 등 지배층의 무기와 제기 등을 청동기로 만들기 시작하였어요. 하지만 반달 돌칼 등 농사를 짓는 도구나 생활에 필요한 도구는 여전히 돌이나 나무를 사용하였어요.

① 막집 지어 보기
　➡ 구석기 시대 사람들은 주로 동굴이나 나무그늘, 막집에서 살았어요.

②민무늬 토기 만들기
　➡ 민무늬 토기는 **청동기 시대**를 대표하는 유물로, 빗살무늬 토기에 비해 문양이 없거나 적어요.

③ 철제 갑옷 입어 보기
　➡ 철로 만든 철제 갑옷은 **철기 시대**에 등장하였어요.

④ 주먹도끼로 나무 손질하기
　➡ 주먹도끼는 **구석기 시대**에 처음 등장한 도구예요. 끝부분이 뾰족해 손에 들고 다양한 용도로 사용하였어요.

이것도! 정답선택지

⑤ (ㅂㄷ ㄷㅋ)로 벼이삭을 따는 모습

⑥ 지배자의 무덤으로 (ㄱㅇㄷ)을 만들었다.

⑦ 거푸집으로 (ㅂㅍㅎ) 동검을 제작하였다.

정답 ⑤ 반달 돌칼 ⑥ 고인돌 ⑦ 비파형

02 고구려 광개토 대왕의 업적
정답 ④

(가)에 들어갈 내용으로 옳은 것은?

❶ 고구려 제19대 왕 ← 광개토 대왕의 업적
❷ 영락이라는 연호를 사용함
• (가)
• 한강 이북 지역을 차지함
• 숙신, 후연, 거란, 동부여 등을 정벌함

(앞면)　　　　　(뒷면)

키워드 문제분석

❶ 고구려 제19대 왕 + ❷ 영락 = 광개토 대왕

❶ 고구려 소수림왕의 체제 정비 이후 왕이 된 광개토 대왕은 고구려의 영토를 확장하기 시작하였어요. 남쪽으로는 백제를 공격하여 한강 이북 지역을 차지하였고, 북쪽으로는 만주 지역의 후연, 부여, 숙신 등을 정복하며 고구려의 영토를 확대하였어요.

❷ 다양한 정복 활동으로 고구려의 힘을 키운 광개토 대왕은 우리 역사상 최초로 '영락'이라는 독자적인 연호를 사용하였어요.

① 태학을 설립함
　➡ 소수림왕은 체제를 정비하는 과정에서 중앙 교육 기관인 태학을 설립하였어요.

② 평양으로 천도함
　➡ 장수왕은 남진 정책을 추진하기 위해 국내성에서 평양으로 수도를 옮겼어요.

③ 천리장성을 축조함
　➡ 영류왕 때 당의 침입에 대비하기 위해 천리장성을 축조하였어요.

④신라에 침입한 왜를 격퇴함
　➡ **광개토 대왕**은 신라 내물 마립간의 요청을 받아 신라에 침입한 왜를 격퇴하였어요.

03 부여의 사회 모습   정답 ③

다음 퀴즈의 정답으로 옳은 것은?

📖 퀴즈왕 한국사

제시된 힌트를 종합하여 알 수 있는 나라는 어디일까요?

1단계 만주 쑹화강 유역에서 성장하였습니다.

2단계 12월에 영고라는 제천 행사를 열었습니다.

3단계 여러 가(加)들이 별도로 사출도를 다스렸습니다.

키워드 문제분석

❶ 쑹화강 유역 + ❷ 영고 + ❸ 사출도 = 부여

만주 쑹화강 유역의 넓은 평야 지대에서 발달한 부여는 왕 아래 마가, 우가, 저가, 구가 등의 대가들이 별도로 독립적인 행정 구역인 사출도를 다스렸어요. 12월에는 영고라는 제천 행사를 개최하였고, 임금이 죽으면 많은 사람들을 껴묻거리와 함께 묻는 순장의 풍습도 있었어요.

① 가야
➡ 가야는 낙동강 하류에서 철기 문화를 바탕으로 성장하였어요.

② 동예
➡ 동예는 다른 부족의 경계를 침범하면 노비나 소·말 등으로 배상하는 책화의 풍습이 있었어요.

③ 부여
➡ 부여는 남의 물건을 훔쳤을 때 물건 값의 12배를 배상하게 하는 **1책 12법**이 있었어요.

④ 옥저
➡ 옥저는 혼인을 약속한 여자아이를 데려와 키운 후 성인이 되면 신부 집에 예물을 주고 정식으로 혼인하는 민며느리제의 풍습이 있었어요.

이것도! 정답선택지

⑤ 고구려는 (ㅅㅇㅈ)라는 혼인 풍습이 있었다.

⑥ 삼한에는 (ㅅㅈ), 읍차 등의 지배자가 있었어요.

⑦ 부여는 여러 가(加)들이 별도로 (ㅅㅊㄷ)를 주관하였다.

정답 ⑤ 서옥제 ⑥ 신지 ⑦ 사출도

---

04 삼국의 문화유산   정답 ②

(가)에 들어갈 문화유산으로 옳지 <u>않은</u> 것은?

과제 조사 보고서

주제	삼국 시대의 문화유산 알아보기
방법	문헌 조사, 인터넷 검색, 박물관 탐방
알게 된 점	문화유산을 통해 삼국 시대 문화의 특징을 파악할 수 있었다.
조사한 문화유산	 금관총 금관 　(가)　  서산 용현리 마애 여래 삼존상

삼국 시대에는 나라별로 탑과 불상 등 다양한 문화유산이 만들어졌어요. 금관총 금관은 신라의 문화유산으로, 신라의 일반적인 금관 양식을 대표하는 유물이에요. 서산 용현리 마애 여래 삼존상은 백제의 문화유산으로, 바위에 새겨져 있으며 '백제의 미소'라는 별명을 가지고 있어요.

①
금동 연가 7년명 여래 입상
➡ 고구려의 불상으로, 뒷면에 새겨진 글자를 통해 제작 시기를 추정할 수 있어요.

②
논산 관촉사 석조 미륵보살 입상
➡ **고려**의 문화유산으로, 지역적 특색을 잘 보여주는 대형 불상이에요.

③
천마총 장니 천마도
➡ 신라의 문화유산으로, 2장의 말다래(장니)에 그려진 그림이에요.

④
장군총
➡ 고구려의 대표적인 무덤으로, 돌무지무덤이에요.

05 백제의 성장과 발전

정답 ②

(가) 국가에 대한 설명으로 옳은 것은?

> 이 전시실에서는 한성을 빼앗긴 뒤 ❶웅진과 사비에서 국력을 회복하며 문화의 꽃을 피운 (가) 의 문화 유산을 감상할 수 있습니다. └ 백제

금동 대향로

키워드 문제분석

❶ 웅진과 사비 = 백제

백제는 5세기 고구려 장수왕의 침입으로 수도였던 한성이 함락되고, 개로왕이 살해되었어요. 이후 문주왕 때 웅진으로 천도하였다가 성왕 때 백제의 중흥을 위해 사비로 천도하고 국호를 '남부여'로 변경하였어요. 성왕은 신라 진흥왕과 힘을 합쳐 고구려를 공격하여 한강 하류 지역을 일시적으로 회복하였으나, 진흥왕의 기습 공격을 받아 한강 유역을 빼앗기고 이후 전사하였어요.

① 주몽이 건국하였다.
➡ 주몽은 졸본 지역에서 고구려를 건국하였어요.

②지방에 22담로를 두었다.
➡ 백제의 무령왕은 지방 통제를 강화하기 위해 지방의 22담로에 왕족을 파견하였어요.

③ 8조법으로 백성을 다스렸다.
➡ 고조선은 사회 질서를 유지하기 위해 8조법(범금 8조)이 있었어요.

④ 골품제라는 신분 제도가 있었다.
➡ 골품제는 골품에 따라 승진이나 집의 크기 등이 제한되는 신라의 신분 제도예요.

이것도! 정답선택지

⑤ 왜에 (ㅊㅈㄷ)를 보냈다.
⑥ 문주왕은 (ㅇㅈ)으로 천도하였다.
⑦ 성왕이 (ㅅㅂ)로 천도한 이유를 파악한다.

정답 ⑤ 칠지도 ⑥ 웅진 ⑦ 사비

06 살수 대첩

정답 ③

다음 가상 뉴스에서 보도하고 있는 사건이 일어난 시기를 연표에서 옳게 고른 것은?

> ❶을지문덕이 이끄는 우리 고구려군이 ❷수의 군대를 살수에서 크게 무찔렀다는 소식입니다.

수의 30여만 대군을 상대로 대승을 거둬

키워드 문제분석

❶ 을지문덕 + ❷ 살수 = 살수 대첩

433	512	554	645	660
	(가)	(나)	(다)	(라)
나제 동맹 성립	신라 우산국 정복	관산성 전투	안시성 전투	백제 멸망

① (가)   ② (나)   ③ (다)   ④ (라)

➡ 수는 중국을 통일한 이후 여러 차례 고구려를 정복하려고 하였어요. 수 문제 이후 즉위한 수 양제는 100만 명이 넘는 군대를 이끌고 고구려를 침략하였어요. 수의 장군 우중문은 그중 30여만 별동대를 이끌고 평양성을 공격하였으나, 을지문덕은 항복하는 척하며 수의 군대를 살수로 유인하였어요. 결국 고구려 군대는 살수에서 수의 군대를 상대로 큰 승리를 거두었어요(**살수 대첩**, 612). 따라서 살수 대첩이 일어난 시기는 '관산성 전투'와 '안시성 전투' 사이의 시기인 **(다)**예요.

07 신라의 삼국 통일 과정

정답 ①

(가)~(다)를 일어난 순서대로 옳게 나열한 것은?

만화로 보는 삼국 통일 과정

| 고구려는 ❶김춘추의 군사 지원 요청을 거절하였다. | ❷계백의 결사대는 황산벌에서 김유신의 신라군에 맞서 싸웠다. | 신라군이 ❸매소성에서 당의 군대를 크게 격퇴하였다. |
| (가) | (나) | (다) |

키워드 문제분석

❶ 김춘추의 군사 지원 요청 거절 = (가) 642년
❷ 황산벌에서 김유신의 신라군 = (나) 황산벌 전투(660)
❸ 매소성에서 당의 군대 격퇴 = (다) 매소성 전투(675)

(가) 신라의 김춘추는 백제를 견제하기 위해 고구려에 가서 군사 지원을 요청하였어요. 그러나 고구려는 신라의 요청을 거절하였고, 신라는 고구려 대신 당과 동맹을 체결하였어요.

(나) 당과 동맹을 맺은 신라는 연합군을 편성하여 백제를 공격하였어요. 백제의 장군 계백이 이끈 백제군은 황산벌에서 신라의 김유신이 이끈 군대에 맞서 싸웠지만 결국 패배하였고(황산벌 전투), 백제는 멸망하였어요(660).

(다) 백제를 멸망시킨 나당 연합군은 고구려도 멸망시켰어요. 이후 당은 한반도 전체를 지배하려고 하였고, 이에 신라군은 매소성에서 당의 군대를 격퇴하였어요(매소성 전투, 675). 이어진 기벌포 전투에서도 신라군이 승리하며 신라는 당을 한반도에서 축출하고 삼국을 통일하였어요.

① (가) - (나) - (다)
➡ (가) 고구려, 신라의 군사 지원 요청 거절(642) → (나) 황산벌 전투(660) → (다) 매소성 전투(675)

② (나) - (가) - (다)

③ (나) - (다) - (가)

④ (다) - (나) - (가)

08 신라의 문화유산

정답 ①

다음 일기의 소재가 된 절에서 볼 수 있는 문화유산으로 옳은 것은?

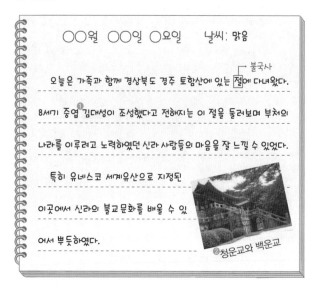

○○월 ○○일 ○요일   날씨: 맑음

오늘은 가족과 함께 경상북도 경주 토함산에 있는 절에 다녀왔다. ┌ 불국사

8세기 중엽 김대성이 조성했다고 전해지는 이 절을 둘러보며 부처의

나라를 이루려고 노력하였던 신라 사람들의 마음을 잘 느낄 수 있었다.

특히 유네스코 세계유산으로 지정된

이곳에서 신라의 불교 문화를 배울 수 있

어서 뿌듯하였다.

❷청운교와 백운교

키워드 문제분석

❶ 김대성 + ❷ 청운교, 백운교 = 불국사

경주에 위치한 절인 불국사는 당시 불국토의 이상 세계를 구현하고자 했던 신라인들의 소망이 반영되어 있어 그 가치를 인정받아 유네스코 세계 문화유산으로 등재되었어요. 불국사에는 통일신라의 대표적인 문화유산인 불국사 삼층 석탑(석가탑)과 다보탑이 세워져 있어요. 특히 불국사 삼층 석탑에서는 현존하는 세계에서 가장 오래된 목판 인쇄물인 「무구정광대다라니경」이 발견되기도 하였어요.

①

불국사 삼층 석탑

➡ 신라 시대에 세워진 **불국사**에 있는 석탑이에요.

②

쌍봉사 철감선사탑

➡ **쌍봉사**에 있는 신라 말의 대표적인 승탑이에요.

③

이불병좌상

➡ 현재는 일본의 동경 국립 박물관이 소장하고 있는 **발해**의 불상이에요.

④

성덕 대왕 신종

➡ 현재는 국립 경주 박물관에 전시되고 있는 **신라**의 종이에요.

09 발해의 발전

정답 ②

(가) 국가에 대한 설명으로 옳은 것은?

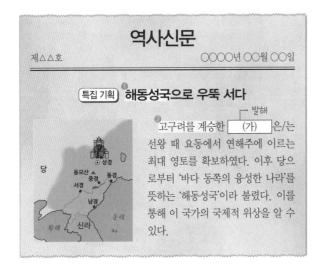

키워드 문제분석

❶ 해동성국 + ❷ 고구려 계승 = 발해

발해는 고구려 유민 출신인 대조영이 고구려를 계승해 건국한 나라예요. 고구려 유민과 말갈 집단이 모여 동모산에서 건국하였어요. 발해는 고구려의 땅이었던 북쪽으로 영토를 계속 넓혀 갔고, 선왕 때는 요동에서 연해주에 이르는 최대 영토를 확보하여 당으로부터 '바다 동쪽의 융성한 나라'라는 의미의 '해동성국'이라고 불리기도 하였어요.

① 한의 침략을 받아 멸망하였다.
　➡ 고조선은 우거왕 때 한 무제의 침략을 받아 멸망하였어요.

②중앙 정치 조직을 3성 6부로 정비하였다.
　➡ 발해는 당의 3성 6부제를 수용하였으나 명칭과 운영 방식에서는 독자성을 보였어요.

③ 정사암에서 국가의 중대사를 결정하였다.
　➡ 백제는 귀족 회의인 정사암 회의에서 국가의 중대사를 결정하였어요.

④ 화랑도를 국가적인 조직으로 운영하였다.
　➡ 신라 진흥왕은 청소년 수련 단체인 화랑도를 국가적인 조직으로 개편하였어요.

이것도! 정답선택지

⑤ 전성기에 (ㅎㄷㅅㄱ)이라 불렸다.

⑥ 인안, 대흥 등의 독자적 (ㅇㅎ)를 사용하였다.

⑦ (5ㄱ 15ㅂ 62ㅈ)로 지방 행정 제도를 정비하였다.

정답 ⑤ 해동성국 ⑥ 연호 ⑦ 5경 15부 62주

10 개성의 역사

정답 ③

(가) 지역에서 있었던 사실로 옳은 것은?

키워드 문제분석

❶ 고려의 수도 + ❷ 만월대 = 개경(개성)

고려는 삼국을 통일한 뒤 개경(개성)으로 수도를 옮겼어요. 이후 오랜 시간 동안 고려 수도의 역할을 담당하였기 때문에 개경(개성)에는 고려의 궁궐터인 만월대와 정몽주가 살해당한 선죽교, 고려의 최고 교육 기관으로 설치되었던 성균관 등 고려 시대의 문화유산이 많이 남아 있어요.

① 묘청이 난을 일으켰다.
　➡ 묘청은 고려 인종 때 서경 천도 운동을 전개하였으나 개경파의 반대로 이루어지지 않자, 서경에서 반란을 일으켰어요.

② 원이 쌍성총관부를 설치하였다.
　➡ 원은 원 간섭기에 철령 이북 지역에 쌍성총관부를 설치하고 고려의 정치에 간섭하였어요.

③만적이 신분 해방을 도모하였다.
　➡ 무신 집권기 개경(개성)에 살던 사노비 만적은 노비 신분 해방을 위해 봉기를 시도했지만 실패하였어요.

④ 삼별초가 최후의 항쟁을 전개하였다.
　➡ 고려 무신 정권의 군사적 기반이었던 삼별초는 몽골군에 맞서 제주도의 항파두리성에서 최후의 항쟁을 전개하였어요.

제61회

(가) 왕이 추진한 정책으로 옳은 것은?

키워드 문제분석

❶ 후삼국 통일 = 고려 태조(왕건)

고려 태조(왕건)는 고려를 세우고 후삼국 시대를 통일한 왕이에요. 태조는 삼국을 통일한 뒤 지방의 호족들을 포섭하기 위해 회유 정책과 통제 정책을 함께 펼쳤어요. 먼저 후삼국을 통일하는 데 공을 세운 신하들에게 역분전을 지급하고, 호족의 자녀들과 결혼하여 호족들을 회유하였어요. 반면 사심관 제도와 기인 제도 등 통제 정책도 사용하였어요.

① 노비안검법을 시행하였다.
➡ 광종은 억울하게 노비가 된 양인을 원래의 신분으로 되돌리는 노비안검법을 실시하였어요.

② 지방에 12목을 설치하였다.
➡ 성종은 최승로의 건의를 받아들여 지방에 12목을 설치하였어요.

③ 사심관 제도를 실시하였다.
➡ 태조는 지방 호족을 견제하기 위해 고위 관리들에게 출신 지역의 호족을 관리하게 한 사심관 제도를 실시하였어요.

④ 활구라고 불린 은병을 제작하였다.
➡ 활구(은병)는 고려 시대의 화폐 중 하나로, 숙종 때부터 제작되기 시작하였어요.

이것도! 정답선택지

⑤ (ㅎㅊ)을 두었다.

⑥ (ㅎㅇ) 10조를 남겼다.

⑦ (ㄱㅇ) 제도를 실시하였다.

정답 ⑤ 흑창 ⑥ 훈요 ⑦ 기인

다음 인물의 활동으로 옳은 것은?

키워드 문제분석

❶ 최충 + ❷ 후학 양성 = 9재 학당(문헌공도)

①9재 학당을 열었다.
➡ 고려 시대의 문신인 **최충**은 벼슬에서 은퇴한 뒤 후학 양성을 위해 9재 학당(문헌공도)을 열었어요. 9재 학당은 고려 시대의 대표적인 사학 12도 중 하나였어요.

② 삼국유사를 집필하였다.
➡ 고려 시대의 승려인 일연은 불교사를 중심으로 고대의 민간 설화를 수록한 『삼국유사』를 집필하였어요.

③ 제왕운기를 저술하였다.
➡ 이승휴는 고조선부터 고려 충렬왕 때까지의 역사를 서사시로 서술한 『제왕운기』를 저술하였어요.

④ 시무 28조를 작성하였다.
➡ 최승로는 시무 28조를 작성해 고려 성종에게 바쳤어요.

13 고려의 경제 상황
정답 ②

(가) 국가의 경제 상황으로 옳은 것은?

영상으로 보는 (가) 이야기

"화폐를 주조하는 법을 제정하니……화폐의 명칭은 해동통보로 하라."라고 명하였다.

추천 영상

박유의 상소 이야기
첩을 두자는 상소, 손가락질 당하다.

손변의 재판 이야기
재산 상속, 아들딸 구별 없이.
— 고려~조선 초

숙종의 화폐 이야기
조회수 5,061회 · 2022.10.22. ♥788 ✍공유 ■저장

키워드 문제분석

❶ 해동통보 + ❷ 아들 딸 구별 없이 = 고려

❶ 고려는 숙종 때 의천의 건의를 받아들여 주전도감을 설치하고 해동통보, 활구(은병) 등의 화폐를 주조하였어요. 그러나 유통은 잘되지 않았어요.

❷ 고려 시대에는 사회적으로 여성의 지위가 조선 시대에 비해 비교적 높아 일부일처제가 일반적이었으며, 재산 상속에 있어서도 아들과 딸의 차별이 없었어요. 그러나 조선 후기가 되면서 여성의 지위가 낮아졌어요.

① 모내기법이 전국적으로 확산되었다.
➡ 조선 후기에 모내기법이 전국적으로 확산되면서 쌀의 생산량이 늘어났어요.

②벽란도가 국제 무역항으로 번성하였다.
➡ **고려** 시대에는 예성강 하구에 위치한 벽란도가 국제 무역항으로 번성하였어요.

③ 낙랑군과 왜 사이에서 중계 무역을 하였다.
➡ **가야**는 풍부한 철의 생산 등을 이용해 낙랑군과 왜 사이에서 중계 무역을 하며 성장하였어요.

④ 청해진을 중심으로 해상 무역을 전개하였다.
➡ 신라의 장보고는 청해진을 중심으로 해상 무역을 전개하며 엄청난 부와 권력을 손에 넣었어요.

이것도! 정답선택지

⑤ (ㅎㄷㅌㅂ)를 주조하는 장인

⑥ (ㅈㅅㄱ) 제도가 실시되었다.

⑦ (ㅎㄱ)라고도 불린 은병을 제작하였다.

정답 ⑤ 해동통보 ⑥ 전시과 ⑦ 활구

[킬러] 14 고려의 대외 관계
정답 ②

(가), (나) 사이의 시기에 있었던 사실로 옳은 것은?

〈역사 만화 동영상 대본〉

고려의 대외 관계

(가) S#7. 강감찬이 군사들을 지휘하고 있다.
강감찬: 이곳❶ 귀주에서 거란군을 무찌르자.
군사들: 왜(함성을 지르며 공격한다.)

(나) S#9. 김윤후가 군사들을 향해 외치고 있다.
김윤후: 너희들이 힘을 다해 싸우면 귀천❷을 가리지 않고 모두 벼슬을 줄 것이다.
군사들: 네, 죽음을 각오하고 싸우겠습니다.

키워드 문제분석

❶ 강감찬, 귀주 = (가) 귀주 대첩(1019)
❷ 김윤후, 귀천을 가리지 않고 벼슬 = (나) 충주성 전투(1253)

❶ 고려가 송과 친교를 맺고 거란에 적대적인 자세를 취하자 거란은 3차에 걸쳐 고려를 침입하였어요. 1차 침입 때는 서희가 외교 담판을 통해 거란으로부터 강동 6주를 확보하였고, 2차 침입 때는 양규의 활약으로 거란을 물리쳤어요. 3차 침입 때는 강감찬이 귀주에서 거란군을 크게 물리쳤어요(귀주 대첩, 1019).

❷ 고려는 13세기에 몽골로부터 많은 침략을 당하였어요. 몽골의 여러 차례에 걸친 침략에서 활약한 대표적인 장수가 바로 김윤후예요. 김윤후는 승려 출신의 장군으로, 몽골의 2차 침입 때 적장 살리타를 사살하기도 하고, 5차 침입 때인 1253년에는 충주성에서 백성들과 힘을 합해 몽골에 대항해 승리하기도 하였어요.

따라서 귀주 대첩과 대몽 항쟁 사이의 시기에 일어난 일을 골라야 해요.

① 서희가 강동 6주를 획득하였다.
➡ 서희는 (가) 이전인 993년 거란의 1차 침입 당시 거란의 장수 소손녕과 외교 담판을 지어 강동 6주를 획득하였어요.

②윤관이 동북 9성을 축조하였다.
➡ 거란이 물러간 이후에는 여진이 세력을 키워 고려를 위협하기 시작하였어요. 고려는 윤관의 건의에 따라 여진을 물리치기 위해 별무반을 편성하였고, 윤관이 1108년 별무반을 이끌고 여진을 정복한 후에는 동북 지방 일대에 9성을 축조하였어요.

③ 박위가 쓰시마섬을 도벌하였다.
➡ 박위는 (나) 이후인 1389년 고려 창왕 때 쓰시마섬을 토벌하였어요.

④ 최무선이 진포에서 왜구를 물리쳤다.
➡ (나) 이후인 1380년 고려 우왕 때 최무선이 진포에서 왜구를 물리쳤어요(진포 대첩).

밑줄 그은 '그 일'에 해당하는 내용으로 옳은 것은?

> ❶몽골군의 침략으로 부인사에 보관된 대장경판이 남김없이 [초조대장경] 불에 탔습니다. 이런 큰 보배가 없어졌는데 어찌 감히 일이 어려운 것을 염려하여 다시 만들지 않겠습니까? 이제 왕과 신하 모두 한마음으로 담당 관청을 설치하고 [그 일]을 맡아 시작할 것을 다짐합니다. 원하옵건대 ❷부처님께서는 신통한 힘으로 흉악한 오랑캐를 물리치시고 다시는 우리 땅을 밟는 일이 없게 해 주소서. [팔만대장경(재조대장경)을 만드는 일]

키워드 문제분석

❶ 몽골군의 침략 + ❷ 부처님의 힘으로 오랑캐 격퇴 = 팔만대장경(재조대장경) 제작

고려 현종 때 거란군의 침입을 물리치기 위하여 제작한 초조대장경은 몽골의 2차 침입 때 불에 타 없어졌어요. 이후 고려는 부처님의 힘을 빌어 몽골군을 격퇴하기를 바라는 마음을 담아 팔만대장경을 제작하였어요. 팔만대장경은 현재 합천 해인사의 장경판전에 보관되어 있는데, 팔만대장경과 해인사 장경판전은 모두 유네스코 세계 유산으로 지정되었어요.

① 삼국사기 편찬
➡ 김부식은 고려 인종의 명을 받아 『삼국사기』를 편찬하였어요.

②팔만대장경 제작
➡ 고려는 **몽골군**의 침입을 격퇴하기 위해 팔만대장경을 제작하였어요.

③ 직지심체요절 간행
➡ 현존하는 세계에서 가장 오래된 금속 활자본인 『직지심체요절』은 **청주 흥덕사**에서 간행되었어요.

④ 무구정광대다라니경 인쇄
➡ 「무구정광대다라니경」은 신라 시대의 문화유산인 **불국사 삼층 석탑**에 보존되어 있던 경전이에요.

다음 상황 이후에 일어난 사실로 옳은 것은?

무신 이소응이 무술 겨루기에서 이기지 못하고 달아나자, 문신 한뢰가 갑자기 이소응의 뺨을 때렸어요. 이때 왕과 문신들이 손뼉을 치며 웃었어요.

❶이에 차별 대우를 받으며 불만이 쌓여 왔던 무신들은 정변을 일으켜 문신들을 제거하고 권력을 장악하였어요.

키워드 문제분석

❶ 차별 대우 + ❷ 무신들의 정변 = 무신 정변

고려 시대에는 문신에 비해 무신이 낮은 대우를 받았어요. 그러던 중 나이 든 무신 이소응이 무술 겨루기에서 젊은 문신 한뢰에게 모욕을 당하는 사건이 일어났어요. 그러자 무신들의 불만은 폭발했고, 결국 정중부, 이의방 등의 무신들이 보현원에서 다수의 문신들을 제거하고 권력을 장악하였어요(무신 정변, 1170). 무신들이 정권을 잡으며 사회가 혼란스러워지자 농민과 천민들이 봉기를 일으키기도 하였어요. 대표적으로 망이·망소이가 공주 명학소에서 봉기한 망이·망소이의 난, 사노비 만적이 신분 해방 운동을 계획하였다 실패한 만적의 난 등이 있어요.

① 김헌창이 난을 일으켰다.
➡ 김헌창은 진골 귀족 간의 왕위 쟁탈전이 치열하던 **신라 말**에 아버지 김주원이 왕위 다툼에서 밀려나자 난을 일으켰어요.

② 장문휴가 등주를 공격하였다.
➡ 장문휴는 **발해 무왕** 때 당의 등주를 공격하였어요.

③ 최치원이 시무 10여 조를 건의하였다.
➡ 최치원은 **신라 말** 진성 여왕에게 시무 10여 조를 건의하였으나 받아들여지지 않았어요.

④망이·망소이가 공주 명학소에서 봉기하였다.
➡ 망이·망소이는 **고려 무신 집권기** '소'의 차별에 반발하여 공주 명학소에서 봉기를 일으켰어요.

17 고려의 정치 기구

정답 ④

학생들이 공통으로 이야기하는 기구로 옳은 것은?

① 고려의 독자적인 정치 기구야.

② 국방과 군사 문제 등을 논의했어.

③ 충렬왕 때 명칭이 도평의사사로 바뀌었지.

중서문하성과 중추원의 고위 관료가 참여했어. └ 재신, 추밀

키워드 문제분석

❶ 고려의 독자적인 정치 기구 + ❷ 국방과 군사 문제 + ❸ 도평의사사 = 도병마사

① 도방
➡ 도방은 고려 무신 집권기 경대승이 처음 조직한 사병 집단이에요.

② 어사대
➡ 어사대는 고려 시대에 관리들의 부정과 비리 감찰 등을 담당하였던 기구예요.

③ 의금부
➡ 의금부는 조선 시대의 국왕 직속의 사법 기구로, 반란죄 등을 저지른 사람을 처벌하였어요.

④도병마사
➡ 도병마사는 고려의 독자적인 중앙 정치 기구 중 하나예요. 중서문하성의 재신과 중추원의 추밀이 참여해 국방·군사 문제를 처리하였어요. 원 간섭기 충렬왕 때는 도평의사사로 명칭이 변경되었어요.

18 최영의 활동

정답 ②

(가)에 들어갈 인물로 옳은 것은?

└ 최영

이곳은 고려 말 홍산에서 왜구의 침입을 격퇴하는 데 큰 공을 세운 (가) 의 무덤이란. 그는 우왕 때 요동 정벌을 추진했으나, 이성계의 위화도 회군으로 뜻을 이루지 못하였단다.

키워드 문제분석

❶ 홍산, 왜구의 침입 격퇴 + ❷ 요동 정벌 추진 = 최영

최영은 고려 말 이성계 등과 함께 왜구를 격퇴하는데 크게 기여한 인물이에요. 명의 철령 이북 지역 반환 요구에 맞서 우왕과 함께 요동 정벌을 추진하였으나 이성계의 위화도 회군으로 권력을 잃고 뜻을 이루지 못하였어요.

① 양규
➡ 양규는 거란의 2차 침입 당시 거란군에 항전하였던 대표적인 인물이에요.

②최영
➡ 최영은 고려 우왕과 함께 요동 정벌을 추진했으나 실패하였어요.

③ 이종무
➡ 이종무는 조선 세종 때 대마도(쓰시마섬) 정벌에 앞장 선 인물이에요.

④ 정몽주
➡ 정몽주는 고려 말의 온건 개혁파 신진 사대부로, 조선 건국에 반대하다가 선죽교에서 살해당하였어요.

19 조선의 궁궐

정답 ①

(가)에 들어갈 문화유산으로 옳은 것은?

❶ 임금께서 큰 복을 받으시라는 뜻에서 한양의 새로운 궁궐 이름을 (가) 으로 하기를 청합니다. 또한 중심이 되는 ❷정전은 나랏일을 부지런히 해야 한다는 의미로 근정전이라 짓고자 합니다. — 경복궁

그 뜻이 좋구나. 그렇게 하도록 하라.

정도전

태조

키워드 문제분석

❶ 한양의 새 궁궐 + ❷ 근정전 = 경복궁

　경복궁은 조선 태조(이성계) 때 처음 지어진 조선의 법궁이에요. 정도전은 한양을 설계하고 사대문 및 건물의 주요 명칭을 짓는 등 조선을 건국하는 데 중요한 역할을 하였어요. 경복궁은 임진왜란 당시 불에 탔고, 이후 조선 고종 때 흥선 대원군이 중건하였어요.

①경복궁
　➡ 경복궁은 **조선의 법궁**으로 그 정전을 근정전이라고 불렀으며, 남쪽에 있는 정문을 광화문이라고 하였어요.

② 경운궁
　➡ 경운궁은 고종이 황제의 자리에 오른 뒤 대한 제국 수립을 선포한 곳으로, 고종의 퇴위 이후 덕수궁으로 명칭이 변경되었어요.

③ 경희궁
　➡ 경희궁은 광해군 때 지어진 궁궐이에요.

④ 창경궁
　➡ 창경궁은 성종이 창덕궁의 동쪽에 지은 궁궐로, 일제 강점기에는 동물원과 식물원이 설치되어 창경원이라 불리기도 하였어요.

---

20 조선 세조의 업적

정답 ④

(가) 왕의 재위 기간에 있었던 사실로 옳은 것은?

카드 뉴스 제작

주제: 조선의 국왕, (가) — 세조

계유정난을 일으키는 장면부터 시작해 볼까?

왕권 강화를 위해 집현전을 폐지한 내용을 다루자.

현직 관리에게만 수조권을 지급한 직전법의 내용도 넣어보자.

키워드 문제분석

❶ 계유정난 + ❷ 집현전 폐지 + ❸ 직전법 = 조선 세조

　세조는 계유정난을 일으켜 어린 단종을 폐하고 즉위한 조선의 왕이에요. 세조는 왕이 된 후 왕권을 강화하기 위해 6조 직계제를 실시하고, 집현전과 경연을 폐지하였어요. 또한 전현직 관리 모두에게 수조권을 지급하는 과전법으로 인해 지급할 땅이 부족해지자, 현직 관리에게만 수조권을 지급하도록 한 직전법을 시행하였어요.

① 계미자가 주조되었다.
　➡ 태종 때 설치된 주자소에서 금속 활자인 계미자가 주조되었어요.

② 균역법이 실시되었다.
　➡ 균역법은 영조가 농민들의 군포 부담을 1년에 2필에서 1필로 줄인 법이에요.

③ 기묘사화가 일어났다.
　➡ 기묘사화는 중종 때 훈구 세력이 조광조의 급진적인 개혁에 반발해 조광조를 포함한 사림 세력을 제거한 사건이에요.

④6조 직계제가 시행되었다.
　➡ **세조**는 왕권의 강화를 위해 6조에서 의정부를 거치지 않고 왕에게 직접 보고하도록 한 6조 직계제를 시행하였어요.

이것도! 정답선택지

⑤ 태종은 (ㅎㅍㅂ)을 시행하였어요.

⑥ 세종은 4군 (6ㅈ)을 개척하였어요.

⑦ 세조는 (ㅈㅈㅂ)을 제정하였어요.

정답 ⑤ 호패법 ⑥ 6진 ⑦ 직전법

21 임진왜란
정답 ③

밑줄 그은 '이 전쟁' 중에 있었던 사실로 옳은 것은?

쇄미록은 오희문이 <u>이 전쟁</u>【임진왜란】 중에 있었던 일을 적은 일기입니다. 개인 일기인 까닭에 주로 사생활을 기록한 부분이 많지만 왜군의 침입과 약탈을 비롯해 곽재우, 김덕령 등 의병장의 활동도 기록되어 있습니다.

네, 그렇습니다. 이 일기를 통해 전란으로 인한 피란민의 생활 등 당시의 사회상도 알 수 있어 그 가치상도 더욱 크다고 할 수 있습니다.

키워드 문제분석

❶ 왜군의 침입 + ❷ 곽재우 = 임진왜란

임진왜란은 일본이 조선을 침략한 전쟁이에요. 조선은 전쟁에 대한 대비가 전혀 되어있지 않았기 때문에 왜군은 부산에 상륙하여 순식간에 한반도를 거슬러 올라왔어요. 그러나 한산도 대첩에서 승리한 이순신 등 수군의 활약과 곽재우, 김덕령 등 전국에서 일어난 의병장들의 활약 덕분에 결국 일본군은 한반도에서 물러났어요. 갑작스러운 일본의 침입에 속수무책으로 당했던 조선군은 임진왜란 중 유성룡의 건의에 따라 훈련도감을 설치하는 것을 시작으로 중앙군을 개편하여 5군영을 완성하였어요. 지방군 역시 체제를 정비하여 적의 침략에 대비하였어요.

① 별기군 창설
➡ 신식 군대인 별기군은 1881년 창설되었어요.

② 2군 6위 편성
➡ 2군 6위는 고려 시대 중앙군의 명칭이에요.

③훈련도감 설치
➡ 훈련도감은 **임진왜란 중**에 창설되었으며, 조선 후기에는 5군영 중 하나가 되었어요.

④ 나선 정벌 단행
➡ 청의 요청으로 조선이 지원병을 보낸 나선 정벌은 **임진왜란 이후**인 조선 효종 때 이루어졌어요.

이것도! 정답선택지

⑤ 조헌이 (ㄱㅅ)에서 의병을 이끌었다.

⑥ 이순신이 (ㅁㄹ) 해전에서 승리하였다.

⑦ (ㄱㅇ)이 행주산성에서 크게 승리하였다.

정답 ⑤ 금산 ⑥ 명량 ⑦ 권율

---

22 홍문관의 역할
정답 ④

(가)에 들어갈 내용으로 옳은 것은?

❶옥당이라 쓰여 있는 이 현판은 창덕궁 내의 홍문관 청사에 걸려있던 것입니다. 홍문관은 활발한 언론 활동을 통해 사헌부·사간원과 함께 3사라고 불렸습니다. 또한
(가)

키워드 문제분석

❶ 옥당 + ❷ 언론 활동 = 홍문관

홍문관은 조선의 중앙 정치 조직 중 하나인 3사를 구성하는 기구예요. 사헌부, 사간원, 홍문관으로 이루어진 3사는 활발한 언론 활동을 통해 권력의 독점과 부정을 방지하는 역할을 하였어요. 각 기관들은 서로 다른 역할을 담당하였는데, 사헌부는 관리의 비리를 감찰하고 사간원은 국왕의 잘못을 비판하는 역할을 담당하였어요.

① 수원 화성에 외영을 두었습니다.
➡ 조선 정조는 국왕의 친위 부대로 장용영을 창설하고 수원 화성에 외영을 두었어요.

② 한양의 치안과 행정을 맡았습니다.
➡ 한성부는 수도인 한양의 치안과 행정을 담당하였어요.

③ 재정의 출납과 회계를 관장하였습니다.
➡ 고려의 삼사는 재정의 출납과 회계 등을 관장하였어요.

④왕의 정책 자문과 경연을 담당하였습니다.
➡ **홍문관**은 경연을 주관하고, 왕에게 자문을 하는 역할을 담당하였어요.

23 인조반정 정답 ④

다음 검색창에 들어갈 사건으로 옳은 것은?

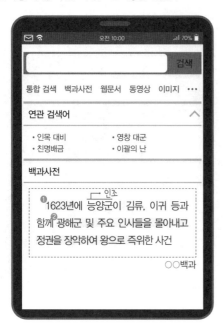

키워드 문제분석

❶ 1623년 + ❷ 광해군을 몰아내고 왕으로 즉위
= 인조반정

1623년 능양군과 서인 세력은 광해군이 인목 대비를 폐위하고 동생인 영창 대군을 살해하였으며, 임진왜란 때 조선을 도와준 명을 배반하였다는 것을 명분으로 인조반정을 일으켜 광해군을 폐위시켰어요(인조반정). 인조반정을 통해 정권을 잡은 서인은 중립 외교 정책을 펼쳤던 광해군과는 달리 명을 가까이 하고 청을 멀리하는 친명배금정책을 추진하였고, 이는 정묘호란이 발발하는 계기가 되었어요.

① 경신환국
➡ 경신환국은 숙종 때 허적 등의 남인 세력이 실각하고 서인 세력이 권력을 장악하게 된 사건이에요.

② 무오사화
➡ 무오사화는 연산군 때 김종직이 쓴 「조의제문」을 빌미로 하여 훈구파가 사림을 공격한 사건이에요.

③ 신유박해
➡ 신유박해는 1801년 순조 때 천주교 신자들을 탄압한 사건이에요.

④ 인조반정
➡ 인조반정은 광해군을 폐위하고 인조가 왕위에 오른 사건이에요.

24 조선 후기의 경제 정답 ①

다음 대화가 이루어진 시기에 볼 수 있는 모습으로 적절하지 않은 것은?

키워드 문제분석

❶ 공명첩 + ❷ 담배 농사 = 조선 후기

조선 후기에는 담배, 인삼 등의 상품 작물 재배가 활발해지며 부를 축적한 농민이 많아졌어요. 이들은 이름이 비어 있는 관직 임명장인 공명첩을 통해 신분 상승을 꾀했어요.

① 녹읍을 지급받는 귀족
➡ 관료에게 조세 수취와 노동력 징발 권한까지 부여한 녹읍은 신라 시대부터 고려 초까지 귀족 및 공신 등에게 지급되었어요.

② 고구마를 재배하는 농민
➡ 조선 후기부터 외국에서 감자, 고구마 등이 전래되어 재배되었어요.

③ 관청에 물품을 조달하는 공인
➡ 조선 후기 대동법이 시행되자 국가에서 필요로 하는 물건을 사서 납품하는 공인이 등장하였어요.

④ 청과의 무역으로 부를 축적한 만상
➡ 조선 후기에 의주를 중심으로 활동한 만상은 청과의 무역으로 부를 축적하였어요.

이것도! 정답선택지

⑤ (ㅁㄴㄱㅂ)이 전국적으로 확산되었다.

⑥ (ㅂㅂㅅ)이 전국의 장시를 연결하였다.

⑦ 담배, 면화 등이 (ㅅㅍ) 작물로 재배되었다.

정답 ⑤ 모내기법 ⑥ 보부상 ⑦ 상품

25 박지원의 활동

정답 ③

(가)에 들어갈 인물로 옳은 것은?

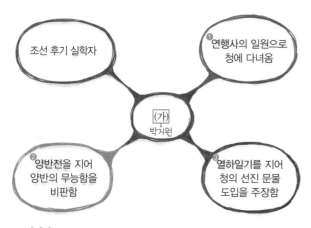

- 조선 후기 실학자
- ❶ 연행사의 일원으로 청에 다녀옴
- (가) 박지원
- ❷ 양반전을 지어 양반의 무능함을 비판함
- ❸ 열하일기를 지어 청의 선진 문물 도입을 주장함

키워드 문제분석

❶ 연행사 + ❷ 양반전 + ❸ 열하일기 = 박지원

박지원은 조선 후기의 대표적인 중상학파 실학자예요. 박지원은 연행사의 일원으로 청에 다녀오면서 보고 들은 것을 바탕으로 『열하일기』를 지어 청의 선진 문물 도입을 주장하였어요. 또한 『양반전』, 『허생전』 등의 한문 소설을 지어 양반의 위선과 무능을 비판하기도 하였어요.

①
이이
➡ 군주학을 위한 서적으로 『성학집요』를 저술하였어요.

②
김정희
➡ 추사체라 불리는 독특한 서체를 남겼어요.

③
박지원
➡ 『양반전』, 『허생전』 등을 지었어요.

④
송시열
➡ 조선 효종 때 북벌론을 주장하였어요.

26 조선 후기 삼정의 문란

정답 ④

다음 자료에 대한 탐구 활동으로 적절한 것은?

문학으로 만나는 한국사

시아버지 죽어 이미 상복 입었고,
갓난아기 배냇물은 아직 마르지도 않았는데,
삼대(三代) 이름은 군적에 모두 올랐네.
달려가서 억울함을 호소해도,
호랑이 같은 문지기가 가로막고,
이정(里正)은 호통치며 외양간 소마저 끌고 가네.

이것은 정약용의 여유당전서에 실린 시의 일부입니다. 정약용은 유배 당시에 전해 들은 농민들의 비참함과 원통함을 시로 표현하였습니다.

키워드 문제분석

❶ 군적 + ❷ 억울함 = 삼정의 문란

조선 후기에는 소수 유력 가문에 권력이 집중되는 세도 정치가 시작되었어요. 비변사로 권력이 집중되며 관직을 사고 파는 매관매직이 성행하였고, 삼정의 문란으로 농민들의 삶이 힘들어졌어요. 삼정은 세금인 전정, 군정, 환곡을 말하는 것으로, 제시된 시에서는 군정의 문란을 말하고 있어요. 조선 시대에 16~60세의 남성들은 군대에 가지 않는 대신 군포를 납부해야 했어요. 그런데 이 시기에는 군포를 납부해야 하는 명단인 군적에 죽은 시아버지, 갓난아기 등 군포를 납부하지 않아도 되는 사람들까지 넣어서 군포를 강제로 걷는 폐단이 나타났어요.

① 과전법 실시의 배경에 대해 살펴본다.
➡ 과전법은 고려 말 신진 사대부의 경제적 기반을 마련하기 위해 시행되었어요.

② 조선 형평사의 활동 내용을 조사한다.
➡ 조선 형평사는 일제 강점기에 백정에 대한 사회적 차별 철폐를 위해 형평 운동을 전개하였어요.

③ 전민변정도감이 설치되는 과정을 알아본다.
➡ 전민변정도감은 고려 말 권문세족이 불법적으로 약탈한 땅을 주인에게 돌려주고, 불법으로 노비가 된 사람들을 해방시켜준 기구예요.

④ 세도 정치 시기 삼정의 문란에 대해 찾아본다.
➡ 세도 정치 시기에는 삼정의 문란이 심하였어요. 삼정은 전정, 군정, 환곡을 말해요.

27 근대의 교육 기관　　　　정답 ④

밑줄 그은 '학교'로 옳은 것은?

할머니, 이 사진은 무엇인가요?

이것은 1886년에 선교사 ❶스크랜턴이 여성의 신학문 교육을 위해 세운 학교 사진이야. 최초의 여의사 박에스더, 3·1 운동으로 순국한 유관순 등이 이 학교에서 공부했지.

이화 학당

키워드 문제분석

❶ 스크랜턴 + ❷ 여성의 신학문 교육 = 이화 학당

1886년 개신교 선교사 스크랜턴(스크랜튼)은 서울에 이화 학당을 창설하였어요. 이화 학당은 우리나라 최초의 여학교로, 이화 여자 대학교의 전신이에요. 이화 학당에서는 박에스더, 유관순 등 역사 속에 남은 여성 인물들이 많이 공부했어요.

① 배재 학당
➡ 배재 학당은 선교사 **아펜젤러**가 세운 근대적 사립 학교예요.

② 오산 학교
➡ 오산 학교는 신민회의 일원인 **이승훈**이 세운 학교예요.

③ 육영 공원
➡ 육영 공원은 미국인 교사를 초빙해 근대 학문을 교육하던 관립 학교예요.

④이화 학당
➡ 선교사 **스크랜턴**(스크랜튼)이 세운 이화 학당은 우리나라 최초의 여성 교육 기관이에요.

28 병인양요　　　　정답 ③

(가) 사건에 대한 설명으로 옳은 것은?

이달의 인물 소개

한국의 문화유산을 지켜낸 박병선 박사

병인양요

프랑스 국립 도서관 사서였던 박병선 박사는 ［ (가) ］ 때 ❶프랑스군이 약탈해 간 ❷외규장각 의궤의 소재를 확인하였다.
그는 오랜 노력 끝에 의궤의 목록을 만들어 세상에 공개하였고, 2011년 의궤가 145년 만에 우리 땅으로 돌아오게 하는 데 기여하였다.

키워드 문제분석

❶ 프랑스군 + ❷ 외규장각 의궤 = 병인양요

병인양요는 1866년 조선이 프랑스 선교사를 포함한 수천 명의 천주교도를 처형한 병인박해를 구실로 프랑스군이 강화도를 침략한 사건이에요. 프랑스군의 침입에 맞서 문수산성에서 한성근, 정족산성에서 양헌수 부대가 활약하였어요. 프랑스군은 전쟁 후 철수하는 과정에서 강화도 외규장각에 보관되어 있던 의궤와 다른 도서들을 약탈하였어요. 이때 약탈당했던 외규장각 의궤는 박병선 박사의 노력으로 2011년 우리나라로 반환되었어요.

① 청군의 개입으로 진압되었다.
➡ 청군의 개입으로 진압된 **임오군란**과 **갑신정변** 등을 계기로 우리나라에 대한 청의 영향력이 강해졌어요.

② 제너럴셔먼호 사건이 배경이 되었다.
➡ 미군은 제너럴셔먼호 사건을 빌미로 1871년에 **신미양요**를 일으켰어요.

③양헌수 부대가 정족산성에서 활약하였다.
➡ 양헌수 부대는 **병인양요** 중 정족산성 전투에서 프랑스군에 맞서 항전하였어요.

④ 제물포 조약이 체결되는 결과를 가져왔다.
➡ 임오군란의 결과 일본 공사관에 경비병 주둔을 허용한 제물포 조약이 체결되었어요.

이것도! 정답선택지

⑤ (ㅇㄱㅈㄱ) 도서가 약탈되었다.

⑥ (ㄱㅎㄷ) 초지진에서 항전하였다.

⑦ (ㅎㅅ) 대원군 집권기에 일어났다.

정답 ⑤ 외규장각 ⑥ 강화도 ⑦ 흥선

29 개항 이후의 조선   정답 ③

(가) 시기에 있었던 사실로 옳은 것은?

이번에 설치할 통리기무아문의 담당 업무와 관리 임용에 대해 정해 보았습니다.

외국 군대를 끌어들여 변란을 일으킨 김옥균, 박영효 등을 처벌하게 하소서.

키워드 문제분석

❶ 통리기무아문 = 1880년

❷ 외국 군대, 김옥균, 박영효 = 갑신정변(1884)

❶ 통리기무아문은 1880년 조선이 개화 정책을 추진하기 위해 설치한 관청이에요.

❷ 조선이 개화 정책을 추진하면서 형성된 개화파는 급진적인 개혁을 주장하는 급진 개화파와 점진적인 개혁을 주장하는 온건 개화파로 나뉘었어요. 임오군란의 결과 청의 내정 간섭이 심해지자 김옥균, 박영효 등의 급진 개화파들은 일본으로부터 지원을 약속받고 우정총국 개국 축하연을 이용해 온건 개화파를 살해하며 갑신정변을 일으켰어요(1884).

따라서 통리기무아문이 설치된 1880년과 갑신정변이 일어난 1884년 사이의 시기에 일어난 일을 골라야 해요.

① 탕평비가 건립되었다.
➡ 탕평비는 조선 영조가 탕평의 의지를 담아 성균관 입구에 건립한 비석이에요.

② 간도 협약이 체결되었다.
➡ 1909년 청과 일본은 간도 협약을 체결해 간도를 청의 영토로 인정하였어요.

③ 구식 군인들이 임오군란을 일으켰다.
➡ 조선이 개화되는 과정 중 신식 군대인 별기군이 창설되었는데, 구식 군인들은 별기군과 차별된 대우를 받으며 불만이 쌓였어요. 그러던 중 급료로 받은 쌀에 모래가 섞여있자, 구식 군인들은 **1882년** 임오군란을 일으켰어요.

④ 어영청을 강화하며 북벌이 추진되었다.
➡ 조선 효종은 임진왜란 이후 어영청을 강화하며 북벌을 추진하였어요.

30 수신사의 활동   정답 ③

(가)에 들어갈 사절단으로 옳은 것은?

(가) **활동 정리** ┗ 수신사

1. 기간: 1880. 5. 28. ~ 8. 28.
2. 참여자: ❶김홍집 외 50여 명
3. 주요 활동

날짜	내용
5. 28. ~ 7. 6.	한성에서 부산포, 고베를 거쳐 도쿄로 이동
7. 7. ~ 8. 3.	일본 정부 관리들과 면담 ┗ 일본에 파견 ❷일본 근대 문물 견학 ┏ 『조선책략』 집필 김홍집, 청 외교관 황준헌과 비공식 면담
8. 4. ~ 8. 28.	귀국 및 왕에게 결과 보고(조선책략 올림)

키워드 문제분석

❶ 김홍집 + ❷ 일본 근대 문물 견학 + ❸ 조선책략
= 수신사

강화도 조약 이후 일본에 파견된 사절단인 수신사는 여러 차례에 걸쳐 파견되었는데, 김홍집이 이끈 2차 수신사는 1880년에 파견되었어요. 김홍집은 이때 청의 외교관인 황준헌을 만나 얻게 된 『조선책략』을 왕에게 올렸어요. 『조선책략』은 러시아의 침략을 막기 위해서는 조선이 중국, 일본, 미국과 친하게 지내야 한다는 내용을 담고 있었어요.

① 보빙사
➡ 보빙사는 조미 수호 통상 조약의 체결 이후 미국 공사의 부임에 대한 답방으로 미국에 파견된 사절단이에요.

② 성절사
➡ 성절사는 명과 청의 황제와 황후의 생일 축하를 위해 조선에서 파견한 사절단이에요.

③ 수신사
➡ 수신사는 **강화도 조약** 이후 일본에 파견되어 일본의 근대 문물을 파악하고 돌아온 사절단이에요.

④ 영선사
➡ **영선사**는 청의 근대적 무기 기술을 배우기 위해 파견한 사절단으로, 이후 기기창이 설립되는 배경이 되었어요.

31 동학 농민 운동　　　정답 ②

(가) 운동에 대한 설명으로 옳은 것은?

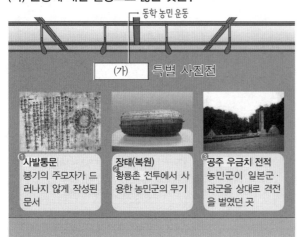

└ 동학 농민 운동

(가) 특별 사진전

①사발통문
봉기의 주모자가 드러나지 않게 작성된 문서

장태(복원)
황룡촌 전투에서 사용한 농민군의 무기

③공주 우금치 전적
농민군이 일본군·관군을 상대로 격전을 벌였던 곳

키워드 문제분석

❶ 사발통문 + ❷ 황룡촌 전투 + ❸ 공주 우금치
= 동학 농민 운동(1894)

고부 농민 봉기 수습을 위해 파견된 안핵사 이용태가 농민군을 탄압하자 전봉준 등 동학 지도자들은 제1차 봉기를 일으켰어요. 동학 농민군은 황토현 전투, 황룡촌 전투에서 거듭 승리하며 세력을 키웠고, 전주성을 공격해 점령하였어요. 이에 조선 정부는 청에 지원군을 요청하였고, 일본도 조선에 군대를 보냈어요. 동학 농민군은 청과 일본의 개입을 막기 위해 정부와 전주 화약을 맺고 자진 해산했고, 집강소를 설치해 폐정 개혁안을 실천하였어요. 그러나 일본군이 경복궁을 점령하고 내정에 간섭하자 재봉기하였어요. 동학 농민군의 남접과 북접은 논산에 집결한 후 서울을 향해 북상했고, 그 과정에서 일본군과 관군을 상대로 한 우금치 전투에서 크게 패배하였어요.

① 박규수가 안핵사로 파견되었다.
➡ **임술 농민 봉기** 수습을 위해 박규수가 안핵사로 파견되었고, 삼정이정청이 설치되었어요.

②전개 과정에서 집강소가 설치되었다.
➡ 동학 농민군은 청과 일본이 **동학 농민 운동** 진압을 구실로 파병하자, 정부와 화약을 맺고 집강소를 설치하였어요.

③ 한성 조약이 체결되는 결과를 가져왔다.
➡ 한성 조약은 **갑신정변** 이후 조선과 일본이 체결한 조약이에요.

④ 평안도 지역 차별에 반발하여 일어났다.
➡ **홍경래의 난**은 평안도 지역에 대한 차별에 반발하여 몰락 양반인 홍경래의 주도로 일어났어요.

킬러 32 관리 등용 제도(시대 통합)　　　정답 ③

(가)~(라) 제도에 대한 설명으로 옳은 것은?

기록으로 보는 관리 등용 제도

(가) 처음으로❶독서삼품을 정하여 관리를 선발하였다.

(나)❷쌍기의 말을 받아들여❷과거로 관리를 뽑았으며, 이로부터 학문을 숭상하는 풍조가 비로소 일어났다.

(다)❸천거한 사람들을 한곳에 모아 시험을 치르면 많은 인재를 얻을 수 있을 것입니다. 이는 한(漢)에서 시행한 현량과의 뜻을 이은 것입니다.

(라)❹군국기무처에서 올린 의안에, …… 과거제의 변통에 대한 재가를 받아 별도로 선거조례(選擧條例)를 정한다.

키워드 문제분석

❶ 독서삼품 = (가) 독서삼품과(신라 시대)
❷ 쌍기, 과거 = (나) 과거제(고려 시대)
❸ 천거 = (다) 현량과(조선 시대)
❹ 군국기무처, 과거제의 변통
= (라) 과거제 폐지(제1차 갑오개혁)

❶ 독서삼품과는 국학의 학생들을 대상으로 하여 유교 경전에 대한 이해 정도를 관리 선발에 참고한 제도예요. 신라 원성왕 때 시행되었어요.

❷ 고려 광종 때부터 실시된 과거제는 시험을 통해 관리를 선발하는 제도예요.

❸ 현량과는 조선 시대에 천거한 사람들을 모아 시험을 치러 인재를 등용한 제도예요.

❹ 과거제는 군국기무처를 중심으로 추진되었던 제1차 갑오개혁 때 폐지되었어요.

① (가) - 문과, 무과, 잡과로 구분하여 선발하였다.
➡ 조선 시대의 **과거**는 관리를 문과, 무과, 잡과로 구분하여 선발하였어요.

② (나) - 신라 원성왕 재위 시기에 시행되었다.
➡ 신라 원성왕 재위 시기에 시행된 제도는 **독서삼품과**예요.

③(다) - 조광조 등 사림 세력이 실시를 주장하였다.
➡ **현량과**는 조광조 등 사림 세력이 실시를 주장한 제도예요.

④ (라) - 광무 개혁의 일환으로 단행되었다.
➡ **과거제**는 제1차 갑오개혁 때 폐지되었어요.

33 독립 협회

정답 ②

(가)에 들어갈 단체로 옳은 것은?

〈한국사 역할극〉

┌ 독립 협회
2모둠: 민중을 계몽하자! (가) 의 활동

2모둠의 역할극에 대한 감상을 말해 볼까요?

독립신문이 발행되고 널리 읽히는 장면을 잘 표현했어요.

수백 명이 모인 토론회 장면을 빔 프로젝터로 실감나게 표현한 게 대단했어요.

서재필 / 윤치호

키워드 문제분석

❶ 서재필 + ❷ 독립신문 + ❸ 수백 명이 모인 토론회 = 독립 협회

독립 협회는 서재필, 이상재 등 개화 지식인들이 주도하여 창립한 단체예요. 독립 협회는 독립신문을 발행하고 독립문을 건립하는 등 자주독립 의지를 드러내는 활동을 하였어요. 수백 명의 민중을 모아 만민 공동회, 관민 공동회를 개최하며 민권 의식을 향상시키고자 하였어요. 그러나 공화정을 추구한다는 모함을 받아 고종이 독립 협회 해산 명령을 내렸고, 결국 강제로 해산되었어요.

① 신민회
➡ 신민회는 **공화 정체의 국가 수립**을 목표로 한 **비밀 결사 조직**이에요.

②독립 협회
➡ 독립 협회는 **자주 국권, 자유 민권, 자강 개혁**의 사상 보급을 위해 노력한 단체예요.

③ 대한 자강회
➡ 대한 자강회는 **고종의 강제 퇴위 반대 운동**을 주도한 애국 계몽 운동 단체예요.

④ 조선어 학회
➡ 조선어 학회는 **한글 맞춤법 통일안**을 제정하고, **우리말 큰사전** 편찬을 위해 노력한 단체예요.

34 을사늑약

정답 ④

밑줄 그은 '이 조약'에 대한 설명으로 옳은 것은?

┌ 을사늑약
이곳은 네덜란드 헤이그에 있는 이준 열사 기념관입니다. 그는 대한 제국의 외교권을 박탈한 이 조약의 부당함을 세계에 알리기 위해 이상설, 이위종과 함께 만국 평화 회의에 특사로 파견되었습니다.

키워드 문제분석

❶ 헤이그 + ❷ 이준 + ❸ 대한 제국의 외교권 박탈 + ❹ 이상설, 이위종 = 을사늑약

일제는 1905년 을사늑약을 강제로 체결하고 대한 제국의 외교권을 박탈하였어요. 이에 고종은 을사늑약의 부당함을 전 세계에 알리기 위해 네덜란드 헤이그에서 열리는 만국 평화 회의에 이준, 이상설, 이위종을 특사로 파견하였어요. 그러나 일제의 방해로 실패하였고, 일본은 이를 빌미로 고종을 강제로 퇴위시켰어요.

① 청일 전쟁의 배경이 되었다.
➡ 청일 전쟁은 **동학 농민 운동**이 전개되던 1894년에 발발하였어요.

② 최혜국 대우의 조항이 들어 있다.
➡ 최혜국 대우 조항은 **조미 수호 통상 조약** 및 **조일 통상 장정** 등에 포함되어 있어요.

③ 운요호 사건을 계기로 체결되었다.
➡ 운요호 사건을 계기로 체결된 조약은 **강화도 조약**이에요.

④통감부가 설치되는 결과를 가져왔다.
➡ 강압적으로 체결된 **을사늑약**의 결과 대한 제국에 통감부가 설치되었어요.

이것도! 정답선택지

⑤ (ㅇㄱㄱ) 박탈

⑥ (ㅎㅇㄱ) 특사 파견 배경

정답 ⑤ 외교권 ⑥ 헤이그

(가) 시기에 시행된 정책으로 옳은 것은?

역사 탐방 사전 학습지

이름	○○○	학번	△학년 △반 △△번
장소	서울 덕수궁		

왜 가고 싶나요? 대한 제국

❶고종은 국가의 위상을 높이기 위해 황제에 오르고 ❷ (가) 의 수립을 대내외에 선포하였습니다. 이 시기에 고종이 머물렀던 덕수궁에서 그 흔적을 찾아보고 싶습니다.

관련 자료를 찾아볼까요?

덕수궁 중화전   덕수궁 정관헌

키워드 문제분석

❶ 고종 + ❷ 황제 즉위 = 대한 제국

아관 파천 이후 덕수궁(경운궁)으로 돌아온 고종은 대한 제국 수립을 선포하고 광무개혁을 추진하였어요. 대한국 국제를 반포해 황제권을 강조하고, 이범윤을 간도 관리사로 임명하였어요. 또 원수부를 설치하고, 지계를 발급하였어요.

①지계가 발급되었다.
➡ **대한 제국**은 지계아문을 설치하고 근대적 토지 소유 증명서인 지계를 발급하였어요.

② 척화비가 건립되었다.
➡ 1871년 신미양요 이후 흥선 대원군은 통상 수교 거부 의지를 나타내기 위해 전국 각지에 척화비를 건립하였어요.

③ 홍범 14조가 반포되었다.
➡ 고종은 1895년에 홍범 14조를 반포하여 조선이 자주독립 국가임을 대내외에 선포하였어요.

④ 치안 유지법이 제정되었다.
➡ 일제는 1925년에 치안 유지법을 제정해 독립운동가 및 사회주의자들을 탄압하였어요.

이것도! 정답선택지

⑤ (ㄱㅂㅅㅊ)을 개혁 원칙으로 내세웠다.

정답 ⑤ 구본신참

밑줄 그은 '이 부대'에 대한 설명으로 옳은 것은?

○○에게   정미의병

이보게, 나는 마침내 의병에 합류하였네.
황제 폐하께서 강제로 그 자리에서 내려오셔야 했던 사건은 여전히 울분을 참을 수 없게 만드네. 일제가 끝내 우리 군대를 강제로 해산시키는 과정에서 동료들의 죽음을 보며 가만히 있을 수 없었네. 나는 ❶13도의 의병이 모여 조직되고 ❷이인영 총대장이 지휘하는 이 부대에 가담하여 끝까지 나라를 지키려고 하네.   13도 창의군
자네도 우리와 뜻을 같이하면 좋겠네.

엣 동료가

키워드 문제분석

❶ 13도의 의병 + ❷ 이인영 총대장 = 13도 창의군

고종 황제가 일제에 의해 강제로 퇴위당하고 대한 제국 군대가 강제로 해산되는 과정에서 해산 군인들이 의병에 가담해 정미의병은 조직력과 전투력이 강화되었어요. 정미의병 당시 이인영과 허위 등이 주도하여 13도의 의병들이 모인 13도 창의군이 창설되었어요. 이들은 각국 영사관에 의병을 정식 교전 단체로 인정해 줄 것을 요구하였어요.

①서울 진공 작전을 전개하였다.
➡ 13도 창의군은 서울에 주둔한 일본군을 몰아내기 위해 서울 진공 작전을 전개했으나 실패하였어요.

② 일제의 탄압을 피해 자유시로 이동하였다.
➡ 대한 독립 군단 등의 독립군들은 일제의 탄압을 피해 자유시로 이동하였어요.

③ 어재연의 지휘 아래 광성보에서 활약하였다.
➡ 신미양요 당시 조선의 군대는 어재연의 지휘 아래 광성보에서 활약하였어요.

④ 황푸 군관 학교에서 군사 훈련을 실시하였다.
➡ 의열단 단원들의 일부는 중국의 황푸 군관 학교에 입학하여 훈련을 받았어요.

37 청산리 전투

밑줄 그은 '전투'로 옳은 것은?

이것은 1920년 10월 ❶김좌진의 북로 군정서군 등 독립군 연합 부대가 ❷백운평, 천수평, 어랑촌 일대에서 일본군과 싸워 크게 승리한 전투입니다.

└ 청산리 전투

키워드 문제분석

❶ 김좌진의 북로 군정서군 + ❷ 백운평, 천수평, 어랑촌
= 청산리 전투

1920년 봉오동 전투에서 패배한 일제는 만주에 대규모 군대를 파견하였어요. 일본군은 김좌진의 북로 군정서군과 홍범도의 대한 독립군 등 독립군 연합 부대와 청산리 일대에서(백운평, 완루구, 천수평, 어랑촌 등) 여러 차례의 전투를 벌였으나 크게 패배하였어요.

① 백강 전투
➡ 백강 전투는 백제 멸망 이후인 663년 백제 부흥군과 왜의 지원군이 나당 연합군에 맞서 싸웠으나 패한 전투예요.

② 진주성 전투
➡ 진주성 전투는 임진왜란 중 김시민 등이 주도하여 일본군에 맞선 전투예요.

③ 청산리 전투
➡ 청산리 전투는 김좌진의 **북로 군정서군**이 활약한 대표적인 전투예요.

④ 대전자령 전투
➡ 대전자령 전투는 1930년대 한중 연합 작전의 일환으로 한국 독립군이 중국 호로군과 연합하여 일본군에 맞서 싸운 전투예요.

킬러 38 이육사의 활동

(가)에 해당하는 인물로 옳은 것은?

┌ 이육사

이 시는 ❶일제 강점기 민족 저항 시인 (가) 의 대표적인 작품입니다. 그는 조선은행 대구 지점 폭파 사건에 연루되어 수감 생활을 하던 당시의 ❷수인 번호를 따서 호를 지었습니다. 이제 그의 시를 노래로 만나 보겠습니다.

❸광야
지금 눈 내리고
매화 향기 홀로 아득하니
내 여기 가난한 노래의 씨를 뿌려라
다시 천고의 뒤에
백마 타고 오는 초인이 있어
이 광야에서 목놓아 부르게 하리라

키워드 문제분석

❶ 일제 강점기 민족 저항 시인 + ❷ 수인 번호 + ❸ 광야
= 이육사

이육사는 일제 강점기의 대표적인 저항 시인이에요. 이육사는 조선은행 대구 지점 폭파 사건에 연루되어 수감 생활을 하기도 하였어요. 당시의 수인번호가 264번이었는데, 이를 따서 호를 '육사'라고 지었어요.

①
심훈
➡ 대표적인 작품으로 「그날이 오면」 등이 있어요.

②
윤동주
➡ 대표적인 작품으로 「서시」, 「별헤는 밤」 등이 있어요.

③
이육사
➡ 대표적인 작품으로 **「광야」**, **「절정」**, **「청포도」** 등이 있어요.

④
한용운
➡ 대표적인 작품으로 「님의 침묵」 등이 있어요.

39 산미 증식 계획 정답 ③

밑줄 그은 '이 정책'으로 옳은 것은?

┌ 산미 증식 계획

그렇다네. 일제가 1920년부터 실시한 이 정책으로 쌀 생산량이 늘었지만 이보다 더 많은 양의 쌀을 일본으로 가져가 우리의 식량 사정이 더욱 나빠졌다네.

이 많은 쌀을 전부 일본으로 가져간다는 말인가?

키워드 문제분석

❶ 1920년 + ❷ 생산량보다 많은 양의 쌀 유출
= 산미 증식 계획

일제는 공업화에 따른 식량 부족 문제를 해결하기 위해 1920년대 한국에서 산미 증식 계획을 추진하였어요. 수리 시설을 늘리고 종자를 개량하는 등의 노력으로 쌀 생산량은 이전보다 늘어났어요. 그러나 늘어난 쌀보다 더 많은 양의 쌀을 수탈하여 한국은 오히려 식량 사정이 악화되었어요.

① 방곡령
➡ 방곡령은 국내의 곡물이 부족할 때 수출을 금지하는 명령이에요.

② 신해통공
➡ 신해통공은 조선 정조 때 육의전을 제외한 시전 상인들의 금난전권을 폐지한 조치예요.

③ 산미 증식 계획
➡ 산미 증식 계획은 1920년부터 **일본의 쌀 부족 문제 해결**을 위해 실시되었어요.

④ 토지 조사 사업
➡ 토지 조사 사업은 1910년대 일제가 식민 통치에 필요한 경제적 기반을 마련하기 위해 실시한 정책이에요. **토지 조사령을 공포**하여 기한 내에 신고하지 않은 토지들을 조선 총독부가 차지하였어요.

40 1930년대 후반 이후 민족 말살 통치 정답 ①

다음 다큐멘터리에서 볼 수 있는 장면으로 적절하지 않은 것은?

〈다큐멘터리 기획안〉

일제의 침략 전쟁에 동원된 한국인들

■ 기획 의도
일제는 ❶태평양 전쟁을 도발하면서 ❷인적·물적 자원 수탈을 더욱 강화하였다. 당시 우리의 민족의식을 말살하고 수많은 한국인을 침략 전쟁에 동원한 실상에 대해 구체적으로 살펴보고자 한다.

■ 구성 내용
1. ❸징병제, 총알받이로 내몰린 청년들
2. ❹일본군 '위안부', 인권을 유린당한 여성들
⋮

키워드 문제분석

❶ 태평양 전쟁 + ❷ 인적·물적 자원 수탈 + ❸ 징병제
+ ❹ 일본군 '위안부' = 1930년대 후반 이후

일제는 1930년대 침략 전쟁을 확대하며 우리 민족을 전쟁에 동원하기 위해 다양한 정책을 펼쳤어요. 민족의식을 말살하기 위하여 황국 신민 서사를 암송하게 하고, 일본식 이름을 강요하였어요. 또한 국가 총동원법을 제정하여 청년들을 전쟁에 강제로 동원하고, 여성은 일본군 '위안부'로 동원하였어요.

① 태형을 집행하는 헌병 경찰
➡ 1910년대에는 헌병 경찰이 조선인에 한해 태형을 집행할 수 있었어요.

② 강제 징용으로 끌려가는 청년
➡ 일제는 국가 총동원법이 제정된 1938년 이후 수많은 학생과 청년들을 전쟁에 강제로 동원하였어요.

③ 공출로 가마솥을 빼앗기는 농민
➡ 국가 총동원법이 제정된 1938년 이후 공출제에 따라 가마솥 등 금속을 빼앗겼어요.

④ 황국 신민 서사를 암송하는 학생
➡ 일제는 1930년대 후반 이후 침략 전쟁을 확대하며 황국 신민화 정책의 일환으로 황국 신민 서사를 암송하도록 하였어요.

이것도! 정답선택지

⑤ (ㅅㅅ) 참배를 강요당하는 청년

정답 ⑤ 신사

밑줄 그은 '이날'에 해당하는 세시 풍속으로 옳은 것은?

❶음력 5월 5일인 오늘은 한국의 전통 명절입니다. 여러분이 드시는 ❷수리취떡은 이날에 만들어 먹는 음식입니다. 마당에서도 다양한 체험 행사가 진행 중입니다. 어떤 행사에 참여하실 건가요?
└ 단오

저는 ❸창포물에 머리를 감아보려 합니다.

저는 친구와 함께 ❹씨름 경기에 참여할 겁니다.

키워드 문제분석

❶ 음력 5월 5일 + ❷ 수리취떡 + ❸ 창포물 + ❹ 씨름
= 단오

① 단오
➡ 단오는 **음력 5월 5일**로 천중절, 중오절, 수릿날이라고도 불리는 우리나라의 세시 풍속이에요. 단오에 부녀자들은 창포 삶은 물로 머리카락과 얼굴을 씻고 그네뛰기를 하며, 남자들은 씨름을 즐기는 풍습이 있어요.

② 동지
➡ 동지는 양력 12월 22~23일경으로 일년 중 밤이 가장 긴 날이에요. 팥죽을 쑤어 먹는 풍습이 있어요.

③ 추석
➡ 추석은 음력 8월 15일로 한가위 또는 중추절이라고도 해요. 새로 수확한 곡식이나 과일 등을 가지고 차례를 지냈으며, 송편 등을 만들어 먹는 풍습이 있어요.

④ 한식
➡ 한식은 동지로부터 105일째 되는 날로, 불을 사용하지 않고 찬 음식을 먹는 풍습이 있어요.

(가)에 들어갈 인물로 옳은 것은?

나는 지금 상하이에 있는 ❶매헌 기념관에 와 있어.

거기는 어떤 곳이야?

❷한인 애국단 소속으로 ❸홍커우 공원에서 의거를 일으킨 (가) 을/를 기념하는 곳이야.
└ 윤봉길

그런 의미가 있는 곳이구나.

키워드 문제분석

❶ 매헌 + ❷ 한인 애국단 + ❸ 홍커우 공원 = 윤봉길

1931년 김구는 대한민국 임시 정부의 침체를 극복하기 위해 상하이에서 한인 애국단을 조직하였어요. 한인 애국단에 소속된 인물들은 대표적으로 이봉창, 윤봉길 등이 있어요. 이들의 의거는 한국의 독립운동에 대한 여론을 일으켜 대한민국 임시 정부의 위상을 강화하였고, 중국 국민당 정부가 대한민국 임시 정부를 지원하는 계기를 마련하는 사건이 되었어요.

① 나석주
➡ 나석주는 **의열단**의 단원으로, 동양 척식 주식 회사에 폭탄을 투척하였어요.

② 윤봉길
➡ 윤봉길은 **한인 애국단**의 단원으로, 1932년 일왕의 생일 및 일본의 상하이 사변 전승 기념식장이었던 **홍커우 공원**에서 폭탄을 던지는 의거를 시행하였어요.

③ 이봉창
➡ 이봉창은 **한인 애국단**의 단원으로, 도쿄에서 일본 **천황이 탄 마차**를 향해 폭탄을 투척하였어요.

④ 이회영
➡ 이회영은 **신민회**의 일원으로, 경학사를 조직하고 **신흥 강습소**를 세우는 데 기여하였어요.

(가) 군대에 대한 설명으로 옳은 것은?

뮤지컬로 역사를 만나다

작전명 **독수리**

"오늘 이 시간부터 아메리카 합중국과 대한민국 임시 정부의 비밀 공작이 시작되었다." ┌ 한국광복군
❶ 대한민국 임시 정부의 (가) 와/과 미국의 전략 정보국(OSS)이 합작한 ❷ 국내 진공 작전, 일명 '독수리 작전'에 대한 이야기를 뮤지컬로 보여 드립니다.

■ 일시: 2022년 ○○월 ○○일 오후 7시
■ 장소: △△문화회관 ◇◇홀

키워드 문제분석

❶ 대한민국 임시 정부 + ❷ 국내 진공 작전 = 한국광복군

1940년 중국 국민당의 지원을 받아 대한민국 임시 정부 산하의 정규군으로 한국광복군이 창설되었어요. 이들은 인도·미얀마 전선에 파병되었고, 미국 전략 정보국과 국내 진공 작전을 준비하는 등의 활동을 벌였어요. 그러나 국내 진공 작전은 일본의 항복으로 실행되지 못하였어요.

① 고종의 밀지를 받아 조직되었다.
➡ 독립 의군부는 고종의 밀지를 받아 복벽주의를 표방하며 조직되었어요.

② 조선 혁명 선언을 활동 지침으로 삼았다.
➡ 김원봉이 조직한 의열단은 신채호의 조선 혁명 선언을 활동 지침으로 삼았어요.

③ 지청천을 총사령관으로 하여 창설되었다.
➡ **한국광복군**은 대한민국 임시 정부 산하에 지청천을 총사령관으로 하여 창설되었어요.

④ 영릉가 전투에서 한중 연합 작전을 전개하였다.
➡ 양세봉이 이끈 조선 혁명군은 중국 의용군과 함께 영릉가 전투에서 한중 연합 작전을 전개하였어요.

다음 사진전에 전시될 사진으로 적절하지 <u>않은</u> 것은?

사진으로 보는
대한민국 정부 수립 과정
우리 학교 역사 동아리에서는 광복 이후 정부 수립에 이르기까지 격동의 역사를 주제로 사진전을 기획하였습니다.
관심 있는 학생들의 많은 관람 바랍니다.
■ 기간: 2022년 ○○월 ○○일~○○월 ○○일
■ 장소: △△ 역사 동아리실

자료에서 광복 이후부터 정부 수립까지의 과정을 살펴본다고 하였으므로 광복일인 1945년 8월 15일부터 대한민국 정부가 수립된 1948년 8월 15일 사이에 있었던 역사적 사건의 내용이 전시되어야 해요.

①
5 · 10 총선거 실시
➡ 유엔에서 남한만의 단독 선거 결정 이후 1948년 5월 10일 총선거가 실시되었어요.

②
6 · 10 만세 운동 전개
➡ 일제 강점기인 **1926년** 순종의 인산일을 기해 6·10 만세 운동이 전개되었어요.

③
좌우 합작 위원회 활동
➡ 미소 공동 위원회의 결렬 이후 여운형 등은 좌우 합작 위원회를 결성하여 통일 정부 수립을 위해 노력하였어요.

④
제1차 미소 공동 위원회 개최
➡ 광복 이후 한반도 문제에 대한 세부적인 논의를 위해 제1차 미소 공동 위원회가 개최되었어요.

(가)에 들어갈 민주화 운동으로 옳은 것은?

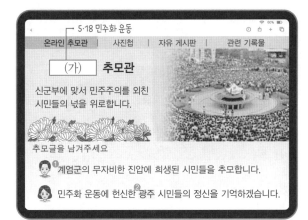

키워드 문제분석

❶ 계엄군 + ❷ 광주 = 5·18 민주화 운동

박정희 유신 체제 붕괴 이후 국민들의 민주화 요구가 높아진 상황에서 전두환 등 신군부가 정변을 일으켜 군사권을 장악하였어요. 그리고 5월 17일 비상계엄을 전국으로 확대하였어요. 이에 전라남도 광주에서는 비상계엄 확대에 반대하는 시위가 전개되었어요(5·18 민주화 운동). 계엄군은 시위를 무자비하게 진압하였고, 광주 시민들은 시민군을 편성해 계엄군에 맞섰으나 다수의 사상자가 발생하였어요.

① 4·19 혁명
➡ 4·19 혁명은 이승만 정부의 장기 집권과 3·15 부정 선거에 맞서 일어난 민주화 운동이에요.

② 6월 민주 항쟁
➡ 6월 민주 항쟁은 4·13 호헌 철폐와 독재 타도 등의 구호를 내세우며 대통령 직선제를 요구한 민주화 운동이에요.

③ 부마 민주 항쟁
➡ 부마 민주 항쟁은 박정희 정부의 유신 체제에 맞서 일어난 민주화 운동이에요.

④ 5·18 민주화 운동
➡ 5·18 민주화 운동은 신군부의 계엄 확대와 민주화 운동 탄압에 대한 저항의 과정에서 일어난 민주화 운동이에요.

다음 자료에 나타난 정부 시기의 통일 노력으로 옳은 것은?

❶북방 외교를 통해 소련과 국교를 수립하고, 남북 관계의 진전을 이루었다.

화해와 불가침 및 교류 협력에 관한 내용을 담은 남북 기본 합의서를 채택하였다.

평화와 통일을 위한 준비 과정으로 한반도 비핵화 공동 선언에 합의하였다.

키워드 문제분석

❶ 북방 외교 + ❷ 남북 기본 합의서
+ ❸ 한반도 비핵화 공동 선언 = 노태우 정부

❶ 노태우 정부는 냉전이 해체되는 상황 속에서 소련, 중국 등 공산 국가와 수교를 맺는 북방 외교를 수립하였고, 북한과의 관계에서도 다양한 진전을 보였어요.

❷ 노태우 정부 시기 남북한은 상호 체제를 인정하고 상호 불가침을 합의한 남북 기본 합의서를 채택하였어요.

❸ 노태우 정부 시기 남북한은 한반도의 평화를 위해 한반도 비핵화에 관한 공동 선언을 발표하였어요.

① 남북한 유엔 동시 가입
➡ 노태우 정부 시기인 1991년에 남북한이 유엔에 동시 가입하였어요.

② 남북 이산가족 최초 상봉
➡ 전두환 정부 시기에 최초로 남북 이산가족 상봉이 이루어졌어요.

③ 7·4 남북 공동 성명 발표
➡ 박정희 정부 시기인 1972년에 7·4 남북 공동 성명이 발표되었고, 이에 따라 남북 조절 위원회가 구성되었어요.

④ 6·15 남북 공동 선언 채택
➡ 김대중 정부 시기인 2000년 제1차 남북 정상 회담의 결과로 6·15 남북 공동 선언이 채택되었어요.

이것도! 정답선택지

⑤ 서울 (ㅇㄹㅍ) 대회가 개최되었다.

⑥ (ㄴㅂ ㄱㅂ) 합의서를 채택하였다.

⑦ 소련, (ㅈㄱ)과의 국교가 수립되었다.

정답 ⑤ 올림픽 ⑥ 남북 기본 ⑦ 중국

밑줄 그은 '정부' 시기에 있었던 사실로 옳은 것은?

□□신문

제△△호　　　　　○○○○년 ○○월 ○○일

국민학교 명칭, 역사 속으로 사라지다

　정부는 광복 50주년을 맞이하여 일제 강점기에 황국 신민의 양성을 목적으로 지어진❶국민학교 명칭을 초등학교로 변경한다고 발표했다. 이에 따라 내년 2월말까지 전국 국민학교의 간판을 초등학교로 바꿔 달고 학교의 직인과 생활기록부 등에 적혀 있는 국민학교라는 명칭도 모두 바꾸기로 하였다.

💬 **키워드 문제분석**

> ❶ 국민학교 명칭 초등학교로 변경 = 김영삼 정부

　김영삼 정부는 일제의 잔재를 청산하기 위해 1996년 '국민학교'라는 명칭을 '초등학교'로 바꾸었어요.

① 삼청 교육대가 운영되었다.
➡ **전두환 정부** 시기에 사회 정화를 명목으로 삼청 교육대가 운영되었어요.

②조선 총독부 건물이 철거되었다.
➡ **김영삼 정부** 시기에 역사 바로 세우기를 추진하며 조선 총독부 건물이 철거되었어요.

③ 반민족 행위 처벌법이 제정되었다.
➡ **이승만 정부** 시기에 반민족 행위 처벌법을 제정하고 반민족 행위 특별 조사 위원회를 설치해 친일 행위자를 처벌하고자 하였어요. 그러나 정부의 방해와 반민 특위 활동 기간 축소로 활동 약 1년 만에 해체되었어요.

④ 서울에서 G20 정상 회의가 개최되었다.
➡ **이명박 정부** 시기인 2010년에 서울에서 G20 정상 회의가 개최되었어요.

다음 뉴스가 보도된 정부 시기의 경제 상황으로 옳은 것은?

> 오늘 서울 월드컵 경기장에서 제17회 FIFA❶ 한일 월드컵 축구대회 개막식이 열렸습니다. 이번 월드컵 대회는 아시아 지역에서 처음 열리는 대회로서 세계인의 큰 관심을 끌고 있습니다.

서울에서 월드컵 개막식 성공적으로 열려

💬 **키워드 문제분석**

> ❶ 한일 월드컵 축구대회 = 김대중 정부

　제17회 한일 월드컵 축구대회는 2002년에 개최되었어요. 2002년은 김대중 정부 시기에 해당해요.

① 경부 고속 도로를 준공하였다.
➡ **박정희 정부** 시기인 1970년에 경부 고속 도로가 준공되었어요.

② 세계 무역 기구(WTO)에 가입하였다.
➡ **김영삼 정부** 시기인 1995년에 세계 무역 기구(WTO)에 가입하였어요.

③ 제1차 경제 개발 5개년 계획이 추진되었다.
➡ **박정희 정부** 시기인 1962년에 제1차 경제 개발 5개년 계획이 추진되었어요.

④국제 통화 기금(IMF)의 구제 금융을 조기 상환하였다.
➡ **김대중 정부**는 김영삼 정부 시기에 받았던 국제 통화 기금(IMF)의 금융 지원을 해결하기 위해 국민을 대상으로 금 모으기 운동을 벌였어요. 여러 노력의 결과 2001년에 국제 통화 기금(IMF)을 조기 상환하였어요.

이것도! 정답선택지

⑤ 금융 (ㅅㅁㅈ)가 실시되었다.

⑥ (ㄱㅈ ㅎㄹ) 개발 기구(OECD)에 가입하였다.

　　　　　　　　정답 ⑤ 실명제 ⑥ 경제 협력

49 구휼 제도(시대 통합)   정답 ①

(가)에 들어갈 내용으로 옳은 것은?

주제 탐구 활동 계획서

○학년 ○반 ○모둠

주제: 역사 속 백성들을 위한 구휼 제도

■ 선정 이유

우리 역사 속에서 자연 재해나 경제적 위기 상황에 직면한 백성들을 위해 국가가 실시한 구휼 제도에 대해 시대별로 살펴 보고, 그 역사적 의미와 교훈에 관하여 생각해 보고자 한다.

■ 시대별 탐구 내용

구분	❶삼국 시대	❷고려 시대	❸조선 시대
내용	고구려의 진대법 실시	(가)	환곡제 운영

키워드 문제분석

❶ 삼국 시대 = 진대법

❷ 고려 시대 = 흑창, 의창

❸ 조선 시대 = 환곡제

❶ 고구려는 고국천왕 때 을파소의 건의로 진대법을 실시하였어요. 진대법은 봄에 곡식을 빌려 주었다가 가을에 추수한 뒤 갚도록 한 제도였어요.

❷ 고려 태조 왕건은 빈민 구제 기관인 흑창을 설치하였어요. 흑창은 성종 때 의창으로 개칭되어 흉년에 빈민을 구제하는 역할을 하였어요.

❸ 조선 시대의 환곡은 봄에 곡식을 빌려준 후 가을에 추수한 뒤 갚는 제도였어요. 조선 후기에는 농민에게 곡식을 강제로 빌려준 후 비싼 이자를 거두는 등 문란하게 변질되었어요.

①의창 설치

➡ 의창은 **고려 시대**에 평소에 저장해 두었던 곡식을 흉년 등의 상황에 대여해주던 구휼 기관이에요.

② 신문고 운영

➡ 신문고는 **조선 시대**에 백성이 겪은 억울한 일을 직접 국왕이 해결해줄 목적으로 달았던 북이에요.

③ 제중원 설립

➡ 제중원은 **개항기**에 설립된 우리나라 최초의 서양식 병원으로, 광혜원에서 제중원으로 이름이 변경되었어요.

④ 호포제 실시

➡ 호포제는 각 가호마다 군포를 부과하는 제도로, **흥선 대원군 집권기**에 실시되었어요.

50 대구의 역사   정답 ①

(가)에 들어갈 지역으로 옳은 것은?

키워드 문제분석

❶ 공산 전투 + ❷ 국채 보상 운동 = 대구

❶ 고려 태조(왕건)는 후삼국을 통일하는 과정에서 후백제군과 여러 차례의 전투를 벌였어요. 오늘날 대구 지역에서 치러진 공산 전투에서 고려군은 후백제군에게 패배하였어요.

❷ 일제의 강제 차관으로 인해 대한 제국의 경제적 예속이 심해지자, 국채 보상 운동이 일어났어요. 국채 보상 운동은 서상돈, 김광제 등의 발의로 대구에서 시작되었어요. 국채 보상 운동은 대한매일신보 등 언론의 후원에 힘입어 전국으로 확산되었으나, 일제의 방해로 실패하였어요.

①대구

➡ **국채 보상 운동**은 대구에서 시작되어 대한매일신보 등 언론의 지원을 받아 전국으로 확산되었어요.

② 안동

➡ 안동은 고려와 후백제 간에 고창 전투가 일어났던 곳이에요.

③ 울산

➡ 울산은 **반구대 암각화** 등의 문화유산이 남아 있어요.

④ 청주

➡ 청주는 현존하는 가장 오래된 금속 활자 인쇄본인 「직지심체요절」이 인쇄된 곳이에요.

01 (가) 시대의 생활 모습으로 옳은 것은? (2점)

제△△회 선사 문화 축제

정착 생활과 농경이 시작된 [(가)] 시대로의 시간 여행에 여러분을 초대합니다.

■ 기간: 2022년 ○○월 ○○일~○○월 ○○일
■ 장소: □□□ 선사 유적 박물관 일대

① 가락바퀴를 이용하여 실을 뽑았다.
② 무덤 껴묻거리로 오수전 등을 묻었다.
③ 철제 농기구를 사용하여 농사를 지었다.
④ 의례 도구로 청동 방울 등을 사용하였다.

02 (가) 나라에 대한 설명으로 옳은 것은? (3점)

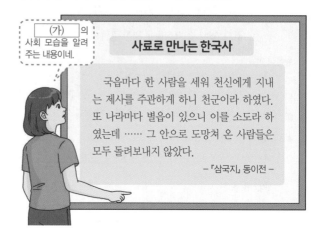

(가) 의 사회 모습을 알려 주는 내용이네.

사료로 만나는 한국사

국읍마다 한 사람을 세워 천신에게 지내는 제사를 주관하게 하니 천군이라 하였다. 또 나라마다 별읍이 있으니 이를 소도라 하였는데 …… 그 안으로 도망쳐 온 사람들은 모두 돌려보내지 않았다.

- 『삼국지』 동이전 -

① 영고라는 제천 행사가 있었다.
② 신지, 읍차 등의 지배자가 있었다.
③ 혼인 풍습으로 민며느리제가 있었다.
④ 읍락 간의 경계를 중시하는 책화가 있었다.

03 밑줄 그은 '제도'로 옳은 것은? (2점)

매년 봄부터 가을까지 관청의 곡식을 내어 백성 가구의 많고 적음에 따라 차등을 두어 식량을 빌려 주도록 하고, 겨울에 갚게 하라.

고국천왕 고국천왕

우리나라에 이런 제도가 생겼군!

이제 우리도 조금 살 만해지겠어.

① 흑창   ② 상평창   ③ 진대법   ④ 제위보

04 (가) 섬에 대한 설명으로 옳은 것은? `1점`

여러 가지 이름으로 불린 섬, (가)

가지어라고 불린 강치가 많은 섬이라 가지도로 불림

1900년 대한 제국 칙령 제41호에 석도로 기록됨

1906년 울도 군수 심흥택의 보고서에 (가) (으)로 표기됨

① 러시아가 조차를 요구한 섬이다.
② 영국이 불법적으로 점령한 섬이다.
③ 하멜 일행이 표류하다 도착한 섬이다.
④ 안용복이 일본으로 건너가 우리 영토임을 주장한 섬이다.

05 (가)에 들어갈 가상 우표로 적절한 것은? `2점`

우리 반에서는 공주와 부여에 도읍했던 국가의 문화유산을 소재로 우표를 만들었습니다.

대한민국 KOREA 500 정림사지 오층 석탑
대한민국 KOREA 500 석촌동 고분군
(가)
대한민국 KOREA 500 무령왕릉 석수

①
대한민국 KOREA 500
첨성대

②
대한민국 KOREA 500
미륵사지 석탑

③
대한민국 KOREA 500
무용총 수렵도

④
대한민국 KOREA 500
성덕 대왕 신종

06 밑줄 그은 '이 나라'에 대한 설명으로 옳은 것은? `2점`

김해 지역에 세워진 이 나라의 역사를 여행 앱을 통해 만나 보세요.

국립 김해 박물관 / 김해 구지봉 / 김해 대성동 고분군 / 김해 수로왕릉

① 전기 가야 연맹을 주도하였다.
② 교육 기관인 국학을 설치하였다.
③ 옥저를 정복하고 동해안으로 진출하였다.
④ 지방에 22담로를 두어 왕족을 파견하였다.

07 밑줄 그은 '왕'의 업적으로 옳은 것은? `2점`

○ 왕이 영을 내려 순장을 금하게 하였다. 이전에는 국왕이 죽으면 남녀 다섯 명씩 순장하였는데, 이때에 이르러 금하게 한 것이다.

○ 여러 신하들이 한뜻으로 '신라국왕'이라는 호칭을 올리니, 왕이 이를 따랐다.

― 『삼국사기』 ―

① 우경을 장려하였다.
② 율령을 반포하였다.
③ 독서삼품과를 실시하였다.
④ 화랑도를 국가 조직으로 개편하였다.

08 (가)에 들어갈 세시 풍속으로 옳은 것은? (1점)

동지로부터 105일째 되는 날인 (가) 은/는 양력 4월 5일 무렵으로 중국 춘추 시대 개자추 이야기에서 유래되었다고 전한다. 이날에는 불을 사용하지 않고 찬 음식을 먹었으며 조상의 묘를 돌보았다.

① 단오　　② 칠석　　③ 한식　　④ 삼진날

10 다음 기획서에 나타난 시기에 발생한 사건으로 옳은 것은? (2점)

제작 기획서

제목	천년의 신라, 마지막을 향해 가다	장르	다큐멘터리
제작 의도	신라는 혜공왕 이후 잦은 왕위 쟁탈전으로 통치 질서가 어지러워지고 나라 살림이 어려워졌다. 중앙 정부는 세금을 독촉하였고 이에 시달린 농민들은 봉기를 일으켰다. 이러한 과정을 살펴보며 당시의 시대 상황을 되새겨 본다.		
등장 인물	장보고, 진성 여왕, 원종, 애노 등		

① 김헌창의 난　　　　② 이자겸의 난
③ 김사미·효심의 난　　④ 망이·망소이의 난

09 (가), (나) 사이의 시기에 있었던 사건으로 옳은 것은? (3점)

① 백강 전투　　　　② 살수 대첩
③ 관산성 전투　　　④ 처인성 전투

11 (가)에 들어갈 사실로 옳은 것은? (2점)

타임라인으로 알아보는 발해의 역사

고왕 대조영 — 동모산에서 건국
무왕 대무예 — (가)
선왕 대인수 — 건흥이라는 연호 사용
문왕 대흠무 — 상경으로 천도

① 대마도 정벌　　　② 4군 6진 개척
③ 동북 9성 축조　　④ 산둥반도의 등주 공격

12 (가)에 들어갈 인물로 옳은 것은? (2점)

이 사진에 대해 설명해 주세요.

이것은 (가) 이/가 세운 태봉의 도성 터 사진입니다. 삼국사기에 의하면 수많은 청주 사람을 이곳 철원성에 옮기고 도읍으로 삼았다고 합니다.

① 견훤　　② 궁예　　③ 온조　　④ 주몽

13 밑줄 그은 '이 책'으로 옳은 것은? (1점)

이달의 책

이 책에 대해 말해 주세요.

승려 일연이 저술한 역사서 입니다.

단군의 고조선 건국 이야기가 실려 있습니다.

① 동국통감　　　　② 동사강목
③ 삼국유사　　　　④ 제왕운기

14 (가)에 들어갈 문화유산으로 옳은 것은? (2점)

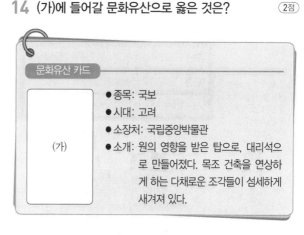

문화유산 카드

(가)

● 종목: 국보
● 시대: 고려
● 소장처: 국립중앙박물관
● 소개: 원의 영향을 받은 탑으로, 대리석으로 만들어졌다. 목조 건축을 연상하게 하는 다채로운 조각들이 섬세하게 새겨져 있다.

① 불국사 삼층 석탑

② 분황사 모전 석탑

③ 영광탑

④ 경천사지 십층 석탑

15 (가)~(다)를 일어난 순서대로 옳게 나열한 것은? (3점)

여진을 내쫓고 우리 옛 땅을 돌려준다면 어찌 거란과 교류하지 않겠는가?

소손녕　서희

(가)

항복은 없다. 거란에 맞서 끝까지 싸우지.

양규

(나)

이곳 귀주에서 거란군을 모두 물리쳐라.

강감찬

(다)

① (가) - (나) - (다)　　② (가) - (다) - (나)
③ (나) - (가) - (다)　　④ (다) - (가) - (나)

16 다음 퀴즈의 정답으로 옳은 것은? (2점)

제시된 단계별 힌트를 종합하여 알 수 있는 기구는 무엇일까요?

1단계 | 고려 무신 정권기의 최고 권력 기구입니다.
2단계 | 임시 기구로 출발하였습니다.
3단계 | 최충헌이 설치하였습니다.

① 중방
② 교정도감
③ 도병마사
④ 식목도감

17 다음 가상 인터뷰의 (가)에 들어갈 내용으로 적절한 것은? (3점)

지눌 스님, 불교를 위해 어떤 활동을 하셨나요?

(가)

① 무애가를 지었습니다.
② 천태종을 개창하였습니다.
③ 수선사 결사를 제창하였습니다.
④ 왕오천축국전을 저술하였습니다.

18 (가)에 들어갈 인물로 옳은 것은? (1점)

(가)

(앞면)

• 고려 시대 학자
• 성균관 대사성 역임
• 사신으로 명, 일본 왕래
• 조선 건국 세력에 맞서 고려 왕조를 지키고자 함
• 문집으로 포은집이 있음

(뒷면)

① 박지원

② 송시열

③ 정몽주

④ 정도전

19 (가)에 들어갈 내용으로 옳은 것은? (2점)

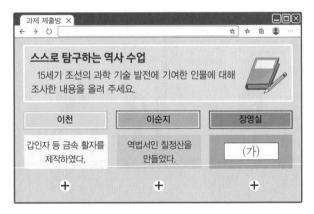

과제 제출방

스스로 탐구하는 역사 수업
15세기 조선의 과학 기술 발전에 기여한 인물에 대해 조사한 내용을 올려 주세요.

이천	이순지	장영실
갑인자 등 금속 활자를 제작하였다.	역법서인 칠정산을 만들었다.	(가)
+	+	+

① 거중기를 설계하였다.
② 자격루를 제작하였다.
③ 대동여지도를 만들었다.
④ 동의보감을 완성하였다.

20 선생님의 질문에 대한 학생의 대답으로 옳지 <u>않은</u> 것은? 2점

원 간섭기의 몽골 문화의 영향을 받은 고려의 생활 모습에 대해 말해 볼까요?

① 지배층을 중심으로 변발이 유행하였어요.

② 증류 방식으로 소주를 제조하였어요.

③ 고추를 넣어 김치를 담갔어요.

④ 아랫도리에 주름을 잡은 철릭을 입었어요.

21 (가) 기구에 대한 설명으로 옳은 것은? 2점

호조의 관리들이 국가의 물자를 빼돌렸는데 비위의 범위가 넓다네.

서둘러 (가) 의 수장인 대사헌께 보고하세.

① 왕명 출납을 관장하였다.

② 수도의 행정과 치안을 맡았다.

③ 외국어 통역 업무를 담당하였다.

④ 사간원, 홍문관과 함께 삼사로 불렸다.

22 (가)에 들어갈 용어로 옳은 것은? 1점

지난 수업에서는 조선의 통치 이념인 (가) 에 대해 배웠습니다. 이 화면에는 여러분이 수업 후 기억에 남는 용어를 입력한 결과가 나타나 있습니다. 입력 빈도가 높을수록 큰 글씨로 표시됩니다.

이기론　주자
신진사대부
이이　사림　서원
안향　이황

① 선종　　② 성리학　　③ 양명학　　④ 천도교

23 밑줄 그은 '이 전쟁'에 대한 설명으로 옳은 것은? 2점

지금 촬영하는 곳은 남한산성입니다. 적의 공격을 방어하기 유리한 지형에 세워진 산성으로 이 전쟁 때 인조가 피신하였습니다.

① 김시민 장군이 활약하였다.

② 별무반을 편성하여 적과 싸웠다.

③ 전쟁 후 청과 군신 관계를 맺었다.

④ 이여송이 이끄는 명의 지원군이 파병되었다.

24 (가), (나) 사이의 시기에 있었던 사실로 옳은 것은? ③점

> (가) 효종이 죽자 자의 대비의 상복 입는 기간을 두고 예송이 발생하였다.
>
> (나) 신하들이 언제라도 탕평의 의미를 되새기라는 뜻에서 왕이 성균관 앞에 탕평비를 세웠다.

① 비변사가 폐지되었다.
② 훈련도감이 설치되었다.
③ 경신환국으로 서인이 집권하였다.
④ 무오사화로 김일손 등이 처형되었다.

25 (가) 사건에 대한 설명으로 옳은 것은? ②점

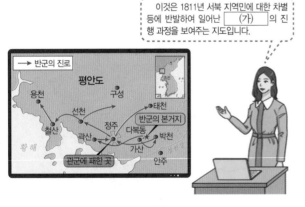

> 이것은 1811년 서북 지역민에 대한 차별 등에 반발하여 일어난 (가) 의 진행 과정을 보여주는 지도입니다.

① 홍경래가 봉기를 주도하였다.
② 서경 천도를 주장하며 일어났다.
③ 백낙신의 횡포가 계기가 되었다.
④ 특수 행정 구역인 소의 주민이 참여하였다.

26 다음 상황이 나타난 시기에 볼 수 있는 모습으로 적절하지 <u>않은</u> 것은? ②점

① 민화를 그리는 화가
② 탈춤을 공연하는 광대
③ 판소리를 구경하는 상인
④ 팔관회에 참가하는 외국 사신

27 (가)에 들어갈 제도로 옳은 것은? ①점

방납의 폐단 — 실시 배경 — (가) — 내용 — 토지 결수를 기준으로 부과 — 특산물 대신 쌀, 옷감, 동전 징수
담당 기구 — 선혜청
영향 — 상품 화폐 경제의 발달

① 과전법　　② 균역법　　③ 대동법　　④ 영정법

28 (가) 왕이 실시한 정책으로 옳은 것은? ②점

2022 (가) 능행차

주관: △△문화재단

이번 가을, (가) 능행차가 진행됩니다. 이 행사에서는 혜경궁 홍씨의 회갑을 기념하여 거행했던 '을묘년 화성원행'을 재현할 예정입니다. 많은 관심 부탁드립니다.

■ 기간: 2022년 ○○월 ○○일
～○○월 ○○일
■ 장소: 창덕궁 → 노들섬 → 시흥행궁터
→ 장안문·화성행궁 → 융릉

① 장용영을 설치하였다.
② 전시과를 시행하였다.
③ 경복궁을 중건하였다.
④ 경국대전을 완성하였다.

29 (가)에 들어갈 인물로 옳은 것은? ②점

○○○
전북 부안

♡ ○ ▽

♥ 좋아요 60개

이곳은 조선의 실학자인 (가) 이/가 머물렀던 반계 서당이다. 그는 균전론 등 여러 개혁안을 제시한 반계수록을 저술하였다.

… 더보기

댓글 15개 모두 보기

① 이익　　② 박제가　　③ 유형원　　④ 홍대용

30 (가) 시기에 있었던 사실로 옳은 것은? ②점

여기는 환구단의 일부인 황궁우야.

고종은 환구단에서 황제 즉위식을 거행하고, 경운궁에서 새로운 국호인 (가) 을/를 선포하였지.

① 당백전을 발행하였다.
② 영선사를 파견하였다.
③ 육영 공원을 설립하였다.
④ 대한국 국제를 제정하였다.

31 (가)에 들어갈 사건으로 옳은 것은? 〔1점〕

역사 뮤지컬

3일 천하

우정총국 개국 축하연을 기회로 삼아
[(가)]을/를 일으킨 조선 청년들의 새로운
도전이 춤과 노래로 펼쳐집니다.

■ 일시: 2022년 ○○월 ○○일 19시
■ 장소: △△아트센터 대극장

① 갑오개혁 　　　　② 갑신정변
③ 브나로드 운동 　　④ 민립 대학 설립 운동

32 밑줄 그은 '의병'이 일어난 시기를 연표에서 옳게 고른 것은? 〔3점〕

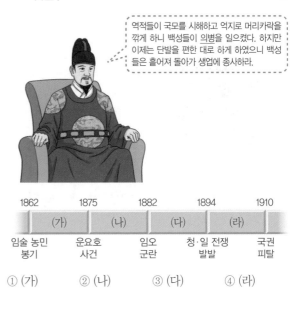

역적들이 국모를 시해하고 억지로 머리카락을 깎게 하니 백성들이 의병을 일으켰다. 하지만 이제는 단발을 편한 대로 하게 하였으니 백성들은 흩어져 돌아가 생업에 종사하라.

1862		1875		1882		1894		1910
	(가)		(나)		(다)		(라)	
임술 농민 봉기		운요호 사건		임오 군란		청·일 전쟁 발발		국권 피탈

① (가)　　② (나)　　③ (다)　　④ (라)

33 다음 상황 이후에 일어난 사실로 옳은 것은? 〔3점〕

미국 군대가 쳐들어왔다.

어재연 장군을 중심으로 힘을 모아 광성보를 지켜내자!

① 병인박해가 일어났다.
② 척화비가 건립되었다.
③ 제너럴 셔먼호 사건이 발생하였다.
④ 오페르트가 남연군 묘 도굴을 시도하였다.

34 (가)에 들어갈 인물로 옳은 것은? `2점`

이번에 답사할 곳은 (가) 묘역입니다. 그는 이상설, 이위종과 함께 헤이그 만국 평화 회의에 특사로 파견되었습니다.

수유리 애국선열 묘역

신익희 묘역   김병로 묘역   이시영 묘역
(가) 묘역   광복군 합동 묘역
김창숙 묘역

① 이준   ② 손병희   ③ 여운형   ④ 홍범도

35 밑줄 그은 '이 운동'에 대한 설명으로 옳은 것은? `2점`

여기가 국채 보상 기성회에서 모금하고 있는 곳이군요.

저는 이 운동에 참여하려고 비녀를 팔았어요.

저는 담배를 끊어 성금을 마련했어요.

① 만민 공동회를 개최하였다.
② 대한매일신보 등 언론의 지원을 받았다.
③ 조선 사람 조선 것이라는 구호를 내세웠다.
④ 백정에 대한 사회적 차별 철폐를 주장하였다.

36 밑줄 그은 '만세 시위 운동'의 영향으로 옳은 것은? `2점`

함께하는 독립운동사   라이브 방송   170

이것은 언론이 통제된 무단 통치 시기에 발행된 지하 신문 중 하나입니다. 지하 신문은 1919년에 일어난 만세 시위 운동의 확산에 기여하였습니다.

조선독립신문 제1호

○○○ 지하 신문이 뭐죠?

○○○ 비합법적으로 숨어서 발행한 신문입니다.

댓글 달기

① 독립문이 건립되었다.
② 홍범 14조가 반포되었다.
③ 토지 조사 사업이 시작되었다.
④ 대한민국 임시 정부가 수립되었다.

제60회

37 (가)에 해당하는 단체로 옳은 것은? (2점)

□□신문

제△△호 　　　　　2022년 ○○월 ○○일

박상진 유품, 국가등록문화재로 지정

박상진 의사가 남긴 옥중 편지가 국가등록문화재로 지정되었다. 그는 1910년대 국내 비밀 결사 운동 단체인 ▢(가)▢ 을/를 이끌며, 군자금 모집과 친일 부호 처단 등의 활동을 전개하였다.

① 권업회　　　　　② 보안회

③ 참의부　　　　　④ 대한 광복회

39 밑줄 그은 '시기'에 볼 수 있는 모습으로 가장 적절한 것은? (2점)

궁성요배 표어

중일 전쟁 이후 침략 전쟁을 확대하던 시기에 아침마다 일왕이 거처하는 곳(궁성)을 향해 절을 하며 경의를 표하도록 강요하기 위해, 친일 단체인 국민정신총동원 조선연맹이 만든 표어

① 태형을 집행하는 헌병 경찰
② 회사령을 공포하는 총독부 관리
③ 황국 신민 서사를 암송하는 학생
④ 암태도 소작 쟁의에 참여하는 농민

38 (가)에 들어갈 인물로 옳은 것은? (1점)

〈다큐멘터리 기획안〉

우당 ▢(가)▢ 와/과 그의 형제들

■ 기획 의도
　명문가의 자손인 우당과 그의 형제들이 만주로 망명하여 펼친 독립운동을 소개하며 '노블레스 오블리주'의 진정한 의미를 재조명해 본다.

■ 구성
　1부　전 재산을 처분하고 압록강을 건너다
　2부　신흥 강습소를 설립하여 독립군을 양성하다

① 신채호　② 안중근　③ 이회영　④ 이동휘

40 밑줄 그은 '이 운동'에 대한 설명으로 옳은 것은? 2점

1929년, 나주와 광주를 열차로 통학하는 한·일 학생 간에 충돌이 발생하였습니다.
1/3

일제 경찰의 민족 차별에 대항하여 광주의 학생들은 시위를 벌였고, 점차 전국으로 확산되었습니다.
2/3

이 운동을 기억하기 위해 시위가 시작된 11월 3일을 학생 독립운동 기념일로 지정하였습니다.
11.3.
3/3

① 순종의 인산일에 일어났다.
② 통감부의 탄압으로 실패하였다.
③ 국민 대표 회의 개최의 배경이 되었다.
④ 신간회에서 진상 조사단을 파견하였다.

41 (가)에 해당하는 군사 조직으로 옳은 것은? 1점

우리 역사 열린 마당
← → ↻ ☆ ☆ 🗎 👤 …

한국사 묻고 답하기   답변: 3   조회: 60

질문 (가) 에 대해 알려주세요.

↳ 답변

 ↳ 총사령관은 지청천이었어요.
 ↳ 영국군과 함께 미얀마 전선에서 활동했어요.
 ↳ 국내 진공 작전을 준비했어요.

① 북로 군정서   ② 조선 의용대
③ 조선 혁명군   ④ 한국광복군

42 다음 성명서가 발표된 이후의 사실로 옳은 것은? 2점

김구, 삼천만 동포에게 읍고함

나는 통일된 조국을 건설하려다 38선을 베고 쓰러질지언정, 일신의 구차한 안일을 위하여 단독 정부를 세우는 데는 협력하지 않겠다.

① 한인 애국단이 결성되었다.
② 제1차 미소 공동 위원회가 열렸다.
③ 평양에서 남북 협상이 진행되었다.
④ 모스크바 3국 외상 회의가 개최되었다.

43 (가)에 들어갈 사건으로 옳은 것은? 2점

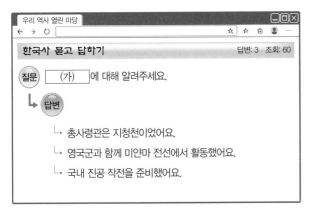
답사 사진전
우리 동아리는 남한만의 단독 선거에 반대하는 세력을 토벌대가 진압하는 과정에서 무고한 주민들이 희생된 (가) 관련 답사 사진전을 개최합니다.

너분숭이 애기무덤   섯알오름 학살터

■ 일시: 2022년 ○○월 ○○일~○○월 ○○일
■ 장소: 본관 4층 동아리실

① 원산 총파업   ② 제암리 사건
③ 자유시 참변   ④ 제주 4·3 사건

44 밑줄 그은 '이 전쟁' 중에 있었던 사실로 옳은 것은? (2점)

여기는 에티오피아군이 유엔군의 일원으로 이 전쟁에 참전한 것을 기리는 기념관입니다. 당시 에티오피아군의 전투 상황 등을 보여주는 자료가 전시되어 있습니다.

① 인천 상륙 작전이 전개되었다.
② 조선 건국 준비 위원회가 결성되었다.
③ 이승만이 임시 의정원에서 탄핵되었다.
④ 쌍성보에서 한·중 연합 작전이 펼쳐졌다.

46 (가)~(다)의 모습이 나타난 시대 순서대로 옳게 나열한 것은? (3점)

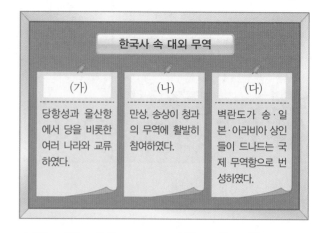

한국사 속 대외 무역

(가)
당항성과 울산항에서 당을 비롯한 여러 나라와 교류하였다.

(나)
만상, 송상이 청과의 무역에 활발히 참여하였다.

(다)
벽란도가 송·일본·아라비아 상인들이 드나드는 국제 무역항으로 번성하였다.

① (가) - (나) - (다) ② (가) - (다) - (나)
③ (나) - (가) - (다) ④ (다) - (가) - (나)

45 밑줄 그은 '민주화 운동'에 대한 설명으로 옳은 것은? (2점)

1987년에 일어난 민주화 운동 때, 이곳 명동성당에 있던 시위대에게 도시락을 모아 전달하셨다고 들었어요.

언니, 오빠들이 호헌 철폐, 독재 타도를 외치는 모습을 보고 우리도 무엇인가를 해야겠다고 생각했지.

① 대통령 직선제 개헌을 이끌어 냈다.
② 3·15 부정 선거에 항의하여 일어났다.
③ 굴욕적인 한일 국교 정상화에 반대하였다.
④ 신군부의 비상계엄 확대가 원인이 되어 발생하였다.

47 (가)에 들어갈 내용으로 옳은 것은? (2점)

주제: ○○○ 정부가 한 일

역사 바로 세우기의 일환으로 옛 조선 총독부 건물을 철거했어.

경제 협력 개발 기구(OECD)에 가입했어.

(가)

① 금융 실명제를 실시했어.
② 경부 고속 도로를 준공했어.
③ 제1차 경제 개발 5개년 계획을 추진했어.
④ 미국과 자유 무역 협정(FTA)을 체결했어.

48 (가)에 해당하는 지역으로 옳은 것은? 〔1점〕

지붕 없는 박물관, (가) 역사 여행

■ 일시 : 매주 토요일 10시   ■ 출발지 : ○○ 버스 터미널

출발
유네스코 세계 유산
부근리 지석묘

대몽 항쟁기 왕의 무덤
홍릉

도착
병인양요의 격전지
정족산성

조·일 수호 조규 체결 장소
연무당 옛터

① 진도   ② 거제도   ③ 강화도   ④ 울릉도

50 다음 정부의 통일 노력으로 옳은 것은? 〔3점〕

사진으로 보는 ○○○ 정부

남북한 유엔 동시 가입   한중 수교

① 남북 기본 합의서를 채택하였다.
② 7·4 남북 공동 성명을 발표하였다.
③ 6·15 남북 공동 선언에 합의하였다.
④ 남북 이산가족 고향 방문을 최초로 실현하였다.

49 (가)~(라)에 들어갈 내용으로 적절하지 <u>않은</u> 것은?
〔3점〕

한국사 학습지	사회 개혁을 위해 노력한 역사 인물	이름:

※ 아래 제시된 역사 인물들이 시대적으로 직면했던 문제와 해결 노력을 조사해 봅시다.

인물	당시 사회의 문제점	해결 노력
최치원	골품제의 모순이 심화되었다.	(가)
신돈	권문세족이 불법적으로 농장을 확대하였다.	(나)
조광조	권력이 훈구 세력에게 집중되었다.	(다)
전봉준	지방관의 수탈과 외세의 침탈이 심해졌다.	(라)

① (가) – 훈요 10조를 남겼다.
② (나) – 전민변정도감의 설치를 건의하였다.
③ (다) – 현량과 시행을 주장하였다.
④ (라) – 동학 농민 운동을 일으켰다.

합격률 58회 : **55.8%** / 57회 : **45.1%**

44.5%

해설강의

2022년 8월 6일(토) 시행

제**60**회

시대별 출제비중

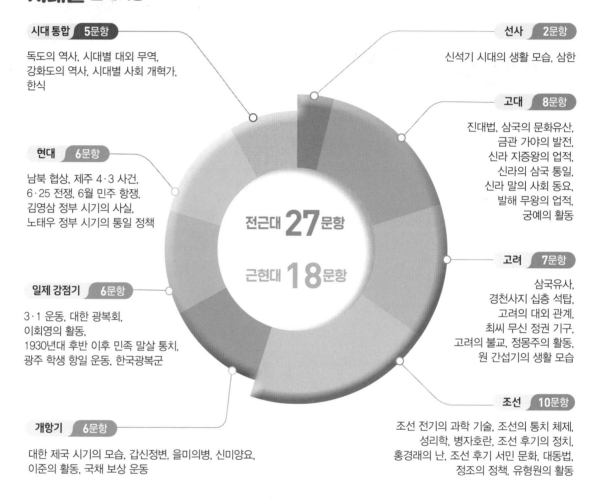

시대 통합 5문항

독도의 역사, 시대별 대외 무역, 강화도의 역사, 시대별 사회 개혁가, 한식

현대 6문항

남북 협상, 제주 4·3 사건, 6·25 전쟁, 6월 민주 항쟁, 김영삼 정부 시기의 사실, 노태우 정부 시기의 통일 정책

일제 강점기 6문항

3·1 운동, 대한 광복회, 이회영의 활동, 1930년대 후반 이후 민족 말살 통치, 광주 학생 항일 운동, 한국광복군

개항기 6문항

대한 제국 시기의 모습, 갑신정변, 을미의병, 신미양요, 이준의 활동, 국채 보상 운동

선사 2문항

신석기 시대의 생활 모습, 삼한

고대 8문항

진대법, 삼국의 문화유산, 금관 가야의 발전, 신라 지증왕의 업적, 신라의 삼국 통일, 신라 말의 사회 동요, 발해 무왕의 업적, 궁예의 활동

전근대 **27**문항

근현대 **18**문항

고려 7문항

삼국유사, 경천사지 십층 석탑, 고려의 대외 관계, 최씨 무신 정권 기구, 고려의 불교, 정몽주의 활동, 원 간섭기의 생활 모습

조선 10문항

조선 전기의 과학 기술, 조선의 통치 체제, 성리학, 병자호란, 조선 후기의 정치, 홍경래의 난, 조선 후기 서민 문화, 대동법, 정조의 정책, 유형원의 활동

분류별 출제비중_고대~조선

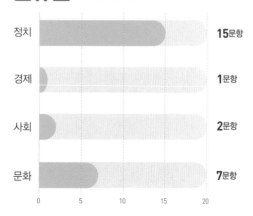

정치	15문항
경제	1문항
사회	2문항
문화	7문항

0   5   10   15   20

이번 회차는?

문화유산과 학문 등 문화의 비중이 높았던 회차예요. 여러 시대를 한꺼번에 묻는 문제가 2문항 출제되었어요.

01 신석기 시대의 생활 모습

정답 ①

(가) 시대의 생활 모습으로 옳은 것은?

제△△회 선사 문화 축제

¹정착 생활과 ²농경이 시작된 (가) ─ 신석기 시대로의 시간 여행에 여러분을 초대합니다.

■기간: 2022년 ○○월 ○○일~○○월 ○○일
■장소: □□□ 선사 유적 박물관 일대 ─ 신석기 시대의 토기: 빗살무늬 토기

신석기 시대의 간석기: 갈돌과 갈판

신석기 시대의 주거: 움집

키워드 문제분석

❶ 정착 생활 + ❷ 농경 시작 = 신석기 시대

신석기 시대에는 농경과 목축이 시작되며 정착 생활을 시작하였어요. 주로 강가나 바닷가에 움집을 짓고 밭농사를 지었어요. 수확한 곡식을 저장하고 요리하기 위해 토기를 만들었는데, 빗살무늬 토기가 대표적이에요.

① 가락바퀴를 이용하여 실을 뽑았다.
　➡ **신석기** 시대 사람들은 가락바퀴를 이용하여 실을 뽑아 옷을 만들어 입었어요.

② 무덤 껴묻거리로 오수전 등을 묻었다.
　➡ **철기** 시대 무덤에서 오수전이 발견되어 당시 중국과의 교역이 있었음을 짐작할 수 있어요.

③ 철제 농기구를 사용하여 농사를 지었다.
　➡ **철기** 시대부터 철제 농기구를 사용하여 농사를 지었어요.

④ 의례 도구로 청동 방울 등을 사용하였다.
　➡ **청동기** 시대부터 의례 도구로 청동 방울 등을 사용하였어요.

02 삼한의 성장

정답 ②

(가) 나라에 대한 설명으로 옳은 것은?

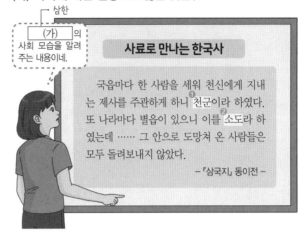

삼한

(가) 의 사회 모습을 알려 주는 내용이네.

사료로 만나는 한국사

국읍마다 한 사람을 세워 천신에게 지내는 제사를 주관하게 하니 ¹천군이라 하였다. 또 나라마다 별읍이 있으니 이를 ²소도라 하였는데 …… 그 안으로 도망쳐 온 사람들은 모두 돌려보내지 않았다.

─ 「삼국지」 동이전 ─

키워드 문제분석

❶ 천군 + ❷ 소도 = 삼한

삼한은 마한, 변한, 진한 세 개의 소국으로 이루어졌던 나라예요. 신지, 읍차 등의 군장이 나라를 다스렸으며, 제사장인 천군이 별도로 다스리는 지역인 소도가 있던 제정 분리 사회였어요. 그래서 죄인이 소도로 도망을 가면 아무리 군장이라도 죄인을 함부로 잡아갈 수 없었어요.

① 영고라는 제천 행사가 있었다.
　➡ 부여에는 매년 12월에 영고라는 제천 행사를 열어 농사가 잘 되기를 빌었어요.

② 신지, 읍차 등의 지배자가 있었다.
　➡ **삼한**은 신지, 읍차 등의 군장이 나라를 다스렸어요.

③ 혼인 풍습으로 민며느리제가 있었다.
　➡ 옥저는 어린 여자아이를 데려와 키운 후 성인이 되면 신부 집에 예물을 주고 혼인시키는 민며느리제가 있었어요.

④ 읍락 간의 경계를 중시하는 책화가 있었다.
　➡ 동예는 읍락 간의 경계를 중시하여 이를 침범하는 경우 노비나 소, 말 등으로 변상하게 하는 책화가 있었어요.

이건도! 정답선택지

⑤ (ㅅㄷ)라고 불리는 신성 구역이 있었다.

정답 ⑤ 소도

03 고구려의 구휼 제도 정답 ③

밑줄 그은 '제도'로 옳은 것은?

키워드 문제분석

❶ 식량을 빌려줌 + ❷ 고국천왕 = 진대법

고구려 고국천왕은 을파소의 건의를 받아들여 진대법을 실시하였어요. 진대법은 식량이 부족한 봄에 곡식을 빌려주고 추수한 이후에 갚도록 하는 빈민 구휼 제도예요. 고려 시대에는 진대법과 비슷한 기관인 의창을 통해 빈민을 구휼하였어요.

① 흑창
➡ 흑창은 고려 태조가 설치한 기구로 봄에 곡식을 빌려주었다가 가을에 갚도록 하였어요.

② 상평창
➡ 상평창은 고려와 조선 시대에 설치된 물가 조절 기관입니다.

③ 진대법
➡ 고구려 고국천왕은 봄에 곡식을 빌려주고 추수한 이후 갚도록 하는 진대법을 실시하였어요.

④ 제위보
➡ 제위보는 고려 시대에 빈민들에게 구호와 의료를 제공하던 기관이에요.

04 독도의 역사 정답 ④

(가) 섬에 대한 설명으로 옳은 것은?

키워드 문제분석

❶ 대한 제국 칙령 제41호 + ❷ 울도 군수 심흥택 = 독도

독도는 울릉도에 부속된 섬으로 삼국 시대부터 우리나라의 고유 영토였어요. 조선 숙종 때 일본 어민들이 독도를 무단으로 자주 침입하자, 안용복은 일본으로 건너가 일본인들의 불법 침입에 대해 항의하며 독도가 조선의 영토임을 주장하였고, 일본으로부터 울릉도와 독도가 조선 땅이라는 것을 공식적으로 인정받고 돌아 왔어요. 이후 대한 제국은 1900년에 대한 제국 「칙령 제41호」를 반포하여 독도를 관할 영토로 명시하였어요. 그러나 일본은 러·일 전쟁 중에 독도를 무인도로 규정하고, 불법 점령한 후 시마네현에 편입하였어요.

① 러시아가 조차를 요구한 섬이다.
➡ 러시아가 조차를 요구한 섬은 부산 앞의 절영도예요.

② 영국이 불법적으로 점령한 섬이다.
➡ 영국은 러시아를 견제하기 위해 불법적으로 거문도를 점령하였어요.

③ 하멜 일행이 표류하다 도착한 섬이다.
➡ 일본으로 향하던 하멜 일행이 표류하다 도착한 섬은 제주도예요.

④ 안용복이 일본으로 건너가 우리 영토임을 주장한 섬이다.
➡ 조선 시대에 동래 어부인 안용복은 일본으로 건너가 독도가 우리 영토임을 주장하고, 이를 확인받아 왔어요.

(가)에 들어갈 가상 우표로 적절한 것은?

우리 반에서는 ❶공주와 부여에 도읍했던 국가의 문화유산을 소재로 우표를 만들었습니다.

백제 금동 대향로

❷정림사지 오층 석탑   ❸석촌동 고분군

(가)

❹무령왕릉 석수

키워드 문제분석

❶ 공주와 부여에 도읍 + ❷ 정림사지 오층 석탑
+ ❸ 석촌동 고분군 + ❹ 무령왕릉 석수 = 백제

❶ 백제는 한강 유역에서 건국된 후 웅진(공주), 사비(부여) 등으로 수도를 옮겼어요. 백제는 도읍이었던 여러 지역에 다양한 문화유산을 남겼어요.

❷, ❸ 한성 시기에는 고구려 초기 고분 형태인 석촌동 고분군이 만들어졌어요. 익산 미륵사지 석탑과 부여 정림사지 오층 석탑은 백제의 대표적인 탑으로, 목탑 양식을 계승한 석탑이에요.

❹ 공주 무령왕릉은 중국 남조의 영향을 받아 만든 벽돌무덤으로, 묘지석, 석수 등 다양한 장식품이 발견되었어요.

①
첨성대

②
미륵사지 석탑

➡ 신라에서 만든 천문 관측대입니다.

➡ 목탑의 양식을 가지고 있는 석탑으로, **백제의 초기 석탑 형식**을 보여주고 있어요.

③
무용총 수렵도

④
성덕 대왕 신종

➡ 고구려 무용총 벽화에 그려진 그림으로 고구려인의 역동적인 사냥 모습이 특징이에요.

➡ 봉덕사종, 에밀레종 등으로 불리는 신라의 문화유산이에요.

밑줄 그은 '이 나라'에 대한 설명으로 옳은 것은?

금관가야

❶김해 지역에 세워진 이 나라의 역사를 여행 앱을 통해 만나 보세요.

국립 김해 박물관   김해 구지봉
❷김해 대성동 고분군   김해 ❸수로왕릉

키워드 문제분석

❶ 김해 + ❷ 대성동 고분군 + ❸ 수로왕릉 = 금관가야

가야 연맹은 낙동강 하류 변한 지역의 작은 나라들이 모여 연맹으로 발전하였어요. 금관가야는 김해지역을 중심으로 발전하였으며, 수로왕릉과 김해 대성동 고분군이 대표적인 유적이에요. 김해 대성동 고분군에서는 금관가야의 판갑옷이 출토되었는데, 이를 통해 가야의 철기 제작 수준을 알 수 있어요.

① 전기 가야 연맹을 주도하였다.
➡ **금관가야**는 뛰어난 철기 제작 기술과 대외 무역을 통해 전기 가야 연맹을 주도하였어요.

② 교육 기관인 국학을 설치하였다.
➡ **통일 신라**의 중앙 교육 기관인 국학은 신문왕 때 설립되었어요.

③ 옥저를 정복하고 동해안으로 진출하였다.
➡ **고구려 태조왕**은 옥저를 정복하고 동해안으로 진출하였어요.

④ 지방에 22담로를 두어 왕족을 파견하였다.
➡ **백제 무령왕**은 지방 22담로에 왕족을 파견하였어요.

이것도! 정답선택지

⑤ (ㄱㅈㄱ)가 나오는 건국 신화를 분석한다.

⑥ 낙랑과 왜에 (ㅊ)을 수출하였다.

정답 ⑤ 구지가 ⑥ 철

제60회

밑줄 그은 '왕'의 업적으로 옳은 것은?

> ┌─ 지증왕
> ○ **왕**이 영을 내려❶ 순장을 금하게 하였다. 이전에는 국왕이 죽으면 남녀 다섯 명씩 순장하였는데, 이때에 이르러 금하게 한 것이다.
> ○ 여러 신하들이 한뜻으로❷ '신라국왕'이라는 호칭을 올리니, 왕이 이를 따랐다.
>
> – 『삼국사기』 –

키워드 문제분석

❶ 순장 금지 + ❷ 신라 국왕 = 신라 지증왕

신라의 지증왕은 국호를 '신라'로 정하고 왕의 호칭을 마립간에서 '왕'으로 변경하였어요. 또한 왕이 죽으면 산 사람을 같이 묻는 순장을 금지하고, 이사부를 보내 우산국(울릉도)을 정벌하여 울릉도와 독도를 우리나라 영토로 편입하였어요. 수도에 시장인 동시를 열고 관리 기관인 동시전을 설치하기도 하였어요.

①우경을 장려하였다.
➡ **지증왕**은 생산력을 높이기 위해 우경을 장려하였어요.

② 율령을 반포하였다.
➡ **법흥왕**은 율령을 반포하고 관등제를 정비하여 관등을 17관등으로 나누고 관복을 제정하였어요.

③ 독서삼품과를 실시하였다.
➡ **원성왕**은 국학의 학생들을 대상으로 하여 유교 경전의 이해 정도를 관리 임용에 참고하도록 한 독서삼품과를 실시하였어요.

④ 화랑도를 국가 조직으로 개편하였다.
➡ **진흥왕**은 화랑도를 국가 조직으로 개편하여 유능한 인재 양성을 위해 노력하였어요.

이것도! 정답선택지

⑤ (ㅇㅅㅂ)가 우산국을 정벌하였다.

⑥ (ㄷㅅㅈ)이 설치되었다.

정답 ⑤ 이사부 ⑥ 동시전

(가)에 들어갈 세시 풍속으로 옳은 것은?

> ┌─ 한식
> ❶ 동지로부터 105일째 되는 날인 (가) 은/는 양력 4월 5일 무렵으로 중국 춘추 시대 개자추 이야기에서 유래되었다고 전한다.
> ❷ 이날에는 불을 사용하지 않고 찬 음식을 먹었으며 조상의 묘를 돌보았다.

키워드 문제분석

❶ 동지로부터 105일째 되는 날
+ ❷ 불을 사용하지 않고 찬 음식을 먹음 = 한식

한식은 동지에서 105일째 되는 날로, 이날은 불을 사용하지 않고 찬 음식을 먹었어요. 한식날 불을 사용하지 않는 것은 중국 개자추 이야기에서 유래되었어요. 개자추는 진 문공이 망명 생활을 할 때의 충신이었는데 이후 문공이 왕이 된 이후 개자추를 잊어버렸고, 개자추는 어머니와 산 속에 들어가 살았어요. 문공이 개자추를 다시 기억해내고 불렀으나 개자추는 나오지 않았고, 산 속에 있던 개자추를 불러내기 위해 산에 불을 질렀으나 개자추는 어머니와 함께 산 속에서 불에 타 죽었어요. 그 이후로 개자추가 죽은 날을 기려 그 날에는 불을 사용하지 않는 풍습이 생겼다고 해요.

① 단오
➡ 단오는 음력 5월 5일로 수릿날, 천중절 등으로 불리며 부녀자들은 창포 삶은 물로 머리를 감고, 남자들은 씨름을 즐기는 등의 풍속이 있어요.

② 칠석
➡ 칠석은 음력 7월 7일로, 견우와 직녀가 만나는 날로 알려져 있어요.

③한식
➡ 한식은 **양력 4월 5일경**이에요.

④ 삼짇날
➡ 삼짇날은 음력 3월 3일로 진달래꽃으로 전을 부쳐 먹고 춤추고 노는 화전놀이를 즐겼어요.

09 신라의 삼국 통일 과정 정답 ①

(가), (나) 사이의 시기에 있었던 사건으로 옳은 것은?

(가) 신라는 당과 동맹을 맺고 백제를 공격하였어요. 김유신이 이끈 신라군은 계백이 이끈 백제군과의 전투에서 승리하였어요(황산벌 전투, 660). 황산벌 전투의 패배로 백제가 멸망하자 복신과 도침이 왕자 부여풍을 왕으로 추대하고 백제 부흥 운동을 전개하였어요.

(나) 당과의 연합으로 고구려까지 멸망시킨 신라는 한반도의 지배권을 확보하려는 당과 전투를 벌였어요. 신라는 매소성 전투(675)와 기벌포 전투(676)에서 당군을 격퇴하고 삼국을 통일하였어요.

따라서 황산벌 전투와 기벌포 전투 사이의 시기에 일어난 사건을 골라야 해요.

①백강 전투
➡ 백강 전투는 백제 멸망 이후인 663년 백제 부흥군이 왜의 지원군과 함께 백강에서 나·당 연합군에 맞서 싸운 전투예요.

② 살수 대첩
➡ 살수 대첩은 (가) 이전인 612년 을지문덕이 이끄는 고구려군이 수의 군대를 살수에서 크게 물리친 전투예요.

③ 관산성 전투
➡ 백제 성왕은 (가) 이전인 554년 빼앗긴 한강을 되찾기 위해 신라와 전투를 벌였으나 관산성 전투에서 전사하였어요.

④ 처인성 전투
➡ 김윤후는 (나) 이후인 고려 시대 몽골의 제2차 침입 때 처인성 전투에서 몽골의 장수 살리타를 사살하였어요.

10 신라 말의 사회 동요 정답 ①

다음 기획서에 나타난 시기에 발생한 사건으로 옳은 것은?

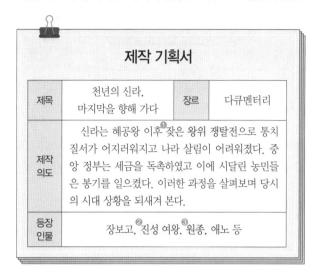

키워드 문제분석

❶ 잦은 왕위 쟁탈전 + ❷ 진성 여왕 + ❸ 원종, 애노
= 신라 말

❶ 신라는 혜공왕 이후 왕위 쟁탈전이 일어나면서 왕이 자주 바뀌고 지방 통제력이 약화되었어요.

❷ 신라 말 통치 질서가 무너지며 나라가 어려워진 상황에서 진성 여왕은 농민들에게 세금을 독촉하였어요.

❸ 이 시기 사벌주에서 원종과 애노가 봉기를 일으켰어요(원종과 애노의 난). 농민들의 봉기뿐만 아니라 왕위 계승과 관련한 봉기들도 자주 일어났어요. 김헌창의 난과 장보고의 난이 대표적이에요.

①김헌창의 난
➡ 김헌창은 신라 말 자신의 아버지인 김주원이 왕위 쟁탈전에서 밀려나자 공주 지역에서 반란을 일으켰으나 진압되었어요.

② 이자겸의 난
➡ 이자겸의 난은 고려 때 대표적인 문벌인 이자겸이 척준경 등과 함께 일으킨 난이에요.

③ 김사미·효심의 난
➡ 김사미·효심의 난은 고려 무신 정권기에 운문과 초전 등에서 일어난 봉기예요.

④ 망이·망소이의 난
➡ 망이·망소이의 난은 고려 무신 정권기에 특수 행정 구역인 공주 명학소에서 일어난 봉기예요.

(가)에 들어갈 사실로 옳은 것은?

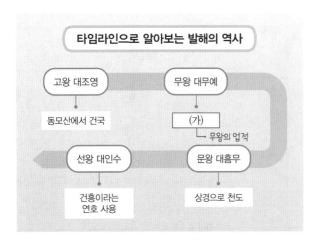

타임라인으로 알아보는 발해의 역사

고왕 대조영 → 동모산에서 건국

무왕 대무예 → (가) → 무왕의 업적

선왕 대인수 → 건흥이라는 연호 사용

문왕 대흠무 → 상경으로 천도

> 발해를 건국한 대조영의 아들인 무왕은 독자적인 연호로 '인안'을 사용하였으며, 만주 대부분과 연해주의 영토를 확보하며 세력을 확장하였어요.

① 대마도 정벌
➡ 대마도는 고려 창왕 때 박위가, 조선 세종 때 이종무가 정벌하였어요.

② 4군 6진 개척
➡ 조선 세종 때 여진을 몰아내고 4군 6진 지역을 개척하였어요.

③ 동북 9성 축조
➡ 동북 9성은 고려 예종 때 윤관이 별무반을 이끌고 가서 여진족을 물리치고 축조하였어요.

④ 산둥반도의 등주 공격
➡ **발해 무왕**은 장문휴의 수군을 보내 당나라 산둥반도의 등주를 공격하였어요.

(가)에 들어갈 인물로 옳은 것은?

이 사진에 대해 설명해 주세요.

궁예
이것은 (가) 이/가 세운 태봉의 ❶ 도성 터 사진입니다. 삼국사기에 의하면 수많은 ❷ 청주 사람을 이곳 철원성에 옮기고 도읍으로 삼았다고 합니다.

키워드 문제분석

❶ 태봉 + ❷ 청주 사람을 철원성에 옮기고 도읍으로 삼음 = 궁예

> 신라 말 궁예는 송악(개성)을 거점으로 하여 후고구려를 건국하였어요. 이후 국호를 마진으로 바꾸었고, 철원으로 천도하여 국호를 태봉으로 변경하였어요. 궁예는 시간이 지나면서 스스로를 미륵불이라고 칭하며 폭정을 했고, 이에 신하들이 궁예를 축출하고 왕건이 고려를 건국하였어요.

① 견훤
➡ 견훤은 신라 말 완산주를 근거지로 하여 후백제를 건국하였어요.

② 궁예
➡ 궁예는 양길의 부하로 들어가 세력을 키웠고 송악에 도읍을 정하고 **후고구려**를 세웠어요.

③ 온조
➡ 온조는 한강 유역에 위치한 하남 위례성을 도읍으로 백제를 건국하였어요.

④ 주몽
➡ 해모수와 유화부인 사이에서 태어났다고 알려진 주몽은 졸본 일대에서 고구려를 건국하였어요.

밑줄 그은 '이 책'으로 옳은 것은?

키워드 문제분석

❶ 승려 일연이 저술 + ❷ 단군의 고조선 건국 이야기
= 『삼국유사』

❶ 고려의 승려 일연은 불교사를 중심으로 고대 민간 설화를 수록한 역사책 『삼국유사』를 저술하였어요.
❷ 『삼국유사』에는 단군의 건국 이야기 등 다양한 설화가 수록되어 있어요.

① 동국통감
➡ 『동국통감』은 조선 성종 때 서거정 등이 고조선부터 고려 말까지의 역사를 정리한 책이에요.

② 동사강목
➡ 『동사강목』은 조선 후기 안정복이 고조선부터 고려까지의 역사를 서술하여 우리 역사의 독자적 정통론을 체계화한 책이에요.

③ 삼국유사
➡ 『삼국유사』는 고려 후기 승려 일연이 불교사를 중심으로 저술한 책이에요.

④ 제왕운기
➡ 『제왕운기』는 이승휴가 단군부터 고려 충렬왕까지의 역사를 서사시로 정리한 책이에요.

(가)에 들어갈 문화유산으로 옳은 것은?

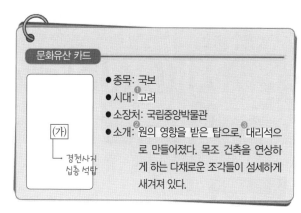

키워드 문제분석

❶ 고려 + ❷ 원의 영향을 받은 탑 + ❸ 대리석
= 경천사지 십층 석탑

개성 경천사지 십층 석탑은 고려 시대에 원의 영향을 받아 대리석으로 만들어졌어요. 조선 전기의 대표적인 석탑인 서울 원각사지 십층 석탑은 개성 경천사지 십층 석탑 양식을 계승해 만들어 졌어요. 개성 경천사에 위치해 있던 석탑은 일제 강점기에 일본으로 무단 반출되었다가 반환되어 현재는 국립중앙박물관에 전시되어 있어요.

①

불국사 삼층 석탑
➡ 경주 불국사에 위치하고 있는 석탑으로, 우리나라 삼층 석탑의 전형적인 모습을 보여주고 있어요.

②

분황사 모전 석탑
➡ 신라의 석탑으로, 벽돌로 만든 전탑의 형식을 모방한 것이 특징이에요.

③

영광탑
➡ 발해를 대표하는 문화유산 중 하나로, 당의 영향을 받은 벽돌 탑이에요.

④

경천사지 십층 석탑
➡ 대리석으로 만들어졌으며, **원의 영향**을 받은 고려 후기의 대표적인 석탑이에요.

15 고려의 대외 관계

정답 ①

(가)~(다)를 일어난 순서대로 옳게 나열한 것은?

> 여진을 내쫓고 우리 옛 땅을 돌려준다면 어찌 거란과 교류하지 않겠는가?

> 항복은 없다. 거란에 맞서 끝까지 싸우자.

> 이곳 귀주에서 거란군을 모두 물리쳐라.

①소손녕 ②서희	③양규	④귀주 ⑤강감찬
(가)	(나)	(다)

키워드 문제분석

❶ 소손녕 + ❷ 서희 = **(가)** 거란의 제1차 침입(993)

❸ 양규 = **(나)** 거란의 제2차 침입(1010)

❹ 귀주 + ❺ 강감찬 = **(다)** 귀주 대첩(1019)

(가) 고려가 송과 친하게 지내고 거란에 적대적인 자세를 취하자 거란이 고려에 침입하였어요(제1차 침입, 993). 서희는 거란의 장수 소손녕과의 외교 담판을 통해 전쟁 없이 거란군을 물러가게 하고 강동 6주를 획득하였어요.

(나) 현종 때 강조의 정변을 구실로 거란이 다시 침입하였어요(제2차 침입, 1010). 당시 개경이 함락되고 현종이 나주로 피난하는 등 위기를 겪는 가운데 양규는 거란군을 기습 공격하여 많은 고려 사람들을 구하였어요.

(다) 고려가 거란의 강동 6주 반환 요구를 거부하자 거란은 고려에 다시 침입하였어요(제3차 침입, 1018). 이에 강감찬은 귀주에서 거란군을 크게 물리쳤어요(귀주 대첩, 1019).

①(가) – (나) – (다)
➡ (가) 거란의 제1차 침입(993) → (나) 거란의 제2차 침입(1010) → (다) 귀주 대첩(1019)

② (가) – (다) – (나)

③ (나) – (가) – (다)

④ (다) – (가) – (나)

---

16 최씨 무신 정권의 기구

정답 ②

다음 퀴즈의 정답으로 옳은 것은?

> 1단계 ❶ 고려 무신 정권기의 최고 권력 기구입니다.
> 2단계 임시 기구로 출발하였습니다.
> 3단계 ❷ 최충헌이 설치하였습니다.

> 제시된 단계별 힌트를 종합하여 알 수 있는 기구는 무엇일까요? └ 교정도감

키워드 문제분석

❶ 고려 무신 정권기 최고 권력 기구 + ❷ 최충헌
= 교정도감

무신 정권기 최충헌이 권력을 잡은 후 임시로 설치된 교정도감은 최씨 무신 정권의 최고 정치 기구가 되었어요. 교정도감의 장관인 교정별감은 최씨 집권자들이 세습하며 권력을 장악하였어요. 교정도감은 최씨 무신 정권 이후에도 지속되다가 무신 정권기가 끝나며 사라졌어요.

① 중방
➡ 중방은 2군 6위의 상장군과 대장군이 모여 회의하는 무신들의 최고 회의 기구예요.

②교정도감
➡ 교정도감은 무신 정권기 **최충헌**이 설치한 **최고 권력 기구**예요.

③ 도병마사
➡ 도병마사는 **국방과 외교 문제** 등에 대해 논의하는 고려의 독자적인 기구예요.

④ 식목도감
➡ 식목도감은 **국내의 법 제정과 격식** 등을 관장하던 고려의 독자적인 기구예요.

17 고려의 불교

정답 ③

다음 가상 인터뷰의 (가)에 들어갈 내용으로 적절한 것은?

지눌 스님, 불교를 위해 어떤 활동을 하셨나요?

[가] 지눌의 업적

고려 시대를 대표하는 승려 중 한 명인 지눌은 불교계 개혁을 위해 수선사 결사를 제창하였고, 선종을 중심으로 교종을 통합하기 위해 노력하였어요. 또한 수행 방법으로 정혜쌍수와 돈오점수를 강조하였어요.

① 무애가를 지었습니다.
➡ 통일 신라 시대의 승려인 **원효**는 무애가를 지어 부르며 불교의 대중화에 많은 기여를 하였어요.

② 천태종을 개창하였습니다.
➡ 고려 시대의 승려인 **의천**은 교종과 선종의 통합을 위해 노력하였으며, 해동 천태종을 창시하였어요.

③수선사 결사를 제창하였습니다.
➡ **지눌**은 불교계의 타락과 세속화를 비판하면서 수선사 결사를 제창하였어요.

④ 왕오천축국전을 저술하였습니다.
➡ 통일 신라 시대의 승려인 **혜초**는 인도와 중앙아시아 등을 순례하고 『왕오천축국전』을 저술하였어요.

18 정몽주의 활동

정답 ③

(가)에 들어갈 인물로 옳은 것은?

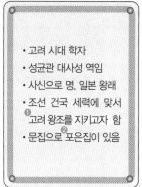

[가]
└ 정몽주

· 고려 시대 학자
· 성균관 대사성 역임
· 사신으로 명, 일본 왕래
· 조선 건국 세력에 맞서 ❶ 고려 왕조를 지키고자 함
· 문집으로 ❷ 포은집이 있음

(앞면) (뒷면)

키워드 문제분석

❶ 고려 왕조를 지키고자 함 + ❷ 포은집 = 정몽주

❶ 정몽주는 정도전 등의 급진파가 이성계를 왕으로 조선을 세우려고 할 때 고려 왕조를 지키고자 하였어요. 그러나 결국 조선을 세우고자 하는 세력에 의해 선죽교에서 피살당하였어요.

❷ 정몽주는 고려 말의 대표적인 신진 사대부로, 호는 포은이에요.

①
박지원
➡ 조선 후기의 대표적인 실학자로 「양반전」, 「허생전」 등을 저술하였고, 수레와 선박의 이용을 주장하였어요.

②
송시열
➡ 희빈 장씨 소생의 아들에 대한 원자 책봉을 반대하다가 **기사환국** 때 죽임을 당했어요.

③
정몽주
➡ 고려 말 온건파 **신진 사대부** 중 한 명이에요.

④
정도전
➡ 정몽주와 함께 고려 시대를 대표하는 신진 사대부로 조선 건국에 큰 공을 세운 개국 공신이에요.

제**60**회

19 조선 전기의 과학 기술

정답 ②

(가)에 들어갈 내용으로 옳은 것은?

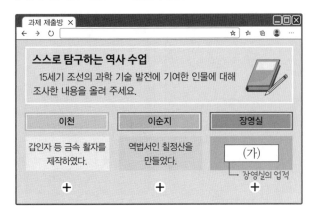

장영실은 조선 세종 때의 과학자로, 세종은 노비 출신이었던 장영실을 신분과 관계없이 등용하였어요. 장영실은 혼천의, 간의, 앙부일구, 자격루 등 다양한 기구를 만들어 조선의 과학 기술 발전에 큰 영향을 끼쳤어요.

① 거중기를 설계하였다.
➡ 정조 때 정약용은 『기기도설』 등을 참고하여 거중기를 설계하였어요.

②자격루를 제작하였다.
➡ 물의 흐름을 이용해 시간을 측정하는 물시계인 자격루는 세종 때 장영실이 제작하였어요.

③ 대동여지도를 만들었다.
➡ 조선 후기 김정호는 대동여지도를 만들어 10리마다 눈금을 표시하였어요.

④ 동의보감을 완성하였다.
➡ 광해군 때 허준은 전통 한의학의 체계를 정리하여 『동의보감』을 완성하였어요.

20 원 간섭기의 생활 모습

정답 ③

선생님의 질문에 대한 학생의 대답으로 옳지 않은 것은?

여섯 차례에 걸친 몽골의 침입 이후 고려는 원의 내정 간섭을 받게 되었어요. 원은 정동행성 이문소를 설치하여 고려의 정치에 간섭하였어요. 고려의 태자가 원의 공주들과 결혼하고, 고려의 관제와 호칭은 격하되었어요. 또한 변발, 옷차림(철릭) 등 몽골 풍습이 고려에 유행하기 시작하였어요.

① 지배층을 중심으로 변발이 유행하였어요.
➡ 몽골인의 두발 양식인 변발은 원 간섭기에 유행한 대표적인 몽골풍의 사례예요.

② 증류 방식으로 소주를 제조하였어요.
➡ 증류 방식으로 제조하는 소주는 몽골의 영향을 받아 만들어졌어요.

③고추를 넣어 김치를 담갔어요.
➡ 고추를 넣은 김치는 고추가 전래된 조선 중기 이후에 볼 수 있는 음식이에요.

④ 아랫도리에 주름을 잡은 철릭을 입었어요
➡ 철릭은 윗옷과 아래옷을 따로 재단해 붙이고 아랫도리에 주름을 많이 잡아 활동하기 편하게 만든 옷으로 원 간섭기에 유행하였어요.

(가) 기구에 대한 설명으로 옳은 것은?

키워드 문제분석

❶ 관리의 비위 감찰 + ❷ 대사헌 = 사헌부

❶ 조선 시대의 3사는 고려의 삼사와는 역할이 달랐어요. 사헌부, 사간원, 홍문관으로 구성된 3사는 언론 기능을 담당하며 권력의 독점과 부정을 방지하는 역할을 하였어요.

❷ 사헌부의 수장은 종2품 대사헌이며, 관리의 비리를 감찰하여 잘못된 것들을 바로 잡는 역할을 담당하였어요. 사간원은 국왕의 잘못을 비판하는 역할을, 홍문관은 경연을 주관하고 왕에게 자문하는 역할을 담당하였어요.

① 왕명 출납을 관장하였다.
➡ 조선 시대 왕명 출납을 담당한 비서 기구는 승정원이에요.

② 수도의 행정과 치안을 맡았다.
➡ 조선 시대 수도의 행정과 치안을 담당한 기구는 한성부예요.

③ 외국어 통역 업무를 담당하였다.
➡ 조선 시대 외국어 통역 업무를 담당한 기구는 사역원이에요.

④ 사간원, 홍문관과 함께 삼사로 불렸다.
➡ 조선 시대 사간원, 홍문관과 함께 삼사로 불리며 언론의 역할을 담당한 기구는 사헌부예요.

(가)에 들어갈 용어로 옳은 것은?

키워드 문제분석

❶ 조선의 통치 이념 + ❷ 이기론 + ❸ 이이, 이황
= 성리학

❶ 고려 말 안향에 의해 본격적으로 전래된 성리학은 신진 사대부에 의해 수용되어 조선의 통치 이념으로 자리잡았어요.

❷, ❸ 이와 기의 원리를 통해 우주와 인간의 관계에 대해 설명하는 이기론은 사림들의 성리학적 논쟁을 이끌었어요. 이이와 이황 등이 대표적인 성리학자예요.

① 선종
➡ 선종은 신라 말부터 유행한 불교의 한 종파로 참선을 통해 깨달음을 얻을 수 있음을 강조하여 지방 호족들의 사상적 기반이 되었어요.

② 성리학
➡ 중국 송의 주희(주자)가 집대성한 성리학은 **신진 사대부의 사상적 기반**이 되어 조선의 통치 이념이 되었어요.

③ 양명학
➡ 조선 후기 양명학은 정제두 등 일부 소론 학자들에 의해 연구되었고, 이들은 **강화학파**를 형성하였어요.

④ 천도교
➡ 천도교는 동학을 계승한 것으로, 동학의 제3대 교주 손병희가 조직을 재정비하여 개칭하였어요.

밑줄 그은 '이 전쟁'에 대한 설명으로 옳은 것은?

지금 촬영하는 곳은 남한산성입니다. 적의 공격을 방어하기 유리한 지형에 세워진 산성으로 이 전쟁 때 인조가 피신하였습니다.

└ 병자호란

키워드 문제분석

❶ 남한산성 + ❷ 인조가 피신 = 병자호란

후금의 누르하치는 국호를 청으로 바꾸고 황제를 칭하며 조선에 군신 관계를 요구하였으나 조선은 이를 거부하였어요. 이에 청은 1636년 조선을 침략하여 병자호란을 일으켰어요. 인조는 남한산성으로 피신하여 저항하였으나 결국 삼전도에서 패배 의식을 치렀어요.

① 김시민 장군이 활약하였다.
➡ 김시민 장군은 **임진왜란** 중 진주 대첩에서 일본군을 크게 무찔렀어요.

② 별무반을 편성하여 적과 싸웠다.
➡ 고려의 윤관은 여진을 정벌하기 위해 별무반을 편성하였고, 여진족의 근거지를 공격하여 동북 지역에 9성을 쌓았어요.

③전쟁 후 청과 군신 관계를 맺었다.
➡ **병자호란 이후** 조선은 청과 군신 관계를 맺고, 명과의 관계를 단절하였어요.

④ 이여송이 이끄는 **명의 지원군**이 파병되었다.
➡ **임진왜란** 당시 조선의 요청으로 이여송이 이끄는 명의 지원군이 조선에 파병되었어요.

이것도! 정답선택지

⑤ (ㅅㅈㄷㅂ)의 건립 배경을 파악한다.

⑥ 송시열이 (ㅂㅂㄹ)을 주장하였다.

정답 ⑤ 삼전도비 ⑥ 북벌론

(가), (나) 사이의 시기에 있었던 사실로 옳은 것은?

(가)❶효종이 죽자 자의 대비의 상복 입는 기간을 두고 ❷예송이 발생하였다.

(나) 신하들이 언제라도 탕평의 의미를 되새기라는 뜻에서 왕이 ❸성균관 앞에 탕평비를 세웠다.

키워드 문제분석

❶ 효종의 죽음 + ❷ 예송 = (가) 기해예송(현종)
❸ 성균관 앞에 탕평비 = (나) 탕평비 건립(영조)

❶, ❷ 조선 현종 때 현종의 아버지인 효종이 죽자 효종의 계모인 자의 대비의 상복 입는 기간을 두고 기해예송이 발생하였어요(1차 예송). 서인은 1년을 주장하였고, 남인은 3년을 주장하였으나 서인이 승리하며 1년 동안 상복을 입게 되었어요. 현종 이후 숙종이 왕으로 즉위하면서 왕의 주도로 집권 붕당이 바뀌는 환국이 발생하였어요. 여러 차례의 환국을 거치면서 붕당 정치는 변질되고 붕당 간의 대립이 심해졌어요.

❸ 붕당 정치의 폐해가 심한 상황에서 왕이 된 영조는 강력한 왕권을 바탕으로 붕당에 치우치지 않는 탕평책을 추진하였어요. 영조는 탕평의 의지를 널리 알리기 위해 성균관 앞에 탕평비를 세웠어요.

따라서 현종 때 기해 예송과 영조 때 탕평비 건립 사이의 시기에 일어난 일을 골라야 해요.

① 비변사가 폐지되었다.
➡ (나) 이후인 고종 시기 흥선 대원군은 세도 정치기 세도 가문의 권력 기구가 된 비변사를 폐지하였어요.

② 훈련도감이 설치되었다.
➡ 훈련도감은 (가) 이전인 선조 때 임진왜란 중 유성룡의 건의로 설치되었어요.

③경신환국으로 서인이 집권하였다.
➡ **숙종** 때 서인이 남인의 역모를 고발하며 일어난 경신환국으로 서인이 집권하였어요.

④ 무오사화로 김일손 등이 처형되었다.
➡ (가) 이전인 연산군 때 김종직이 쓴 「조의제문」을 구실로 무오사화가 일어나 김일손 등 사림이 처형되었어요.

25 홍경래의 난

정답 ①

(가) 사건에 대한 설명으로 옳은 것은?

이것은 **①**1811년 서북 지역민에 대한 차별 등에 반발하여 일어난 (가) 의 진행 과정을 보여주는 지도입니다. └ 홍경래의 난

키워드 문제분석

① 1811년 서북 지역민에 대한 차별 = 홍경래의 난

1811년 세도 정치기에 일어난 홍경래의 난은 이 시기에 일어난 대표적인 농민 봉기예요. 홍경래는 세도 정권의 수탈과 서북 지역민에 대한 차별 대우에 저항하며 난을 일으켰어요. 평안도 가산에서 봉기하였고, 정주성에서 관군에게 진압되었어요.

① **홍경래가 봉기를 주도하였다.**
➡ 홍경래와 우군칙이 봉기를 주도한 **홍경래의 난**은 중소 상공인과 광산 노동자, 가난한 농민 등이 참여하며 세력을 키웠어요.

② **서경 천도를 주장하며 일어났다.**
➡ 고려 시대 묘청 등의 서경파는 서경 천도를 주장하였으나, 개경파의 반대로 좌절되자 서경을 근거지로 하여 난을 일으켰어요.

③ **백낙신의 횡포가 계기가 되었다.**
➡ 세도 정치기인 1862년 진주에서는 경상 우병사 백낙신의 횡포에 저항하여 **진주 농민 봉기**가 일어났어요.

④ **특수 행정 구역인 소의 주민이 참여하였다.**
➡ 고려 무신 정권기에 망이·망소이는 특수 행정 구역인 '소'에 대한 차별에 반발하며 공주 명학소에서 봉기하였어요.

이것도! 정답선택지

⑤ 홍경래가 (ㅍㅇㄷ)에서 봉기하였다.

⑥ (ㅅㅂ) 지역민에 대한 차별에 반발하여 일어났다.

정답 ⑤ 평안도 ⑥ 서북

---

26 조선 후기 서민 문화의 발달

정답 ④

다음 상황이 나타난 시기에 볼 수 있는 모습으로 적절하지 않은 것은?

┌ 조선 시대의 도서 대여점

세 책 점

오늘은 **②**춘향전을 빌려야겠어. └ 한글 소설

①상평통보 환영

키워드 문제분석

① 상평통보 + ② 춘향전 = 조선 후기의 모습

① 조선 후기에는 상품 화폐 경제의 발달로 상품 유통이 활발해지면서 화폐 사용이 늘어났어요. 숙종 때 상평통보가 유통되고 전국적으로 사용되었어요.

② 조선 후기에는 일부 서민들의 경제력이 상승하면서 한글 소설과 판소리, 탈춤 등 서민 문화가 발달하였어요.

① **민화를 그리는 화가**
➡ 조선 후기에는 서민들의 소박한 소망과 미적 감각이 보이는 민화가 유행하였어요.

② **탈춤을 공연하는 광대**
➡ 조선 후기에는 마을 굿의 일부로 양반의 부패와 위선을 풍자하는 탈춤이 유행하였어요.

③ **판소리를 구경하는 상인**
➡ 조선 후기에는 긴 이야기를 노래로 들려주는 판소리가 유행하였어요.

④ **팔관회에 참가하는 외국 사신**
➡ 팔관회는 **삼국 시대부터 고려 시대까지** 행해진 종교 행사로 중국 사신 등 외국에서 파견된 사신들이 참가하였어요.

이것도! 정답선택지

⑤ 기존의 시조 형식에서 벗어난 (ㅅㅅㅅㅈ)가 성행하였어요.

정답 ⑤ 사설시조

제60회

27 조선 후기의 경제 변화

정답 ③

(가)에 들어갈 제도로 옳은 것은?

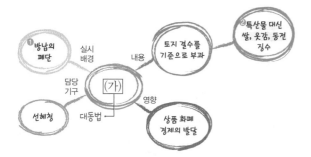

키워드 문제분석

**❶ 방납의 폐단 + ❷ 특산물 대신 쌀·옷감·동전
= 대동법**

❶ 조선 전기에는 집집마다 특산물을 공물로 납부하여야 했는데, 관리들이 백성들이 내는 공물을 받지 않고 방납업자들이 주는 공물을 받는 방납의 폐단이 일어났어요. 이에 농민의 부담이 증가하자 대동법이 시행되었어요.

❷ 대동법은 집집마다 부과하던 특산물을 소유한 토지 결수를 기준으로 쌀이나 옷감, 동전 등으로 거두는 제도예요. 이로 인해 토지가 적거나 없는 농민들은 부담이 줄어들었어요.

① 과전법
➡ 과전법은 고려 말 신진 사대부의 경제적 기반을 마련하기 위해 전·현직 관리에게 수조권을 지급하였어요.

② 균역법
➡ 균역법은 영조 때 군역 부담을 줄여주기 위해 군포를 1년에 2필에서 1필로 줄인 제도예요.

③ **대동법**
➡ 대동법은 **광해군** 때 **경기 지역**에서 처음 실시하였으며 전국적으로 시행되는 데 약 100년이 걸렸어요.

④ 영정법
➡ 영정법은 전세의 부담을 완화하고자 풍흉에 관계없이 1년에 4~6두만 내도록 한 제도예요.

28 조선 정조의 정책

정답 ①

(가) 왕이 실시한 정책으로 옳은 것은?

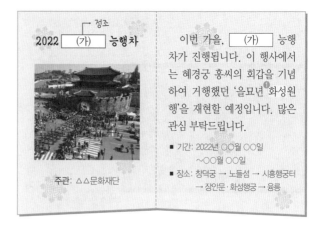

키워드 문제분석

❶ 화성 = 조선 정조

정조는 아버지 사도 제자의 묘를 수원으로 옮기고, 자신의 정치적 이상을 실현하기 위해 수원 화성을 건설하였어요.

① **장용영을 설치하였다.**
➡ **정조**는 국왕의 친위 부대인 장용영을 설치하여 왕권을 강화하였어요.

② 전시과를 시행하였다.
➡ 전시과 제도는 고려 시대에 관리들에게 인품과 관품 등을 고려하여 전지와 시지를 지급하도록 한 제도예요.

③ 경복궁을 중건하였다.
➡ 경복궁은 임진왜란 때 불에 탔다가 흥선 대원군의 집권기에 중건되었어요.

④ 경국대전을 완성하였다.
➡ 조선의 기본 법전인 『경국대전』은 세조 때 편찬이 시작되어 성종 때 완성되었어요.

이것도! 정답선택지

⑤ 인재 양성을 위해 (ㅊㄱㅁㅅㅈ)를 실시하였다.

⑥ 왕실 도서관인 (ㄱㅈㄱ)의 기능을 강화하였다.

정답 ⑤ 초계문신제 ⑥ 규장각

29 유형원의 활동

정답 ③

(가)에 들어갈 인물로 옳은 것은?

전북 부안

♥ 좋아요 60개

이곳은 조선의 실학자인 ┌유형원┐ (가) 이/가 머물렀던 반계 서당이다. 그는 ❶균전론 등 여러 개혁안을 제시한 ❷반계수록을 저술하였다.

… 더보기

댓글 15개 모두 보기

키워드 문제분석

❶ 균전론 + ❷ 『반계수록』 = 유형원

유형원은 조선 후기 실학자로 농업 중심의 개혁론을 주장하였어요. 그는 『반계수록』에서 모든 토지를 나라가 소유하고 관리, 선비, 농민 등 신분에 따라 토지를 차등 지급하자는 균전제를 주장하였어요.

① 이익
➡ 이익은 토지의 하한선을 영업전으로 설정하여 매매를 금지하자는 **한전론**을 주장하였어요.

② 박제가
➡ 박제가는 청 문물의 적극적 수용을 주장하였으며, 절약보다 소비를 강조하였어요.

③ 유형원
➡ 유형원은 **토지 문제 해결**을 통한 사회 개혁을 주장하였어요.

④ 홍대용
➡ 홍대용은 『의산문답』에서 지구가 자전한다는 **지전설**을 주장하였어요.

30 대한 제국 시기의 사실

정답 ④

(가) 시기에 있었던 사실로 옳은 것은?

대한제국(1897~1910)

❶ 여기는 환구단의 일부인 황궁우야.

❷ 고종은 환구단에서 황제 즉위식을 거행하고, 경운궁에서 새로운 국호인 (가) 을/를 선포하였지.

키워드 문제분석

❶ 환구단 + ❷ 황제 즉위식 = 대한 제국

1897년 고종은 러시아 공사관에서 경운궁(덕수궁)으로 환궁한 후에 대한 제국을 수립하였어요. 고종은 환구단에서 하늘에 제사를 지낸 후 황제 즉위식을 거행하였고, 대내외에 자주 국가임을 선포하였어요.

① 당백전을 발행하였다.
➡ 흥선 대원군은 경복궁 중건에 필요한 비용을 마련하기 위해 당백전을 발행하였어요.

② 영선사를 파견하였다.
➡ 영선사는 1881년에 근대 무기 제작 기술 등을 배우기 위해 청에 파견되었어요.

③ 육영 공원을 설립하였다.
➡ 육영 공원은 1886년에 설립된 최초의 근대적 관립 학교예요.

④ 대한국 국제를 제정하였다.
➡ 대한 제국은 1899년 무한한 황제권을 강조한 대한국 국제를 제정하였어요.

31 갑신정변
정답 ②

(가)에 들어갈 사건으로 옳은 것은?

역사 뮤지컬

3일 천하

❶ <u>우정총국 개국 축하연</u>을 기회로 삼아
(가) 을/를 일으킨 조선 청년들의 새로운
도전이 춤과 노래로 펼쳐집니다.
└ 갑신정변

■ 일시: 2022년 ○○월 ○○일 19시
■ 장소: △△아트센터 대극장

키워드 문제분석

❶ 우정총국 개국 축하연 = 갑신정변

김옥균, 서광범, 박영효 등의 급진 개화파는 우정총국 개국 축하연
이 열린 날 갑신정변을 일으켰고, 우정총국은 폐쇄되었어요. 갑신정
변을 일으킨 이들은 개화당 정부를 수립하고 근대 국가 건설을 지향
하는 개혁을 단행하면서 14개조 개혁 정강을 발표하였어요.

① 갑오개혁
➡ 갑오개혁은 1894년에 조선이 실시한 최초의 근대적 개혁으로
신분제 폐지, 과거제 폐지 등의 개혁이 추진되었어요.

②갑신정변
➡ 김옥균 등의 급진 개화파는 1884년에 갑신정변을 일으켰으나
청군에 의해 3일 만에 진압되었어요.

③ 브나로드 운동
➡ 브나로드 운동은 1930년대 동아일보사가 주도하여 전개된 문
맹 퇴치 운동이에요.

④ 민립 대학 설립 운동
➡ 민립 대학 설립 운동은 1920년대에 고등 교육의 필요성에 따라
모금 운동을 통해 민립 대학을 설립하고자 한 민족 운동이에요.

킬러 32 을미의병
정답 ④

밑줄 그은 '의병'이 일어난 시기를 연표에서 옳게 고른 것은?

❶역적들이 국모를 시해하고 억지로 머리카락을
깎게 하니 백성들이 ❷의병을 일으켰다. 하지만
이제는 단발을 편한 대로 하게 하였으니 백성
들은 흩어져 돌아가 생업에 종사하라.
└ 을미의병

키워드 문제분석

❶ 국모 시해 + ❷ 머리카락, 단발 = 을미의병

❶ 고종과 명성 황후가 일본을 견제하고, 김홍집 등이 중심이 된 친
러 내각이 수립되자 일본은 1895년에 명성 황후를 시해하였어요.

❷ 을미사변 이후 친일 내각이 성립되면서 단발령을 실시하고, 태양
력을 사용하는 등 을미개혁이 추진되었어요. 이에 유인석, 이소
응 등의 유생들은 을미사변과 단발령에 반발하여 의병을 일으켰
어요. 그러나 고종의 의병 해산 권고 조치로 해산하였어요.

1862	1875	1882	1894	1910
	(가)	(나)	(다)	(라)
임술 농민 봉기	운요호 사건	임오 군란	청·일 전쟁 발발	국권 피탈

① (가)   ② (나)   ③ (다)   ④(라)

➡ 을미의병은 1895년에 일어난 을미사변과 단발령에 반발하여
일어난 사건이에요.

33 신미양요 이후의 사실
정답 ②

다음 상황 이후에 일어난 사실로 옳은 것은?

키워드 문제분석

❶ 미국 군대 + ❷ 어재연 = 신미양요

❶ 1866년에 일어난 제너럴셔먼호 사건을 빌미로 1871년에 미국군이 강화도를 침범하는 신미양요가 일어났어요.

❷ 어재연 장군이 이끄는 수비대가 광성보에서 맞서 싸웠으나 어재연 장군을 비롯한 많은 병사가 전사하였고, 광성보는 함락되었어요.

① 병인박해가 일어났다.
➡ 1866년에 흥선 대원군이 프랑스 선교사와 수많은 천주교도를 처형한 병인박해가 일어났어요. 프랑스군은 병인박해를 구실로 하여 병인양요를 일으켰어요.

②척화비가 건립되었다.
➡ **신미양요 이후** 흥선 대원군은 전국에 척화비를 세우고 통상 수교 거부 의지를 밝혔어요.

③ 제너럴셔먼호 사건이 발생하였다.
➡ 1866년에 미국 상선인 제너럴셔먼호가 대동강을 거슬러 올라와 통상을 요구하자 평양 관민이 배를 불태우는 사건이 일어났어요.

④ 오페르트가 남연군 묘 도굴을 시도하였다.
➡ 1868년에 독일 상인 오페르트가 통상 요구를 위해 흥선 대원군의 아버지인 남연군의 묘를 도굴하려고 시도하였어요.

34 이준의 활동
정답 ①

(가)에 들어갈 인물로 옳은 것은?

키워드 문제분석

❶ 헤이그 특사 = 이준

고종 황제는 이준을 이상설, 이위종과 함께 1907년 네덜란드 헤이그에서 열리는 만국 평화 회의에 을사늑약의 부당함을 전 세계에 알리고자 파견하였어요. 헤이그에 도착한 이준을 비롯한 특사단은 회의가 열리는 장소에는 참여하지 못하였지만 언론 활동을 통해 일제가 저지른 불법성을 호소하였어요.

①이준
➡ **헤이그 특사**로 파견된 이준은 네덜란드에서 돌아오지 못하고 헤이그에서 순국하였어요. 이준의 유해는 1963년 헤이그에서 서울 수유리 묘지로 이장되었어요.

② 손병희
➡ 손병희는 동학의 3대 교주이자 천도교의 교주로 3·1 운동 등에 참여하였어요.

③ 여운형
➡ 여운형은 신한 청년당을 조직하였고, 광복 후 조선 건국 준비 위원회를 주도하였어요.

④ 홍범도
➡ 홍범도는 대한 독립군을 이끌고 봉오동 전투와 청산리 전투에서 일본군에 승리하였어요.

35 국채 보상 운동 　　　정답 ②

밑줄 그은 '이 운동'에 대한 설명으로 옳은 것은?

키워드 문제분석

❶ 국채 보상 기성회 + ❷ 금연
= 국채 보상 운동

❶ 대한 제국이 일제의 강제 차관 제공으로 인해 경제적으로 예속되자 1907년에 국채 보상 기성회가 중심이 되어 빚을 갚아 국권을 회복하자는 국채 보상 운동이 전개되었어요.

❷ 여성들은 비녀와 가락지를 팔고, 남성들은 담배를 끊고 술을 줄이며 모금 운동에 동참하였어요.

① 만민 공동회를 개최하였다.
➡ 독립 협회는 민중 집회인 만민 공동회를 개최하여 민권 신장을 추구하였어요.

②대한매일신보 등 언론의 지원을 받았다.
➡ 국채 보상 운동은 대한매일신보, 황성신문 등 언론의 지원을 받아 전국으로 확대되었으나, 통감부의 방해로 인해 실패하였어요.

③ 조선 사람 조선 것이라는 구호를 내세웠다.
➡ 1920년대 전개된 물산 장려 운동은 민족 기업의 육성과 토산품 이용을 주장하며 '조선 사람 조선 것'이라는 구호를 내세웠어요.

④ 백정에 대한 사회적 차별 철폐를 주장하였다.
➡ 1920년대 진주를 중심으로 전개된 형평 운동은 백정에 대한 사회적 차별 철폐를 주장하였어요.

이것도! 정답선택지

⑤ (ㄷㄱ)를 시작으로 전국적으로 확산되었다.

⑥ (ㅌㄱㅂ)의 방해와 탄압 등으로 실패하였다.

정답 ⑤ 대구 ⑥ 통감부

36 3·1 운동 　　　정답 ④

밑줄 그은 '만세 시위 운동'의 영향으로 옳은 것은?

키워드 문제분석

❶ 1919년 + ❷ 만세 시위 운동 = 3·1 운동

　3·1 운동은 1919년 고종의 장례일 즈음에 일어난 민족 운동이에요. 민족 대표들이 서울 태화관에 모여 독립을 선언하고, 학생과 시민들은 탑골 공원에서 독립 선언서를 낭독하고 만세 시위를 벌였어요. 서울에서 시작되어 주요 도시와 농촌까지 전 계층을 아우르며 확산된 시위는 일제 강점기 최대 규모의 민족 운동이었어요. 이후 일제의 통치 방식이 이른바 '문화 통치'로 바뀌는 계기가 되었어요.

① 독립문이 건립되었다.
➡ 독립 협회는 중국의 사신을 맞이하던 영은문이 있던 자리 부근에 자주독립의 상징으로 독립문을 건립하였어요.

② 홍범 14조가 반포되었다.
➡ 홍범 14조는 제2차 갑오개혁 때 고종이 개혁의 기본 방향을 담아 발표한 것이에요.

③ 토지 조사 사업이 시작되었다.
➡ 1910년대 일제는 근대적 토지 소유권을 확립한다는 명분으로 토지 조사 사업을 전개하여 식민 통치를 위한 경제적 기반을 마련하였어요.

④대한민국 임시 정부가 수립되었다.
➡ 3·1 운동을 계기로 하여 독립운동의 구심점이 필요하다는 인식이 확산되며 중국 상하이에 대한민국 임시 정부가 수립되었어요.

(가)에 해당하는 단체로 옳은 것은?

□□신문

제△△호　　　　2022년 ○○월 ○○일

박상진 유품, 국가등록문화재로 지정

박상진 의사가 남긴 옥중 편지가 국가등록문화재로 지정되었다. 그는 1910년대 국내 비밀 결사 운동 단체인 ❷ (가) 을/를 이끌며, 군자금 모집과 친일 부호 처단 등의 활동을 전개하였다. └ 대한 광복회

키워드 문제분석

❶ 박상진 + ❷ 1910년대 국내 비밀 결사 = 대한 광복회

1910년 국권을 빼앗긴 이후에 국내에서는 많은 항일 비밀 결사가 조직되었어요. 그중 대한 광복회는 1915년 대구에서 박상진, 김좌진 등이 주도하여 결성된 단체로, 공화 정체의 근대 국민 국가를 수립하고자 하였어요.

① 권업회
➡ 권업회는 1910년대 연해주 지역에서 활동한 조직으로 권업신문을 발간하고, 민족의식을 높이는 활동을 하였어요.

② 보안회
➡ 보안회는 1904년 국내에서 만들어졌으며 일제의 황무지 개간권 요구를 저지시킨 애국 계몽 운동 단체예요.

③ 참의부
➡ 참의부는 1920년대 중반 만주 지역에 성립한 3부 중의 하나로 대한민국 임시 정부의 직할 부대였어요.

④ 대한 광복회
➡ 대한 광복회는 군자금을 모집하여 만주에 무관 학교를 세우고자 하였고, 친일파 처단 등의 활동을 벌였어요.

이것도! 정답선택지

⑤ (ㄱㅎㅈ) 수립을 목표로 하였다.

정답 ⑤ 공화정

(가)에 들어갈 인물로 옳은 것은?

❶〈다큐멘터리 기획안〉

우당 (가) 와/과 그의 형제들
└ 이회영

■ 기획 의도
　명문가의 자손인 우당과 그의 형제들이 만주로 망명하여 펼친 독립운동을 소개하며 '노블레스 오블리주'의 진정한 의미를 재조명해 본다.

■ 구성
　1부 전 재산을 처분하고 압록강을 건너다
　2부 ❷신흥 강습소를 설립하여 독립군을 양성하다

키워드 문제분석

❶ 우당 + ❷ 신흥 강습소 = 이회영

명문가의 자손이자 유복한 집안에서 자란 우당 이회영과 형제들은 나라를 빼앗기자 만주로 망명하여 독립운동에 힘썼어요. 신민회 회원이었던 이회영은 남만주(서간도) 지역에 독립군 기지인 삼원보를 건설하였고, 이곳에 독립군 양성 기관인 신흥 강습소를 설립하였어요. 신흥 강습소는 훗날 신흥 무관 학교로 발전하였어요.

① 신채호
➡ 신채호는 민족주의 역사학자이며, 의열단의 활동 지침인 「조선 혁명 선언」을 작성하였어요.

② 안중근
➡ 1909년 안중근은 통감부의 초대 통감으로 한·일 병합을 주도한 이토 히로부미를 하얼빈역에서 사살하였어요.

③ 이회영
➡ 우당 이회영은 안창호, 양기탁 등과 함께 국내에서 비밀 결사 단체인 신민회를 조직하였어요.

④ 이동휘
➡ 이동휘는 연해주 지역에서 대한 광복군 정부의 부통령을 역임하였고, 대한민국 임시 정부의 초대 국무총리로 선출되었어요.

39 1930년대 후반 이후 민족 말살 통치　정답 ③

밑줄 그은 '시기'에 볼 수 있는 모습으로 가장 적절한 것은?

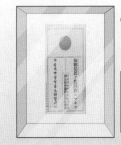

❶ 궁성요배 표어

❷ 중일 전쟁 이후 침략 전쟁을 확대하던 시기에 아침마다 일왕이 거처하는 곳(궁성)을 향해 절을 하며 경의를 표하도록 강요하기 위해, 친일 단체인 국민정신총동원 조선연맹이 만든 표어
— 1937년 이후

키워드 문제분석

❶ 궁성요배 + ❷ 중 · 일 전쟁 = 1930년대 후반 이후

일제는 1937년 중·일 전쟁을 일으킨 이후 침략 전쟁을 본격화하였어요. 이에 조선인의 민족의식을 말살하는 민족 말살 통치를 시행하였어요. 일왕이 있는 동쪽을 향해 절을 하는 궁성요배와, 성과 이름을 일본식으로 바꾸도록 하는 창씨개명을 강요하는 등의 황국 신민화 정책을 시행하였어요.

① 태형을 집행하는 헌병 경찰
➡ 일제는 1910년대 조선인에게 태형을 가하는 조선 태형령과 헌병이 경찰 업무와 일반 행정까지 담당하는 헌병 경찰제를 실시하였어요.

② 회사령을 공포하는 총독부 관리
➡ 일제는 1910년대에 회사 설립 시 조선 총독의 허가를 받도록 한 회사령을 시행하였어요.

③ 황국 신민 서사를 암송하는 학생
➡ 일제는 1930년대 후반 이후 황국 신민화 정책의 하나로 조선인에게 일본 천황의 신하된 백성으로 충성심을 세뇌시키기 위해 황국 신민 서사를 외우도록 하였어요.

④ 암태도 소작 쟁의에 참여하는 농민
➡ 1920년대 신안 암태도의 친일 지주인 문재철의 착취와 소작료 인상 등에 항의하며 암태도 소작 쟁의가 일어났어요.

---

40 광주 학생 항일 운동　정답 ④

밑줄 그은 '이 운동'에 대한 설명으로 옳은 것은?

❶ 1929년, 나주와 광주를 열차로 통학하는 한·일 학생 간에 충돌이 발생하였습니다.

일제 경찰의 민족 차별에 대항하여 광주의 학생들은 시위를 벌였고, 점차 전국으로 확산되었습니다.

광주 학생 항일 운동 이 운동을 기억하기 위해 시위가 시작된 11월 3일을 학생 독립운동 기념일로 지정하였습니다.

키워드 문제분석

**❶ 1929년 + ❷ 한 · 일 학생 간에 충돌
= 광주 학생 항일 운동**

1929년 나주와 광주를 오가는 통학 열차에서 일본 남학생이 한국인 여학생을 희롱하는 사건을 계기로 광주 학생 항일 운동이 일어났어요. 학생들은 식민지 차별 교육 철폐 등을 주장하며 시위를 벌였고 시위는 전국적으로 확산되었어요. 3·1 운동 이후 최대 규모의 민족 운동이었으며 시위가 시작된 11월 3일을 학생의 날로 지정하였어요.

① 순종의 인산일에 일어났다.
➡ 1926년에 일어난 6·10 만세 운동은 순종의 인산일에 일어난 민족 운동이에요.

② 통감부의 탄압으로 실패하였다.
➡ 1907년에 대구에서 일어난 국채 보상 운동은 통감부의 탄압으로 실패하였어요.

③ 국민대표 회의 개최의 배경이 되었다.
➡ 대한민국 임시 정부의 비밀 연락망이 무너지고, 외교적 활동에 따른 성과가 미흡하자 대한민국 임시 정부의 방향을 둘러싸고 국민대표 회의가 개최되었어요.

④ 신간회에서 진상 조사단을 파견하였다.
➡ 광주 학생 항일 운동 당시 신간회는 진상 조사단을 파견하였으며, 민중 대회를 열어 이를 규탄하려고 하였으나 일제의 방해로 이루어지지 못하였어요.

이것도! 정답선택지

⑤ 민족 말살 통치 시기 (ㅅㅅ ㅊㅂ)가 강요되었다.

⑥ 민족 말살 통치 시기 소학교가 (ㄱㅁㅎㄱ)로 개칭되었다.

정답 ⑤ 신사 참배 ⑥ 국민학교

41 한국광복군
정답 ④

(가)에 해당하는 군사 조직으로 옳은 것은?

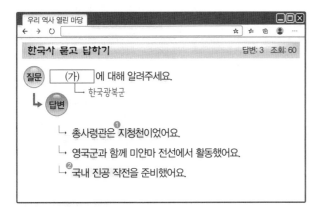

```
우리 역사 열린 마당
←  →                                    ☆ ☆ ⊡ ● …

한국사 묻고 답하기                        답변: 3  조회: 60

질문  (가)   에 대해 알려주세요.
         └─ 한국광복군
  ↳  답변

       └ 총사령관은 ❶ 지청천이었어요.
       └ 영국군과 함께 미얀마 전선에서 활동했어요.
       └ ❷국내 진공 작전을 준비했어요.
```

키워드 문제분석

❶ 지청천 + ❷ 국내 진공 작전 = 한국광복군

❶ 1940년 중국 국민당의 지원을 받아 충칭에서 창설된 한국광복군은 대한민국 임시 정부의 정규군으로 지청천이 총사령관으로 취임하였어요.

❷ 한국광복군은 일본의 패망이 가까워지자 미국 전략 정보국(OSS)과 협력하여 국내 진공 작전을 펼쳤지만 일본의 무조건 항복으로 실행에 옮기지는 못하였어요.

① 북로 군정서
➡ 김좌진이 이끈 북로 군정서는 홍범도의 대한 독립군 등과 연합하여 1920년 청산리 전투에서 일본군에 큰 승리를 거두었어요.

② 조선 의용대
➡ 중국 국민당의 지원을 받아 김원봉의 주도로 창설된 조선 의용대는 중국 관내에서 창설된 최초의 한인 무장 부대였어요.

③ 조선 혁명군
➡ 양세봉이 이끈 조선 혁명군은 중국 의용군과 연합하여 영릉가 전투와 흥경성 전투 등을 승리로 이끌었어요.

④ 한국광복군
➡ 한국광복군은 조선 의용대 일부가 합류하여 세력이 커졌으며, 영국군의 요청으로 **인도·미얀마 전선** 등에서 **활동**하였어요.

---

42 남북 협상
정답 ③

다음 성명서가 발표된 이후의 사실로 옳은 것은?

```
❶ ┌ 남북 협상 시도(1948. 2)
  김구, 삼천만 동포에게 읍고함

  나는 통일된 조국을 건설하려다
38선을 베고 쓰러질지언정, 일신의
구차한 안일을 위하여 단독 정부를
세우는 데는 협력하지 않겠다.
```

키워드 문제분석

❶ 김구, 삼천만 동포에게 읍고함 = 남북 협상

좌우 합작 운동이 실패로 돌아갔고, 한반도 문제의 결정권이 유엔으로 이관되었어요. 유엔 총회에서 인구 비례에 의한 남북한의 총선거가 의결되었지만, 소련이 유엔 한국 임시 위원단의 입북을 거부하여 유엔 소총회에서 선거가 가능한 지역, 즉 남한만의 총선거를 결의하였어요. 이에 1948년 2월 김구는 남한만의 단독 정부 수립에 반대하며 '삼천만 동포에게 읍고함'이라는 성명서를 발표하였어요.

① 한인 애국단이 결성되었다.
➡ 김구는 침체된 대한민국 임시 정부에 활력을 불어넣기 위해 1931년 한인 애국단을 결성하였어요.

② 제1차 미소 공동 위원회가 열렸다.
➡ 1946년에 제1차 미·소 공동 위원회가 열렸으나 미국과 소련의 입장 차이로 무기한 휴회되었어요.

③ 평양에서 남북 협상이 진행되었다.
➡ 김구는 통일 정부 수립을 위해 김규식 등과 함께 평양에서 열린 남북 협상에 참여하였어요(1948. 4).

④ 모스크바 3국 외상 회의가 개최되었다.
➡ 1945년 12월 모스크바 3국 외상 회의가 개최되었고, 여기에서 한국에 대해 최대 5년간의 신탁 통치 실시 등이 결의되었어요.

이것도! 정답선택지

⑤ 평양에서 (ㄴㅂ ㅎㅅ)이 열렸다.

⑥ (ㄱㄱ)와 김규식이 남북 협상을 추진하였다.

정답 ⑤ 남북 협상 ⑥ 김구

43 제주 4·3 사건

정답 ④

(가)에 들어갈 사건으로 옳은 것은?

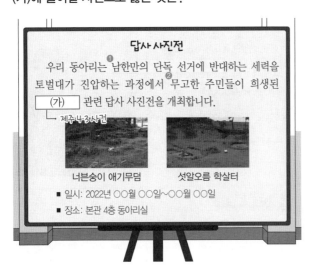

답사 사진전

우리 동아리는 **①남한만의 단독 선거에 반대**하는 세력을 토벌대가 진압하는 과정에서 **②무고한 주민들이 희생**된 (가) 관련 답사 사진전을 개최합니다.
└ 제주4·3사건

너븐숭이 애기무덤   섯알오름 학살터

- 일시 : 2022년 ○○월 ○○일~○○월 ○○일
- 장소 : 본관 4층 동아리실

키워드 문제분석

**① 남한만의 단독 선거 반대 + ② 무고한 주민 희생
= 제주 4 · 3 사건**

① 1948년 4월 3일 제주의 좌익 세력 및 일부 주민이 남한만의 단독 선거 반대와 미군 철수 등을 주장하며 봉기하였어요.

② 군과 경찰이 우익 단체와 함께 이를 무력으로 진압하는 과정에서 아무 잘못없는 주민들이 큰 희생을 치렀어요. 이 사건으로 제주도의 2개 선거구에서 5·10 총선거가 실시되지 못하였어요.

① 원산 총파업
➡ 1929년 덕원군 문산리에 있던 석유 회사에서 일본인 감독이 한국인 노동자를 구타한 사건이 계기가 되어 원산 총파업이 일어났어요.

② 제암리 사건
➡ 1919년 3·1 운동의 전개 과정에서 일제가 제암리 주민들을 교회에 몰아넣고 학살한 제암리 사건이 일어났어요.

③ 자유시 참변
➡ 1921년 일본의 탄압을 피해 자유시로 이동한 독립군이 자유시(러시아의 스보보드니)에서 소련군에 의해 무장 해제를 당하는 과정에서 많은 독립군이 피해를 입은 자유시 참변이 일어났어요.

④ 제주 4 · 3 사건
➡ 2000년에 제주 4 · 3 사건의 **진상 규명 및 희생자 명예 회복에 관한 특별법**이 공포되었어요.

44 6·25 전쟁

정답 ①

밑줄 그은 '이 전쟁' 중에 있었던 사실로 옳은 것은?

┌ 6·25 전쟁(1950~1953)
여기는 **①에티오피아군이 유엔군의 일원**으로 이 전쟁에 참전한 것을 기리는 기념관입니다. 당시 에티오피아군의 전투 상황 등을 보여주는 자료가 전시되어 있습니다.

키워드 문제분석

① 에티오피아군이 유엔군의 일원 = 6 · 25 전쟁

1950년 6월 25일 북한군의 기습적인 남침으로 시작된 6·25 전쟁으로 3일 만에 서울이 함락되었어요. 유엔 안전 보장 이사회는 남한을 지원하기 위해 유엔국 참전을 결의하였고 에티오피아는 16개국 중의 하나로 참전하였어요.

① 인천 상륙 작전이 전개되었다.
➡ 6·25 전쟁 초기에는 북한군의 공격으로 낙동강 유역까지 전선이 밀렸으나, **1950년 9월**에 국군과 유엔군이 전개한 인천 상륙 작전으로 서울을 다시 회복하였어요.

② 조선 건국 준비 위원회가 결성되었다.
➡ 여운형은 1945년 8월 광복 직후 조선 건국 준비 위원회를 결성하였어요.

③ 이승만이 임시 의정원에서 탄핵되었다.
➡ 1925년 대한민국 임시 정부는 이승만의 국제 연맹 위임 통치 등의 책임을 물어 임시 의정원에서 탄핵을 결정하였어요.

④ 쌍성보에서 한·중 연합 작전이 펼쳐졌다.
➡ 1932년 한국 독립군이 중국군과 연합하여 쌍성보 전투에서 일본군에 승리하였어요.

이것도! 정답선택지

⑤ (ㅈㄱㄱ)의 개입으로 1 · 4 후퇴가 일어났다.

⑥ (ㅍㅁㅈ)에서 휴전(정전) 회담이 진행되었다.

정답 ⑤ 중국군 ⑥ 판문점

45 6월 민주 항쟁

정답 ①

밑줄 그은 '민주화 운동'에 대한 설명으로 옳은 것은?

키워드 문제분석

❶ 1987년 + ❷ 호헌 철폐, 독재 타도
= 6월 민주 항쟁

❶ 1987년 대학생 박종철이 남영동 대공분실에서 조사를 받던 중 경찰 고문으로 사망하였고, 정부는 사실을 숨기고 조작하였어요.

❷ 대통령 직선제 개헌을 요구하는 국민들의 요구에 전두환 정부는 4·13 호헌 조치를 발표하여 간선제를 유지하겠다고 발표하였어요. 이에 분노한 시민들은 박종철 죽음에 관한 진실과 대통령 직선제 요구 등을 주장하며 6월 민주 항쟁을 전개하였어요.

① 대통령 직선제 개헌을 이끌어 냈다.
➡ 6월 민주 항쟁의 결과 6·29 민주화 선언이 발표되었고, 5년 단임의 대통령 직선제 개헌이 이루어졌어요.

② 3·15 부정 선거에 항의하여 일어났다.
➡ 3·15 부정 선거와 이승만 정부의 장기 집권에 저항하여 4·19 혁명이 일어났어요.

③ 굴욕적인 한·일 국교 정상화에 반대하였다.
➡ 박정희 정부 시기에 굴욕적인 한·일 국교 정상화에 반대하며 6·3 시위가 전개되었어요.

④ 신군부의 비상계엄 확대가 원인이 되어 발생하였다.
➡ 5·18 민주화 운동은 전두환 등 신군부의 비상계엄 확대 등에 저항하여 일어났어요.

46 대외 무역(시대 통합)

정답 ②

(가)~(다)의 모습이 나타난 시대 순서대로 옳게 나열한 것은?

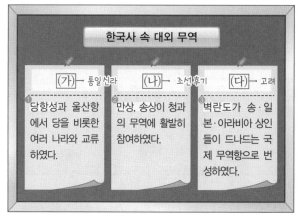

키워드 문제분석

❶ 당항성 = (가) 통일 신라
❷ 만상, 송상 = (나) 조선 후기
❸ 벽란도 = (다) 고려

(가) 통일 신라 때 울산항과 당항성이 국제 무역항으로 번성하여 당을 비롯한 이슬람 상인들이 교류하러 오기도 하였어요.

(다) 고려 시대에는 예성강 하구에 위치한 벽란도가 무역과 상업의 중심지로 성장하였고, 송과 일본, 아라비아 상인까지 왕래하는 국제 무역항으로 번성하였어요.

(나) 조선 후기에 상업의 발달로 각 지역에서 사상들이 활발히 활동하였어요. 송상은 개성에 근거지를 두고 청과 일본 사이의 중계 무역을 하였고, 만상은 의주를 근거지로 두고 청과의 무역에 종사하였어요.

① (가) – (나) – (다)

② (가) – (다) – (나)
➡ (가) 통일 신라 → (다) 고려 → (나) 조선 후기

③ (나) – (가) – (다)

④ (다) – (가) – (나)

47 김영삼 정부 시기의 사실　　정답 ①

(가)에 들어갈 내용으로 옳은 것은?

키워드 문제분석

❶ 조선 총독부 철거 + ❷ OECD 가입 = 김영삼 정부

❶ 김영삼 대통령은 군사 정권이 끝나고 국민의 손으로 뽑은 첫 문민 대통령이었어요. 이에 출범 이후 과거사 청산 운동의 일환으로 옛 조선 총독부 건물을 철거하는 등 '역사 바로 세우기' 운동이 이루어졌어요.

❷ 김영삼 정부는 1996년 경제 협력 개발 기구(OECD)에 가입하여 선진국 반열에 오르고자 하였어요.

① 금융 실명제를 실시했어.
➡ **김영삼 정부**는 투명한 금융 관리를 위해 금융 거래를 실제 거래자 이름으로 하도록 한 금융 실명제를 실시하였어요.

② 경부 고속 도로를 준공했어.
➡ 박정희 정부는 1970년 경부 고속 국도를 개통하였어요.

③ 제1차 경제 개발 5개년 계획을 추진했어.
➡ 박정희 정부는 제1차 경제 개발 5개년 계획(1962~1966)을 추진하였어요.

④ 미국과 자유 무역 협정(FTA)을 체결했어.
➡ 노무현 정부는 미국과 자유 무역 협정(FTA)을 체결하였어요.

48 강화도의 역사　　정답 ③

(가)에 해당하는 지역으로 옳은 것은?

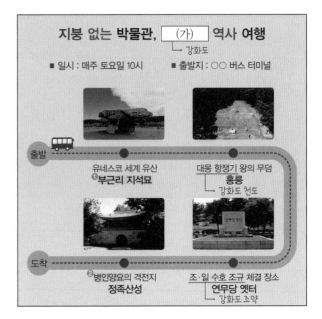

키워드 문제분석

❶ 부근리 지석묘 + ❷ 병인양요 = 강화도

❶ 강화도는 선사 시대 유물과 유적이 풍부하게 남아있는 지역이에요. 대표적으로 군장의 무덤인 고인돌이 많이 발견되었고, 부근리를 포함한 인근의 고인돌이 유네스코 세계 유산으로 등재되었어요.

❷ 1866년 강화도에 프랑스군이 침략하여 병인양요가 일어났어요. 이에 양헌수 부대가 정족산성에서 프랑스군에 맞서 싸워 퇴각시켰어요.

① 진도
➡ 진도는 대몽 항쟁기 삼별초가 용장성을 쌓고 항전하였던 지역이에요.

② 거제도
➡ 거제도는 6·25 전쟁 중 포로 수용소가 있었던 곳이에요.

③ 강화도
➡ 고려 시대에 몽골이 쳐들어오자 최씨 무신 정권은 강화도에 **임시 수도**를 두고 거처하였어요.

④ 울릉도
➡ 울릉도는 우산국이 있었던 곳으로 신라 지증왕 때 이사부에 의해 정복되었어요.

(가)~(라)에 들어갈 내용으로 적절하지 <u>않은</u> 것은?

한국사 학습지	사회 개혁을 위해 노력한 역사 인물	이름:

※ 아래 제시된 역사 인물들이 시대적으로 직면했던 문제와 해결 노력을 조사해 봅시다.

인물	당시 사회의 문제점	해결 노력
❶최치원	골품제의 모순이 심화되었다.	(가)
❷신돈	권문세족이 불법적으로 농장을 확대하였다.	(나)
❸조광조	권력이 훈구 세력에게 집중되었다.	(다)
❹전봉준	지방관의 수탈과 외세의 침탈이 심해졌다.	(라)

키워드 문제분석

❶ 최치원 = (가) 통일 신라 말
❷ 신돈 = (나) 고려 공민왕
❸ 조광조 = (다) 조선 중종
❹ 전봉준 = (라) 동학 농민 운동(1894)

①(가) – 훈요 10조를 남겼다.
➡ 훈요 10조는 **고려 태조**(왕건)가 후대 왕들이 지켜야 할 교훈을 담은 글이에요.

② (나) – 전민변정도감의 설치를 건의하였다.
➡ 신돈은 원 간섭기 권문세족의 불법적인 농장 확대 등에 맞서 고려 **공민왕**에게 전민변정도감의 설치를 건의하고, 판사가 되어 개혁하고자 하였어요.

③ (다) – 현량과 시행을 주장하였다.
➡ 조광조는 훈구 세력의 권력 집중을 견제하기 위해 **조선 중종** 때 등용되어 현량과 실시, 소격서 폐지 등의 개혁을 추진하였어요.

④ (라) – 동학 농민 운동을 일으켰다.
➡ 전봉준은 **지방관의 수탈**과 일본군이 경복궁을 점령하고 내정 개혁을 요구하자 1894년 동학 농민 운동을 일으켜 저항하고자 하였어요.

다음 정부의 통일 노력으로 옳은 것은?

사진으로 보는 ○○○ 정부
└ 노태우 정부

❶남북한 유엔 동시 가입   ❷한중 수교

키워드 문제분석

❶ 남북한 유엔 동시 가입 + ❷ 한 · 중 수교
= 노태우 정부

❶ 노태우 정부는 1991년 남북한의 화해와 협력을 도모하기 위해 유엔에 동시 가입하였어요.
❷ 노태우 정부는 중국 및 베트남 등과 수교하는 등 북방 외교를 추진하였으며, 한반도 비핵화 공동 선언을 발표하기도 하였어요.

①남북 기본 합의서를 채택하였다.
➡ **노태우 정부** 시기인 1991년에 남북 사이의 화해와 불가침 및 교류 · 협력에 관한 합의서인 남북 기본 합의서를 채택하였어요.

②7 · 4 남북 공동 성명을 발표하였다.
➡ 박정희 정부 시기인 1972년에 남북한이 통일 3대 원칙(자주 · 평화 · 민족적 대단결)을 합의한 7 · 4 남북 공동 성명을 발표하였어요.

③6 · 15 남북 공동 선언에 합의하였다.
➡ 김대중 정부 시기인 2000년에 개최된 제1차 남북 정상 회담의 결과 6 · 15 남북 공동 선언에 합의하였어요.

④ 남북 이산가족 고향 방문을 최초로 실현하였다.
➡ 전두환 정부 시기 남북 이산가족 고향 방문이 최초로 이루어졌어요.

01 (가) 시대의 생활 모습으로 옳은 것은? (1점)

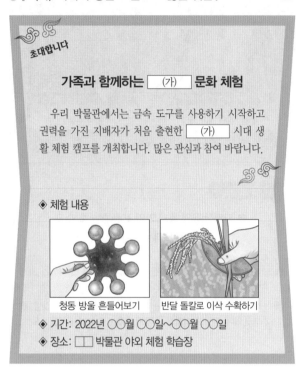

초대합니다

가족과 함께하는 (가) 문화 체험

우리 박물관에서는 금속 도구를 사용하기 시작하고 권력을 가진 지배자가 처음 출현한 (가) 시대 생활 체험 캠프를 개최합니다. 많은 관심과 참여 바랍니다.

◆ 체험 내용

청동 방울 흔들어보기 / 반달 돌칼로 이삭 수확하기

◆ 기간: 2022년 ○○월 ○○일~○○월 ○○일
◆ 장소: □□박물관 야외 체험 학습장

① 우경이 널리 보급되었다.
② 비파형 동검을 사용하였다.
③ 가락바퀴가 처음 등장하였다.
④ 주로 동굴이나 막집에서 살았다.

02 다음 퀴즈의 정답으로 옳은 것은? (2점)

한국사 퀴즈 대회

1단계 | 군장으로 읍군, 삼로 등이 있었습니다.

2단계 | 민며느리제라는 풍습이 있었습니다.

3단계 | 가족이 죽으면 뼈를 추려 가족 공동 무덤에 안치하였습니다.

제시된 힌트를 종합하여 알 수 있는 나라는 어디일까요?

① 동예　　② 부여　　③ 삼한　　④ 옥저

03 (가)~(다)를 일어난 순서대로 옳게 나열한 것은? (3점)

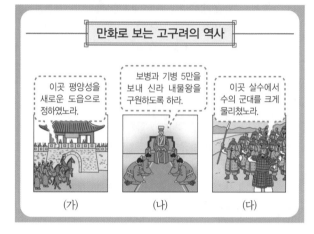

만화로 보는 고구려의 역사

이곳 평양성을 새로운 도읍으로 정하였노라. (가)

보병과 기병 5만을 보내 신라 내물왕을 구원하도록 하라. (나)

이곳 살수에서 수의 군대를 크게 물리쳤노라. (다)

① (가) - (나) - (다)
② (가) - (다) - (나)
③ (나) - (가) - (다)
④ (다) - (가) - (나)

04 밑줄 그은 '이 왕'의 업적으로 옳은 것은? (2점)

부여 나성 발굴 과정에서 성의 북문 터가 확인되었습니다. 부여 나성은 백제 사비 도성을 감싸는 방어 시설로, 수도를 웅진에서 사비로 옮긴 이 왕 때 축조된 것으로 추정됩니다.

부여 나성 북문 터 확인

① 동진으로부터 불교를 받아들였다.
② 고흥에게 역사서인 서기를 편찬하게 하였다.
③ 진흥왕과 연합하여 한강 유역을 회복하였다.
④ 대야성을 비롯한 신라의 40여개 성을 빼앗았다.

05 밑줄 그은 '이 나라'에 대한 설명으로 옳은 것은? 2점

사진은 이 나라의 왕성인 경주 월성입니다. 월성은 2014년부터 본격적인 발굴 작업이 진행 중이며, 올해에는 방어 시설인 해자의 복원이 마무리될 예정입니다.

이 사진에 대해 설명해 주세요.

① 골품제라는 엄격한 신분 제도가 있었다.
② 전국을 5도 양계로 나누어 통치하였다.
③ 빈민 구제를 위해 진대법을 실시하였다.
④ 정사암에서 국가의 중대사를 결정하였다.

07 (가)에 들어갈 전투로 옳은 것은? 2점

〈역사 다큐멘터리 기획안〉

신라, 최후의 승자가 되다!

■ 기획 의도
한반도를 차지하려 한 당을 몰아내고 신라가 삼국 통일을 이룬 과정을 집중 조명한다.

■ 구성
1편 – 당이 웅진도독부, 안동도호부를 설치하다
2편 – 신라가 고구려 부흥 운동을 지원하고 군사력을 보강하다
3편 – 신라가 당에 맞서 [(가)]에서 승리하다

① 기벌포 전투　　　　② 우금치 전투
③ 진주성 전투　　　　④ 처인성 전투

06 (가) 나라의 경제 상황으로 옳은 것은? 2점

(가) 문화유산 발표회

이 토기는 김해에서 출토되었으며, 갑옷으로 무장한 인물의 모습이 묘사되어 있습니다.

이것은 김해 대성동 고분에서 출토된 철제 판갑옷입니다.

① 정기 시장인 장시가 전국 각지에서 열렸다.
② 시장을 감독하기 위한 동시전이 설치되었다.
③ 활구라고도 불린 은병이 화폐로 사용되었다.
④ 낙랑군과 왜 사이의 중계 무역으로 이익을 얻었다.

08 (가) 국가에 대한 설명으로 옳은 것은? 1점

이것은 [(가)]의 중대성에서 일본으로 보낸 외교 문서입니다. 화면에 보이는 것처럼 이 문서에 기록된 사절단에 고구려의 왕족 성씨인 고씨가 다수 포함된 것이 확인됩니다.

중대성첩

① 대조영이 동모산에서 건국하였다.
② 청해진을 중심으로 해상 무역이 전개되었다.
③ 여러 가(加)들이 별도로 사출도를 주관하였다.
④ 지방 세력 견제를 위해 기인 제도가 실시되었다.

제58회

09 (가) 왕의 업적으로 옳은 것은? (2점)

이 무덤은 신라의 31대 왕인 ___(가)___ 의 능으로 전해지고 있습니다. 이 왕은 관리에게 관료전을 지급하고 녹읍을 폐지하여 귀족들의 경제 기반을 약화시켰습니다.

① 국학을 설립하였다.
② 대가야를 정복하였다.
③ 독서삼품과를 실시하였다.
④ 김헌창의 난을 진압하였다.

10 (가)에 들어갈 문화유산으로 옳은 것은? (3점)

경상북도 영주에 있는 고려 시대 건축물인 이 문화유산에 대해 말해볼까요?

배흘림 기둥과 주심포 양식이 특징이에요.

(가)

건물 내부에 아미타불이 모셔져 있어요.

①

금산사 미륵전

②

법주사 팔상전

③

화엄사 각황전

④

부석사 무량수전

11 (가), (나) 사이의 시기에 있었던 사실로 옳은 것은? (3점)

(가) 견훤이 완산주를 근거지로 삼고 스스로 후백제라 일컬으니, 무주 동남쪽의 군현들이 투항하여 복속하였다.

(나) 태조가 대상(大相) 왕철 등을 보내 항복해 온 경순왕을 맞이하게 하였다.

① 연개소문이 천리장성을 쌓았다.
② 최영이 요동 정벌을 추진하였다.
③ 왕건이 고창 전투에서 승리하였다.
④ 이순신이 명량에서 일본군을 물리쳤다.

12 밑줄 그은 '왕'의 업적으로 옳은 것은? (2점)

왕께서 한림학사 쌍기의 의의를 받아 들이셨다고 합니다.

과거 시험을 통해 인재를 선발하기로 했다더군요.

① 훈요 10조를 남겼다.
② 수도를 강화도로 옮겼다.
③ 노비안검법을 시행하였다.
④ 기철 등 친원파를 숙청하였다.

13 (가)에 들어갈 내용으로 옳은 것은? [1점]

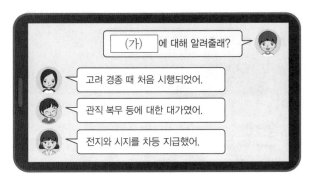

(가) 에 대해 알려줄래?

고려 경종 때 처음 시행되었어.

관직 복무 등에 대한 대가였어.

전지와 시지를 차등 지급했어.

① 과전법   ② 납속책

③ 전시과   ④ 호포제

14 다음 상황이 일어난 시기를 연표에서 옳게 고른 것은? [3점]

이곳 서경에서 군대를 일으켜 곧장 개경으로 진군하겠다.

대위국

천개

묘청

918	1019	1170	1270	1392
	(가)	(나)	(다)	(라)
고려 건국	귀주 대첩	무신 정변	개경 환도	고려 멸망

① (가)   ② (나)   ③ (다)   ④ (라)

15 (가)에 들어갈 인물로 옳은 것은? [2점]

영통사 대각국사비에 대해 검색해 줘.

검색 결과입니다.

영통사 대각국사비는 고려 문종의 넷째 아들로 승려가 된 (가) 의 행적을 새긴 비석이다. 비문에는 그가 송에서 불교를 배우고 돌아와 해동 천태종을 개창한 사실이 기록되어 있다.

① 원효   ② 의천

③ 지눌   ④ 혜심

16 교사의 질문에 대한 학생들의 대답으로 옳지 않은 것은? [2점]

역사상 우리나라와 중국 사이에 있었던 교류 활동의 사례를 말해볼까요?

① 신라의 장보고는 산동반도에 법화원을 세웠어요.

② 고려 시대에 이제현이 만권당에서 공부하였어요.

③ 조선 시대에 박지원은 연행사의 일원으로 열하에 다녀왔어요.

④ 개항기에 민영익이 보빙사의 대표로 파견되었어요.

17 (가)의 활동으로 옳은 것은? `2점`

> ○ [(가)] 이/가 아뢰기를, "신이 여진에게 패배한 까닭은 그
> 들은 기병이고 우리는 보병이어서 대적하기 어려웠기 때문입
> 니다."라고 하였다. 이에 건의하여 비로소 별무반을 만들었다.
> ― 「고려사절요」 ―
>
> ○ [(가)] 이/가 여진을 쳐서 크게 물리쳤다. [왕이] 여러 장
> 수를 보내 경계를 정하였다.
> ― 「고려사」 ―

① 강동 6주를 획득하였다.
② 동북 9성을 축조하였다.
③ 쓰시마섬을 정벌하였다.
④ 쌍성총관부를 수복하였다.

18 (가)에 들어갈 기구로 옳은 것은? `2점`

이번에 새로운 기구로 [(가)]
이/가 설치됩니다. 개경과 서경 및 12목
에 설치될 예정으로, 풍년에는 곡물을
사들이고 흉년에는 곡물을 풀어 물가를
조절하는 기능을 하게 됩니다.

개경과 서경 등에 물가 조절 기구 설치

① 중방　　　　　② 상평창
③ 어사대　　　　④ 식목도감

19 밑줄 그은 '왕'의 업적으로 옳은 것은? `2점`

이성계의 아들로
태어나 두 차례의 왕
자의 난 이후 왕위에
올랐어.

6조 직계제를
실시하는 등 왕권
강화에 힘썼지.

이곳은 헌릉으로
조선 3대 왕이 왕비
와 함께 묻힌 곳이야.

① 탕평비를 건립하였다.
② 현량과를 실시하였다.
③ 호패법을 시행하였다.
④ 훈민정음을 창제하였다.

20 (가) 왕의 재위 기간에 있었던 사실로 옳은 것은? `2점`

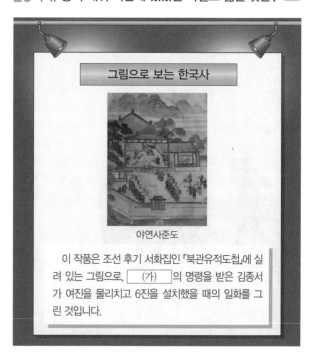

그림으로 보는 한국사

아연사준도

이 작품은 조선 후기 서화집인 『북관유적도첩』에 실
려 있는 그림으로, [(가)]의 명령을 받은 김종서
가 여진을 물리치고 6진을 설치했을 때의 일화를 그
린 것입니다.

① 장용영 설치
② 칠정산 편찬
③ 경국대전 완성
④ 나선 정벌 단행

21 (가)에 들어갈 교육 기관으로 옳은 것은? `1점`

이 지도에는 유네스코 세계 유산에 등재된 '한국의 (가) ' 소재지가 표시되어 있습니다. 교육과 제사를 함께 담당하는 동아시아 성리학 교육 기관의 한 유형으로, 현재까지도 그 기능이 유지되고 있는 점이 높게 평가되어 등재되었습니다.

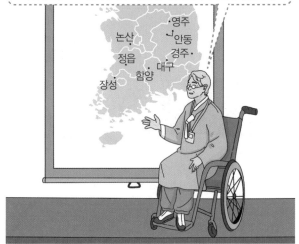

① 서원
② 향교
③ 성균관
④ 4부 학당

22 밑줄 그은 '의병장'으로 옳은 것은? `2점`

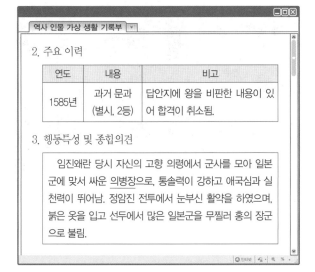

역사 인물 가상 생활 기록부

2. 주요 이력

연도	내용	비고
1585년	과거 문과 (별시, 2등)	답안지에 왕을 비판한 내용이 있어 합격이 취소됨.

3. 행동특성 및 종합의견

임진왜란 당시 자신의 고향 의령에서 군사를 모아 일본군에 맞서 싸운 의병장으로, 통솔력이 강하고 애국심과 실천력이 뛰어남. 정암진 전투에서 눈부신 활약을 하였으며, 붉은 옷을 입고 선두에서 많은 일본군을 무찔러 홍의 장군으로 불림.

① 조헌
② 고경명
③ 곽재우
④ 정문부

23 밑줄 그은 '이 전쟁' 중에 있었던 사실로 옳은 것은? `3점`

문학으로 만나는 한국사

청석령을 지났느냐 초하구는 어디쯤인가
북풍도 차기도 차다 궂은비는 무슨 일인가
그 누가 내 행색 그려내어 임 계신 데 드릴까

위 시조는 이 전쟁 당시 인조가 삼전도에서 항복한 뒤 봉림대군이 청에 볼모로 끌려가며 지었다는 이야기가 전해집니다. 청의 심양으로 끌려가는 비참함과 처절한 심정이 잘 표현되어 있습니다.

① 왕이 남한산성으로 피신하였다.
② 양헌수가 정족산성에서 항전하였다.
③ 김윤후가 적장 살리타를 사살하였다.
④ 조명 연합군이 평양성을 탈환하였다.

24 (가)에 들어갈 기구로 옳은 것은? `2점`

(가) 은/는 본래 외적의 침입에 대비하고자 설치한 임시 군사 회의 기구였으나, 양 난을 계기로 국방뿐만 아니라 국정 전반을 총괄하는 최고 기구가 되었습니다. 이로 인해 기존의 의정부와 6조가 유명무실해졌습니다.

① 비변사
② 사헌부
③ 의금부
④ 홍문관

25 밑줄 그은 '제도'로 옳은 것은? `2점`

양민의 부담을 덜고자 군포를 절반으로 줄이는 제도를 시행하였는데, 부족해진 군포를 메울 방도를 논의하였는가?

어장세나 소금세 등으로 보충하는 것이 좋겠습니다.

① 균역법　　② 대동법　　③ 영정법　　④ 직전법

26 (가)에 들어갈 인물로 옳은 것은? `1점`

추사, 조선 서예의 새 지평을 열다

우리 박물관에서는 추사체를 창안하여 조선 서예의 새 지평을 연 추사 선생의 특별전을 개최합니다. 관심 있는 여러분의 많은 관람 바랍니다.

(가)

기간: 2022년 ○○월 ○○일~○○월 ○○일
장소: □□ 박물관 특별 전시실

①  허목

②  김정희

③  송시열

④  채제공

27 밑줄 그은 '사건'에 대한 설명으로 옳은 것은? `3점`

이번 사건에 가담한 이유가 있나요?

백낙신이 경상 우병사로 있을 때 백성에게 마구잡이로 세금을 거두어들였습니다. 참다못한 저는 항의 문서를 만들어 관청에 고발했지만, 받아들여지지 않아 행동에 나설 수밖에 없었습니다.

유계춘

① 남접과 북접이 논산에서 연합하였다.
② 삼정이정청이 설치되는 계기가 되었다.
③ 우정총국 개국 축하연을 이용하여 일어났다.
④ 청군에 의해 흥선 대원군이 톈진으로 납치되었다.

28 다음 대화가 이루어진 시기에 볼 수 있는 모습으로 옳은 것은? `2점`

감자 팝니까?

예, 그럼요. 고구마도 팝니다.

상평통보 환영

① 국자감에 입학하는 학생
② 팔관회에 참석하는 관리
③ 판소리 공연을 구경하는 농민
④ 삼별초의 일원으로 훈련하는 군인

29 밑줄 그은 '조약'으로 옳은 것은? `2점`

이곳은 운요호 사건을 빌미로 일본이 개항을 강요하여 조선과 <u>조약</u>을 체결한 장소입니다.

① 한성 조약
② 정미 7조약
③ 강화도 조약
④ 제물포 조약

30 (가)에 들어갈 내용으로 옳은 것은? `2점`

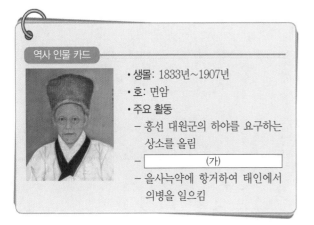

역사 인물 카드

- 생몰: 1833년~1907년
- 호: 면암
- 주요 활동
  - 흥선 대원군의 하야를 요구하는 상소를 올림
  - ―――――― (가) ――――――
  - 을사늑약에 항거하여 태인에서 의병을 일으킴

① 북학의를 저술함
② 왜양일체론을 주장함
③ 신흥 무관 학교를 설립함
④ 시일야방성대곡을 작성함

31 밑줄 그은 '이 사건'의 결과로 옳은 것은? `2점`

이것은 민응식의 옛 집터 표지석입니다. 구식 군인들이 별기군과의 차별 등에 반발하여 일으킨 <u>이 사건</u> 당시, 궁궐을 빠져나온 왕비가 피란하였던 곳임을 알려주고 있습니다.

① 집강소가 설치되었다.
② 조사 시찰단이 파견되었다.
③ 외규장각 도서가 약탈되었다.
④ 청의 내정 간섭이 심화되었다.

32 밑줄 그은 '단체'로 옳은 것은? `2점`

학술 발표회

우리 학회에서는 제국주의 열강의 침략으로부터 주권을 수호하고자 서재필의 주도로 창립된 <u>단체</u>의 의의와 한계를 조명하고자 합니다. 많은 관심과 참여를 바랍니다.

◈ 발표 주제 ◈

- 민중 계몽을 위한 강연회와 토론회 개최 이유
- 만민 공동회를 통한 자주 국권 운동 전개 과정
- 관민 공동회 개최와 헌의 6조 결의의 역사적 의미

■ 일시: 2022년 4월 ○○일 13:00~18:00
■ 장소: △△문화원 소강당

① 보안회
② 신민회
③ 독립 협회
④ 대한 자강회

33 다음 법령이 시행된 시기 일제의 경제 정책으로 옳은 것은? `2점`

① 미곡 공출제 시행
② 남면북양 정책 추진
③ 농촌 진흥 운동 전개
④ 토지 조사 사업 실시

34 밑줄 그은 '정부'의 활동으로 옳지 <u>않은</u> 것은? `3점`

① 연통제를 실시하였다.
② 독립 공채를 발행하였다.
③ 구미 위원부를 설치하였다.
④ 대한국 국제를 반포하였다.

35 (가)에 들어갈 종교로 옳은 것은? `1점`

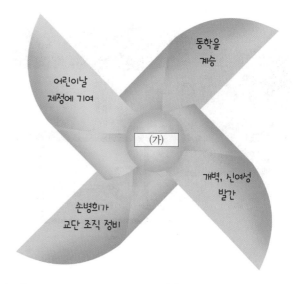

① 대종교
② 원불교
③ 천도교
④ 천주교

36 (가)에 해당하는 인물로 옳은 것은? (2점)

봉오동 전투를 승리로 이끈 [(가)] 장군의 유해가 대한민국 특별수송기로 카자흐스탄에서 돌아오고 있습니다. 우리나라 공군 전투기 6대가 안전하게 호위하고 있습니다.

특별수송기를 호위하는 6대의 전투기

①
김좌진

②
양세봉

③
지청천

④
홍범도

37 학생들이 공통으로 이야기하는 민족 운동으로 옳은 것은? (2점)

1920년 평양에서 조만식 등이 중심이 되어 시작했어.

우리 민족 산업을 보호하고 육성하기 위해 전개했지.

사회주의자로부터 자본가의 이익만을 추구한다고 비판받기도 했어.

① 브나로드 운동
② 문자 보급 운동
③ 물산 장려 운동
④ 민립 대학 설립 운동

38 (가)에 들어갈 단체로 옳은 것은? (1점)

이것은 일제 경찰에서 제작한 감시 대상 인물 카드에 있는 [(가)] 단원들의 사진입니다. 사진에서는 단장 김원봉과 조선 총독부에 폭탄을 던진 김익상을 비롯한 총 7명의 모습을 확인할 수 있습니다.

① 의열단　　　　② 중광단
③ 흥사단　　　　④ 한인 애국단

39 (가)에 들어갈 단체로 옳은 것은? `2점`

① 신간회
② 토월회
③ 대한 광복회
④ 조선어 학회

41 (가)에 들어갈 내용으로 옳은 것은? `3점`

탐구 활동 계획서

● 주제: 몽양 여운형의 생애와 활동
● 방법: 문헌 조사, 현장 답사 등
● 조사할 것
　－ 신한 청년당의 지도자로 활동한 내용
　－ 　　　　(가)　　　　
　－ 좌우 합작 운동의 주도 과정과 결과
● 가볼 곳

생가(양평)　　　　묘소(서울)

① 헤이그 특사로 파견된 배경
② 암태도 소작 쟁의에 참여한 계기
③ 한국독립운동지혈사의 저술 이유
④ 조선 건국 준비 위원회의 결성 목적

40 밑줄 그은 '이 시기'를 연표에서 옳게 고른 것은? `3점`

① (가)　　② (나)　　③ (다)　　④ (라)

42 (가) 전쟁 중에 있었던 사실로 옳지 <u>않은</u> 것은? 〔2점〕

① 반공 포로가 석방되었다.
② 미소 공동 위원회가 개최되었다.
③ 중국군의 개입으로 서울을 다시 빼앗겼다.
④ 국군과 유엔군이 인천 상륙 작전에 성공하였다.

43 (가)에 들어갈 민주화 운동으로 옳은 것은? 〔2점〕

① 4·19 혁명
② 6월 민주 항쟁
③ 부·마 민주 항쟁
④ 5·18 민주화 운동

44 (가) 정부 시기에 있었던 사실로 옳은 것은? 〔2점〕

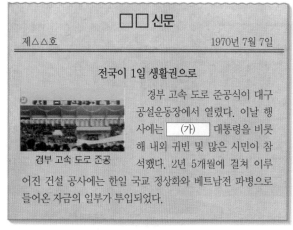

① 3저 호황으로 수출이 증가하였다.
② 제2차 경제 개발 5개년 계획이 실시되었다.
③ 경제 협력 개발 기구(OECD)에 가입하였다.
④ 미국과 자유 무역 협정(FTA)을 체결하였다.

45 밑줄 그은 '이 인물'로 옳은 것은? 〔1점〕

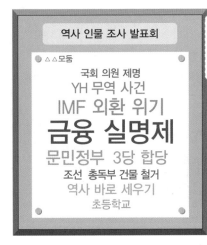

저희 모둠은 이 인물과 관련된 주제어의 조회 수를 검색해 보았습니다. 조회 수가 많을수록 글자의 크기가 큽니다.

역사 인물 조사 발표회

● △△모둠

국회 의원 제명
YH 무역 사건
IMF 외환 위기
금융 실명제
문민정부 3당 합당
조선 총독부 건물 철거
역사 바로 세우기
초등학교

① 김대중   ② 김영삼

③ 노태우   ④ 전두환

---

46 다음 뉴스가 보도된 정부 시기의 통일 노력으로 옳은 것은? 〔2점〕

대통령 내외와 수행원단이 개성 공단을 방문하였습니다. 대통령 취임 이후 일관되게 추진해 온 대북 정책의 성과와 남북 경제 협력의 중요성을 확인했다는 점에서 의미가 큽니다.

대통령 내외, 개성 공단 방문

① 이산가족 최초 상봉

② 남북 기본 합의서 채택

③ 남북한 유엔 동시 가입

④ 10·4 남북 정상 선언 발표

---

47 (가)~(다)를 일어난 순서대로 옳게 나열한 것은? 〔3점〕

① (가) – (나) – (다)   ② (가) – (다) – (나)

③ (나) – (가) – (다)   ④ (다) – (가) – (나)

---

48 밑줄 그은 '섬'으로 옳은 것은? 〔1점〕

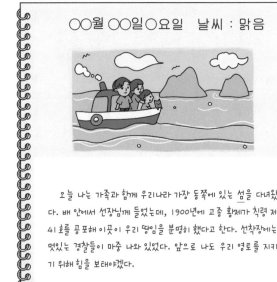

오늘 나는 가족과 함께 우리나라 가장 동쪽에 있는 섬을 다녀왔다. 배 안에서 선장님께 들었는데, 1900년에 고종 황제가 칙령 제41호를 공포해 이곳이 우리 땅임을 분명히 했다고 한다. 선착장에는 멋있는 경찰들이 마중 나와 있었다. 앞으로 나도 우리 영토를 지키기 위해 힘을 보태야겠다.

① 독도   ② 진도

③ 거제도   ④ 흑산도

49 밑줄 그은 '놀이'로 옳은 것은? (1점)

우리나라의 민속놀이 소개

구멍 뚫린 동전을 천이나 한지로 접어 싸고 그 끝을 여러 갈래로 찢어 술을 너풀거리게 만든 뒤, 이를 발로 차며 즐기는 <u>놀이</u>입니다.

① 널뛰기 ② 비석치기
③ 제기차기 ④ 쥐불놀이

50 학생들이 공통으로 이야기하는 지역으로 옳은 것은? (2점)

우리 고장 문화유산 발표하기

1모둠은 삼국 시대에 만들어진 상당산성을 주제로 잡았어.

2모둠 주제는 삼국 통일 이후 설치된 서원경의 유래와 신라 촌락 문서야.

4모둠의 주제는 조선 시대 관아 건물인 청녕각의 구조와 특징이야.

3모둠은 고려 시대의 직지와 흥덕사를 주제로 정했어.

① 상주 ② 원주 ③ 전주 ④ 청주

합격률 57회 : **45.1%** / 55회 : **57.2%**

55.8%

2022년 4월 10일(일) 시행
제58회

해설강의

시대별 출제비중

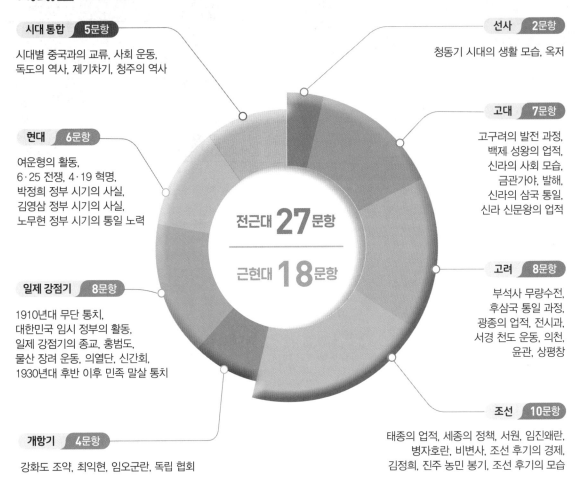

시대 통합 5문항
시대별 중국과의 교류, 사회 운동,
독도의 역사, 제기차기, 청주의 역사

선사 2문항
청동기 시대의 생활 모습, 옥저

현대 6문항
여운형의 활동,
6·25 전쟁, 4·19 혁명,
박정희 정부 시기의 사실,
김영삼 정부 시기의 사실,
노무현 정부 시기의 통일 노력

고대 7문항
고구려의 발전 과정,
백제 성왕의 업적,
신라의 사회 모습,
금관가야, 발해,
신라의 삼국 통일,
신라 신문왕의 업적

전근대 **27**문항
근현대 **18**문항

일제 강점기 8문항
1910년대 무단 통치,
대한민국 임시 정부의 활동,
일제 강점기의 종교, 홍범도,
물산 장려 운동, 의열단, 신간회,
1930년대 후반 이후 민족 말살 통치

고려 8문항
부석사 무량수전,
후삼국 통일 과정,
광종의 업적, 전시과,
서경 천도 운동, 의천,
윤관, 상평창

조선 10문항
태종의 업적, 세종의 정책, 서원, 임진왜란,
병자호란, 비변사, 조선 후기의 경제,
김정희, 진주 농민 봉기, 조선 후기의 모습

개항기 4문항
강화도 조약, 최익현, 임오군란, 독립 협회

분류별 출제비중 _고대~조선

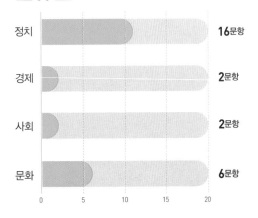

정치	16문항
경제	2문항
사회	2문항
문화	6문항

0 5 10 15 20

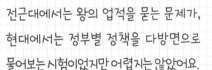

이번 회차는?

전근대에서는 왕의 업적을 묻는 문제가,
현대에서는 정부별 정책을 다방면으로
물어보는 시험이었지만 어렵지는 않았어요.

01 청동기 시대의 생활 모습   정답 ②

(가) 시대의 생활 모습으로 옳은 것은?

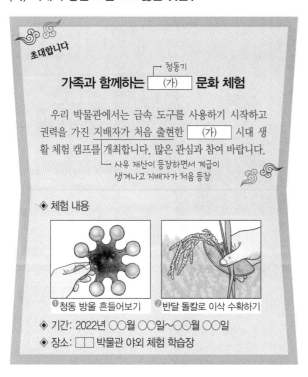

초대합니다

가족과 함께하는 [청동기 (가)] 문화 체험

우리 박물관에서는 금속 도구를 사용하기 시작하고 권력을 가진 지배자가 처음 출현한 [(가)] 시대 생활 체험 캠프를 개최합니다. 많은 관심과 참여 바랍니다.
└ 사유 재산이 등장하면서 계급이 생겨나고 지배자가 처음 등장

◈ 체험 내용

❶청동 방울 흔들어보기   ❷반달 돌칼로 이삭 수확하기

◈ 기간: 2022년 ○○월 ○○일~○○월 ○○일
◈ 장소: □□박물관 야외 체험 학습장

키워드 문제분석

❶ 청동 방울 + ❷ 반달 돌칼 = 청동기 시대

❶ 청동기 시대에 처음으로 금속 도구가 제작되었어요. 청동기는 제작이 어려웠기 때문에 검이나, 청동 방울 등 주로 지배층의 무기나 장신구, 제사 도구로 사용되었어요.

❷ 곡식을 수확하는 반달 돌칼 같은 농기구나 생활 도구는 여전히 돌이나 나무로 만들어 사용하였어요.

① 우경이 널리 보급되었다.
➡ 신라 지증왕 때 우경이 시작되었다는 기록이 있는 것으로 보아 우경은 삼국 시대부터 장려되었고, 고려 시대에 소를 이용한 깊이갈이가 일반화되었어요.

②비파형 동검을 사용하였다.
➡ 청동기 시대에는 비파형 동검, 청동 방울 등의 청동 도구가 만들어졌어요. 악기 비파와 생김새가 비슷하여 비파형 동검이라는 이름이 붙여졌어요.

③ 가락바퀴가 처음 등장하였다.
➡ 실을 뽑아 의복을 만드는 데 사용한 가락바퀴는 신석기 시대에 처음 사용되었어요.

④ 주로 동굴이나 막집에서 살았다.
➡ 구석기 시대 사람들은 식량을 찾아 이동 생활을 하였고, 주로 동굴이나 막집에 거주하였어요.

02 옥저의 사회 모습   정답 ④

다음 퀴즈의 정답으로 옳은 것은?

한국사 퀴즈 대회
└ 옥저는 왕이 없는 군장 국가

1단계 군장으로 읍군, 삼로 등이 있었습니다.
2단계 ❶민며느리제라는 풍습이 있었습니다.
3단계 가족이 죽으면 뼈를 추려 가족 공동 무덤에 안치하였습니다.

제시된 힌트를 종합하여 알 수 있는 나라는 어디일까요?

키워드 문제분석

❶ 민며느리제 + ❷ 가족 공동 무덤 = 옥저

❶ 옥저는 함경도 동해안 지방에 위치하였고 읍군, 삼로 등의 군장이 통치한 군장 국가였어요. 어릴 때 약혼하여 신부가 신랑 집에서 살다가 성인이 되면 예물을 치르고 정식으로 혼인하는 민며느리제라는 혼인 풍습이 있었습니다.

❷ 옥저에는 가족이 죽으면 시신을 가매장을 한 뒤 뼈만 추려서 하나의 목관에 모아 두는 가족 공동 무덤의 장례 풍습이 있었어요.

① 동예
➡ 동예는 10월에 무천이라는 제천 행사를 실시했으며, 족외혼, 책화 등의 풍습이 있었어요.

② 부여
➡ 부여는 12월에 영고라는 제천 행사를 개최하였으며, 왕 아래 마가, 우가, 저가, 구가 등의 대가들이 다스리던 독자적인 행정 구역인 사출도를 두었어요.

③ 삼한
➡ 마한·변한·진한의 삼한은 신지·읍차 등의 군장이 다스렸으며, 천군이 제사를 주관하였어요.

④옥저
➡ 옥저는 읍군, 삼로 등의 군장이 다스리고 민며느리제와 가족 공동 무덤이 대표적인 풍습이에요.

03

고구려의 발전 과정 정답 ③

(가)~(다)를 일어난 순서대로 옳게 나열한 것은?

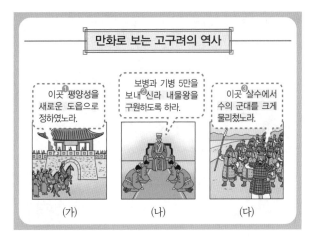

키워드 문제분석

❶ 평양성 천도(427) = (가) 장수왕
❷ 내물왕 구원(400) = (나) 광개토 대왕
❸ 살수 대첩(612) = (다) 영양왕

(나) 신라 내물왕의 요청으로 군대를 파견하여 신라에 침입한 왜를 격퇴한 광개토 대왕은 신라에 대한 영향을 확대하였고, 가야 지역까지 진출하였어요.

(가) 장수왕은 백제와 신라를 압박하기 위해 국내성에서 평양으로 도읍을 옮기고 남쪽으로 영역을 확장시켰어요.

(다) 7세기 수 양제가 대군을 이끌고 고구려에 침입하자 을지문덕이 살수에서 수의 군대를 상대로 큰 승리를 거둠으로써 수 양제의 고구려 원정은 실패하였어요(살수 대첩).

① (가) – (나) – (다)
② (가) – (다) – (나)
③ (나) – (가) – (다)
 ➡ (나) 광개토 대왕의 신라 구원(400) → (가) 장수왕의 평양 천도(427) → (다) 영양왕 때 살수 대첩(612)
④ (다) – (가) – (나)

04

백제 성왕의 업적 정답 ③

밑줄 그은 '이 왕'의 업적으로 옳은 것은?

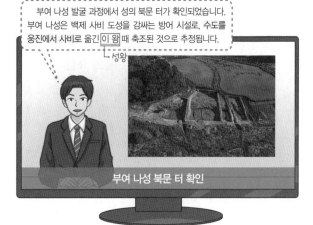

부여 나성 발굴 과정에서 성의 북문 터가 확인되었습니다. 부여 나성은 백제 사비 도성을 감싸는 방어 시설로, 수도를 웅진에서 사비로 옮긴 이 왕 때 축조된 것으로 추정됩니다.

성왕

부여 나성 북문 터 확인

키워드 문제분석

❶ 사비 천도 = 백제 성왕

성왕은 백제의 부흥을 위해 웅진보다 경제적·외교적으로 유리한 사비(부여)로 수도를 옮겼어요. 또한 국호를 '남부여'로 변경하고, 중앙 관청을 22부로 확대하는 등 국가 조직을 재정비하였습니다.

① 동진으로부터 불교를 받아들였다.
 ➡ 침류왕은 동진의 승려인 마라난타로부터 불교를 수용하고 공인하였어요.

② 고흥에게 역사서인 서기를 편찬하게 하였다.
 ➡ 근초고왕은 고흥에게 역사서인 『서기』를 편찬하게 하였어요.

③ 진흥왕과 연합하여 한강 유역을 회복하였다.
 ➡ 성왕은 신라와 함께 고구려를 공격하여 한강 하류 지역을 일시 회복하였으나, 신라 진흥왕의 배신으로 한강 유역을 다시 빼앗겼어요.

④ 대야성을 비롯한 신라의 40여개 성을 빼앗았다.
 ➡ 의자왕은 신라를 공격하여 경주로 가는 요충지에 있는 대야성을 비롯한 신라의 40여개 성을 빼앗았습니다.

05 신라의 사회 모습　정답 ①

밑줄 그은 '이 나라'에 대한 설명으로 옳은 것은?

> 사진은 <u>이 나라</u>의 왕성인 경주 월성입니다.❶ 월성은 2014년부터 본격적인 발굴 작업이 진행 중이며, 올해에는 방어 시설인 해자의 복원이 마무리될 예정입니다.

> 이 사진에 대해 설명해 주세요.

키워드 문제분석

❶ 경주 월성 = 신라 수도

　삼국 중 가장 늦게 전성기를 맞이한 신라는 씨족 사회의 전통을 계승한 화백 회의가 있었어요. 화백 회의는 귀족들의 의견을 만장일치제로 모은 것이 특징이에요. 또한 원시 청소년 집단에서 기원한 화랑도가 있었어요.

①골품제라는 엄격한 신분 제도가 있었다.
　➡ **신라**는 골품에 따라 집의 크기, 옷차림 등 일상생활까지도 규제하는 엄격하고 폐쇄적 신분제인 골품제가 있었어요. 이를 통해 진골 귀족의 특권을 보장하였습니다.

② 전국을 5도 양계로 나누어 통치하였다.
　➡ 고려는 전국을 5도 양계로 나누어 통치하였어요. 5도는 일반 행정 구역이고, 양계는 국경 지역에 설치한 군사 행정 구역이에요.

③ 빈민 구제를 위해 진대법을 실시하였다.
　➡ 고구려의 고국천왕은 가난한 백성을 구제하기 위해 봄에 곡식을 빌려주었다가 추수한 뒤 갚도록 한 진대법을 실시하였어요.

④ 정사암에서 국가의 중대사를 결정하였다.
　➡ 백제는 귀족들이 정사암에 모여 국가의 중대사를 결정하였어요.

이것도! 정답선택지

⑤ (ㅎㄹㄷ)의 규범으로 세속 5계를 제시하였다.

⑥ (ㅎㅂㅎㅇ)에서 국가의 중대사를 결정하였다.

정답 ⑤ 화랑도 ⑥ 화백 회의

06 금관가야의 경제 상황　정답 ④

(가) 나라의 경제 상황으로 옳은 것은?

> (가) **문화유산 발표**　　금관가야

> 이 토기는 김해에서 출토되었으며, 갑옷으로 무장한 인물의 모습이 묘사되어 있습니다.

> 이것은 김해 대성동❶ 고분에서 출토된 철제❷ 판갑옷입니다.

키워드 문제분석

❶ 김해 대성동 + ❷ 철 = 금관가야

　김해 지역을 중심으로 발전한 금관가야는 전기 가야 연맹을 이끌었으며 우수한 철이 많이 생산되어 수준 높은 철기 제작 기술을 가지고 있었어요. 또한 덩이쇠를 만들어 화폐처럼 사용하기도 하였습니다.

① 정기 시장인 장시가 전국 각지에서 열렸다.
　➡ 조선 후기에는 농업 생산력이 늘어나고 상품 유통이 활발해지면서 장시가 전국 각지에서 열리며 상품 화폐 경제가 발달하였어요.

② 시장을 감독하기 위한 동시전이 설치되었다.
　➡ 신라의 지증왕은 수도 금성(경주)에 시장인 동시와 시장을 감독하기 위한 동시전을 설치하였어요.

③ 활구라고도 불린 은병이 화폐로 사용되었다.
　➡ 고려 숙종 때 활구라고도 불린 은병이 고액 화폐로 사용되었습니다.

④낙랑군과 왜 사이의 중계 무역으로 이익을 얻었다.
　➡ **금관가야**는 질 좋은 철이 많이 생산되어 바닷길을 통해 낙랑과 왜에 철을 수출하였으며, 중계 무역으로 이익을 얻기도 하였어요.

이것도! 정답선택지

⑤ (ㄷㅇㅅ)를 화폐처럼 사용하였다.

⑥ 금관가야는 (ㅂㅎㅇ) 때 신라에 복속되었다.

⑦ (ㄷㄱㅇ)가 신라의 공격으로 멸망하였다.

정답 ⑤ 덩이쇠 ⑥ 법흥왕 ⑦ 대가야

(가)에 들어갈 전투로 옳은 것은?

〈역사 다큐멘터리 기획안〉

신라, 최후의 승자가 되다!

■ 기획 의도

한반도를 차지하려 한 당을 몰아내고 신라가 삼국 통일을 이룬 과정을 집중 조명한다.

■ 구성

1편 – 당이 ❶웅진도독부, ❷안동도호부를 설치하다

2편 – 신라가 고구려 부흥 운동을 지원하고 군사력을 보강하다 └ 안승을 보덕국왕에 임명

3편 – ❸신라가 당에 맞서 [(가)]에서 승리하다 └ 기벌포 전투

키워드 문제분석

❶ 웅진도독부 + ❷ 안동도호부 + ❸ 신라가 당에 승리
= 삼국 통일

❶, ❷ 신라는 백제를 견제하기 위해 고구려와의 동맹을 시도하였다가 실패하자, 당과 군사적 동맹을 맺었어요. 이후 백제와 고구려를 차례로 멸망시켰으나 당이 백제 땅에 웅진도독부, 고구려 땅에 안동도호부를 설치하며 한반도 전체를 차지하려 하였어요.

❸ 신라는 이에 맞서 나·당 전쟁을 준비하였고, 매소성 전투(675)에서 승리한 후 기벌포에서 설인귀가 이끄는 당군을 물리치고 삼국 통일을 완수하였어요.

① 기벌포 전투
➡ 신라는 매소성 전투와 기벌포 전투에서 승리한 이후 당을 한반도에서 몰아내고 **삼국 통일을 완성**하였어요.

② 우금치 전투
➡ 우금치 전투는 동학 농민 운동의 과정 중 제2차 봉기 때 농민군이 공주 우금치에서 관군과 일본군에 맞서 싸웠던 전투예요.

③ 진주성 전투
➡ 진주성 전투는 임진왜란 중에 김시민 등이 일본군에 맞서 싸웠던 전투예요. 한산도 대첩, 행주 대첩과 함께 임진왜란 3대 대첩으로 불려요.

④ 처인성 전투
➡ 처인성 전투는 고려 시대에 몽골군이 침입하자 김윤후가 부곡민을 이끌고 맞서 적장 살리타를 사살하고 싸웠던 전투예요.

(가) 국가에 대한 설명으로 옳은 것은?

┌ 발해

이것은 [(가)] 의 ❶중대성에서 일본으로 보낸 외교 문서입니다. 화면에 보이는 것처럼 이 문서에 기록된 사절단에 ❷고구려의 왕족 성씨인 고씨가 다수 포함된 것이 확인됩니다.

중대성첩

키워드 문제분석

❶ 중대성 + ❷ 고씨 = 발해

고구려 유민 출신 대조영은 동모산에서 고구려 유민과 말갈 집단을 이끌고 발해를 건국하였어요. 발해는 당의 3성 6부제를 기반으로 명칭과 운영방식이 독자적인 중앙 정치 조직을 정비하였고, 정당성, 선조성, 중대성의 3성을 두었어요.

① 대조영이 동모산에서 건국하였다.
➡ **발해**는 고구려 유민 출신인 대조영이 고구려 유민과 말갈 집단을 이끌고 지린성 동모산 인근에서 건국하였어요.

② 청해진을 중심으로 해상 무역이 전개되었다.
➡ 통일 신라 장보고는 9세기 초 완도에 청해진을 설치하고 해적을 소탕하였으며, 당, 신라, 일본을 연결하는 해상 무역을 장악하였어요.

③ 여러 가(加)들이 별도로 사출도를 주관하였다.
➡ 부여는 마가·우가·저가·구가 등 여러 가(加)들이 별도로 사출도를 주관하였어요.

④ 지방 세력 견제를 위해 기인 제도가 실시되었다.
➡ 고려의 태조(왕건)는 지방 세력을 견제하기 위해 지방 호족의 자제 중 일부를 수도에 머물도록 하는 기인 제도를 실시하였어요.

이것도! 정답선택지

⑤ 교육 기관으로 (ㅈㅈㄱ)을 두었다.

⑥ 전성기에 (ㅎㄷㅅㄱ)이라고 불렸다.

정답 ⑤ 주자감 ⑥ 해동성국

(가) 왕의 업적으로 옳은 것은?

> ┌ 신문왕
> 이 무덤은 신라의 31대 왕인 (가) 의 능으로 전해지고 있습니
> 다. 이 왕은 관리에게 ❶관료전을 지급하고 ❷녹읍을 폐지하여 귀족들의 경제
> 기반을 약화시켰습니다.

키워드 문제분석

❶ 관료전 지급 + ❷ 녹읍 폐지 = 신라 신문왕

신라 신문왕 이전에 귀족들에게 지급되던 녹읍은 해당 지역 주민
들에게 조세뿐 아니라 노동력의 수취도 가능하였기 때문에 귀족들의
지배력이 강하였어요. 이에 신문왕은 귀족들의 농민에 대한 지배력
과 경제적 기반을 약화시키기 위해 조세 수취는 가능하지만 노동력
수취는 불가능한 관료전을 지급하고, 녹읍을 폐지하였습니다.

① 국학을 설립하였다.
　➡ **신문왕**은 유학 교육 기관으로 국학을 설치하여 국왕 중심의 인
　재를 양성하고자 하였어요.

② 대가야를 정복하였다.
　➡ **진흥왕**은 대가야를 정복하여 낙동강 유역 전체를 차지하였어요.

③ 독서삼품과를 실시하였다.
　➡ **원성왕**은 국학의 학생들을 대상으로 유교적 소양을 갖춘 관리
　를 선발하기 위해 독서삼품과를 실시하였어요.

④ 김헌창의 난을 진압하였다.
　➡ 신라 말 **김헌창**은 아버지인 김주원이 왕위 다툼에서 밀려나자
　반란을 일으켰으나 헌덕왕에게 진압되었어요.

이것도! 정답선택지

⑤ (ㄱㅎㄷ)의 난을 진압하였다.

⑥ (9ㅈ 5ㅅㄱ)을 설치하였다.

⑦ (ㄱㄹㅈ)을 지급하고 (ㄴㅇ)을 폐지하였다.

정답 ⑤ 김흠돌 ⑥ 9주 5소경 ⑦ 관료전, 녹읍

(가)에 들어갈 문화유산으로 옳은 것은?

> ❶경상북도 영주에 있는 고려
> 시대 건축물인 이 문화유산에
> 대해 말해볼까요?

> ┌ 영주 부석사 무량수전
> (가)

> ❷배흘림 기둥과 주심포
> 양식이 특징이에요.

> 건물 내부에 아미타불이
> 모셔져 있어요.
> └ 신라의 불상 계승,
> 국보로 지정

키워드 문제분석

❶ 경상북도 영주 + ❷ 배흘림 기둥
= 영주 부석사 무량수전

영주 부석사 무량수전은 기둥과 기둥 사이에 공포가 없는 주심포
양식의 건축물로, 안정감을 위해 가운데 부분이 살짝 볼록한 배흘림
기둥이 유명해요.

① 금산사 미륵전

➡ 조선 후기를 대표하는 3층
목조 건물이에요.

② 법주사 팔상전

➡ 조선 후기를 대표하는 목조
건축물로 현재 우리나라에
남아 있는 유일한 5층 목조
탑입니다.

③ 화엄사 각황전

➡ 조선 후기의 대표적인 목조
건축물로 기둥과 기둥 사이
에 공포가 있는 다포 양식이
에요.

④ 부석사 무량수전

➡ 배흘림 기둥과 주심포 양식
으로 지어진 **고려 시대**의 건
축물이에요.

제58회

킬러

11 고려의 후삼국 통일 과정

정답 ③

(가), (나) 사이의 시기에 있었던 사실로 옳은 것은?

> 지금의 전주 지역
>
> (가) **①**견훤이 완산주를 근거지로 삼고 스스로 **②**후백제라 일컬으니, 무주 동남쪽의 군현들이 투항하여 복속하였다.
>
> (나) 태조가 대상(大相) 왕철 등을 보내 **③**항복해 온 경순왕을 맞이하게 하였다.

키워드 문제분석

> **①** 견훤 + **②** 후백제 = 후백제 건국
>
> **③** 경순왕의 항복 = 신라의 항복

①, ② 신라의 군인 출신인 견훤은 완산주를 도읍으로 삼아 900년에 후백제를 건국하였어요. 견훤은 군사력을 키워 신라를 압박하고 중국의 후당, 오월과 교류하기도 하였어요.

③ 신라의 마지막 왕인 경순왕은 나라가 어려워지자 935년 고려에 스스로 항복하였어요. 왕건은 항복해 온 경순왕을 경주의 사심관으로 임명하였어요.

따라서 후백제 건국과 신라 경순왕의 항복 사이의 시기에 일어난 사실을 골라야 해요.

① 연개소문이 천리장성을 쌓았다.
➡ 7세기 고구려의 연개소문이 당의 침입에 대비하기 위해 천리장성을 쌓은 것은 (가) 이전의 사실이에요.

② 최영이 요동 정벌을 추진하였다.
➡ 고려 말 명이 철령 이북 지역을 다스리겠다고 하자 최영이 요동 정벌을 추진한 것은 (나) 이후의 사실이에요.

③왕건이 고창 전투에서 승리하였다.
➡ 고창 전투는 고려군이 후백제군을 고창(안동)에서 크게 격퇴한 사건으로 **고려가 후백제에 우세를 점하는 계기가 되었던 전투**예요.

④ 이순신이 명량에서 일본군을 물리쳤다.
➡ 이순신이 이끄는 조선 수군이 명량에서 일본군을 물리친 것은 임진왜란 때인 (나) 이후의 사실이에요.

---

12 고려 광종의 업적

정답 ③

밑줄 그은 '왕'의 업적으로 옳은 것은?

> 광종
> **①**왕께서 한림학사 쌍기의 건의를 받아들이셨다고 합니다.
>
> **②**과거 시험을 통해 인재를 선발하기로 했다더군요.

키워드 문제분석

> **①** 쌍기 + **②** 과거 시험 = 고려 광종

고려 광종은 왕권을 강화하기 위해 후주 사람인 쌍기의 건의를 바탕으로 과거제를 처음 실시하였어요. 시험으로 관리를 선발하였으며, 이를 통해 유교적 지식과 능력을 갖춘 인재를 뽑아 등용하였어요.

① 훈요 10조를 남겼다.
➡ 태조(왕건)는 후대의 왕들이 지켜야 할 내용을 당부한 훈요 10조를 남겼어요.

② 수도를 강화도로 옮겼다.
➡ 고려 원 간섭기에 최우는 몽골군의 침입에 맞서기 위해 수도를 강화도로 옮겨 항쟁하였어요.

③노비안검법을 시행하였다.
➡ 광종은 호족들의 군사적·경제적 기반을 약화시키고 왕권을 강화하기 위해 불법적으로 노비가 된 사람들을 양인으로 해방시키는 노비안검법을 실시하였어요.

④ 기철 등 친원파를 숙청하였다.
➡ 공민왕은 기철을 비롯한 친원 세력을 숙청하고, 몽골식 풍습을 금지하는 등의 반원 자주 개혁 정책을 펼쳤어요.

이것도! 정답선택지

⑤ 쌍기의 건의를 받아들여 (ㄱ ㄱ ㅈ)를 실시하였다.

⑥ (ㄱ ㄷ), 준풍 등의 독자적인 연호를 사용하였다.

정답 ⑤ 과거제 ⑥ 광덕

13 고려의 경제

정답 ③

(가)에 들어갈 내용으로 옳은 것은?

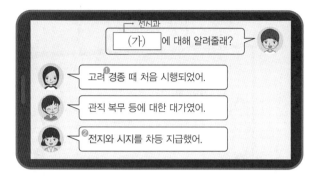

키워드 문제분석

❶ 경종 + ❷ 전지와 시지 = 전시과

전시과는 관직 복무에 대한 대가로 관리들에게 세금을 거둘 수 있는 전지와 땔감을 얻을 수 있는 시지를 차등 지급하는 고려의 토지 제도예요. 경종 때 처음 시행되었고, 목종과 문종 때에 지급 기준을 정비하여 개정하였어요.

① 과전법
➡ 과전법은 고려 말 신진 사대부의 경제적 기반을 마련하기 위해 실시한 토지 제도로 전·현직 관료에게 **토지에 대한 수조권을** 지급한 제도예요.

② 납속책
➡ 납속책은 임진왜란 이후 나라 경제가 어려워지자 나라에서 곡식이나 돈을 받고 관직을 주거나 천민의 신분을 벗어나게 해주는 등의 **재정 확보책**이에요.

③ 전시과
➡ 전시과는 관직 복무와 직역의 대가로 관직에 따라 18등급으로 나누어 **전지와 시지**를 지급한 고려 시대의 토지 제도예요.

④ 호포제
➡ 조선 고종 때 흥선 대원군은 군역의 대가로 군포를 걷을 때 사람의 수가 아닌 **호(집) 단위로 부과**하는 호포제를 실시하였어요. 이는 양반집에도 군포가 부과되는 계기가 되었어요.

14 묘청의 서경 천도 운동

정답 ②

다음 상황이 일어난 시기를 연표에서 옳게 고른 것은?

키워드 문제분석

❶ 서경 + ❷ 묘청 = 묘청의 서경 천도 운동(1135)

이자겸의 난을 진압한 고려 인종은 묘청 등 서경 세력을 이용하여 개혁하고자 하였어요. 묘청, 정지상 등의 서경 세력은 칭제 건원과 금국 정벌을 내세우며 서경으로의 천도를 주장하였으나, 개경 세력의 반대로 서경 천도가 좌절되었어요. 이에 묘청 등은 서경에서 반란을 일으켰으나 김부식이 이끄는 관군에 의해 진압되었어요(1135).

918	1019	1170	1270	1392
(가)	(나)	(다)	(라)	
고려 건국	귀주 대첩	무신 정변	개경 환도	고려 멸망

① (가)   ② (나)   ③ (다)   ④ (라)

➡ **묘청의 서경 천도 운동**은 **문벌 귀족 사회의 동요**를 보여주는 대표적인 사건으로 무신 정변이 일어나기 전인 1135년에 일어났습니다.

(가)에 들어갈 인물로 옳은 것은?

> 영통사 대각국사비에 대해 검색해 줘.

검색 결과입니다.

영통사 대각국사비는 고려 ❶문종의 넷째 아들로 승려가 된 [(가)]의 행적을 새긴 비석이다. 비문에는 그가 송에서 불교를 배우고 돌아와 ❷해동 천태종을 개창한 사실이 기록되어 있다.

의천

키워드 문제분석

❶ 문종의 아들 + ❷ 해동 천태종 = 의천

의천은 고려 문종의 넷째 아들로 태어나 승려가 되었으며 해동 천태종을 개창하여 교종을 중심으로 선종을 통합하려는 교선 통합 운동을 전개하였어요. 의천은 세상을 떠나면서 대각국사라는 시호를 받았어요.

① 원효
→ 통일 신라의 승려 원효는 무애가를 지어 불렀으며, **불교의 대중화**에 기여하였어요.

②의천
→ 고려의 승려인 의천은 수행 방법으로 경전의 연구와 깨달음을 위한 수행을 함께하는 **교관겸수**를 주장하였어요.

③ 지눌
→ 고려의 승려인 지눌은 불교계의 개혁을 위해 **수선사 결사**를 제창하였으며, 단번에 깨닫고 깨달은 후에도 점진적으로 수행해야 한다는 **돈오점수**를 주장하였어요.

④ 혜심
→ 고려의 승려인 혜심은 지눌의 제자로 **유불 일치설**을 주장하며, 성리학 수용의 사상적 토대를 마련하였어요.

교사의 질문에 대한 학생들의 대답으로 옳지 않은 것은?

> 역사상 우리나라와 중국 사이에 있었던 교류 활동의 사례를 말해볼까요?

① 신라의 장보고는 산동반도에 법화원을 세웠어요.

② 고려 시대에 이제현이 만권당에서 공부하였어요.

③ 조선 시대에 박지원은 연행사의 일원으로 열하에 다녀왔어요. 청나라 도시

④ 개항기에 민영익이 보빙사의 대표로 파견되었어요.

① 신라의 장보고는 산동반도에 법화원을 세웠어요.
→ 장보고는 완도에 **청해진**을 세워 해적을 소탕하고 해상 무역을 장악하였으며, 중국의 산동반도 **적산**에 법화원을 세웠어요.

② 고려 시대에 이제현이 **만권당**에서 공부하였어요.
→ 고려 원 간섭기 때 이제현은 충선왕이 **원나라 연경**(베이징)에 설치한 만권당에서 원나라의 학자들과 교류하며 성리학을 공부하였어요.

③ 조선 시대에 박지원은 **연행사**의 일원으로 열하에 다녀왔어요.
→ 박지원은 청에 다녀오는 사절단인 연행사의 일원으로 열하에 다녀온 후 그곳에서 보고 들은 내용을 『열하일기』로 남겼어요.

④개항기에 민영익이 **보빙사**의 대표로 파견되었어요.
→ 보빙사는 조·미 수호 통상 조약 이후 미국 공사의 부임을 계기로 **미국**에 파견한 사절단이에요. 민영익, 홍영식 등이 대표로 파견되어 미국을 시찰하였어요.

17 윤관의 여진 정벌

정답 ②

(가)의 활동으로 옳은 것은?

○ ┌─ 윤관
    [(가)]이/가 아뢰기를, "신이 여진에게 패배한 까닭은 그들은 기병이고 우리는 보병이어서 대적하기 어려웠기 때문입니다."라고 하였다. 이에 건의하여 비로소 별무반을 만들었다.
    – 「고려사절요」 –

○ [(가)]이/가 여진을 쳐서 크게 물리쳤다. [왕이] 여러 장수를 보내 경계를 정하였다.
    – 「고려사」 –

키워드 문제분석

❶ 별무반 + ❷ 여진 = 윤관

여진은 고려에 식량, 농기구 등을 요구하며 교류하였으나 12세기 초 세력이 통합되면서 고려와 충돌하였어요. 이에 윤관의 건의에 따라 기병인 신기군, 보병인 신보군, 승병인 항마군으로 구성된 별무반을 설치하였고, 여진족의 근거지를 공격하여 동북 지역에 9성을 축조하였어요(1107).

① 강동 6주를 획득하였다.
➡ 거란의 제1차 침입 당시 서희는 소손녕과의 외교 담판을 통해 강동 6주 지역을 확보하였어요.

②동북 9성을 축조하였다.
➡ 윤관은 별무반을 이끌고 여진족의 근거지를 공격하여 동북 지역에 9성을 축조하였어요.

③ 쓰시마섬을 정벌하였다.
➡ 왜구의 침입에 맞서 고려 창왕 때의 박위, 조선 세종 때의 이종무 등이 쓰시마섬(대마도)을 정벌하였어요.

④ 쌍성총관부를 수복하였다.
➡ 고려 공민왕은 영토 회복을 위해 원이 설치한 쌍성총관부를 공격하여 철령 이북 지역을 회복하였어요.

---

18 고려의 사회 제도

정답 ②

(가)에 들어갈 기구로 옳은 것은?

┌─ 상평창
이번에 새로운 기구로 (가) 이/가 설치됩니다. 개경과 서경 및 12목에 설치될 예정으로, 풍년에는 곡물을 사들이고 흉년에는 곡물을 풀어 물가를 조절하는 기능을 하게 됩니다.

개경과 서경 등에 물가 조절 기구 설치

키워드 문제분석

**❶ 개경과 서경 + ❷ 물가 조절 기구
= 상평창**

고려는 물가 조절 기구로 성종 때 개경과 서경, 지방 12목에 상평창을 처음 설치하였어요. 상평창은 풍년으로 곡물이 흔하면 적정량을 사들여 가격이 크게 내리는 것을 막고, 흉년이 들면 사놓은 곡물을 풀어 가격이 오르는 것을 막았어요.

① 중방
➡ 중방은 고려 시대 무신들이 모여 회의하던 기구로 무신 정권기 초기에 최고 권력 기구의 역할을 하였어요.

②상평창
➡ 고려 시대부터 조선 시대까지 상평창은 농민 생활의 안정을 위한 물가 조절 기구의 역할을 하였어요.

③ 어사대
➡ 어사대는 고려 시대 관리의 비리 감찰과 풍속 교정 등의 역할을 담당한 기구예요.

④ 식목도감
➡ 식목도감은 고려의 독자적인 행정 기구로 국내의 법을 제정하고 각종 시행 규칙을 논의하였어요.

이것도! 정답선택지

⑤ 윤관의 건의로 (ㅂㅁㅂ)을 편성하였다.

정답 ⑤ 별무반

19 조선 태종의 업적

정답 ③

밑줄 그은 '왕'의 업적으로 옳은 것은?

키워드 문제분석

❶ 왕자의 난 + ❷ 6조 직계제 = 조선 태종(이방원)

❶ 조선 태종은 두 차례에 걸친 왕자의 난을 통해 정도전과 개국 공
  신 등을 축출하고 왕위에 올랐어요.
❷ 태종은 국왕 중심의 통치 체제를 마련하기 위해 의정부를 거치지
  않고 6조에서 왕에게 직접 보고하는 6조 직계제를 실시하였어요.

① 탕평비를 건립하였다.
   ➡ 영조는 붕당 간의 폐해를 경계하고 탕평에 대한 의지를 담아 성
      균관 입구에 탕평비를 건립하였어요.
② 현량과를 실시하였다.
   ➡ 중종 때 등용된 조광조 등의 사림 세력은 일종의 천거제인 현량
      과 실시를 주장하였어요.
③ 호패법을 시행하였다.
   ➡ 태종은 조세 수취와 군역 부과 등에 활용하기 위해 호패법을 실
      시하여 국가의 경제적 기반을 마련하고자 하였어요.
④ 훈민정음을 창제하였다.
   ➡ 세종은 훈민정음을 창제하고 반포하여 민족 문화 발달의 토대
      를 마련하였어요.

이것도! 정답선택지

⑤ (ㅅㅂ)을 혁파하여 권력을 강화하였다.
⑥ 왕권을 강화하기 위해 6조 (ㅈㅈㄱ)를 시행하였다.

정답 ⑤ 사병 ⑥ 직계제

---

20 조선 세종의 정책

정답 ②

(가) 왕의 재위 기간에 있었던 사실로 옳은 것은?

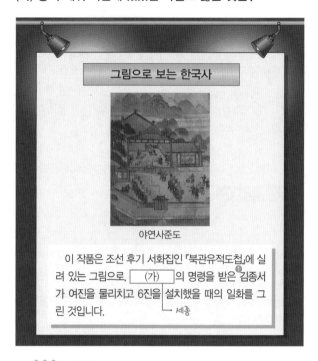

키워드 문제분석

❶ 김종서가 6진을 설치 = 조선 세종

조선은 건국 초부터 명에게는 사대 정책을, 여진·일본에게는 교린
정책을 추진하였어요. 여진에 대한 강경책의 일환으로 세종 때 최윤
덕과 김종서를 북방으로 파견하여 여진의 근거지에 각각 4군과 6진
을 설치하였어요.

① 장용영 설치
   ➡ 정조는 국왕 직속의 친위 부대로 장용영을 설치하여 왕권을 강
      화하였어요.
② 칠정산 편찬
   ➡ 『칠정산』은 한양을 기준으로 한 역법서로 세종 때 편찬되었어요.
③ 경국대전 완성
   ➡ 『경국대전』은 조선의 기본 법전으로 세조 때부터 편찬되기 시
      작하여 성종 때 완성되었어요.
④ 나선 정벌 단행
   ➡ 나선 정벌은 효종 때 청의 요청으로 조총 부대를 두 차례 파견
      하여 러시아를 공격한 사건이에요.

이것도! 정답선택지

⑤ (ㅈㅎㅈ)을 운영하였다.
⑥ (ㅎㅁㅈㅇ)을 창제(반포)하였다.
⑦ 이종무가 (ㅆㅅㅁㅅ)을 정벌하였다.

정답 ⑤ 집현전 ⑥ 훈민정음 ⑦ 쓰시마섬

21 조선의 교육 기관 정답 ①

(가)에 들어갈 교육 기관으로 옳은 것은?

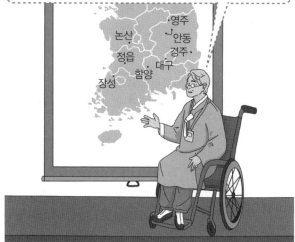

이 지도에는 유네스코 세계 유산에 등재된 '한국의 ❶ (가) ' 소재지가 표시되어 있습니다. 교육과 제사를 함께 담당하는 동아시아 성리학 교육 기관의 한 유형으로, 현재까지도 그 기능이 유지되고 있는 점이 높게 평가되어 등재되었습니다.

— 서원

영주
안동
논산
경주
정읍
대구
함양
장성

키워드 문제분석

❶ 교육과 제사 + ❷ 성리학 교육 기관
= 서원

서원은 교육과 제사 외에 사림이 여론 형성을 주도하며 붕당의 근거지가 되기도 하였어요. 서원은 주세붕이 세운 백운동 서원을 시초로 전국 곳곳에 세워졌고, 영주의 소수 서원 등 9곳의 서원이 2019년에 유네스코 세계 유산에 등재되었어요.

① **서원**
➡ 서원은 성리학 연구와 함께 선현에 대한 제사 등을 담당한 **지방 교육 기관**이에요.

② 향교
➡ 향교는 고려와 조선이 **지방**에 설치한 관립 **중등 교육 기관**으로, 중앙에서 교수와 훈도를 파견하였어요.

③ 성균관
➡ 성균관은 조선이 **중앙**에 설치한 **최고 교육 기관**으로, 유학 교육과 성현에 대한 제사를 담당하였어요.

④ 4부 학당
➡ 4부 학당은 조선이 수도 한성에 설치한 관립 **중등 교육 기관**이에요.

22 곽재우의 활동 정답 ③

밑줄 그은 '의병장'으로 옳은 것은?

역사 인물 가상 생활 기록부 ▼

2. 주요 이력

연도	내용	비고
1585년	과거 문과 (별시, 2등)	답안지에 왕을 비판한 내용이 있어 합격이 취소됨.

3. 행동특성 및 종합의견 — 곽재우

임진왜란 당시 자신의 고향 의령에서 군사를 모아 일본군에 맞서 싸운 의병장으로, 통솔력이 강하고 애국심과 실천력이 뛰어남. 정암진 전투에서 눈부신 활약을 하였으며, 붉은 옷을 입고 선두에서 많은 일본군을 무찔러 홍의 장군❶으로 불림.

키워드 문제분석

❶ 홍의 장군 = 곽재우

곽재우는 임진왜란이 일어나자 자신의 고향인 의령에서 의병을 일으켰어요. 향토 지리에 익숙한 곽재우와 의병들은 일본군을 기습 공격하는 등의 전술을 쓰며 일본군에게 큰 타격을 주었어요. 곽재우는 붉은 옷을 입고 싸워 홍의 장군으로도 알려져 있어요.

① 조헌
➡ 조헌은 임진왜란 당시 **금산** 지역에서 의병을 일으켰으며, 일본군과 싸우다가 순절하였어요.

② 고경명
➡ 고경명은 임진왜란 당시 **담양** 지역에서 의병을 주도하였어요.

③ **곽재우**
➡ **의령** 지역에서 활동한 곽재우는 김시민이 이끄는 진주성 전투에 참여하기도 하였어요.

④ 정문부
➡ 정문부는 임진왜란 당시 함경도 **길주** 지역에서 의병을 일으켰으며, 왜군에 맞서 북관 대첩을 큰 승리로 이끌었어요.

제58회

밑줄 그은 '이 전쟁' 중에 있었던 사실로 옳은 것은?

> 문학으로 만나는 한국사
>
> 청석령을 지났느냐 초하구는 어디쯤인가
> 북풍도 차기도 차다 궂은비는 무슨 일인가
> 그 누가 내 행색 그려내어 임 계신 데 드릴까
>
> 위 시조는 [이 전쟁] 당시 인조가 삼전도에서 항복한 뒤 봉림대군이 청에 볼모로 끌려가며 지었다는 이야기가 전해집니다. 청의 심양으로 끌려가는 비참함과 처절한 심정이 잘 표현되어 있습니다.

키워드 문제분석

❶ 인조 + ❷ 삼전도에서 항복 = 병자호란

정묘호란 이후 세력이 커진 후금의 누르하치는 국호를 청으로 바꾸고, 황제로 즉위하며 조선에 군신 관계를 요구하였어요. 조선이 청의 군신 관계 요구를 거부하자 병자호란을 일으켰고, 인조는 남한산성으로 피란하여 항전하였으나 결국 삼전도에서 항복 의식을 치렀어요.

①왕이 남한산성으로 피신하였다.
➡ 인조는 **병자호란**이 일어나자 남한산성으로 피신하여 청에 대항하였어요.

② 양헌수가 정족산성에서 항전하였다.
➡ 양헌수 부대는 **병인양요**가 일어나자 정족산성에서 프랑스군과 맞서 싸웠어요.

③ 김윤후가 적장 살리타를 사살하였다.
➡ 몽골이 고려를 침입하였을 때 김윤후는 **처인성** 전투에서 적장 살리타를 사살하고 몽골군을 격퇴하였어요.

④ 조명 연합군이 평양성을 탈환하였다.
➡ **임진왜란** 당시 이여송 등이 이끄는 명의 지원군과 함께 조선이 평양성을 탈환하였어요.

이것도! 정답선택지

⑤ (ㅅㅈㄷㅂ)의 건립 배경을 파악한다.

⑥ 임경업이 (ㅂㅁㅅㅅ)에서 항전하였다.

정답 ⑤ 삼전도비 ⑥ 백마산성

(가)에 들어갈 기구로 옳은 것은?

> 비변사
>
> (가) 은/는 본래 외적의 침입에 대비하고자 설치한 임시 군사 회의 기구였으나, 양 난을 계기로 국방뿐만 아니라 국정 전반을 총괄하는 최고 기구가 되었습니다. 이로 인해 기존의 의정부와 6조가 유명무실해졌습니다.

키워드 문제분석

❶ 외적의 침입에 대비 + ❷ 양 난 이후 최고 기구
= 비변사

❶ 비변사는 3포 왜란을 계기로 국방에 관한 문제를 논의하기 위해 설치하였던 임시 기구였으나 을묘왜변을 거치며 상설 기구화되었어요.

❷ 비변사는 양 난을 거치며 국정 전반을 총괄하는 최고 기구가 되었고 세도 정치 시기에는 세도 가문의 권력 기반의 역할을 하였어요.

①비변사
➡ 비변사는 변방의 일에 대비하기 위한 기구라는 뜻으로 국방에 관한 문제를 논의하기 위해 **임시 기구로 설치**하였어요.

② 사헌부
➡ 사헌부는 관리의 비리 감찰을 담당하는 기구로 사간원, 홍문관과 함께 3사로 불렸어요. 사헌부의 관리는 대간으로 불리며 서경, 간쟁, 봉박의 권리가 있었어요.

③ 의금부
➡ 의금부는 국왕 직속의 사법 기구로 반란 등의 큰 죄를 지은 죄인을 담당하였어요.

④ 홍문관
➡ 홍문관은 국왕에 대한 자문과 경연 주관을 담당한 기구로 사헌부, 사간원과 함께 3사를 구성하였으며 언론 기능을 담당하였어요.

25 조선 후기의 경제 제도

정답 ①

밑줄 그은 '제도'로 옳은 것은?

양민의 부담을 덜고자 군포를 절반으로 줄이는 **제도**를 시행하였는데, 부족해진 군포를 메울 방도를 논의하였는가?
[균역법]
①

② 어장세나 소금세 등으로 보충하는 것이 좋겠습니다.

키워드 문제분석

① 군포 절반 감축 + ② 어장세 · 소금세 보충
= 균역법

① 조선 후기 영조는 백성들의 군포 부담을 줄여주기 위해 군포를 2 필에서 1필로 줄여주는 균역법을 시행하였어요.

② 균역법의 시행으로 인해 재정이 감소하는 것을 보완하기 위해 일 부 상류층에게 선무군관포를 걷었어요. 또한 어장세, 염세, 선박 세 등을 국가 재정으로 전환하였어요.

① 균역법
➡ 영조는 백성들의 군역 부담을 덜어주기 위해 **군포**를 2필에서 1 필로 줄여주는 균역법을 시행하였어요.

② 대동법
➡ 대동법은 광해군 때 처음 실시되었고, 특산물로 내던 **공물을 토 지 결수에 따라 쌀, 포, 동전** 등으로 납부하게 하였어요.

③ 영정법
➡ 인조는 영정법을 실시하여 풍흉에 관계없이 **토지 1결당 쌀을 4~6두**만 납부하게 하였어요.

④ 직전법
➡ **세조**는 현직 관리에게만 수조권을 지급하도록 하는 직전법을 실 시하였어요.

26 김정희의 활동

정답 ②

(가)에 들어갈 인물로 옳은 것은?

┌ 김정희

추사, 조선 서예의 새 지평을 열다
우리 박물관에서는 추사체를 창안하여 조선 서예의 새 지평 을 연 추사 선생의 특별전을 개 최합니다. 관심 있는 여러분의 많은 관람 바랍니다.
①

(가)

기간: 2022년 ○○월 ○○일~○○월 ○○일
장소: □□박물관 특별 전시실

키워드 문제분석

① 추사체 = 김정희

김정희는 추사체라는 독특한 서체를 만들었으며, 금석학 연구를 통해 『금석과안록』에서 북한산비가 진흥왕의 순수비임을 밝힌 인물 이에요.

①

허목

➡ **남인의 지도자**로 활동한 인 물로 예송 논쟁 때 송시열과 의견을 대립하였어요.

②

김정희

➡ 호는 '**완당**'이고, 조선 후기 **금석학** 분야에서 큰 업적을 세웠어요.

③

송시열

➡ 서인의 지도자로 숙종 때 희 빈 장씨의 소생을 원자로 책 봉하는 것에 반대하여 **기사 환국 때** 몰락하였어요.

④

채제공

➡ 영 · 정조 시기에 활약한 문 신으로 **정조의 개혁** 정책을 도운 대표적 인물이에요.

27 진주 농민 봉기　　정답 ②

밑줄 그은 '사건'에 대한 설명으로 옳은 것은?

진주 농민 봉기

이번 <u>사건</u>에 가담한 이유가 있나요?

① 백낙신이 경상 우병사로 있을 때 백성에게 마구잡이로 세금을 거두어들였습니다. 참다못한 저는 항의 문서를 만들어 관청에 고발했지만, 받아들여지지 않아 행동에 나설 수밖에 없었습니다.

② 유계춘

키워드 문제분석

① 백낙신 + ② 유계춘 = 진주 농민 봉기

세도 정치 시기에는 삼정의 문란과 함께 탐관오리의 부정부패가 극심하였어요. 1862년 경상 우병사 백낙신의 횡포에 맞서 유계춘의 주도로 진주 농민 봉기가 일어났고, 이는 삼남 지방에 영향을 주어 임술 농민 봉기로 확산되었어요.

① 남접과 북접이 논산에서 연합하였다.
➡ 청·일 전쟁이 일어나자 동학 농민군은 전봉준 중심의 남접과 손병희 중심의 북접이 논산에서 연합하여 서울을 향해 북상하였어요.

② 삼정이정청이 설치되는 계기가 되었다.
➡ 조선 정부는 진주 농민 봉기의 해결을 위해 박규수를 안핵사로 파견하였고, **삼정의 문란을 해결**하기 위한 기구로 삼정이정청을 설치하였어요.

③ 우정총국 개국 축하연을 이용하여 일어났다.
➡ 김옥균, 박영효 등의 급진 개화파는 우정총국 개국 축하연을 이용하여 갑신정변을 일으켰어요.

④ 청군에 의해 흥선 대원군이 톈진으로 납치되었다.
➡ 임오군란이 일어나자 명성 황후는 궁을 빠져 나와 피신하였고, 흥선 대원군이 재집권하였어요. 이후 청군이 개입하면서 흥선 대원군은 톈진으로 납치되었다가 1885년에 귀국하였어요.

이것도! 정답선택지

⑤ (ㅂㄴㅅ)의 수탈에 맞서 진주 농민 봉기를 일으켰다.

⑥ 사건의 수습을 위해 (ㅂㄱㅅ)가 안핵사로 파견되었다.

정답 ⑤ 백낙신 ⑥ 박규수

---

28 조선 후기의 사회 모습　　정답 ③

다음 대화가 이루어진 시기에 볼 수 있는 모습으로 옳은 것은?

감자 팝니까?

예, 그럼요. ① 고구마도 팝니다.

상평통보 환영

조선 숙종 때부터 발행

키워드 문제분석

① 감자, 고구마 + ② 상평통보 = 조선 후기

① 조선 후기에는 상업의 발달로 보부상이 활발히 활동하면서 장시가 전국적으로 널리 확산되었어요. 또한 감자, 고구마 등 외래 작물이 전래되어 재배되기 시작하였어요.

② 감자, 고구마 등의 구황 작물은 전국의 장시에서 거래되었는데 숙종 때부터 발행된 상평통보가 활발히 유통되며 화폐로 사용되었어요.

① 국자감에 입학하는 학생
➡ 국자감은 고려 성종이 개경에 설치한 최고 교육 기관이에요.

② 팔관회에 참석하는 관리
➡ 팔관회는 삼국 시대부터 고려 시대까지 행해진 종교 행사예요.

③ 판소리 공연을 구경하는 농민
➡ **조선 후기**에는 장시에서 판소리 공연이 벌어졌고, 이는 서민 문화 발달을 보여줘요.

④ 삼별초의 일원으로 훈련하는 군인
➡ 삼별초는 고려 무신 정권기 최우가 치안을 위해 만들었던 야별초에서 시작한 조직이에요. 삼별초는 몽골군에 맞서 싸우며 진도, 제주도 등으로 근거지를 옮기며 저항하였어요.

이것도! 정답선택지

⑤ (ㅅㅍㅌㅂ)가 전국적으로 유통되었다.

⑥ 홍길동전 등의 (ㅎㄱ) 소설이 널리 읽혔다.

⑦ 관청에 물품을 조달하는 (ㄱㅇ)이 활동하였다.

정답 ⑤ 상평통보 ⑥ 한글 ⑦ 공인

29 강화도 조약
정답 ③

밑줄 그은 '조약'으로 옳은 것은?

이곳은 운요호 사건을 빌미로 일본이 개항을 강요하여 조선과 조약을 체결한 장소입니다. └ 강화도 조약

키워드 문제분석

❶ 운요호 사건으로 개항 강요 = 강화도 조약

일본의 군함이 강화도 앞바다에 불법으로 침입한 운요호 사건이 계기가 되어 조선은 일본과 강화도 조약을 맺었어요(1876). 이 조약은 부산 외 2개 항구의 개항, 해안 측량권과 영사 재판권 허용 등의 내용을 담고 있는 근대적 조약이자 불평등 조약이에요.

① 한성 조약
➡ 한성 조약은 갑신정변의 결과 조선이 일본과 체결한 것으로 조선이 일본 공사관의 신축 비용을 부담하는 내용을 담고 있어요.

② 정미 7조약
➡ 정미 7조약은 고종의 강제 퇴위 이후에 체결되었고, **일본인 차관**을 두어 내정을 간섭할 수 있도록 하였어요.

③ 강화도 조약
➡ 일본이 일으킨 운요호 사건이 계기가 되어 조선은 **외국과 맺은 최초의 근대적 조약**이자 불평등 조약인 강화도 조약이 체결되었어요.

④ 제물포 조약
➡ 제물포 조약은 **임오군란의 결과** 조선이 일본과 체결한 것으로 일본 공사관의 경비를 위해 경비병의 주둔을 인정하였어요.

킬러
30 최익현의 활동
정답 ②

(가)에 들어갈 내용으로 옳은 것은?

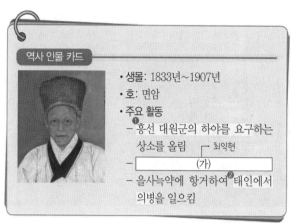

역사 인물 카드

• 생몰: 1833년~1907년
• 호: 면암
• 주요 활동
❶ – 흥선 대원군의 하야를 요구하는 상소를 올림 ┌ 최익현
– (가)
– 을사늑약에 항거하여❷ 태인에서 의병을 일으킴

키워드 문제분석

❶ 흥선 대원군 하야 요구 + ❷ 태인에서 의병
= 최익현

❶ 최익현은 흥선 대원군의 경복궁 중건과 당백전 발행 등의 정책으로 경제가 어려워진 것을 비판하다 제주도에 유배를 갔어요. 이후 정부가 강화도 조약을 체결하려고 하자 왜양일체론을 내세워 이에 반대하였고 흑산도로 유배를 갔어요.

❷ 최익현은 1905년에 을사늑약 체결에 반발하여 태인에서 의병을 일으켰으나, 결국 체포되어 일본에 의해 쓰시마섬으로 유배되었어요.

① 북학의를 저술함
➡ 박제가는 상공업 중심의 개혁론을 주장한 실학자로 『북학의』를 저술하였어요.

② 왜양일체론을 주장함
➡ **최익현**은 강화도 조약의 체결 당시 그 부당함을 알리는 상소에서 일본과 서양은 같다는 왜양일체론을 주장하였어요.

③ 신흥 무관 학교를 설립함
➡ **이동휘, 이회영** 등 신민회 회원들은 1910년대 서간도에 신흥 강습소(이후 신흥 무관 학교)를 설립하였어요.

④ 시일야방성대곡을 작성함
➡ 장지연은 을사늑약이 체결되자 '시일야방성대곡'을 작성하여 황성신문 등에 게재하였어요.

이것도! 정답선택지

⑤ (ㅇㅇㅎ ㅅㄱ)을 계기로 체결되었다.

⑥ 조약의 결과로 부산, 원산, (ㅇㅊ)이 개항되었다.

정답 ⑤ 운요호 사건 ⑥ 인천

31 임오군란 정답 ④

밑줄 그은 '이 사건'의 결과로 옳은 것은?

이것은 민응식의 옛 집터 표지석입니다. 구식 군인들이 별기군과의 차별 등에 반발하여 일으킨 이 사건 당시, 궁궐을 빠져나온 왕비가 피란하였던 곳임을 알려주고 있습니다.
└─ 임오군란

키워드 문제분석

❶ 구식 군인, 별기군과의 차별 = 임오군란

조선은 개항 이후 구식 군대인 5군영을 2영으로 개편하고, 신식 군대인 별기군을 창설하는 등의 개화 정책을 추진하였어요. 개화 정책으로 재정이 어려워지자 기존의 구식 군인들이 봉급을 제대로 지급받지 못하였고, 별기군과의 차별 대우로 불만이 터져 나와 임오군란이 일어났어요. 임오군란이 일어나자 명성 황후는 궁을 빠져 나와 피신하였고 흥선 대원군이 재집권하였어요.

① 집강소가 설치되었다.
➡ 집강소는 **동학 농민 운동**의 과정에서 농민군이 폐정 개혁을 실천하기 위해 설치하였던 기구예요.

② 조사 시찰단이 파견되었다.
➡ 조사 시찰단은 **개항 이후** 고종의 밀명을 받아 일본의 발전상을 돌아보기 위해 파견한 사절단이에요.

③ 외규장각 도서가 약탈되었다.
➡ **병인양요** 당시 프랑스군은 철수하면서 외규장각의 도서를 약탈하였어요.

④ 청의 내정 간섭이 심화되었다.
➡ 민씨 일가가 **임오군란의 진압**을 위해 청에 도움을 요청하였고, 이후 청의 내정 간섭이 심화되었어요.

---

32 독립 협회의 활동 정답 ③

밑줄 그은 '단체'로 옳은 것은?

학술 발표회

우리 학회에서는 제국주의 열강의 침략으로부터 주권을 수호하고자 서재필의 주도로 창립된 ❶단체의 의의와 한계를 조명하고자 합니다. 많은 관심과 참여를 바랍니다.
└─ 독립 협회

◈ 발표 주제 ◈
• 민중 계몽을 위한 강연회와 토론회 개최 이유
• ❷만민 공동회를 통한 자주 국권 운동 전개 과정
• ❸관민 공동회 개최와 헌의 6조 결의의 역사적 의미

■ 일시: 2022년 4월 ○○일 13:00~18:00
■ 장소: △△문화원 소강당

키워드 문제분석

❶ 서재필 + ❷ 만민 공동회 + ❸ 관민 공동회, 헌의 6조 = 독립 협회

❶ 서재필은 미국에서 돌아온 후 독립신문을 창간하고 독립 협회를 설립하였어요.
❷ 독립 협회는 만민 공동회를 열어 러시아의 이권 요구를 규탄하고 자주 국권을 위한 대중 집회를 개최하였어요.
❸ 독립 협회는 관민 공동회를 개최하여 정부에 헌의 6조를 건의하였고 고종의 승인을 받았어요.

① 보안회
➡ 보안회는 가두 집회를 통해 일제의 황무지 개간권 요구를 저지하였어요.

② 신민회
➡ 신민회는 안창호, 양기탁이 중심이 되어 만든 애국 계몽 운동 단체로 공화 정체의 근대 국가 건설을 목표로 하였어요.

③ 독립 협회
➡ 독립 협회는 **자주 주권과 개혁 사상**, 민중의 정치의식을 고취시키기 위해 만민 공동회 등의 대중 집회를 열고, 의회 설립 운동을 추진하였어요.

④ 대한 자강회
➡ 대한 자강회는 고종 강제 퇴위 반대 운동 등을 전개하다가 일제의 탄압으로 해산되었어요.

이것도! 정답선택지

⑤ 구식 군인들이 (ㅇㅂ) 공사관을 습격하였다.

⑥ (ㅈㅁㅍ) 조약을 체결하는 결과를 가져왔다.

정답 ⑤ 일본 ⑥ 제물포

33 1910년대 무단 통치

정답 ④

다음 법령이 시행된 시기 일제의 경제 정책으로 옳은 것은?

❶회사령

제1조 회사의 설립은 조선 총독의 허가를 받아야 한다.
제2조 조선 외에서 설립한 회사가 조선에 본점이나 또는
　　　　지점을 설립하고자 할 때는 조선 총독의 허가를
　　　　받아야 한다.

키워드 문제분석

❶ 회사령 = 1910년대

일제는 조선 총독부를 설치하여 무단 통치를 실시하였어요. 1910년에 회사를 설립할 때 허가를 받도록 하는 회사령을 공포하여 1920년까지 유지하였어요. 1910년대에는 헌병 경찰제를 시행하였고 어업령, 산림령 등을 제정하여 조선을 억압하였어요.

① 미곡 공출제 시행
➡ 일제는 전쟁에서 사용할 식량 확보를 위해 1940년부터 미곡 공출제를 시행하였어요.

② 남면북양 정책 추진
➡ 남면북양 정책은 남쪽에서는 면화, 북쪽에는 양을 길러 일제의 공업 원료를 제공하기 위한 정책으로 1930년에 추진되었어요.

③ 농촌 진흥 운동 전개
➡ 1930년대 농촌 사회가 어려워지고 소작 쟁의가 확산되자 일제는 농민 불만을 무마시키고 효율적으로 통제하기 위해 농촌 진흥 운동을 추진하였어요.

④토지 조사 사업 실시
➡ 일제는 **1910년대** 근대적 토지 제도를 만든다는 명분과 식민 통치를 위한 재정 확보 등을 위해 **토지 조사국**을 만들어 토지 조사 사업을 실시하였어요.

이것도! 정답선택지

⑤ 회사 설립을 허가제로 하는 (ㅎㅅㄹ)이 제정되었다.

정답 ⑤ 회사령

34 대한민국 임시 정부의 활동

정답 ④

밑줄 그은 '정부'의 활동으로 옳지 <u>않은</u> 것은?

┌ 대한민국 임시 정부

❶3·1 운동을 계기로 수립된 정부가 상하이에 있을 때 청사로 사용했던 건물이란다.

할머니, 이 건물은 무엇인가요?

키워드 문제분석

❶ 3·1 운동 + ❷ 상하이 = 대한민국 임시 정부

❶ 1919년에 일어난 3·1 운동이 계기가 되어 민족 운동을 체계적으로 해나가기 위해 대한민국 임시 정부가 수립되었어요.
❷ 대한민국 임시 정부는 외교 활동에 편리한 상하이에 자리 잡았어요.

① 연통제를 실시하였다.
➡ 대한민국 임시 정부는 **국내와의 연락**을 위해 비밀 행정 조직으로 연통제를 운영하였어요.

② 독립 공채를 발행하였다.
➡ 대한민국 임시 정부는 **독립운동 자금 마련**을 위해 독립 공채를 발행하였어요.

③ 구미 위원부를 설치하였다.
➡ 대한민국 임시 정부는 **외교 업무**를 위해 미국 워싱턴에 구미 위원부를 설치하였어요.

④대한국 국제를 반포하였다.
➡ 고종은 황제로 즉위한 후 1899년에 **황제의 무한한 권리** 등을 강조한 대한국 국제를 반포하였어요.

제58회

(가)에 들어갈 종교로 옳은 것은?

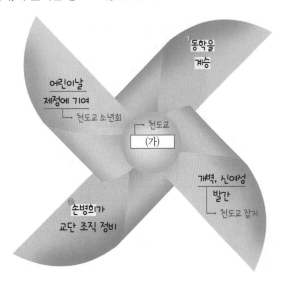

키워드 문제분석

❶ 동학 계승 + ❷ 손병희 = 천도교

천도교는 동학의 3대 교주인 손병희가 교단을 조직하여 정비하였어요. 방정환을 비롯한 천도교 청년들은 '어린아이를 때리는 것은 한울님을 때리는 것'이라는 최시형의 가르침을 이어받아 천도교 소년회를 창립하였고, 소년 운동을 통해 어린이날을 제정하였어요.

① 대종교
➡ 대종교는 나철, 오기호 등이 단군 숭배 사상을 내세우며 창시하였어요. 또한 **중광단**을 결성하여 무장 독립 투쟁을 전개하였어요.

② 원불교
➡ 원불교는 박중빈이 창시하였으며, 금주, 단연 등 **새생활 운동**을 전개하였어요.

③ 천도교
➡ 천도교는 **만세보**를 기관지로 발행하였고, 『개벽』, 『신여성』, 『어린이』 등의 잡지를 만들었어요.

④ 천주교
➡ 천주교는 만주에서 **의민단**을 조직하여 무장 항일 투쟁을 전개하였어요.

(가)에 해당하는 인물로 옳은 것은?

봉오동 전투를 승리로 이끈 (가) 장군의 유해가 대한민국 특별수송기로 카자흐스탄에서 돌아오고 있습니다. 우리나라 공군 전투기 6대가 안전하게 호위하고 있습니다. ─ 홍범도

특별수송기를 호위하는 6대의 전투기

키워드 문제분석

❶ 봉오동 전투 = 홍범도

홍범도는 대한 독립군의 총사령관으로, 1920년 봉오동 전투를 승리로 이끌었고, 김좌진 장군이 이끄는 북로 군정서와 연합하여 청산리 대첩에서 일본군에 승리하였어요. 홍범도는 청산리 대첩 이후 소련군의 강제 이주 정책에 따라 카자흐스탄으로 강제 이주하였고, 그곳에서 생을 마감하였어요.

①
김좌진
➡ 북로 군정서를 이끈 인물로 홍범도와 함께 청산리 전투를 승리로 이끌었어요.

②
양세봉
➡ 조선 혁명군을 이끈 인물로 만주 사변 이후 한·중 연합 작전을 통해 영릉가, 흥경성 전투에서 일본군에 승리하였어요.

③
지청천
➡ 1930년대 한국 독립군을 이끌었고, 이후 대한민국 임시정부 산하의 **한국광복군** 총사령관을 맡았어요.

④
홍범도
➡ **대한 독립군**을 이끌었으며 다른 독립군 부대와 연합하여 봉오동 전투에서 일본군에 승리하였어요.

37 물산 장려 운동

정답 ③

학생들이 공통으로 이야기하는 민족 운동으로 옳은 것은?

> 1920년 평양에서 조만식 등이 중심이 되어 시작했어.

> 우리 민족 산업을 보호하고 육성하기 위해 전개했지.

> 사회주의자로부터 자본가의 이익만을 추구한다고 비판받기도 했어.

키워드 문제분석

❶ 조만식 + ❷ 민족 산업 보호·육성 = 물산 장려 운동

❶ 물산 장려 운동은 1920년 일제가 관세 철폐 움직임을 보이자 조만식 등의 주도로 평양에서 시작되어 전국으로 확산되었어요.

❷ 물산 장려 운동은 우리나라 물건을 사용하자는 토산품 애용을 주장하며 민족 산업을 보호하고 육성하였으며, 근검저축과 금주·금연 등의 실천을 강조하였어요.

① 브나로드 운동
➡ 브나로드 운동은 1930년대에 **동아일보사**가 중심이 되어 전개한 문맹 퇴치 운동이에요.

② 문자 보급 운동
➡ 문자 보급 운동은 **조선일보사**가 중심이 되어 추진한 문맹 퇴치 운동이에요.

③ 물산 장려 운동
➡ 물산 장려 운동은 조선 물산 장려회를 조직하여 '**조선 사람 조선 것**' 등의 구호를 내세우며 전개하였어요.

④ 민립 대학 설립 운동
➡ 민립 대학 설립 운동은 1920년대 초 일제의 교육 정책에 맞서 **자금 모금을 통해 대학을 설립**하고자 했던 민족 운동이에요.

38 의열단의 활동

정답 ①

(가)에 들어갈 단체로 옳은 것은?

이것은 일제 경찰에서 제작한 감시 대상 인물 카드에 있는 (가) 단원들의 사진입니다. 사진에서는 단장 김원봉과 조선 총독부에 폭탄을 던진 김익상을 비롯한 총 7명의 모습을 확인할 수 있습니다.

— 의열단

— 김원봉, 김익상, 정이소, 이성우, 김기득, 강세우, 곽재기

키워드 문제분석

❶ 단장 김원봉 + ❷ 김익상 = 의열단

❶ 1919년 만주에서 김원봉을 중심으로 조직된 의열단은 신채호의 「조선 혁명 선언」을 활동 지침으로 삼았어요.

❷ 의열단은 주로 식민 통치를 위한 주요 기관이나 고위 관료, 친일파에 대한 의열 활동을 전개하였는데, 의열단원인 김익상은 조선 총독부에 폭탄을 던졌어요.

① 의열단
➡ 조선 총독부에 폭탄을 투척한 **김익상**, 종로 경찰서에 폭탄을 던진 **김상옥**, 동양 척식 주식회사에 폭탄을 투척한 **나석주** 등이 의열단의 주요 단원이에요.

② 중광단
➡ 중광단은 서일을 중심으로 북만주에서 조직된 무장 단체예요.

③ 흥사단
➡ 흥사단은 미국에서 **안창호**가 중심이 되어 설립한 독립운동 단체예요.

④ 한인 애국단
➡ 한인 애국단은 **김구**가 대한민국 임시 정부의 침체를 극복하기 위해 1931년에 중국 상하이에서 조직한 의열 투쟁 단체로, 단원으로 이봉창, 윤봉길 등이 활약하였어요.

제58회

이것도! 정답선택지

⑤ (ㅍㅇ)에서 시작되어 전국으로 확대되었다.

⑥ (ㅈㅅ ㅅㄹ) 조선 것이라는 구호를 내세웠다.

정답 ⑤ 평양 ⑥ 조선 사람

이것도! 정답선택지

⑤ (ㅈㅅ ㅎㅁ ㅅㅇ)을 활동 지침으로 삼았다.

⑥ (ㄴㅅㅈ)가 동양 척식 주식회사에 폭탄을 던졌다.

정답 ⑤ 조선 혁명 선언 ⑥ 나석주

제58회 기본 첨삭해설 **279**

39 신간회의 활동 정답 ①

(가)에 들어갈 단체로 옳은 것은?

① 민족 유일당을 만들기 위한 노력의 결과 드디어 우리가 (가) 를 만들었습니다. ←신간회

맞습니다. ② 기회주의자를 배제하고 일제에 맞서 함께 싸웁시다.

사회주의 계열

비타협적 민족주의 계열

키워드 문제분석

❶ 민족 유일당 + ❷ 기회주의자 배제 = 신간회(1927)

6·10 만세 운동을 계기로 민족주의 세력과 사회주의 세력이 뜻을 모아 1927년 신간회가 결성되었어요. 신간회는 일제와 협력하고 타협하는 세력을 기회주의자로 보고 기회주의자를 배제한다는 강령을 내세웠어요. 전국 각지에 지회를 설립하고 강연회를 개최하는 등 계몽 운동을 전개하였어요.

① 신간회
→ 신간회는 광주 학생 항일 운동이 일어나자 **진상 조사단을 파견**하여 지원하였어요.

② 토월회
→ 토월회는 일본 유학생들을 중심으로 조직되었고 신극 운동을 벌였어요.

③ 대한 광복회
→ 대한 광복회는 1910년대 박상진 등이 중심이 되어 군자금 모금, 친일 부호 처단 등의 활동을 하였어요.

④ 조선어 학회
→ 조선어 학회는 우리말 큰사전 편찬을 시도하고, 맞춤법 통일안을 제정하는 등 한글 연구 및 보급을 위해 노력하였어요.

40 1930년대 후반 이후 민족 말살 통치 정답 ④

밑줄 그은 '이 시기'를 연표에서 옳게 고른 것은?

황국 신민 서사가 새겨진 이 전시물은 일제의 침략상을 고발하기 위해 쓰러뜨린 채로 '홀대 전시' 중입니다. 일제는 ❶황국 신민 서사 암송을 강요하고 조선어 과목을 폐지하는 등 이 시기에 우리 민족의 정체성을 말살시키려 하였습니다.

키워드 문제분석

❶ 황국 신민 서사 암송 = 1930년대 후반 이후

일제는 1930년대 후반 본격적으로 침략 전쟁을 확대하면서 민족 정신을 없애기 위한 민족 말살 통치를 실시하였어요. 1937년 중·일 전쟁 이후 황국 신민 서사를 만들어 암송과 신사 참배를 강요하고, 일본식으로 성과 이름을 바꾸는 창씨 개명으로 우리 민족의 정체성을 말살시키려 하였어요.

1910	1919	1926	1937	1945
(가)	(나)	(다)	(라)	
국권 피탈	3·1 운동	6·10 만세 운동	중·일 전쟁	광복

① (가) ② (나) ③ (다) ④ (라)

→ 일제는 침략 전쟁에 한국인을 동원하기 위해 민족성을 없애려는 정책을 펼쳤어요. 황국 신민 서사는 일왕에게 충성하는 백성이라는 글로, 민족 말살 정책의 일환으로 1937년부터 실시되었어요.

이것도! 정답선택지

⑤ (ㅊㅆㄱㅁ)이 실시되었다.

⑥ (ㅅㅅ ㅊㅂ)를 강요하였다.

⑦ 미곡 (ㄱㅊㅈ)를 시행하였다.

정답 ⑤ 창씨개명 ⑥ 신사 참배 ⑦ 공출제

(가)에 들어갈 내용으로 옳은 것은?

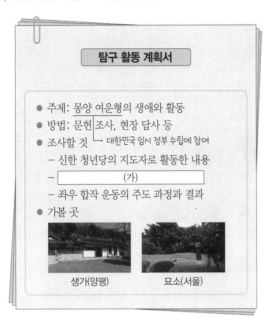

탐구 활동 계획서

● 주제: 몽양 여운형의 생애와 활동
● 방법: 문헌 조사, 현장 답사 등
● 조사할 것 ┌ 대한민국 임시 정부 수립에 참여
     – 신한 청년당의 지도자로 활동한 내용
     –   (가)
     – 좌우 합작 운동의 주도 과정과 결과
● 가볼 곳

생가(양평)   묘소(서울)

여운형은 중국 상하이에서 신한 청년당을 결성하고, 김규식을 파리 강화 회의에 파견하였어요. 이후 일제의 패망과 광복에 대비하여 조선 건국 동맹을 결성하고 이를 개편하여 조선 건국 준비 위원회를 조직하였어요. 1946년에는 김규식과 함께 좌우 합작 위원회를 결성하였으나 이듬해 서울 혜화동에서 암살당하였어요.

① 헤이그 특사로 파견된 배경
➡ 고종은 을사늑약의 부당함을 알리기 위해 이준, 이위종, 이상설을 헤이그에 특사로 파견하였어요.

② 암태도 소작 쟁의에 참여한 계기
➡ 친일 지주 문재철의 횡포에 맞서 암태도 소작인들은 1923년 신안 암태도에서 소작 쟁의를 일으켰어요.

③ 한국독립운동지혈사의 저술 이유
➡ 박은식은 독립운동의 역사를 알리기 위해 「한국독립운동지혈사」를 저술하였어요.

④ 조선 건국 준비 위원회의 결성 목적
➡ 여운형은 조선 건국 동맹을 기반으로 일제의 패망 이후 조선 건국 준비 위원회를 결성하였어요. 전국에 지부를 설치하고, 치안대를 조직하여 **사회 질서 유지** 활동을 하였어요.

---

42 6·25 전쟁   정답 ②

(가) 전쟁 중에 있었던 사실로 옳지 <u>않은</u> 것은?

史 오늘의 역사
30분 전

#사건 #1953년_7월_27일

👍 좋아요 58   💬 댓글 3   ➡ 공유하기

□□ 무슨 사진이야?

△△ 6·25전쟁 (가) 전쟁의 정전 협정 체결 모습이야.

○○ 판문점에서 찍은 사진이지.

키워드 문제분석

❶ 정전 협정 체결 = 6 · 25 전쟁

1950년 6월 25일, 북한이 38도선을 넘어 기습적인 남침으로 전쟁이 일어났어요. 전쟁 3일 만에 서울이 함락되고, 많은 사상자와 이산가족이 생겼어요. 38도선 일대에서 남과 북은 서로 빼앗고 빼앗으면서 휴전 회담이 시작되었고, 1953년 7월 27일에 미국과 소련, 북한은 판문점에서 정전 협정을 체결하였어요.

① 반공 포로가 석방되었다.
➡ 이승만 정부는 정전 협정의 체결에 반대하며 1953년 6월에 반공 포로를 석방하였어요.

② 미소 공동 위원회가 개최되었다.
➡ 미소 공동 위원회는 모스크바 3국 외상 회의의 결정에 따라 설치되었어요. 위원회는 한반도에 임시 정부 수립 논의를 위해 **1946~1947년**에 개최되었어요.

③ 중국군의 개입으로 서울을 다시 빼앗겼다.
➡ 6·25 전쟁 중 **인천 상륙 작전** 이후 국군과 유엔군이 승기를 잡으며 한겨도 지역까지 진출하였으나 **중국군**이 개입하며 다시 서울을 빼앗겼어요.

④ 국군과 유엔군이 **인천 상륙 작전**에 성공하였다.
➡ 6·25 전쟁 초기에 서울이 함락되고 낙동강 유역까지 후퇴한 국군은 유엔군과 연합하여 1950년 9월 인천 상륙 작전을 성공시키며 서울을 되찾았어요.

제58회

43 4·19 혁명

정답 ①

(가)에 들어갈 민주화 운동으로 옳은 것은?

❶ 3·15 부정 선거 + ❷ 이승만 하야 = 4·19 혁명

❶ 1960년 3월 15일에 치러진 대통령·부통령 선거에서 이승만 정부와 자유당은 이기붕을 부통령으로 당선시키기 위해 부정 선거를 저질렀어요.

❷ 마산을 비롯한 전국 곳곳에서 부정 선거에 대한 규탄 시위가 벌어졌고, 대학 교수단들도 '학생의 피에 보답하라'는 현수막을 들고 가두 시위를 전개하였어요. 이에 정부는 비상계엄령을 선포하고 무력 진압하였으나 이승만 대통령은 결국 물러났어요.

①4·19 혁명
➡ 4·19 혁명의 결과 이승만 대통령이 하야하였으며, **허정 과도 정부**가 수립되었어요.

② 6월 민주 항쟁
➡ 6월 민주 항쟁은 **대통령 직선제 개헌**을 요구하며 전개되었어요.

③ 부·마 민주 항쟁
➡ 부·마 민주 항쟁은 1979년 박정희 정부의 유신 체제에 대한 저항으로 일어난 민주화 운동이에요.

④ 5·18 민주화 운동
➡ 5·18 민주화 운동은 전두환 등 신군부의 권력 장악과 계엄령 확대에 맞서 일어난 민주화 운동이에요.

44 박정희 정부 시기의 사실

정답 ②

(가) 정부 시기에 있었던 사실로 옳은 것은?

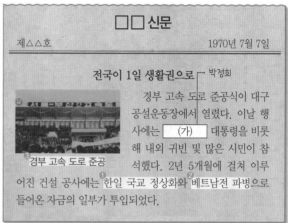

❶ 한 · 일 국교 정상화 + ❷ 베트남전 파병
+ ❸ 경부 고속 도로 준공 = 박정희 정부

❶ 박정희 정부는 경제 발전에 필요한 자금 마련을 위해 한·일 국교 정상화를 추진하였고, 이에 반대하는 시민들의 6·3 시위가 전개되었어요.

❷ 또한 미국의 요청으로 베트남전에 파병함으로써 경제적 지원을 받았어요.

❸ 베트남전 파병으로 조달된 자금 중 일부로 1970년 경부 고속 도로를 만들었으며 1977년에는 수출 100억 달러를 달성하는 등 이 시기 가파른 경제 성장이 이루어졌어요.

① 3저 호황으로 수출이 증가하였다.
➡ 전두환 정부 시기인 1980년대에 저달러·저금리·저유가의 3저 호황으로 수출이 증가하는 등 경제 호황을 누렸어요.

②제2차 경제 개발 5개년 계획이 실시되었다.
➡ **박정희 정부**는 경제 발전을 위해 네 차례 경제 개발 5개년 계획을 추진하였어요. 제2차 경제 개발 계획은 **1967~1971년**에 추진되었어요.

③ 경제 협력 개발 기구(OECD)에 가입하였다.
➡ 김영삼 정부 시기에 경제 협력 개발 기구(OECD)에 가입하였어요.

④ 미국과 자유 무역 협정(FTA)을 체결하였다.
➡ 노무현 정부 시기에 미국과 자유 무역 협정(FTA)을 체결하였어요.

이것도! 정답선택지

⑤ (ㅅㅁㅇ) 운동을 시작하였다.

⑥ (ㅂㅌㄴ) 전쟁에 한국군을 파병하였다.

정답 ⑤ 새마을 ⑥ 베트남

45 김영삼 정부 시기의 사실

정답 ②

밑줄 그은 '이 인물'로 옳은 것은?

저희 모둠은 이 인물과 관련된 주제어의 조회 수를 검색해 보았습니다. 조회 수가 많을수록 글자의 크기가 큽니다. ─ 김영삼

역사 인물 조사 발표회

◎ △△모둠

국회 의원 제명
YH 무역 사건
❶ IMF 외환 위기
❷ 금융 실명제
문민정부 3당 합당
조선 총독부 건물 철거
역사 바로 세우기
초등학교

키워드 문제분석

❶ IMF 외환 위기 + ❷ 금융 실명제 = 김영삼

김영삼은 박정희 정부 시기 YH 무역 사건을 계기로 국회의원에서 제명되었으며, 이는 부·마 민주 항쟁이 일어나는 계기가 되었어요. 제14대 대통령으로 당선된 김영삼은 문민정부라고 불리었어요. 김영삼 대통령은 '역사 바로 세우기'의 일환으로 일제가 식민 통치를 위해 설치한 조선 총독부 건물을 철거하였고, 국민학교의 명칭을 초등학교로 변경하였어요. 또한 본인의 실제 이름으로만 금융 거래를 하도록 하는 금융 실명제를 시행하였어요. 집권 말기에는 외환 보유액 부족으로 경제 위기를 맞아 국제 통화 기금(IMF)의 지원과 관리를 받았어요.

① 김대중
➡ 김대중 대통령은 최초의 남북 정상 회담을 통해 6·15 남북 공동 선언을 발표하였어요.

②김영삼
➡ 김영삼 정부 시기인 1996년에 **경제 개발 협력 기구(OECD)**에 가입하였어요.

③ 노태우
➡ 노태우 정부는 소련, 중화 인민 공화국(중국) 등 공산 국가와 수교하는 북방 외교를 추진하였어요.

④ 전두환
➡ 전두환 정부 시기 최초의 이산가족 상봉과 예술 공연단 교환 방문이 이루어졌어요.

46 노무현 정부 시기의 통일 노력

정답 ④

다음 뉴스가 보도된 정부 시기의 통일 노력으로 옳은 것은?

대통령 내외와 수행원단이 개성 공단을 방문하였습니다. 대통령 취임 이후 일관되게 추진해 온 대북 정책의 성과와 남북 경제 협력의 중요성을 확인했다는 점에서 의미가 큽니다.

대통령 내외, 개성 공단 방문

키워드 문제분석

❶ 개성 공단 방문 = 노무현 정부

김대중 정부 때 남북 정상 회담을 통해 6·15 남북 공동 선언이 발표되었고, 남북의 경제 협력을 위한 개성 공단 조성에 합의하였어요. 이후 노무현 정부 시기에 개성 공단이 조성되어 운영되었어요. 노무현 정부는 제2차 남북 정상 회담을 개최하고, 10·4 남북 공동 선언을 발표하였어요.

① 이산가족 최초 상봉
➡ 최초의 이산가족 상봉은 전두환 정부 시기의 사실이에요.

② 남북 기본 합의서 채택
➡ 남북 사이의 화해와 불가침 및 교류 협력에 관한 합의서인 남북 기본 합의서는 노태우 정부 시기에 채택되었어요.

③ 남북한 유엔 동시 가입
➡ 남북한이 유엔에 동시 가입한 것은 1991년으로 노태우 정부 시기의 사실이에요.

④10·4 남북 정상 선언 발표
➡ **노무현 정부**는 6·15 남북 공동 선언의 이행 방안이 담긴 10·4 남북 정상 선언을 발표하였어요.

이것도! 정답선택지

⑤ (ㅎ · ㅁ) 자유 무역 협정이 체결되었다.

정답 ⑤ 한·미

(가)~(다)를 일어난 순서대로 옳게 나열한 것은?

밑줄 그은 '섬'으로 옳은 것은?

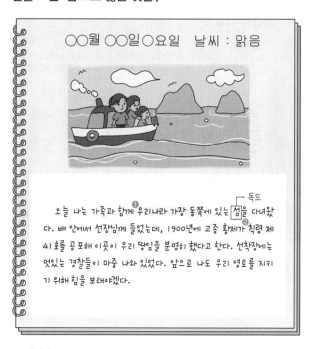

키워드 문제분석

47

❶ 서얼 통청 운동 = (가) 조선 후기
❷ 형평 운동 = (나) 일제 강점기
❸ 만적의 난 = (다) 고려 무신 집권기

(다) 무신 집권기 시기에 천민들도 높은 자리에 올라가는 경우가 생기자, 사노비 만적은 개경에서 차별적 신분 질서 극복을 내세우며 난을 주도하였어요.

(가) 조선 후기 서얼은 양반 계층에 속하지 못하였고, 문과 응시가 금지되고 관직 승진과 진출에 제한이 있었어요. 이에 관직 진출의 제한을 풀어 달라는 집단 상소 운동을 펼쳤고, 차별이 점차 완화되어 박제가, 유득공 등이 정조 때 등용되었어요.

(나) 갑오개혁 이후 신분제가 폐지되었지만 백정에 대한 사회적 차별은 여전하였어요. 백정들은 1923년 진주에서 조선 형평사를 결성하고 백정에 대한 차별 철폐를 주장하는 형평 운동을 전개하였어요.

① (가) – (나) – (다)
② (가) – (다) – (나)
③ (나) – (가) – (다)
④ (다) – (가) – (나)
➡ (다) 만적의 난(고려 최씨 무신 집권기) → (가) 서얼 통청 운동(조선 후기) → (나) 형평 운동(1920년대)

키워드 문제분석

❶ 동쪽 끝 + ❷ 칙령 제41호 = 독도

독도는 울릉도에 부속된 섬으로 삼국 시대부터 우리나라의 고유한 영토였어요. 대한 제국은 울릉도를 울도군으로 승격시켜 독도를 관할하게 하는 대한 제국 칙령 제41호를 반포하여 우리 영토임을 분명히 밝혔어요. 그러나 일본은 러·일 전쟁 중에 독도를 무인도로 규정하고 자국 영토인 시마네현으로 불법 편입하였어요.

①독도
➡ 독도는 우리나라 동쪽 끝에 있는 섬으로 조선 숙종 때 **안용복**이 일본에 건너가 에도 막부로부터 우리 땅임을 확인받았어요.

② 진도
➡ 진도는 고려 시대 몽골의 침입 당시 **삼별초**가 개경 환도와 몽골과의 강화에 반대하며 끝까지 항쟁한 지역이에요.

③ 거제도
➡ 거제도는 정유재란 때 **칠천량 해전**의 주요 무대가 되었던 지역이에요.

④ 흑산도
➡ 흑산도는 조선 후기 **정약전**이 유배를 갔던 지역으로, 이곳에서 『자산어보』를 집필하였어요.

밑줄 그은 '놀이'로 옳은 것은?

우리나라의 민속놀이 소개

구멍 뚫린 동전을 천이나 한지로 접어 싸고 그 끝을 여러 갈래로 찢어 술을 너풀거리게 만든 뒤, 이를 발로 차며 즐기는 놀이입니다.

─제기차기

키워드 문제분석

❶ 발로 차며 즐김 = 제기차기

제기는 고대의 공차기에서 유래된 놀이로 높이 차서 떨어뜨리지 않는 민속 놀이예요.

① 널뛰기
➡ 널뛰기는 주로 여성들이 널빤지 위에서 널을 뛰며 즐긴 민속놀이예요.

② 비석치기
➡ 비석치기는 손바닥만한 돌을 세운 뒤 다른 돌을 던져 넘어뜨리는 놀이예요.

③제기차기
➡ 제기차기는 **겨울철**에 주로 행해졌으며, 조선 시대에 아이들의 민속놀이로 크게 유행하였어요.

④ 쥐불놀이
➡ 쥐불놀이는 음력 정월 밤 농촌에서 해충의 피해를 방지하기 위해 논두렁이나 밭두렁에서 불을 놓았던 민속놀이예요.

학생들이 공통으로 이야기하는 지역으로 옳은 것은?

청주의 옛 지명

우리 고장 문화유산 발표하기

1모둠은 삼국 시대에 만들어진 상당산성을 주제로 잡았어.

2모둠 주제는 삼국 통일 이후 설치된 서원경의 유래와 신라 촌락 문서야.

4모둠의 주제는 조선 시대 관아 건물인 청녕각의 구조와 특징이야.

3모둠은 고려 시대의 직지와 흥덕사를 주제로 정했어.

키워드 문제분석

❶ 서원경 + ❷ 직지 = 청주

❶ 통일 신라 시대의 5소경 중 한 곳인 서원경은 현재의 청주 지역으로 신라 촌락 문서를 통해 당시의 시대상을 알 수 있어요.

❷ 현존하는 가장 오래된 금속 활자 인쇄본인 『직지심체요절』은 청주의 흥덕사에서 간행되었어요.

① 상주
➡ 상주는 후삼국 시대 사벌주라고 불렸으며 원종과 애노의 난이 일어난 지역이에요.

② 원주
➡ 원주는 궁예가 세력을 키운 근거지가 된 지역이에요.

③ 전주
➡ 전주는 **견훤**이 후백제를 세우고 도읍지로 정했던 지역으로, 경기전에 태조 이성계의 어진이 있어요.

④청주
➡ 청주는 임진왜란 때 의병장 조헌이 일본군에 맞서 싸운 **청주성 전투**가 일어난 지역이에요.

에듀윌이
너를
지지할게
E N E R G Y

능력 때문에 성공한 사람보다
끈기 때문에 성공한 사람이 더 많습니다.

– 조정민, 『인생은 선물이다』, 두란노

여러분의 작은 소리
에듀윌은 크게 듣겠습니다.

본 교재에 대한 여러분의 목소리를 들려주세요.
공부하시면서 어려웠던 점, 궁금한 점,
칭찬하고 싶은 점, 개선할 점, 어떤 것이라도 좋습니다.

에듀윌은 여러분께서 나누어 주신 의견을
통해 끊임없이 발전하고 있습니다.

에듀윌 도서몰 book.eduwill.net
• 부가학습자료 및 정오표: 에듀윌 도서몰 → 도서자료실
• 교재 문의: 에듀윌 도서몰 → 문의하기 → 교재(내용,출간) / 주문 및 배송

2024 한국사능력검정시험 10회분 기출500제 기본

발 행 일	2024년 1월 19일 초판
저 자	에듀윌 한국사교육연구소
펴 낸 이	양형남
개 발	정상욱, 김은진
펴 낸 곳	(주)에듀윌
등록번호	제25100–2002–000052호
주 소	08378 서울특별시 구로구 디지털로34길 55
	코오롱싸이언스밸리 2차 3층

* 이 책의 무단 인용 · 전재 · 복제를 금합니다.

www.eduwill.net
대표전화 1600-6700

업계 최초 대통령상 3관왕,
정부기관상 19관왕 달성!

2010 대통령상　　　2019 대통령상　　　2019 대통령상

대한민국 브랜드대상　국무총리상　문화체육관광부　농림축산식품부　과학기술정보통신부　여성가족부장관상
국무총리상　　　　　　　　　　장관상　　　　장관상　　　　　장관상

서울특별시장상　과학기술부장관상　정보통신부장관상　산업자원부장관상　고용노동부장관상　미래창조과학부장관상　법무부장관상

2004
서울특별시장상 우수벤처기업 대상

2006
부총리 겸 과학기술부장관 표창 국가 과학 기술 발전 유공

2007
정보통신부장관상 디지털콘텐츠 대상
산업자원부장관 표창 대한민국 e비즈니스대상

2010
대통령 표창 대한민국 IT 이노베이션 대상

2013
고용노동부장관 표창 일자리 창출 공로

2014
미래창조과학부장관 표창 ICT Innovation 대상

2015
법무부장관 표창 사회공헌 유공

2017
여성가족부장관상 사회공헌 유공
2016 합격자 수 최고 기록 KRI 한국기록원 공식 인증

2018
2017 합격자 수 최고 기록 KRI 한국기록원 공식 인증

2019
대통령 표창 범죄예방대상
대통령 표창 일자리 창출 유공
과학기술정보통신부장관상 대한민국 ICT 대상

2020
국무총리상 대한민국 브랜드대상
2019 합격자 수 최고 기록 KRI 한국기록원 공식 인증

2021
고용노동부장관상 일·생활 균형 우수 기업 공모전 대상
문화체육관광부장관 표창 근로자휴가지원사업 우수 참여 기업
농림축산식품부장관상 대한민국 사회공헌 대상
문화체육관광부장관 표창 여가친화기업 인증 우수 기업

2022
국무총리 표창 일자리 창출 유공
농림축산식품부장관상 대한민국 ESG 대상

2024 에듀윌 한국사능력검정시험
10회분 기출500제
기본(4·5·6급)

노베이스를 위한 4급 스피드 합격팩

1 **수험생들이 추천하는 4급 합격 필수 분량! 7회분, 350제 제공!**
전 문항 프리미엄 첨삭해설과 키워드 문제분석 제공!

2 **선사 시대부터 현대까지 시대별 기출문제 3회분, 150제 추가 제공!**
회차별 기출로 약점 파악, 시대별 기출로 약점 극복!

3 **시험장에서 핵심만 빠르게 보는 쏙! 개념노트(PDF) + 자동채점&성적분석 서비스 제공!**
혜택받기 쏙! 개념노트(PDF): 에듀윌 도서몰(book.eduwill.net) ▶ 도서자료실 ▶ 부가학습자료

YES24 수험서 자격증 한국사능력검정시험 5/6급 (초급) 베스트셀러 1위
(2021년 1월 3~4주 주별 베스트)

2012년 5월~2023년 10월 한국사능력검정시험 시리즈 출고 기준

2023, 2022, 2021 대한민국 브랜드만족도 한국사능력검정시험 교육 1위 (한경비즈니스)
2020, 2019 한국브랜드만족지수 한국사능력검정시험 교육 1위 (주간동아, G밸리뉴스)

고객의 꿈, 직원의 꿈, 지역사회의 꿈을 실현한다

펴낸곳 (주)에듀윌   **펴낸이** 양형남   **출판총괄** 오용철   **에듀윌 대표번호** 1600-6700
주소 서울시 구로구 디지털로 34길 55 코오롱싸이언스밸리 2차 3층   **등록번호** 제25100-2002-000052호
협의 없는 무단 복제는 법으로 금지되어 있습니다.

에듀윌 도서몰
book.eduwill.net
• 부가학습자료 및 정오표: 에듀윌 도서몰 > 도서자료실
• 교재 문의: 에듀윌 도서몰 > 문의하기 > 교재(내용, 출간) / 주문 및 배송

값 19,500원

13910
9 791136 030924
ISBN 979-11-360-3092-4